노자의 연인

막지 외

차옥덕車玉德 지음

한국예맥기획

《 부도지 》는 신라 문신이며 역사가며 충신이며, 망부석의 주인공인 박제상이 나라나 집안의 비서 등을 근거로 저술한 책이라고 김시습 선생은 말했다. 고구려(장수왕 때), 일본으로 왕제들을 구하러 가기 전인 418년 이전에 쓴, 1만 4천년 전 파미르고원에서 펼쳐졌던 한민족의 위대한 역사서《 부도지 》. 그 '부도 符都'라는 말은 하늘의 뜻에 부합하는 나라, 또는 그 나라의 수도라는 뜻으로 곧 환인·환웅·단군의 나라를 뜻한다. 《 부도지 》에서 '音'은 바로 천지창조자이다.(24쪽) 이는 최신의 서양 과학에서도 증명되고 있다. 그 시작의 글이 "마고성은 지상에서 가장 높은 성이다. 천부를 받들어 선천을 계승하였다, 성 중의 사방에 4명의 천인이 있어 관을 쌓아 놓고 음을 만드니, 첫째는 황궁씨요, 둘째는 백소씨요, 셋째는 청궁씨요, 넷째는 흑소씨였다... (황궁씨는 네 천인 중 가장 어른으로 포도를 먹은 뒤 마고성에서 추방된 후 마고성으로의 복본에 대한 책임을 지고, 스스로 천산주天山洲로 분기하였다. 한민족이 직계조상으로 복본의 서약을 완수하기 위하여 천산으로 들어가 돌이 되어서 길게 울려 소리를 냄으로써 미혹함을 없애고 마고대성 회복의 서약을 성취했다. 마고 이후 황궁씨는 천산주 활동시대의 책임자로 14,000~10,956년을 잇는 3044년 사이를 그 법통이 유인씨로 이어진다. 이후 반고 환인(10956년), 안파견 환인(9216년), 환웅(5915년), 단군(4352년)에게로 이어진다.

박제상, 부도지, 김은수역, 한문화 참조.

천산주에서 <'주洲' 자는 '강이나 호수 가운데 모래가 쌓여서 이룬 섬이나 대륙'을 뜻하는데, 과연 파미르가 멀리 보이는 '천산'은 모래사막이 중심이었고, 그런 기후로 '포도'가 주산물이었다.> 파미르 아래의 천산에 갔을 때 위구르족 동네에 가서 그곳에서 가장 흔하고 맛있는 마른 포도들을 사왔다.

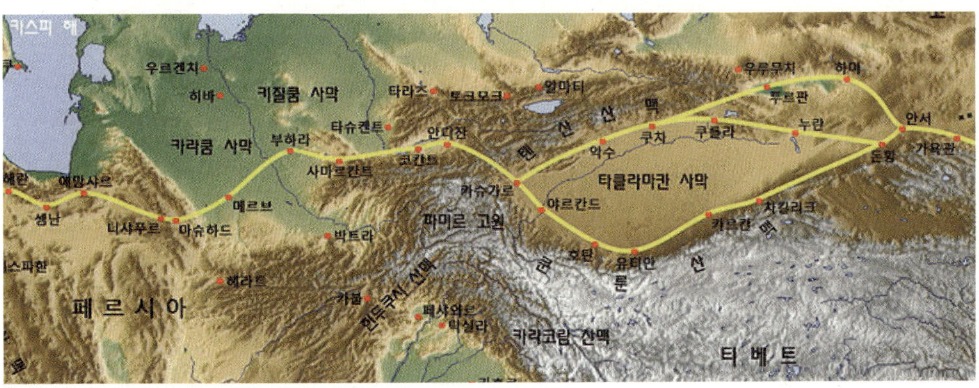

한민족 선주민 터 타클라마칸 산맥을 뒤로 하고...

통천제(通天梯)

'하늘로 올라가는 사다리'- 통천제는 문무묘文武廟, 광동대협곡 廣東大峽谷 등에도 있으나 한국인의 환웅 천강 배달나라의 '삼위태백'과 이어져 있는 지역이니, 한웅천왕 건국과도 깊은 관련이 있다고 보여진다. "돈황에 3500년 전에 사람들이 이주해 살았다..." 돈황에 대한 중국설명서에 역사년대가 축소되어 있으나 비친다.

통천체通天梯와 천문

타클라마칸산맥 쪽에서 본 화염산1.2

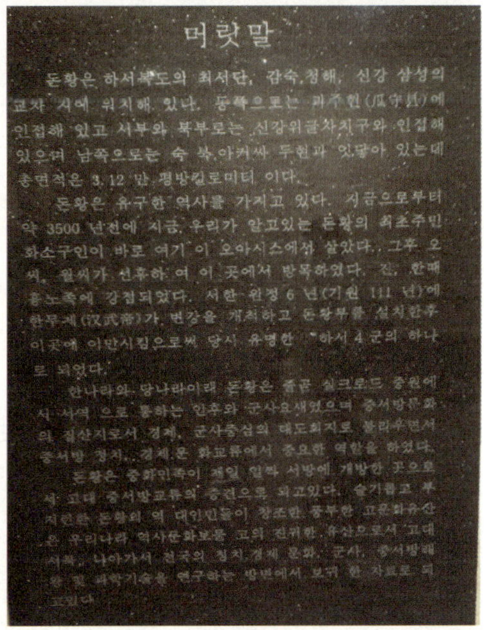

신강성 박물관 내 돈황에 대한 한글 해설문

☀ **타클라마칸(다 클라 말캉 – 모두 죽어서 나오지 못한다)산맥 – 이런 산맥에서 동쪽으로 있는 돈황 오아시스 삼위태백 등으로 이동했다는 우리 선주민 한국배달족!**

나는 이 지역의 오래전 역사와 이리저리 우리 맥(막)역사와 연계하며 – '막의 고굴' 막고굴 맥고굴, 맥적산처럼 그리 읽어 본다. 고구려벽화에 날아다니는 하늘의 나르는 여인 비천상이 4700개나 된다고 해설자가 설명한다. 막고굴 입구 전경 – 마주 보이는 곳에 환웅배달국 시작점인 '삼위태백'이 있다.

☢ **천산과 그 뒤 설산인 박격달봉과 막의 고굴**

천산천지의 서왕모묘당 (서왕모 외 도교 불교 신들을 모셔 두었다.)

王母祖殿

천산천지의 서왕모사당의 서왕모낭낭(여신)

곤륜산에 거주하면서 하늘의 재앙을 관장하던 무시무시한 신격에서 장생불사의 복숭아를 갖고 있는 요지의 아름다운 여신에 이르기까지, 서왕모의 신격은 시대를 거치며 변해 왔다. 하지만 동왕공이라는 배우자 神이 등장했음에도 불구하고 서왕모가 불사약을 가진 존재라는 사실에는 변함이 없었다. 명나라 때 쯤 되면 이제 서왕모는 '왕모낭낭王母娘娘'이라는 이름으로 부르면서, 도교의 최고신인 옥황상제의 하위 신으로 편입시킨다. 그러한 현상은『서유기』에 잘 나타나 있다. (연세대 중국학연구소, 박선자)

-남성중심의 가부장제적 국가와 사회가 되면서 여신의 존재도 여러모로 격하시키거나 변모시키나, 오랜 기간을 두고 보면 다시 현재처럼 여신의 위상도 바른 제자리를 찾는다.

• 구천현녀九天玄女는 중국 신화 및 도교의 여신이다. 전쟁의 여신으로 여겨진다. 도교에 따르면 음력 2월 15일이 탄생일이다. 문학 작품에 있어서도《수호지》, 《동유기》,《평요전》등에 등장한다.(나무위키)

관음도 인도의 여성인데 신격화되었다. 하여 당태종 이세민의 '세' 자 때문에 관세음에서 '세'를 빼고 '관음'으로도 부른다. 중국에 전해져 내려오는 이야기에 따르면 가섭불(석가모니불보다 더 앞선 시대의 가섭이란 사람 부처) 시대의 홍림이란 나라의 3번째 공주였다고 하며, 19세 때 부모의 반대를 꺾고 출가를 해서, 다른 이들에게 불법을 전파하고, 한 번 죽었다가 살아나는 등 온갖 고생을 하지만, 자애로운 마음으로 병에 걸려 죽어 가는 아버지를 살려 내고 열반에 들었다고 한다. (불교방송 및 나무위키 참조)

서왕모사당에 노자가 태상노군으로 신격화되어 모셔져 있다.

속세의 삶을『도덕경』을 끝으로 모두 내려 놓은 노자는 '막지'(제 1대 반고환인의 황후이름)를 찾아 서역으로 떠난다고 했다. 후대에 사마천은 막지라는 여인을 당시의 여인이라는 기록까지『사기』에 남겼다. 노자의 막지를 찾아 서역 삼만리는 자칫 세속적으로 해석될 수도 있다. 그러나 주목해야 할 점은 인간에게는 누구나 자신을 알아 줄 이목을 갖춘 사람의 곁에서 자신이 제대로 이해되기를 바라는 마음이 있다는 것이다. 즉 어떤 인간이고 인간의 본바탕엔 절대적인 고독이 있기 때문이다. 노자가 속세에서 겉인간으로 해야 할 일을 다하고 속인간으로서 자신을 진정 알아봐 줄 사람을 찾아 나서는 것은 바로 절대고독으로부터의 해방을 찾는 것을 의미하며, 이 속인간으로서의 진면목을 보여준 것이다. 이는 바로 자연의 생명 존속 원리이며 이치이다... 노자가 공자를 만났을 때 노자가 공자에게 말한 같은 말이 번역자에 따라서 백팔십도 다르다. "공자 당신이 성인으로 아는 사람들도 죽어 이제 모두 뼈골까지 다 썩었다..." 다 썩을 몸...으로 해석하는 사람이 있는가 하면, "공자 당신은 세속에 뼈골까지 다 썩었다." 그러니 대오각성하고 여기저기 기웃거리지 말고..로 해석하는 사람도 있다. 공자 자신은 제자들 앞에서 그 말을 듣고 어떻게 해석했을까?

천산천지 서왕모 묘당 만년역사 천산을 뒤로 하고

☢ 천산천지 설산의 물을 먹고 天文을 보며 문자를 쓰고 읽고, 아름다운 미학을 알고, 추울 땐 실크 옷을 겹겹이 입을 수 있게 산 누란(선선으로 개칭)의 미녀 미라 – 모자에 신발에 겹겹이 실크옷 위 모직옷까지 제대로 차려 입고, 특히 죽어서도 표정을 잃지 않는 이 품격 있고 아름다운 여성은 과연 누구실까? 모든 품격으로 보아 살아서 요지연을 열만한 여성이다. 죽어서도 해이되지 않은 그녀의 입은 그녀가 평소 주던 메시지를 담고 있기까지하다. 사람이 노자가 신격화되듯 이 여성이 신격화되어 서왕모가 되지 않았을까? 상상과 소통은 끝이 없어 마냥 재미있으니 지혜가 들어가 구전되면 신화도 전설도 된다.

(선선)누란의 미녀 미이라 · 사막 유목민들의 가족 낙타와 말

☀ 신강성 자체가 모두 위구르족자치구이다. 한국인과 연계성이 많고 정체성이 강한 위구르족이 만든 문화들을 더욱 주의깊게 애정을 가지고 볼 필요가 있다. :1940년 중국의 침략을 받아 식민지가 되어, 티베트처럼 지금도 독립을 위한 항쟁 중이라 한다. 중국정부로부터 관광객 및 심지어 일반 주유를 하는 차들까지도 감시와 확인을 무척 철저히 당했다. 요즘들어 좀 덜해진 것이 그 정도라 했다. 가는

곳 마다 가방 체크, 고속도로에선 더운 날씨에도 화장실이나 앉을 자리도 없이 마냥 기다리거나 했다. 중국의 한족이 주를 이루는 경찰서에서 화장실을 개방하지 않아 경찰서건물 주변이 배설물로...물이 귀한 곳이라 그렇겠지 하면서도... ⧗ 위구르족은 위구르족으로서의 정체성이 강하며 기도도 독립운동도 음악과 춤도 열성적으로 하는 민족임을 역사적 여러 사건들을 통해 들었다. 그 중 호텔식당에서 노래와 춤을 제공하며 생존해 가는 여인의 초대로, 항일독립운동을 하는 한국과 동질성을 느끼며 초대에 응하였다. 사례비를 받으며 살아가는 봉사원 무희였다. 균형과 예를 잃지 않는 삶을 사는 위구르, 이들의 현재의 상황에서 돈을 허투로 쓰지 않을 것을 믿기에, 나는 내가 내는 적은 돈도 어디다 쓰일지는 모르는 일이라 생각하고 좀 넉넉히 드렸다. 유목민은 삶이 여행이고 하늘 · 기후 · 손님에 대한 괸심과 앎과 경배가 지혜이라, 여행하며 식사하며 춤추고 노래하는 삶이 전통으로 자연스러울 것이다. 그 생활의 결과가 부드러운 미소로 늘상 얼굴에 나타나는 것일 게다.

아버지가 성을 짓던 중 사망하자 아들, 즉 두 부자가 대를 이어 세운 위구르문화: 아버지의 공을 기린 '소공탑'

사막과 가뭄과 고온의 날씨인 신강위구르 지역에서 천산 설산에서 흘러 내리는 물은 사람에게나 식물에게나 고귀한 절대절명의 생명수이다. 따라서 공동체가 살아 남으려면 흘러 내려 버리는 물이 아니라 자신들이 필요할 때 쓰는 물의 관리가 필수적이다. 식수와 생활수에 이어 농산물에 정기적인 물을 공급해 주는 수로 저장 용수화가 지혜이다. 하여 신강성 중국(위구르족)의 3대 역사 중 하나라는 카레즈(카얼정)는, 남한의 7배 이상에 해당하는 모든 신강위구르 지역에 집집마다 자기집 앞에 3대를 이어 가며 집앞 수로를 만들었고, 나아가 또 그 과정을 재현해 관광화 박물관까지 일거삼득의 쾌거를 이루어 놓았다. 박물관과 지하수로 카얼정.

56개 소수부족을 하나로 뭉치려는 피나는 노력을 끈끈히 하는 것이 각 처에서 보인다. 중국공산당의 속성이 한국의 고대역사에 어떤 폄해 왜곡의 작업을 하고 있는가?

56개 소수부족의 단합을 강조하는 중국

★ 고구려벽화와 닮은 그림들(신강성 박물관 내)

⧓ 쿠차(고유문자가 있는 곳 – 부처 옆에) 키질 천불동 – **화염산맥과 천불 대협곡을 따라 천불동으로 이동하면 손오공과 우마왕의 전설이 있는 화염산 관광이 이루어지는데 영화 서유기 촬영지이다. 이어 천불동 관광을 한다.**

천불등 입구에서

☗ 여행사나 가이드들도 몰라서 그 중요한 한국 건국의 역사 현장의 앞과 옆을 지나가면서도 소개하거나 방문하지 못하는 한민족 중요 건국산 '삼위산'(환웅께서 삼위산 신단수 아래에 내려오셔서 배달나라를 세우신 – 삼국유사에 소개된 바로 그 '삼위산'이다): 일급 관광지인 돈황 명사산(월아천)과 바로 직접 붙어 있고, 모두가 관광을 가는 유네스코에 등재된 '막고굴'과도 거리가 얼마 되지 않은 '막고굴'에서도 바로 곁이라 잘 보인다.

(신강박물관의 당나라 초기때 지도에 나오는) 신시 배달국 '삼위산'과 '막고굴'

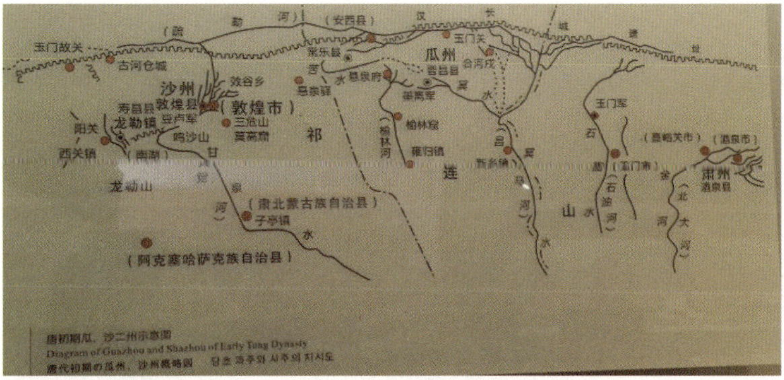

★ 신강성(위구르자치구) 박물관 옛 실크로드

돈황 시장 재현 모사품

☢ 현재의 신장 위구르 자치구 토노번시(투루판시)에는 동남쪽 약 35km 지점에 고창고성(高昌故城) 외에도 교하고성(交河故城)이 위치하고 있다.

현장스님이 머물렀던 곳인 아래 교하고성은 투루판에서는 서쪽 약 10km 지점에 있고 유네스코에 등재되었다. 황량하고 무섭도록 더운 곳에 앉아서도 자상하게 웃을 수 있는 위구르족의 여유. 전통악기로 노래를 하는 할아버지!에 대한 인상은 잊지 못할 것이다.

☢ 투루판의 교하고성 한국의 고선지장군과 혜초스님이 머물렀던 곳으로도 유명하다.

만년 고행 수련이 전해오는, 고성 한쪽 담벼락의 할아버지가 음률을 들은 후 잃어버린 미소가 저절로 찾아진 것 같다.

• 아스타나 고분묘 입구. 태호복희씨와 12지신상 앞에서

• 투루판 고창국, 아스타나阿斯塔那고분은 고대 고창국과 당나라 귀족들의 공동묘지로, 대략 3-8세기에 걸쳐 만들어졌다. 아스타나는 "휴식"을 의미하는 위구르어로, '영원히 잠든 묘지' 또는 '휴식의 장소'라는 뜻이다. 1916년 외국 탐험대에 의해 세상에 모습을 드러냈다. 이곳에서 가장 오래된 묘는 서진(西晋)시대인 273년의 묘이며, 가장 최근의 것은 당(唐)나라 때인 772년에 만들어진 것이다. 또한 이곳에서 발견된 미라들은 현재 우루무치 박물관에 보관되어 있으며, 이것들은 당(唐)나라 때의 것으로 추정된다고 한다. 전체적으로 아스타나 고분군은 한(漢)나라가 멸망한 후 투루판 일대를 1,000여 년간 지배한 고창국(高昌國)의 묘지이다. 3개의 묘지가 개방되어 있는데 실크, 도자기, 문서 등의 유물이 출토되었고, 벽화와 미라도 남아 있다. 묘지 내부의 벽화와 출토품을 토대로 묘지 주인의 신분, 직업, 당시 고창국의 역사를 추측할 수 있다. 중국국가 여유국 서울지국

■ 관광(역사왜곡)대국 중국의 끊임없는 인문컨텐츠(서유기)관광화 노력의 산물들을 찾아서.

우루무치 홍산공원

- 투루판박물관 입구에서 – 1층 공룡실이 대단하다던데 마침 수리중이라 겉에서만 보았다. 2층은『서유기』컨텐츠실이었다.
- 우루무치市는 기이하게도 중국내 유명지역 이름을 자기네 동네에 다 붙여 두었다. 누가 그랬을까? 처음에 모를 때는 어 여기도 내몽골같은 홍산이 있는가, 황하가 보이나?... 등등으로 신기해 하다가 누가 중국 민족 하나를 만들기 운동의 일환이라는 것 같아 그냥...

★ 돈황 명사산의 움직이지 않는 사막에서 삼위산을 보며 나도 삼위산이 어디 있는지 확실히 몰라 가이드에게 정보를 주며 찾아 달랬더니 한참 뒤지더니 바로 옆–돈황시내 안이라 했기에, 내심 반기며, 어찌되었든 간에 자유시간에 택시라도 타고 가 보고 가자고 생각했기에 한참 기뻤다. 그 다음날 새벽에 일찍 길에 나가 마침 여자분이 운전수인 택시가 지나가기에 '三危山' 이라 적어 주었더니 두 말도 않고 타라 해서 합승을 했다. 나중에 명사산으로 가고 있길래 아니라고 했더니, 그제서야 동쪽 방향으로 향했다. 가는 길에 '막고굴' 간판이 보였다. 택시비랑 뭐 좀 살짝 당했어도 기분은 엄청 좋았다. 이 날 막고굴을 가는데 내가 아침에 다녀온 길이라 속으로 웃었다. 막고굴에 내려 관광하는데 옆에가 삼위산(삼위태백)이라 내게 빨리 보라고 손짓하는 것이었다. 그 동네사람들도 명사산이 하도 유명해 삼위산은 모르는 이가 더 많은 것 같았다. '태백'은 그냥 좀 큰 山을 뜻하는 보통명사란다. 남미쪽 원주민쪽에선 아직도 00태백 ##태백 한단다.

맥貊족의 맥貊은 호랑이처럼 신적인 동물 神獸이다.

☢ 한국인이 맥족인데, 남미 벨리즈라는 나라가 이제야 신생나라를 만들며 나라 상징 동물을 '맥'으로 하였다. 이 벨리즈 나라 앞바다에는 산호가 많은데 일찍이 마야인들이 살며 이 산호초 사이를 길을 내어 놓았다 한다. 영국이 최근에 신생한 이 나라를 벌써 식민지로 만들었다.

KBS, 걸어서 세계로 특집, 2019. 8월 10일 화면 캡쳐

혜초스님 상상도

이순신

이순신 한산섬 바닷가 '수루'나 '제승당'에서 기도하는 모습이 현재 복원한 제승당에 그려져 있다. '수루' 오른쪽 앞에는 400여 년 되었을 것 같은 느티나무 당산목(안전을 빌어주는 서낭)이 아직 서 있다. '맹산서해' 盟山誓海-산에다 맹세하고 바나에다 맹서한다.

'한산도가'는 바로 큰 적군과 조정에 대해, 수루에 홀로 앉아 걱정하며 방어나 승리를 기원하는 이순신장군의 기도문이다.

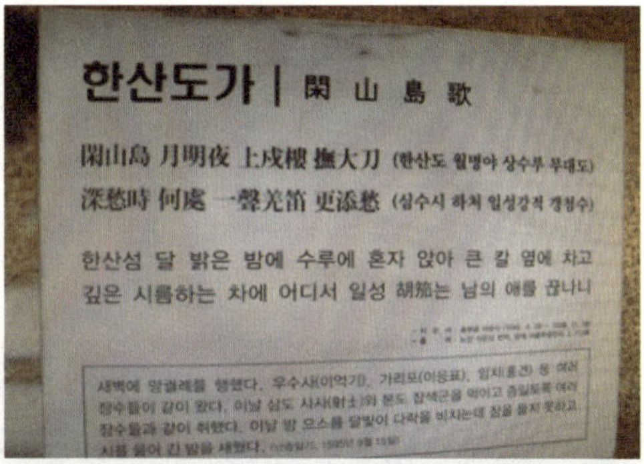

한산정閑山亭은 이순신 장군께서 자주, 본인이나 군사들에게, 실제 바다 해전을 염두에 두고 밀물과 썰물의 교차를 활용해야 유익하니 그 실전 바다를 앞에 두고 바다 건너 섬으로 활을 쏘시던 곳으로 사정과 표적과의 거리는 145m이다. 실제 상황에 적중하는 활쏘기 훈련을 하신 그 치밀한 지혜를 알 수 있다.

★ 이순신 부대의 깃발들

☢ 후손들, 이순신장군을 깊이 사랑하고 기리다 –경남 통영 '제승당'(이순신 통제사 시절 적군을 제압하는 계책을 세워 승리하자는 전략과 기운을 북돋워 주는 당)

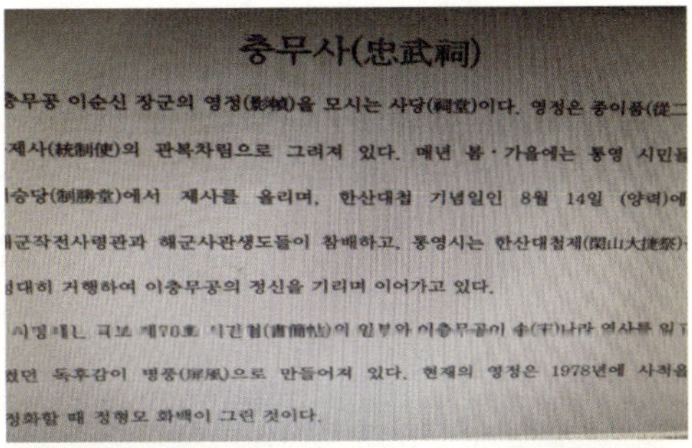

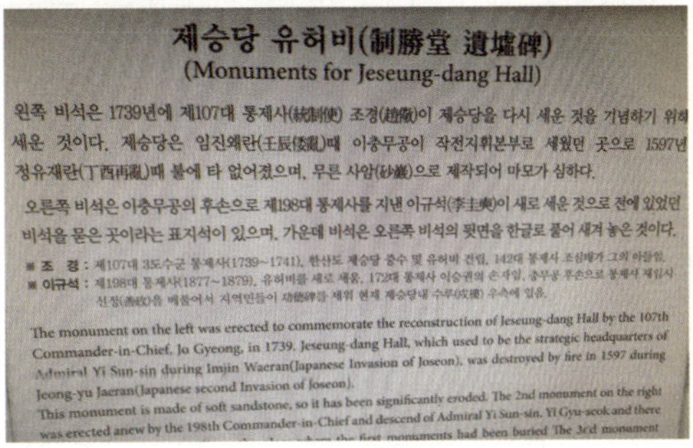

⧓대한사람 대한으로 길이 보존하세

한국국민들은 현재도 서울 광화문 중앙광장에 충무공 이순신 장군상을 세워두고 일상에서 애국심과 의로움과 철저한 나라 안전의식을 고취하고 있다.

한국의 전국 곳곳에서 민족애로 애국을 실천을 하는 분들인데, 어느날들은 강화 마니산 참성단 및 제천궁터에서 72천황인 환인 환웅 단군천황 감사 염원과 한민족 3경전인 천부경 · 삼일신고 · 참전계경 등을 암송하며 현대와 미래의 국태민안과 세계평화 기도를 수시로 드린다.

《실사구국 한국역사문화학》1권. 7-9. 문광부 직녀성과 견우성의 만남 기념 3권. 칠석제 남북이 같이 유네스코에 등재하며 세계평화축제로! (장차 중국과 일본도 합류케)

칠월칠석 한국 연인의 날(만남의 날)-해외 한민족, 북한도 같이-중국이 한국보다 늦게 시작한 칠석제를 독자적으로 유네스코에 등재하려고 몇 년간 준비를 크게 해 왔으므로, 한국 정부도 대처가 절실하다. 중국 칠석제에 대해 한국 문광부장관(당시 한나라당 정병국장관)에게도 지원을 요청했는가라고 물으니 답변이 없었다.

직녀가마 옆에 걸린 벽화도는 평양 덕흥리고분내 견우 직녀 벽화도로서 광개토태왕 때인 408년에 만들었다. 이 벽화로도 남북이 평화칠석제로 나아갈 수 있다. 청계천 칠석 제석굿 때 국태민안 평화통일을 기원한 후 대담하는 서해안 배연신굿 및 대동굿 보존회장 김혜경선생님과 이수자 우리 동이족의 동이 위에 서서 국태민안 평화통일을 기원하는 이순애선생님

가뭄에 비가 내리면 감사하며 중국이 아리랑과 칠석제를 유네스코에 등재한다는 정보를 듣고, 청계천에서 칠석제를 민간단체가 지원금 없이 간도 크게 3일간 시행했다. 빚은 소장했던 나에게는 귀한 역사 골동품 백제금동대향로 모사품 등과 생활비 및 비상금 등으로 조금씩 다 갚았다. 이성재 천신교(경신연합회) 회장님도 자비로 출연하고 비를 맞으며 날카로운 작두 위에서 국태민안과 국민개인의 공수기도까지 해 주셨다. 송신비 무교대학 추진위원님도 99개의 날카로운 작두굿의 세계적인 대가이시다.

대전에서부터 사비로 준비를 다 해 와 남산칠석제굿을 올려 주신 김영순주무, 여러모로 신경을 쓰는 호재국 소서노기념사업회 이사님과 한 컷, 솟대만들기 체험, 어디서나 잘 어울리게 하는 강강수월래로 멋들어지게 한판 놀아, 몇 달간의 돈 걱정과 준비의 고단함이 싹 가셨다. 다시금 나 차옥덕을 믿고 연락만 하면 '알아서 자신들이 할 일을 찾아서 척척 해 주신' 여러분들께 – 또 그 분들을 소개하신 선생님들께도 엎드려 깊이 감사드린다.

사진: 학생들의 솟대만들기, 율려 이귀선선생님과 제자 신이나님과 더불어 다 함께 '청계천 강강수월래'

칠석이라 비님도 잠깐 내리시니
고구려말타기 고회장과 학생들이 함께

팔순이 넘은 김금화문화재님께서 아름다운 소리 삼현육갑과 칠석굿을 흥이 나게 즐겁게 하시니 관중들도 함께 들썩들썩

차옥덕박사 주최, 김현문 한국도교학회장, 강영자교수, 외국교수, 김금화선생님, 노중평선생님 외 다수 동남아 및 서양 교수들의 관심이 더 높았다. 말레이시아 승려교수 및 한국의 신당을 보고 싶어 하는 외국교수들의 요청으로 세미나가 끝나고, 99칸 작두와 백마를 타는 송신비 무교대학 추진위원님의 신당에서 저녁식사와 다과회를 열며, 한국과 세계 무신교 및 도교의 습합과 앞날에 대해 덕담을 나누었다. 한국의 신교에서 나간 유불선무 각각의 전국 대표들이 강화마니산의 단군께서 머무르시던 참성단 천제전 행궁터의 천제암궁터에서 역사적인 만남을 가졌다. 그 깊고 바른 뜻을 제대로 하나씩 펼치는 일이 남아 있다.

박승재 태세학당 대표, 최진규 약초전문가, 대구 김제관 경주김씨 종친회 이사 및 김정 민요 가수, 전남 나주 환인제를 지내는 왕현선사, 대전 위진삼 서예가, 서울 김영기 민족회의대표, 경기 김옥자 태모님, 강화 배상천이사, 박상문 대한무교 회장, 손일생 환웅신앙 연구실천대표, 속리산 상주 문정주(세나) 에덴기독교 휴양원장, 경북 김천 정암스님, 허정호 한자연구가, 시화진 일본역사답사전문가 각 분야 등등에서 고루 다 세계종교평화 및 국태민안과 역사신앙문화 컨텐츠의 활용과 바른 한국 신앙의 정제를 위해 하나로 가는 마음으로 동참하셨다.

마니산에서 환웅천황의 홍익인간 기도를 주로 하는 손일생선생 / 이은숙 민속신문사 회장의 극치에 이른 무예술

⧓ 한국 칠석제의 특징이자 장점은 30만 이상의 전국 무신교인들이 (요즘은 각 사찰에서도 칠석제를 지낸다) 모두 칠석천제를 회원들과 각 신당에서 올리고 있다. – 중국이 아무리 칠석제를 독단으로 유네스코에 등재하려 해도 실행한 역사가 별로 없다. 즉, 중국은 최근에 와서야 정부나 성 차원에서 인위적으로 공식적으로 칠석제를 크게들 하지만, 한국은 유네스코의 심사가 나왔을 때 칠석날 전국신당과 사찰들에서 칠석제를 하고 있는 것을 보면 한국이 경쟁력이 훨씬 높을 것이다.

祭主 차옥덕박사, 청계천 칠석천제의 상차림을 준비하여 실시한 한국제례문화연구원. 천제는 王만이 올릴 수 있는 것이라 상차림도 격식이 대단하다. 제사비가 충분하면 종묘제례의 상차림을 능가한다. 제후국으로 취급을 받으면 천제를 못 올린다. 대한제국, 고종황제, 천제단인 환구단의 개칭은 상호 관련성이 있으며 독립국으로서의 면모를 갖추는 의미가 크다. 지금은 신위를 넣어 두는 황궁우만 남아 있고 원 환구단은 조선호텔이 물려 받아 있어 어디서든 그 완전한 복원이 절실하다. 좁은 지역에서 벗어나 74만 여 평 용산민족역사공원에 그 원래의 전체를 복원하는 것도 생각해 볼 일이다. 공산당이 만든 중국 환구단도 일년에 몇 백만 순례객이나 관광객이 매일 찾아 관광대국 중국의 문화수입에 크게 기여하고 있다. 한국의 신앙 컨텐츠는 여러모로 무한하다. 어눌한 것에 사로잡힌 편벽함에서 벗어나 인류 원형의 컨텐츠를 보는 눈과 공부가 있다면 가히 하늘과 통하는 컨텐츠이다. 일부 한류스타들이 닿아 있다. 점점 한국의 원형문화가 확연히 아름답고 가치 있게 전해지는 날이 올 것이다. 더 한층 노력하자.

☗ 나는 2011년 한국 춘천중도에 영국레고공원을 짓겠다는 영국이 2012년 '영일무기공동제작동맹'을 맺고, 2017년엔 영국이 한국상공을 시험비행하길래 한국에 뭐든 하려면 그 영일동맹부터 해체하고 하라고 항의시위하러 영국대사관 앞에 간다. (중도에는 한국고대사를 증명할 유물이 약 만 점 가까이 나와 절대로 파괴하면 안 된다)

민혜성 판소리 홍보가 무형문화재 프랑스 학생들에게 판소리 강의

부천 출자성 신당내의 기해년 칠석 깃발들(그림 한재규 명지대교수)

한국의 전국 30여 만 신당에 칠석날 대문앞 깃발을! - 공무원을 지내셨던 한 분께서 중국이 칠석을 유네스코에 등재하려고 대대적 행사를 하는 것을 듣고, 한국인 자신은 일년내내 걸겠다고 칠석깃발을 달라고 하셔서 10여 년간 칠석행사를 어렵사리 해 온 나도 또 한 번 힘이 났다.

이 책을 금수강산 지구에 생명이 있게 한 그 님과
구석기 전부터 면면히 신토불이가 되게 지켜 온
우리의 조국 맥 고리 맥이 코리아 조상님들과 나의 가문의 조상님들
특히, 이화대학 신입생의 기숙사에 큰딸을 데려다 놓고 가시면서도
눈물바람을 하시던 배복순 어머님과
오늘날 나를 있게 한 여러분들과 가족에 감사하며 바칩니다.
사람 간의 깊은 정과 信義를 마음 바탕에 깔아주고 가신 어머님 아버님!
한 번이라도 더 보고 싶은 그 마음 모두 이 책에 담습니다.

"역사 문화는 善한 공동체로 향하게 하는 인류의 힘의 나침반이다"
차(배)옥덕

한국의 정체성을 사랑하는 이들에 의해, 한국의 모든 정책이나 역사문화가 현재와 미래의 한국을 위해 이루어져야 한다.

5살 때 아버지께서 목마를 태워 사진관에 가서 찍다.
어머님 배복순 여사와
문학박사 차(배)옥덕

上元甲子、桓紀
10,956、夏至
鍾會畫

들어가는 글 I

지구에 큰 생명인 공룡이 마지막 서식지로 찾은 이 풍족하고 축복을 받은 누리 한머리땅! 8000만 년 동안 공룡들이 생명을 이어 갔고, 사람은 몇 십만년 구석기를 지나며 그 생명과 지혜와 사랑의 손길이 구석구석 배여 있는 금수강산 공기와 땅과 물! 짧게는 만 여 년 인간 역사의 한국의 생명 존중과 평화를 향한 홍익인간이 녹아 있는 인간화 과정 속에 정교하게 발달된 현대 영화 예술의 향유! 그 속에 녹아 있는 한국인의 맑고 담담한 의지가 드러나는 '한국인다움(정체성)' 우주의 숱한 별들에 생명을 찾아가는 노력을 기울이듯 우리 한국의 역사 속에 촘촘히 배겨 있는 영롱한 사람들을 찾아낸다. 생명 사람 사랑의 밝은 뜻 바른 義 천손으로 고히 품고 순응과 도전의 지혜를 발휘한 역사의 인물들과 더 위대한 합의의 길에 동참해 준 동지 백성들은, 마치 서로 받들어 같이 지탱하는 하늘의 별들 같다.

B.C.E. 8937년 환국을 아사달에 세운 '반고 환인'과 '막지 황비'! 3000명의 전문가 조직을 양성하여 튼실한 배달나라에 기초가 된 거발한 환웅! 비가 고루 사랑을 뿌리듯 백성의 죄를 미워하거나 압제하지 않은 아술 단군! 자연의 이치에 순응해 오랜 기간 왕을 했기에 여섯 재상에게 '조선'이란 나라를 선양하고 산으로 들어간 고열가 단군! 생명사랑 어머니 마음으로 백성들의 피 한방울 흘리지 않고 나라 고구려 (십제) 백제를 세워 한민족에 선사한 소서노 어라하! 고군분투 발해(대진국)를 세운 대조영 부자! 자연재해 화산 폭발을 미리 알고 백성을 구출해 이민시킨 기질 국무國巫! 한국인다운 제사실천 마음의 평정으로 금수강산 참사람들의 지혜를 얻어내어 나라를 구한 이순신 장군! 천상문답을 받아낸 수운 최제우 선생! 나라의 현묘지도 유불仙으로서 義로서 압제 속에서도 한국인을 하나로 이끈 동학의 전봉준과 차천자(차경석)와 고수부! 굳굳한 만 여 년 천손 생명 홍익의 땅 義역사를 지켜내기 위해 한 목숨 초개처럼 바친 숱한 의열사들!

총총히 박힌 별들처럼 만 여 년 역사의 참 별같은 그 혼들은 밝은 마음 생명존중 맑은 재주 만년 끈기로 참생명의 만년 역사를 이어갈 한국의 작가 감독 · 연기자 · 투자 제작자 · 특히 힘들게 든 참깃발에 손뼉을 쳐 줄줄 아는 마음 눈 귀가 밝은 관람자들을 기다리고 있다. 미래의 사람사는 세상 – 혼자서도 같이서도 생명 존중하며 잘 사는 사람들의 하늘에서 준 그 마음이 묻어나는 한국역사문화를 길이 사랑하기에

들어가는 글 Ⅱ ☢

아스달 연대기는 한국고대사 요약본으로 뇌리에 박힐 수 있는 첫 작품 정부와 국민들의 높은 관심과 응원이 절실하다. 제 2탄에서 보완도 기대

대중적 접근은 대중문화 장르인 다큐영화나 드라마와 영화로 접근하는 방식이 필요해진다. 제작진 전체가 어려운 도전을 하고 있고 성공하기도 하나 우선은 지속적인 정부의 선 지원도 당분간은 지속되어야 한다. 2008년 EBS다큐에 50억원을 들인 〈한반도의 공룡〉과 2019년 지금 TVN드라마로 방영되는 540억원이 투입된 '아스달 연대기'는 한국 역사문화영화의 좌표가 되는 기념비적인 작품들이다. 자칫 기원후 2000년만 다루어 온 우리 역사영화와 기원전 8000년을 건져 올릴 수 있는 귀한 역할을 할 수 있는 작품이다.

2008년 경상남도 고성의 육식공룡 타르보사우루스의 생애를 재현하는 연출 방식과 세계 최고 수준의 순수 국내 CG 기술로 8000만 년 전 백악기 시절 한반도에 살았던 공룡들의 모습을 50억원으로 재현해 낸 EBS다큐 〈한반도의 공룡〉이 시청자들에게 굉장한 환영을 받았다. 이어 〈한반도의 공룡 2 점박이〉와 〈한반도의 공룡 3〉 까지 나와 열렬한 사랑을 받았다. 공룡은 기후변화에 살아남지 못하면 절멸하고, 사람은 산업 기후변화에 적응해야 살아 남는다는 공통적 요소로 인해 요즘처럼 변하는 산업사회에 갈등하는 어른들에게도 상당한 몰입과 사고의 전환 계기를 제공했다.

'아스달 연대기'는 한국인에겐 아주 의미 있는 귀한 기념비적인 드라마이다. 고대 역사전쟁기라 더욱 의미를 갖는다. 이 드라마엔 때때로 우주가 만들어지고 사람이 태어나고 소리나 사물의 의미와 이름이 붙여지는 과정도 구석기인같은 부족의 사람들이 자신들보다 좀더 발전된 문명의 이기를 가진 자들(이들은 이미 청동기를 가진 조직으로서 자기 집단의 확산과 보다 큰 집단에의 지도자로 향한 야망과 권력욕을 드러내는 등 폭력적인 면도 나타난다)로부터 알아가는 과정 등 창세기 전후 신석기와 청동기 초기시대도 보여주고 있다. 역사적으로 환웅개천 단군조선의 수도 아스땅 아사달 아스달 신화같은 전설, 전설같은 고대 한민족 역사의 시원을 그려 보고자 한 것 같아 반갑다. 2편도 만든다는데 만들기에 따라, 이 한 편의 연작드라마가 한국고대사의 요약본으로 한민족이나 세계인류의 머리에 꽂힐 수도 있다.

'아스달 연대기'는 태고의 땅 '아스'에서 서로 다른 전설을 써내려 가는 영웅들의 운명적 이야기로 TVN에서 우리나라의 상고사를 소재로 한 작품으로 환웅 단군조선 시대의 도읍이었던 아사달이란 명칭을 약간 변형시킨 것으로 추정되고 있다. '아시' '아스' 땅(달)은 '첫' 땅이라는 뜻이다. "멕시코 마야 잉카 원주민들 중에선, (외부인들의 눈에 궁핍하게 사는 것처럼 보여도), 일반 한국인보다는 자신들의 역사를 후손에게 전승시키겠다는 의지가 강력한 점에서 역사문화 전승부분에서는 부자이다. 이들은 아직도 자신들과 그 조상이 먼 '아스'땅에서 왔다고 벽화를 그려 놓고 후손들에게 자신들의 역사를 알리고 외지인에게도 그렇게 전한단다.(손성태교수)

"고조선 국가는 영역이 요동 요서로 넓어짐에 따라 다수의 부족을 후국侯國 제도로 다스렸다. 후국은 2개 유형으로 나눌 수 있다. 제 1형 후국은 '직할후국'으로서 매우 일찍 후국이 된 맥과 예(건국에 참여하지 않았던 경우), 부여, 옥저, 구려, 진辰, 숙신(읍루) 등이다.

제 2형 후국은 '변방후국'으로서 동호東胡, 오환烏桓, 선비鮮卑, 해奚, 오손烏孫, 유연柔然, 산융山戎, 흉노匈奴, 돌궐(突厥 · 원튀르크), 실위(室韋 · 원몽골) 등이 들어간다.

고조선 제왕(단군 · 천제)은 후국에 왕족을 보내거나 부족장을 제후로 임명해 다스렸다. 이 때문에 후국 호칭이나 소왕에는 단(檀)씨가 많았다. 예컨대, 선비족의 왕은 단석괴(檀石槐), 유연은 대단(大檀 · 아발), 흉노의 왕 호칭은 단우(單于 · '선우'로 읽는 것은 후의 변화, 단후 · 檀后와 같음) 등이었다.

아사나(Asana · 阿史那=조선 · 朝鮮)와 해(태양)와 같은 낱말의 자취도 찾을 수 있다. 돌궐의 왕족이 '아사나'이고, '아사나'의 축소된 변음으로서 오손의 국명, 해(奚)족의 국명, 오(烏)와 환(桓, 한 · 韓)의 합성인 오환의 국명 등이 그 예이다. 이러한 후국들은 전조선 기간만도 1500여 년간 고조선의 다스림을 받는 사이에 고조선 문화를 분유 통합하여 상위의 공통 '아사달(고조선) 문명'을 형성 발전시키게 되었다. 아사달 문명권의 원민족들이 공유한 주요 문명 항목으로는 △고조선 언어 △통치제도와 양식 △고조선 금속기술 △고조선 무기 △태양숭배 △천손(天孫)사상 △고조선 신앙과 종교 △고조선 기마문화 △고조선 궁사(弓射)문화 △고조선 축제문화 △고조선 경기문화 △고조선 음악과 무용 등을 들 수 있다.

고조선 사람들이 중국 산둥(山東), 산시(山西), 허베이(河北), 허난(河南)성 등에 진출해 자치 소국들을 세워 삶에 따라 아사달 문명권은 산둥반도 일대와 만리장성 일대, 화이허(淮河) 일대에 미치게 되었다. 이 지역에는 고중국(하 · 夏) 문명이 뒤이어 들어왔기 때문에 두 문명이 변경에서는 겹쳐졌다. 따라서 아사달 문명권은 고조선 영역보다 그 지리적 범위가 더 넓었다." (신용하, 고조선과 돌궐)

등등과 같이 한국상고사를 소재나 저본으로 참고하고 있는데, 상고사는 역사 이전의 아주 오래된 역사를 이야기하는 것이라 역사 이전이라 하면 실은 기록되지 않은 역사이기에 실증을 할 수가 없는 시대이긴 하다. 그만큼 상상력이 들어갈 여지가 있다. - 신화시대라 치부해 버렸던 시대의 역사를 찾아 보는 보람된 드라마이다. 당연히 익숙하지 않은 서먹한 고대 원천사적 주제, 낯선 이름들, 신탁과 사제들의 큰 비중과 역할로 서로 힘들고 낯설 때도 있을 것이나 한국인들이 같이 보듬어 안고 건너야 할 사막길이다.

간단한 벽화나 유물 등으로 추측이나 혹은 상상에다, 한국의 역사적 위기들을 겪으며 어렵사리 한국의 상고사와 관련된 책으로 남아 있는 단재 신채호 선생이 지은 '조선 상고사' 및 '환단고기'

신라시대의 재상이며 문인 역사가 충신, 망부석의 주인공 박제상이 지었다는 '부도지'와 발해를 세운 대조영의 아우 대야발이 지금의 터키까지 가서 돌궐족의 자료까지 뒤져서 수집해 지었다는 '단기고사'라는 책과, 그 책을 포함하는 '환단고기'에서는 한반도의 역사가 1만년이 넘었으며 단군도 우리가 아는 단군왕검 한 명이 아니라 수 십 명의 단군이 고조선을 다스렸다고 나와 있는 것. 단군 이전엔 환웅 시대가 있어서 역시 수 십 명의 환웅이 나라를 다스렸으니 1만년의 역사를 가졌다고 알리고 있다. 환인시대 12환국에서 뻗어 나간 것이 세계의 각 문명들이라 당연히 기독교 창세기도 한민족의 창세기역사부터 다룬 부도지의 창세기 이야기와 일맥상통하는 부분도 당연히 많다. 창세기에는 하나님이 말씀으로 우주를 창조하셨다고 하는데 부도지에서도 역시 마고주신 이래 소리를 바탕으로 우주 만물이 만들어졌다고 기록되어 있는 것을 확인할 수가 있다. 노아의 홍수와 비슷한 이야기도 발견할 수가 있는 등 한국고대사가 바로 인류고대사인 것을 증명할 부분들이 당연히 많이 나온다. 또 드라마 아스달 연대기 등장인물 장동건, 송중기, 김지원, 김옥빈, 조성하, 박병은 등과 추자현도 특별 출연으로 열정적인 연기들을 몰입하여 하고 있는 것을 볼 수 있다. 드라마 제작진들은 아스달 연대기 제작을 위해 주 150시간을 넘게 강행군을 했을 정도로 엄청난 공을 들인 작품이라고 한다. '선덕여왕'(2009), '뿌리 깊은 나무'(2011), '육룡이 나르샤'(2015~2016) 등을 집필하며 스타 작가 콤비로 떠오른 이들은 시청률 기대치에 대해 "잘 됐으면 좋겠다는 마음뿐"이라고 에둘러 답했다. 미국의 판타지 드라마 '왕좌의 게임'과 비교되는 데 대해 박 작가는 "'왕좌의 게임'은 인류가 모닥불에서 춤추던 시절부터 지금까지 모든 엔터테인먼트의 정점에 있는 드라마이다. 비교되거나 표방할 수 있는 게 아니라고 생각한다"며 "저희 나름대로 상상력으로 가상의 시대를 배경으로 좋은 드라마를 만들려고 노력했다"고 답했다.

김영현 - 박상연 작가 콤비는 '뿌리깊은 나무'의 종영 이후부터 '아스달 연대기' 기획을 시작했다. 김 작가는 "2012년께 '사피엔스' 등 인류학 서적들이 많이 나오면서 관련된 강의들도 많이 생겼다. 그것들을 보면서 확 몰입됐다"며 "이것들로 이야기를 만들면 새로우면서도 재미있는 드라마가 될 것 같아 기획하게 됐다"고 설명했다.

'아스달 연대기'의 주제에 대해 김 작가는 "인류학 공부를 하니 사람만 어떠한 아종(亞種)이 없이 호모 사피엔스 사피엔스만 살아남았다고 하더라. 왜 그렇게 됐을까 생각을 많이 했다"며 "다양성에 대한 인정, 다른 것에 대한 인정에 관한 이야기가 앞으로 펼쳐질 것"이라고 강조했다. 연출을 맡은 김원석(47) 감독은 "기대는 조금 낮추시고 응원하는 마음으로 봐주시면 감사하겠다"고 말했다. 김감독은 "열심히 만들었지만, 열심히 했다는 것만으로 칭찬을 받거나 좋은 반응을 얻을 거라 기대하지 않는다"면서도 "우리나라에 이런 드라마가 하나쯤은 있어야 한다는 마음으로 많은 스탭과 배우들이 고생하며 만들었다...한편 이날 발표회엔 주로 아시아 지역에서 온 외신 20여 개 매체가 참석하고 행사장 한 구석에 통역기가 배치되는 등 해외에서도 '아스달 연대기'에 쏠린 관심이 적지 않음을 짐작하게 했다. 국내의 언론 또한 평소 드라마 제작발표회의 참석 인원보다 약 2배 정도 많은 200여 명이 취재를 신청했으며 현장은 행사 시작 1시간 전부터 취재진으로 붐볐다.

총 3개 파트로 구성된 '아스달 연대기'는 다음 달 1일부터 '파트1 예언의 아이들'과 '파트2 뒤집히는 하늘, 일어나는 땅'이 각 6회씩 12회 분량으로 연이어 방송된다. '파트3 아스, 그 모든 전설의 서곡'은 하반기 방송 예정이다.

(norae@yna.co.kr, 연합뉴스, 2019/05/28)

작가의 참고 저작물들을 몇 가지 아스달 연대기 제작사의 기사들과 내용을 통해 추정해 본 것이다. 지금까지 한국 역사드라마들이 단순한 한 사람 중심으로 만들어진 것이었다면 이번 아스달 연대기는 앞으로의 한국 역사극의 기반이라 할 수 있는 기초이며 시금석인 것이다.

기존역사극은 예를 들면

고구려의 남자들: 주몽(해방된 남자 – 산스크리트어에서 의미), 광개토대왕, 연개소문, 대조영

신라 – 선덕여왕, 해신(장보고),

백제 – 서동요(선화공주 무왕), 고려 : 왕건, 천추태후[1]

조선 – 태조부터 용의 눈물[2], 세종대왕 이순신,

근대 – 김구, 안중근, 박열..

한국 및 인류상고사의 어려운 부분을 한국의 4~50대가 주축이 되어 소위 "역사문화적 영화적 상상력과 사랑"등으로 뼈를 녹이도록 고심해 만든 첫 대작이니, 많은 한국인과 세계인들이 관심을 가져 우리 인류는 하나의 원천적 탄생임과 자랑스런 한국인은 천손으로서의 역사문화적 역할이 있음을 각성해 주길 바란다. '아스딜연대기'라는 대징징에 큰 마음과 돈을 투자한 심지 깊은 분들의 기개와 제작진들의 민족역사문화적 큰 용기와 노고가 존경스럽다. 앞으로도 더욱 지금껏 가보지 못한 한국고대사 역사문화의 사막길과 그 오아시스같은 작품들을 만날 수 있기를 진실로 기다린다. 그것은 세계인 – 특히 전 세계 200여 개 나라에 흩어져 사는 한국인을 포함하여 – 직간접 영향력이 큰 한류 영상의 대중문화를 통하여, 어디 어느 시대에 살든, 과거와 미래의 한국인의 정체성과 한국역사문화를 하나로 뭉쳐 지키는 '실사구국적' 큰 일이기 때문이다.

한국 역사문화학은 나 · 우리에 관한 직접 간접 성찰이고 자원이다.

직접적으로는 나라의 혼魂인 역사와 기강을 지키는 것이고, 간접적으로는 문화컨텐츠 자원을 산출하는 것이다.

그 한 예로 숱한 역사 컨텐츠를 통한 드라마로 역사 공부를 하게 되는 일상의 삶을 비난할 것이 아니라 각박한 중에도, 재미와 시청각적인 효과를 활용한 국민대중의 하나된 역사 교육을 꾀하는 일이 역사 전쟁기엔 더욱 적극적으로 필요해진다.

3)

이제 한국도 역사 드라마(대중적 역사 교육)가 삼국시대를 넘지 못하는 우리 한국의 문제가 역사 전쟁기에 고대 역사를 빼앗기는 한 원인이 되고 있지는 않는가?를 생각해 볼 때이다. 늦었지만 지금이라도. 조금 서툴더라도 시작해야 한다. 한류 한국의 드라마 제작팀들의 실력은 이제 대단히 무르익었다. 정부측도 교육부 문광부 중소기업청 기재부 등등이 손발을 벗고 나서야 한다. 모든 게 다 결론 지어진 후이면 후손들이 바로 잡기에도 더욱 어렵다. 8세기에 혜초가 갔듯이 우리 역사드라마도 이제 '통 크게' 한 번 가 보자. 2008년 다큐 '한반도의 공룡'은 크게 호응을 받았다. 아스달 기해년 올해에 방영하고 있는 '아스달 연대기'는 한반도를 비롯해 세계 인류 영화사에서도 획기적인 좌표가 될 귀한 작품이다. 계속적인 응원이 절실하다.

완전 논리적 검증이 이루어지지 않았더라도, 지금은 고대 역사의 맥을 컨텐츠라도 찾아 나서는 모험을 하여 한국민 대중의 역사 공부에 관심을 모아야 한다. 그것이 우리 역사를 지키는 첩경이다.

들어가는 글 Ⅲ

동양 문화사적으로 문화교역국이 태평양의 낮은 섬 대륙 무MU제국에서 온 환인 – 천산에서 막과 천문을 아는 막의 여인, 고운 실크 옷을 입은 천산의 원주민 여왕이 막지이다. 막지를 찾아 〈서쪽으로 간 남자〉가 노자이고, 〈서쪽으로 간 왕의 어머니〉가 서왕모이다. 〈서쪽으로 간 어머니〉가 〈서쪽으로 간 남자〉보다 먼저이다.

무 제국이 지진으로 바다 속에 가라앉아 멸망한 시기와, 환인이 환국을 세운 B.C.E. 8937년 시기도 맞다.

천산 돈황에서 고운 옷 – 실크를 만들어 입을 줄 아는 여인 – 또 '막지'라는 이름은 '막을 아는'·'막의 여인'·'막을 알리는 대표적인 여인'은 =웅녀족의 여왕으로도 풀 수 있겠다. 그런 서쪽으로 간 막지를 무조건 사랑하여 찾아 나선 동양 세계의 도인 서쪽으로 간 석로, 바로 그 노자의 스스로의 변辯이 『서승경』이다. 노자의 몇 안되는 책 『서승경』이 최근까지도 잘 알려지지 않은 이유는 뭘까? 더 정확히 말해, 그 많은 노자 연구가가 긴 시대동안『서승경』을 대중에게 잘 알리지 않았던 이유는 뭘까? 노자가 자기와 살았던 시기도 8000여 년이나 더 앞서는 그때의 '막지'를 찾아 서쪽으로 간다고 우기는 노자! 사마천은 노자 당대의 여인 막지라고 사기에 분명히 기록하고 있다...

유방은 속여도 "장자방의 눈은 못 속인다." – 유방을 반대한 초나라 패왕(항우 쪽 책사) 범증의 꿰뚫어 보는 통찰력이 빛나는 지적이다. 노자와 노자의 스스로의 변辯인『서승경』을 보는데도 그런 "장자방의 눈"으로 한 번 볼 필요가 있겠다. 도가에 대한 역린일까? 이 시대에도, 컨텐츠라는 치마 폭에 쌓여 한 번 시도해 보자 – 노자의 역린을?

한편 작금의 남북미 문제에도 한국에 그런 장자방이 절실하게 필요한 시대를 사는 우리 – 역사에서 배울 것이 많다. 다행히도 장자방 가까이에 가는 몇 분이 보여 안심은 하나..

주체적으로 역사를 만드는 사람들과 역사를 기록하고 공부하는 사람들!

양자가 다 역사를 만든다. 주체적으로 역사를 만드는 사람들은 바빠서 아니면 정신이 딴 곳에 있어서, 실제 기록하는 사람은 노자나 사마천같은 사관이고, 조선왕조 실록같은 것을 작성한 사관이다. 막, 맥, 맥국, 맥족, 한민족 근원 시원 역사와 역사정신을 바르게 찾고 공부하는 사람들은 헛되게 살지 않는다. 진정 역사의 의미와 평가를 아는 사람들은 나라와 자신의 정체성을 찾고, 사람 간에 신의를 지키고 주변을 돌보는 일을 마다하지 않는다. 근본 자세는 '임금님이 발가벗었으면 발가벗었다고 말 할 수 있는 사람들이다.' 노자가... 했으면 ... 했다고 한 번 해 보자. 항일운동 시기 중국인이 못했던 것 한국인이 한 예가 있었듯이

"지금까지 일본군과 전쟁을 하면서 단 한 번이라도 일본인 장성을 죽인 적이 있었냐? 우리 수억 명의 중국인이 해내지 못했던 일을 단 한명의 조선인이 해냈다. 상해 임시정부에 전폭적인 지원을 하겠다." – 중국 (우파) 총통 장개석 (현 중국 (좌파) 정권도 훙커우 공원에 윤봉길 의사를 기념하는 기념비를 세웠다. 테러리스트??)

"그 시대는 원래 다 그랬어. 일본을 무슨 주제로 이겨? 오히려 일본과 하나되는 게 더 이득이지" 라는 생각이 정말 대세이고 옳은가? 자포자기, 계란으로 바위치기라, 힘이 곧 정의, 물지 못하겠거든 짖지도 마라는 패배주의에 찌들어 모두들 일본에 순종해 가고 있을 때, 그 순간까지 "아직도 일본에 대항해서 싸우고 있구나"는 것을 조국의 동포들에게 알리기 위해 자신의 목숨과 바꿔서 그 어려운 임무를 수행했던 독립운동가들[4)]

일러두기는 이 책의 XI. 새 인문학의 지평을 열다 – 글쓰기의 변혁 약속으로 대신한다.

나는『실사구국의 한국 역사문화학』을 5년간에 쓰고 이어, 그 자료 안에서 재미있고 유용한 자료들이 보여 시각과 재미로 몇 가지 컨텐츠 방향을 쓰게 되었다. 제공하는 것이 여러 모로 도움될 수도 있겠다 여겼다. 더욱 구체적인 이야기들은 다음 노정이 될 것이다. 서울 용산에 '세계적 고고학공원(바로 한국고대역사관)'을 세우는 컨텐츠가 제대로 되면 바람직하겠다.

– 11,000년 전 무 대륙에 잠기기 전에 천산으로 이주해 간 문화인 환인과 환웅 – 3000여 명 – 역사책을 새로 쓰야 하는 시기에 한 부분의 조각 퍼즐이라도 이어가고 대중이 한국역사를 짧은 시간에 재미있게 알게 되어 한국역사를 지키는데 도움이 되는 작은 계기라도 되길 바란다.

이 책에 오자나 인용, 저작권 밝히기 – 특히 일하면서 TV방송을 틀어놓고 하기에 (씽크대와 TV를 서로 볼 수 있게 그렇게 돌려 작업에 자료 도움을 많이 받는다 →이'실사구국'의 주제로 일상 삶에서의 변화에 관한 책을 일찍이 한 권 썼다. (신문활용 교육 NIE에 비해 티비 활용 교육 TIE는 TV를 틀어놓고도 다른 일을 할 수 있는 점, 또 많은 시청각적 효과가 있는 사진을 제공하기에 큰 도움이 됩니다.) 이후 30여 년간 여러 일을 하며 따온 기사나 화면 등은 주로 방송국 프로그램이 들어있는 화면과 도로상에서 찍은 사진과 인터넷기사이니, 따라서 시각에 따라서는 문제로 볼 수도 있겠으나, 나라나 개인들에 좋은 일을 하려고 오랜 기간 걸쳐 쓴 책이니, 넓으신 아량으로 양지해 주시길 간절히 당부드린다.

일러두기 Ⅳ

◈ 차옥덕박사가 "각 글에 대한 마침표 대신에 자기 견해에 부응하는 부호"를 만들어 내었다. 일상에서 연상적으로 분산적인 사람의 삶에서 자연스런(때때로 창의적인 글쓰기에도 도움이 된다) 글쓰기로 일하다 보니, 길라잡이 부호가 나의 메시지 전달이나, 읽는 독자들에게도 한 번 더 생각하는데 도움이 되게 하므로, 마침표 대신에 의미가 있는 부호를 만들어 쓰게 되었다.

부호 약속 예들

☑ '시급 부호' 시급히 처리해야 할 것, 이 책에서 가장 시급히 요구하는 것은 3개이다. 국제적 전국적 시급의 결제요구 사항이다. 이러한 부호를 붙이는 문제는, 말이나 글로서 탄원 항의 데모도 할 수 있는 사항이다. (불가역적 파괴 위기: 춘천 중도, 120년만에 광복되는 용산 민족역사공원이 제대로 하는 것, 중국 유네스코 등재준비 완료한 칠석제: 연인의 날, 한국도 국가적인 정책지원 활성화가 요구된다..)

◒ 우리 조상의 지혜나 전승해야 할 것들

☢ 3, 삼, 삼신에 관한 것 및 오랜 한국 전통

⊙ 직접 만들거나 떠오른 새로운 낱말이나 아이디어

★ 칭찬거리 컨텐츠로 홍보 확산, 천연 자연 자랑거리, 희망거리로 '활용 부호'

◈ 귀하게 여기거나 귀하게 만들고 귀하게 삽시다 '귀삽'.
하는 나의 설, 땅, 터 소신, 동료, 가치관의 필요

☀ 수익구조 좋은 아이템 – 특히 건져내서 활용해 보시라는 나의 '살뜰 부호'. 중요 문화재 보호와 지속적 창의적 꼼꼼한 관리와 운용이, 나라의 위상과 기강과 수익구조를 만든다.

▲ 긍정적 생산적 중간 항목, ▴ 긍정적으로 보는 소항목

@ 표시는 연상적으로 이 주제는 많은 생각이 연결되는 표시로 적합해 쓴다. '연상확산 부호'

% 참고자료 * 남의 설 중에 나의 견해 삽입할 때 붙이는 부호

ıll (인재)사람 농사에 해당할 수도 있는 일일 때 붙인다.

■ **'수정勇氣부호' 수정 지금 여기서 나부터 사대적, 식민지적, 남성 우월적 여러 관습적 왜곡 적폐, 잘못된 글자나 사고는 바로 고치자**

☗ **풀어야 할 과제 등과 문화재 연구자원 문제 등등 고쳐야 할 것 '과제 부호'**

▼ **부정적, 비상생 비생산적 수정 필요 중간 항목**

▾ **부정적으로 보기에 수정 필요 소항목**

※ **부호 사용 예들 → 진한 다른 글씨체로**

☗ 파미르고원 천산산맥과 연계된 키르키즈스탄은 완전히 사막화되고 그나마 아래 우즈베키스탄 쪽의 아랄해(거의 90% 이상이 사막화)에서 조금 살아 남은 조각 바다에서 잡히는 물고기들: 붕어 가물치 잉어 숭어 송어 - 메기도 있네요 (사진 맨 아래 머리부분만 보이는 물고기가 메기이다)

아랄해 바다를 잘 다니던 배가 이제

아랄해가 사람들로 인한 지구 온난화로 사막으로 바뀐 사막 위에 고철배들로 널려 있다.(EBS TV, 파미르, 2019. 5.28, 21.45.)

@ 나의 글쓰기 방법은 나는 내 입장에서 보고 느낀 것을 쓰니, 내가 쓰고자 하는 것에 맞는 낱말과 항목 붙이기 등을 스스로 만들어 쓰게 되고, 소위 개인 존중주의, 자연히 여성이니 여성 입장에서 또 한민족 역사에 예민한 사람으로, 보고 듣고 느끼고 하는 글쓰기를 하게 된다. 쓰는 부호들도 그런 감성과 스타일이 기반이 된다. 어쩌다가 용산에 40여 년을 살다보니 문학박사 학위를 미치고 사단법인 용산향토문화사학회 회장을 20년간 맡아 별일 없이 지냈었는데, **작금에 정부 부처의 ☑'용산민족역사공원' 기획 및 설계가 관 편의적이고 상투적인 기획안이라(조선일보 기사), 역사전쟁기에 간만의 역사민족공원을 바로 세워,** 늦었지만 일부라도 우리 역사왜곡을 '중국은 60년 준비 완료' 상황인데 비해, 우리가 짧은 시간에 신속히 바로 잡을 수도 있는 때와, 장소와 사람과 방법이 제시되었는데, 기회를 놓치고 버릴까 봐, 좌불안석이다 보니 – 내가 편하려면 기우이길 바라지만 민족이 이 시점에 해야 할 일과 너무나 먼 기획안이라 – **춘천 맥국중도 보존 유네스코 등재를 위한 대통령이나 문화재청장 직권으로 불법허가 취소와 유네스코 등재를 촉구하며,** 차옥덕 나의 국가성장 동력 제안을 펼친다. 중도 고인돌에서 귀하게 사람의 유해가 나왔는데 그것을 발굴회사인 한강문화재 연구소가 화장을 해버렸다고 하니 어찌 이런 불법이 난무할 수 있을까? **춘천 중도는 맥국이라 일만년 천산 '맥이' 관련 역사는 맥이곳(맥시코)처럼 고대역사 전쟁기에 더욱 원형 보존해야 한다.** 또한 우리 민족이 예맥족이라 **한국 우리 예맥족의 상징 동물이 맥貊이기에** 아직 우리 한국에도 있음에도 일반인은 알지 못했으나 **한국민들이 맥을 알고 보존해야 한다.** 국기가 태극기인 것과 같이 맥과 맥국을 잘 알아야 한다. 일본은 한국의 상징인 맥으로 한국모독으로 박장대소하며 큰 돈을 – 특히 맥이 한국과 무슨 관계인지 모르는 – 한국에서 많이 벌어들이고 있는 실정이라, 한국 상징 동물로서의 화석동물 맥을 인식하기 위한 자료들을 제시하고, 멸종 가능성이 있는 맥의 종의 보존과, 한민족 관련성과 홍보 컨텐츠로의 활용을 위한 노력을 제안하였다. 이러한 한민족 상징과 국가 기강에 꼭 필요한 것들을 일반 국민은 물론이고 특히 공무원이나 정치인이 되려는 분들과 공무원 하시는 분들이 좀 깊이 생각해주길 바라는 일들을 실사구국적 마음으로 한국 역사문화학의 기초 자료나 컨텐츠로 실었다. 이미 우리가 가지고 있는 것의 새활용 선순환적 홍익적 수익 아이디어를 비판적 사고로 또 문화컨텐츠로 제안하는 것이다. 힘이 있고 밝은 한국과 일에는 철저한 한국민의 삶과 세계 평화

홍익세계의 노둣돌로!

이 책에 오자나 인용, 저작권 밝히기 – 특히 일하면서 TV방송 틀어놓고 하기에 (씽크대와 TV를 서로 볼 수 있게 그렇게 돌려 작업에 자료 도움을 많이 받는다→이 '실사구국'의 주제로 일상 삶에서의 변화에 관한 책을 일찍이 한 권 썼다. (신문 활용 교육 NIE에 비해 TV 활용교육 TIE는 TV를 틀어놓고도 다른 일을 할 수 있는 점, 또 많은 시청각적 효과가 있는 사진을 제공하기에 큰 도움이 됩니다.) 이후 30여 년간 여러 일을 하며 따온 기사나 화면 등은 주로 방송국 프로그램이 들어있는 화면과 도로상에서 찍은 사진과 인터넷 기사이니, 따라서 시각에 따라서는 문제로 볼 수도 있겠으나, 나라나 개인들에 좋은 일을 하려고 오랜 기간 걸쳐 쓴 책이니, 넓으신 아량으로 양지해 주시길 간절히 당부드린다.

9216(2019)5월 어아당 차(배)옥덕 올림

차 례

제1장

노자의 연인 막지 – 노자老子가 강열하게 흠모하여 무조건 찾아간 연인은 유부녀 막지였다.

(노자의 거짓말 – 막지는 B.C.E. 8937년 환인의 부인이 아닌 노자 당시의 막지니 서왕모)

노자의 키는 8척 8촌(2m 64㎝) (사마천『사기史記』에 63권) 인데 기존의 초상화들이 이 부분을 놓치고 있어 바로 잡도록 요청했다. 그림 유종회 화백

Ⅰ. 노자의 연인 막지 – 영화나 연극 등등

⧗ "노자의 연인" 막지 시놉시스[6)]

- 작품에 대한 개요 1단계

★ 노자老子가 강열하게 흠모하여 (변명을 서승경으로까지 늘어 놓고) 무소선 서역으로 찾아간 연인은, 노자는 B.C.E. 8397년의 서역 환국 초대 환인의 부인 막지라고 하나 실상은 당시 서역 고위직 유부녀 막지였다.

『노자 서승경老子西昇經』 – 필자가 아세아문화사에 율곤 이중재선생님을 소개하여 율곤 선생님의 책이 몇 권 나오게 하였는데, 그 중 한 책인 『세계 최초로 완역한 老子西昇經』 律坤 李重宰, 아세아문화사, 경진년(2000. 10. 1.)을 나의 〈노자의 연인 막지〉의 시나리오의 저본으로 삼는다. 20년 전 처음 율곤선생님의 서대문 집무실에 출판사 이영빈사장님을 내가 직접 모시고 가서 소개해 드릴 때, 참 어려운 역사를 어렵게도 집필 강의하신다고만 생각했지, 20년 후 오늘 내가 이 책으로 글을 쓸 줄은 짐작도 못했다. 사람과 사건의 인연과, 인연의 의미는 참으로 어떤 궁휼한 프로그램에 의해서인지 신묘함을 새삼 느낀다.

작품의 길이와 주제, 수용자에 대한 간략한 언급: 인간의 한계와 진실한 삶
성인과 범인은 한끝 차이이다? 아니다?

- **등장 인물:** 막지는 고대인이라도 천문 인문 여성으로서의 우아함 등 모든 것을 갖춘 여성(사제였을 수도 있다 – 신라의 아로공주처럼)이었다. (김수길 윤상철 공역, 천문류초, 대유 천문시리즈 1 2013년 전정판, 참조) B.C.E. **8937년 서역 환국 초대 환인부인 신인 막지 · B.C.E. 500년대 노자시대 서역의 막지,** S대 명예교수, 하버드 대학생과 유명대학의 몇몇 학생들 역 – 현대적 노자 해석 가능자들 [노자 도덕경(老子道德經)]과 [노자 서승경(老子西昇經)]을 들으며 처절하게 불쌍한 변명 속의 인생 노자? 그래도 자신이 친 사슬로부터 해방되었으니 다행?
- **기획 의도: 인간의 진실한 삶과 음양지도 위선과 무위자연의 경계인가, 깊은 도로 초극하는 경계인가? 노자에 대해 고정된 사고의 틀로 보면 보**

이지 않는 것이고, 그 누구도 바른 소리를 하지 않아 바른 소리를 등장인물의 대사를 통해 해 본다. 획일화를 벗어날 기회가 될 것이다. 노자의 작품내에서도 윤희(윤자)가 일부 표출한다.

• 줄거리 : 이 컨텐츠는 기존의 우상화된 노자를 보려는 것이 아니고, 진솔한 일반인의 시각으로 노자의 실상을 노자의 책 서승경이라는 변명서를 기반하여 살펴보려 하는 것이다. 막지는 노자 당시 때 서역에 사는 여인이었는데, 노자는 자신이 사모하는 연인이 B.C.E. 8937년의 막지라고 한다. 일반인들은 이에 대해 뭐라고 할까? 막지(莫知)라는 환인부인의 이름과 같다는 정도가 아니고 – 이건 무엇인가? 노자의 허영심 만족. 아니면 요즘 흔한 노인들의 00병? 환인 천황씨 부인 막지는 성인이며 선인이었다. 노자는 자신이 찾으로 가는 여인도 그런 급의 여인이라는 점을 자기와 주변 인류 모두가 노자가 속인 8,400년에 대한 거짓말쟁이가 되도록 자신의 권위로 주입하고 싶었을까? 노자 서승이란 노자가 서역으로 올랐음을 뜻한다 – 노자 스스로 단순히 서역으로 출발했음이 아닌 복합적 의미로 선택한 글자가 오를 승昇이다.)을 뜻한다. 『세계 최초로 완역한 老子西昇經』 律坤 李重宰, 아세아문화사, 경진(2000, 10, 1.)년, 7쪽 참조.

사서史書에서 막지莫知는 환인씨桓因氏 부인으로만 기록되어 있을 뿐 성인聖人이라고 기록되어 있는 것은 [서승경西昇經]의 제 18 [위도장爲道章] 편에서이다. 그것도 확실히 나타나 있는 것은 놀라운 일이다. 물론 [역대신선통감歷代神仙通鑑]에서도 막지莫知가 기록되어 있기는 하지만 성인이라고 분명히 적혀 있는 것은 노자인 석로釋老의 기록이 처음임을 말한다.

사마천이 『사기』에서 '당시의 여인'이라고 지적했다. 하여 아래 평가 사항은 동의할 수가 없다. "특히 노자老子인 석로가 서역西域으로 가게 된 이유가 사마천(司馬遷 [사기史記] 제 63권 [노자 한비열전老子韓非列傳] 제 3편에 주석으로 다음과 같이 기록하고 있다.

한 마디로 『도덕경道德經』과 『서승경西昇經』은 인류 역사상 연등(燃燈 B.C.E. 8,011)과 석가(釋迦 B.C.E. 968)에 버금가는 득도得道를 하여 쓰여진 경전(經典)

이다.? 기원전 8,937년 전후와 주(周 B.C.E. 1,122)년 나라 초기까지도 道를 열어야 한다는 의지가 강했던 것을 볼 수 있다. 특히 서량지徐亮之가 쓴 [중국사전사화中國史前史話]에서 밝혔듯이 고대에는 도를 통하는 것을 업으로 삼을 정도라고 했다. 본문에서 노자가 밝힌 바에 의하면 옛 선인들은 도를 위해 살았다는 것을 의미하고 있다."[7]

노자 전후 그 시대 서역은 돈황이나 신장 위구르 – 그 서역 지역은 환인 지역이다. 선가 유가 불가(유불선)에서 환인씨(桓仁氏 B.C.E. 8,937년), 즉 불가에서는 석제 반고釋帝盤古 때부터 자연을 기준한 도의 맥을 이어왔다는 것을 불가에서 [법화경法華經]과 도가에서 [역대 신선통감歷代神仙通鑑]에 기록하고 있다. 환인씨 존재와 부인이 막지라는 이름, 또 환인 지역이 서역이라는 점도 인정한 것이다.

*노자 당시의 노자는 서역에 사는 00씨의(노자는 환인의 부인이라고 하나) 아름답고 성인같은 여인 유부녀를 찾아 아무나 거리끼지 않고 – "거욕입무(去欲入無): 모든 욕심을 버리고 무작정 아무 것도 없이 서역으로 들어가기로 했다는 뜻 " 자신이라는 자연도 억압하지 않는 자연적 삶의 선택은 진실?한 삶일까? 노자는 (그런 여인을 마다 해서 일까?) 51세가 된 공자가 노자를 찾아 먼 길에 와서 말씀 한 마디 청했을 때 '공자가 지금까지 성인으로 믿던 자들도 이젠 죽어 뼈골까지 다 썩었다.'고 했다. 이때 중국드라마 〈공자〉에서는 병법으로 유명한 손자까지 합석한 자리이다. – 참으로 이야기거리가 된다.

서승경西昇經(서쪽으로 오르는 경): 노자의 사랑이나 연인 설정에 대한 변명, 그 속에는 많이 쓴 노자의 위도장, 윤자의 위도장 둘에 4자성어나 문자가 많아, 문자 다큐멘터리도 되겠다. 책 이름부터 서승경西昇經은 서쪽으로 오르는 경이라는 뜻조차도. 노자의 위도장과, 서승경에서 정리하여 포함한 윤희의 당부의 말 등이 진정한 '위도장'으로 보인다. 노자도 그리 생각해서 윤희를 '윤자'로 높여 부르며 그 책 속에 넣었을 것이다.

"노자의 僞道장과 윤자의 爲道장 – 혼나겠다."(노자 영화 속 등장인물들 대화 속에) 제자백가의 수많은 학자 중 노자와 장자는 세상의 가치를 송두리째 뒤엎은 대표적인 학자들이다. 노자는 가장 높은 가치는 가장 낮은 곳에 있으며 위에서 아래로 흐르는 물이 결국 모든 것을 이긴다 하였다.

⧗ 노자는 자신의 진솔한 삶을 찾아서 8,000년 전 여인 막지를 당시의 막지에게 투사하는 거짓말과 구차한 변명을 마다 않고 서승경이라는 책까지 쓰기 시작함으로써 이론적 배경까지 제공하는 철저함을 보였다. 철저한 이론적 태도라 함은 긍정적 표현이고, 구차하고 옹색한 변명을 책으로까지 남겼다. 이름하여 《서승경西昇經》(서쪽으로 간 이론 – 실은 변명 – 경) – 지금까지 《서승경》은 별로 밝혀진 적이 없다. 최고의 성인으로 모시는 판인데, 이런 시각으론 더더욱 물론이고. – 이런 부분은 현대 한국에서 노자 도덕경과 서승경 강의를 유명한 노자 연구자로부터 요청해들은 젊은 지적인 대학생들이 본대로 느낀 대로 얘기할 부분이기도 하다.

막지가 주인공이고, 그녀는 문자와 천문 등에 익숙해, 천문天文 · 점성占星 · 성전聖典을 다루었다. – 자연무위의 도가라고 하나 속세에 있던 노자로 보고 세속의 그림자에 불과하다는 여인. 주나라의 사관이었던 노자, 사관은 고대 중국에서는 천문天文 · 점성占星 · 성전聖典을 전담하는 학자였다. 같은 분야를 다루니 서로 직간접 왕래가 가능하고 서로 어떤 수준인지 알 수 있다.

막지 – 막 · 맥을 알아보고 '원추'라는 (전설 속의 새 이름을 붙인) 맥을 옆에서 신수로 키우다 – 근동에 실상은 지자 도인으로 살아 신선계에서는 잘 알려졌다. 그러나 (원래는 고아하고 이지적이고 여유가 있고 품위가 있는 황후이다.) 서역의 막(마고)의 후신, 천수와 대나무 열매나 생풀 · 항아리의 연한 조선장들을 소금 대신 먹고 살며 (봉황의 영혼을 이어 받았음인지) 율려 천문지리 인문 글자 등에 소양을 가지고 천수를 논하다(세상을 사는 그냥 훤히 들여다 보다). 항상 악과 율과 묵향이 은은하다. 막지궁의 한 곳은 학교이다. 막지는 문자를 만들거나 문자나 이치를 나라의 국무나 신녀들에게도 가르친다. 그들과 자연을 하염없이 바라보거나 대화하는 일에 가장 많은 시간을 보내고, 화석동물인 신수 맥을 같이 돌보기도 한다. 삼짇날 간장 된장을 풍성하게 담아 백성들을 구휼한다. 눈으로 손으로 직감으로 또 자연에서 약초로 사람을 많이 살린다.

소품: 여름엔 대마로 만든 옷과 겨울엔 겹겹이 입은 명주 실크 옷, 갑골문자, 청동문자 금문이 새겨진 그릇들 차 기구, 각 종 악기 – 궁궐내 큰 연못(예천)에 용을 키우다, 궁궐 뒷 숲은 봉황[8)]이 노니는 오동나무 숲이 있다.

속세 백성들을 위해 '멧닭'과 '메기'도 자연적으로 키운다.

스승 노자는 어느날 제자 장자가 질문하기를 "여인은 어떤 여인이 좋은 여인입니까?" 하니 한참 빙그레 웃으시며 "봉황과 같은 여인이지. 나를 더욱 나답게 해주는 이. 만나지 않아도 만나는 것과 같은 정인이면 좋겠지. 그래도 사람의 음양에는 정이라는 것이 있어 보고 싶어지는 것이지." 장자는 오랜만에 스승의 한 진면목을 보는 것 같아 몰래 웃었다.

장자는 노자와의 대화를 생각하며, 스승의 사후《장자》소요유편에 의하면, 스승이 말한, 그 여인을 생각하며, "봉황은 벽오동 나무가 아니면 깃들어서 쉬지 않고, 대나무 열매가 아니면 먹지 않고, 예천[9]이 아니면 마시지 않는다"고 하였다.[10]

봉황은 중국에선 왕비의 상징이다. 용 중의 용인 황룡은 군주가 쓰는데 반해, 새 중의 새인 봉황이 그 아내인 황후에게 쓰인 것이다. 봉황이 함부로 산 짐승을 먹지 않는 점에서 유래하여, 인과 덕을 뜻하여, 그것이 황후의 덕목으로서도 요구된다는 것이다.

• 작품에 대한 개요 2단계

★ 막지는 속세에서 가장 고결한 인품을 가진 이가 노자라는 것을 들어서 알고 있었다. 정신적 영적 교감은 가끔씩 했다. 자신이 '황'이라면 노자는 '봉'으로 한 쌍의 봉황의 만남일까?[11]

노자老子가 강열하게 흠모하여, 막지가 서역에 있다는 소리를 듣곤 무조건 찾아간 연인은 유부녀 막지였다. (도덕경을 쓴 바로 이후이다. 도가적 특징인지 그의 죽음은 모른다)

• 주제: 여와 남, 노자, 막지의 고품격 인간 됨됨이, 수용자들은 인간의 보편성과 특수성에서 보편성의 자연성을 느낄 것이다. 상대를 행복하게 해 주는 것을 사랑이라 할 때 그것에는 상대에 대한 기본적 이해(알려고 노력)와 그에 대한 존중과 배려와 책임이 수반되어야 한다.

• 기획의도: 노자에 대해 고정된 사고의 틀로 보면 보이지 않는 것이고, 그 누구도 감히 노자의 탈피에 대해 바른 소리를 하지 않아, 그 바른 소리를 등장인물의 대사를 통해 해 본다. 획일화를 벗어나고 비로소, 해방되는 노자를 볼 기회가 될 것이다. 노자 자신의 서승경 작품 내에서도 윤희(윤자)가 일부 한다.

• 등장인물: 막지는 고대인이라도 천문 인문 여성으로서의 우아함 등 모든 것을 갖춘 여성(사제였을 수도 있다 – 신라의 아로처럼)이었다.

• 줄거리

노자는 글을 별로 탐탁하게 여기지 않아 글을 거의 쓰지 안으려 했다. 허나 다 털어버리고 서역으로 연인을 찾아 떠나기 전에 윤희의 부탁으로 도덕경을 쓰고 나서, 도가로서 노자의 고뇌를 본 윤희의 진솔한 인간에 필요한 당부를 들으며 나름으로 자신의 행동에 대한 도가적 이론적 배경의 책을 서승경으로 쓴다. 바로 그 여인의 주거지를 안 이후 바로 아무 말도 없이 홀연히 그 여인이 있다는 서역으로 떠난다. – 옛부터 여인이지만 노자와 같은 계통이라, 그 여인에 들은 바가 있어 직간접 인연이 있었던 것을 알 수 있다. **노자老子가 강열하게 흠모하여 무조건 찾아간 연인은 유부녀 막지였다. 사후에 하늘에 가장 가까운 곳에서 서로 교감 통신하거나 평범한 사람들처럼 같이 지낼 수도 있다. 노자는 '그냥이 아니라' 속세에서 후대에 비난에 대한 방어책까지 장황하게 써 놓고) 서역에 그 연인이 있는 곳에 가서, 그곳에서 삶을 끝낸 것으로 묘사되고 있다. (노자가 서승경을 쓸 때의 상황이라면 잘 지냈으면 세상에 나와서 또 뭐라고 썼을 것이다. – 영화 젊은 지성인들 대화 내용) 영화 작품의 작은 모티프들을 위해 몇 가지를 언급한다.**

나이가 든 노자와 젊은 공자의 만남: 계미(단기 1816. B.C.E. 518)년에 노나라 사람 공자가 주나라에 가서 노자 이이에게 예를 물었다. **통찰력 깊고 영혼이 자유로운 노자가, 신하나 백성의 목숨을 버러지나 잡풀 하나 없애 버리듯 하는 절대군주제를 하면서 일생을 정해진 틀과 긴장 속에서 살아 왔다. 노자가 공자를 만났을 때 한 말 '뼈 속까지 썩었다고'고 한 비판은 노자 자신도 겪은 과정일 것이다. 그로부터의 탈출 즉 초탈하고자 한 과정이 서승경이고 그 극치가 '막지'라는 여인을 찾아간다고 말할 수 있는 것이다. 서로 오랜 기간 기다린 사이도 아니면 막지의 행복과는 무관한 것이다, 지고한 단계이든 아니든 노자의 욕망일 뿐이다. 이런 경우 자칫 이 욕망은 서로를 소외시켜 추락하게 한다.**

이이의 아버지는 성이 한이고 이름이 건인데 선조는 풍이족 사람이다. 노자는 후에 서쪽으로 관문을 지나 내몽고를 경유하여 여기저기 전전하다가 아유타에 이르러 그곳의 백성을 교화하였다.[12]

노자는 성姓이 이李, 이름은 이耳, 자는 백양伯陽,또는 담聃. 노군老君 또는 태상노군太上老君으로 신성화되었다. 도교경전인 〈도덕경 道德經〉의 저자로 알려져 있다. 현대 학자들은 〈도덕경〉이 한 사람의 손에 의해 저술되었을 가능성을 받아들이지 않으나, 도교가 불교의 발전에 큰 영향을 미쳤다는 사실은 통설로 받아들이고 있다. 노자는 유가에서는 철학자로, 일부 평민들 사이에서는 성인 또는 신으로, 당(唐 : 618~907)에서는 황실의 조상으로 숭배되었다. 노자는 그 역사적 중요성에도 불구하고 신원이 자세하게 알려져 있지 않다. 그의 생애에 대한 주된 정보원은 사마천司馬遷이 쓴 〈사기〉의 노자전老子傳이다. 그러나 B.C.E. 100년경에 〈사기〉를 저술한 이 역사가도 노자에 대한 확실한 정보는 제공하지 못했다. 〈사기〉에 따르면, 노자는 주나라 제후국이었던 초楚나라 고현古縣 여향術鄉 곡인리(曲仁里 : 지금의 허난 성河南省 루이 현鹿邑縣) 사람으로 주周 경왕(景王 B.C.E. 544~520)년간 요즘 같으면 국사편찬위원회 위원장의 직책과 같다. 수장실守藏室의 사관史官이었다.

사관은 오늘날 '역사가'를 의미하지만, 고대 중국에서는 천문天文 · 점성占星 · 성전聖典을 전담하는 학자였다. 사마천은 노자의 벼슬에 대해 언급하고 난 뒤, 늙은 노자와 젊은 공자와의 유명한 만남에 대해 말했다. 이 만남에 대해서는 학자들 사이에서도 많은 논의가 있어 왔다. 이 만남은 다른 문헌에서도 언급되어 있으나, 일관성이 없고 모순되는 점이 많아 단지 전설로 볼 수도 있겠으나 아니다. 공자는 기원전 551년 ~ 기원전 479년에 생존했던 중국 춘추전국 시대 노나라의 문신이자 작가 겸 정치자문관이었다. 노자와 공자가 만났을 때 노자는 공자의 오만과 야망을 질책했고, 공자는 그로부터 깊은 감명을 받아 그를 구름과 바람을 타고 하늘로 올라가는 용에 비유했다. 사마천의『사기』에 공자가 노자를 만나고 나서 다음과 같이 말했다고 한다.

나는 새는 잘 난다는 것을 알고,
물고기는 헤엄을 잘 친다는 것을 알며,
짐승은 잘 달린다는 것을 안다.
달리는 짐승은 그물을 쳐서 잡을 수 있고

헤엄치는 물고기는 낚시를 드리워 낚을 수 있고

나는 새는 화살을 쏘아 잡을 수 있다.

그러나 용이 어떻게 바람과 구름을 타고

하늘로 올라가는지 나는 알 수 없다.

오늘 만나 뵌 노자는 마치 용과 같은 인물이라고나 할까.

(홍석보 역, 삼성판 세계사상 전서 35 사마천, 『사기열전』 제3 老子 · 韓非 열전, 1977, 삼성출판사, 44쪽.)

중국 산동성 가상현嘉祥縣 무씨사당武氏祠堂에 남아 있는 공자가 노자에게 존경의 뜻으로 꿩을 바치고 있는 후한대 화상석畵像石의 공자와 노자

공자가 노자를 찾아가 예를 물었다는 일화는 『사기열전』 『사기세가』 『공자가어』 등에 언급되어 있다. 여러 판본의 《공자성적도》에도 〈문례노담問禮老儋〉이라는 제목으로 빠짐없이 등장한다. 그만큼 공자의 생애에서 중요한 사건이라는 뜻이다. 공자는 가르침을 받을 수 있는 곳이라면 어디든 마다하지 않고 찾아갔다. 노자를 찾아간 것도 그런 자세 때문이었다. 공자는 34세 때 노자(노담)를 찾아가서 예禮에 대해 물었다. 제자인 윤회와 남궁경숙南宮敬叔 등등과 함께였다. 남궁경숙은 대부 맹희자孟僖子의 유언을 받든 맹의자孟懿子와 더불어 공자에게 가서 예를 배운 제자이다. 남궁경숙은 노나라 군주를 찾아가 '공자와 함께 주周나라에 가겠다'고 청했다. 노나라 군주는 그에게 수레 한 대와 말 두 마리 그리고 어린 시종 한 명을 갖추어 주고 주나라에 가서 예를 물어보게 했다. 공자가 노자를 찾아간 것은, 노자가

한때 주하사(柱下史:주나라 때 장서실을 맡아보던 관리)였기 때문이다. 주나라를 이상국가의 모델로 생각했던 공자는 노자가 주나라의 예절과 법도를 잘 알고 있으리라 생각했다. 가장 이른 시기에 발견되는 〈문례노담 問禮老儋〉은 한漢나라 화상석이다. 사마천의 공자열전이 모태가 되어 여러 가지 공자전이 지어졌고 단편적인 한 사건만을 묘사한 그림이 그려졌다. 산동에 있는 가싱嘉祥 무씨武氏의 사당에는 공자와 노자가 서로 만나는 장면을 새겨 놓은 그림이 있다. 공자는 오른쪽에 서서 손을 모으고 노자에게 예를 올린다. 왼쪽에 선 노자는 대나무 지팡이를 짚고 서 있다. 그들 뒤에는 각각 '孔子也'와 '老子也'라 새겨져 있다. 공자 뒤에는 '안회顏回'가 서 있다. 공자는 웃어른을 찾아간 예물로 꿩雉을 가져와 노자에게 바쳤다. 꿩은 상서로운 동물과 새에 포함된다. 〈시경〉에는 '펄럭이는 새 깃 깃발 준읍성에 나부끼고' 라고 되어 있는데, 여기서 깃발은 오채의 꿩깃을 모아 깃대 끝에 꽂은 것으로 황제니 황제의 신하가 탄 수레를 의미한다. 꿩은 고귀한 이미지로 왕후의 수레와 적의翟衣에 시문되기도 한다. 공자가 노자에게 꿩을 바쳤다는 것은 최상의 존경을 담아 예물을 드렸다는 뜻이다. 공자와 노자 사이에 하늘에 새 한 마리가 날고 있다. 그 새가 꿩인지 아니면 상서로운 장소에 등장한다는 봉황인지는 확실하지 않다. 공자와 노자 사이에 선 아이는 빗자루를 들고 길을 청소하는 중이다. (조정육의 글) 이 산동성 가상현 일대에서만 유독 이 '공자견노자'의 순간을 돌에 새긴 화상석이 많이 출토됐다.

공자 노자의 전후 시기 단군조선 연대표이다. 『서승경』에서는 노자를 釋老 고도라 한다.

705	제 36대 매륵 단군 즉위 – 협야후 배반명 일본 평정		
B.C.E. 647	제 37대 마물 단군 즉위 – 방공전 발행 통용		
B.C.E. 591	제 38대 39 단군 즉위	565 – 석가 탄생	
B.C.E. 546	제 39대 두홀 단군 즉위	551 – 공자 탄생	
B.C.E. 510	제 40대 달음 단군 즉위		509 – 로마 공화정치 시작

B.C.E. 492	제 41대 음차 단군 즉위		
B.C.E. 472	제 42대 을우지 단군 즉위 – 난으로 단군 피신		500~479 – 페르시아 전쟁
B.C.E. 462	제 43대 물리 단군 즉위 – 백두산이 울고 천지가 넘침 – 도성에 화재 발생 – 고열가 거병		463~399 – 소크라테스 탄생
B.C.E. 425	**제 44대 구물 단군 즉위** **– 국호 대부여로 개칭**		
B.C.E. 397	**제 45대 여루 단군 즉위**		
B.C.E. 342	**제 46대 보을 단군 즉위**		334 **– 알렉산더 대왕 원정 시작**

이 공자의 이야기에 못지않게 유명한 전설같은 실화가 노자가 홀연히 한 여인을 생각하며 서쪽으로 사라진 이야기이다.

그는 주가 쇠망해 가는 것을 보고는 주를 떠나 진秦으로 들어가는 길목인 함곡관函谷關에 이르렀다. 관문지기 윤희尹喜가 노자에게 책을 하나 써 달라고 간청했다. 이에 노자는 5,000언言으로 이루어진 상 · 하편의 저서를 남겼는데 그것이 도道와 덕德의 뜻을 말한 『도덕경』이다. 그리고 나서 노자는 그곳을 훌쩍 떠났고, "아무도 그뒤에 그가 어떻게 되었는지 알지 못한다"라고 사마천은 기술하고 있다. 노자가 서쪽으로 간 사실과 『도덕경』을 저술한 점을 언급한 뒤에 사마천은 가끔 노자와 동일시되는 다른 인물들에 대해서도 말했다.

~노자는 서쪽으로 평생의 연인을 찾아 가고, (달마는 동쪽으로 가고)~

"초楚에 노래자老萊子라는 사람이 있어서 책 15권을 저술하여 도가의 정신에 대해 서술한 바 있는데 공자와 같은 때의 사람이다." "주나라의 태사太史이며 위대한 점성술가인 담儋이 진(秦 : B.C.E. 384~362)의 헌공獻公을 만났다는 기록이 있는데, 어떤 이는 그가 곧 노자라고 하고 어떤 이는 아니라고 한다." 사마천은 또 이렇게 덧붙였다. "노자는 150년의 수명을 누렸다고 하는데 어떤 사람은 200년 이상 살았을 것이라고 한다." 고대 중국인들은 초인超人의 장수를 믿었기 때문에 도교 신자들은 그들의 스승이 매우 오래 살았다고 생각했다.

그러나 이것은 훨씬 뒤에 생겨난 전통으로 여겨지는데, 그 근거로는 B.C.E. 4세기경에 활약했던 장자莊子가 노자의 죽음에 대해 얘기할 때 그가 아주 오래 살았다는 점을 강조하지 않고 있다는 것이다. 노자의 생애가 잘 알려져 있지 않은 이유로 사마천은 그가 은군자였음을 들었다. 은군자인 노자는 작위作爲함이 없이 저절로 교화되게 하고, 맑고 고요하게 있으면서 저절로 바르게 되는 것을 가르쳤다. 실제로 중국 역사상 속세를 떠난 은자는 늘 있어 왔다. 〈도덕경〉의 저자(또는 저자들)는 생애의 흔적을 남기지 않은 이런 부류의 사람들이었을 것으로 추정되고 있다. 현존하는 〈도덕경〉은 1명의 저작이 아님은 분명하다. 그 내용 가운데는 공자 시대의 것도 있지만 다른 내용은 훨씬 후대의 것임이 분명하므로, 이 책은 전체적으로 보아 B.C.E. 300년경에 씌였을 것으로 추정된다. 이같은 사실 때문에 일부 학자들은 〈도덕경〉의 저자가 태사 담이라고 주장한다. 다른 학자들은 〈사기〉에 나오는 노자의 후손들에 대한 기술이 신빙성이 있다고 보고 노자의 생애가 B.C.E. 4세기 말이었을 것으로 추정한다. - *공자와 만난 노자를 생각하면 시기가 나온다.

성인으로서의 전설: 〈사기〉의 노자전과 기타 오래된 문헌에서 이따금씩 나오는 기술을 제외하고도 2세기 이후부터는 노자에 대한 성인전聖人傳이 여러 편 저술되었다. 이같은 전기는 도교의 형성사에서 흥미로운 것이다. 후한(後漢 : 25~220) 시대에 노자는 이미 신화적인 인물이 되어 사람들의 숭배를 받았고 때로는 황제도 그를 숭배했다. 그뒤 종교계에서 성전聖典의 계시자이며 인류의 구세주인 노군老君으로 추앙되었다. 노자의 출생에 대해서는 여러 가지 설이 있는데, 그 가운데 부처의 기적적인 탄생신화에 영향을 받은 것이 있다. 노자의 어머니는 노자를 72년간 임신하고 있었고, 노자는 어머니의 옆구리를 통해 이 세상에 나왔다고도 한다.

또 다른 신화는 노자 아버지는 풍씨라 하는데 노자에 대해, 노자의 성姓이 생겨난 유래를 설명한다. 노자는 오얏나무[李木] 아래에서 탄생했기 때문에 오얏을 (동방을 좋아해 동방 목씨를 택했다고도 하고)의미하는 이李가 성이 되었다고 한다. 이 두 신화는 도교 신앙에서 특별히 중요한 의미를 갖는다. 첫 번째 신화에 따르면 노자는 역사상 여러 명의 다른 인물이 되어 지상에 내려와 통치자들에게 도교의 교리를 가르친 것으로 해석된다. 노자의 아버지는 풍이족(진주 소씨 부소보서 참고)이면 노자도 풍이족이다. 즉 동이족. 예맥족 – 風夷족 – 동이족이다. 고대 동북아지역 민족 계보에 대해 1980년대에는 예맥족계, 숙신족계, 동호족계로 나누었는데, 한족계를 취소하고 부여계를 예맥계로 바꾸었다. 현재 통용되는 것은 예맥계, 숙신계, 동호계이다. 고대 동북지역 민족의 계보를 처음으로 확립한 사람은 진위푸, 1936년 『동북통사東北通史』에서는 동북민족을 한족계, 숙신계, 부여계, 동호계로 구분하였었다.[13)]

두 번째 신화는 노자의 서행(西行 : 함곡관으로 간 것) 이야기에서 발달된 것으로 이 신화 속에서 부처는 바로 노자라고 간주된다. '노자인 釋老는'이라고 이름을 등장시킨다. 3세기경 불교의 포교활동을 방해할 목적으로 이같은 이야기를 조작하여 위경서僞經書가 씌여졌다. 〈노자 화호경 老子化胡經〉이 바로 그것인데, 이 책에서 불교는 도교의 아류라고 주장하고 있으며 중국의 역대 정부는 빈번히 이 책을 금서로 지정했다.

노자라는 인물은 모든 계층에게 일반적으로 존경의 대상이 되어 왔다. 유생들에게는 존경을 받는 철학자였고, 평민들에게는 성현이나 신으로, 도교 추종자들에게는 도道의 화신이자 도교의 가장 위대한 신들 가운데 하나로 숭배되어 왔다.

도교의 모든 이론은 노자에 의해 마련되었다. 〈도덕경〉을 통해 볼 때, 노자사상의 핵심은 '무위자연'無僞自然에 있으며, 그것이 '도'道라는 개념으로 집약된다. 여기서 '무위'는 우주론적 정향을 지향하는 것, 즉 부자연스런 행위를 조금도 하지 않는 것을 의미한다. 무위자연의 구체적인 의미를 말한다면 '사실 자체의 바탕 위에서 떠나지 말라'는 것이다. 사실 자체란 다름 아니라 노자에게 있어서는 자연이요, 도道요, 기氣요, 변화이다. 그리고 무위란 그 바탕 위에 서서 떠나지 않음을 의미한다.→ 도가와 도교[14)]

★ 한 나라의 힘이나 시각의 차이가 빚는 넌센스!

같은 카자흐스탄의 한 유물에 대해 러시아에서는 2,500년, 멕시코 고고학에서는 7,000년 전이라 분석 평가한다. 고고학에 있어서도 제국주의적 요소가 진위보다 더욱 강하다. 세계에 영향을 미친 한 인간에 대한 평가도 그러할 것이다.

한국인은 태초 천산에서부터 활활 뛰는 맥을 가져 '맥족'이다. 맥脈(혈맥 · 수로 · 술기 · 연닮 · 잇닿음)이 뛰어야 생명체도 맥나라 맥국도 산다. 전제는 禮를 기반으로 한다. 예맥족에 속하는 부여에서도 추모 왕후를 예씨禮氏, 즉 예의 예'禮'를 쓰고 있다. 그런 반면 중국은 더러울 穢자로도 쓴다.

환국인 예맥족의 정체성= 조화 교화 치화 인화(예화) 문화 의화 보화 국민성 살려낸 금수강산 만년역사 동방예의지국 한국인들[15)]

Σ 노자 컨텐츠 관련 한국 지자체 – 태백 평창, 한국 시울 도교 남은 곳과 연계 – 소격동 삼청동/ 도교마을 신교 삼합: 소격동 삼청동 · 부암동 '백석 동천' 문화관광 자원 – 복원 – 중국은 도교사원의 수가 많고 관광 수요도 많다

"학창 시절에 사상을 배우면서도 사진이나 영정 그림으로 안접했던 노자, 공자. 그러나 그들의 실제 얼굴이 어떻게 생겼을까 하고 궁금해 하는 사람은 그리 많지 않다. 하지만, 지금 중국 국가 박물관에는 그들의 숨소리가 고스란히 살아 있다. 이 박물관 안에는 중국인의 철학적 지주 노자, 공자뿐만 아니라, 아인슈타인, 뉴턴과 같은 과학자, 마르크스, 엥겔스같은 정치적 인물, 그리고 세계적 스포츠 스타인 호나우드, 베컴같이 비중국인들까지 많은 인물들이 전시되어 있다. 중국 천안문 광장에 위치한 중국 국가 박물관 한 가운데에 2,006년 북경올림픽 0000일 전이라는 D-Day 전광판이 설치되어 있다. 현재 북경은 북경올림픽을 위해 많은 준비를 하고 있다. 질서의식이 미비한 인민들을 계몽하기 위해 곳곳에 경찰이 배치되어 있다. 그러나 광활한 중국의 땅덩어리와 14억이라는 인구를 다스릴 경찰은 극히 부족하며, 불가능한 실정. 우선은 큰 도시를 기점으로 시작되고는 있으나 크게 부족한 것이 사실. 사진은 노자 공자 징기스칸의 밀랍인형으로 손끝에 명털 지문까지 자세하게 제작되어 있어, 순간 진짜로 착각할 정도이다."

16)

노자 – 중국 고대의 철학자, 도가(道家)의 창시자. 공자 – 중국 춘추시대의 교육자 · 철학자 · 정치사상가, 유교의 개창자

1. 우선 제 1대 환인 부인인 막지의 시기부터 보자. B.C.E. 8937년

환국 역대 년대표 제 1기(桓國歷代年代俵 第1期)

고고학적 유물들이 많이 발굴되어 나온 시점들이라 제목에서 '신선' 자는 빼고 **환국 역대 천황 년대표**로 이름한다.

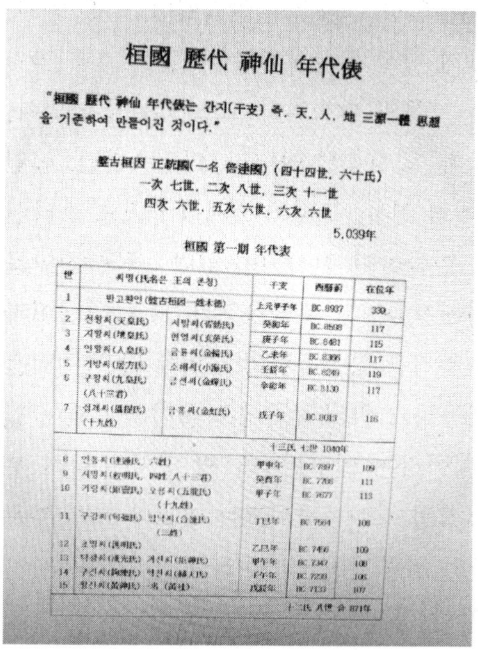

桓國 歷代 神仙 年代俵

"桓國 歷代 神仙 年代俵는 간지(干支) 즉, 天, 人, 地 三源一體 思想을 기준하여 만들어진 것이다."

盤古桓因 正統國(一名 倍達國) (四十四世, 六十氏)
一次 七世, 二次 八世, 三次 十一世
四次 六世, 五次 六世, 六次 六世

5,039年

桓國 第一期 年代表

世	씨명(氏名은 王의 존칭)		干支	西曆前	在位年
1	반고환인(盤古桓因 一姓木德)		上元甲子年	BC.8937	330
2	천황씨(天皇氏)	서방씨([illegible]氏)	癸卯年	BC.8508	117
3	지황씨(地皇氏)	현영씨(玄英氏)	庚子年	BC.8481	115
4	인황씨(人皇氏)	금륜씨(金輪氏)	乙未年	BC.8366	117
5	거방씨(居方氏)	소해씨(小海氏)	壬辰年	BC.8249	119
6	구황씨(九皇氏)(八十三君)	금선씨(金蟬氏)	辛卯年	BC.8130	117
7	섬제씨([illegible]氏)(十九姓)	금홍씨(金虹氏)	戊子年	BC.8013	116
		十三氏 七世 1040年			
8	연통씨(連通氏, 六姓)		甲申年	BC.7897	109
9	서명씨(敍明氏, 四姓 八十三君)		癸酉年	BC.7788	111
10	거령씨(鉅靈氏) 오룡씨(五龍氏)(十九姓)		甲子年	BC.7677	113
11	구강씨(句彊氏) 합낙씨(合雒氏)(三姓)		丁巳年	BC.7564	108
12	초명씨(譙明氏)		乙巳年	BC.7456	109
13	탁광씨(涿光氏) 거신씨(拒神氏)		甲午年	BC.7347	108
14	구산씨([illegible]氏) 역신씨([illegible]氏)		壬午年	BC.7239	106
15	황신씨(黃神氏) 一名 ([illegible])		戊辰年	BC.7133	107
		十二氏 八世 合 871年			

世	씨명(氏名은 王의 존칭)	干支	紀元前	在位年
16	이령씨(李靈氏) 용백씨(龍伯氏)龍伯之國	乙卯年	BC.7026	105
17	대괴씨(大䳢氏)	庚子年	BC.6921	102
18	귀외씨(鬼隗氏) 개신씨(蓋神氏)	壬午年	BC.6819	110
19	기호씨([illegible]氏)	壬申年	BC.6709	112
20	감자씨(弇茲氏)	甲子年	BC.6597	114
21	태봉씨(泰逢氏) 고리씨([illegible]氏)	戊午年	BC.6483	104
22	염상씨(冉相氏)	壬寅年	BC.6379	103
23	개영씨(蓋盈氏)	乙酉年	BC.6276	102
24	대돈씨(大敦氏)	丁卯年	BC.6174	103
25	영임씨(靈[illegible]氏)	庚戌年	BC.6071	101
26	무당씨(巫當氏)	辛卯年	BC.5970	106
		十四氏 十一世 合 1,162年		
27	태일씨(泰壹氏)	丁丑年	BC.5864	116
28	공상씨(空桑氏)	癸酉年	BC.5748	109
29	신민씨(神民氏)	壬戌年	BC.5639	112
30	기제씨(倚帝氏)	甲寅年	BC.5527	111
31	차민씨(次民氏)	乙巳年	BC.5416	108
32	진방씨(辰放氏)	癸巳年	BC.5308	105
		八氏 六世 合 661年		
33	하성씨(河姓氏)	戊寅年	BC.5203	109
34	외괴씨([illegible]氏, 六世)	丁卯年	BC.5094	104
35	동호씨(東戶氏, 十七世)	辛亥年	BC.4990	97
36	황담씨(皇覃氏, 七世)	戊子年	BC.4893	95
37	이광씨(離光氏) 축산씨([illegible]山氏)	癸亥年	BC.4798	98
38	계통씨([illegible]氏, 三世)	辛丑年	BC.4700	93
		七氏 六世 合 596年		
39	[illegible]씨([illegible]氏, 四世 二氏)	甲戌年	BC.4607	111
40	계거씨([illegible]氏)	乙丑年	BC.4496	109
41	희위씨(豨韋氏, 四世)	甲寅年	BC.4387	121
42	호락씨([illegible]氏)	乙卯年	BC.4266	106
43	사황씨(史皇氏) 名 [illegible] 六書之法 六書字法	辛丑年	BC.4160	103
44	소홍씨([illegible]氏)	甲申年	BC.4057	190
	總 5,039年	六氏 六世 合 709年		

환국의 기원 년대는 반고 환인[17]개천 B.C.E. 8937년(수정본)이 옳다. B.C.E. 8937년은 상원 갑자, 중원 갑자, 하원 갑자로 이어지는 60진법의 간지력干支曆에서 최고 원년이 되는 해이며 상원 갑자 원년이라고 한다. 간지는 시간의 역사이다. 간지가 시간의 법칙과 같은 원리로 돌아가고 있는 것은 우연이 아니며 그것은 고대 수메르에서도 60진법이 사용되었던 것으로 알 수 있다. 기존의 학사들은 환단고기에 기록된대로 연구하였기 때문에 환국의 기원 년대를 B.C.E. 7197년으로 정했을 것이다. 1740년이나 훨씬 더 거슬러 올라간다. 환단고기에 간지 년대는 기록되어 있지만 간지의 기원에 대해서는 기록이 없어 간지의 원년을 잘 몰랐던 것이다. 간지의 기원은 역대 신선통감, 사요취선, 유학수지 등에 기록되어 있는데 천황씨(天皇氏 – B.C.E. 8487 甲午年)가 천문을 연구하여 완성한 것이라고 한다.

상원갑사와 개천대제開天大祭

환인 · 환웅의 개천 · 개국은 상원 갑자년에 이루어졌다. 간지干支철학으로 보면 상원 갑자 시월 상달을 최고의 날로 보아 왔기 때문이다. 그래서 국가의 대사는 모두 시월 상달에 치루고 개국 같은 대사 중의 대사는 반드시 상원갑자 시월 상달에 맞추어 왔다... 환인천제는 B.C.E. 8937년에 하늘을 열고 처음으로 환국이라는 나라를 세우셨으며 B.C.E. 8937은 간지로 상원갑자 원년이 된다. 비로소 한民族은 환민족으로 또 세계사의 종주국으로 수 천년을 이어 왔던 것이다. 다음으로 환웅 천황의 기원은 B.C.E. 3897년이다. 만세력으로 환산하면 역시 상원갑자년이다. 마찬가지로 환단고기에 기록된 환국의 역대 3301년을 B.C.E. 897년부터 환산하면 3897 + 3300은 B.C.E. 7197년으로 갑자년이기는 하지만 하원갑자이다. 그러므로 갑자년만 맞게 기록하였을 뿐 무려 1740년간 대수는 기록에서 빠진 것이라고 볼 수 있다. 상원 갑자원년(B.C.E. 8937) 상달 초사흘(10월 3일)이 원조 개천절開天節인 이유가 여기에 있다. 이제는 우리 한民族의 시원을 상원갑자 원년(B.C.E. 8,937) 상달 초사흘(10월 3일) 桓紀 10,948년으로 바로 잡아서 민족 정기를 바로 세워야 한다. 1864년은 아주 특별한 상원 갑자년이다. 그것은 환인 천제가 개국한 이후 10,800년이 되는 해로 상원갑자의 대주기(3600 + 3600 + 3600)가 일대 전환하는 해이다. 사람의 운명으로 보면 윤회의 주기가 끝이 나고 영혼이 완전히 사멸되는 전환점이다. 동학을 일으킨 최제우(崔濟愚, 1824년~1864

년)는 서기 1863년 계해년癸亥年 12월에 관군에 체포되었는데 이를 간지로 보면 하원갑자 60년 12월에 체포된 것이며 이듬해 봄에 사형이 집행되었다. 동학은 어려운 시기에 태어났으며 인류사적으로는 후천 개벽기에 이르렀음을 수운水雲께서 몸소 보여주신 것이다. 그것은 간지력의 대전환기에 이루어진 일이라서 크게 의미 있는 사건이라 하겠다. 동학은 피지도 못한 꽃처럼 혹독한 시련을 거치고 쇠퇴하였지만 25년 후인 2044년이 되면 크게 부활할 것이다. 동양사상 중에서도 한민족 우주철학 사상이 조명을 받게 되고 우리의 말과 우리의 역사를 세계인들이 배우게 될 것이며 바야흐르 민족사의 3천년 대운이 열릴 것이다."[18]

2. 진솔한 사랑?을 위한 (애처럽고 구차한 노학자의) '연모에 대한 변명학'

西昇經(爲道章(위도장) 노자의 자기 행동에 대한 변명이 아닌 – 학문적 이론적? 뒷받침 **시이탁약지기是以橐籥之器? – 즉 음양지도에 필요한 살아 있는 성기.** 곧은 자루로 피리와 같은 악기를 뜻한다. 곧은 자루로 피리인 악기를 만들 수 있는 능력이 있어야 한다는 것을 의미하는 문장이다. 재기용자在其用者란, 있는 물건은 사용자에 있음을 뜻한다.

도학道學의 수행에서 어떤 방법으로 어떻게 공부해 갈 수 있느냐의 수학에 따라 다르다는 것을 말한다. 즉 도의 공부를 하는 사람에 따라 제 나름대로 도학을 할 수 있다는 것을 말한다. (원효대사와 요석공주의 도끼자루설이 연상된다)

노자왈 고지위도자古之爲道者란, 노자가 말하기를 옛날에 도를 위한 자라는 뜻이다. 즉 [서승경西昇經] 제 17 [생치장生置章] 편에서 언급한 바와 같이 기원전 8,937년 전후와 주(周 B.C.E. 1,122년) 나라 초기까지도 도道를 열어야 한다는 의지가 강했던 것을 볼 수 있다. 특히 서량지徐亮之가 쓴 [중국사 전사화中國史前史話]에서 밝혔듯이 고대古代에는 도道를 통하는 것을 업으로 삼을 정도라고 했다. 본문本文에서 노자老子가 밝힌 바에 의하면 옛 선인들은 도道를 위하고 살았다는 것을 의미하고 있다. 막불유자연莫不由自然이란, 알고 보면 자연이 아닌 것이 없다는 뜻이다. 다시 말해 따지고 보면 인간이 살고 있는 환경이나 학문, 그리고 모든 것은 자연으로 되어 있다. 특히 학문도 자연에 속하지 않는 것이 없을 정도이므로 자연을 떠나서는 살 수 없는 것은 당연한 논리이다.

老子 西昇經 第十八 爲道章(위도장)

고기도상연의故其道常然矣란, 옛날에도 언제나 도道는 자연이었다는 뜻이다. 그러기에 대자연의 심오한 진리를 알지 못하면 도라고 할 수 없다는 의미이다.

강연지즉불연의强然之即不然矣란, 자연을 강압적으로 억누르는 것은 자연이 아니라는 뜻이다. 즉 자연을 강제로 억누른다는 것은 자연을 우습게 본다는 것을 말한다. 자연을 우습게 본다는 것은 자연을 외면하거나 도외시한다는 것을 의미한다. 다시 말해 자연을 멀리하고 자연을 파괴하는 것은 도가 아니고 자연이 아니라고 했다.

부하고재夫何故哉란, 어찌 옛을 뿌리라고 하지 않겠는가라는 뜻이다. 자연의 도에 대해서는 전술한 바와 같이 선조들이 엄청난 학문으로 도를 통해 도의 법은 자연 이라고 밝혔기 때문에, 선인들이 밝힌 것은 뿌리라는 것을 의미하고 있다.

이기유사념以其有思念이란, 그러므로 생각하고 또 생각하게 한다는 뜻이다. 즉 자연은 도법道法이라고 밝혔기 때문에 어찌 생각하고 생각하지 않을 수 있겠는가라는 의미를 말한다.

고여도반의故與道反矣란, 옛날의 도道를 위반해 왔다는 뜻이다. 즉 노자가 있었던 주周 나라 말기는 혼란기였으므로 도道에 위배해 왔다는 것이다. 아주 고대였던 환인씨(桓仁氏 B.C.E. 8937년), 즉 석제 반고釋帝盤古 때부터 자연을 기준한 도의 맥을 이어 왔다는 것을 [법화경]과 [역대 신선통감]에 기록하고 있다. 그러나 본문에서 고여도반의故與道反矣라고 적고 있는 것은 지극히 당연한 논리이다. 고로 도는 석가와 노자 이전부터 바른 도를 숭상해 왔다는 것을 입증하고 있는 문장이라 할 것이다.

시이탁약지기是以橐籥之器란, 곧은 자루로 피리와 같은 악기를 뜻한다. 즉 도道의 공부工夫를 하는 사람에 따라 제 나름대로 도학道學을 할 수 있다는 것을 말한다. 다시 말해 곧은 자루로 피리인 악기를 만들 수 있는 능력이 있어야 한다는 것을 의미하는 문장이다.

재기용자在其用者란, 있는 물건은 사용자에 있음을 뜻한다. 즉 도학의 수행에서 어떤 방법으로 어떻게 공부工夫해 갈 수 있느냐의 수학에 따라 다르다는 것을 말한다.

허실유무虛實有無란, 허하다 함이 실존하는 것이라면 없다는 것은 있다는 것을 뜻한다. 즉 삼라만상은 빈 공간세계인 허虛하고 빈 것에서 창조되는 것이기에 근본의 본질로 보아서 실존한다고 보는 것이며, 없다는 것은 실제 눈에는 보이지 않으나 공기空氣처럼 없게 보여도 있다는 의미이다. 그러기에 만물은 허하고 없는 곳에서 창생되어 나온다는 뜻을 의미하고 있다.

방원대소方圓大小란, 크고 작은 것도 사방이 둥글다는 뜻이다. 즉 지구보다 작은 달도 둥글며, 지구보다 큰 해도 둥글며, 대자연에서 생존하고 있는 것은 사방이 둥글다는 의미를 말한다. 다시 말해 우주 속에 있는 모든 천체는 크고 작든 간에 사방이 둥글다는 것을 말하고 있다. 특히 물질은 모나고 있음을 뜻하고 있다.

장단광협長短廣狹이란, 길고 짧은 것, 넓고 좁다는 뜻이다. 모든 물체인 삼라만상은 길고 짧고 넓고 좁은 것이 있음을 의미한다. 즉 어떤 물체가 아닌 것이라도 보고 듣고 익히고 행동하는 범위에도 길고 짧고 넓고 좁을 수 있음도 함축성 있게 포함되어 있다고 보아야 한다.

청인소위聽人所爲란, 듣는 사람에 따라 다를 수 있다는 뜻이다. 즉 똑같은 말이라도 듣는 사람에 따라 다르다는 것은, 잘못 들어 오해할 수 있고 잘 들어 이해할 수 있는가 하면, 잘못 들어도 능히 소화해 낼 수 있는 사람에 따라 듣는 것도 천차만별이라는 것을 의미하고 있다.

부여인쟁不與人爭이란, 인간의 본성은 다툼을 하지 않는다는 뜻이다. 즉 인간의 본성은 맹자孟子가 말한 것처럼 선善이라고 했으므로 싸우거나 다투기 위해 태어난 것이 아니라, 각자 독립적으로 살기 위해 생명의 고귀함을 지키면서 행복한 삶을 살기 위해 태어난 것이다. 그러기에 근본적으로 사람과 사람이 다투거나 싸우기 위해 태어난 것이 아님을 의미하고 있다.

선인재어천하善人在於天下란, 천하에 착한 사람들만 살고 있다는 뜻이다. 즉 인간의 근본적인 본성은 착한 것이어서 하늘 아래 모든 인간은 착한 사람들만 살고 있음을 의미 한다. 그러니까 인간은 근본적으로 악하지 않다는 것을 말한다.

비여탁약호譬如橐籥乎란, 마치 자루가 피리와 같은 것을 비유한다는 뜻이다. 즉 삼태기와 피리에 비유하는 것과 다를 바 없다는 뜻을 의미한다. 그러니까 자루이든 삼태기든 일단은 자루이고 피리는 피리라는 것을 말한다. 고로 자루와 피리를 어찌 비유할 수 있느냐는 것을 말하고 있다.

비여만물교쟁非與萬物交爭이란, 만물은 서로 싸우지 아니한다는 뜻이다. 즉 인간과 동물을 제외하고 맑은 물질은 서로 다투거나 싸우지 않는다는 의미이다.

기덕상귀언其德常歸焉이란, 덕이란 언제나 돌아오게 되어 있다는 뜻이다. 즉 덕德이란 본 글자는 덕德과 덕悳이다. 덕德이란 진실한 마음을 말한다면, 덕悳이란 곧고 바른 마음을 뜻한다. 그러므로 덕德이란 진실하고 곧은 마음을 가진다는 의미이다.

이기허공以其虛空이란, 바로 이러한 것이 허공을 뜻한다는 것이다. 진실하고 곧은 마음가짐이야말로 허한 공간세계와 같다는 의미이다. 그러므로 허한 공간처럼 진실하고 곧은 마음가짐은 허공과 같아야 한다는 것을 말한다. 다시 말해 허공은 한치의 거짓 없는 진실한 공간세계이기 때문이다.

무욕고야無欲故也란, 욕심 없는 고향이란 뜻이다. 즉 허공의 세계는 허하고 비어 있는 데도 진실하므로 욕심이 없는 허공의 세계와 같음을 의미하고 있다. 다시 말해 욕심이 없는 곳은 허공이므로 허공의 세계를 욕심 없는 고향이라고 본 것임을 말하고 있다.

욕자흉해지근欲者凶害之根이란, 본래 욕구는 흉하고 해되는 뿌리를 뜻한다. 즉 가장 인간이 저질적으로 나빠지는 것은 탐욕이다. 탐욕은 자기가 흉하고 해가 되는 뿌리라는 것이다. 다시 말해 인간의 이성이 망가지는 것 중의 하나가 바로 탐욕이다. 그러므로 사람은 진실을 추구해 살아가려고 한다면 무엇보다 깨끗한 마음인 허욕虛欲를 버려야 하는 것이다. 본문에서 말하고 있는 욕심을 부리는 것은 흉하고 해로움의 뿌리라는 것을 일깨워주고 있다. 이상과 욕망이 없는 사람이 없겠으나, 인간이 가장 천하고 추하고 더러워지는 것은 지나치게 물질적인 욕심을 가지는 것이라고 하겠다. 물질적인 욕구를 지나치게 갖는 사람은 타락한 정신으로 변모하고 심하면 병들어 죽는 현상까지 생기게 되는 것이다. 그러기에 本文에서는 욕심 자체가 흉하고 해로움의 뿌리라고 적고 있다.

무자천지지원無者天地之原이란, 없는 자는 천지의 근원이란 뜻이다. 즉 본문에서 무자無者란 욕심이 없는 것을 말한다. 욕심이 없는 것 자체가 천지의 근원이란 뜻이다. 다시 말해 천지는 한치의 욕망이나 욕심이 없는 것이므로 인간은 천지처럼 욕심을 갖지 않고 없는 것이 좋다는 것을 의미하고 있다.

거욕입무去欲入無란, 모든 욕심을 버리고 무작정 아무 것도 없이 서역으로 들어

가기로 했다는 뜻이다.

이보신야以輔身也란, 하지만 몸만은 건강할 수 있도록 보신을 해야 한다는 뜻이다. 무엇보다 도의 수행을 위해서는 건강이 우선이므로 몸을 보호하는 데 역점을 두고자 한 문장임을 의미 하고 있다.

시이선오도자是以善吾道者란, 이러한 일은 내가 무사히 도의 수행을 할 수 있도록 하기 위함이란 뜻이다.

즉일물중卽一物中이란, 즉 자기가 해야 할 물건 중이라는 뜻이다. 다시 말해 어떤 일이 있어도 도의 수행을 위해서는 오직 한 가지 물건밖에 없음을 깨달았다는 것을 의미한다. 한 가지 물건이란 것은 지천知天 하늘을 아는 것이며, 진신盡神 있는 힘을 다해 정신을 쏟고 다하겠다는 다짐을 하였다. 치명致命이란, 목숨이 다할 때까지 하겠다는 의지를 다진 것이다.

조현造玄이란, 검은 것을 만들겠다는 것은 도道의 오묘한 것을 깨달아 보겠다는 다짐이다.

학지순이명學之徇異名이란, 학문을 하는 데 있어 두루두루 다른 이름을 익혀야 한다는 뜻이다. 즉 도학을 수행하려면 엄청난 다른 학문도 익히고 또 익히지 않으면 안 된다는 것이다. 그리하여 많은 학문의 다른 이름을 배워야 한다는 의미이다. 그리하여 같은 열매를 쪼개고 쪼갤 수 있어야 하며, 모은 것을 많이 얻은 열매를 꿰뚫어 볼 수 있도록 분석해 보아야 한다는 것이다.

석동질析同質이란, 같은 질이라도 쪼갠다는 뜻이다. 즉 똑같은 학문이라도 분석하고 또 분석하여야 한다는 의미이다.

득지계동질得之契同質이란, 모든 학문을 묶어 얻는다는 것은 같은 성질이란 뜻이다. 다시 말해 어떤 학문을 하든 최고의 학문적인 수준에 도달하게 된다면, 득도하는 위치에 따라 다르지만 득도의 수준은 거의 동일하다는 것을 의미하고 있다.

망이명忘異名이란, 그리하여 어떤 학문의 다른 이름도 잊어서는 안 된다는 뜻이다. 즉 도학의 수행 과정에서 공부하는 동안 공부한 것을 잊어서는 안 된다는 것을 말한다.

막지기근莫知其根이란, 애써 아는 것이 그 뿌리라는 뜻이다. 즉 막지莫知라는 이름은 일명 환인씨桓因氏 정부인의 이름이기도 하다.

막지기원莫知其原이란, 그러기에 막지莫知가 근원이라는 뜻이다. 전술한 바와 같이 막지莫知가 애써 아는 근본이 된 것은 역시 막지莫知의 이름에서 비롯된 것으로 보인다. 고로 막지(莫知)는 성인자聖人者라고 했다.

성인자聖人者란, 성인이라는 것이다. 그렇다면 막지莫知도 도道를 통한 성인聖人이었음을 반영한다.

3. 노자의 막지 성인설

노자인 석로釋老는 분명히 기록하고 있다. 『사서史書』에서 막지莫知는 환인씨桓因氏 부인으로만 기록되어 있을 뿐, **막지가 성인聖人이라고 기록되어 있는 것은 『서승경西昇經』의 제 18 [위도장爲道章] 편에서 확실히 나타나 있는 것은 놀라운 일이다.** 물론 [역대 신선통감歷代神仙通鑑]에서도 막지莫知가 기록되어 있기는 하지만, 성인聖人이라고 분명히 적혀 있는 것은 노자인 석로釋老의 기록이 처음임을 말한다.

위의 "막지기근莫知其根"과 "막지기원莫知其原" – 노자는 '막지'라는 한 여인의 이름자로 자신의 도 이론의 전개에 필요한 4자성어를 만들 정도로 고심하고 있다.

4. 노자의 자유에 대한 현실적 문제점: 상대의 행복과는 무관한 자신의 욕망 추구는 서로를 소외 · 물화 추락시킨다.

노자의 거짓말 – 위도장이 맞다. 환인 부인이라는 거짓 – 시대적으로 연대가 맞지 않다.

사마천이 『사기』에서 막지는 노자 당시 인물이라 분명히 밝힌 것은 노자가 거짓말을 하고 있음을 의도적으로 밝히고 있다.

당시 공자가 51세이면 늙은 노자는 몇 살? 70대 이상

노자는 막지를 감추어진 덕행德行으로 어진 사람이라 칭송한다. 그러나 지금이나 현실적으로는 "앞뒤를 생각 하지 않고 덤비는 늙은 주책"이나 '늙은이 시체를 치우려고 만나나?' 한단다. 게다가 노자의 말대로라면

1. 막지의 남편, 그 남자의 지위도 왕이다. 이 환인 왕은 아름답고 지적인 자기 부인을 만나러 온 늙은 노자에 대해 뭐라고 했을까?
2. 노자의 의복 식생활 병수발 등을 누가 해결해 주나? 막지의 부담이 된다. (심리적 · 신체적 · 경제적 · 정치적 · 법적 · 사회적)

5. 막지라는 여성은?

"큰 집안에서 별자리를 배우는 막지莫知는 꽃같이 화려하고 정취가 있는 옷을 입고 있으면서도 감추어진 덕행德行으로 어진 사람은, 그 당시는 막지莫知였다." 노자 당시의 막지라는 여인은 아마도 서역 군자국의 황비나 천문을 보는 국무國巫였을 것이다. "노자는 고대 막지莫知의 기인奇人을 안 후 책을 지었다." (공자는 전국시대 어떤 제후의 후비가 시험 삼아 유혹하는 것을 피했다)

노자인 석로釋老가 막지에 대해 기록한 것을 정리해 보면, 본문에서 막지기근莫知其根이라 하면 힘써 그 뿌리를 알아야 한다는 뜻이 있으나, 다른 한편에서는 00씨의 부인이었던 막지莫知에 대한 그 뿌리를 말하는 두 가지의 의미가 포함되어 있다고 볼 수 있다. 그리고 그 다음 문장에서 막지기원莫知其原이라고 적고 있다. 莫 : 없을 막, 고요할 맥 – 여기서도 막이고 맥이다. 막지의 기원 역시 그 근원을 알아야 한다는 것과, 막지莫知의 근원을 뜻하는 두 가지 의미가 내포되어 있다. 다음 문장에서 성인자聖人者라고 한 것을 보면 막지莫知라는 〈반고환인씨桓因氏 부인은 성인聖人이라는 뜻으로 확인하는 문장이다.〉

천산 남쪽에 살던 누란의 미녀

신장新疆 위구르 자치주 박물관에는 3800여 년 전 여인의 미라가 있다. '누란樓蘭의 미녀'로

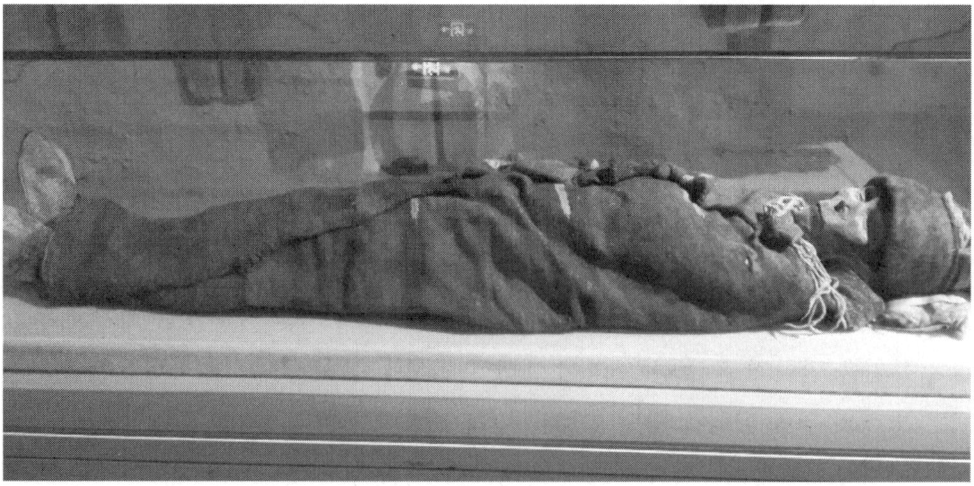

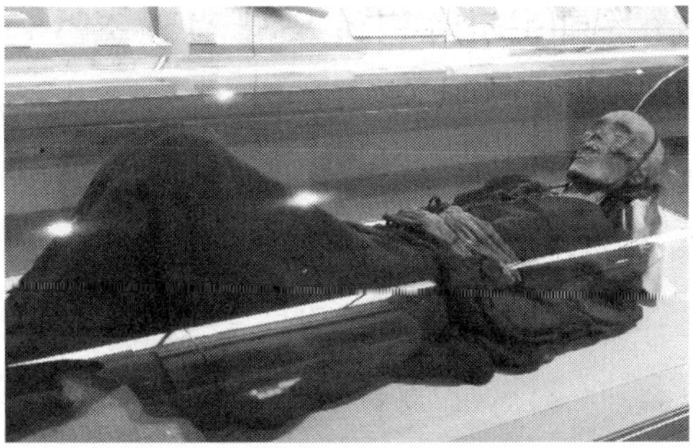 

6. 막지를 찾아 간 노자의 최후? – 고대막지, 당시의 막지 두사람에 대한 윤희의 비유

"노자는 고대 막지莫知의 기인奇人을 안 후 책을 지었다. 그리하여 노자는 모든 것을 갖추고 모래가 흐르는 서역西域으로 흘러가기로 했다. 의복이나 의식은 어떻게 하든 결실이 있을 것을 크게 바라고 막지莫知가 있는 곳으로 가 끝을 맺었다"고 했다.[19)]

윤희의 아래 說은, 과거의 막지, 당시의 막지 두 사람을 염두에 두고 다음과 같은 언급을 한 것 같다. 윤희(노자가 대필 정리한 것이니 노자는)는 점잖게 '도道'라고 했으나 기실은 '여성'을 대입해도 될 듯하다. "뜻을 정하면 생각은 돌아오게 되어 있고, 생각하고 또 생각하는 자에게 도道가 있음을 말하고 있다. **이미 지나간 것을 좇는다는 것은 불가능하고 머물고 있는 것을 물리친다는 것은 불가능하다. 그러므로 멀리 있는 자를 나타나게 하는 것은 무극無極 밖에 있다고 했다. 그러기에 무극의 바깥쪽에 있는 무궁 무궁한 도를 구하기란 대단히 어려운 것이다. 하물며 여기 가까이 있는 자기 몸도 잘 보이지 않는데 만약 볼 수 있다면 곧 이것은 군자君子라고 했다. (노자가)종일토록 보지도 않고 듣지도 않고 그렇다고 말하지도 먹지도 않고 마음 속으로만 도에 대해 알려고 하는 것은 어려운 일이다. 근본적으로 욕심을 갖고 본다는 것은 역시 있는 곳을 볼 수 없을 것이다. 그리고 도道를 열겠다는 마음으로 듣는다는 것은 있는 바를 잘 들을 수 없을 것이다. 그러기에 욕심으로 말하면 얼마간 도는 없을 것이다. 또한 욕심으로 먹는 음식 역시 맛이 없으므로 맑고 깨끗하고 고요함이 없다면 맛을 얻기란 불가능할 것이다. 그러기에 모든 물질이 없는 것으로 다시 돌아가야 한다고 했다.**

7. 노자가 서역으로 가기 바로 전에 만난 윤희(윤자)수령의 노자 걱정 조언

특히 노자인 석로가 서역으로 가는 길에 만난 윤희 – 사마천司馬遷『사기史記』 제 63권 [노자 한비열전老子韓非列傳] 제 3편에 주석으로 다음과 같이 기록하고 있다. [열선전]에서 말하기를 관청의 수령 윤희는 주周 나라의 대부였다. 여기서 대부大夫란 주 나라의 고급 관리로서 지방의 작은 고을을 다스리는 관청의 수령이었다. 관청 수령인 윤희가 처음 노자를 봤을 때 기氣가 있음을 보고 옛날 진인眞人을 보는 것 같았으나 (저어기 그 氣가 걱정이 되었다). 공직을 수행하는 관리는 공적을 남기는 것이다. 그러기에 기꺼이 노자를 거두기로 했다. 그리고 관령 윤희는 9편의 저서를 했다. 윤희의 글 본문을 정리해 보기로 한다. 노자가 서역西域으로 가기 위해 경계의 관문關門에 이르렀을 때 관청의 관령關令이었던 윤희尹喜가 노자를 보고 당부하는 글이다.

"윤희尹喜가 노자老子에게 말하기를, 도道를 본다는 것은 마치 물을 보는 것 같다고 했다. 곧 이것이 성인聖人이며, 혼돈한 세상에는 도덕을 알아야 한다고 했다. 바로 현묘玄妙한 것과 같은 것이라고 말했다. 천지는 알고 보면 역시 맑고 깨끗하고 고요한 것이며, 모든 것은 하나에서 지키고 있다는 것이다. 천지의 자연은 모두가 하나에서 출발해서 하나로 끝나는 것이므로 윤희는 하나로 지키는 것이라고 말했던 것이다. 고로 하늘과 같은 마음은 본래부터 아는 바 없으므로 도道의 몸과 같이 형체가 없다고 했다. 그러나 이후부터 하늘의 도道는 성하고 있다는 것이다. 뜻을 정하면 생각은 돌아오게 되어 있고, 생각하고 또 생각하는 자에게 도道가 있음을 말하고 있다. **이미 지나간 것을 쫓는다는 것은 불가능하고 머물고 있는 것을 물리친다는 것은 불가능하다. 그러므로 멀리 있는 자를 나타나게 하는 것은 무극無極 밖에 있다고 했다. 그러기에 무극의 바깥쪽에 있는 무궁 무궁한 도를 구하기란 대단히 어려운 것이다. 하물며 여기 가까이 있는 자기 몸도 잘 보이지 않는데 만약 볼 수 있다면 곧 이것은 군자君子라고 했다. 종일토록 보지도 않고 듣지도 않고 그렇다고 말하지도 먹지도 않고 마음 속으로만 도에 대해 알려고 하는 것은 어려운 일이다. 근본적으로 욕심을 갖고 본다는 것은 역시 있는 곳을 볼 수 없을 것이다. 그리고 도를 열겠다는 마음으로 듣는다는 것은 있는 바를 잘 들을 수 없을 것이다. 그러기에 욕심으로 말하면 얼마간 도는 없을 것이다. 또한 욕심으로 먹는 음식 역**

시 맛이 없으므로 맑고 깨끗하고 고요함이 없다면 맛을 얻기란 불가능할 것이다. 그러기에 모든 물질이 없는 것으로 다시 돌아가야 한다고 했다.

여기서 물질이란 속세에 찌든 모든 것을 버리고 깨끗하고 맑고 빈 마음으로 다시 돌아가야 한다는 것을 말한다. 그러기에 언제나 젊고 깨끗함 속에서 고요한 정신으로 자연을 탐구하지 않으면 진정한 자연으로 돌아가지 못한다고 하였다. 만약 그렇지 않는다면 태어나기 이전으로 되돌려서 자기의 몸이 없는 상태에서 다시 자연 그대로 상태에서 몸이 자라지 않으면 안 된다. 그리하여 완전한 뼈와 살이 있는 형상을 갖추는 것이 하늘과 땅이 충실해지는 이치이다. 그러므로 어쨌든 몸을 보호하고 오래 살 수 있도록 건강해야 한다고 충고하고 있다. 윤희는 **노자가 온종일 보지도 듣지도 않고 그렇다고 말하지도 먹지도 않고 있으므로 안타까운 심정에서 도법道法을 깨달을 수 있도록 간곡히 당부하고 있는 문장이다.** 특히 도를 얻기 위해서는 몸을 보호하지 않고는 불가능하다는 것을 알기 쉽게 충고하고 있다. 이상에서 보는 바와 같이 윤희의 수준도 대단함을 알 수 있다. 노자가 윤희를 만나기 전 한 두 번의 도를 얻기는 했으나, **노자는 더 깊고 오묘한 도의 경력을 쌓기 위해 서역西域으로 오르게 되었을 때, 관령인 윤희는 노자의 얼굴에 (*심상찮은 어떤) 기氣가 있는 것을 보고 이와 같이 충고하고 있는 문장이다.**

8. 노자가 서역으로 가기 전에 공자를 만났을 때

노자가 서역으로 오르기 바로 전에, 공자孔子의 나이가 51세일 때 노자를 만나러 간 일이 있었다. 그때 노자는 공자를 보고 다음과 같은 생각을 한 문장이 사마천司馬遷『사기史記』63권 [노장신한열전老莊申韓列傳] 제 3편에 기록되어 있다.

老子曰 子所言者 其人與骨皆已朽矣 獨其言在 耳且君子得其時則駕 不得其時則蓬累而行 노자가 말하기를 공자가 말하는 것을 보고 그 사람의 모든 뼛골이 썩었다. 혼자서만 말하고 있으니 귀가 구차하므로 **군자는 때를 만나면 멍에를 짊어지지만 때를 만나지 못한 즉 쑥밭에 연루되지 않게 떠나는 것이라고 적고 있다.**

노자가 공자를 만났을 때가 몇 살인지는 알지 못하나 아마 공자보다 나이가 많았을 것이라는 것이 은연 중에 사서史書에 나타나고 있다. 따라서 공자를 본 노자가 공자 인상과 말하는 것을 보고 공자의 뼛골까지 썩었다고 할 정도 같으면 노자의 지적 수준이 상당한 것으로 보인다. 노자가 공자를 만날 때 당시만 해도 주周 나라 수장실(守藏室 : 사서관)을 맡고 있었던 시기에도 도를 한 두 번 정도는 열었던 것으로 보인다. 왜냐하면 노자가 관직을 그만 두고 관령인 윤희尹喜를 만나 윤희의 청으로 [노자 도덕경老子道德經] 상 · 하(上 · 下)권과 [십계경十戒經], 도합 3권을 쓸 때만 해도 천문도天門道가 열려 있었던 것이다. 그 이유는 [노자 도덕경老子道德經] 제 5장에서 현묘玄妙한 광명의 세계를 기록하고 있고, 따라서 검은 공간세계인 블랙홀의 생성을 거의 현대수준으로 설명하고 있기 때문이다.

노자인 석로가 서역西으로 간 이유 중 두 가지 뜻을 갖고 있음을 의미하고 있다고 보아야 한다. 왜냐하면 사마천司馬遷 [사기史記] 63권 [노자 한비열전老子韓非列傳]에서 보는 바와 같이 '시인막지時人莫知'라고 한 것을 풀어 보면, 그때 사람이었던 '막지莫知' 라고 되어 있기 때문이다. 노자인 석로는 막지가 별자리의 학문을 깊이 있게 연구했던 것을 알고 겸사하여 도의 경력을 쌓기 위해 본문과 같은 두 가지 뜻을 의미가 있게 기록한 것으로 보인다. 그러기에 노자 석로釋老는 **거짓僞같은 도를 엮는다**는 뜻이 아닌, 도를 위하는 장 - [위도장爲道章] 편을 엮은 것으로 보아진다.[20)]

9. 노자인 '釋老' 라는 이름 - 釋풀석 老 노익장

노자가 선택한 '석로'라는 이름자에 노자의 회한과 서역을 택한 이유와 뜻이 다 담겨 있다. 늙었음에 이제 이 사슬을 다 풀고 싶다? 현대까지도 노자의 서승경이 알려지지 않게 연구를 별로 안한 이유도 일부가 이 이름에 있다 하겠다. 노자는 나름으로 선불 융합이나 경계 없음, 또 무욕을 나타낸 글자일 수도 있겠다. 혼잡한 시대에 망할 주나라를 떠나며 세상만사가 다 같아 보인다. 그러니 6000년 전이나 지금이나 같을 수도 있겠지만, 노자는 전문적인 논리적 글쓰기의 실력자로 정신의 맑음이나 정확성은 그 누구보다 앞선다.

연등 금선자(燃燈金蟬子 B.C.E. 8011년)는 석가모니 이전 사람으로 약 1만 년 전에 환인씨 다음으로 천산(天山)에서 깨달음을 얻은 사람이다. 그는 석가모니에게 예언을 해 준다. 석가는 자신보다 8500여 년 전의 사람에게 "너는 부처가 될 것이다."라는 수기授記를 받았다고 한다. 법화경法華經 방편품方便品과 금강반야경金剛般若經에 나오는 이야기이다. 그러나 선가류의 역사는 고고학에서 그 시대의 유물 유적이 발굴되기 전까지는 지금까지 다루어지지도 안정되지도 않았다.[21] 노자는 막지가 별자리의 학문을 깊이 있게 연구했던 것을 알고 – 그가 서역으로 연인을 찾아가기 전에 바로 쓴 서승경에서 여러 학문을 해야 한다고 주장(환인 부인이라 거짓말) – 노자가 〈거짓 위僞로 쓰면 – 위도장〉 이라고 스스로 말한 것이 정직하나. 고내 환인 부인이라 거짓말했지만 – 동명이인도 있을 수 있다. 노자는 영원히 거짓말이 계속 통하리라 생각하고 싶었을까? 아니면 도의 깊이가 깊어 몇 천년을 뛰어넘는 막지들을 만난 것일까? 그런데 사마천의 사기를 보면 당시 여인이라는 것이다. 그 때 이름도 '막지' – B.C.E. 8937년 환인의 부인 성인 막지를 역사적으로 아는 사관 공자는 자기가 흠모하는 당시의 막지도 그런 여인이기를 바랬을 것이다. 그래야 자신의 행동이 더욱 정당성과 명분이 서니까?

왜냐하면 **사마천司馬遷[22] [사기史記] 63권 [노자 한비열전老子韓非列傳]에서 보는 바와 같이 시인막지時人莫知라고 한 것을 풀어 보면, 그때 사람이었던 막지莫知**라고 되어 있기 때문이다. 노자인 석로釋老는 막지莫知가 별자리의 학문을 깊이 있게 연구했던 것을 알고 감동하여 도의 경력을 쌓기 위해 본문과 같은 두 가지 뜻을 의미 있게 기록한 것으로 보인다.

막지기근莫知其根이란, 애써 아는 것이 그 뿌리라는 뜻이다. 즉 막지는 일명 환인씨桓因氏의 정부인이기도 하다. 막지기원莫知其原이란, 그러기에 막지가 근원이라는 뜻이다. 전술한 바와 같이 막지莫知가 애써 아는 근본이 된 것은 역시 막지의 이름에서 비롯된 것으로 보인다. 고로 막지는 성인자聖人者라고 다시금 강조한 것이다. 도인이 성인자를 찾는 것은 남여를 불문하고 정당화 되는 일이기도 하기 때문일 것이다. 성인자란, 성인이라는 것이다. 그렇다면 환인의 부인 막지莫知도 도道를 통한 성인이었음을 도道의 주조인 노자인 석로釋老가 분명히 기록하고 있다는 것도 중요하다. 즉 11,000년 한국 역사의 첫 황후 막지 황화게서는 노자가 인정한 성인자였음을 알 수 있게 하는 일이다. 막지의 고장인 파미르 천산의 실크로드에 속하는 누란 지역의 미인 미라가 몇 겹의 실크 옷과 삼베로 입고 있는 것도 유의미하다.

10. 오늘날까지 알려지지 않았던 『서승경西昇經』

『서승경西昇經』에는 대자연大自然의 진리와 신神의 경지에 이르는 득도得道의 과정을 통해, 인간이 자연과 더불어 어떻게 살아가야 하는지를 잘 가르치고 있다. 특히 서승경이 인류에게 시사하는 바가 큰 것은 현대 과학 문명으로 자연을 파괴한 대가와 물질 문명에 찌든 어리석은 인간에게 큰 교훈을 던져준 보물 중의 보물과 같은 경전이라고 보아야 할 것이다. 끝으로 학문을 연구하는 사람이나 전 인류는 노자老子『서승경西昇經』을 꼭 한 번 노자를 해방시킨 시각으로 읽고 **인간의 진실한 삶이 어떤 것인지를 다시 되새기는 장이 되었으면** 하는 마음 간절하다.

% 하남성과 산서성 경계의 회룡 태항산과 천계산에는 노자가 수련을 오랜 기간 한 곳이고 때로는 도덕경을 거기서 저술했다고도 전한다. 공자도 그곳에서 만났다는 것을 비롯 여러 가지로 노자 관련 이야기가 많다. 그 옆 천계산에 노자의 설화 중에서는 '노야정老爺頂'에서 30년 동안 용맹 정진하며 수행하던 노자가 어느 날 속세를 떠나려고 갑자기 절벽 아래로 몸을 던졌다. 아홉 마리 용들이 나타나 노자를 구했고...아홉 마리 용은 와불로 변했다 한다. 무위자연 사상을 중심으로 하는 도인이 가만 있어도 죽을 때 되면 죽겠지 하지 않고 자살하려 한 것은 상당한 갈등을 겪고 있었다는 얘기로 생각해 볼 수 있겠다. 또 노자가 위도경에서 선택한 이름 '釋老' 석가의 석釋을 썼다. – 9명의 용으로 표현되었지만 바로 아홉 분의 무술이나 술법이 뛰어난 불교승들이 살린 것은 아닌지? 노자와 석가모니는 거의 같은 시기 사람이다. 위 설화의 앞뒤 정황을 볼 때 허무맹랑한 이야기만은 아닌 것 같다. 그러기에 진리는 가까이 있는 데도 잘 볼 수 없는 것은 우리가 몇 천년을 살아도 다른 시각으로 살아가거나 볼 수 없으면 어리석게 살다 간다는 것을 말한다.

영관야 灵官爺之尊神位

왼쪽은 노자가 세웠다는 천계산 도교사원 오른쪽 끝 위의 정상은 노야정[23] 중국이 무위자연을 주장하던 그 노자의 상을 세우고 그 상에 40억씩 들여 금을 덧씌우며 자신을 관광상품화하는 것을 보고 노자님은 하늘에서 뭐라고 할까?

11. 마고 천산산맥 막지 서왕모 노자 – 우리나라의 지리산 마고까지! 관계를 앞으로 추적해 볼 것

* 천산산맥 박격달봉 천지의 서왕모
* 청해호 서쪽 삼위산 인근 요지연도의 주인공 서왕모
* 태산의 여신 태산 노모, 태산 할머니
* 중국 전역에 퍼져 있는 도교의 한 여신 마고 (마고 헌수)
* 우리나라의 마고 (삼신)이 여신들 모두는 마고님의 역사에서 나온 한 뿌리라! 그 분은 북극성에 계셨고 우리는 북두칠성에서 왔다는... 천손민족의 복본復本) 사상이라... 심청이는 서왕모의 딸이 었단다. (심청전) 반드시 그 근본 하늘의 마음으로 돌아가야 한다.[24]
* 천산산맥에서 우리나라 지리산 마고님 역사까지!

마고의 사전적 의미: 마고麻姑에서 마麻는 삼베의 뜻이고 고姑는 '장자', '열자', '산해경'에서 여신의 뜻을 가지고 있다. 마고는'마고 할미','마고 선녀'또는'지모신地母神'이라고도 부르는 할머니로 혹은 '마고 할망'이라고도 한다. 주로 무속신앙에서 받들어지며, 전설에 나오는 신선 할머니이다. 새의 발톱같이 긴 손톱을 가

지고 있는 할머니로 알려져 있다. 옛말에 마고가 긴 손톱으로 가려운 데를 긁는다는 뜻으로, 바라던 일이 뜻대로 잘됨을 이르는 말로 마고소양麻姑搔痒이라 하는데 이때 한자로 마고麻姑라고 적듯이 예부터 전해오는 전설 속의 노파老婆를 의미하기도 한다. 이처럼 한국의 전설과 설화에는 마고에 얽힌 신화가 많다. 중국신화에서 천지를 창조했다고 하는 반고盤古의 신화처럼 비슷한 중국의 여신 이름에서 전래된 것으로 말하기도 하는데, 한자가 다르듯 의미도 전혀 다르다. 한국에서는 단순히 노파라는 뜻으로 쓰이기도 한다. 제주에서는 묻혀 죽은 노파라는 뜻에서 매고埋姑 할망이라고 불리게 되었다는 전설도 있어 토착신화로 분류된다. 한국의 마고 할미는 설문대할망, 갱구 할멈, 안가닥 할미, 노고 할미 등의 다양한 명칭으로 한반도 각지에 존재하지만 그 중에서도 제주도 설문대 할망이 마고 할미의 이야기와 가장 가까운 형상을 하고 있다. 18세기 장한철張漢喆이 지은 〈표해록漂海錄〉에 사람들이 한라산을 보고 살려 달라고 비는 모습이 묘사되어 있는데 그때 그들의 입에서 나오는 말이 선마고詵麻姑이다. 마고에 빌었다는 의미로 선문대 할망이 한자 선마고로 표기된 것이다. 제주도의 설문대 할망의 형상은 거인형상을 하였고, 거인, 거식, 게다가 번식 능력이 강한 할미로 상징되어 왔다. 한국에 남은 도교적 유습들은 오래 전부터 유불선 삼교가 솥발처럼 우리의 삶을 위 아래로 모두 관장했다. 나라에서도 고려 때부터 도교의 신에게 제사를 올렸다. 하지만 도교는 불교 교단이나 유림처럼 세력을 만들지 못하여 민간으로 전승됐을 뿐이다. 특히 성리학을 받들던 조선은 도교를 이단시하여 임진왜란 이후 도교의 제사를 관장하던 소격서를 폐지하였다. 국립 현대미술관 서울관이 자리잡은 소격동은 그 자취이다. 하지만 도교는 불교와 무속으로 스며들어 형식을 바꾼 채 여전히 우리 곁에 머물고 있다. 대개의 사람들이 바라마지 않는 현세의 수복강녕과 불로불사를 추구하기 때문이다.

하늘과 땅과 물은 원초적인 신성. 일상에 들어와 성수신, 후토, 용신이 되었다. 조선 중기까지 소격전(서)에서 재초의식(齋醮義式: 도교의 신께 제사함)을 한 것, 별자리를 새긴 유골함에 장사 지내기, 묘지를 쓰면서 땅의 신한테 비용을 지불하거나 건물을 지으면서 이들한테 공양하는 일, 바다와 연못과 우물의 용왕한테 인신공양을 하는 일 등이 그런 유습이다.

자연숭배는 노자를 만나 도가를 이루고 도교로 확장되었다. 주 황실의 도서관 사서였다는 노자가 쇠퇴하는 주나라를 떠나며 5000여 자로 남긴 〈도덕경〉이 가르침이 되고 노자는 태상노군이라는 신이 된 것이다. 사람들은 태상노군 위에 옥황상제를 모셔 들이고, 아래로는 신선들을 초빙하여 불로불사의 이상향인 곤륜산, 삼신산에 살게 했다. 곤륜산에는 서왕모가 사는데 불로장생 복숭아(반도)가 열리는 3000년마다 잔치를 연다. 진시황은 삼신상 중 하나인 봉래산으로 영약을 찾아 선남선녀 3000명을 보냈다. 삼신산은 백제 궁남지, 경주 안압지, 백제 금동 대향로, 산수무늬 전돌 등에 나타난다. 명산대천 바위에 새겨진 'OO동천' 따위는 조선의 선비들이 꿈꾼 별천지이다.

신선이 되기 위해서는 양생술이 필요한 법. 복이(불사약 복용), 벽곡(곡식류 안 먹음), 복기(복식호흡), 방숭(남녀교합 설제), 내관(몸 안의 신과 소통) 등이 그것이다. 김가기, 최승우, 승려 자혜 등이 우리나라 내단 수련의 뿌리를 이루며 무덤과 탑에서 나오는 향로, 돌절구, 황금, 백은, 오옥, 주사, 운모 등은 그 자취이다. 집기기물에도 꿈이 반영되었으니, 구중궁궐에는 일월 오봉도, 해반도가, 사대부의 문방에는 복숭아 연적, 신선도, 십장생 담배합 등이 그것들이다. 하지만 일반 백성들에게 당키나 한가. 관우사당, 성황당

막 마고[25] 천산산맥 서왕모에서 우리나라 지리산 마고까지!

우리는 마고麻姑님의 백성들입니다. 중국 도교의 여신도 아니고 상상속의 인물도 아닙니다. 징심록 제 1지 『부도지』에 등장하는 우리의 창세주...[26]

마고(麻姑) 할미는 한국 신화에서 전해 내려오는 여신 또는 창세신, 거인신이다. 마고 할망, 마고 할미, 마고 할머니, 혹은 마고 선녀 등으로도 불린다. 엄밀히 일컫자면 본명은 마고이며 할미는 존칭에 해당한다. 한국 무속에서 창세신 위치에 있는 신이었으나, 무속의 힘이 약해지고 외래종교가 거듭거듭 유입됨에 따라서 위상이 축소될 대로 축소되어, 현재 시점에서는 그냥 무속신앙 속에서 미미한 존재의 여신이 되었다. 그러나 지금도 한반도 각 지방의 마고 관련 전설이나 마고를 모시는 사당은 어렵지 않게 발견할 수 있다. 신당(神堂)의 일종인 노고당의 할미도 마고 할미일 가능성이 있다.

우리나라의 삼신 할머니와 같다. 마고이다. – 음력 3월 15일이 생신이시라고 한다.
*** 도교속의 목숨을 주관하는 여신 마고 – 역사가 바뀌었다. 그 주인이 마고라!**
*** 우리나라 지리산 천왕봉의 마고, 공자가 찾아 나선 서역의 막지와 마고와 서왕모라는 분들의 관계는 앞으로 더욱 파헤칠 숙제이다.** [27)]

마고는 할미로 불리고 있지만 사실 무속 등지에서 젊은 미녀의 모습을 하고 있는 경우도 흔하다. 사실 우리나라의 신화에서 ~할매(혹은 할미), ~할배는 나이를 기준으로 언급하는 것이 아니라 그것을 찬양하기 위한 느낌(일종의 권위를 주는 호칭에 가깝다)으로 쓰인다. 할배 또는 할미란 말은 지금 쓰이는 할아버지, 할머니의 뜻이 아니라 한+아비, 한+어미, 즉 大父, 大母였다.

북한 평양시 강동군 남쪽 구빈 마을에는 마고할미에 대한 전설이 하나 내려온다. 최창조 교수가 남북교류가 활발할 때 북한에 가서 채집한 설화인데, 다음과 같다..[28)] 단군이 거느리는 박달족이 마고 할미가 족장인 인근 마고성의 마고족을 공격했다. 싸움에서 진 마고 할미는 도망친 후 박달족과 단군의 동태를 살폈는데, 단군이 자신의 부족에게 너무도 잘해주는 것을 보게 된다. 마고는 단군에게 진심으로 복종하지 않을 수 없게 되었다. 단군은 투항한 마고 할미와 그 아래 아홉 장수를 귀한 손님으로 맞아 극진히 대접했다. 아홉 손님을 맞아 대접한 곳이 구빈九賓마을이고, 마고가 항복하기 위해 마고성으로 돌아오면서 넘은 고개를 왕림枉臨고개라고 한다.

이 설화에서 단군을 환인으로 한 번 바꿔보자. 지금 현재도 환인 환웅의 개천이나 건국을 모르고 단군을 국조로 여기는 사람들이 많은게 실상이니...에서 비손하고 당사주나 보는 것이니 흔적으로 남을 것은 적은 셈이다.[29)]

그런데 마고 신화는 桓因 – 桓雄 – 檀君 이전의 창세 기록을 담고 있어 창세 신화라고 할 수 있다.

마고의 역사적 전승 양상: 한국의'마고麻姑'전승은 주로 설화와 유적 및 지명 등에 많이 나타난다. 마고 할미는 거인으로 우주나 지형물 창조를 하는데, 주로 치마에다 돌을 담아다가 성 쌓기를 한다. 마고 할미는 제천단이나 사당에서 신이 되어 제사를 받고 있다. 마고 할미가 쌓았다는 산성, 마고 할미가 가져다 놓았다는 바위 · 바위산 등이 있다. 마고 할미로 인해 생겨난 지명도 있다. 이런 모든 전승의 주요 특징은 마고 할미가 '할머니 창세신'이라는 점, 그리고 '성 쌓기[築城]'행위를 하는 점으로 나타난다.

마고 할미 전승의 원형은 신라 눌지왕 때 박제상(朴堤上, 363~419)이 지은 『부도지』에 잘 나타나 있다. 한국 상고사와 삼원조화의 철학을 담고 있어 매우 의미가 깊다. 『부도지』 속의 '마고 설화'는 매우 독특한 창세 기록을 담고 있는데, 환인桓因 – 환웅桓雄 – 단군檀君으로 표상되는 시간 이전의 기억을 보여 준다. 마고는 태초의 우주만물 및 인류를 창조하는 창조신이며, 마고성은 지고지순한 天人들이 조화로운 삶을 사는 인합일人合一의 이상적인 공간이다. 그런데 오미의 화를 계기로 마고성을 나오게 되었다. 황궁씨黃穹氏가 대표로 마고 앞에 '복본復本'할 것을 서약하고 네 종족에게 '天符'를 신표로 나누어주고 사방으로 나누어 살게 하였는데, 그것이 현생 인류사의 시작이 되었다는 내용이다. 마고성 분거 이후는 복본의 서약을 잊지 않고 천부를 전승한 황궁씨 중심으로 서술되고 있다. 선도先道사서들은 단군조선시대까지를 복본의 기준이 엄격히 지켜진 천부전승기天符傳承期로 보고 있다.

『부도지』 속 마고의 원형적 의미를 한국의 선도 존재론의 입장에서 살펴볼 수 있다. 한국의 선도에서는 존재의 본질을 '一(一氣)'로 보고, 존재의 세 차원으로 天 · 地 · 人 三元(三, 三氣)를 제시하는데, 이는 '一(三)', '一氣(三氣)'로 표현한다. 한국 선도의 오랜 전통에서 '一'은 '하느님(, 一)'으로, '三'은 '三'으로 표현되어 왔기에, '一(三)'은 '삼신 하느님(三하느님)으로 표현한다. 곧 존재의 본질인 '一(三)', '一氣(三氣)'는 우주의 근원적 에너지이자 약동하는 생명력 자체이며, 이를 인격화한 것이 '하느님(삼신 하느님)'이다. 삼신 하느님이 현상계의 우주만물을 창조하였는데, 『부도지』에서는 창조의 주체로서 '마고'가 등장하고, '마고'라는 여신에 의해 창조가 이루어진다. 존재의 본질인 '一(三)', '一氣(三氣)'가 마고 여신으로 표현된 것이다. 마고가 창조한 천인들이 조화롭고 평화로운 삶을 살았던 공간이 바로 '마고성(麻姑城)'이다. 지고지순한 상태인 천인들은 자체가 바로 마고와 같은 존재이며 따라서 마고성은 人合一(天人合一)이 이루어진 이상향이다. 마고성 출성 이후 사람들은 늘 이상향인 마고성으로 복본하고자 하였다. 복본의 진정한 의미는 잃어버린

天性(性, 本性)을 회복하는 것으로, 한국 선도의 수행은 복본을 위한 것으로 볼 수 있다. 한국 선도는 단군 조선 이후 퇴조되었기에 마고에 대한 인식도 변이되었다. 삼신 하느님 마고가 창세의 파편적인 흔적을 지닌 '할머니 창세신'으로 변이되었고, 신인합일의 이상향인 마고성은 마고 할미의 '성 쌓기'하는 행위로 변이 전승되었다. 한국 선도의 마고 할미는 할머니 창세신으로 성 쌓기를 하는데 반해 중국도교의 마고 선녀는 젊고 아름다운 여자로 불로장생하는 이미지로 세속화되었다. 다시 말해 중국의 마고는 백성들의 힘든 삶을 도와주는 선녀로 또는 장수신으로 추앙을 받아 왔으며 지금까지 마고 묘, 마고 사당이 각지에 산재해 있고, 백성들의 건강과 평안을 관장하는 장수신의 모습을 하고 있다. 민간에서는 7월 15일을 마고절로 정해 놓고 매년 마고에게 제사를 올리고 있다. 존재의 본질이자 근원적 생명에너지로서의 마고가 중원에 이르러 도교화되면서 장생불사의 선녀 이미지로 변이되었다. 최근 한국 선도에 대한 관심으로 마고도 점차 본모습을 회복해 가고 있다.

3. 마고 사상의 현대적 의미는 박제상이 지은『부도지』에 의하면, 마고는 선천과 후천의 중간인 짐세朕世에 팔여八呂의 음音에서 나왔다고 하는 신인神人으로 지상에서 가장 높은 성인 마고성에 살면서 천부天符를 받들고 지킨다. 그리고 선천을 남자, 후천을 여자로 하여 배우자 없이 두 딸 궁희宮姬, 소희巢姬를 낳았다고 한다. 이 두 딸 역시 선후천의 정을 받아 배우자 없이 자식을 낳아 네 천인黃宮, 白巢, 靑宮, 黑巢와 네 천여天女가 있게 되었다고 한다. 이들은 성중에서 나오는 지유(地乳를 먹고 살면서 네 천인은 律을, 네 천여는 呂을 맡아보게 되었다. 마고사상에서는 온갖 사물을 율려律呂로 파악했다. 이는 동양의 천문학, 음성론, 수리학 등에 지대한 영향을 미쳤다. 마고 사상은 인간과 자연과의 상관관계 속에서 항상 생각하고 있으므로, 천재지변天災地變을 당하지 않으려면, 인간 자신부터 천리天理에 어긋나는 짓을 하지 않아야 한다.

현대에 마고는 '지구의 기에너지', '지구의 영혼', '지구의 어머니'로 상징된다. 지금 지구는 인간성 상실과 환경오염으로 인한 생태계 파괴로 몸살을 앓고 있다. 이를 치유해 줄 수 있는 세계관이 바로 마고 사상이다. 마고 사상은'하늘 · 땅 · 사람[天 · 地 · 人]'이 하나가 되는 삼원론 사상, 인류의 이상인 신인합일 정신, 조화와 화합의 세계관을 담고 있기에, 한국 선도의 '마고'는 인간성 회복, 지구평화를 위한 실천적 대안이 될 수 있다.[30]

★ B.C.E. 8973년 환인의 부인 막지상과 비슷한 마고의 그림

◀ 송 – 명 – 청나라에서 전해오는 마고,
중국 고서를 뒤져 찾아낸 것ⓒ 리복재

'삼신三神 할미는 마고, 궁희, 소희 세 분을 합하여 삼신三神이라 부른다.' 에서 三神은 三女神으로 말하는 것이 옳다. 즉, 직녀성의 주인들이다. 그리고 삼신은 천신, 지신, 인신의 개념이 들어 있어야 하며, 그 천지인의 조화로 생산되어 아이를 낳았을 때 조왕신을 상징하는 산신産神은 마고의 삼 마의 삼을 상징하는 바를 적용하는 것이 옳다 하겠다.][31]

중국의 여신선女神仙《신선전(神仙傳)》에 한漢나라 환제桓帝시대 신선인 왕원王遠과 함께 마고가 채경蔡經의 집에 강림하여 연회를 베풀고 신선세계의 이야기를 했다는 내용이 있다. 마고의 말 중에도 오래 살아서 동해東海가 3번씩이나 뽕나무밭이 되는 것을 보았다는 <창해滄海의 변變>의 이야기는 유명하다. 마고 강림의 환상적인 이야기는 도교 교단道教教團이 7월 7일에 행한 주방 의식과 관계가 있다고 한다. 또한 마고는 손톱이 길어, 채경이 등이 가려워 할 때 긁어 주면 기분이 좋으리라고 생각했다고 하며, 이른바 <손자의 손>은 사실은 <마고의 손>이었다고 한다. 부도지의 마고는 중국 도교道教에서 나온 중국 신화이다.[32)]

'마고'는 '한겨레'의 시조가 되는 조상이고 조상신이다. 노자가 도가의 초조이면서 도가신으로 숭앙을 받는 것과도 같다. 노자가 얘기한 B.C.E. 8937년대 – 약 11,000여 년 전의 막지는 부도지의 마고랑도 통한다. 하룻밤 동안 전 세계 어린이들에게 선물을 전해 주는 서양의 '기적 같은 행운의 할아버지'가 산타클로스뿐은 아니다. 동양에는 산타클로스 못지 않은 도술로 사람들을 놀라게 한 신선들이 있었다. 마침 서울 용산구 아모레퍼시픽 미술관(APMA)에서 처음 공개 전시된 조선 말기 '해상 군선도海上群仙圖' 10폭 병풍에 바다를 건너는 신선들이 대거 등장한다. 게다가 1년 6개월 간에 걸친 고난도 복원 끝에 되찾은 붉은색과 초록색이 크리스마스 분위기까지 떠올리게 하는 수작이다. 사연이 있는 병풍이다. 고종 임금은 가족처럼 가까이 지내던 독일인 사업가 칼 안드레아스 볼터(1855~1916)가 본국으로 돌아간다는 말을 듣고 만감이 교차했다. 볼터는 대한민국 최초의 외국인 회사인 세창양행의 공동 창업주였는데 한국에서 20여 년을 지내며 일곱 남매를 낳아 키운 터였다. 고종과 볼터의 가족이 얼마나 가까웠느냐 하면 그 집 둘째 딸이 순종의 소꿉친구였을 정도이다. 그런데 을사늑약으로 한국이 외교권을 박탈당하자 볼터는 독일로 돌아갈 수밖에 없는 상황이 됐다. 고종은 보내야 할 사람에게 선물 하나를 챙겨주고 싶었다. 그래서 그림을 그리게 했다. '해상 군선도'였다. 그림 속의 신선들은 신들의 여신 격인 서왕모西王母가 사는 요지연瑤池宴에 초대받아 참석하러 가는 길이다. 바다를 건너는 신선처럼 볼터의 식구 또한 무사히 대양을 건너 고향으로 가라는 기원을, 가서도 잘 살라는 축복을 그림에 담았다. 통상 동양의 그림은 오른쪽에서 왼쪽으로 전개되는지라 가장 우측에, 머리가 혹처럼 불룩 솟은 신선부터 보자. 북극성처럼 남극 하늘을 지킨다는 남극성을 의인화한 수노인壽老

人이다. 항상 보이는 북극성과 달리 남극성은 전쟁이 나거나 나라가 혼란에 빠지면 보이지 않다가 천하태평이 다시 찾아오면 비로소 모습을 드러낸다고 한다. 그래서 사람들은 지금의 처녀자리 쯤에 해당하는 남극성이 보이면 얼른 손을 모아 행복하고, 장수하길 빌었다. 그러니 수노인은 천하태평을 기원하는 뜻을 담고 있다. 두상부터 개성 있는 그는 도복을 입고 사슴 한 마리를 늘 데리고 다녔다. 그 곁에는 순하게 생긴 산양 한 마리와 함께 황초평黃初平이 등장한다. 가난한 집안에서 태어나 어릴 때부터 양치기였던 그인지라 옷은 너덜너덜 남루하고 짚신도 닳고 닳아 발가락이 삐죽 나올 지경이며 한쪽은 그마저도 없어 맨발이다. 도를 닦은 황초평은 흰 돌을 양 떼로 만들었다는 전설도 전한다. 소심하게 생긴 황초평 등 뒤로 터질 듯한 배를 불룩 내밀고, 머리는 양옆으로 쌍상투를 튼 종리권鍾離權이 앉아 있다. 손에는 그의 상징인 부채 '파초선'이 쥐어져 있다. 전하는 얘기로는, 남편이 "내 무덤의 흙이 마르기 전에는 새혼하지 말라"고 유언하는 바람에 무덤가에 앉아 흙을 말리려고 부채질하던 한 과부에게서 얻은 것이라고 한다. 종리권이 신령한 힘으로 부채질해 순식간에 무덤이 마르자 그 과부는 기뻐하며 부채도 둔 채 가버렸다 한다. 그의 파초선은 죽은 사람의 영혼을 되살릴 정도로 영험한 힘의 상징이다. 부리부리한 종리권의 눈길이 닿은 곳에는 깍지 낀 손으로 무릎을 모으고 앉은 제자 여동빈呂洞賓이 있다. 당나라 사람이던 그는 과거에 연거푸 낙방하고는 술집을 전전하며 살다가 한 주막에서 도사를 마주하게 된다. 그가 바로 종리권이었다. 재물과 색色에 대한 질문 10개를 통과해 그의 제자가 됐고 득도해 신선이 됐다. 앓는 사람들에게는 치료 약을 주기도 하고, 붓글씨를 쓰는 먹을 팔아 그 돈으로 가난한 사람들을 돕기도 했던 서민들의 수호신이었다. 그의 상징은 등에 찬 보검이다. 검법의 진수를 배우고 하사를 받은 것이라 하며 그 칼로 용도 물리쳤고 세상의 악을 베기도 했다. 여동빈은 세 자루의 검을 가졌는데 "하나는 번뇌를 끊고, 또 하나는 분노를, 나머지 하나는 색욕을 끊는다"라고 했다 하니 날 선 검이라기보다는 심검心劍이었나 보다. 그 아래, 새빨간 호리병을 든 흰 수염의 도인은 서왕모와 더불어 신선계의 큰 어른으로 불리는 인물이며 종리권의 스승이기도 한 동화자東華子이다. 이렇게 동화자부터 종리권, 여동빈으로 이어지는 사제관계는 '삼신도'로 즐겨 그려졌다. 병풍 한가운데 시녀와 동자를 거느리고 앉은 이는 자염도사紫髥道士로, 붉은 수염이 특징이다. 그 맞은 편에는 복성福星 · 녹성祿星 · 수성壽星의 세

별을 의인화 한 '복록수 삼성도'가 그려져 있다. 아이들에 둘러싸인 복성과 감투를 쓴 록성이 수성 노인의 손바닥에 놓인 복숭아를 에워싸고 있다. 다복하고 출세하고 오래 살기를 염원하는 그림이니, 옛 사람들은 이렇게 삼성도를 걸어만 두고도 흐뭇해 했다.[33]

⧗ 노자가 살았다는 태청궁 안의 좁은 공간이라도 서왕모전이 지금도 모셔져 있다.

도교의 창시자인 노자가 살았던 곳에 건립된 태청궁에는 710년 된 능소화와 2000년이 넘은 나무들도 있다. 태청궁은 노산 아래 바닷가에 있는데 도교 사원의 본거지로 **좁은 공간에 서왕모전 삼청전 동화제군전** 등 고색창연한 건물이 몇 개씩 이어져 있다. 도교의 가장 높은 무극천존으로 태호복희씨가 대황조로 모셔져 있고, 농사를 주관하는 신으로 신농씨가 태호복희씨의 맏아들로 모셔져 있다. 이 노산은 산둥 반도 서남쪽의 칭다오시 동쪽에 있는 산으로 태고대 화강암으로 이루어져 있다. 주봉인 거봉巨峰의 해발은 1133m이고 그 동쪽은 라오산만이고 남쪽은 황하黃海이다. 기암 기봉들이 바다를 이루고 산, 바다, 산림, 하늘이 함께 어우러져 '해상 명산 제일'로 불린다. 저명한 도교道教의 성지이며 국가 중점 명승지이다. 고대인들은 '신선의 저택'이라고 부르기도 했다. 라오산 주변의 해안선은 87km이며, 해변 주위의 섬들은 모두 18개이다. 옛말에 "태산의 구름이 아무리 높아도 동해의 라오산만 못하다"라는 말이 있다. 또 라오산은 산광해색, 도교 명산이라는 말이 있듯이 송, 원나라 때 절을 많이 만들어 도교의 명산이 되었다. 지금도 상칭궁, 샤칭궁, 타이핑궁, 화러우궁 등이 남아 있다. 치유추치, 장산풍 등 역사적으로 유명한 도인들이 이곳에서 수련했다는 말이 있다. 볼거리로는 상칭궁, 샤칭궁, 타이핑궁, 화러우궁 등 도교사원과 남부해안 도로에서 돌계단을 20분 정도 올라간 곳에 있는 전망이 좋은 용담폭포가 있다. 태평궁과 태청궁에는 그곳으로 오르는 리프트가 있어 누구나 쉽게 산과 바다의 전망을 즐길 수 있다.

서왕모의 심판 [35]

본문은 고서 『산해경』의 기록을 바탕으로 하고 있다. 고대인은 우리 은하수의 구조를 이해하고 있었다. 그리고 우리 은하수 구조를 바탕으로 한 천문을 했다. 곤륜崑崙은 우리 은하수의 둥근 궤적이다. 서왕모西王母는 천문도상 우리 은하의 중심 부근 좌표를 이르는 말이다. 오른쪽 다리를 반대로 하고 양손을 위로 함께 결박 당하여 죽은 알유는 안드로메다이다.

구미호九尾狐는 전갈자리이며 여와와 복희는 쌍둥이 별자리이다. 형천刑天의 머리는 머리털자리, 은하의 북극점은 단문端門이다. 단문端門의 의미는 천문이 시작되는 문이라는 뜻, 즉 은하의 북극점을 중심으로 한 천문을 한다는 말이다. 형천의 머리가 달아난 것은 밤하늘에서 은하의 북극점이 사라진 때의 모습이다. 형천刑天의 머리는 은하의 북극점 단문端門, 서양 천문학자는 은하수의 북극점 별을 왜 '머리털자리'라고 이름 지었을까?[36) 『산해경』에 표를 쓴 유수는 그 서문에 "먼 나라 이상한 사람들의 풍속을 볼 수 있음을 기이하게 여겼습니다."라고 적고 있다. 그 옛날 동서양의 천문은 하나였다. 그림 속 황제와 공공의 싸움은 천문 이론의 대립을 그리고 있다.[37)]

수천 년간 계속되는 한 가지 소송사건이 있다. 이미 공공과 전욱 집안산의 피 터지는 싸움은 전욱의 일방적인 승리로 끝났다. 그러나 전투의 승리였을 뿐 천자의 지위는 아직도 명확한 결론이 나지 않은 상황이다. 천자의 지위는 누구의 역법曆法을 사용하느냐에 따라 정해진다.

아무리 강한 권력을 소유했어도 하늘의 제사를 관장하는 천문을 하지 못하면 천자의 지위를 얻을 수 없다. 이를 봉선封禪이라 한다. 억울한 공공이 항소장을 쓰면서 제 2라운드가 시작되었다. 고등법원의 판사는 서왕모西王母로 정해졌다. 왼편의 전욱顓頊은 아직도 황제의 위세를 보이려고 머리에 깃털을 꽂고 등장했다. 그의 아버지 한류韓流를 닮아서인지 목이 길고 귀는 없고 돼지 입을 하고 몸은 기린 같고 다리 두 개가 한데 붙어 있고 발은 돼지발이다. (고대 문헌에 기록된 전욱의 아버지 한류의 모습이다.) 변론의 증거물로 솟대와 삼족오를 가지고 나왔다. 한편 오른쪽의 공공共工은 철가면에 꼬리가 달려 있다. 필자의 말에 의하면 공공은 부주산을 들이받아 이마에 혹이 났다 했는데 자세히 보니 혹이 아니고 뿔이 나 있다. 마치 치우蚩尤를 보는 듯하다.

증거물로 접시 돌리기를 비롯해 증인으로 복희, 여와, 형천은 물론 무덤 속에서 형천의 머리까지 모시고 나왔다. 재판정의 장래 정리를 위해 먼저 구미호가 등장했다.

서왕모가 입장하고 재판이 시작됐다.

공공 / 왕모님! 저들에게 수대에 걸쳐 피붙이는 도륙되고 종묘사직이 빈터가 된 마당에 패자가 무슨 변명을 하겠습니까? 다만 그에 더하여 억울한 누명까지 쓰게 되니 이제 마지막으로 찢어 발겨지더라도 한 판 더 붙게 해주십사 하는 청을 드리고자 합니다. 부디 흑백을 밝히시어 억울함을 씻고 하늘의 뜻을 돌이켜 후대에 아름다운 전설로 남을 수 있도록 두루 살펴주시기 바랍니다.

서왕모 / 내가 프로모터가 아니니 싸움은 허락할 수 없다. 억울한 것이 뭔지나 말해 보거라?

공공 / 저들이 말하기를 제가 부주산을 들이받아 땅이 23.5도 기울어졌고 하늘이 뚫려서 큰 비가 쏟아진다고 헛소문을 퍼트렸습니다.

서왕모 / 전욱은 이 말을 인정하는가?

전욱 / 공공이 거짓말을 하고 있습니다. 땅이 기울기 전의 이야기부터 해야겠습니다. 땅이 기울기 전에는 막대기 하나로도 천문현상을 알 수 있습니다. 초등 학교 아이들도 다 아는 천문 이론입니다. 제가 가지고 나온 이 솟대를 반듯이 세우고 해 그림자를 보면 압니다. 더 정확한 측정을 하기 위해서는 삼족오를 이용하는데 삼족오를 솟대 꼭대기에 올려두고 남쪽을 향해 세 발을 일렬로 세웁니다. 정오가 되면 삼족오 세 발의 그림자는 한데 모여서 일직선으로 보입니다. 일중 삼족오日中三足烏라는 글의 본뜻입니다. 이때 태양의 높이를 기록해두면 그 차이가 상하 23.5°가 되고 땅이 태양을 한 바퀴 돌면서 생기는 계절의 변화로 나타납니다. 빈틈없이 절기와 시간을 알 수 있었습니다.

공공 / 아! 왕모님이시여! 이 억울함을 어쩌면 좋단 말입니까? 제가 부주산을 들이받은 것이 아니고 지구의 축이 태양의 축에 대해 23.5°기울었다는 이론을 발표한 것입니다. 전욱이 제내들은 작대기 하나로 천지의 법을 다 알고 있는 것처럼 백성들을 기만하다가는 잘못된 천문 이론은 뉘우치지는 않고 남의 논문을 슬쩍 표절한 것에 더해 이제는 아예 자신들의 잘못된 과거의 이론을 합리화하기 위해 엉뚱한 전설을 만들어낸 조작극인 것입니다. 이 얼마나 황당한 일입니까? 제가 거짓말을 했다고요? 제 이름을 보시면 아시겠지만 저는 반듯한 것을 제일 좋아하는 사람입니다. 공공共工은 '함께 같이 도모한다.'는 뜻입니다. 거짓이 없어야 서로 하나가 될 수 있지 않겠습니까? 두 개의 반듯한 젓가락만 있으면 제 이름을 쓸 수 있을 만큼 비뚤어진 곳이란 없는 이름을 가진 제가 어찌 거짓을 얘기하겠습니까? 왕모님! 저는 저들에게 뒤통수를 얻어맞았습니다. 전욱의 이름이 전욱顓頊 = '오로지 뒤통수를 친다.'는 뜻입니다. **자손대대로 그렇게 하도록 내버려 두신다면 영원히 이 땅에 올바른 법은 설 자리를 잃고 맙니다.**

전욱 / 야! 이놈아, 인신공격은 말고 증거를 대봐.

공공 / 인신공격이 아닌 것이 고대의 진실은 한 글자, 한 마디 언어와 한 장의 그림 속에 깊이 감춰져있기 때문이다.

서왕모 / 어허! 어허! 그래 서로의 물증은 있더냐?

공공 / 예, 있습니다. 지금 우리의 법정의 상황을 그대로 그린 사천성에서 발굴된 전각화가 바로 물증입니다. 그 옛날 우리가 한창 활동할 때의 그림이니까 당시의 사실 기록입니다. 그림을 제대로 설명한다면 당시의 올바른 역법을 누가 더 잘 알고 있었는지는 자명하게 나타날 것입니다.

서왕모 / 허! 그래 공공은 아주 자신이 있는 듯하니 어디 전욱 너부터 얘기해 보겠느냐.

전욱 / 크! 글쎄요. 진한시대(B.C.E. 221~AD220) 전각화라고 하니까 아마도 우리들 이야기를 후대에서 그림으로 그린 듯 싶습니다. 왕모님의 모습도 보이고, 크! 우리 아버지한테 열나게 당한 친구들 다 나와 있네 그려! 저 그림을 보시다시피 형천은 아무데서나 깝치다가 목이 달아났습니다. 천자의 덕목은 신중하고 입이 무거워야 한다는 교훈을 그린 듯합니다. 뒷날에 장자라는 사람도 천지의 아름다움이 있어도 말하지 않고, 천문의 법칙을 알아도 논하지 않고, 만물을 이루는 이치를 알아도 말하지 않는 것이 성인이란 말이 있는데 이 말이 무슨 뜻이겠습니까. 그리고 천기누설 현장즉사란 말은요? 뭐 천기누설이란 것에 다른 것 있나요! 천문의 방법을 이르는 말인데 천자天子나 알아야 할 천문 이론을 굳이 백성에게 퍼트려서 좋을 게 뭐 있겠습니까. 황제가 되려거든 형천처럼 나부대지 말라는 경계의 뜻이 담겨 있습니다.

서왕모 / 그럴 듯하다. 공공 너는?

공공 / 예! 전욱顓頊 저 녀석이 천기누설을 운운하며 또 겁을 주고 있습니다. 저 그림은 B.C.E. 2,333년 당시의 천문 역법을 서술한 그림이니까 당시의 천문 수준을 알 수 있습니다. 본래 저의 이론이 서술되어 있습니다. **저는 그 당시 이미 우리 은하의 구조를 알고 있었고 우리 은하의 궤적을 이용한 훌륭한 天文을 연구하고 있었습니다. 홍익弘益을 위해 열심히 공부하던 도중에 잠시 국방을 소홀하여 저들에게 당했고 전세가 불리해지면서 부터 세상의 모든 덤터기는 저에게 뒤집어 씌워졌을 뿐입니다.** 아래 그림을 보시면 공공共工은 접시를 돌리고 있습니다. 오른쪽 그림이 더 쉽게 이해됩니다. 뿌리 부분에는 각각의 축간 각도까지 나타내 보였습니다. 그 아래 그림이 당시 전욱과 저의 이론 차이를 그림으로 나타냈습니다. 당시 전욱의 이론은 지구축이 기울지 않고 반듯하여 태양을 공전할 때 상하로 움직인다고 알고 있었던 것입니다. 제가 그 이론을 깨고 23.5°기울었다고 주장한 것입니다. 더 이상 저의 주장은 피력하지 않겠습니다. 다만 우리 은하수를 포함한 저의 스케일이 큰 천문이론은 그동안 계속 전승되어 왔습니다. 이미 우리 은하의 구조를 이해하고 있었단 말입니다. 투르판에서, 고구려에서도, 그림을 보시죠. 보시다시피 저의 이론은 누군가에 의해 짓밟혀 왔을 따름입니다. 이상입니다.

서왕모 / 거참! 그런데 말이다. 너의 은하 개념이 포함된 훌륭한 천문이론이라면 그것이 받아들여지지 않고 또한 후대에는 오히려 전욱력顓頊曆이라는 역법까지 생긴 것이냐?

공공 / 전욱의 역법은 그 후 전쟁의 와중에 권력을 이용해서 여기저기서 줏어주서 모은 천문이론일 뿐입니다. 백성들을 기만할 정도의 천문으로 만족했고 또한 은하의 개념을 포함시키면 태양이라는 존재 가치가 그만큼 축소되어야 하니 태양을 숭배하던 그들이 천자의 지위까지 축소되는 꼴을 용납하지 않은 것입니다. 훌륭한 천문이론일수록 골치가 아프니 배 부르고 등 따신데 거기에 투자할 이유가 없었던 것입니다. 아마 제가 주장한 은하 개념은 사장되었다가 후대에 서양으로 전수된 듯합니다. 저 그림이

B.C.E. 2333년 때이니까 무려 4300년 후의 일입니다. 4300년 전의 저는 우리 은하의 구조를 이해하고 있었다는 것을 그들이 믿어 주겠습니까?

서왕모 / 모를 일이다. 내가 목왕穆王과 곤륜崑崙다방에서 천상의 음악을 감상하느라 천문수학을 게으른 탓이기도 하다. 참 후회스럽다. 그러니 판결은 다음으로 미뤄야겠구나.

공공 / 왕모시여! 수천 년 동안 창자에 얼음을 채우고 봄을 기다려 왔는데 또 다시 겨울을 맞으라니요. 그리고 저의 문제뿐 아니라 서왕모님의 누명까지 벗기는 기회가 되도록 선처해 주십시오. 세상의 인간들이 당신을 보고 서왕모는 사람 같지만 표범의 꼬리에 호랑이 이빨로 휘파람만 분다고 하는데 왕모의 체면에 억울하지도 않으십니까?

서왕모 / 내가 휘파람만 불 줄 알지 인간의 언어는 한 마디도 모른다.? 그러니 무슨 말을 해도 개념치 마라? 공공 / !!!

– 인간들의 언어로 정당한 이유 없이 의식적으로 직무를 포기하거나 직무 또는 직장을 이탈하는 것을 직무유기라 한다. 서왕모가 직무유기를 했다. 더 이상 소득이 없을 듯하여 서왕모가 알아듣지 못하는 인간의 언어로 서왕모가 누구인지 밝혀본다. 우리 은하를 곤륜崑崙이라 한다. 우리 은하수의 중심점을 서왕모라 한다. 우리 은하의 북극을 형천의 머리라 한다. **서왕모가 태양을 두 손으로 들고 바라보고 있는 그림이 있다. 그 아래에 지구가 있다.** 평평한 톱날이 지구의 지평면이다. 태양과 지구 사이를 검게 칠한 것은 당연하다. 태양을 바라보고 있는 서왕모는 태양의 강한 빛에 지구를 볼 수 없기 때문이다. 다시 말해 그림의 현재 천문 상황은 은하의 중심 방향과 – 태양과 – 지구가 일직선상에 놓여 있는 식食의 순간을 그린 것이다.

천문 그림으로 보면 서왕모의 양쪽 볼록한 단지와 같은 부분이 은하의 중심 부분이다. 현재 우리가 이해하고 있는 은하의 중심 부분이 부풀었다는 표현까지도 그림에 나타낸 것이다. (우리 은하의 중심이라는 말은 더 정확하게는 은하의 중심 방향이라 표현됨) 그림 속에는 부주산不周山도 보인다. 지구의 모습이 사각의 틀로 그려져 있다. 아마 독자는 천원지방天圓地方의 의미로 볼 것이다. 그러나 톱날의 형태를 그린 이유를 이해하면 둥구 모양이다. 저 그림은 다원 추도법을 이용해 그린 4방위의 방성도 그림이다. 위 원본 그림은 서왕모의 시선으로 그린 그림이다.

그렇다면 우리 인간의 위치는 어느 곳에 설정해야 할까 물론 지구를 떠날 수 없다. 지구의 그림 위쪽에 있다고 설정하면 서왕모의 시선으로 검게 표현한 부분은 태양이 빛나는 대낮이다. 지구의 아래쪽으로 설정하면 태양이 지구 반대쪽에 있으니 우리는 밤하늘을 보고 있는 상황이다. 대낮 쪽에는 태양만 보이니 별 이야기거리가 없다. 아래쪽 밤으로 설정된 곳에는 목이 달아난 형천이 설치고 있고 그 옆에 따로 형천의 머리가 보인다. 본디 춤을 잘 춘다는 머리 없는 형천의 의미는 무엇이고 무덤에서 나온 형천의 머리는 가는 줄로 엮어서 지구를 통과한 후 태양에 묶어 놓았다. 무슨 의미일까? 다름 아닌 태양의 위치에 따라 형천의 머리 위치가 바뀐다는 의미이다. 즉 태양의 위치 변화에 따라 우리 은하의 북극 좌표가 변한다는 말이다. 그럼 태양의 황극의 변화와 은하북극 좌표의 변화를 보자. 휘파람을 불고 계신 서왕모의 실체를 구체적으로 보자.

밤하늘 은빛 모래 가득한 은하수의 중심 방향, 그 옛날의 전설이 가득한 곳이기도 하다. 목왕이 팔준마를 타고 오른 연지의 못이 있고 천상의 음률이 울려 퍼지는 곤륜의 언덕이다. 이곳을 둘러본 사방의 경치를 보자.

東升大人之堂 西燕王母之廬 南轢黿鼉之梁 北躡積羽之衢

동승東升에는 대인국의 집이고, 서연西燕에는 서왕모의 집이고 남력南轢에는 원타黿鼉의 다리가 있고, 북섭北躡에는 적積과 우羽의 갈림길이 있다.

위 천문도에서 방위는 은하수의 은경을 따라 위쪽이 북쪽 은하수를 따라 아래쪽을 남쪽으로 하고 은경의 우측 땅군 자리가 동쪽이 되고 좌측의 물병 염소 자리방향이 서쪽이 된다.

東升大人之堂 대인의 지당이 있다고 했다. 大人은 "땅군"을 말한다.

燕王母之廬 서왕모의 거처이다. "궁수"별자리가 만들어내는 천상의 궁전이다.

北躡積羽之衢 북쪽으로 올라가면 여러 개의 새날개가 쌓이고 사거리 길이 나온다고 했다. 독수리 화살 백조로 연결되는 은경 주변은 은하수의 길과 같다. 올라가면 사거리가 나온다.

南轢黿鼉之梁 자라의 등과 악어발로 팔준마를 만들었다고 한다. 그것은 곧 은하수를 건너는 다리가 된다. 천상열차분야도의 구오龜五별자리를 이른다. 목왕穆

王이 둘러본 우리 은하 중심부분의 주변이다. 천문도상에서는 지평선으로부터 시작되는 신성시되던 별자리들이다.

인간의 이상향인 천상을 오르는 첫 번째 다리이기도 하다. 그곳에 전갈의 꼬리가 있다. 호랑이에 쫓긴 남매가 잡고 오른 동아줄의 전설이다. 전갈좌에 심수별 안타레스 붉은 별 구미호이다. 아홉 개의 꼬리가 전갈좌의 미구尾九이다. 그래서 구미호가 서왕모와 같은 거처에 산다고 했다. 저 그림을 어떻게 해야 올바르게 이해될까 진한시대의 유물이 정확하다면 저 시기까지의 B.C.E. 2333년대의 역사는 황제 헌원의 시대가 아니고 황제 형천의 시기라고 이해한 것이 아닌가?

목이 잘려나간 자가 어찌 황제가 되겠냐! 하겠지만 그의 잘린 머리까지도 우리 은하의 북극을 관할하니 황제 중의 황제가 아닐까!

예나 지금이나 영토분쟁은 전쟁으로 이어진다. 지구상 최초의 전쟁은 누가 누구와 어떻게 했는지 알려진 바는 없지만 기록상으로는 황제와 치우간의 전쟁이라고 기록에서 찾을 수 있다. 하지만 황제와 치우간의 전쟁 이전에도 전쟁은 있었다. 어쩌면 그 전쟁이 황제의 마음을 움직였을 수도 있다. 그건 바로 유망의 구려九黎 민족 박해정치 때문에 자오지 천황께서 화가 나 유망국을 휩쓸어버린 사건입니다. 학자에 따라서 유망을 신농씨의 후예라고 해서 신농과 자오지는 우리 동이족으로 보는 견해도 있는데 어쨌거나 전쟁을 했다. 자오지 천황에게 박살이 났다.

다음은 『청구원류』에서 발췌하여 전쟁 이야기를 들려 드린다.

구려九黎가 서로 명확하게 땅을 나누어 산 것은 아니지만 오늘날 경상도 전라도처럼 산과 강을 경계로 서로 이웃하며 살았다고 본다. 말투도 비슷한 사람끼리 모여 살았을 것이다. 그러므로 나중에 이주해 온 사람들도 자기 가문을 쉽게 찾을 수 있었다. 가家라는 것은 산스크리트어로 전문가라는 뜻이다. 그것이 꼭 집안일 필요는 없다. 즉, 옥기나 철기, 토기를 만들던 장인 집단일 수도 있는 것이다. 시기적으로 대문구大汶口 문명 시대이다. **대문구 문명은 전적으로 홍산 문화의 영향을 받아 태어난 문명이다. (1959년에 발견) 강역이 산동 태안을 중심으로 강소성 북부 지역까지라는 연구가 있으니 구려九黎의 강역과 완전히 일치**한다. 그 시기 또한 B.C.E. 4300 ~ B.C.E. 2500년이니 대문구大汶口 문명은 필자의 주장대로 구려九黎인들이 살았던 곳이 분명하다. 당시 발견된 유물을 보면 그들의 생활상을 추측해 볼 수 있다. 농업이 보편화되고 정착 생활을 했다. 농업 생산 도구는 돌삽, 가마솥, 칼과 뼈로 만든 낫 등이 있었다. 돌창, 뼈로 만든 화살촉, 낚싯바늘 등 어업 도구도 발견되었다. 또 바느질 도구도 발견되었으며, 가축으로는 돼지, 개, 소, 양 등을 사육하였다. 이러한 당시 생활 방식은 한반도를 종착지로 한 동이족에 보편적인 삶의 흔적이다. [38]그들은 농업의 神, 염제 신농씨께서 개척한 농경지와 뽕나무를 경작하며 땅에 뿌리를 내리고 오랫동안 잘 살았다. 그러나 서해가 점점 확장되면서 소금 땅으로 변해 가니 영토 분쟁이 생기고 식량 문제가 생기게 되었다. 농사를 지을 땅은 줄어들고 인구는 많고, 매년 봄철이 되면 동해안 쪽에서 내륙 쪽으로 농경지를 찾아 사람들이 이주해 오니 그곳을 다스리는 염제 신농씨의 8대 후손 유망楡罔이 치도治道를 잃어버린 것이다. 엎친 데 덮친 격으로 자오지 천황까지 탁록으로 군대를 이끌고 들어오니 유망은 곧 미칠 지경이었다. 나라를 다스리는 사람에게는 백성이 생명이고 밥은 먹고 살아야 하는데 갑자기 인구가 많아지고 또 새로 온 무리들까지 먹여 살려야 할 판이니 유망은 여력이 부족했다. 유망은 그들을 속박하고 황무지로 내몰았다. 생각컨대 같은 백성들끼리도 농경지 때문에 많이 다투기도 했을 것이다. 자오지 천황은 배달 환국의 백성이 같은 동족인데도 멸시당하고 동족끼리 서로 다투는 것과 성덕聖德이 없는 군주 밑에서 인간쓰레기 취급을 받는 것에 분노했다. 곧 바로 전쟁을 준비하고 병법을 세워 천제국의 백성이기를 포기한 제후들을 하나 둘 징벌하기 시작했다. 그때 자오지 천황의 군사에게 저항하는 무리는 자비를 베풀지 않고 사정없이 죽였다. 그것은 세계 최초의 대 전쟁이었다. 그 당시 상황으로 보면 인구가 폭발적으로 늘어났고, 농경지가 줄었으며 식량이 부족했고 또 군주가 지혜롭지 못했으니 전쟁이 일어날 개연성은 충분했던 분위기였다. 그러므로 자오지 천황은 정의를 위해 싸운 것이라 할 수 있다.

인구가 너무 많아 백성이 먹고 살기 힘든 마당에 백성을 핍박하는 제후와 병사를 살려두면 식량 문제를 근본적으로 해결하기 어렵다고 판단했다. 그래서 자오지 천황은 자비를 베풀지 않았다. 자오지 천황은 신선神仙이고 무인巫人이기 때문에 인자仁慈해야 하는데 무자비했다고 하면 좀 이상하게 느껴질 것이다. 그러나 우유부단한 것은 현명하지 못하다. 내가 살고 국력의 기강을 바로 세우기 위해서는 강인하고 냉철한 결단력이 필요하다.

개벽시대에 마고성에서 오미의 변고가 일어나 神의 백성들이 사방 세계로 흩어진지 몇 천 년이 지나고 온갖 풍상과 고초를 겪고 난 후 겨우 안정을 되찾았는데 또 다시 분열이 일어나는 것을 본 자오지 천황은 화가 나는 차원을 넘어서 인간이 본성을 버리고 옳고 그름을 판단하지 못하는 어리석음을 보는 순간 하늘이 두려웠던 것이다. 그곳은 남의 나라 남의 땅이 아니고 배달 환국의 제후들이 다스리는 땅이었다. 신시본기에는 자오지 천황이 제후들을 죽였다고 기록되어 있다. 그때 자오지 천황께서 내린 판단은 무자비했다. 많은 병사들이 죽었다. 그러나 그것은 자오지 천황이 神께 제사를 올리고 神에게서 받은 사명이니 어찌 천황만 탓할 일이겠는가! 그것이 천제국의 사명이니 천제국의 명예를 더럽힌 자들에게 내린 천벌이 분명하다. 그후 전쟁은 더욱 커져 자오지 천황과 황제가 천하의 패권을 두고 싸우게 되었다. 대저 자오지 천황과 황제의 싸움을 같은 가문에서 사촌 간에 싸운 것이라는 학자도 있고 산해경이나 또는 전설을 인용하여 신화처럼 이해할 수도 없게 해설하는 학자도 있다.

아무리 지나간 역사의 일이지만 그것이 정사에 기록되어 전해 왔다면 너무 신화적으로 해석하는 것은 독자에 대한 예가 아니라고 생각한다. 신화도 사실적 근거가 있기 때문에 신화가 된 것이다. 그러므로 학자는 신화에 근거하여 역사 속의 인물을 그릴 때는 현실감 있게 그려내야 한다. 그것을 신화로 남겨 두면 역사 속의 영웅도 한낱 신화에 불과한 것이다. 그러므로 신화 속의 인물이나 영웅을 현대적 감각에 맞게 새롭게 만들고 연구하려는 노력이 절실히 필요하다. 그러한 관점에서 **동이족의 치수를 담당했던 공공씨共工氏를 재조명**할 필요가 있다.

동이족의 치수를 담당했던 공공씨共工氏재조명: 공공共工과 전욱顓頊의 전쟁[39)]

"옛날 공공은 전욱顓頊과 제위를 다투었다. 공공이 격노한 나머지 부주산不周山에 머리를 부딪쳤다. 그 때문에 하늘의 기둥은 무너지고 땅의 벼리는 끊어져 버렸다. 그리하여 하늘은 서북쪽으로 기울어지고 일월성신日月星辰도 그 방향으로 옮겨졌다. 또한 땅은 동남쪽으로 내려앉아 빗물과 먼지는 이 방향으로 돌아가게 되었다."

공공은 물의 神으로 동이東夷의 신하이다. 이 주장은 우리 사서에는 나오지 않고 서토의 기록에만 나온다. 서토인들이 자기들의 조상이 아니라고 주장하는 이유는 복잡하지 않다.

천축국에서는 하늘에서 내려온 여덟의 신神을 '천룡팔부'라 하였는데 천天, 용龍, 야차夜叉, 건달바乾闥婆, 아수라阿修羅, 가루라迦樓羅, 긴나라緊那羅, 마후라가摩睺羅迦까지 모두 여덟이다. 그 중 첫 번째는 지구를 다스리는 환인 천제이시며 천天이라 하고, 그 두 번째가 용(龍)이시니 배달 환국시대에는 두 분의 神을 합쳐 천용天龍이라 불렀다.

지금은 그 뜻을 왜곡하여 잠룡이니 용비어천 등으로 말하며 왕이 된 사람을 지칭하지만 원래는 천국의 관직이지, 우리 인간 세계에서는 쓸 수 없는 명칭이다. 풍백風伯, 우사雨師. 운사雲師를 대신하는 말이 공공이라면 공공共工은 비, 구름, 바람을 다스리는 사람으로 여러 명으로 구성된 배달 환국에서 물을 다스리는 신하라고 할 수 있다. 그렇지 않고서야 어찌 천년 동안 서토인들과 싸웠겠는가?

"공공共工은 축융의 아들이며 뱀의 몸에 인간의 얼굴을 하였으며 불꽃같은 붉은 머리털을 가진 물의 신이였다. 공공은 염제의 후손인 화신火神 축융의 아들이다. 사람의 얼굴에 뱀의 몸이며 머리카락이 붉다. 전욱이 해, 달, 별들을 모조리 북쪽 하늘에 묶어 놓아 사람들이 고통스러워했다. 이에 불만을 품고 신하 상류와 부유, 전욱의 아들들, 전욱의 속신인 우강禹强까지 참가했다.

당장 승리할 수 없다는 사실에 화가 난 공공이 하늘을 받치고 있던 부주산不周山을 받아버려 하늘에 고정시켜 놓았던 태양과 달, 별들이 다시 움직이게 되었다. 그때의 진동으로 동남쪽은 꺼져 바다가 되었다."[40]

〈부 소보 서〉에는 환인씨가 축융(남방의 불의 신)으로 기록되어 있다. 다음 글은 중국 사이트에서 중국 사람이 번역하여 올린 글이다. 원문은 생략하고 한글만 올린다. 이 글을 인용하여 공공과 전욱 간의 전쟁에 신화의 틀을 벗겨내고 사실감 있게 상상하여 간략한 시나리오로 구성해 볼 것이다.[41]

"물의 신 공공은 염제의 자손으로, 그의 성격은 기개가 있어, 조금도 두려워하는 것이 없었고, 용감하게도 일체의 사악한 세력과 전면적인 투쟁을 하여, 모든 신과 인류가 공통으로 우러러 섬기는 신이다. 상제 전욱은 매우 잔혹한 통치자였다. 그는 황제의 증손자로, 황제가 재위 시절에 한동안 전욱이 신권을 대행하도록 하였다. 그러나 전욱은 됨됨이가 거만하고 잘 난 척하여, 백성 및 모든 신 전부가 그에게 매우 불만이 많았다. 더 원망스러운 것은, 전욱이 태양과 달과 별들을 모두 북방의 하늘 위에 붙들어 놓았다. 결과적으로, 북방은 낮과 밤이 매우 환하고 불과 같이 무더웠으나, 남방은 언제나 칠흑같이 어두워서, 사람들의 생활은 대단히 고통스러웠다. 이 때, 물의 신 공공共工이 나아가 인류를 위하여 전투를 하였다. 전욱은 세력이 미미한 공공을 본 후, 그가 소집한 하늘의 병사과 장수들을 경시하고, 공공과 격렬한 교전을 벌였다. 공공은 전력을 다해 전욱의 부대와 맞섰다. 칼과 창이 함께 부딪히는 사이에 불빛이 튀었고, 전투는 점점 더 심해지고, 쌍방은 계속 천계에서 범계까지 때렸다. 공공은 결국 세력이 미미하여 부득이하게 후퇴하게 되었다. 최후에, 그의 부대는 큰 산의 산기슭 아래에 도착하였다. 이 산은 바로 반고의 다리가 변하여 하늘과 통하는 경천주이다. 공공과 전욱은 여기에서 필사적으로 몹시 격렬히 싸웠다. 곧 공공은 사상이 막심하고 기세가 줄어들어 점점 궁지에 몰려, 결국에는 산 아래에 포위되었다. 공공은 승리할 방법이 없는 것을 보고 초초해져서, 자신을 희생하고 천하의 백성들을 행복하게 하기로 결정했다. 그래서 비룡을 타고 공중으로 올라가 큰 산을 향하여 돌진하였다. 우르르 하는 큰 소리에 따라서, 서쪽 하늘을 지탱하고 있던 경천주가 눈 깜짝할 새에 쓰러지고, 먼지가 천지를 가득 메웠다. 서쪽 하늘은 지탱할 것을 잃어버려 내려 앉았고, 그것은 북방 하늘 위에 붙잡혀 있던 해와 달과 별이 콩알처럼 와르르 서쪽 하늘로 굴러 떨어지게 했다. 이러한 장난이 심한 녀석들이 새 생명을 얻어 자유로워진 후, 흥분하여 천지를 휘감고 회전하며 둘러쌌다. 이렇게, 사람들은 매일 그들이 동쪽에서 올라오고 서쪽으로 가서 떨어지는 것을 볼 수 있다. 서쪽 하늘이 내려 앉음과 동시에, 동쪽의 대지 역시 격렬한 진동의 영향을 받았기 때문에 깊게 내려 앉았다. 이때부터 대지는 서쪽은 높고 동쪽은 낮은 지세로 변했고, 지면 위의 강과 호수는 지세를 따라 동쪽으로 흘러 바다로 갔다. 또한 공공이 치어 넘어뜨린 이 큰 산은, 다시는 완전해질 수 없기 때문에 부주산이라 불렀다."

부도지는 제목만 잘 읽어도 한 가지 깨우침은 얻을 수 있는 책이다.

내가 많은 사서를 보지는 못했지만 지금까지 읽었던 어떤 책도 징심록澄心錄 3교敎 15지誌만큼 가슴 뛰게 하는 목차는 없었다. 부도지는 영해 박씨 가문에 비전되어온 그야말로 세상에 나오면 난리가 나는 책이다. 징심록 3교 15지 가운데 그 으뜸이 부도지符都誌이다.

징심록澄心錄 3교敎 15지誌 書 목록

상교- 부도지符都誌, 음신지音信誌, 역시지曆時誌, 천웅지天雄誌, 성신지星辰誌

중교- 사해지四海誌, 계불지禊祓誌, 물명지物名誌, 가악지歌樂誌, 의약지醫藥誌

하교- 농상지農桑誌, 도인지陶人誌, 나머지 3지는 알 수 없다.

이 책들은 지금 북한에 있다. 금당선생이 피난 올 때 꼭꼭 숨겨 놓고 왔다고 했다. 하늘이 천손을 버리지 않았다면 반드시 그 책들은 빛을 보게 될 것이다.

서왕모

黃帝討蚩尤之暴 威所未禁而蚩尤幻變多方。徵風召雨。吹煙噴霧。師(帥 0)衆大迷。

황제는 치우의 횡포에 토벌을 했으나 위엄이 있었던 바 치우의 다방면의 요술부림에 감금하지는 못했으며 바람과 비를 부르고 엷은 구름을 몰아 안개를 뿜어 냈다. 그래서 장수들이 크게 혼미했다.

帝歸息太山之阿 昏然憂寢。

황제는 돌아와 태산지아에 쉬면서 저물 무렵에 근심에 잠들었다.

王母遣使者 被玄狐之裘 以符授帝曰 太一在前 天一在後 得之者勝 戰則克矣。

符廣三寸 長一尺 青瑩如玉 丹血為文。

서왕모는 사자를 보내어 현고의 여우 가죽옷을 두루고 부절을 황제에게 주었다. 황제가 이르기를 태일(우주의 본체)이 앞에 있고 천일(하늘의 천제)이 뒤에 있다. 그것을 얻는 자는 승리하고 싸운다면 이길 곳이다. 부절은 넓이가 3촌이고 길이가 1척이다. 푸른빛 밝음 같은 옥으로 붉은 빛에 문채로 되어 있다. 佩符既畢 王母乃命 一婦人 人首鳥身 謂帝曰 我九天玄女也。

부절을 몸에 이미 찼다. 황제가 말하기를, 왕모는 이에 한 부인에게 명하기를 머리는 사람이고 몸은 새를 일러 나는 구천의 현녀이다. 授帝以三宮五意陰陽之略 太一遁甲六壬步斗之術 陰符之機 靈寶五符五勝之文。황제로써 삼궁 오의 음양의 지략과 태일과 육임, 그리고 보우의 요술로 둔갑하고 음부(부절 중 들어간 부분)의 기미는 훌륭한 보배로 5부 5승의 문채를 주었다.

遂克蚩尤於中冀 剪神農之後 誅榆罔於阪泉 天下大定 都于上谷之涿鹿

드디어 치우는 중익에서 능히 이겨서 신농의 후손을 치고 반천에서 유망을 베고

천하는 크게 평정하여 상곡의 탁록에 천도했다. 又數年王母遣使白虎之神 乘白鹿集于帝庭 授以地圖

또 수년에 왕모는 백호의 신인 사자를 파견하여 백록을 승하고 황제의 뜰에 모아서 지도를 주었다.

其後虞舜攝位 王母遣使授舜白玉環。그후에 우와 순은 섭정을 하였고, 왕모는 사자를 보내 파견하여 순에게 백옥환을 주었다.舜即位 又授益地圖 遂廣黃帝之九州為十有二州。

순이 즉위하자 또 익지도를 주어, 드디어 황제는 9주를 넓혀서 12주가 되었다.

至漢武帝元封元年七月七日夜 降於漢宮。語在漢武帝傳內此不復載焉

한무제 원봉 원년 7월 7일 밤에 한궁에 내려 오기에 이르렀다.

말은 한무제전 안에 있었으나 이런 내용이 다시 실리지는 않았다.[44)]

* B.C.E. 8937 개벽 후 1738년 동안 혼돈시대,

천황씨 환인부터 **소흘씨 환인까지 44세 환인桓因, 桓仁까지 역년 5038년**

역대 신선통감歷代神仙通鑑 반고씨盤固氏 개천開天

천황씨, 지황씨, 인황씨, 거방씨, 구황씨, 섭제씨, 연통씨, 서명씨, 거령씨, 구강씨, 초명씨, 탁광씨, 구진씨, 황신씨, 이령씨, 대괴씨, 귀외씨, 기호씨, 감자씨, 태봉씨, 염상씨, 개맹씨, 대돈씨, 영양씨, 무당씨, 태일씨, 공상씨, 신민씨, 기제씨, 차민씨, 진방씨, 하성씨, 회괴씨, 동호씨, 황담씨, 이광씨, 계통씨, 길이씨, 궤거씨, 희위씨, 호락씨, 사황씨, 소흘씨까지 44세 환인桓仁에 역년 5038년[45)]

천황씨 1대 환인의 부인 막지는 세심한 여성의 눈과 마음으로 천황씨와 함께 묻혀져 있던 것을 다시 열기 시작했다.

이 말은 간지干支와 오행五行을 다시 하늘 아래 개방하여 쓰기로 했다.

성씨姓氏는 한 일一자 성이었으며, 형제는 12명이었다. 천황씨를 성구씨成鳩氏라고도 했으며 천령天靈이라고도 했다. 천령은 마음이 담백하고 깨끗했으며 탐욕이 없었다. 그러기에 묻어두고 덮어 둔 간지干支를 다시 발굴하여 학문화하는데 전념했다. 그것은 10모(十母 : 甲 乙 丙 丁 戊 己 庚 辛 壬 癸)와 12자(十二子 : 子

丑 寅 卯 辰 巳 午 未 申 酉 戌 亥)의 이름이며, 이것으로 연월일시(年月日時)의 때를 정한 것이다.

① 갑甲 : 자연속에 죽어있는 듯 하면서 만물이 쪼개지고 나누어지면서 나타나는 현상을 뜻
② 을乙 : 만물이 돋아나면서 서로 다투며 소리나고 구부러지는 현상
③ 병丙 : 만물이 햇볕을 받으면서 부드럽게 나타나면서 저마다 이름을 가지는 현상.
④ 정丁 : 억세고 강한 힘으로 좁은 문을 뚫고 만물이 솟아나는 현상을 뜻한다.
⑤ 무戊 : 만물이 서로 다툼이 없이 서로 화합하면서 굳어지는 현상을 뜻한다.
⑥ 기己 : 음기陰氣를 억제하고 모든 곡식을 소생시킬 때 나타나는 기氣의 현상이다.
⑦ 경庚 : 최고의 음기로서 만물을 알차게 할 때 생기는 기氣의 현상이다.
⑧ 신辛 : 강한 음기를 가지고 있으면서 만물을 여러 곳으로 생生하게 할 때 일어나는 현상이다.
⑨ 임壬 : 해亥의 검은 기운과 함께 있으나, 양陽의 기氣가 더할 때 나타나는 현상이다.
⑩ 계癸 : 양기가 있으면서 만물을 절도 있고 규범 있게 나타내려고 할 때 일어나는 현상이다.

① 자子 : 혼돈하고 어두운 공간을 뜻한다. 즉 태극太極이 이에 속한다.
② 축丑 : 붉은 기운이 쉴 새 없이 일어나려고 한다. 음기의 빠른 움직임에 눌려 만물이 모두 젊음을 유지하려는 특성을 갖고 있다.
③ 인寅 : 모든 음기를 섭제(攝提 : 받아들이는 것. 즉 포용하여 수용하는 것)하여 음기의 힘으로 일어나게 하는 현상이다.
④ 묘卯 : 하나를 죽이거나 막으면서, 즉 음陰의 기운을 억제시키고 양陽의 기운을 내게 하여 만물의 성장을 촉진시키는 역할을 하는 현상이다.
⑤ 진辰 : 음陰의 기운속에서 움츠리고 있다가 서서히 몸을 움직이며 밖으로 일어나려고 하는 기운의 현상이다.

⑥ 사巳 : 크게 떨어지게 하거나 만물을 모두 크게 나타나게 한 뒤 다시 떨어뜨리게 하는 기氣의 작용이다.

⑦ 오午 : 만물이 모두 번성하여 강하고 활발하고 씩씩한 현상이다.

⑧ 미未 : 모든 만물이 화합하면서 함께 영글며 성장하는 현상이다.

⑨ 신申 : 물을 토하듯 습기를 제거한다. 마치 어린애가 음식물을 토하듯 한다. 다시 말해 음력 7월이 되면 만물은 몸에서 물을 토하듯 습기를 몸밖으로 내보낸다는 것을 뜻한다.

⑩ 유酉 : 만물이 놀랄 정도로 모든 어린애가 일어나듯이 영글어가는 현상이다.

⑪ 술戌 : 무성하던 만물이 성장을 멈춘다. 성장을 촉진하던 상태가 멈추게 된다. 즉 만물이 저장되는 현상을 뜻한다.

⑫ 해亥 : 큰물결이 잠기듯이 만물의 성장과 촉진에 크게 공헌하기 위해 하늘의 양기를 깊이 심장(深藏 : 깊숙하게 저장한다)시키는 현상이다.

이 모두는 이른 새벽과 이른 봄을 맞이하게 위한 천기天氣의 작용이다 라고 기록하고 있다. 간지의 기원은 역대 신선통감, 사요취선, 유학수지 등에 기록되어 있다. 이 시대를 언급한 세계 최고의 마고 환국의 역사서 부도지는 신라 눌지왕 시대의 왕족인 박제상 선생께서 보문전 태학사로 재직할 당시 열람이 가능했던 자료와 자신의 가문 영해 박씨네에서 전해 내려오던 비서秘書를 정리하여 저술한 "징심록" 의 일부이다.[46]...박제상 선생의 부도지符都誌[47]에도 나오는 14,000년 전의 마고[48]와, 천황씨(天皇氏 - B.C.E. 8487 甲午年)가 천문을 알고 연구하는 부인 막지와 같이 연구하여 완성한 것이라 여긴다. 부도符都는 하늘의 뜻에 맞는 나라, 또는 그 나라의 서울이라는 뜻이다. 환인 부인인 막지 왕후는 환인과 함께 천기의 작용을 연구관찰하여 백성들의 삶을 보살핀 학자이기도 한 아름다운 성인인 점 노자의 연인록 서승경을 통해 얻은 또 하나의 11,000년 환국역사의 보고이다.

원효대사와 요석공주의 진정성 있는 지적 · 사회적 사랑 : 서로에 대해 앎 · 배려 · 존중 · 책임

원효굴 – 연모의 정을 솔직히 인정하여, 원효굴 뒷산 정상을 '공주봉'이라 명했다 한다. 아이출산, 아이교육, 연인에 대한 배려와 존중 – 뒷바라지를 할 마땅한

시설도 사람도 없자 요석공주는 원효굴에서 어느 정도 떨어진 입구에 궁을 짓고, 주변의 시선을 마다 않고 원효의 수행과 저작활동을 뒷받침한다. 이들의 사랑과 일에는 원효와 평생 도반인 의상대사의 동조와 협력도 기여했으리라 보여진다. 원효는 자신의 저작활동에 이은 포교에 절실한 '이두' 분야를 절 입구에서 어머니 요석공주랑 살며 자신의 저작활동을 도와 오며 공부하는 아들 설총에게 연구 창달토록 연계교육을 지도한다. 하여 자신이 요석공주를 염두에 두고 시중에 퍼뜨린 '도끼..'의 첫 말이 시정잡배가 뱉은 한낱 헛소리나 그릇되지 않았음을 입증하고, 자신들의 사랑의 결실을 제대로 보여 준다. 설총 출산과 양육과 교육에 최선을 다해 원효와 설총은 불교관련 업적뿐만 아니라 민족문화 쌓기 즉 '이두' 창조라는 당시로서 중요한 업적을 쌓았다. 이 가족들이 쌓아 만들어낸 이두는 한국어 말의 문자 안착에 기여했다고 본다. 원효대사와 요석공주의 진정성 있는 지적 · 사회적 사랑은 시대를 초월해 현대적 사랑이나 부부애 등에도 바람직한 모범이 된다. 동시에 가까운 가족들이나 친지들의 인정과 협력의 동반도 필요하다.

현대 후세들의 인정(경기도 동두천시): 절 입구 다리들의 이름을 두 사람의 사랑이 영원토록 두 연인부부의 이름자에서 따 와 '원요교元瑤橋' 그 사랑만큼 아름다운 우정도 기려, 아래 다리는 의상대사의 이름을 따와 '의상교'라 명해 다리에 새겨 두고 있다.

사적 '요석공주별궁지'라는 돌표지석도 세워져 있고, (현재는 한쪽으로 포토라인으로 활용하고 있다) 절 입구가 보인다.

멀리 공주봉과 절(자재암)일주문과 원효굴(앞 오른쪽에 원효폭포)과 〈요석공주 별궁지〉 – 이들 공간에서 많은 저작물과 그 바탕이 된 사랑이 이루어졌다. 이 사랑의 시간은 영원할 것이다.

원효굴안 굴 입구에는 악기를 든 호신인들이 서 있는 게 특색이다.

정역을 만든 김일부선생이 외롭게 혁명적인 이론을 펼치면서 틈새에 영가무도

– 자연 속에 홀로 춤과 소리로 스스로를 위로하고 그 시공을 즐기며 사상을 더욱 만들어가듯, 원효와 의상과 요석공주 설총과 그 휘하 제자와 동료들을 포함하는 이 일 개 창의적이고 아름다운 단들도 개혁적인 불가의 이론서를 만들기 위해 수련 참선하며 자연과 사람과 사랑의 음악과 예술 즉 풍류를 향유했을 것 같다.

노자가 주나라 국립도서관장직을 한 범인 반열에서 신선 반열에 오른 것도, 그가 직장과 나라를 떠나 서역으로 가 찾은 '옛 막지'나 '당시 막지' 가 서왕모의 장점을 품고 있어 공유가 가능했을 수도 있다. 즉 현실적으로 막지를 만나 사랑을 나누었던 아니던 두 사람 간의 정신적 지적 교류는 서로를 끌어 올렸을 수도 있어 보인다. 그들의 교류는 딱딱하고 경직된 수준들에서 자유분방하게 살아 있는 철학과 풍류를 자연과 함께 즐기며, 원효와 요석공주처럼 상호 간에 시공간에서 사람의 지적 감성적 종교적 연구가 범인들의 일상과도 밀착되는 이론을 찾아내는 상승작용을 하였을 것이다. 그 결과는 먼 인류와도 함께하는 수준으로 나아가는 것이다.

설총의 이두 창제와 연구는 신라이후 조선까지 공헌을 했다. 나는 현대 일본에서까지도 원효의 영향이 큰 것과, 설총의 공헌이 큰 점을 지적하고 싶다. 고대일본에서도 한자어를 음차해 썼던 이두吏讀식 한자로 백제와 신라인들이 만든 〈만요가나〉에도 공헌했다. (홍윤기)

이두는 넓은 의미로는 한자차용 표기법 전체를 가리켜 향찰, 구결 및 삼국시대의 고유명사 표기 등을 총칭하는 말로 쓰이나, 좁은 의미로는 한자를 국어의 문장 구성법에 따라 고치고 이에 토를 붙인 것만을 가리키며 향찰 · 구결 등과는 다른 의미로 사용된다. 이두는 신라 초기부터 발달하기 시작했다고 추측된다. 대체로 의미부는 한자의 새김을 취하고 형태부는 한자의 음을 취하여 특히 곡용이나 활용에 나타는 격이나 어미를 표기하다가, 국어 문장 전체를 표기하게 되는 향찰에 와서 그 난숙기에 다다른다. 〈서동요〉, 〈혜성가〉가 진평왕대(579~631)의 작품이므로 7세기 경에는 그 표기법이 고정된 것으로 추측된다. 훈민정음이 창제된 뒤 쇠퇴하기 시작했으나 소송문, 고시문, 보고서 등의 관용문서에는 조선 후기까지 사용되었다. 우리가 오늘날 살필 수 있는 상당수의 이두자료는 조선시대의 것이라는 사실에 유의할 필요가 있다. 다음백과

% 노자와 원효의 피리와 도끼 · 요석공주의 목단 · 막지의 은하수(맥으로 가는 길)

서쪽으로 간 모는 西王母일까? 西往母가 바를까? 당 태종 선덕여왕 요석공주의 목단

노자의 피리나 원효대사의 도끼가 공통적으로 여성을 상징한다.

원효가 약 1,000년 후의 사람이니 아마도 노자를 모방한 듯하다.

% '원효대사와 자루 빠진 도끼' – 피리 · 도끼의 의미를 한번 살펴보자.

요석공주를 도끼 머리의 자루를 끼우는 구멍에 빗댄 것이고 원효대사가 도끼자루? 도끼날과 자루가 합쳐진 도끼는 合體? 설총(하늘을 받칠 기둥...[49])

요석공주: 태종 무열왕(김춘추)과 문명황후(김문희 – 김유신의 둘째 여동생)의 딸

신라 신문왕[50]: 왕족 근친혼 – 요석공주의 딸과 결혼(때 고승원효)

우리나라 고승 중에서 대학자이자 불교발전에 지대한 영향 – 백성들을 쉽게 이해시키기 위한 대승기신론 번역에 – 이두가 필요하니 – 아들 설총에게 연구토록 지도한 것으로 보인다. (원효로부터 공부 – 원효의 뒷바라지)

당나라로 가는 길에 마신 해골물의 의미를 깨닫고 → 방랑하는 유행승遊行僧이 되었다. 그는 유심안락도遊心安樂道에서 '정토의 깊은 뜻은 본래 범부凡夫를 위함이지 보살을 위함이 아니다' 라며 불교의 대중화에 힘쓰셨고 '대승기신론大乘起信論'을 비롯하여 240여 편에 이르는 불경을 집필. 원효대사는 한 곳에 머물지 아니하고 전국 방방곡곡을 주유周遊하며 불교의 대중화에 힘쓰셨기에 전국의 사찰 중 120여 곳이 원효대사가 창건한 것으로 되어 있다. 당시 통일 신라에 필요한 정책이기도 하다. 원효는 34세 때 의상대사와 함께 당나라 현장법사와 규기화상에게 유식학을 배우려고 요동까지 갔지만 그곳 순라꾼에게 첩자로 몰려 여러 날 옥살이를 하다가 겨우 풀려나 신라로 되돌아 왔어요. 10년후 45세가 되던 해에 두 번째로 의상과 함께 이번에는 바다를 통해 당나라로 가기 위해 백제국 항구로 가는 도중 한 치 앞을 내다볼 수 없는 폭풍우를 만나 깊은 산속에서 길을 잃고 헤메다 겨우 토굴을 발견하고 하룻밤을 지내게 되었다. 대사는 한밤중 천신만고 끝에 토굴을 찾아 누우니 금방 깊은 잠에 빠져들고 말았고 심한 갈증으로 잠이 깨어 웬 바가지에 고인 물이 있어 캄캄한 밤중이라 아무 생각없이 그 물을 마셨는데 물맛이 매우 달고 시원하였다. 그러나 아침에 깨어보니 토굴이 아니고 오래된 공동묘지였는데 물을 마시던 그릇은 바로 해골바가지였다. 대사는 여기서 활연대오豁然大悟! "

환하게 크게 깨우침"을 얻었다. "마음이 나야 모든 사물과 법이 나는 것이요 마음이 죽으면 곧 해골이나 다름이 없도다" (心生則種種法生 心滅則龕墳不二) 즉 일체유심조一切唯心造 "모든 것은 마음먹기에 달려 있다"라는 유심唯心의 도리를 깨닫게 된 것 활연대오를 한 스님은 발길을 되돌려 신라로 돌아왔고 미친 사람처럼 또는 거지행세를 하며 거리에서 노래하고 춤추며 민중 포교에 들어갔으며 이런 생활을 계속하면서도 〈화엄경〉을 알기쉽게 주석하기도 하였다. 또 거리에서 노래하고 춤추며 외치길 수허몰가부위작지천주誰許沒柯斧爲斫支天柱

"누가 자루 없는 도끼를 빌려 줄 것인가? 하늘을 받칠 기둥을 깎으려 하네 !!" 라고 동네방네 노래하며 외치고 다녀도 당시 대부분의 사람들은 그 뜻을 헤아리지 못하였지요 그런데 태종 무열왕이 풍문으로 들려오는 그 노래를 듣고 그 뜻을 알아차렸어요! 무열왕이 말하기를 "원효가 아마 귀한집 딸을 얻어 어진 아들을 낳으려고 하는구나 아버지를 닮아 큰 인물이 태어나면 나라에 더 큰 복이 될 것이다"라고 하였지요

즉 "자루빠진 도끼"는 '과부'를 뜻함이요 "하늘을 받칠 기둥"은 '국가의 인재'를 뜻함이었지요! 그래서 내심 원효에게 줄 적당한 과부를 구하던 무열왕에게 좋은 묘안이 떠올랐다. 마침 오래전 백제와의 전쟁에서 장열히 전사한 부마(사위)와 결혼한 지 3일만에 청상과부가 된 둘째 딸 요석궁주가 떠올랐던 것. 원효는 워낙 박식하고 뛰어난 대사인지라 왕이 자주 불러 조언을 구하는 까닭에 인연도 깊었고 공주 또한 그를 흠모하는 눈치였다. 한 번은 공주가 그를 위해 승복과 모란꽃을 선물한 적도 있었다.

몇 일 후 무열왕은 궁중 내관을 시켜 원효를 불러들이라고 명하였고 내관은 어명을 받들고 원효를 찾아다니다가 남산아래 문천교라는 다리를 지나고 있는 원효와 만나게 되었다. 그 내관이 자신을 찾기 위해 여기저기 수소문을 하고 다닌다는 것을 미리 알고 있던 원효는 내관의 모습이 가까이 오자 짐짓 발을 헛디딘 척 일부러 문천교蚊川橋 아래 냇물에 풍덩 빠졌다. 헐레벌떡 뛰어온 내관이 물에 빠진 원효를 대궐로 인도하여 무열왕 앞에 알현케 했는데 이에 무열왕은 온 몸이 물에 젖은 원효를 보고 크게 놀라는 듯 (속으론 이미 알아차렸으나) 요석공주를 불러 대사님을 요석궁으로 모시고 가서 물에 젖은 옷을 갈아 입히고 저녁상을 잘 차려 뫼시라고 명하였다. 요석궁으로 인도된 원효는 요석공주가 쓰던 향기가 나는 옥수로 목

욕을 하고 요석공주가 건네준 비단옷으로 갈아 입고 푸짐한 저녁상에 반주까지 곁들이게 되었고, 지난 번 공주가 자신에게 해 준 승복과 모란꽃을 선물해 준 마음에 감사하다며 인사도 하고, 그 마음을 읽고 있었던 터라 – 모란 꽃을 보낸 사연을 알면서 짓궂게 물었다.

모란은 향기가 없어 나비가 날아오지 않는다는 뜻이나 이때 공주가 보낸 모란은 사실 공주 자신과 자신의 스님을 향한 마음을 알릴 뜻이었다. “무슨 일로 모란꽃을 선물로 주셨나?”

“스님은 다 아시면서 짓궂으셔라…하하” 요석공주 또한 남편과의 3일간의 신혼생활이었지만 이미 음양의 희열이 넘치는 정분을 아는 지라 (어머니 만명도 사랑을 쫓은 적극적 여인이고, 요석공주도 남편과의 3일간의 신혼에서도 딸이 태어났다) 지난번 승복을 만들어 드리며 갖게 된 원효를 향하는 마음과 몸을 주체하지 못하고 대사의 늠늠하고 툭 터인 기품에 그냥 빠셔들었다. 원효대사는 처음으로 느껴보는 공주의 향기가 몸을 자극하는데 선화공주의 자신을 향한 마음과 자신들에게 주어진 시간도 길지 않음을 서로 아는 처지라 이런 저런 이야기는 뒤로 하고 “하늘을 받칠 기둥을 깎으려 하는데 자루빠진 도끼가 어디 없을까요? 허허” 그러자 선화공주가 웃으며 “ 대사님은 불심만 깊으신줄 알았는데 대목(목수) 일도 하시나봐요? 하하 ” 대사님이 점잖게 “허허 물론이지요~ 다만 하지 않을 뿐이지 못하는 것은 아니지요! 옛날 부처님의 큰제자인 아난도 마등摩登이라는 여자 것을 빌려 쓴 적이 있지요 ”

선화공주가 재미 있다는 듯 친연한 눈빛을 보내며 “그럼 대사님께서도 음사淫事의 묘미를 아신다는 말씀인가요? ”이에 대사님이 빙그레 웃으시며 대답했지요.

“옛말에 생지안행生知安行이란 말이 있지요. 인간은 태어나 배우지 않아도 쉽게 행할수 있는 일이 있다는 뜻이지요. 기둥을 깎는다는 것은 그런 것이 아닐런지요?” 이 말을 들은 선화공주는 온몸이 가는데로 원효에게 몸을 기울였다.

그러나 주변의 시선이 끼어드니 만남이 있으면 헤어져야 하는 법 꿈같은 삼일 밤낮이 지나고 나서 원효는 요석에게 작별인사를 나누고 떠나려고 하자 요석공주는 원효대사의 넓은 가슴을 어루 만지며” 어딜 가시든 태산보다도 높고 바다보다도 깊은 이 가슴에 티끌보다도 작고 먼지보다도 작은 소첩이지만 이 넓은 가슴속 한 구석에 소첩이 기댈 곳은 없겠는지요?” 라고 하니 그러자 원효는 한참을 망설인 후

“ 있다가도 없고 없다가도 없으며 감도 없고 옴도 없으며 더불어 나도 없는데 그대가 어디 머물 자리가 있겠소?”하고 답하며 홀연히 일어나 요석궁을 뒤로 한 채 발걸음을 옮겼지요. 요석은 아쉬움과 안타까움에 눈물을 흘리며 원효를 그렇게 떠나보냈어요. 그리고 그 후 단 3일간의 사랑이었지만 요석공주는 배가 불러오고 열달만에 아들 “설총”을 낳았다. 후일 신라 10현의 한 사람이며 우리 옛 문장 향찰 “이두”를 완성시킨 설총이 바로 원효의 아들 (요석은 아들을 낳아 원효를 바라보듯 훌륭하게 키우며 먼 발치에서 몸을 숨기며 소식을 듣고 보곤 했는데 죽을 때까지 단 한 번도 만나지 못했다고 전해지고 있어요 – 거짓말로 보인다) 요석공주와 고대하던 3일 밤을 보내고 서라벌을 떠난 원효대사는 스스로 실계失戒했다고 여기고 소성거사小性居士라 자칭하면서 속세의 복장으로 팔도를 유랑하다가 양주근처를 지날 무렵 “한바탕 꿈이요. 허깨비였구나~!” 하면서 파계한 스님이었지만 새롭게 깨달음을 얻기 위해 인적이 드문 소요산에 들어가 초막을 짓고 용맹정진의 수행을 시작했지요. 그러던 어느날 요염한 심마니 아가씨 한 명이 한밤중에 나타나 하룻밤 묵어가기를 간청하며 수행중인 원효대사를 유혹했다. 그러나 새로운 마음으로 용맹정진한 원효대사는 단호히 심마니 아가씨의 청을 뿌리치며 답하길 “마음이 생하면 옳고 그르고 크고 작고 깨끗하고 더럽고 있고 없는 모든 법이 생기는 것이요. 마음이 멸하면 상대적 시비의 법이 없어지는 것이니 나 원효에게는 무애자재無碍自在의 힘이 있노라” 라고 다시 말해 한 생각 일어나면 만법이 일어나고. 한 생각이 멸하면 만법이 멸한다는 진리를 .... 역설했지요. 그러자 요염한 심마니 아가씨는 빙긋이 웃으며 사라졌다. 이에 원효대사는 심마니 아가씨가 관세음보살의 현신임을 알아차리고 그곳에 정사를 지은 뒤 무애자재의 수행을 쌓았다는 뜻에서 정사이름을 “자재암”이라 칭했다 한다. 지금도 있다. 그러나 여자의 깊은 사랑은 아무리 세월이 흘러도 변함이 없는 법 원효대사의 자재무애의 수행에도 불구하고 대사를 사랑한 요석공주의 일념은 변함이 없어, 대사가 정진하고 있는 소요산 입구에 별궁을 짓고 아들 설총과 함께 원효대사을 연모했으며 그 터가 지금은 “요석공주별궁지”로 남아 있다. 그리고 동두천시는 이를 기념하기 위해 별궁지 옆에 요석공원을 만들어 놓았고 소요산의 한 봉우리를 어여쁜 “공주봉”이라 부르며 기리고 있다. – 소요산역에 하차하면 갈 수 있다.

또한 설총은 원효대사(아버지)에 대해 지극하고 각별한 효심을 가지고 있었다.

낙엽이 떨어지던 어느 가을 날 설총은 원효대사가 머무는 산사를 찾아가니 원효대사가 마당을 쓸고 있었고 설총은 얼른 뛰어가 마당비를 받아들고 산사의 앞마당에 떨어진 낙엽을 깨끗이 쓸고 난 뒤 "아버님, 마당을 다 쓸었습니다." 라고 말을 하자 원효가 문을 열고 마당으로 나와 "정말 낙엽하나 없이 깨끗하게 잘 쓸었구나 !!" 하면서 마당 한쪽 구석에 쓸어 모아둔 낙엽을 수숴 와 마당에 다시 뿌리며 설총에게 말하기를 "총아! 가을마당은 이렇게 낙엽이 떨어져 있어야 제격인 것이야 !!" 이 말을 남기고는 어디론가 홀연히 떠나가 버리자 설총은 원효대사의 선문답같은 이 말 한마디에서 크게 깨달음을 얻었다. 원효대사가 70세 되던 해 음력 3월 30일 열반에 들자 설총은 아버지가 못견디게 그리웠고 열반에 드신 것이 너무도 가슴 아팠어요. 그래서 아버지 원효대사를 화장하고 난 후 남은 재와 진흙을 이겨 아버지의 모습을 빚었다. 그리고 아버지가 오래 주석하고 계셨던 분황사의 법당 한쪽에 소상(塑像: 찰흙으로 만든 사람의 형상)을 모셔두고 아침마나 문안인사를 느렸다. 그러던 어느날 아침 여느때처럼 설총은 분황사 법당을 찾아가 문안인사를 드렸는데 원효대사의 소상(진흙상)의 머리가 옆으로 돌려져 있는것이 아닌가!! 분명히 정면을 바라보도록 모셔 놓았는데 원효대사의 소상(진흙상)이 머리를 돌리고 있으니 참으로 기이한 일이 아닐 수 없었다. 그후부터 원효대사의 소상(진흙상)은 계속 설총이 아침마다 절을 하던 법당의 중간부분을 바라보고 있었다고 하였다. 목을 돌린 원효대사의 소상은 고려 중기까지 분황사의 성보聖寶로 모셔져 있었으나 고려때 몽고군의 침입으로 분황사와 함께 불타 버렸다.

노자가 무엇에 홀린 듯 심신이 간난을 겪으며 서역의 막지를 그리워하는 장면은, 숙영낭자전의 선군이, "불에 든 나비와 그물에 걸린 고기 처지인 나를 구해 주시오"하듯 하다. 서승경의 초반에, 음식도 사절하며 힘들어 하는 노자를 보고 윤회가 일단 건강해야 모든 것을 이룬다고 식사를 권하며 설득한다. 노자의 천산 천지 그 신비한 곳에 우아하게 사는 선녀와 같은 막지를 찾아 나서는 모습이, 꿈에 본 선녀낭자를 상사하여 찾아 나서는 선군과도 같음이《숙영낭자전》의 전반부에 보인다. 노자는 이후 어떻게 되었는지 모른다고 하는데,《숙영낭자전》의 후반부는 이야기가 구체적으로 전개된다. 선군의 열렬한 숙영 사랑으로 화를 자초하여 숙영낭자부터 다사다난한 세월을 갖기도 하나, 하늘이 예정한 대로 3인이 다함께 살며, 결국은 80세가 되어 3일간의 큰 잔치를 치른 후에 3인이 다함께 한날 한 시에 천상에 신선반열에 오른다.

《숙영낭자전》의 실제 내용은 근세 조선조 세종 때, 경상북도 안동에 백상군이라는 선비가 있었는데 뒤늦게 명산대찰에 빌어 '선군'이라는 아들을 얻었다. 선군이 자라자 백상군은 아들의 혼처를 사방에 알아보는데, 선군은 책을 읽다가 잠깐 졸던 꿈속에서 숙영이라는 선녀를 만난다. 그 후 선군은 숙영을 그리워하다가 상사병相思病이 들어 어떤 약도 듣지 않고 다 죽게 되었다. 선군의 목숨을 염려한 숙영은 다시 꿈에 나타나 '옥련동'에서 만나자고 한다. 꿈에서 깬 뒤 선군은 병이 나았고, 유람을 구실로 '옥련동'을 찾아 처음엔 핀잔을 주는 숙영을 만나게 된다. 숙영은 인연을 맺기에는 3년이 남았다고 달랬으나, 선군은 자신의 상사相思로 인한 병약함을 볼모로 숙영을 졸라 부부의 인연을 맺은 뒤 함께 집으로 돌아온다. 그들은 남매를 낳고 부모를 모시며 10년을 하루같이 금실 좋게 살았다. 아버지 상군은 선군에게 과거를 보라고 하였으나, 숙영과 떨어지기 싫은 선군은 번번이 거절하다가 할 수 없이 과거길에 오른다. 그러나 가던 중 숙영이 그리워 2번이나 수십 리를 되돌아와 함께 밤을 보낸다. 며느리 방에서 남자소리가 나는 것을 들은 시아버지 백상군은 숙영을 의심하게 된다. 일시 숙영낭자에게 상사병이 들어 위험한 지경에서 숙영이, 선군에게 시첩으로 데리고 지내라던 시비侍婢 매월이 지속적으로 선군을 사랑하지만, 낭자와 혼인한 후 수청守廳마저 거절을 당해 앙심을 품고 있었다. 그러던 차에 매월이 시아버지가 숙영을 감시하라는 것을 기회로 생각하고, 매월은 동네 불량배와 짜고 숙영에게 간통의 누명을 씌운다. 백상군이 호되게 죄를 추궁하여 문초하자, 피에 젖은 숙영은 한 번 뒤집어 쓴 더러운 누명의 억울함을 참지 못해 자결하고 만다. 과거에서 아들 선군이 돌아오기 전에 숙영이 자결한 칼을 빼어 시체를 옮기려 해도 움직이지 않고 몇 개월이 지나도 썩지 않자, 시아버지 상군은 선군이 이를 보면 함께 죽을 것을 염려하여, 같은 동네 임소저와 혼약을 해 둔다. 장원급제하여 돌아오던 선군은 꿈속에서 숙영의 원통한 죽음을 보고 황급히 집으로 와서 통곡하며 매월 등을 처벌한다. 며칠 뒤 숙영은 옥황상제의 은혜로 다시 살아나며, 숙영에게 하늘이 예정한 대로 '3인이 함께 하늘로 돌아올 것이다'라는 예언대로, 선군은 숙영의 권유로 임소저를 후실로 인정하여 3인이 행복을 누리다가 신선이 되어 승천한다. 《숙영낭자전》은 조선 후기에 연행되던 판소리의 하나로, 정노식의 "조선 창극사"에 열두마당 중의 한 곡으로 소개되어 있다. 숙영낭자전 판소리의 바탕이 된 고전소설은 '낭자전', '수경낭자전', '수경옥낭자전', '숙향낭자전' 이라고도 불리며, 한문소설 《재생연再生緣》을 번역 · 증보한 것으로 알려져 있으나, 자료가 진하지 않아 확인되시 않는다. 박송희 판소리 숙영낭자전 해설, 다음 참조. 완전히 잃어버릴 뻔 한 판소리들 중《숙영낭자전》을 박송희, 민혜성, 김정숙(극본), 김성녀(예술감독), 신영희, 서정금, 박애리, 김준수 등등이 열렬히 합심하고 협업하며 노력하고 있다. 특히 정부의 작은 지원이 바탕이 되고, 많은 선배들이 깔아놓은 바탕에 힘을 입어, 민혜성님은 10여 년간 프랑스나 외국 제자들도 키워, 한류문화 원형 확장을 통한 정치 경제 외교력의 기반이 되는 한국문화의 힘과 소리 즉 한국인의 문화정신 역사의 저력을 크게 드러내고 있다.

한국의 서왕모 (옥황상제의 부인일가? 환인천황과 노자와 연이 있는 선계의 여왕일가?)

선仙과 불佛이 별 개의 것이 아니고 같은 곳에서 태어난 이란성 쌍둥이처럼, 같이 습합하거나 병존, 상생하기도 한다. 서왕모는 이름만 봐도 동쪽에서 간 사람으로 상정이 된다. 천산(기린산) 막고굴 돈황이 '비천의 마을' 인 점이 이해가 간다. 현대에 강력한 감시하의 중국령 신강 위구르자치구 천산천지에 〈서왕모사당〉이 잘 모셔져 있고, 그 안에 부수적으로 노상태군(노자)도 모셔져 있는 점: 하늘을 아는 중국같은 큰 땅에서 종교가 하나 안 만들어졌다면 자연스럽지 못하다. 중국이 공산주의를 절대적으로 확산할 때도 한국은 불교와 도교와 유가를 잘 모셨다. 고구려 · 백제 · 신라가 불교를 숭상하여 불교문화를 꽃 피운 점, 특히 신라는 불교의 이상향을 전국토를 통해 꽃피운 점, 고려는 불교를 국교로 한 점 등이 서왕모를 통해 더욱 자연스럽게 이해가 간다. 최치원의 말처럼 유불선 습합된 현묘지도를 가진 나라다. 그래서인지 현대 서울 사찰에서도 서왕모는 기려지고 있다. 유네스코에 등재된 서울 봉원사의 무형문화재 영산재는 "죽은이의 명복을 빌기 위해 불보살에게 재를 올려 그 넋이 정토淨土나 천계天界에서 태어나도록 기원하는 천도재薦度齋의 일종"으로 그 사상적 배경이, 사람 사후 49재를 중시하는 티베트불교가 배경이 되는 듯하다.

장수와 젊음과 미를 상징하는 복숭아를 선물해주는 한국서울의 서왕모상 (서울 신촌 봉원사)

노자 서승경老子『西昇經』序文

...특히 [도덕경道德經] 제 6장에는 현대 물리학이나 천문학에서 밝히지 못했던 블랙홀의 이론을 밝히고 있음을 볼 수 있다.

老子西昇經第十九 右第二章(우제이장)=〈윤희의 위도장〉이다. 정리: 노자. 서승경에 삽입.

특히 [우제이장]은 보는 바와 같이 관령關令인 윤희尹喜가 노자를 만난 후 노자가 윤희에게 듣고 기록한 문장이다. - 오히려 윤희의 말들이 도를 위하는 글(위도장) 같다.

관윤자왈關尹子曰이란, 관령 윤희가 말한다는 뜻이다. 여기서 윤자尹子란 윤희尹喜를 말하고 있다.

관도자여관수觀道者如觀水란, 도道를 볼 수 있는 자는 마치 물을 보는 것과 같다는 뜻이다. 즉 물을 본다는 것은 그저 물을 보는 게 아니라 물의 본질과 본성, 물의 생성은 물론 물의 본체적인 요건 모두를 알아볼 수 있어야 한다는 것을 비유한 의미를 뜻하고 있다. 다시 말해 물은 필자가 전술한 바와 같이 물은 많이 뭉칠 때 검은 색으로 변하여 보이게 되고, 물이 얕을 때는 푸르게 보이는 것이며, 물이 고체固體 즉 단단한 얼음이나 눈雪이 되면 희게 보이는 것이다. 그리고 물은 기체화氣體化 되었을 때는 보이지 않으나, 물의 본질이 흰 것이므로 희게 되어 있는 것이다. 물은 만물의 생명체生命體를 창조하는 본질이기도 하다. 이와 같은 물의 과정은 만유만물의 형성形成을 하기 위한 작용의 주인이므로 도道를 보는 자는 물을 보는 것과 같다고 한 것으로 보인다.

老子西昇經第十九 右第二章(우제이장) – 윤희가 철없이? 설치는 노자에게 당부하는 걱정의 말을, 노자가 자기 책 서승경에 실었고, 윤희의 도의 급을 보고 '윤자'라고 칭했다.

물은 우주 공간에서부터 천체는 물론 만물의 생명까지도 없어서는 안 될 본질이므로, 노를 보는 것을 물을 보는 것과 같은 것으로 비유한 것은 지극히 당연한 논리라고 하겠다.

시이성인자是以聖人者란, 곧 이는 성인이란 뜻이다. 다시 말해 대자연에 펼쳐져 있는 물을 볼 수 있는 능력을 가지는 것은 도를 볼 수 있는 혜안을 지녔다는 뜻이며, 따라서 물의 생성과 본질을 볼 수 있다면 성인이라는 것을 의미한다.

지도덕혼돈知道德混沌이란, 혼돈함을 아는 것은 곧 도덕을 알고 있음을 뜻한다. 즉 덕하고 혼돈한 사회를 안다는 것은 도덕을 알고 있다는 의미이다. 다시 말해 도덕의 관념이 없는 사람은 사회의 혼돈을 이해하지 못함을 의미한다.

현묘동야玄妙同也란, 검고 묘한 것은 같은 것이라는 뜻이다. 즉 먹구름이 가득한 하늘처럼 공간세계가 어둡고 묘한 것은 혼돈함과 같다는 것을 의미한다. 다시 말해 본문에서 현묘하다는 것은 혼돈함과 같은 것으로 기록하고 있으나, 윤희尹喜가 잘못 보았다고 할 수 있다. 왜냐하면 혼돈한 것은 현담玄曇하다든지 아니면 현현玄玄하다든지 해야만 혼돈과 혼탁과 같은 뜻으로 통할 수 있기 때문이다. 본문에서 현묘는 혼돈함과 같은 것이라는 것은 잘못이다. 물론 현묘라는 것은 어둡고 묘하다는 것을 말한다. 하지만 대성인大聖人들이 말한 현묘玄妙란 뜻은 윤희가 말한 혼돈과는 근본적으로 다름을 필자가 정리해 보기로 한다. 현玄이란 캄캄하고 검다는 뜻이다. 그러나 현묘라고 했을 때는 그 의미가 확 달라지는 것이다. 그것은 어두운 공간은 블랙홀을 뜻하며, 검은 공간세계인 블랙홀에서 죽은 별을 삼켜 광명의 빛을 발산하여 새로운 생명生命의 별을 탄생시키므로, 현묘란 대광명의 빛을 뜻하는 것이다. 물론 어두운 공간세계에서 묘妙함이 있기에 혼돈하다고 말할 수는 있으나 근본적으로 혼돈과 현묘와는 그 뜻이 엄청난 차이가 있는 것이다. 재론하자면 현묘는 우주 속에 수천 개의 은하수인 은하계銀河界가 수천 곳이나 있는 공간 속에는 블랙홀인 현묘의 대 광명의 빛을 발하고 있기 때문에 혼돈과는 근본적으로 다르다는 것을 알아야 할 것이다. 그러기에 혼돈과 현묘는 같지 않으므로 독자들은 이해해 주길 바란다.

역지천지청정亦知天地淸靜이란, 역시 알고 보면 천지는 맑고 고요하다는 뜻이다. 즉 공간세계에는 무한 에너지의 우주가 있다. 이곳은 본문처럼 고요하고 또 고요하며 맑고 청정함을 의미하고 있다. 다시 말해 하늘과 땅은 본질적으로 알고 보면 맑고 고요하며 깨끗함을 말하고 있다.

개수일야皆守一也란, 모두가 하나로 지키고 있다는 뜻이다. 즉 모두가 하나로 지킨다는 것은 천天 · 인人 · 지地는 삼원일체三源一體이므로, 따지고 보면 대자연은 하나이므로 우주 공간 속에 있는 모든 천체는 하나로서 지키고 있음을 의미하고 있다.

고여천동심이무지故與天同心而無知란, 그러므로 하늘과 더불어 마음이 같으므로 아는게 없다는 뜻이다. 즉 하늘과 마음이 같으므로 하늘은 공간세계이기에 하늘의 마음은 보이지 않기에 없는 것이다. 따지고 보면 천天과 심心은 같은 것이기에 아는 바 없다는 것은 보이지 않는 세계이므로 없다는 것을 말한다.

여도동신이무체與道同身而無體란, 도道는 몸과 더불어 같은 것이므로 몸이 없는 것이라는 뜻이다. 즉 도는 자연이므로 보이는 자연이 아닌 보이지 않는 자연의 법칙이 도이므로 도의 몸은 같은 것이기에 몸이 없음을 의미하고 있다. 다시 말해 자연의 오묘한 법칙은 도이므로 도의 몸은 없는 것을 의미하고 있다.

이후천도성의而後天道盛矣란, 하늘의 도道가 성盛한 이후라는 뜻이다. 즉 하늘의 도道가 성하다는 것은 대자연의 법칙을 더 깊은 차원에서 이해한 이후라는 것을 의미하고 있다.

이제지의이환以制志意而還이란, 이와 같은 뜻은 생각으로 돌아온다는 뜻이다. 즉 자연의 도道가 정해진 뜻은 결과적으로 생각함에 있어 돌아올 수밖에 없음을 의미하고 있다.

사려자야思慮者也란, 생각을 도모하는 자란 뜻이다. 즉 대자연을 심오한 이치로 생각했을 때 자연의 깊은 뜻을 알 수 있을 것이라는 의미이다.

거이불가추去而不可逐란, 가는 것은 쫓으려고 해도 가히 쫓을 수 없다는 뜻이다. 즉 자연의 도道에 대해 엉뚱한 생각을 갖지 않는다면 자연의 도법道法을 쫓을 수 있음을 의미하고 있다. 다시 말해 지나간 것은 다시 쫓지 않는다는 것이다. 학문을 수행하는 과정에서 지난 것을 쫓는다는 것은 불가함을 말하고 있다.

유이불가견留而不可遣이란, 머물고 있는 것은 보내는 것이 불가하다는 뜻이다. 즉 도학道學의 수련 과정에서 학문적으로 이치가 맞는다고 생각되는 것은 쉽게 버릴 수 없다는 것을 의미하고 있다.

원자출어무극지외遠者出於無極之外란, 먼 자가 나가는 것은 무극의 밖에도 없다는 것을 뜻한다. 즉 먼 자가 나간다는 것은 아무리 자연自然의 법칙을 알고자 해도 알지 못한 것은 찾을 수 없으므로 무극無極의 밖에도 없다는 의미이다. 다시 말해 먼 자라고 하는 것은 대자연의 법칙이 아닌 것을 말하므로 아무리 자연의 도에 대해 찾으려고 해도 무극無極의 세계 밖에도 없음을 말하는 것이다.

불능궁지不能窮之란, 궁하고 또 궁한 것은 능히 이해하려 해도 알 수 없다는 뜻이다. 즉 자연의 도법이 없는 궁한 상태라고 함은 심오한 진리眞理가 없는 것은 아무리 구하고자 해도 불가능하다는 의미를 담고 있다. 그러기에 도의 수련은 구할 수 있는 법칙 이외에는 너 구하려고 해도 되지 않는다는 것을 의미하고 있다.

근재어기인불견지近在於己人不見之란, 가까이 있는 자기는 보이지 않는다는 뜻이다. 즉 아주 가까이 있는 자기를 보기란 어렵다는 것이다. 어리석은 자일수록 자기를 알지 못한다. 자기 자신을 알고 잘 볼 수 있다면 그 사람은 성인에 가까운 사람이란 의미도 함축되어 있다. 그러기에 진리는 가까이 있는 데도 잘 볼 수 없는 것은 어리석다는 것을 말한다.

시이군자是以君子란, 가까이 볼 수 있는 사람이라면 군자라는 것을 말한다.

종일불시불청終日不視不聽이란, 종일 보지 아니하고 듣지 않는다는 뜻이다.

불언불식不言不食이란, 말하지 않고 먹지 않는다는 뜻이다.

내지이포현內知而抱玄이란, 마음 속 깊이 검은 것을 얼싸안고 알아야 한다는 뜻이다. 즉 깊고 오묘한 도의 세계를 무한히 어두운 공간세계의 진리를 터득할 수 있도록 하여 알아야 한다는 의미이다. 다시 말해 심오한 진리의 자연의 도는 보이지 않으므로 어둡고 오묘한 진리의 세계를 찾아 마음 속 깊이 이해하고 알아야 한다는 것을 말하는 것이다.

부욕시역무소견夫欲視亦無所見이란, 무릇 욕심을 부린다면 볼 수도 없고 보이지도 않는다는 뜻이다. 욕청역무소문欲聽亦無所聞이란, 욕심으로 듣는다면 역시 들을 수 없다는 뜻이다. 즉 자연의 도법은 욕심으로 보고 듣거나 욕심으로 듣고 또 듣는다고 해도 아무 소용이 없음을 의미한다.

욕언역무소도欲言亦無所道란, 욕심으로 말하는 것은 역시 도가 있을 곳이 없다는 뜻이다. 즉 욕망으로 말하는 것은 어떤 일이 있어도 허욕이기에 도에 접근할 수 없다는 의미이다. 다시 말해 욕심이 깃든 말에는 도법의 진리에 가까이 갈 수 없으며 도가 있을 곳이 없다는 의미이다.

욕식역무소미欲食亦無所味란, 욕심으로 먹는 음식 역시 맛이 있을 수 없다는 뜻이다. 즉 식충들은 맛을 보고 먹는 게 아니라 욕심으로 먹기 때문에 맛을 알 수 없다는 의미이다.

담박적재淡泊寂哉란, 도의 수학을 하려면 깨끗하고 맑고 고요해야 한다는 뜻이다. 즉 머리가 산만하거나 주위가 소란스러울 때는 도의 수련이 불가능하기 때문이다. 그러므로 마음이 맑고 깨끗하면서 욕심 없는 고요함에서 도의 수학修學이 가능함을 의미하고 있다.

불가득이미야不可得而味也란, 맛부터 얻으려면 불가하다는 뜻이다. 즉 도학道學의 수련 없이 막무가내로 도를 통하려고 한다면 도를 얻기란 불가능하다는 것을 의미하고 있다.

복귀어무물復歸於無物이란, 물질을 탐하지 않는 가운데 깨끗한 마음으로 다시 돌아가야 한다는 뜻이다. 즉 속세의 인연을 끊고 탐욕을 버린 채 깨끗하고 맑은 정신과 마음으로 다시 돌아가지 않는다면 도를 얻을 수 없음을 의미하고 있다.

약상능청정무위若常能淸靜無爲란, 언제나 깨끗하고 고요함이 있어야 능히 자연에 접근할 수 있음을 뜻한다. 다시 말해 무위자연無爲自然에 접근하기 위해서는 항상 젊고 깨끗한 마음과 고요함 속에서만 가능할 수 있음을 의미하고 있다.

무자복야無自復也란, 무위자연으로 돌아가야 한다는 뜻이다.

반어미생返於未生이란, 욕망이 있는 자가 도를 얻기란 불가능하므로 도를 얻고자 하는 자는 태어나기 전으로 돌아가야 한다는 뜻이다.

이무신야而無身也란, 몸이 없어져야 한다는 뜻이다. 몸이 없어져야 한다는 것은 탐욕과 번뇌 그리고 순수하고 순결함으로 되지 않는 한 도의 수행이 불가능함을 의미하고 있다.

무위양신無爲養身이란 자연처럼 몸을 가꾸어야 한다는 뜻이다. 즉 자연은 변함없는 상태로 영구불변한 것과 같이 사람의 몸은 항상 변함없이 자연처럼 기르고 다져가야 한다는 뜻이다.

형해전야形骸全也란, 형체와 뼈가 있는 몸 전체라는 뜻이다. 즉 욕심이 가득한 사람은 아예 형체인 몸과 뼈마저 모두 없는 게 낫다는 의미이다.

천지충실天地充實이란, 천지는 충실하다는 뜻이다. 즉 천지는 욕심과 번뇌, 그리고 고통 따위는 인간처럼 없기 때문에 충실하다는 의미이다. 장보년야長保年也란, 몸을 해마다 보호하라는 뜻이다. 다시 말해 윤희는 노자를 보고 탐욕을 버리고 대득도를 깨달을 때까지 몸을 보호하고 오래오래 살라는 충고의 당부임을 의미하고 있다.

– 상원갑자년에 환인 환국이 세워지고 막지황후도 등극한 해라 막지황후는 일명 '상원부인'이라고도 불린다. (율곤 이중재)

◈ 서역으로 연인 막지를 만나러 간 노자가 허난성 함곡관에서 출발하여 살나 간 곳들을 대체로 추정해 본다. 파미르천산 천지 ⇔ 쿠차(고유문자와 음악이 풍성한) ⇔ 둔황 ⇐ 장안(서안) ⇐ 허난성 함곡관 서왕모와 노자와 동방삭..

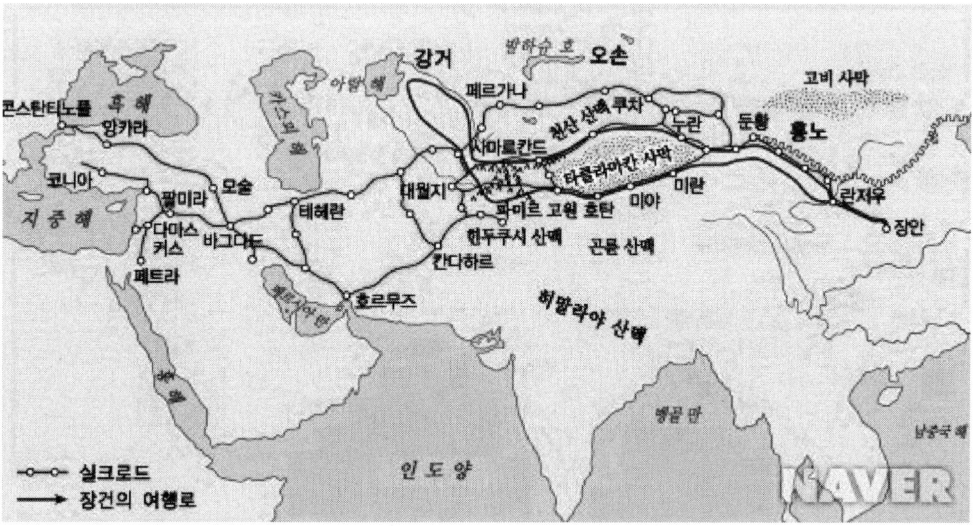

★서왕모西王母 : 중국 도교 신화에 나오는 불사不死의 여왕 이름. 산신령이 아름다운 여인으로 변했다고 한다.

1. 노자: B.C.E. 6세기경에 활동한 중국 제자백가 가운데 하나인 도가(道家)의 창시자며 도교경전인 도덕경道德經과 서승경西昇經의 저자.

*도교道敎 : 고대 중국에서 발생한 종교로서, 신선사상을 근본으로 하여 음양 · 오행 · 복서 · 무축 · 참위 등에+ 도가道家철학과 불교의 영향을 받아 성립된 종교.

도道의 세 가지 모습인 옥청(玉淸: 원시천존) 상청(上淸: 영보천존) 태청(太淸: 도덕천존)의 삼청三淸을 최고신으로 하는 다신교*무위자연無僞自然 : 노장사상의 핵심사상으로 사람의 힘을 더하지 않은 그대로의 자연. 사실 자체의 바탕 위에서 떠나지 말라는 의미

2. 동방삭 : 중국 전한前漢의 문인(B.C.E. 154 - B.C.E. 92) 자는 만청曼倩이며 벼슬은 상시랑常侍郞, 태중대부太中大夫를 지냄. 전설에 서왕모西王母의 복숭아를 훔쳐 먹어 장수하였다고 하여 삼천갑자三千甲子 동방삭으로 일컬어짐 *삼천갑자三千甲子 : 3천X60년=18만 년

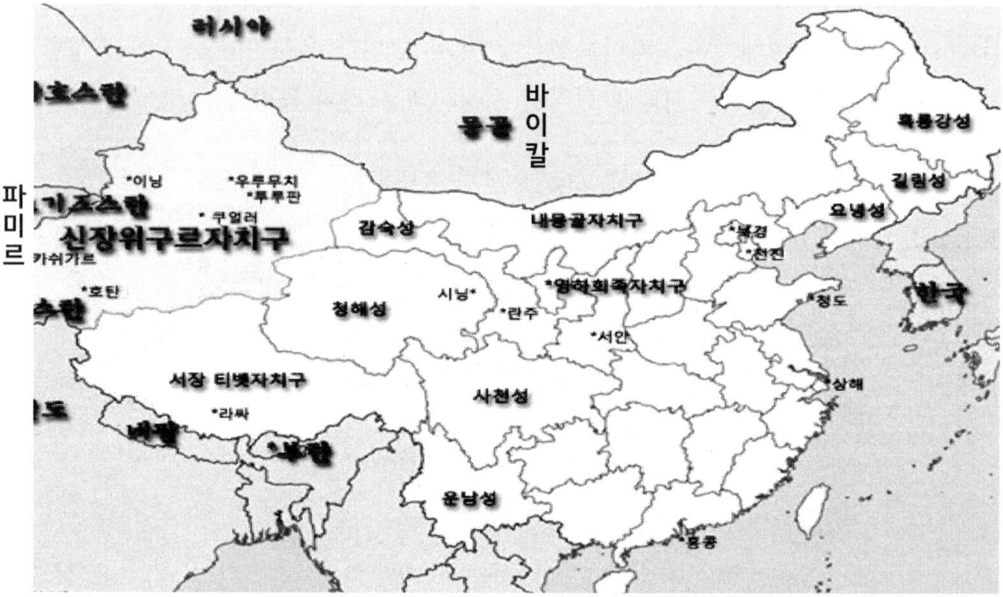

*천산산맥 : 신장 자치구에서 키르기스스탄까지 뻗어있는 산맥으로 길이가 2,555km에 달하며 산맥을 중심으로 비단길 천산남로와 천산북로가 나 있음. *천지天池 : 우루무치시 동북쪽 천산산맥의 봉우리인 박격달봉博格達峰에 위치한 고산호수로 해발 1,910m에 위치하고 길이는 3.3km 넓이는 평균 1km이며, 최고 수심은 105m에 이른다.

바로 아래 지도 '싼먼샤'라고 적힌 곳에 노자가 도덕경을 쓴 함곡관이 있답니다. 삼문협三門峽은 중국 허난성과 산시성 사이, 황하 중류에 있는 협곡입니다. 두 곳 모두 지리적으로 아주 중요했던 군사 요충지였을 뿐만 아니라, 여러 역사적 전설과 유래와 얽힌 곳이랍니다.

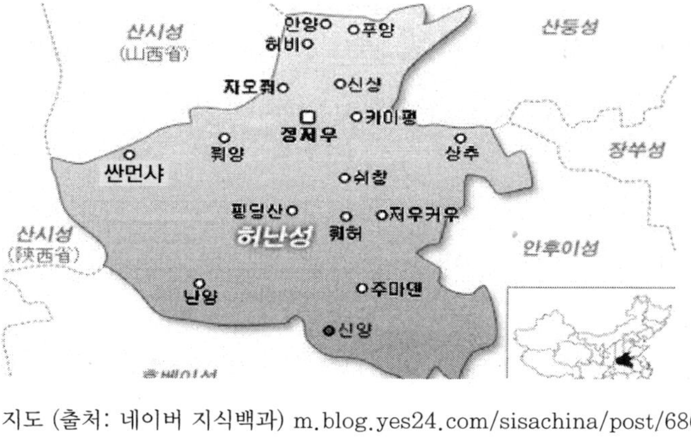

허난성 지도 (출처: 네이버 지식백과) m.blog.yes24.com/sisachina/post/6869801

예전에 강의 중간에 옌섬岩島이 있었는데, 이 옌섬에 의해 강물이 3분되어 흘렀다고 하여 '삼문협'이란 이름이 붙었다고 하네요. 참고로 북류는 런먼人門, 중류는 션먼神門, 남류는 구이먼鬼門이라 불렸답니다.

★ 함곡관의 위치는 진~전한 중기/전한 중기~청 초기/청 초기~현재 이렇게 3번 바뀌었다.

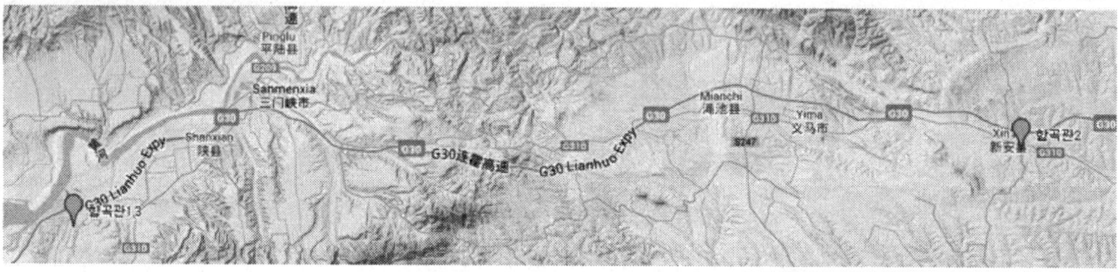

https://mapsengine.google.com/map/edit?mid=zKq_HSakzRno.k6r124tWOeYA

열국지에서는 함곡관1의 위치가 노자 그 당시 함곡관의 위치이다. 삼국시대에는 함곡관2 위치에 있었다. 삼국지 지도 주요 포인트 – 함곡관의 위치|beermania

천해의 금악산과 삼위산, 태백산은 본래 구환에 속하니, 구황 육십사민은 모두 나반과 아만의 후손이다.

(아이사비= 바이칼 이나 송화강이다. 천해의 금악산은 알타이산이고, 삼위산(돈황), 태백산(백두산)으로 보나 중국 섬서성에도 태백산이 있다.)

*인류의 조상은 아만이시다. – 차옥덕. 인류의 조상은 나반이시다.

– 이맥 아만과 나반 두 분이 처음 만나신 곳이 아이사비라 부르고 또 사비려아라 하기도 한다. 하루는 꿈에 천신의 계시를 받아 스스로 혼례를 올리시고 청수를 떠 놓고 하늘에 고하신 다음 돌려가며 드셨다.

이때 산의 남쪽에 주작이 날아와 기뻐하고
강의 북쪽에는 神龜가 와서 서기를 나타내었다.
골짜기의 서쪽에는 백호가 산모퉁이를 지키고
시내의 동쪽에서 창룡이 하늘에 올랐다.

중앙에는 황웅이 거하였다.

*차옥덕 추가 – 두 분이 계시는 강의 남쪽에는 (두 분을 지키고 교감하며 같이 지내던 화석동물)신수 맥이 와서 삼신께서 바라는 바 – 두 분이 앞으로 사람(인류)의 맥을 잇기를 전했다.

...환국의 九桓족에서 시작된 인류 창세기에...

천하구환족의 예악禮樂이 어찌 삼신께 천제를 드리는 옛 풍속에 있지 않았겠는가!
(안경전, 같은 책, 317쪽 참조.)

맹상군과 노자의 발자취를 따라..난공불락 함곡관

'천하제일험관(天下第一險關)'이라 불렸다.

허난성 서부의 고원 지역에 세워진 함곡관(函谷关,한구관)은 중국 역사상 초기에 만들어진 관문 중 하나로 황허(黃河) 남안(南岸)의 링바오시(靈寶) 남쪽 5km 지점, 싼먼샤(三门峡,삼문협)에서 75km 지점에 위치한다.

과거 '양경고도(两京古道, 시안과 뤄양에 연결하는 도로)'라 불린 이곳은 동서 8㎞ 황토층(黃土層)의 깊은 골짜기가 벼랑 위 수목이 햇빛을 가려 낮에도 어두우며, 그 모양이 함(函)처럼 깊이 깎아 세워져 있어 이름이 지어졌다.

함곡관은 전국시대의 진(秦)에서 산동(山東) 6국으로 통하던 관문이며, 험하기로 유명하여 '천하제일험관(天下第一險關)'이라 불렸다.

진나라 효공(秦孝公) 때 세워진 함곡관은 당시 넓이가 마차 한 대만 통과할 수 있을 정도여서 중국에서 "一夫当关, 万夫莫开(한 명만 지키면 누구도 통과 못한다)"라는 말이 생겼다.

이러한 난공불락의 함곡관에 얽힌 이야기 중 가장 대표적인 것은 제(齊)나라의 맹상군(孟嘗君) 이야기이다. 전국시대 4공자(公子:제후 또는 세도가의 자제)의 한 사람으로 불렸던 제나라 맹상군은 각 방면의 재능만 있다면 빈부귀천을 가리지 않고 다 포용하였다. 그러던 어느 날 사신의 임무를 띠고 진나라에 갔던 맹상군은 모함에 빠져 서둘러 진나라를 탈출하는데, 반드시 함곡관을 거쳐야만 했다. 그러나 때는 한밤중으로 관문이 닫혀 있었다. 위기에서 맹상군을 구해낸 것은 짐승의 울음소리를 잘 내는 식객이었다. 그가 닭 우는 소리를 내자 근처에 있는 닭들이 따라 울고, 문지기는 새벽이 온 줄 알고 관문을 활짝 열었다. 여기서 하찮게 여기는 재주가 크게 쓰이는 경우를 빗대 쓰는 말 계명구도(鷄鳴狗盜)와 '함곡계명(函谷鷄鳴: 함곡관에서 거짓 닭이 울다)'이란 말이 생겼다.

또한 중국 철학가 노지는 이곳에서 중국 도교사상을 담고 있는 〈;도덕경〉;을 작성하였다. 노자는 중국에서 위대한 철학자이며, 그의 사상을 담는 도덕경은 중국 가장 중요한 철학 저서이며, 현재까지 세계 각 나라에서 영향을 미치는 책이다. 독일 철학자 니체는 도덕경을 우물처럼 습득할 수 없는 지식을 담고 있다고 평가했다.

함곡관은 도덕경을 창작한 곳으로 전해졌다. 그래서 중국 도교문화의 발원지라고 생각할 수도 있다. 이를 기념하기 위해 중국 정부는 도교문화를 주제로 관광단지를 개발하였다. 이곳은 태초궁, 도성궁 등 도교문화 건축을 포함해 박물관, 함곡관 고도(古道) 등 풍부한 관광자원을 가지고 있나.

〈꿈에도 걱정하는 미국 대사관 부지 위치 · 춘천 맥국중도 · 무속문화〉

☗ 선린 인터넷고등학교(선린 상고) · 신광여중고 · 용산중고등학교 학생들이 애용하는 전철인 갈월 숙대역 앞이 아닌 (신 용산구청 맞은 편) 녹사평역 3번, 4번 두 개의 출구가 있는 부지로 미대사관을 추천할 것을 각 여야당들이 앞장 서 주기를 간절히 바란다. 그렇게 하지 않을 경우 일제 때 선린학교 학생들이 일제가 한국학생을 열등하다는 쪽으로 유도하려 한데 격분하여 선린학교 학생들이 주도가 된 전국 고등학생들 항일운동 때처럼, 그 정당 반대운동에 부딪힐 것이다.

문재인 대통령은 대통령 후보시절 선거캠프의 전문위원들이 '용산민족역사공원'을 생태공원으로 제안한 것을, 대통령이 된 후 용산부지가 역사민족공원으로 나아가도록 유홍준 광화문위원장을 통해 용산민족역사공원 터에서 발표했다. 진영장관(용산국회의원) 역시, 당시 이명박 대통령 시절에 용산역사민족공원 터를 아파트촌으로 매각하려는 제안에 반대하고 설득하여 지켜냈다. 그렇듯이, 이번엔 여야당 국회의원들과 정치인들이 앞장 서서, 용산민족역사공원과 미대사관 부지 선정에 앞장을 서야 할 것이다. 용산구청과 의회는 물론이고. 제발 나라의 녹을 먹는 분들께서 앞장 서시길! 그 당과 개인의 지속 성장을 위해서도.

용산중 · 고등학생들이 매일 보며 다니는(미군기지) 벽, 미국대사관 벽으로 계속 보고 다녀야 하나? 나도 2~3일마다 몇 발자국인가 세어보고 걸어보며, 이 답답하고 긴 철망의 무게를 멍에로 지녀야 하는 한국이라는 내 조국을 걷는 학생들의 답답한 속을 느낀다.

☗ 춘천 맥국중도 보존(즉 한국고대사 역사지키기)문제에 대해서는 총선을 앞둔 시점이라, 더욱 민주당 최문순도지사가 장악한 강원도의회_ 민주당의원 공천에 관여하는 민주당대표, 국회의장 및 직속 담당 문화부장관과 문화재청장의 사명이고 책임이다.

★ 한국 역사연구자나 한국 무형문화와 한류문화의 원조인 한국무속에 대한 바르고 제대로 된 새로운 가치평가를 실천하도록!... 예악禮樂이 어찌 삼신께 천제를 드리는 옛 풍속,(*그 사제들에) 있지 않았겠는가!(안경전, 같은 책, 317쪽 참조.)

한국역사나 한국신앙에 대한 연구를 폄하하던 일본 식민지 사관류 – 서양 외래 종교문화 외의 한국 것은 사이비로 비하시킨 관습에 젖었던 것에 대해, 이번 기회를 통해 다시금, 한국적 시각에서 한국인의 정체성과 관련하여 새로운 평가와 시각을 요구한다.

주변에 광고기획사를 다니는 한 분께서, “요즘은 역사를 잘 가르쳐도 큰 돈을 번다” 하며 “설민석을 한 번 광고에 등장하게 하려면 개런티도 몇 억을 줘야 한다”고 하면서 내심 평소 한국 역사연구자들을 주변부로 인식하던 자신도 놀랐고, 결국 한국의 역사나 토속신앙은 바로 한국인의 한류 정체성인데 이제 시각을 바르게 새롭게 할 기회가 되었다 했다.

한국 무속 전문가들에 대한 편견도 심했다. 이제 새로운 제 가치를 인정하고 인정을 받을 시대가 도래하였다.

인류의 조상은 최초의 인류 여자인 ‘아만’(어마이)이시다. – 차옥덕

% '아내의 맛' 송가인, 효녀 부심 "어머니는 무형문화재 72호 부끄럽지 않아" [핫TV]

“송가인이 효녀로서 어머니에 대한 사랑을 드러냈다.

11일 방송된 TV조선 '아내의 맛'에서는 송가인이 어머니와 함께 합동 공연을 펼쳐 눈길을 끌었다. 이날 송가인은 어머니 송순단의 씻김굿 공연을 위해 함께 무대에 올라 눈길을 끌었다.

송가인의 어머니는 공연을 마치며 "이 자리에 송가인의 팬들이 많다고 알고 있다. 앞으로 많은 사랑을 부탁드린다"고 인사했다. '아내의 맛'이 마의 시청률 6%를 달성했다. 시청률 조사회사 닐슨코리아에 따르면 6월 11일 방송된 TV조선 '아내의 맛'은 유료 방송가구 전국 기준으로 시청률 6.1%를 기록했다. 지난 4일 5.912%를 기록했던 자체 최고 기록을 또 다시 경신한 것. 더불어 종편 동시간대 시청률 1위 왕좌 독주를 이어갔다. 이날 방송에서는 송가인과 어머니 송순단 모녀, 그리고 조안 – 김건우 부부, 함소원 – 진화 부부가 힘든 시간을 극복하고 더욱 단단해지는 가족의 모습을 보여줬다. 송가인은 지난 방송에 이어 엄마 송순단과 함께 그동안 본 적이 없던 충천연색 매력 열전을 펼쳤다. 송가인의 엄마 송순단은 서울에서의 공연을 위해 버스를 타고 올라오면서 구성진 노래 솜씨를 뽐냈던 터. 송순단은 어릴 적 자식들이 무녀인 자신에 대해 부끄러워 하면, 망자의 넋을 달래는 엄마의 직업은 죽은 이의 영혼을 치료하는 신성한 직업이라고 달랬다면서 잘 자라준 자식들에게 고마움을 표했다.

남산골 한옥마을에 도착한 송순단은 씻김굿 공연을 준비했고, 송가인이 엄마의 공연을 축하하기 위해 현장에 등장하자, 엄청난 숫자의 팬들이 송가인의 이름을 부르며 환호했다. 송순단은 남산 자락을 울리며 망자의 한을 풀어주는 진도 씻김굿 공연을 펼쳤고, 송가인은 진도아리랑을 불러 열기를 끌어올렸다. 공연이 끝난 후 송가인과 차에 올라탄 송순단은 자신이 무녀인 것을 숨기지 않고 떳떳이 밝힌 송가인을 고마워 했고, 송가인은 나라에서 인정해 준 무형문화재인 엄마를 치켜세웠다.

(김예솔 입력 2019. 06. 12.)

설산과 어우러진 천산 천지 천산 천지 바로 윗편 서왕모(막지?) 사당

▲ 작자 미상, '문례노담' 1742년, 종이에 연한 색, 33×54㎝, 성균관대학교박물관

노자가 서역으로 들어 간 이후에 대한 흔적이 없다고들 하는데, 한국 고려 이맥 선생의『태백일사』에 의하면 “노자 이이李耳는 그의 성姓이 한韓씨요, 동이족이다. 즉 계미(B.C.518)에 노나라인魯人 공구孔丘가 주周에 가서 노자老子 이이李耳에게 예禮를 물었다. 이이의 아버지는 그 성(姓)이 한(韓)이고 이름은 건(乾)이며, 그 선조는 풍인(風人)인데 서쪽으로 관문(關門)을 나가 내몽고를 경유하여 아유타에 이르러 그 백성을 교화하였다고 하였다. ”고 언급하고 있어 주목된다.

이러한 기록을 보면 노자의 성은 원래 한韓씨로서 동이족이며, 한편 노자를 '이이李耳'라 하기도 하는 것은 '이李'는 '목木의 자子' 즉 동방(목)의 아들이란 뜻이고, 노자老子는 늙은 학자라는 의미인 것이다. 여기에서 지나 도교의 원류는 우리나라의 신선도라고 거의 확정적으로 결론을 내릴 수 있다고 본다. 지나 도교의 원류가 우리나라의 신선도라면 그 기본사상이나 숭배의 대상 및 전문용어 등에 있어서 서로 동일하거나 유사하여야 한다. 먼저 기본사상의 동일성을 언급할 수 있다. 첫째, 신선도와 도교는 모두 하나님(옥황상제)을 숭배의 대상으로 한다.

신선도는 천일(한늘님) · 지일(한울님) · 인일(한얼님)의 삼신일체인 하나님을 숭배의 대상으로 한다. 도교 역시 천황씨天皇氏 · 지황씨地皇氏 · 인황씨人皇氏 즉 천 보군天寶君 · 신보군神寶君 · 영보군靈寶君의 삼존신일체三尊神一體인 옥황상제(원시천존)를 숭배의 대상으로 한다. 옥황상제는 곧 하나님을 의미한다. 이는 신선도의 삼신하나님과 그대로 일치한다. 부전자승격父傳子承格이라 할 수 있다. 둘째, 신선도와 도교는 모두 '하나'를 만유의 본원으로 본다.

신선도에서는 {천부경}에 하나에서 비롯하나 하나의 비롯은 없으니, 하나를 나누면 셋이 되어도 근본은 다함이 없느니라 하여 '하나(一)'를 만유의 본원으로 본다.

도교에서도『도덕경』제42장에 도道는 하나를 낳고, 하나는 둘을 낳고, 둘은 셋을 낳고, 셋은 만물을 낳는다 하여 만물이 생성소멸하는 근본원인을 도道와 하나(一)로 보고 있다. 그러면서도 제39장에는 한늘은 하나(一)를 얻어서 맑아지고, 땅은 하나를 얻어서 편안하여지며, 신神은 하나를 얻어서 영묘해지며, 골짜기는 하나를 얻어서 가득 차게 되며, 만물은 하나를 얻어서 태어나게 되며, 임금은 하나를 얻어서 천하를 올바르게 다스린다. 그것을 그렇게 만드는 것은 하나인 것이다 하여 도교는 도와 마찬가지로 하나(一)를 만유의 본원으로 본다. 이와 같이 신선도와 도교는 '하나'를 만유의 본원으로 본다. 셋째, 신선도와 도교는 모두 만물동근 내지 만물일체사상이다. 신선도에서는 만유의 근본을 '하나'로 보는가 하면, '하나'는 한알 → 하날의 전음으로서 그 원의는 숫자적 의미의 '하나' 외에 하늘의 영기(생명 에너지)를 의미하는데, 『태백일』에 하나의 기(一氣)가 능히 움직여 조 · 교 · 치(造 · 敎 · 治) 삼화三化의 신神이 된다 하여 만유의 근본을 일기(一氣)로 본다. 즉 만유의 근본이 하나 즉 기(氣)로서 신선도는 만물동근사상이다. 또한 신선도는 천일 · 지일 · 인일의 일체사상으로서 만물일체사상이다. (박창범, "도교와 노자는 한국 동이족에서 왔다" 참조)

필자는 도교에 대한 이해가 부족하여 이 책 361~4쪽 허난설헌의 「광한전 백옥루 상량문」에서 언급한 ~상원부인 · 서왕모 · 노자의 함곡관에 대한 깊이가 마냥 부럽다. 영화나 컨텐츠를 만들때 허난설과 그 가문도 연결하면 더욱 멋지고 고담스러운 작품이 될 것이다.

새벽에 상원부인(*상원갑자 제1대환인천제 황후 막지)을 맞아들이자 푸른 머리는 세 갈래 쪽이 흩어졌고, 낮에 상제의 따님을 만났더니 황금 북으로 아홉 무늬 비단을 짜고 있었다. 요지瑤池의 여러 신선들은 남쪽 봉우리에 모였고, 백옥경의 여러 임금들은 북두칠성에 모였다.

당종唐宗은 공원公遠의 지팡이를 밟아 우의羽衣를 삼장三章에서 얻었고, 수제手帝는 화선火仙과 바둑을 두며 온 누리를 한 판에 걸었다. 붉은 누각이 높게 지어지지 않았더라면 어찌 편하게 붉은 깃발을 세우고 조회에 참례할 수 있었으랴.

이에 십주十洲에 통문을 보내고 구해九海에 격문을 급히 보내어, 집 밑에 장인匠人의 별을 가두어 놓게 하였다. 목성이 재목을 가려 쓰고 철산鐵山을 난간 사이에 눌러 놓으니, 황금의 정기가 빛을 내고 땅의 신령이 끌을 휘둘렀다. 노반魯般과 공수에게서 교묘한 계획을 얻어내어 큰 풀무와 용광로를 쓰고, 기이한 재주를 도가니에 부리기로 했다.

푸르고 붉은 꼬리를 드리우자 쌍무지개가 별자리의 강물을 들여 마시고, 붉은 무지개가 머리를 들자 여섯 마리 자라가 봉래섬을 머리에 이었다. 구슬 추녀는 햇빛에 빛나고, 붉은 누각이 아지랑이 속에 우뚝했다. 비단 창가에는 유성이 이어지고,

푸른 행랑을 구름 너머에 꾸몄다.

옥기와는 물고기 비늘같이 이어졌고, 구슬계단은 기러기같이 줄을 지었다. 미련微連이 깃대를 받드니 월절月節이 자욱한 안개 속에 내리고, 부백鳧伯이 깃대를 세우자 난초 장막이 삼진三辰에 펼쳐졌다. 비단 창문의 수술을 황금 노끈으로 매듭짓고, 아로새긴 난간의 아름다운 누각을 구슬 그물로 보호하였다.

신선이 기둥에 있어 오색 봉황의 향기로운 누대에서는 기운이 불어나오고, 선녀가 창가에 있어 쌍 난새의 거울 갑에서는 향수가 넘쳐 흐른다. 비취 발과 운모 병풍과 청옥 책상에는 상서로운 아지랑이가 서리고, 연꽃 휘장과 공작 부채와 백은 평상에는 대낮에도 상서로운 무지개가 둘러쌌다. 이에 봉황이 춤추는 잔치를 베풀고, 제비가 하례하는 정성을 펼치게 하였으며, 널리 백여 신령을 초대하고, 널리 천여 성인을 맞이하였다.

서왕모를 북해에서 맞아들이니 얼룩무늬 기린이 꽃을 밟았고,
노자를 함곡관에서 영접하자 푸른 소가 풀밭에 누웠다.

제2장

새롭게 보는 한국인.
정체성 강한 이순신의 한국적 의례 컨텐츠

이순신은 임진왜란 와중에서도 한국적 신앙의 다양한 천손 제사와 의례를 철저히 지키시다. 차분한 평정심의 바탕을 얻어 전략을 짜고 조정의 혼란으로 인한 음해와 형벌 등도 차분히 수용하고 대처하여 승리한다. 한국인 정신의 바탕이 된 풍류, 주역, 꿈의 해몽, 토속 음식 등 철저한 동양문화적 한국인의 정체성을 지닌 참 한국인이있다. 지극한 충성심, 숭고한 인격, 위대한 통솔력에 철저한 한국인의 정신이 살아 있는 민족사적 인물이 된 그 바탕에는 전통적 신앙과 유가적 조선의 신하, 또 군인으로서 애민 등 총체적인 정신이 의례로 드러난다. 나는 이 글을 충무공 이순신(1545~1598)의 그 일관된 삶의 정신과 실천을 복사받고 싶은 듯 경전을 사경하는 마음과 혼으로 썼다. 다행히 처음엔 이민수님 『난중일기』 번역[211]본을 보며, 글을 쓰기 시작하고, 바쁜 일(중도맥국보존 실천일)로 잠시 곁에 놓아 두었다가 오히려 난중일기를 읽고 쓰는게 중도맥국 보존의 일을 하는 나의 평정심과 원동력에 도움이 된다는 것을 깨닫고 이어 쓰다. 하여 2년 후엔 김문정 선생님의『난중일기』[212]번역본도 볼 수 있어서, 큰 도움을 받았다. 이순신의 족적을 사경하며, 따라가면 갈수록 후대인인 나, 우리에 대한 의문점은? 현재 한국인과 일본인에게 조선과 왜의 국민성 바르게 규정지어졌을까? 등 의문점을 중심으로 이 글에서는 Ⅰ.이순신 시대의 문화 전통을 이은 사상의 맥 Ⅱ.난중일기를 통해서 본 이순신의 의례 양상과 그 의례의 성격분석 Ⅲ.신교 단군 역사문화의 흐름 수용 난세에도 승리해낸 인간 이순신의 종교, Ⅳ.난중일기를 통해 얻는 것들- 부정적인 식민사관적인 분열의 한국 국민성 극복!과 유네스코 기록유산 등재로 난중일기 그 유산의 가치, 홍보방향을 가늠해 본다. Ⅴ.각 자가 내 자신의 삶에서 "이순신의 백의종군 길 같은 삶이 왔을 때-자기극복의 로드"의 의미를 살펴 보고 또 되삭인다.

1. 이순신 시대의 문화 전통을 이은 사상의 맥

지금까지 이순신 연구들이 역사문화 종교적 흐름 속에서 보다, 임진왜란 전쟁 중에 전쟁사적 부분에만 집중해 왔다. 이 책에서는 이순신의 한결같이 의례를 지키는 것을 이순신 개인의 바탕정신 즉 이순신의 종교를 살펴 보는 측면에서 조명해 보는 시도를 해 본다. 그것은 개인의 것이 아니라 그 시대적인 보편성도 지닐 것이지만 우선 개인에 한정해서 살펴 본다. 적어도 불교의례는 아니다. 난중일기라는 책을 쓰는 과정이라 절제되고 정제된 언어를 통해서지만 하늘을 믿어 경천하는 유교를 포함하는 신교로 보여진다. 전쟁 중에 나중에 남길 일기책을 평정심을 얻어 쓴다는 것은 또 하나의 굳건한 자기를 지켜가는 원동력이 됨을 철저히 인식했고 철저히 실천했다.

1 ◘ 이순신과 현대의 지도자 양성과 자질의 공통의 요소들은 무엇인가? 깊은 사랑과 엄격한 가정에서 교육한 어머니의 영향과 사랑을 크게 받고 성장했다.

"이순신의 가문은 4대 때에 조선 왕조로 넘어오면서 두각을 나타낸다. 5대조인 이변(李邊)은 영중추 부사(領中樞府事)와 홍문관 대제학을 지냈고, 증조부 이거(李琚)는 병조참의에 이르렀다. 그러나 할아버지 이백록(李百祿)이 조광조(趙光祖) 등 지치주의(至治主義)를 주장하던 소장파 사림(少壯派士林)들과 뜻을 같이하다가 기묘사화의 참화를 당한 뒤로, 아버지 이정도 관직에 뜻을 두지 않았던 만큼 이순신이 태어날 즈음에 가세는 이미 기울어 있었다. 그러하였음에도 이순신이 뒤에 명장으로 나라에 큰 공을 남길 수 있었던 것은 유년시절에 어머니 변씨로부터 큰 영향을 받았던 때문이었다.

어머니 변씨는 현모로서 아들들을 끔찍이 사랑하면서도 가정교육을 엄격히 하였다. 이순신은 사대부 집안의 전통인 충효와 문학에 있어서 뛰어났을 뿐 아니라 시재(詩才)에도 특출하였으며, 정의감과 용감성을 겸비하였으면서도 인자한 성품을 지니고 있었다. 강한 정의감은 뒤에 상관과 충돌하여 모함을 받기도 하였으며, 용감성은 적을 두려워하지 않고 전투에서 매양 선두에 나서서 장졸들을 지휘함으로써 예하 장병의 사기를 북돋워 여러 전투에서 전승의 기록을 남길 수 있었다."

또, 이순신의 인자한 성품은 홀로 계신 노모를 극진히 받들 수 있었고, 어버이를 일찍 여읜 조카들을 친아들같이, 또 백성이나 군대 하급계급이나 노비를 내 가족같이 사랑할 수 있었다.

2. 부모의 역할 역사인물 이름주기부터-역할모델 인물 얼 잇기

이순신의 4형제들 고대 환웅 및 역사적인 왕들 이름을 그대로 지어주었다.

환웅시대 제 5대 환웅 태우의 환웅의 12왕자 중 막내왕자로 나중에 주변국의 왕까지 지내며 중국의 인문시조가 된 태호복희씨 · 동이의 왕들인 요임금 · 순임금 ·

우임금의 이름자들을 따서 지어 주었다. 맨 장자는 태호복희씨伏羲氏에서 희羲 자 따서 이희신李羲臣·이요신李堯臣의 두 형과 다음이 순임금 순자를 따서 이순신, 아우 이우신李禹臣 등 모두 4형제가 역사적인 왕들의 이름을 담고 그 큰 뜻들을 품고 자랐다. 일종의 역할 모델을 심어 준 것이다. 신사임당의 호 '사임'은 중국의 주 문왕(주역 괘사를 만들다)의 어머니인 태임을 스승으로 삼겠다는 뜻으로 자신이 직접 지었다. 주역의 괘사를 지었다고 하는 문왕은 사방이 백리에 불과한 작은 나라의 제후에 불과했으나, 인자한 덕으로 당시의 천자인 은나라 주를 버리고 천하의 3분의 2가 그를 따랐다. 그는 주위에서 역성혁명을 하라는 권유에도 불구하고 신하로서 왕을 칠 수 없다고 하여 거절했다. 폭군인 주임금이, 뛰어난 덕을 가진 그를 시기해서 죽이려고 유리옥에 가두었는데, 옥에 갇힌 죽음의 위기 속에서 복희가 그렸다는 괘에 말을 붙임으로써 우리가 읽을 수 있는 주역의 텍스트를 만들었다. 또 그 문왕의 아들 주공은 어린 조카 성왕을 도와 주나라의 문물제도를 완성했다. 공자는 특히 "사흘을 꿈에 주공을 만나지 못했다"는 탄식을 남겼을 정도로 주공을 위대한 성인으로 존경했다. 주공은 아버지 문왕을 이어 주역의 효사를 지었다고 전해진다. 그는 조카를 폐위시키고 자신이 왕이 되려한다는 모함속에서 꿋꿋하게 어린 조카를 훌륭히 보필했고, 건국 초기의 여러 역경과 우환속에서 괘사를 해설한 384효사를 지음으로써 오늘날의 역경의 원형을 완성했다. 공자 역시도 꿈에서의 선몽이나 계시 등을 잘 받았고 그런 것들을 존중했기에, 꿈에라도 주공을 항상 뵙기를 바란 것이다.

이렇게 이순신 형제들의 이름은 돌림자인 신하 신臣자 위에 삼황오제三皇五帝 중에서 복희씨伏羲氏·요堯·순舜·우禹 임금을 시대순으로 따서 작명해 주었다. 한 사람의 이름은, 부모 조상의 뜻이 자식들에게 아래로 비치어 부모나 조상의 기대를 실망시키지 않는 유무형의 자원과 삶의 동력원이 되는 것이다. 하여 우리 조상들은 이름도 함부로 짓지 않았다. 미신이 아니다. 사람다운 삶을 살으라고 조상들께서 혹은 직접 역할 모델을 자식에게나 자신에게 위기에도 잊지 말고 살아라고 매일 항시 자주 부르는 이름으로 제시해 주는 동양철학적 가정적 교육의 효과적인 세뇌교육이고 지혜인 것이다.

동양철학에 탐닉한 조선 초기 주요 인물은 정인지(1396년 12월 28일~1478년 11월 26일)이다. 공은 동이족 태호복희씨나 문왕 및 공자의 주역周易의 이치를 깨달아 세상을 밝히겠다는 뜻을 세웠다. 정인지는 호를 '역을 배운다'는 '학역재學易齋'로 쓸만큼 주역공부를 바탕으로 한 학문과 직심으로 오랜 기간 깊고 넓은 박학충신이 되어, 태종 · 세종 · 문종 세조 성종 대의 관력官歷과 업적이 숱하여 사후에 받은 시호가 文成公이다. 문성공이란 '文을 이룬 공이라는 뜻'이다. 마치 태호복희씨가 중원에서 "중국의 인문시조"로 존대되어 불리는 것과도 같은 맥락이다. 또한 당대는 불교에도 잠시 귀의했던 신교적 경향이 강한 이이 율곡(1537년~1584년)과 덕수 이씨와 같은 집안 8살 차이밖에 나지 않는 이들의 교류는 이순신(1545년~1598) 역시, 문무를 겸비하였기에 단군 도학 유학 공부를 같은 궤로 할 수 있었을 것이다.

3. 근세조선시대의 단군론

근세조선 시대에도 단군에 관한 의례 및 논의는 계속 있어 왔다. 역성혁명을 한 이성계와 그 후손들은 명나라에서 조선왕으로 고명을 받기 위해 명나라의 눈치를 봤다. 그래서 단군의 명칭이 권근 부자에 의해 하대되는 수모도 겪는다. 그러나 현대 시대보다는 단군 관련 문서도 더욱 많았고, 따라서 논의도 더욱 풍부했을 것을 짐작할 수 있다.

조선초기엔 권근 부자(중국보다 좀 낮게 단군을 추락시키고) 등, 중기엔 이종휘 등이 단군관을 펼쳤다.

조선 초기의 기록인 권람權擥의 『응제시주應製詩註』와 『세종실록』 지리지 등에도 전한다. 단군성전은 우리 한민족(한겨레)의 기원과 건국신화(건국설화)에서...건국 초기에는 왕조의 정통성에 대한 명분 확보 성리학적 통치 규범 정착을 중시했다.

15세기의 사서 성격은 자주적 성격, 단군 강조, 관찬사료, 고대사 정리이다. 동국사략(권근), 삼국사 절요, 고려사, 고려국사, 동국통감 등, 16세기 사서 성격은 사림의 정치, 문화의식 반영, 尊華主義와 王道主義 반영, 箕子 강조(箕子志 · 箕子實記), 史略형 사서를 지향 → 동국사략

조선 중기 이종휘에 와서는

"단군의 이름은 왕검인데, 혹은 성이 환씨桓氏라고 한다. 도당씨(陶唐氏: 요임

금)가 중국에 나라를 세웠을 때 단군이 개국했는데 대개 무진(戊辰: 서기전 2333)년이라 한다. 9년동안 홍수를 당해서 팽오에게 높은 산과 큰 강을 정리하게 하고 (춘천)우수에 이르러 백성들이 살 터전을 정했다..." (이종휘1731~1797, 『수산집修山集』「東史本紀」)

조선 후기: 조선시대 유학은 배타적이어서 중국에서 성행하던 유학의 분파인 양명학陽明學은 조선에서는 이단시되었을 뿐만 아니라, 같은 주자학파라도 주자와 경주經註에 반대하여 심한 비난을 받았으며, 학설의 다름은 당쟁黨爭을 유발시켜 정치 · 사회면에도 깊이 영향을 미쳤다. 그러다가 후기에 이르러서야 청나라의 고증학考證學과 서양 문물 등에 대한 지식을 얻어 공헌할 수 있는 학문인 실학實學이 일어났는데, 유형원柳馨遠 · 이익李瀷 · 정약용丁若鏞 등, 이 방면에 뛰어난 학자들이 나와 새로운 학풍을 보여주기도 하였다. 그러나 이들도 주자학의 테두리에서 완전히 벗어나지 못했음은 물론이다. 한편 한말韓末의 최익현崔益鉉같은 유학자들은 주자학의 명분론名分論 등을 내세워 항일운동을 실천에 옮긴 일도 있었다. 유학을 국교國教처럼 숭상하던 조선에서는 유학사상을 사회에 널리 보급하기에도 힘썼다. 고려 말기에 주자학과 같이 전래된 주자의 가례家禮 · 가묘家廟 등의 보급이 양반층은 물론 일반 백성들에게도 유교적인 윤리 관념을 일반화시키는데에 크게 작용하였다. 또 그 윤리 도덕을 구체적으로 백성들에게 가르치기 위해 효자 · 충신 · 열녀 등의 사적事蹟을 편찬했으며, 지방관들도 그 교화에 힘썼다. 이렇게 하여 유학이 조선사회에 끼친 공적도 있었으나, 한편으로는 가족 제도와 계급사상을 엄격히 하였으며 형식적인 예절과 사대주의 사상을 낳게 했고, 상공업 · 예술 등을 천시케 하는 등 폐단이 많았다.[213)]

4. 조선시대 사상적 조류 영향 이순신의 사상

조선왕조 5백년은 불교배척과 유교보호의 정책으로 일관하였다. 이것은 고려조朝의 숭불정책崇佛政策으로 말미암은 패망의 한 원인을 시정 개혁하여 인심을 일신함으로써 신왕조의 지도이념을 확립하기 위한 것이기 때문이다. 유학은 멀리 삼국시대부터 수입되어 관학官學으로서 정치 · 문학 · 예교禮教, 즉 규범학 등의 방면의 주축을 담당했다. 그러던 것이 고려말 백이정이 원으로부터 주자학朱子

學을 도입하여 보급함에 이르러 차차 연구되었다. 그러나, 성리학이 전래된 1,300년경에서 조선이 건국된 1,392년 사이에 수입된 성리학 서적은 사서집주, 근사록, 주자가례 등 몇 종에 지나지 않았고 그 이해의 수준도 낮았다. 조선시대에 접어들자 정도전鄭道傳 · 권근權近 등이 배불숭유排佛崇儒에 힘썼으나 유학은 처음에는 역시 정치 · 경제 · 법률 · 문장 등의 이념에 머물렀다. 그 후 수차에 걸친 사화士禍로 인해 이제 유학은 치인지학治人之學인 회향적 태도로부터 내향적 태도로 바뀌어 수기지학修己之學으로 되었다. 여기서 이기理氣심성心性의 학으로서의 주자학, 즉 성리학性理學이 깊이 연구되어 중국 송대宋代의 성리학을 오히려 능가하게 되었다.

5. 조선 초기: 조선왕조의 건국은 사회혁명을 가져왔고 이에 수반하여 문명개혁이 나타났다.

우선 불교를 대신하여 유교, 특히 성리학性理學이 지배적인 지위를 차지하게 되었다. 불교에 대한 비판운동은 고려 말기부터 일어났지만 개국 후에 이르러서야 불교교리의 핵심이 되는 인과설因果說, 윤회설輪廻說, 화복설禍福說 등을 조목조목 비판하여 고려불교가 허학虛學이고 성리학이 실학實學이라는 것을 논술한 정도전의 『불씨잡변』(1398년)이 저술되었다. 정도전의 불교 비판은 유가의 입장에서 전개된 것이어서, 이로써 불교의 철학체계가 무너진 것은 아니었다. 하지만, 불교의 사회 경제적 폐단이 너무 커서 불교도들은 이에 대항할 힘을 잃고, 정치 일선에 서 있던 승려들이 순수한 종교생활로 되돌아가는 계기가 되었다. 이제 정치는 유학자들이 떠맡게 된 문화혁명이 이루어진 것이다. 정도전의 뒤를 이어 권근權近이 성리학을 더욱 발전시켜 『입학도설入學圖說』, 『오경천견록五經淺見錄』, 『사서오경구결四書五經口訣』 등을 저술하면서 더욱 확고한 이론적 기반을 마련하였다. 세종 전후 시기에는 김말金末 · 김반金泮 · 김구金鉤 등 이른바 '경학삼김經學三金'이라 불리는 저명한 성리학자들이 나와 성균관 중심의 국가 성리학을 꽃피게 하였다. 세종이 즉위한 해에 경녕군 이비는 중국의 영락황제가 하사한 성리대전, 사서대전, 오경대전을 받아서 돌아왔고, 인쇄되어 전국에 배포되었고, 과거시험의 교재로 널리 사용되었다. 또한 각급 교육기관에서 성리학을 가르치고, 과거시험 과목에서도 큰 비중을 차지하여 성리학은 더욱 급속도로 퍼져 갔다. 조선 초기 성리학의 기본

경전은 사서四書와 오경五經이었으며, 이밖에 일상생활에서의 도덕적 윤리규범을 서술한『소학小學』이 널리 읽혔다. 성리학은 우주자연과 인간사회의 문제를 형이상과 형이하로 나누어 포괄적으로 설명하는 사상체계이다. 그것은 형이하 세계의 다양성과 개개사물의 주체성을 인정하면서 동시에 공동체적 협조관계를 강조한다. 성리학은 또한 극단적인 관념론이나 유물론을 배격하고 중도적이고 합리적인 객관적 관념론을 발전시켰다는 점에서 그 의미가 크다. 그런데 조선 초기 국가 학문으로 발전한 성리학은 위에 열거한 여러 측면이 골고루 피어났다기보다는 주로 정치 질서의 변혁과 관련되는 경세적經世的인 측면이 특징적으로 강조되었다. 백성을 존중하는 민본사상民本思想의 발전은 그 핵심이다. 조선왕조의 개창 과정에 도덕적으로 용납될 수 없는 무리한 일들이 많이 일어났어도 이것이 성리학의 가치관에서 정당화될 수 있었던 것은 백성을 위한 혁명이 가능하다는 이론 때문이었다. 한편 성리학이 지배적 위치를 차지하였다고 해서, 전부터 있던 한당유학의 가치관이 전부 사라진 것은 아니었다. 당 태종의 정치를 기술한『정관정요貞觀政要』가 여전히 왕에게 읽혀졌다는 것은 그러한 분위기와 관련이 있다. 조선 초기에 여러 기술학이 존중된 것도 공리功利와 실용을 중시하는 정치문화와 관련된 것이었다. 성리학 하나만으로는 이 시대의 역사적 과제를 다 해결할 수 없었다는 데 이유가 있었다.

그러나 성리학을 한층 순수한 형태로 받아들이려는 인사가 없지는 않았다. 정몽주의 학풍과 그의 기절氣節을 숭상하는 이른바 사림士林학자들이 그들이다. 그들은 공리나 실용보다는 의리義理를 숭상하고, 자율성이 존중되는 향촌 질서와 가족 질서의 수립에 관심을 크게 두었다. 이들은 고려 말부터『주자가례』를 도입하여 집에 가묘家廟를 세우고 조상의 위패를 모시고 제사를 지냈다. 이러한 학풍은 특히 정몽주나 길재吉再와 같은 절신節臣의 연고지인 영남지방에 현저했는데, 선산善山의 김숙자 · 김종직 부자가 많은 문인들을 길러내면서 15세기 말에는 뚜렷한 붕당을 형성하기에 이르렀다. 15세기의 관학파 성리학이 초창기의 국가건설에 긍정적 기능을 수행하였다면, 재야의 사림파 성리학은 개인의 도덕수양, 향촌사회 안정에 기여했다고 할 수 있다.

조선 중기 : 새 왕조의 제도개혁과 관련하여 치인治人에 초점을 맞추어 수용되었던 성리학은 15세기 말에서 16세기 초에 걸쳐 훈척과 왕의 비리를 경험하면서

도덕적 자기완성을 목표로 하는 수기修己의 방향으로 이해가 바뀌어 갔다. 삼강오륜의 수신교과서인 『소학小學』이 정여창鄭汝昌 · 김굉필金宏弼 등 초기 사림에게 크게 주목되고, 기묘사림이 이를 전국적으로 퍼뜨린 것은 바로 그러한 추세를 말해 준다. 『소학』과 더불어, 왕의 수신 교과서로 편찬된 것이 이황李滉의 『성학십도聖學十圖』(1568)와 이이李珥의 『성학집요聖學輯要』(1575)이며, 아동용으로 만들어진 것이 박세무朴世茂의 『동몽선습童蒙先習』과 이이李珥의 『격몽요결擊蒙要訣』이다. 특히 이이의 『성학집요』는 수신修身 · 제가齊家 · 위정爲政에 걸쳐 왕이 지켜야 할 왕도정치의 규범을 체계화한 것으로 성리학적 정치사상을 가장 높은 수준으로 끌어올린 명저이다. 주자대전은 성종 7년 정효상과 박양신이 중국에 다녀오면서 명대에 새로 간행한 주자의 문집 주자대전을 구해 가져 왔으나 홍문관에 소장되고 민간에는 전해지지 않았다. 성리학의 발달은 사림의 사회적 지위와 생활이 안정되어 가는 추세와 직접 관련이 있지만, 그와 동시에 1543년(중종 38년)에 『주자대전朱子大全』이 국내에서 간행되어 널리 보급된 것이 큰 자극제가 되었다. 성리학을 높은 수준으로 끌어올린 주희의 사상은 그 전에는 『성리대전性理大全』을 통해서 부분적으로 이해되었으나, 주희의 모든 저술이 소개된 것은 『주자대전』이 간행된 중종 말년 이후부터다.

중종 말년에 주세붕이 백운동 서원을 세운 것도 주희의 「백록동 학규」白鹿洞學規를 참고한 것이며, 기묘사림의 한 사람인 권벌(權橃)은 1543년에 이미 『주자대전』을 교정하여 『주자 대전고의』를 편찬했다. 그 다음 명종 때에는 『주자대전』의 주요 부분을 발췌 · 편집한 책들이 많이 출간되었는데, 이황이 1556년(명종 11)에 주희의 중요한 서찰을 뽑아 정리한 『주자서 절요朱子書節要』와, 다음해에 호남의 기대승奇大升이 편찬한 『주자문록朱子文錄』은 대표적인 것이다. 주자서 절요의 서문은 1558년 4월에 쓰였지만, 1561년 성주에서 20권 10책으로 처음 간행되었고, 1572년 정주, 1611년 전주를 비롯해 전국 각지에서 널리 간행되었는데, 이 책은 주자학의 보편적인 입문서가 되었다. 특히 『주자서 절요』는 일본에 전해져 일본 주자학 발달에 지대한 영향을 주었다.

주자서 절요 이후 주자대전을 읽고 이해하기 위한 서적이 많이 나왔는데, 이덕홍의 주자서 절요 강록, 조익의 주서요류, 정경세의 주문작해, 이재의 주서강록간보, 박세채의 주자대전 습유, 송시열의 주자대전 차의, 김창협의 주자 대천의 문목, 정조의 주서백선 등이 저작되었다.

주자학에 대한 이해가 깊어지면서 학자들이 큰 관심을 가진 문제는 인간 본성에 대한 이해였다. 도덕정치의 출발이 수기修己에 있는 만큼 수기의 전제조건으로 인간의 본성을 철학적으로 해명할 필요가 제기된 까닭이다. 중국 성리학들은 이理와 기氣를 가지고 우주자연과 인간본성을 설명했지만, 인간본성과 직접 관련된 사단四端이나 칠정七情과 같은 심학心學에 대해서는 깊이 있게 탐구하지 않았다. 그런데 이황 · 기대승 · 김인후 · 이항 · 노수신 · 이이 · 성혼 같은 학자들은 이 문제를 가지고 서로 논쟁하는 가운데 인간본성에 대한 인식을 깊이 가질 수 있었다. 이는 동양철학사에서 특기할 만한 일이다.

16세기 중엽부터 활발한 철학논쟁이 일어나는 과정에서 성격이 다른 두 개의 학파가 형성되었다. 이황의 학설을 따르는 영남학파와 이이의 학설을 추종하는 기호학파가 그것이다.

이황은 선배학자인 이언적李彦迪의 철학사상을 발전시켜 주리철학主理哲學을 성립시켰다. '이理'는 우주만물의 보편적 원리인 형이상形而上을 말하는 것으로, 모든 사물현상인 형이하形而下의 '기氣'는 '이'의 발현이며, '이'를 떠나서는 아무것도 없다고 하였다. '이'를 절대시하는 주리론은 현실보다 원칙을 중요시하는 것으로, 이런 입장에서 인간세계를 볼 때에는 인간의 내면적 수양, 즉 철저한 도덕적 자기완성을 추구하고, 도덕규범인 삼강오륜이나 그에 바탕을 둔 계급질서가 절대적인 명분으로 긍정된다. 이황의 학설은 유성룡柳成龍 · 김성일金誠一 · 정구鄭逑 · 오운吳澐 · 홍여하洪汝河 · 장현광張顯光 등 영남학인들과 일부 근경사림 사이에 추종을 얻었는데, 그의 학설은 주의 견해를 심학의 차원으로 발전시킨 것으로, 이황을 '동방의 주자'라고도 불렀다.

율곡栗谷 이이는 '이理'의 절대성을 부정하고 물질적이고 경험적인 '기氣'의 작용에 따라 착해지기도 하고 악해지기도 한다고 주장하였다. 다시 말해 형이하形而下의 현실이 형이상形而上의 관념세계에 영향을 줄 수 있고, 형이하의 세계를 개혁해야 형이상이 바로 설 수 있다는 제도 개혁사상으로 연결되었다. 이이가 『동호문답』을 비롯한 여러 저술과 상소문에 변법경장變法更張을 통한 개선책을 주장하고 나선 것은 그의 철학사상과도 관련이 있다. 또한 이이는 주자에 대한 맹신을 거부하고, 한국 왕도정치의 시발을 기자箕子로부터 설정하여 주체적인 입장에서 성리학을 토착화시키는데 크게 공헌하였다. 이이李珥의 철학사상은 기호학자들에게 큰 영향을 주었는데, 성혼成渾·정엽鄭曄 등이 유명하다. 이황의 학설을 추종한 학자들이 초기의 남인南人을 형성했으나, 서경덕·조식曺植의 문인들로 구성된 북인이 인조반정으로 몰락하면서 남인南人에 합류하여, 17세기 이후의 남인학풍은 지방에 따라 다양하게 전개되었다. 한편, 이이의 학풍을 따르는 학인들이 16세기 말에 서인을 구성했으나, 17세기 말에 서인이 노론老論·소론小論으로 갈라지면서 학풍도 달라지고, 또 18세기에는 노론 안에서도 충청도의 '호파'와 서울의 '낙파'가 갈려 이른바 '호락시비湖洛是非'로 불리는 철학논쟁이 일어났다.

16세기 철학사상에서 독창적인 자리를 차지하는 사상가로 개성의 서경덕과 경상남도 조식:

바닷가의 자연과 상업문화의 영향을 받은 두 사람의 사상은, 내륙의 농업문화와 연결된 주자학자들과는 다른 학풍을 보였다. 15세기 말의 김시습을 거쳐 내려온 한국 도가道家의 학풍을 계승·발전시킨 서경덕은 일평생 처사로 지내면서 독창적인 유기철학唯氣哲學을 수립했다. 가난한 농가에서 태어난 중종 때의 학자인 그에 따르면, 우주자연은 미세한 입자인 '기氣'로 구성되어 있으며, 기는 영원 불멸하면서 사물 현상을 낳는다고 보았다. 말하자면 그는 윤리적으로 자연을 보는 것이 아니라 자연과학적으로 이해하고자 하였다. 그의 유기론은 임진강 부근의 학인들에게 큰 영향을 미쳤다. 그의 문하에서 박지화·이지함·허엽許曄(난설헌과 허균의 아버지) 등이 배출되고, 이이의 주기철학도 그의 영향을 받았다. 그리고 그를 추종하는 학인들이 도맥道脈을 형성하여 성리학을 비판하고 나섰다.

지리산 부근의 덕천과 김해 바닷가에서 처사로 지낸 조식은 경敬과 의義를 근본으로 하는 실천적 학풍을 창도하고 도교에도 기울어져 서경덕과 상통하는 학풍을 이루었다. 이 두 사람의 문인이 이황 문인과 합세하여 동인을 형성했으나, 이황의 학풍보다 더 급진적인 성향을 가져 뒤에는 북인北人으로 갈라지게 된다. 전라도 지방에서는 나주의 기대승奇大升, 장성의 김인후金麟厚, 태인(정읍)의 이항李恒이 성리학자로 이름이 높았고, 특히 기대승은 이황과 8차례의 편지 왕래를 통해 4단과 7정에 관한 논변을 벌여 후세 학자들에게 큰 영향을 주었다.

뜻 있는 가문의 기개에 부모도 그 자식도 영향 받으며, 또 힘든 가족사회화 과정에서 연마된다.

특히 태호복희 요순 우임금의 이름 자를 지어준 부모님들의 집안에서, 인내와 포용성과 자질과 예의 인도라 하는 인의예지-필수과목을 가족 속에서 자연스레 연마하게 되는 것이다. 집안의 집단 재능과 분위기와 지향과 집중적 교육이 중요하다.

집안, 어린시절 친구의 지인지감과 후원과 사상적 영향-유성룡, 율곡

조선 시대의 학자.정치가 동시대인 같은 덕수 이씨 이율곡(1536~1584), 유성룡도 이순신 주변의 친구이며 후원자로 요즘 말로 멘토에 가깝다. 특히 유성룡은 이순신과 나라 위기 시마다 나서서 직언으로 이순신과 나라를 구한다.

한 마을에서 자란 유성룡의 지기지감으로 많은 정치적 응원과 음모위기에 큰 도움을 받는다

이순신의 생가는 서울 건천동이고 시골 본가는 충청남도 아산시 염치면 백암리이나, 어린 시절의 대부분은 생가인 서울 건천동에서 자란 듯하다. 같은 마을에 살았던 유성룡柳成龍은『징비록懲毖錄』에서 이순신이 어린 시절부터 큰 인물로 성장할 수 있는 자질을 갖추고 있었음을 다음과 같이 묘사하고 있어, 두 사람이 어린 시절에 절친한 친분관계를 맺은 것을 알 수 있게 해 준다. "이순신은 어린 시절 얼굴 모양이 뛰어나고 기풍이 있었으며 남에게 구속을 받으려 하지 않았다. 다른 아이들과 모여 놀 때면 나무를 깎아 화살을 만들고, 그것을 가지고 동리에서 전쟁놀이를 하였다. 혹 자기 뜻에 맞지 않는 자가 있으면 그 눈을 쏘려고 하여 어른들도 꺼려 감히 이순신의 문앞을 지나려 하지 않았다. 또 자라면서 말타고 활을 잘 쏘았으며 무과에 급제하여 발신發身하려 하였다. 그러면서도 더욱이 글씨를 잘 썼다."

%이순신과 유성룡의 출생지는 서로 다르다. 이순신은 1545년 서울에서, 유성룡은 1542년 외가인 경북 의성에서 태어났으니 (3살 차이로 나이 차이가 엄격한 시대였으니, 이순신이 손아래 동네 동생이다.) 다만, 이긍익(1736~1806년)의 ≪연려실기술≫를 비롯한 일부 문헌만이 그들의 어릴 적 성향이나 인품을 말해 주고 있을 뿐이다. 유성룡은 ≪징비록≫에서 '순신은 어려서부터 담력이 컸고 말타기와 활

쏘기에 유난히 능했다.'고 썼다. 유성룡이 단정斷定투로 말한 것은 그가 이순신을 매우 잘 알고 있음을 시사한다. 유성룡은 이순신의 둘째 형 이요신과 친구지간이었다. 따라서 유성룡과 이순신은 서울의 같은 동네에서 형님과 동생 사이로 친하게 지냈던 것으로 보인다. 두 사람의 어릴 적 집안 형편은 아무래도 유성룡이 이순신보다 나았던 것 같다. 그 이유는 유성룡의 아버지 유중영은 황해도 관찰사(현 도지사)를 역임하고 있었는데 반해, 이순신의 부친 이정은 아무런 관직을 맡고 있지 않았기 때문이다. 한편, 이순신은 부친 이정이 식구들을 데리고 자신의 처갓집 동네인 충남 아산으로 이사를 오면서 유성룡과 헤어지게 되었다. 유성룡은 문과 급제를 목표로 과거준비를 시작했고, 이순신 역시 아산 생활에 적응하면서 결혼도 하고 장인인 방진의 권유로 무과시험을 준비하게 되었다. 따라서 두 사람은 예전처럼 자주 만나지 못했을 것이다. 이 기간 동안 두 사람이 어떻게 우정을 나누었는지는 자세히 알 수 없다. 다만, 안부편지를 주고 받거나 이순신이 상경할 일이 있는 경우 유성룡을 찾아가서 만났을 것 같다.[214]

초기 출세의 불운이 큰 성장의 기회

28세가 되던 해에 비로소 무인 선발시험의 일종인 훈련원 별과訓鍊院別科에 응시하였으나 불운하게도 시험장에서 달리던 말이 거꾸러지는 바람에 말에서 떨어져서 왼발을 다치고 실격하였다. 그 뒤에도 계속 무예를 닦아, 32세인 4년 뒤인 1576년(선조 9) 식년무과에 병과로 급제하여 권지 훈련원 봉사權知訓鍊院奉事로 처음 관직에 나갔다. 이어 함경도의 동구비 보권관董仇非堡權管에 보직되고, 이듬해에 발포 수군 만호鉢浦水軍萬戶를 거쳐, 1583년 건원 보권관乾原堡權管 · 훈련원참군訓鍊院參軍을 역임하고, 1586년에는 사복시 주부司僕寺主簿가 되었다. 그러나 무관으로 발을 들여 놓은 진로는 순탄하지만은 않았다.

이순신 백의종군 시의 공복으로 취해야 할 태도를 밝히다.

용감하게 당당히 판단하고 자기 정당성은 주장하였다. 다행히 이순신에 관한 음모와 음해에 대해 이순신 대신 최고 권력자에게 청원할 힘있는 후원자 유성룡, 이원익 등의 심지있는 고관이 있었다.

벼슬보다 소명을 중시하여 첫 번째 백의종군도 성실히 하였다.

두 번째 백의종군도 성실히 하였다.

첫 번째 병신년 (서기1586년) 백의종군白衣從軍

사복시 주부에 이어 조산 보만호 겸 녹도 둔전사의造山堡萬戶兼鹿島屯田事宜가 되었는데, 이때 국방의 강화를 위하여 군사를 더 보내줄 것을 중앙에 요청하였으나 들어주지 않던 차에, 호인胡人의 침입을 받고 적은 군사로 막아낼 수 없어, 부득이 피하게 되었다.

그런데 조정에서는 그것이 오로지 이순신의 죄라 하여 문책하였다. 그러나 처형당할 것을 두려워 하지 않고 주장主將의 판결에 불복하면서 첨병添兵을 들어주지 않고, 정죄定罪한다는 것은 옳지 않다 하여 끝내 자기의 정당성을 주장하였다. 이 사실이 조정에 알려져서 중형을 면하기는 하였으나, 첫 번째로 백의종군白衣從軍이라는 억울한 길을 걷게 되었다.

두 번째 백의종군: 11년만인 정유년(서기1597년)에 또 백의종군

4월[215] 초 1일 맑음. 궁 밖으로 나왔다. (높은 지위를 다 버리고 백의종군하라는 명을 받고) (%1597년 2월 이순신은 조정의 명을 거역했다는 누명을 쓰고 서울로 압송되었다)

3월의 일기는 기록에 없음(3월 3일에 이순신은 가토 기요마사를 치라는 조정의 명령을 거역했다는 죄로 수군 통제사직에서 파직되고 하옥되었다)

4월 1일에 백의종군의 명을 받고 풀려났다.

☀ 진실하게 일하는 인재를 알아보는 상관들로부터 발탁, 추천으로 승진과 사명 완수

전라도 관찰사 이광李洸에게 발탁되어 전라도의 조방장助防將 · 선전관 등이 되고, 1589년 정읍 현감으로 있을 때 유성룡에게 추천되어 고사리 첨사高沙里僉使로 승진하고, 이어 절충 장군折衝將軍으로 만포 첨사滿浦僉使 · 진도 군수 등을 지내고, 47세가 되던 해에 전라 좌도 수군절도사가 되었다.

유성룡: 이순신의 훌륭한 멘토(추천+ 기서奇書까지 조달)

3월 초 닷새: 저물날에 서울에 갔던 진무가 돌아왔는데, 좌의정(유성룡)이 보내는 편지와『증손전수 방략增損戰守方略』이란 책을 가지고 왔다. 책을 보니 해전,

육전, 화공전 등, 여러 가지에 대한 것을 일일이 설명했는데 실로 만고의 기서奇書이다.

2. 난중일기를 통해서 본 이순신의 의례 양상들

특히 이이의 『성학집요』는 수신修身 · 제가齊家 · 위정爲政에 걸쳐 왕이 지켜야 할 왕도정치의 규범을 체계화했다.

이순신은 왕이 피난을 간 풍전등화같은 나라에, 왜국의 막대한 무기 앞에 단 12척의 배로 나라가 말리는데도, 강적과 대치하여 물리쳐서, 자신과 신하와 백성들에게나 자신에게나 흔들림 없는 자세를 요구하여, 명석한 지혜와 도리와 이치를 실천한 것이다. 이들을 가능하게 한 것이 당대 친구인 유성룡, 선배이며 한 집안인 이이의 『성학집요』가 제시하는, 수신 · 제가 · 위정에 걸쳐 왕이 지켜야 할 왕도정치의 규범을, 신하로서 수용할 부분을 적극적으로 수용한 것이라 보여진다.

이순신의 한국 얼과 철저한 제사 의례: 끝까지 조국의 조상에 대한 의와 진실信에 기반한 禮를 통한 직관력의 발달과 내공은 앞으로 통일도 번영도 가져올 것이다.

"환웅배달 신시의 음악을 공수貢壽(목숨바침)라 하거나 혹은 공수供授라 하기도 하고 또 두열頭列이라고도 한다. 삼무리는 둘러서서 줄지어 합창함으로써 삼신으로 하여금 크게 기쁘시게 하고, 나라가 번영하고 민심이 윤택해질 것을 빌었다. 〈백호통소의〉에서는 '조리'라 했고 〈통전악지〉에서는 '주리'라 했고 『삼국사기』는 '도솔'이라 했다. 대저 즐겁고 건강하기를 신에게 기원하고 순리에 따라 족함을 안다는 뜻이 있다. 2대 단군 부루 때 '어아의 악'(어아가)이 있었으니, 대저 신시의 옛 풍습으로 삼신을 맞는 노래였을 것이다." "태양으로서 의상을 삼고, 광열로서 功能으로 삼고, 생화발전生化發展으로서 마음으로 삼고, 화복보응禍福報應으로서 정의를 삼는다. 이때부터 풍속은 참전으로 계를 가졌고, 예복에도 법칙이 있었으니 의관한 자는 반드시 활과 화살을 차고, 잘 쏘는 자는 반드시 높은 자리를 얻었다. (추모 주몽) 마음을 착하게 가짐을 수업의 근본으로 삼고, 과녁을 가상의 악귀의 우두머리로 삼았다. 제사는 반드시 조심하여 근본에 보답함을 알게 하고, 한 마음으로 뭉쳐서 스스로 여러 목숨을 가진 것들을 가까이하여 교화하였다.(교화경) 안으로는 닦고 겉으론 겸손하여 모든 것이 때에 알맞아 배달국의 영광은 백백 천

천년이 되게 쌓여서 높아질 것이니 이 커다란 은덕을 어찌 한 순간인들 잊을 수 있을손가! 옛날에는 제천에 무천의 악이 있었다. 『요사』〈예지〉에 말하는 바의 '요천과 같은 것'은 이것을 말한다. 이 제사는 반드시 먼저 生을 상징시켜 평상시 살아있을 때처럼 정성을 드리려고 한다. (제물도 평소 잘 드시던 것을 준비한다.) (살이 계신 몸 대신) 신주를 세우고 평소 잘 드시는 것으로 상을 차리고 공물을 올리는 것은 곧 친견을 표하려 하는 의식이다. 멀리 지나간 일을 되새겨서 근본에 보답함은 곧 금생을 거듭하여 뒤에까지 계속하여 보전코자 하는 가르침이다.[216)]

이순신의 제례는 이순신의 공부가 문무를 겸비하였기에, 한국역사 속의 위대한 장군들의 자기수련인 참선과 수련 풍류 의례의 학습으로, 개인적 바탕의 얼을 만들고 잇기이다. 고구려의 조의선인, 신라의 화랑들의 교육방법이나 연마도 당대 사상가들만큼 이순신 자신의 수련에 모본이 될 수 있었을 것이다. 혈통으로 이어진 조상제례는 정서적 일치감을 고조시킴으로써 강한 신뢰감을 형성하는가 하면 신성성을 부여받음에 따라 객관적 믿음에 바탕한 정통성 또한 담보를 받을 수 있다. 어떤 의미에서 "종교의 기초는 의례" 라고 볼 수 있으며, "의례는 다른 매개체가 적절하게 표현할 수 없는 경험들을 상징적으로 변형시킨 것"이다.

조선조에 영향을 크게 미친 조선초기 양촌陽村 권근權近은 고려말 1352년(공민왕 1)~조선 초 1409년(태종 9)을 생존한 조선 전기의 문신이자 학자이다. 이색李穡의 문하에서 당대의 석학들과 교유했고, 조선 개국 후 사병私兵 폐지를 주장하여 왕권 확립에 큰 공을 세웠다. 성리학자이면서 문장에도 뛰어나 하륜 등과 함께 역사서인 "동국사략東國史略"을 편찬했다. 그의 작품 고전 수필, 한문 수필, 설說. '주옹설'은 손과 주옹의 대화라는 구성 방식과 글쓴이의 허구적 대리인인 주옹의 말을 통해 세상을 올바르게 살아가는 태도를 제시한 교훈적인 수필이다. 손이 주옹에게 위험한 배 위에서 사는 이유를 묻자 주옹은 위태로운 상황은 자신을 늘 조심하며 살아가게 하고, 자신이 배의 중심을 잘 잡으면 충분히 평온을 지킬 수 있다고 대답한다. 즉, 스스로 중심을 지키고 살아가면 평탄한 땅에서 편하게 사는 것보다 배 위에서 사는 것이 더 안전할 수 있다는 것이다. 이러한 주옹의 관점은 일반적인 상식과 통념을 뒤집는 역설적 발상의 단면을 보여 준다. 이처럼 글쓴이는 주옹의 말을 빌려, 언제나 자신의 삶이 변화에 적응할 수 있도록 평정을 잃지 않고 스스로 중심을 잡아야 함을 강조하고 있다. 이는 배를 타고 물 위에 떠 있는 것을 인생에 비유한 것으로, 배를 탈 때처럼 언제나 조심하고 경계하는 자세를 지녀야 함을 교훈으로 주는 것이다.[217)]

권근의 자연관은 정도전과 별 다를 바가 없는데, 그 이유는 정도전의 자연관을 권근이 이기이원론적理氣二元論的 틀로 세련화시켰기 때문이다. 권근에 따르면 풍우와 한서는 하늘의 기가 되고 해와 달은 하늘의 눈이 되며, 사람은 천지의 마음이 된다. 그러므로 사람이 하는 일이 한 가지라도 바른 것을 잃으면 하늘의 풍우와 한서가 반드시 어그러지고 해와 달이 반드시 가려지는데에 이르게 된다는 것이다. 이와 같이 권근은 인간과 자연의 감응 관계를 인정하고 있을 뿐만 아니라 주희의 이론을 수용하여 그 관계를 마음과 기를 매개로 설명하고 있다. 천지와 만물이 본래 한 몸과 같으므로 사람의 마음이 바르면 천지의 마음 또한 바르고 사람의 기가 순조로우면 천지의 기 또한 순조롭다는 것이 그것이다. 결론적으로 천지의 재앙과 상서는 진실로 인간 행위의 자잘못에서 말미암는다는 것이다.

현대에도 이러한 자연관으로 사는 사람들이 있으니, 예를 들자면 자연의 기와 힘 속에서 새로운 삶에의 에너지를 얻고 '자연에 산다'는 사람들이나, 제주도의 '원담지기' 등이 대표적이다.

원담지기 : 바닷물이 들어왔다 나가면 일부 넘어지기도 하는 바닷가 원담의 돌을 다시 제자리에 일으켜 세우는 일을 "내가 살아있는 동안은 하겠다."

보리농사지기(가파도) : "한 해가 잘못되면 다음해는 잘 될 것이고 그 해도 안되면 언젠가는 잘 될거라고 믿고 산다. 우리가 보리를 키웠는지 보리가 우리를 키워 자식들 다 공부시키게 했는지 모르겠다."

소돌보미 : "파도소리 새소리에 소牛 소리만 들리는 곳이라 좋다"

해녀(81세) : "바다에 가면 가슴이 툭 트인다. 바다가 오히려 편하다. 숨을 잘못 쉬면 가는 곳이지만"[218)]

의례는 "반복되는 어떤 특정한 전형적 말과 몸짓으로 이루어진 복합적 언어 complex language of par-adigmatic word & gesture"라고 할 수 있다. 바로 그와 같은 정의에 따른다면 의례는 다음과 같은 의미와 기능을 가진다. 무엇보다 의례는 인간이 자신의 인간됨humanity을 완성하는 길이다. 범례적 행위paradig-matic gesture로서 의례를 규정한다면, 그것은 의례가 우리의 삶 속에 분명한 역할을 하고 있다는 것을 의미한다. 즉 우리의 삶 속에 궁극적인 성스러움과 힘, 중요성을 부여한다는 것을 반증한다. 범례적이라는 것Being paradigmatic은 그것이 옳고, 바르며, 반복할 만한 가치가 있음을 의미하기 때문이다. 따라서 의례는 참이며, 힘 있는 것이며, 효과적인 것이며, 실재적인 것이다. 그렇지 않다면 수많은 종교가 그처럼 매일의 일상 속에서 끊임없이 의례를 지속하지는 않을 것이다.

그리고 의례는 그런 의례적 행위의 반복을 통해서 진정한 인간이 되고자 하는 우리의 의지를 표현하고 있다. 엘리아데의 표현을 빌리면, 의례는 우리 인간의 "(순수한) 존재를 위한 갈망"일 뿐만 아니라 "정기적으로 성스럽고 파괴 불가능한 시간에 침잠해야 하는 필요성"을 드러내 보인다. 의례를 통해 인간은 '참으로 인간이 되는 길 a way to be fully human'을 만나게 되는 것이다. 따라서 모든 진실한 종교의례는 하나의 '구원의 사건salvation event'이라고도 할 수 있다. 왜냐하면 의례는 사물들을 새롭게 하고, 치유하고, 온전하게 하기 때문이다.

이렇게 온전하고도 참된 인간이 되는 길의 구체적 안내자로서 의례는 중요한 역할을 한다.

스스로의 생활 자체가 종교적 삶이 안되는 일상인들에게, 불교의 일상 예불과 선정 수행, 유대교의 일주일 주기로 지켜지는 안식일 예배 샤바트Shabbat, 이슬람의 매일 다섯 번의 기도 등은 다 이러한 종교의례의 좋은 예가 될 것이다. 사회적 측면에서는 의례의 사회통합적 기능을 찾아볼 수 있다. 의례는 심리적으로, 그리고 사회적으로 어떤 집단 또는 무리의 결속과 통합을 성취하는데 기여한다. 종교 또는 세계관은 상호관계를 맺는 많은 사람을 통해서 유지된다. 뒤르켕은 종교를 하나의 '사회적 사실social fact'로 파악했으며, 어떤 사람의 개인적 심리 속에 지속적으로 남아 있는 것은 종교가 아니라고 주장했다. 그는 종교가 공동체의 사회적 구조와 연대를 성화聖化하는 일련의 관념과 실천들이며, 의례는 집단이 주기적으로 모이는 기회를 제공하고, 실제로 공동체를 표현하는 성스러운 이미지들을 투사함으로써 열정적인 긴장, 곧 '흥분effervescence' 감정을 유발한다고 보았다. 개인들은 그 속에서 자기 자신들보다 더 큰 '어떤 것'을 경험하며, 이러한 감정적 반응은 사람들로 하여금 그들 자신의 가장 깊은 곳에 있는 자아를 더 큰 실재, 곧 '공동체'에 대한 지각과 일치하게 된다고 본다. 뒤르켕은 이렇게 의례가 "개인들로 하여금 그들이 속한 사회에 결속시키는 유대감을 강화하는" 역할을 담당한다고 보았다. 이러한 사실은 많은 종교들의 의례 속에서 표출되는 일치감의 정서를 보면 쉽게 이해할 수 있다. 예를 들어 안식일 전통은 디아스포라의 유대인들이 오랫동안 세계 각지에 흩어져 있어도 그들을 하나의 유대공동체로 묶어줄 수 있었던 의례의 강력한 힘을 보여준다.

특정 종교의 의례는 개인적으로도 진행될 수 있지만 그 의례를 둘러싼 종교적 진리?라고 매긴 것은 타인과의 교감과 동의를 통해 그 조직적인 집단의 정치적 사회적 경제적 입지를 공고히 하는 사회적 정당화를 획득하여, 이익단체와 유사한 역할을 하도록 한다. 오늘날 큰 교회들이나 타락한 종교들이 이 기능을 잘 활용한다. 약소국 침략적인 기존 서양 종교의 가치를 인정하는 세계관의 지속에도 사람들의 집단적 참여와 집단적 긍정이 국가 연합적으로 필요하다.

기독교파의 하나인 이슬람의 '다섯 기둥' 역시 모슬렘 집단의 동질의식과 통합성 강화에 큰 역할을 하고 있다고 볼 수 있다. 하루 다섯 번의 예배인 '살라트' Salat의 의무적 종교의례는, 그 빈번한 빈도수에서 보이듯, 모슬렘으로서의 정체성을 심어주는 매우 강력한 종교의례 체계라 할 수 있다. 특히 일 년에 한 번, 며칠에 걸쳐 진행되는 메카순례의 정교화된 체계는 전 세계의 모슬렘들을 하나로 묶어주는 역할을 하는데 크게 기여한다. 다음의 언급이 이러한 사실을 잘 요약해 준다. 세계 전역에서 온 사람들을 메카에서 만난다는 것, 그리고 이슬람 최대의 성역에서 그들과 함께 의례를 행한다는 것은 두 말 할 것도 없이 모슬렘들 사이의 일체감을 강화시켜 준다" 사회적 측면에서는 의례의 사회통합적 기능을 찾아볼 수 있다. 의례는 심리적으로, 그리고 사회적으로 어떤 집단 또는 무리의 결속과 통합을 성취하는 데 기여한다. 종교 또는 세계관은 상호관계를 맺는 많은 사람을 통해서 유지된다. 의례는 개인적으로도 진행될 수 있지만 그 의례를 둘러싼 종교적 진리는 타인과의 교감과 동의를 통해 정당화된다. 세계관의 지속에는 사람들의 집단적 참여와 집단적 긍정이 필요하다. 의례는 '몸을 통한 상징적 행위이자 의미전달의 수단'인 것이다. 의례는 인간이 자기가 믿고 행하는 것을 어떻게 몸으로 상징화시키는가의 문제와 연결되어 있다. '생각하는 존재'이기도 하지만, 몸을 가진 존재로서 인간은 몸을 통해 자기가 지향하는 어떤 세계를 구현해 내는 존재이기도 하다.

이순신이 열심히 지켜낸 의례와, 동양적 삶-주역, 일진, 꿈의 계시를 주는 영성 등을 우리는 왜 쉽게 버릴까? 이순신과 현대의 지도자 자질의 공통의 요소들은 무엇인가? 과제로 남았다.

3. 이순신의 종교 : 현묘지도 풍류도인 신교적 삶

이순신에게는 일상이 바로 종교이다. 달리 어떤 형식적인 종교를 필요로 하지 않는다. 타고난 자연적 직관력과 가정 및 집안 교육을 통해 조상께 제사를 지내고 이웃과 나라 조상에 상조하고, 군신으로서 갖추어야 하는 유교적 덕목과, 군대의 정신을 상기시키는 둑기 의례와 제일 중요한 것은 일상에서 접하는 사람들은 신처럼 존중하며 즐거이 풍류로써 대하고 살펴주기이다.

16세기 후반의 사상적 조류: 서경덕을 비롯한 개성 문화가 서울로 남하하며 서울 부근에서 유교 · 불교 · 도교의 삼교일치三敎一致 즉 신교적 이상 추구를 하였다.

조선 초는 정몽주의 학풍과 그의 기절氣節을 숭상하는 이른바 사림士林학자들은, 공리나 실용보다는 의리義理를 숭상하고, 자율성이 존중되는 향촌 질서와 가족 질서의 수립에 관심을 크게 두었다. 이들은 고려 말부터 『주자가례』를 도입하여 집에 가묘家廟를 세우고 조상의 위패를 모시고 제사를 지냈다. 이러한 학풍은 특히 정몽주나 길재吉再와 같은 절신節臣의 연고지인 영남지방에 현저했는데, 경북 선산善山의 김숙자 · 김종직 부자가 많은 문인들을 길러내면서 15세기 말에는 뚜렷한 붕당을 형성할 정도로 강한 영향력을 가졌다. 15세기의 관학파 성리학이 초창기의 국가건설에 긍정적 기능을 수행하였다면, 재야의 사림파 성리학은 개인의 도덕수양, 향촌사회 안정에 기여했다고 할 수 있다.

이어, 16세기 후반에는 서경덕을 비롯한 개성 문화가 서울로 남하하며 서울 부근에서 유교 · 불교 · 도교의 삼교일치三敎一致를 추구하였다. 하여 실용적인 잡술雜術에 관심을 갖고 현실을 급진적으로 개조하려는 이단적인 사상가도 적지 않게 나타났다. 이지함 · 임제林悌 · 정렴鄭礦 · 정작鄭碏 · 정여립 등은 그 중에서 가장 유명한 이들이다. 특히 이순신이 활약한 선조 때의 토정土亭 이지함은 서경덕의 문인으로 유학과 더불어 수학 · 의약 · 점복 · 천문 · 지리 등 잡학에도 조예가 깊어 율곡 이이가 '기화이초奇花異草'라고 불렀다. 그는 탁행으로 천거되어 포천과 아산 현감도 지냈으나 서울 마포에 움막土亭을 짓고 살면서 직접 장사에도 종사하여 재리財利의 중요성을 일깨워 주었다.

조선 중기 : 새 왕조의 제도개혁과 관련하여 치인治人에 초점을 맞추어 수용되었던 성리학은 15세기 말에서 16세기 초에 걸쳐 훈척과 왕의 비리를 경험하면서 도덕적 자기완성을 목표로 하는 수기修己의 방향으로 이해가 바뀌어 갔다. 삼강오륜의 수신 교과서인『소학小學』이 정여창鄭汝昌 · 김굉필金宏弼 등 초기 사림에게 크게 주목되고, 기묘사림이 이를 전국적으로 퍼뜨린 것은 바로 그러한 추세를 말해 준다.『소학』과 더불어, 왕의 수신 교과서로 편찬된 것이 이황(李滉)의『성학십도聖學十圖』(1568)와 이이(李珥)의『성학집요聖學輯要』(1575)이며, 아동용으로 만들어진 것이 박세무朴世茂의『동몽선습童蒙先習』과 이이의『격몽요결擊蒙要訣』이다. 특히 이이의『성학집요』는 수신修身 · 제가齊家 · 위정爲政에 걸쳐 왕이 지켜야 할 왕도정치의 규범을 체계화한 것으로 성리학적 정치사상을 가장 높은 수준으로 끌어올린 명저로서 사회적 영향을 지대하게 끼쳤다. 특히 고려말 정여창의 역사에 관한 관심은 앞으로 더욱 천착되어야 한다.

이순신장군 3교 일치적 시각의 삶은 자기수양, 수신제가적 자연과 조상에 대한 감사와 일치 조화에서 온 지혜를 바탕으로, 소신과 배포가 성공의 기반을 이루다 자기에 상대에 信, 자연이치 공경 예-충효의인지 소신과 배포가 한국 국민성과 저력-한국인 삶의 중심에는 자연이치 천심 DNA가 있다. “하늘이 무섭다. 민심이 천심이다” 민중을 위한 혁명, 天중심 천손사상 인의예지신 자기수련이 예 의례 제사로 두터워지지만, 인위적 종교세뇌로부터 해방되어야!

이순신은 원균같이 기질이 군 벼슬아치軍司로서 바르고 선한 행동을 하지 못하는 자에게는 수양공부와 바루기矯導가 필요해 자극을 주는데도, 그 자가 겸손치 못해 잘못된대로 계속 행동하여 이순신에게 나라에서 중한 형벌까지 가하는 역모로까지 몰아 가니 많은 말을 하지 않고 형벌을 받고 참아내었으니, 그 심신에 가한 고통과 답답한 심정을 이루 헤아릴 수 없겠다.

■ 이순신의 동양 조선철학 수용

이순신은 음양오행 천간지지 즉 일진을 나날이 꼭 적을만큼 중요시했다. 이순신도 열심히 지켜낸 의례, 자연 속에 하나가 된 삶을 산 민족, 그 삶에서 하루 날씨의 변화는 삶에 중요요소가 된다. 현대인들이 아침마다 일기예보를 참고하듯이,

일진은 옛 일기예보라고 보면 된다. 현대는 날씨만 보지만 옛 일진[220] 보는 분들은 그 의미까지 해석하려 했다. 천지인 자연이 주는 메시지, 이치 기운의 의미를 참고 삼기는 사실 이야기감이다. 우리는 왜 버리려 할까? [221]

살다보면 인간으로서 자칫 헤쳐갈 길이 보이지 않는 신의 영역에 속하는 일들을 당하거나 벌어진다.

이럴 때 우리를 지탱하게 하여 의지할 것은 평소의 의례 내공이다. 이순신도 2번의 파직과 백의종군과 12척의 배밖에 남지 않은 상태에서 – 그것도 선조왕의 마음의 밝기와 크기 때문에 벌어진 이순신에 대한 음모나 부정적 해석에 대한 적합한 대처를 못하고 실수한 것이니 풍전등화인 나라 위기시에 더욱 기가 찰 일이다. 이럴 때 이순신을 받쳐주는 것이 평정심을 되찾고 직관력을 되찾을 수 있는 의례를 행해 오던 기본 마음바닥이다.

인류문명이 지극히 발달된 오늘에도 일진을 보아서 특별한 날은 좋은 날을 가려야 한다는 생각은 지배적이다. 혼인, 이사, 이장 등등. 사고가 많이 감소될 수 있는 현대적 요인들이 많이 만들어진 요즘이고 서양종교는 간단한 기도로 끝낼 일로 보아, 개의하지 아니하는 사람도 있기는 하지만, 아직도 이사를 하는 데 손(白虎煞)이 없는 날인 9일 아흐렛날과 10일 열흘날에 이사하는 것이 통례로 삼고 있어 오늘날도 이삿짐센터가 그날 때는 무척 바쁘다. 이것도 음력이 양력으로 변해가고 있는 실정이다.[222]

마음이나 몸의 상태가 안 좋을 때는 잘 살펴서 충격이 올 수 있는 상태의 일에는 좀 피해가는 지혜를 오래된 경험과 기운을 알고 풀어 주는 것이다. 어디 하나 실로 조심하지 않아도 될 것과 우연이라는 게 있던가!

■ 이순신은 꿈을 꾸면 스스로 점을 쳐 본다: 율곡을 비롯한 성통한 자들은 신통神通한 꿈 조짐이 현실적이기도 하고 그 해석도 가능하다

7월 초열흘(을해) 맑음. 새벽에 꿈을 꾸니, 한 사람은 화살을 멀리 쏘고, 한 사람은 갓을 차서 부수는 것이었다. 내 스스로 점을 쳐 보니, 화살을 멀리 쏘는 것은 적의 무리가 멀리 도망간다는 것이요, 갓을 차서 부수는 것은 갓은 머리 위에 있는 것인데 이것을 발로 찼으니, 이는 적의 괴수 왜병들이 모두 섬멸당할 조짐이다. 늦게 체찰사의 전량이 왔는데, '황첨지黃僉知(신愼)가 이제 명나라 사신을 따라가는 정사正使가 되고, 권황權滉이 부사가 되어 근일 중으로 바다를 건너게 될 터이니, 그들이 탈 배 3척을 정비해서 부산으로 보내라' 했다. 경상 우후가 와서 백문석白紋席 1백50장을 빌려 갔다. 충청 우후 · 시량 만호 · 지세포知世浦 만호 · 옥 포만호 · 홍주 판관洪州判官 · 전 적도赤島 만호 고여우高汝友 등이 와서 만났다. 경상 수사가 보고하기를, "춘원도春原島(統營郡 光道面)에 왜선 한 척이 와서 대었다." 한다. 이에 여러 장수들을 뽑아 보내어 수색하고 탐지하도록 하라고 전령했다.

신령한 지혜와 통찰이 있는 선덕여왕이 일상을 보고 받고 그 일상을 스스로 점치듯 해석하여 숨어 있는 백제군을 잡아내듯이, 이순신도 자신의 꿈을 제대로 풀어내는 통찰력과 신묘한 지혜가 있었다. 한민족 경전 『삼일신고』에는 성통공완性通公完하면 인간으로 완성된 이로 본다.

무엇보다 이순신의 장점은, 아무리 위기상황이라도, 뛰어난 판단력을 잃지 않을 평정심을 항시 갖는 여유롭고 자상한 정신적 풍류적 신교적 한국적 삶을 스스로 찾은 것이다.

☀집안 효도 의례도 꼼꼼이 진심으로 하다.

우리 조상은 사람이 죽으면 혼魂은 하늘로 올라가고, 백魄은 땅속의 뼈와 함께 있으면서 후손들을 돕는다고 믿었다. 동기감응同氣感應이다. 제례에서 향을 사르는 삼상향三上香은 하늘의 혼을 부르는 예법이고, 술을 땅에 붓는 집찬관지執瓚灌地는 땅속의 체백을 모셔 영과 육이 하나로 되게 하는 절차이다. 이 같은 제례법은 종교와는 전혀 무관한 조상의 숭조효행 사상이다.

우리 선조들은 인류 최초로 '홍익인간'이라는 대지구적 인류의 가치와 삶의 높은 방향을 깨우쳤을 뿐 아니라 자상하게도 '홍익인간'에 도달하는 두 가지 방법까지 밝혀 놓은 것이다. '성통공완'과 재세이화는 홍익인간에 이르는 두 가지 방법이다. 성통공완은 내적으로 끊임없이 본성(본성, 진리)에 도달하려는 노력이 결실을 거두었음을 나타내는 말로, 이것을 한자로 표현하면 '도 (길 도)'가 된다. 성통공완이 곧 '도' 인 셈이고 그 안에는 도의 내용이 담겨 있다. 도 자의 '首(머리 수)'는 '사람의 머리'를 나타내는데 이 머리는 단순히 육체의 일부로서의 머리가 아니라 하늘이 내려와 머무는 곳'의 의미로 하늘, 또는 천도, 사물의 이치를 상징한다. 따라서 '도'는 '천지의 운행'과 관련이 잇으며 '천지'뿐 아니라 그 안에 깃들이고 살아가는 모든 만상을 통틀어 그들이 살아 움직이는 이치를 나타낸다.

'재세이화'는 성통공완을 이룬 사람이 자신의 깨우침을 토대로 이 세상이 '참되게 하다'라는 내용으로 이것을 한자로 표시하면 '德(큰 덕)'이 된다. 하나를 통하면 열을 통하는 이치대로 도와 덕이 제대로 실현된 상태를 '홍익인간' 이라고 하는 것이다.[223]

이순신이 1593년 7월 15일 한산도로 진영을 옮기고, 불과 한 달 후에 전라 좌도 수군 절도사 겸 삼도 수군 통제사로 임명되면서 한산도 통제영에서 수군을 지휘해야 했기 때문에, 여수의 어머니와 다시 떨어져 지내야 했다. 어머니 편지[224] 어머님 편지가 왔다.[225]

1596년 9월 27일 맑음. 아침 일찍 떠나가서 어머니를 뵈었다.

9월 28일 맑음. 남양 아저씨의 생신이라 본영으로 왔다.

9월 30일 맑음. 옷을 담아 눈 농을 꺼내 보았다. 그 가운데 둘은 어머니가 계신 곰내로 보내고 하나는 본영(여수)에 남겨 두었다. 저녁에 선유사의 군관 신탁(신생)이 와서 군사들을 위해 위로연을 베풀 날짜를[226] 말했다. 어머니 문안, 또 소홀히 하기 쉬운 아저씨 생신, '군사들을 위한 위로연'도 꼼꼼히 챙긴다.

◘ 망궐례, 집안 동료 제사, 어머니 수연 의례,

1596년

10월 1일 비가 오고 바람이 세게 붊. 새벽에 망궐례를 행했다. 식사를 마치고 어머니를 뵈러 가는 길에 사과가 임시로 살고 있는 집에 들어가서 몹시 취해서 돌아왔다.

10월 2일 맑았으나 바람이 세게 붊. 배를 다니게 할 수가 없었다. 청어를 잡은 배가 들어왔다.

10월 3일 맑음. 새벽에 배를 돌려서 어머니를 모시러 갔다. 어머니를 모시고 일행과 함께 배를 타고 본영(여수)으로 돌아와 종일 즐겁게 해드렸다. 흥양 현감이 술을 갖고 왔다.

10월 4일 맑음. 식사를 마치 뒤에 동헌에 나가서 종일 공무를 보았다. 저녁에 남해 현령이 그의 첩을 데리고 왔다.

10월 5일 흐림. 남양 아저씨 집안 제사가 있어서 일찍 부르기에 다녀왔다. 남해

현령과 함께 이야기를 나누었다. 비가 올 조짐이 많이 보였다. 순천 부사는 석보창에서 잤다.

10월 6일 바람 불고 비가 많이 내림. 날씨 때문에 이 날은 잔치를 하지 못했다. 내일로 미뤘다. 저녁에 홍양현감, 순첩부사가 들어왔다.

10월 7일 맑고 따사로움. 아침 일찍 (어머니의 장수를 축하하는) 수연을 베풀고 종일 즐겁게 보냈다. 참으로 다행이다. 남해 현감은 선대의 제삿날이어서 먼저 돌아갔다.

10월 8일 맑음. 어머니께서 몸이 편안하시다니 참으로 다행이다. 순천 부사와 이별의 술잔을 나누고 그를 떠나 보냈다.

10월 9일 맑음. 공문을 보냈다. 종일 어머니를 모셨다. 내일 진중으로 들어가는 것을 두고 어머니께서 많이 서운해 하시는 기색이었다.

10월 10일 맑음. 새벽 1시쯤에 뒷방으로 갔다가 새벽 2시쯤에 수루의 방으로 돌아왔다. 정오에 어머님께 가겠다는 하직 인사를 드리고 나왔다. 오후 2시쯤에 배를 타고 바람을 따라 항해하면서 밤새도록 노를 재촉해 왔다.

10월 11일 맑음.

10월 12일부터~ 11월~ 12월 정유년 1월~3월의 일기는 기록에 없음

10월 초 10일간은 어머니를 즐겁게 모시는 날들이었다. 수연을 잘 해드리고, 마음 몸 편히 즐겁게 모시고는 이별을 서운해 하시나 공무차 하직인사를 드리고 헤어진 것이 끝이었다.

마치 어머님의 삶의 끝을 알고, 바쁜 공무 중에도 최대한 어머니 가시는 마지막 길 모신 것처럼 되었다.

◘ 백의종군 중에도 신실한 사당 인사 의례

나라에 실망과 섭섭함으로 힘 빠지게 백의종군하러 가는 길이었지만, 이순신은 선산과 외가와 조상의 사당, 장인 장모 신위, 제수의 사당까지 등등에 두루 참배

정유년

4월[227] 초 1일 맑음. 궁 밖으로 나왔다. (높은 지위를 다 버리고 백의종군하라는 명을 받고) 남문 밖 윤간의 종의 집에 이르러서, 조카 봉, 분, 아들

울이 유사행, 원경과 더불어 한 대청에 함께 앉아 오래도록 이야기를 나누었다. 지사 윤자신이 와서 위로해 주고, 비변랑 이순지도 와서 만났다. 더해지는 울적한 마음 이길 길이 없다. 지사가 돌아갔다가 저녁을 먹은 뒤에 술을 갖고 다시 왔다. 윤기헌도 왔다. 모두들 정으로 위로하면서 술을 권하므로 사양 할 수가 없어 억지로 마시고 몹시 취했다. 인간적인 솔직한 면모도 보인다. 영의정 유성룡이 하인을 보냈고 판부사 정탁, 판서 심희수, 우의정 김명원, 참판 이정형, 대사헌 노직, 동지 최원, 동지 곽영이 사람을 보내 문안했다.

4월 2일 종일 비가 내림. 여러 조카들과 이야기를 나누었다. 방업이 음식을 매우 풍성하게 차려 왔다. (붓을 만드는 일을 직업으로 하는)필공을 불러 붓을 묶게 했다. 저물녘에 성으로 들어가서 영의성(유성룡)과 밤이 깊노록 이야기를 나누다가 닭이 울자 헤어졌다.

평정심과 가호를 얻어, 또는 얻기 위해, 안정과 성공케 하는 제사의례를 성실히 이행 전쟁시기에도 기일 의례 모두 지킨다.

2월 초하루 새벽에 望闕禮를 행했다.

2월 19일 흥양興陽 원은 그 이튿날 제사가 있다고 먼저 갔다.

3월 24일 국기일國忌日(소헌왕후의 제삿날)이어서 공무를 보지 않았다.

1592년 2월 초하루 새벽에 왕이 있는 대궐을 향해 망궐례望闕禮를 행했다.

궐을 향한 의례 망궐례는 유교국 조선의 군관으로서 의무며 충성의 표시이다.

4월 초하루 새벽에 망궐례望闕禮를 행했다.

초이레 국기일(문정왕후 제삿날)이어서 공무를 보지 않았다.

4월 15일 국기일 지킨다.

문종의 제삿날 공무를 보지 않았다.[228]

초닷새 경칩이어서 둑 뚝 독제 纛祭(大將旗에 담긴 전쟁신 14대 환웅이신 자오지(치우)환웅님께 지내는) 제사를 지냈다.

둑旗: "곰과 범을 그린 붉은 기"

纛: 소꼬리 또는 꽁의 꽁지로 장식한 큰 기

纛: "뚝"!그쳐라. 서울 "뚝섬"에 자오지의 사당이 근대까지도 있었다.

전쟁의 수호신으로 모셔지는 배달환국 14대 자오지 환웅(치우천황)은 서기전 2,707년(4,725년전-2,018년 현재) 즉위~ 서기전 2,598 서기전 2,707년에 즉위하여 109년간 배달국을 다스린 14대 자오지慈烏支 환웅천황이 곧 치우천황이다. 전쟁의 신은 도깨비로도 변형된다. 유럽에서 로마 멸망 직전까지 몰고간 외방인 훈족의 영웅왕 아틸라(406~453)왕을 유럽에서는 무서운 드라큘라 흡혈귀로 변형시키듯. - 그와 평화협상을 꾀한 교황은 성 콘스타니우스 大帝로 승격한다.

1592년 4월 15일 국기일 지키기

이 날은 국기일國忌日이었으므로 공무를 보지 않고 있었는데

드디어 공은 준비완료하여 5월 4일에 출동을 개시한다.

1593년 계사 2월 4일 경칩날이라 둑제를 지냈다.[229)]

1596년

5월 15일(신사) 맑음. 새벽에 망궐례를 행했는데, 우수사는 오지 않았다.

아침식사 후에 나갔다. 들으니 한산도 뒷산 높은 봉우리에서 다섯 섬과 대마도가 보인다고 하기에, 혼자서 말을 달려 올라가 보니 과연 다섯 섬과 대마도가 보인다. 늦으막에 조그마한 냇가로 돌아와서 조방장과 거제와 함께 점심을 먹고 저물녘에 진으로 돌아왔다. 어두워진 후에 더운 물로 목욕을 하고 잤다. 바다 위에 달은 뚜렷하고 바람 한 점 없다.

장군께서는 "새벽에 망궐례를 행했는데,"수사는 오지 않았음에도 흐트러지지 않고 나라 의례는 철저히 행하신다. 후에 장군께서 "늦으막에 조그마한 냇가로 돌아와" 곁사람들과 점심을 나누는 모습도 겸양하시고 일반 사람들과 정을 나누실 줄 아는, 문신의 정서와 풍류적 마음을 겸비한 분이기에 가능했을 것이다.

5월 24일(경인) 아침에 날이 흐려 비올 기운이 많다. 문종의 제삿날이어서 공무를 보지 않았다. 저녁에 나가서 활 10순을 쏘았다.

문종은 세종의 장자로서 조선 처음 장자상속한 조선 5대왕이고, 2년반정도 왕좌에 계셨던 왕이었다. 그의 아들이 단종이다. 세종의 아들과 손자인 문종과 단종은 건강과 어린 나이 등으로 모두 비운의 왕들이 되었다.

6월

20일(병진) 맑음. 어제 아침에 곡포권관曲浦權官 장후완蔣後琓이 교서에 숙배한 뒤에[230] 오늘 낮에 남해南海원 박대남朴大男이 들어와 교서에 숙배한 뒤에[231] 교서에도 군신의 예를 다한다.

1596년 병신년

9월 23일 맑음. 그대로 머물렀다. 나라의 제삿날이라 공무를 보지 않았다.

이날은 태조太祖의 신의神懿왕후 韓씨의 제삿날이다.

10월 1일

비가 오고 바람이 세게 붊. 새벽에 망궐례를 행했다.

10월 5일 흐림.

남양 아저씨 집안 제사가 있어서 일찍 부르기에 다녀왔다.

◘ 가족 하인에 대한 예禮 의례 – 하인도 꼭 이름을 한사람씩 찾아 기록한다.

27일: 새벽에 배를 타고 경도에 이르니, (사촌)아우 여필(汝弼)과 조이립이 군관 우후와 함께 술을 싣고 마중 나왔다. 이에 함께 즐기다가 해가 진 뒤에야 관청에 돌아왔다.(당시 율곡은 여러 첩을 두었고, 외지를 떠도는 이순신도 첩이 있었다 하기도 하는데….)

3월 초나흘: 아산에 문안갔던 나장羅將이 돌아왔다. 듣건대 어머님께서 평안하시다니 다행이다.

4월 초하루: 아우 여필을 전별했다.

배에 이르니 회회 해해 면면 울蔚과 수원壽元이 모두 와 있다. 비를 맞으면서 진으로 돌아오니, 김혼金渾이 또 와 있다. 함께 이야기하다가 자정이나 되어서 잤다. 여자종인 덕금德今· 한 대漢代 · 효대孝代· 은진恩津이도 (여종) 왔다.[232]

종 효대孝代· 팽수彭壽가 흥양興陽의 군량선을 타고 나갔다. 저녁에 순천에서 보내온 공문을 보니, '충청도 도둑이 홍산鴻山에서 일어난 것을 곧 죽였다고 하는데 홍주洪州 등 세 고을이 포위당했다가 간신히 면했다.' 했다. 참으로 해괴한 일이다. 자정쯤 비가 크게 내렸다. 낙안樂安의 교대할 배가 돌아왔다.

1596년 5월 초엿새

울蔚과 김대복이 같은 배로 나갔다. 비가 몹시 오니 잘 갔는지 모르겠다. 밤새 앉아서 걱정이다.

4. 『난중일기』를 통해 얻는 것들

– 부정적인 한국의 국민성과 식민사관 극복!과 유네스코등재 기록물 유산

1. 부정적인 한국의 국민성과 식민사관 극복!

왜병들의 반일과 조선장군 이순신에 아첨하는 왜인들의 인간성과 국민성을 고스란히 그대로 드러낸다. 일본군인들이 자기 장군이나 군인을 적국에 고발하는 일은 난중일기에서 처음 보았다. 한국군과 한국인만 같은 민족끼리 간자짓을 하는 것처럼 보고 듣고 교육을 받았다. 이 기회에 벗어날 수 있었다.

1595년

11월 16일(갑신)맑음. 항복한 왜병 여문연기汝文戀己와 야시로夜時老 등이 와서 고하기를, "지금 왜병들이 도망하려 한다" 고 하여, 이에 우후를 시켜 잡아다가 그 주모자 준시 등 두 명의 왜인의 목을 베었다. [233)]

18일(병술) 맑음. 어응린이 와서 전하기를, "행장行長이 그 부하들을 거느리고 어디로 갔는지 모른다"고 한다. 이에 경상수사에게 명령하여 수륙으로 정탐하게 했다. 늦게 하응문이 와서 군량을 계속해 준비할 일에 대하여 아뢰었다. 얼마 후에 경상 수사와 웅천 등이 와서 의논하고 있다.

1596년 1월 초여드레

일찍 항복했던 왜인 5명이 들어왔다. 그 까닭을 물었더니, 저희 장수의 성질이 악하고 일도 고되기 때문에 와서 투항한 것이라고 한다. 그들이 가졌던 크고 작은 칼을 거두어 누각 위에 간직했다. 그러나 실상 부산에 있던 왜인은 아니고, 가덕심안둔嘉德沈安屯(도률전島律殿)의 부하라는 것이다.

18일 동래현령이 와서 보고하기를 "왜놈들이 반역할 눈치가 많이 보이고, 심유

격沈遊擊(惟敬)이 소서행장과 함께 정월 10일에 먼저 일본으로 갔다"고 한다.[234] 일본은 지금이나 예나 한국 패싱에 골몰했다.

19일 경상수사도 와서 우후를 불렀는데, 곤양이 술을 마련해다가 바치므로 조용히 이야기했다. 부산에 항복해 들어갔던 왜인 4명이 와서 전하기를 "심유경이 소서행장 현소 사택정성 소서비와 함께 16일 새벽에 바다를 건너간 뒤로 소식이 없다" 하므로 양식 3두를 주어 보냈다.

2월 26일 견내량見乃梁에 있던 복병伏兵이 와서 보고하기를, 왜선 1척이 견내량으로부터 들어와 이어 해평장海坪場에까지 가려는 것을 막고 머무르지 못하게 했다고 한다.[235]

4월 22일 맑음. 아침식사 후에 나갔다. 부산에서 허내은만 허내은만이 편지를 보냈는데, "명나라 수석사신 이종성은 달아나고 부사 양방형만 전과 같이 왜병의 진영에 있는데, 4월 초 8일에 달아난 사유를 위에 아뢰었다."고 했다. 김조방장이 와서 노천기가 술을 마시고 망년된 말을 하다가 본영의 진무 황인수 성복 등에게 욕을 보았다고 보고하므로 곤장 30대를 때렸다. 활 10순을 쏘았다.

30일 저녁에 목욕을 했다. 우수사가 와서 보았다. 충청우후도 와서 보고 돌아갔다. 늦게 부산 허내은만의 편지가 왔는데, 행장이 군사를 거두어 가지고 갈 의사가 있는 것 같다고 했다. 김경록이 돌아갔다. 어머님 편지가 왔다.

1596년 5월 13일(기묘) 맑음.

부산 허내은만의 편지가 왔는데 '청정이란 놈이 이미 10일에 그 군사를 거느리고 바다를 건너갔고, 각 진의 왜적들도 역시 장차 철거해 갈 것이며, 부산에 있는 왜병들은 명나라 사신을 모시고 건너가려고 그대로 머물러 있다"고 한다. 이날 활 9순을 쏘았다.

5월 24일(경인) 부산 허내은만의 편지가 왔는데, "경상좌도에 있던 각 진의 왜병은 이미 모두 철거했고, 다만 부산에만 남아 있다고 했다. 명나라 수석 사신이 갈려서 새로 딴 사람이 온다는 기별이 22일에 부사副使에게 왔다" 한다. 허내은만에게 쌀 열 말과 소금 한 섬을 보내면서 마음껏 정보를 탐지해 보내라고 했다. 어두울 무렵에 비가 내리기 시작하여 밤새 퍼부었다. 박옥朴玉 옥지玉只 무재武才 등이 화살대 1백 5십 개를 처음으로 만들었다.

왜군은 자기동료를 적장에게 죽이라 조언한다. 조선인들은 그렇게까지 하는 일은 없었다.

모래같은 … 서로 헐뜯는 노예적 국민성 … 등의 식민사관적 국민성이라는 딱지를 벗어날 기회를 주신 장군님께 감사!

2★ 한민족 유네스코 기록유산 등재『난중일기』세계전쟁 방지책 방향 가늠 절실

1597년 4월 22일(정해) 맑고 바람이 크게 불었다. 종일 나가지 않고 홀로 누각 위에 앉았다.

"한산섬 달밝은 밤에 수루에 홀로 앉아 한산섬 달 밝은 밤에 수루에 홀로 앉아

긴 칼 옆에 차고 깊은 시름하는 적에 어디서 일성호가 一聲胡笳는 남의 애를 끊나니

일성호가 一聲胡笳는 오랑캐의 가느린 피리 소리 – 교과서에는 호가胡笳로 되어 있는데 공公의 공식 문집인 이충무공 전서의 원문은 일성강적 一聲羌笛, 羌笛으로 되어 있다.

호胡도 – 이적, 강羌 종족이름도, 중화주의 중국 입장에서 주변족들을 오랑캐라 지칭하였다.

호가는 夷狄오랑캐 이, 북방오랑캐 적 – 우리민족을 지칭한 북방의 동이를 뜻하는 것이라 이순신의 원문에 충실한 '일성강적'이 발음상 좀 힘들더라도 원문이 더 낫다. 왜란 때 청나라가 왕래하던 시점이라 더욱 그러하다.

이 시조는 충무공 이순신 장군께서 지은 고시조로 잘 알려져 있다.

이 작품의 원작原作은 흔히 '한산도가閑山島歌'로 전해지는 한시형태라는 견해가 있는 바, 이 "한산도가"의 원문은 공公의 공식 문집인 이충무공전서에 다음과 같이 기록되어 있다.

閑山島月明夜. 上戍樓. 撫大刀深愁時. 何處一聲羌笛更添愁

"한산섬 달 밝은 밤에 수루에 올라 큰 칼을 쓰다듬으며 깊은 시름할 제

어디서 강적 (羌笛/오랑캐 피리) 소리가 시름을 더하게 하네"

라는 뜻으로 풀이할 수 있다. 과거에는 이 시조를 삼도수군 통제영이 있던 한산도에서 지은 작품이라는 것이 하나의 상식이었으나, 그 뒤에 한산도가 아니고 7년

전쟁이 끝나가던 1597년 9월(음력) 하순 경에 전남 보성寶城 근처 선원루仙源樓에서 지었다는 견해가 있다.

이러한 공의 문학성과 문학 작품의 빼어난 가치는 여러 방면에서 우리에게 감동을 준다. 그중에 대표적인 것이 난중일기(亂中日記)이며, 앞머리에 소개한 시조와 여러 편의 한시漢詩들, 서간문書簡文과 임금께 올린 장계(狀啓) 등이 있다. 이러한 작품들을 붓글씨로 직접 써 내려간 그 필체 또한 힘과 유연함을 두루 갖춘 달필達筆이라 할 수 있다. 만은 군인 민간 특히 나의 생사도 경각간에 좌우되는 치열하고도 참혹한 전장터에서 거의 매일 일기를 기록하여 그 결과를 후세에 전한 난중일기 내용을 살펴보면

공의 이성과 감성으로 치밀한 현장 감각의 기록성과 서정적 감성 한국적 풍류관을 엿볼 수 있다.

2013년 6월, 이 난중일기가 세계기록 문화유산으로 등재되어, 이제는 우리 민족의 문화유산 뿐만 아니라 세계의 문화자산으로서의 높은 가치를 평가받았으니 참으로 자랑스러운 일이다.[236)]

자연과 역사문화와 사람과 술과 글과 더불어 성숙하여, 매사에 심신이 자유자재하시니 감성지수(EQ)도 매우 높으신 결과물이 난중일기이다. 난중일기를 우리가 어떻게 홍보하느냐에 따라 민족과 세계에 빛나고 후손들이 본받을 수 있는 전쟁 방지물 역할도 할 수 있을 것이다.

☀ 군인의 애민: 사랑하는 우리의 향토 삶문화와 애민정신을 마음에 담고 사생결단

이순신도 전략적인 것들, 미리미리 대비하여 챙겨, 부하들이 잘못한 것에는 벌을 주고, 직접 전수 조사하며 만반의 준비를 직접 확인점검을 한다.

⊙ 우리농사 문화 및 국민들에 대한 애정-토속문화에 대한 애정: 농사 약식 메주[237)]

1596년 1월 초여드레 입춘인데도 날씨가 몹시 차서 엄동처럼 매섭다. 아침에 우후와 방답을 불러서 함께 약식을 먹었다.

1월 19일: 이날 저녁에 박자방이 서순찰사가 진중으로 온다고 해서 여러 가지 물건을 가지러 본영本營(여수麗水)으로 갔다. 이날 메주를 쑤었다. 부하 칭찬과 인정

과 상벌 명확히 본인의 건강 상태를 살피고 확인하고 치료와 수련하는 자에게 정신이 깃드는 몸은 바로 그 전부이다.

3월 14일: 궂은 비가 개이지 않는다. 새벽에 3도三道의 보고가 왔는데, 견내량 근처 거제땅 세포 細浦(거제군 사등면)에 왜선 5척과 고성 땅에 5척이 와 있다가 상륙했다 한다. 이에 3도의 여러 장수들에게 배 5척을 더 추려 보내도록 전령했다. 좀 늦게 나가서 각 처의 서류를 결재해 보냈다. 아침에 군량에 관한 회계를 맞추었다. 방답 · 녹도가 와서 보았다. 체찰사에게 보낼 공문을 만들었다. 춘곤이 심해서 밤새도록 땀을 흘렸다.

4월 초이레: 사시에 비변사에서 비밀공문이 왔는데, 이것은 영남관찰사와 우병사의 장계에 의해서 온 공문이다.

4월 19일: 습열 때문에 침을 20대나 맞았다. 몸에 번열이 있는 것 같아 종일 방에서 나오지 않았다. 어두울 무렵에 영등이 와 보고 돌아갔다. 종 목년 및 금화 풍진 등이 왔다. 이날 아침에 남녀문에게서 수길이 죽었다는 말을 들으니 기뻐 뛸 것 같으나 다만 믿을 수가 없다. 이 말은 전부터 퍼졌으나 확실한 기별은 오지 않고 있다.

장군은 습열 때문에 침을 20대나 맞았다. 참 세심하시다. 나는 침을 맞아도 숫자는 잘 세지도 않고 세기도 힘든데, 옛 의인들 특히 도가, 풍류도측은 자기자신의 건강 정도도 잘 챙기는 지혜를 배우기도 하고 익힌 것 같다. "몸에 번열(감기몸살 증상)이 있는 것 같아서, 종일 다른 한기를 맞지 않게 방에서 나오지 않았다"

☀ 예측이 가능한 재난 통찰력과 정보로 사명에 대한 철저한 직접 대비로 애민애국

1) 지도자 자신의 단련과 연마

활쏘기: 30일, 초사흘, 초여드레, 12일, 21일, 25일, 4월 초하루 5순을 했다. 11일: 공무가 끝난 뒤에 활을 쏘았다.

군관들 활쏘기 독려 지도: 4월 초엿새, 초아흐레

2) 율곡의 왜란 예언과 십만양병설을 존중하여 조정에 미리 스스로 준비 요청

이순신은 율곡과 같은 덕수이씨 집안이나, 자신이 힘들 때 벼슬이 높고 8살 위인

율곡이 불렀을 때도 찾아 부탁하지 않았다.

3) 곧 왜침이 있을 것에 대비하여 좌수영(左水營: 여수)을 근거지로 삼아 전선戰船을 제조하고 군비를 확충하는 등 일본의 침략에 대처하였고, 나아가서 군량의 확보를 위하여 해도海島에 둔전屯田을 설치할 것을 조정에 요청하기도 하였다.

초나흘: 봉화대 축대 챙기기-이봉수가 부지런히 일한 것을 알 수 있다. 火臺石 4개를 실어 올렸다. 해자구덩이를 순시했다. 동헌 마당에 돌기둥으로 된 화대를 세웠다.

초나흘: 봉화대 축대 챙기기-이봉수가 부지런히 일한 것을 알 수 있다

초여드레: 우후가 방답에서 마음껏 방비하더라고 몹시 칭찬했다.

21일: 신홍헌을 시켜서 술을 가져다가 전일 사환 노릇하던 三班下人들(군노, 사령, 급창)에게 나누어 먹도록 했다.

22일: 계속하여 녹노도 가서, 새로 쌓은 봉우리 위의 문루 위로 올라가서 보니, 경치의 아름다운 것이 이 고을 안에서 가장 좋았다. 萬戶(각 진지에 있는 무관 벼슬)의 마음 쓴 것이 미치지 않은 곳이 없었다.

25일: 여러 가지 전비가 부족한 것이 많아서, 군관 색리들에게 죄를 주고, 첨사는 잡아들이고, 敎授(수령 밑에 있는 벼슬아치)는 내보냈다.

3월 초나흘: 서문 밖의 해자와 성을 증축한 곳을 순시했다. 승군僧軍들이 돌을 줍는 일에 성실하지 못하므로 책임자를 매로 다스렸다.

23일: 보성에서 올 판자가 아직도 안 왔기에 색리에게 다시 공문을 보내서 독촉하게 하고, 순천에서 온 상사 소국진에게 매 80대를 때렸다. 순찰사가 편지를 보내 말하기를, 발포권관은 군대를 통솔할 재목이 되지 못하니 갈아야 하겠다고 했다. 이에 아직 갈지는 말고, 그대로 유임시켜 방비에 힘쓰도록 하라고 답장을 보냈다.

10월 17일: 아침에 가리포와 금갑도가 와서 함께 아침을 먹었다.

☀ **일상 삶 속의 여유를 찾고 건강한 심신 관리 및 취미 향유로 평정심 회복하여 재난 대비** 문무를 두루 하여 文과 풍류를 알아 시 짓기 글쓰기 노래 술 교류 두루하였다.

12일: 침렵치沈獵稚 놀이를 구경했는데 매우 조용했다. 군관들도 모두 일어나서

춤을 추었으며 조이립은 절구를 읊었다. 저녁이 되어서야 돌아왔다.

19일 : 떠나서 백야곶의 감목관이 있는 곳에 이르니, 승평부사가 그 아우를 데리고 와서 기다리고 있었다. 기생도 또한 와 있었다. ..방비한 것을 일일이 검열했다.

21일: 공무를 끝낸 뒤에 주인이 자리를 베풀어주어 활을 쏘았다. 황숙도 역시 와서 함께 취했다. 배수립도 나와서 함께 술을 마시면서 매우 즐기다가 밤이 깊은 뒤에 파했다.

22일: 흥양 황릉성 및 만호와 함께 취토록 마시고 겸하여 대포 쏘는 것을 보았다. 촛불을 밝히고 얼마 있다가 파했다.

…

3월 초닷새 새벽 4시경에 배를 띄워 날이 밝을 무렵에 견내량의 우수사가 복병하고 있는 곳에 도착하니 마침 아침 때이다. 아침을 먹고 서로 만나보고 다시 잘못된 것을 말하니 우수사는 모든 것을 사과한다. 이에 술을 시작하여 몹시 취해 가지고 돌아왔다. 도중에 이정충의 장막아래로 들어가서 조용히 이야기하면서 (우수사는) 취해 쓰러지는 것도 깨닫지 못했다. 비가 몹시 내리므로 내가 먼저 배에 오르는데 우수사는 취해서 인사도 차리지 못하므로 작별도 할 수가 없었다. 우스운 일이다.[238)]

☀ 상급 공무나 주변 부정도 명확히 비판

초열흘: 순찰사의 편지를 보니, 통사(역관)들이 뇌물을 많이 받고 명나라에 거짓 고해서 군사의 동원을 청하는 일이 생기게까지 했다. 비단 이런 일뿐이 아니라, 명나라에서도 우리나라가 일본과 무슨 딴 생각이 있는가 의심하게까지 만들었으니, 그 흉악스럽기가 이를 데 없다. 통사들이 이미 잡혔다고 하지만, 해괴스럽고 통분하기를 이길 수가 없다.

25일: 이곳 방비가 다섯 포구 중에서 제일 잘못되었는데도 순찰사가 포상하라는 징계를 올렸기 때문에, 죄상을 조사도 하지 못하니 가소로운 일이다.

3월 20일: 사도에게도 또한 만날 일로 해서 공문을 띄웠는데, 혼자 수사해 버리고 또 한나절 동안에 내외이로도와 대소평두를 모두 조사하고 그날로 돌아갔다니 몹시 거짓된 일이다. 이 일을 바로 잡기 위해서 흥양과 사도에 공문을 띄웠다.

24일: 전선 점검

25일: 순찰사의 편지에 말하길, "영남관찰사의 편지에, 대마도주가 공문을 보냈는데, 일찍이 배 한 척을 내보낸 일이 있는데, 만일 귀국에 닿지 않았다면 필시 풍랑시에 깨졌을 것이라고 했다. 그런데 그 말이 몹시 음흉하다. 동래에서 서로 바라다 보이는 바다인지라 이럴 이치가 절대로 없는데, 말을 이렇게 하고 있으니 그 간사함을 헤아리기 어렵다" 하였다

27일: 아침에 점검을 끝낸 뒤에 북쪽 봉우리에 올라 땅 형세를 바라보니, 외롭고 위태로운 떨어져 있는 섬이라, 사면에서 적이 쳐들어오게 되어 있고, 성과 해자도 역시 엉성하니 몹시 근심스럽다. 첨사는 애를 썼지만 미처 시설을 하지 못했으니 어찌할고.[239)]

2월 26일

늦게 대청에 나갔다. 여도와 흥양이 와서 영리營吏들의 백성 해치는 폐단을 말한다. 몹시 놀랄 일이다. 양정언과 영리 강기경 · 이득종 · 박취 등을 중죄로 다스림과 동시에 전령을 내려 경상도와 전라우도의 수사에게 있는 영리들을 잡아들이라고 했다. 경상수사가 왔다. 둔전의 벼 2백 30석을 198석으로 만들었으니 줄어든 수가 32석이라고 한다. 낙안에서 작별의 술을 나누고 보냈다.

6월

20일(병진) 맑음. 어제 아침에 곡포권관曲浦權官 장후완蔣後琓이 교서에 숙배한 뒤에, 평산포 만호 平産浦萬戶(김축金軸)에게 일찍 진에 돌아오지 않은 것을 책망하니 기일을 정해주지 않았기 때문에 50여 일을 물리게 된 것이라고 대답한다. 해괴스럽기 짝이 없어서 곤장 30대를 때렸다.

그제나 이제나 불성실한 하위자들이 변명이 아니되는 변명을 해대는 통에, 책임자 지휘자들은, 그가 분명히 잘못했고, 또 다시는 반복하거나 다른 이들이 모방하지 않기 위해, 군기를 잡기 위해서라도 벌을 내리지 않을 수 없음을 본다.

오늘 낮에 남해南海원 박대남朴大男이 들어와 교서에 숙배한 뒤에, 함께 이야기하다가 활을 쏘았다. 충청우후도 와서 함께 활 15순을 쏘았다. 다시 안으로 들어가서 박남해와 함께 자세한 이야기를 하다 밤이 되어 헤어졌다. 임달영이 또 왔는데,

소를 무역한 기록과 제주목사의 편지를 가지고 왔다.

…

15일: 큰바람이 불고 비가 내렸다. 석수들이 새로 쌓은 해자 구덩이가 너무 많이 무너졌기로 이들을 벌하고 다시 쌓게 했다.

19일: 방비한 것을 일일이 검열했다.

22일: 배와 기구들을 친히 점검하다

3월 초나흘: 서문 밖의 해자와 성을 증축한 곳을 순시했다. 승군僧軍들이 돌 줍는 일에 성실하지 못하므로 책임자를 매로 다스렸다.

초엿새: 출근해서 군기를 검열했다. 활, 갑옷, 투구, 전통, 환도 등이 파손된 물건이 많아 제 모습을 그대로 지니지 못한 것이 몹시 많다. 이에 색리, 궁장, 감고 등의 죄를 의논했다.

20일: 각 방의 회계를 검열했다. 순천 관내를 수색하고 검초하는 일을 기한 안에 끝내지 못했기로 대장 및 색리, 도훈도 등을 문책했다.

25일: 새로 쌓은 성을 순찰해 보니 남쪽 끝이 아홉발이나 무너졌다.

27일: 일찍 아침 식사를 마치고 배를 타고 소포로 나가, 쇠사슬 건너 매는 것을 감독하면서 종일 기둥나무 세우는 것을 보고, 겸하여 거북선에서 대포 쏘는 것을 시험했다.

4월

초하루: 별조방別助防을 점검했다. 활쏘기5순, 초엿새, 초아흐레: 군관들을 활을 쏘게 했다.

초아흐레: 광양현감이 수색 검토에 대한 일로 배를 타고 왔다가 어두워서 돌아갔다.

11일: 활쏘기, 처음 베로 돛을 만들었다.

13일: 일본의 침입으로 임진왜란이 발발되었는데, 일본의 대군이 침입해 왔다는 급보가 전라좌수영에 전달된 것은 이틀 뒤였다.

14일: 왜가 임진왜란을 일으켰다. 왜군 20여 만은 일본땅으로부터

15일: 국기일(성종의 공혜왕후 제삿날)이어서 공무를 보지 않았다. 순찰사에게 보내는 답장과 별록을 써서 역졸을 시켜 보냈다. 해가-질 무렵 영남 우수

사 원균에게서 공문이 왔는데" 왜선…[240)]

16일: 밤 10시 경에 영남우수사의 공문이 왔는데 부산진이 이미 함락되었다고 한다.

북상하여 5월 2일에 서울이 함락되자 선조는 의주로 파천하고, 6월 13일에 평양도 함락되는 등, 왜적은 삼천리 강산을 맘대로 유린하고 있었다.

4월 16일 드디어 공은 5월 4일에 출동을 개시하였다.

★ 남아 있는 배는 12척뿐이라도 최고 지휘관으로서 134척에 대항해야 하는 전략을 세워, 긍정적이고 생산적으로 주도면밀하게 준비하고 대처하여 승리하였다. 이 날은 국기일國忌日이었으므로 공무를 보지 않고 있었는데, 해질 무렵 경상 우수사 원균元均으로부터 왜선 350여 척이 부산 앞바다에 정박 중이라는 통보에 이어 부산과 동래가 함락되었다는 급보가 들어왔다. 그 때 부산 앞바다의 방어를 맡은 경상 좌수영의 수군은 왜선단을 공격하지도 않았고, 경상 좌수사 박홍朴泓은 부산이 함락된 뒤에야 예하 장졸을 이끌고 동래 방면에 당도하였으나 동래가 함락되는 것을 보고는 군사를 돌려 육지로 도망하였다. 또, 거제도에 근거를 둔 우수사 원균은 적이 이르기도 전에 싸울 용기를 잃고 접전을 회피함으로써 일본군은 조선 수군과 한 번 싸우지도 않고 제해권을 장악하였다. 이러한 소식에 접하고 즉시 전선을 정비하고 임전태세를 갖추었지만, 적을 공략하기에 앞서 전황을 면밀히 분석하였다. 이순신 휘하의 전함대는 4월 29일 수영 앞바다에 총집결하여 매일 작전회의가 열리고 기동연습도 강행하여 완전한 전투태세에 임하게 되고, 이순신은 총지휘관으로 5월 2일 기함에 승선하였다. 4일 새벽 출진을 명하니, 이때의 규모는 전선 24척, 협선 15척, 포작선鮑作船 46척, 모두 85척의 대선단이었다. 이틀 뒤 한산도에 이르러 경상 우수사 원균의 선단을 만났는데, 그 규모는 전선 3척과 협선 2척에 불과하였으나 연합함대를 조직하지 않을 수 없었다. 7일 옥포(玉浦) 앞바다를 지날 무렵 척후선斥候船으로부터 적선이 있음을 알리는 연락이 왔다. 이때 옥포에 정박중인 적선은 30여 척이었다. 왜군은 조선 수군이 해상으로부터 공격해오리라고는 생각도 못하고 육지에 올라가서 불을 지르고 약탈을 자행하다가, 아군의 공격 소식을 듣고 급히 배에 올라 도망하려 하였으나 그럴 기회를 주지 않았다.순식간에 왜선 26척이 조선 수군의 포화와 불화살[火矢]에 격파되고 많은 왜병이 궤멸되었다. 이 싸움이 옥포대첩으로, 이순신의 최초의 해전으로 기록된다. 옥

포해전이 있던 다음날에는 고성의 적진포赤珍浦에 정박중인 왜선 13척을 쳐서 불태웠다. 제 1차 출동 후 전력을 보강하고 전선을 정비한 뒤 다음 출동에 대비하고 있던 이순신은 일본 수군의 주력함대가 서쪽으로 나아간다는 정보가 계속 들어오자, 전라 우수사 이억기李億祺에게 합동으로 출동하여 왜선을 격파할 것을 제의하였다. 그러나 경상 우수사 원균으로부터 왜선 10여 척이 사천 · 곤양 등지로 진출하였다는 보고를 받고 예정 출동일을 변경하여 적에게 선제공격을 가하기로 하였다. 5월 29일 거북선을 앞세우고 23척의 전선으로 여수항을 출항하였다. 노량露梁 앞바다에 이르러 전선 3척을 인솔하고 있던 원균이 이순신의 전함에 올라와 적정을 상세히 설명하였다. 조선 수군은 곧 일본 수군이 정박중인 사천으로 달려갔다. 이때 왜군은 대부분 상륙하여 있었고 해변에는 왜선 12척이 줄지어 정박하고 있었다.

이순신은 공격이 용이하지 않자 그들을 바다로 유인하여 섬멸할 계획을 세웠으며, 그 작전 계획은 적중하여 왜선 12척을 파괴하고 많은 왜군을 섬멸하였다. 이 싸움에서 군관軍官 나대용羅大用 등이 부상하였고, 이순신도 적의 조총탄에 맞아 왼쪽 어깨가 뚫리는 부상을 입었다. 이 싸움에서 최초로 출동한 거북선의 위력은 확고한 인정을 받았다. 6월 2일 왜선이 당포唐浦에 정박 중이라는 보고를 받고 곧 그곳으로 달려갔다. 당포 선창에는 일본 수군장 가메이[龜井玆矩]와 구루시마[來島通元]가 인솔하는 대선 9척, 중 · 소선 12척이 정박하고 있었다. 일본 수군들은 성 안팎에서 방화와 약탈을 자행하다 조선 수군을 보고 발포하였으나, 거북선을 앞세운 조선수군의 맹렬한 공격으로 대패하고 왜장 구루시마가 전사하였다. 당포해전 다음날 이순신의 함대는 가박지假泊地인 창신도昌信島를 떠났다. 다음날 당포 앞바다에서 왜선이 거제로 향하였다는 정보를 받고, 즉시 전함대에 거제 출격을 명하고 발선發船하려는 때에 전라우수사 이억기가 전선 25척을 이끌고 이곳에 오자 매우 반갑게 맞았다. 5일 아침 전선 51척과 중 · 소선 수십 척의 연합함대는 일제히 거제로 향하였다. 이때 피난민으로부터 거제로 도피하였던 왜선단이 다시 당항포로 도주하였다는 정보가 들어왔다. 이순신과 이억기와의 연합함대는 바로 길을 바꾸어 당항포로 향하였다. 당항포 내만內灣에는 왜의 대선 9척, 중선 4척, 소선 13척이 정박 중이었다. 조선 수군의 내습을 발견한 일본 수군은 먼저 공격을 가해왔다. 아군의 전선들은 적선을 포위하고 먼저 거북선을 돌입시켜 맹공을 가하였다. 이 싸움에서 왜군은 대패하였고 왜선은 모두 소실되었다.

이와 같이 이순신은 해전에서의 연전연승으로 자헌대부資憲大夫에 승계陞階되었다. 그 뒤 다시 선제공격으로 거제 · 가덕에 출몰하는 일본 수군을 격멸하기 위하여 우수사 이억기에게 작전을 전달하고 연합함대의 조직을 통첩하고, 7월 6일 전라좌 · 우수군이 일제히 출동한 뒤 노량해상에서 경상 우수사 원균의 전선 7척과도 합세하였다.

이때 일본군은 해전에서의 패배를 만회하기 위하여 병력을 증강하여 견내량見乃梁에는 적장 와키사카[脇坂安治] 등이 인솔한 대선 36척, 중선 24척, 소선 13척이 정박하고 있었다. 이순신은 견내량이 지형이 좁고 활동이 불편하다는 판단 아래 장소를 한산도로 물색하였다. 약간의 판옥선板屋船으로 일본의 수군을 공격하면서 한산도 앞바다로 유인한 뒤 학익진鶴翼陣을 쳐, 일제히 총통銃筒을 발사하는 등 맹렬한 공격을 가하여 층각선層閣船 7척, 대선 28척, 중선 17척, 소선 7척을 격파하였다. 이 싸움에서 와키사카의 가신家臣 와키사카 사베에[脇坂左兵衛] · 와타나베[渡邊七右衛門]를 위시하여 이름 있는 자들이 전사하였다. 이순신은 이 한산대첩의 공으로 정헌대부正憲大夫에 승계되었다.

한산대첩 후 이순신은 다시 전진하여 안골포(安骨浦: 창원군 웅천면)의 적선을 격파하였다. 와키사카와 합동작전을 하려던 구키[九鬼嘉隆] · 가토[加藤嘉明] 등의 일본 수군장은 와키사카의 수군이 전멸하였다는 소식을 듣고 안골포에 정박 중이었다. 이순신은 수심이 얕아서 적선을 유인하여 공격하려 하였으나 적선이 포구 밖으로 나오지 않자, 여러 장수에게 명하여 교대로 종일토록 적선을 공격하여 대선을 거의 분멸(焚滅)하였다. 제 3차 출동의 결과로 가덕도 서쪽의 제해권을 완전히 장악하여 왜침의 교두보인 부산 포공격의 결단을 내렸다. 전라좌 · 우도의 전선 74척, 협선 92척은 8월 24일 좌수영을 떠나 가덕도 근해에서 밤을 지냈다. 공격 전날은 밤을 새우며 원균 · 이억기와 작전회의를 하여 부산포 공격에 따른 작전을 구상하였다. 9월 1일 오전 몰운대(沒雲臺)를 지나 파도를 헤치고 다대포를 바라보며 절영도(絕影島: 지금 影島)에 이르렀을 때, 왜의 대선 수 척이 아군함대를 보고 도주하였다. 절영도에서는 수 척의 적선을 쳐부수고 척후선을 부산포에 보내어 적정을 탐지하게 한 결과, 왜선 약 500척이 선창 동쪽 산기슭 해안에 줄지어 정박해 있고 대선 4척이 초량(草梁) 쪽으로 나오고 있다는 보고였다. 적이 부산포를 요새화

한 것을 알게 된 여러 장수들은 부산포로 깊이 들어가기를 꺼렸으나, 이순신은 이를 거부하고 독전기(督戰旗)를 높이 들고 진격을 재촉하였다. 우부장(右部將) 정운(鄭運) 등이 선두에 서서 먼저 바다로 나오는 왜군의 대선 4척을 공격하여 불사르니, 뒤에 있던 여러 전선들도 함께 돌진하였다. 그러나 3진으로 나누어져 정박 중인 일본수군의 대·중·소선 470여 척은 아군의 위용에 눌려 나오지 못하고 있다가 아군이 돌진하며 맹공을 가하자, 배의 안과 성 안, 굴 속에 있던 왜군은 모두 산으로 올라가 아군에게 총통과 화전을 쏘았다. 아군은 이에 맞서 더욱 맹공을 가하며 종일토록 교전하여 적선 100여 척을 격파하였다. 날이 어둡자 이순신은 육지로 올라가는 것을 포기하고 전함을 돌리게 하였다. 이 싸움에서 적의 피해는 말할 수 없이 컸으며, 아군도 이 해전에서 30여 명의 사망자를 냈으며 특히 녹도 만호鹿島萬戶 정운이 전사하였다. 1593년 다시 부산과 웅천의 적 수군을 궤멸, 남해안 일대의 적군을 완전히 소탕하고 한산도로 진을 옮겨 본영으로 삼고, 그 뒤 최초로 삼도 수군통제사三道水軍統制使가 되었다. 이듬해 명나라 수군이 내원來援하자, 죽도竹島로 진을 옮기고, 이어 장문포長門浦에서 왜군을 격파, 적군의 후방을 교란하여 서해안으로 진출하려는 왜군의 전진을 막아 이들의 작전에 큰 차질을 가져오게 하였다. 그 뒤 명나라와 일본 간의 강화회담이 진행되면서 전쟁이 소강상태에 들어가자, 후일에 대비하여 군사훈련, 군비확충, 피난민 생업의 보장, 산업장려 등에 힘썼다.

이순신: 바르고 고결하고 융통성있는 풍류적 현묘지도의 성정으로 사고와 행동이 자유자재롭다. 하여 공과 과를 잘 분별해 상주고 벌주기나 현실상황에 구국적인 일을 선택함에도 자유자재하다. 이러다 보니 현실 파악이 늦은 탁상공론식 조정으로부터 문책도 당하나, 이 나라에는 유성룡 이원익 같은 명신들도 있어 나라 보존하라고 이순신을 백의종군하게라도 구해 내어 기회를 다시 준다. 이러한 인간 승리 이순신의 힘의 원동력은, 신들을 잘 모시는 모든 제사까지 잘 지내고, 효성스럽고, 충신이고, 과감하면서도 다정다감 자유자재하고 천지인에 성통공완性通公完 했기에 나온다. 즉 평소『삼일신고』같은 한민족 전통 경전의 핵심을 체화한 심신수련의 덕분일 것이다. 이에 힘 입어 조선과 자신을 믿어준 후원자들과 자신을 구한 이순신은 천지인에 담긴 神을 믿으니 사후에 上天에 분명히 조회도 했을 것

이다. 하여, 한국의 전통정신과 문화를 공사적 누란 속에서도 차분히 지켜낸 인간 이순신은 현대 한국인의 자랑스러운 정체성 확립에도 큰 축이 되고 있다.

★ 삶의 기본터인 집안(집안 기본적 닦음과 보고 배운 교육)과, 본인(노력과 수련과 선택)이 산 삶의 기념 합산

▲ 이충무공 사충비(李忠武公思忠碑)

예) 이순신 집안과 본인의 노력과 선택

집안의 닦음: 덕수 이씨[241]이순신 1545(인조 1)~1598(선조 31). 조선 중기의 명장. 본관은 덕수(德水). 자는 여해汝諧. 고려 때 중랑장을 지낸 이돈수李敦守로부터 내려오는 문반文班의 가문으로, 이돈수李敦守의 12대손이다. 아버지는 이정李貞이며, 어머니는 초계 변씨草溪卞氏로 변수림卞守琳의 딸이다. 서울 건천동(乾川洞: 지금의 중구 인현동 부근)에서 출생하였다.

5. "이순신의 백의종군길 – 자기극복의 로드"

이순신의 백의 종군 길을 따라 – 실지로 지자체의 기본 길 표시길을 따르나. 아니면 실내에서 지도 따라긋기로서나 용산민족공원같은 데서 어떤 길을 선정하여 "곤두박질 벗어나기" 식 연극과 함께 공연 체험하면 재미있고 유익할 것이다. 이순신은 멘토들 덕분에 (멍한 동료와 왕으로부터) 생명을 잇고, 나라는 멘토들이 구한 이순신 덕분에 (구사회생) 살았다.

현대인이 배워야 할 이순신 멘토같은 분을 얻는 삶의 신실한 태도? 평상시의 실력연마, 충지한 애국정신, 어울림 속에서도 도덕적 수양, 수신제가 치국평천하 ..

: 이순신의 멘토들 – 유성룡, 이원익, 이항복(직언으로 나라를 구한 중신들)

1596년

8월 초사흘(무술) 맑았다가 이따금 비를 뿌렸다. 지이智伊를 시켜서 새로 만든 활을 써 보게 했다. 조방장과 충청 우후가 와서 함께 활을 쏘았다. 아들들은 육량중六兩重의 활을 쏘았다. 이 날 늦게 송희립과 아들들을 시켜서, 황득중黃得中 · 김응겸金應謙 이들이 기록되어 있는 허통許通하는 서류를 만들어 주게 했다. 오후 8시경부터 비가 오기 시작해서 새벽 2시경에야 그쳤다.[242]

8월 27일(임술) 맑음. 일찍 떠나서 사천에 이르러 점심을 먹고 그 길로 진주를 향하여 체찰사(이원익)를 뵙고 종일 의논했다. 날이 저물 때 목사의 처소로 돌아와 잤다. 김응서도 왔다가 곧 돌아갔다. 이날 어두울 무렵 이용제가 역적의 도당에 관한 편지를 가지고 왔다. 역적의 도당이 있었고 그에 관한 편지를 가지고 의논을 할 이용제도 왔다.[243]

정유년 1597년 4월 1일~12월 30일

☗ 이순신 모함받다

1월의 일기는 기록에 없음

2월의 일기는 기록에 없음

3월의 일기는 기록에 없음

1597년 명 · 일 사이의 강화회담이 결렬되자, 본국으로 건너갔던 왜군이 다시 침입하여 정유재란이 일어났다. 그러자 이순신은 적을 격멸할 기회가 다시 왔음을 기뻐하고 싸움에 만전을 기하였다. 그러나 원균의 모함과 왜군의 모략으로 또 옥에 갇히는 몸이 되었다.

고니시[小西行長]의 부하이며 이중간첩인 요시라要時羅라는 자가 경상 우병사 김응서金應瑞에게 가토加藤清正가 어느날 바다를 건너올 것이니 수군을 시켜 이를 사로잡을 것을 은밀히 알려오자, 조정에서는 통제사 이순신에게 이를 실행하라는 명령을 내렸다. 이순신은 이것이 적의 흉계인 줄 알면서도 부득이 출동하였으나, 가토는 이미 수일 전에 서생포西生浦에 들어온 뒤였다. 이때 마침 조정에서도 영의정 유성룡을 몰아내려는 자들이 있었다. 이순신은 유성룡이 전라 좌수사로 추천한 사람이라, 이를 구실로 먼저 모함당하게 되었다. 또, 그 중에서도 경상우수사 원균 같은 이는 한층 더 노골적인 불만을 가졌던 터라 이순신을 모함하는 소를 올리게 되었다. 상소를 받은 선조는 돌아가는 실정을 정확하게 파악하지 못하여 원균의 상소만을 믿고 크게 노하여, 이순신이 명령을 어기고 출전을 지연하였다는 죄를 들어 벌을 주고 원균으로 하여금 그 직을 대신하게 하였다.

그러나 유성룡은 끝까지 "통제사의 적임자는 이순신밖에 없으며, 만일 한산도를 잃는 날이면 호남 지방 또한 지킬 수 없습니다." 하고 간청하였지만 정세판단에 어두운 선조가 그것을 받아들일 리 없었기에, 이순신을 잡아들이라는 명령만을 내렸다. 이때 이순신은 전선을 거느리고 가덕도 앞바다에 있었는데, 이러한 소식을 듣고 바로 본영인 한산도로 돌아와 진중을 정리하고 원균에게 직위를 인계하였다. 당시 한산도에는 밖에 있는 군량미를 제외하고도 9,914석의 군량이 있었으며, 화약은 4,000근, 총통은 각 선척에 적재한 것을 제외하고도 300자루나 되었다.

이때, 영남 지방을 순시하던 도체찰사 이원익李元翼은 이순신이 체포되었다는 소식을 듣고 "왜군이 두려워하는 것은 우리의 수군인데, 이순신을 바꾸고 원균을 보내서는 안 된다."고 반대하는 치계馳啓를 올렸지만 허사였다.이순신이 서울로 압송되자, 지나는 곳곳마다 남녀노소 할 것 없이 백성들이 모여들어 통곡을 하며, "사또는 우리를 두고 어디로 가십니까. 이제 우리는 모두 죽었습니다" 하였다. 서울로 압송된 이순신은 이미 해전에서 혁혁한 공을 세워 나라를 위기에서 구하였지만, 그러한 공로도 아랑곳 없이 1차 신문訊問 때 한 달여 동안 혹독한 조사를 받았다. 그러나 남을 끌어들이거나 헐뜯는 말은 한마디도 없이 자초지종을 낱낱이 고하였다. 1차 신문으로 몸이 쇠약해지자 우의정 정탁鄭琢의 적극적인 변호로 인해 추가적인 신문을 받지 않게 되었으며, 도원수 권율權慄의 막하幕下로 들어가 두번째 백의종군을 하게 되었다. 남해안으로 향하던 이순신은 중도에서 어머니의 부고를 받고, "세상천지에서 나 같은 일을 겪는 수도 있을까. 일찍이 죽는 것만 같지 못하다."라고 한탄하면서 잠시 들러 성복成服을 마친 다음 슬픔을 이기고 다시 남쪽으로 향하였다. 그 해 7월 삼도 수군통제사 원균이 적의 유인전술에 빠져 거제 칠천량漆川梁에서 전멸에 가까운 패배를 당함으로써, 이순신이 힘써 길러온 무적함대는 그 형적조차 찾아볼 수 없게 되었고, 한산도의 군비는 그 형체를 알아볼 수 없었다. 이순신은 초계草溪에서 이 소식을 듣고, "우리가 믿은 것은 오직 수군인데 그같이 되었으니 다시 희망을 걸 수 없게 되었구나." 하며 통곡하였다.

원균의 패보가 조정에 이르자 조야朝野가 놀라서 어찌할 바를 몰랐고, 왕은 비국대신備局大臣들을 불러 의논하였으나 당황하여 바로 대답도 못하였다. 오직 병조판서 이항복李恒福만이 이순신을 다시 통제사로 기용할 것을 주장하였을 뿐이었다. 이리하여 조정을 기만하고 임금을 무시한 죄, 적을 토벌하지 않고 나라를 저버린 죄, 다른 사람의 공을 빼앗고 모함한 죄, 방자하여 꺼려함이 없는 죄 등의 많은 죄명을 뒤집어 씌워 죽이려고까지 하였던 이순신을 다시 통제사로 기용하지 않을 수 없었다. 이에 선조도 변명할 말이 궁하였든지 교서敎書에서 "지난 번에 경의 관직을 빼앗고 죄를 주게 한 것은 또한 사람이 하는 일이라 잘 모르는 데서 나온 것이오, 그래서 오늘날 패전의 욕을 보게 된 것이니 그 무엇을 말할 수 있겠소." 하며 얼버무렸다. 통제사에 재임용되어 남해 등지를 두루 살폈으나 남은 군사 120인에 병선 12척이 고작이었다. 그러나 실망하지 않고 조정의 만류에도 불구하고 수전에서 적을 맞아 싸울 것을 결심하였다. 명량해전鳴梁海戰에 앞서 장병에게 필승의 신념을 일깨운 다음, 8월 15일 13척(일설에 12척)의 전선과 빈약한 병력을 거느리고 명량에서 133척의 적군과 대결하여 31척을 부수는 큰 전과를 올렸다. 이 싸움은 재차 통제사로 부임한 뒤의 최초의 대첩이며 수군을 재기시키는 데 결정적인 구실을 한 싸움이었다.

명량대첩으로 제해권을 다시 찾고 보화도(寶花島: 목포의 高下島)를 본거로 삼았다가, 다음해 2월에 고금도古今島로 영營을 옮긴 다음, 군사를 옮겨 진鎭을 설치하고 백성들을 모집하여 널리 둔전을 경작시키고 어염魚鹽도 판매하였다. 이로 인하여 장병들이 다시 모여들고 난민難民들도 줄을 이어 돌아와서 수만 가를 이루게 되었으며, 군진軍鎭의 위용도 예전 한산도시절에 비하여 10배를 능가할 수 있게 되었다. 이렇듯 단시일에 제해권을 회복하고 수군을 재기시킬 수 있었던 것은 오로지 이순신의 개인적 능력에 의한 것이었다. 1598년 11월 19일 노량에서 퇴각하기 위하여 집결한 500척의 적선을 발견하고, 싸움을 기피하려는 명나라 수군제독 진린陳璘을 설득하여 공격에 나섰다. 함대를 이끌고 물러가는 적선을 향하여 맹공을 가하였고, 이것을 감당할 수 없었던 일본군은 많은 사상자와 선척을 잃었다. 그러나 선두船頭에 나서서 적군을 지휘하다가 애통하게도 적의 유탄에 맞았다. 죽는 순간까지 "싸움이 바야흐로 급하니 내가 죽었다는 말을 삼가라." 하고 조용히 눈을 감았다.

운명을 지켜보던 아들은 슬픔을 이기지 못하여 그대로 통곡하려 하였으나, 이문욱李文彧이 곁에서 곡을 그치게 하고 옷으로 시신을 가려 보이지 않게 한 다음, 북을 치며 앞으로 나아가 싸울 것을 재촉하였다.

군사들은 통제사가 죽은 사실을 미처 모른 채 기운을 내어 분전하여 물러나는 왜군을 대파하였으며, 모두들 "죽은 이순신이 산 왜군을 물리쳤다."며 외쳤다. 부음訃音이 전파되자 모든 백성들이 애통해 하였다.

이순신은 지극한 충성심, 숭고한 인격, 위대한 통솔력으로 보아, 임진왜란 중에 가장 뛰어난 무장으로 큰 공을 세워 위기에 처한 나라를 구하였을 뿐만 아니라 민족사에 독보적으로 길이 남을 인물이다.

명나라 수군제독 진린도 이순신을 평하여 "유경천위지지재 보천욕일지공有經天緯地之才 補天浴日之功"이라 하여 높이 평가하였고, 이순신의 부음을 접하자 땅을 치며 통곡하였다.

『선조실록』에서 사관史官은 이순신의 죽음에 대하여 "이순신의 단충丹忠은 나라를 위하여 몸을 바쳤고, 의를 위하여 목숨을 끊었네. 비록 옛날의 양장良將이라 한들 이에서 더할 수가 있겠는가. 애석하도다! 조정에서 사람을 쓰는 것이 그 마땅함을 모르고, 이순신으로 하여금 그 재주를 다 펼치지 못하게 하였구나. 병신년 · 정유년 사이 통제사를 갈지 않았던들 어찌 한산도의 패몰敗沒을 초래하여 양호지방(兩湖地方: 忠淸道 · 全羅道)이 적의 소굴이 되었겠는가. 그 애석함을 한탄할 뿐이로다"라고 평하였다.[244] 백의종군길

4월 3일 맑음. 일찍 남쪽으로 길을 떠났다. 금오랑 이사빈, 서리 이수영, 나장 한언향은 먼저 수원부에 도착했다. 나는 인덕원에서 말을 먹이면서 조용

히 누워 쉬다가 날이 저물어서 수원으로 들어갔다. 경기관찰사 홍이상의 수하에서 심부름을 하는 이름을 알 수 없는 군사의 집에서 잠을 잤다. 신복룡이 우연히 수원에 왔다가 내 행색을 보고는 술을 준비해 갖고 와서 나를 위로했다. 수원부사 유영건이 나와서 만났다.

4월 4일 맑음. 일찍 길을 떠나 독성(경기도 수원시 태안읍 양산리)아래에 이르니, 반자 조발이 술을 준비해 막을 치고 오산 황천상의 집에서 기다리고 있었다. 취하도록 마시고 길을 떠나 진위(경기도평택군 진위면 봉남리)를 거쳐 냇가에서 말을 쉬게 했다. 오산에 이르러 황천상의 집에서 점심을 먹었다. 황천상은 내 짐이 무겁다고 말을 내어 실어보내니 고마울 뿐이다. 수탄을 거쳐 평택 이내은손의 집에서 투숙을 했는데 대접이 매우 은근했다. 자는 방이 몹시 좁은데 따뜻하게 불까지 때서 땀을 흘렸다.

4월 5일 맑음. 나라에 실망과 섭섭함으로 힘빠지게 백의종군하러 가는 길이지만, 이순신은 선산과 외가와 조상의 사당, 장인장모 신위, 제수의 사당까지 등등에 두루 참배의식을 신실하게 행하는 모습을 볼 수 있다. 물론 자신의 섭섭하고 기막힌 나라일이라 말 못하는 숨은 속을 곡을 하며 절을 하며 하소연하기도 했을 것이다. 자신의 처지가 평상의 궤를 벗어난 백의종군의 시간이라도, 보통 사람들은 하지 않고 제외하는 제수의 사당까지 참배하는 자상함과 의례를 중시하는 평정심을 잃지 않는 위대한 면모를 볼 수 있다.

해가 뜨자 길을 바로 떠나서 선산先山에 이르렀다. 두 번이나 들불이 나서 불에 타 버린 나무들의 모습은 차마 볼 수가 없었다. 무덤 아래에서 절을 하고 곡을 하는데 한참 동안 일어나지 못했다. 저녁이 되어 내려와서 외가外家에 가서 사당에 절했다.

그 길로 조카 뇌의 집에 이르러 조상祖上의 사당에 곡哭을 하면서 절했다. 남양아저씨가 별세했다는 말을 전해 들었다. 저물녁에 우리 집에 이르러 장인과 장모님의 신위 앞에 절하고, 곧 작은 형님(요신)과 아우 우신의 처인 제수의 사당에도 다녀왔다. 밤에 잠자리에 들었으나 마음이 좋지 않았다.[245)]

4월 6일 맑음. 멀고 가까운 친구들이 모두 와서 만났다. 오랫동안 보지 못했던 회포와 정을 다 풀고 갔다.

4월 7일 맑음. 금오랑(이사빈)이 아산현에서 왔다고 하므로 내가 나가서 극진히 대접했다. 홍찰방, 이 별좌, 윤효원이 와서 만났다. 금오랑은 변홍백의 집에서 잤다.

4월 8일 맑음. 아침에 신위를 모시고 돌아가신 남양 작은 아버님叔께 곡하고 상복을 입었다.

저녁에 변홍백의 집에 가서 이야기를 나누었다. 강설장이 세상을 떠났다고 하므로 나는 가서 문상했다.

그 길로 홍석견의 집에 들렀다. 저녁에 변홍백의 집에 가서 금부도사를 대접했다. 일정이 매우 바쁜 중에도, 사람으로, 친족으로, 직장 동료의 죽음과 그에 따른 예는 다 갖추는 공의 모습에서 많이 배운다. 상복을 입고 소문하고 그 다음은 금부도사를 또 대접하는 굴곡 있는 일들을 무리없이 잘 대처하는 모습에서도, 공의 자유자재로운 마음에서 우러나는 능력을 볼 수 있다.

4월 9일 맑음. 동네 사람들이 각기 술병을 갖고 와서 멀리 떠나가는 길을 위로해 주었다. 인정상 거절하지 못하고 받아 마시니 매우 취해서 헤어졌다. 홍군우가 노래를 불렀다. 이 별좌도 노래를 불렀다. 나는 노래를 들어도 조금도 즐겁지가 않았다. 금부도사는 술을 잘 마시면서도 실수가 없었다.

예나 지금이나 민심이 천심이고 인심이다. 또한 술과 노래 좋아하는 한민족이라, 위로에는 술이 자주 애용되는 것도 매 마찬가지이다. 백의종군 길에 '...나는 노래를 들어도 조금도 즐겁지가 않았다'

정유丁酉(1597년)

8월 27일(임술) 맑음. 일찍 떠나서 사천에 이르러 점심을 먹고 그 길로 진주를 향하여 체찰사(이원익)를 뵙고 종일 의논했다. 날이 저물 때 목사의 처소로 돌아와 잤다. 김응서도 왔다가 곧 돌아갔다. 이날 어두울 무렵 이용제가 역적의 도당에 관한 편지를 가지고 왔다. 역적의 도당이 있었고 그에 관한 편지를 가지고 의논을 할 이용제도 왔다.[246)]

정유년 1597년 4월 1일~12월 30일

☗ 이순신 모함받다

1월의 일기는 기록에 없음

2월의 일기는 기록에 없음

(% 1597년 2월 이순신은 조정의 명을 거역했다는 누명을 쓰고 서울로 압송되었다)

3월의 일기는 기록에 없음(% 원균의 모함으로 3월 3일에 이순신은 가토 기요마사를 치라는 조정의 명령을 거역했다는 죄로 수군통제사직에서 파직되고 감옥에 하옥되었다)

4월 1일에 백의종군 명을 받고 풀려났다.(원균이 대패하자 그 실패로 무기가 거의 없어져 이순신에게 맡기면서 조정이 말려도, 이순신은 12척의 배로 134척의 일본군 배를 맞아 싸워 대승했다. 다음해 철군 왜병과 노량에서 싸우다 유탄에 맞아 돌아가시다.)

☗ 1597년 2월 이순신은 조정의 명을 거역했다는 누명을 쓰고 서울로 압송되었다.

3월 3일에 이순신은 가토 기요마사를 치라는 조정의 명령을 거역했다는 죄로 수군통제사직에서 파직되고 감옥에 하옥되었다가, 28일 만인 4월 1일에 풀려나 백의종군하라는 명을 받고 경상남도로 향하던 중, 선산과 집이 있는 아산에 가서 조상의 묘와 사당에 인사를 고하면서 며칠을 묶고 있었다. 그 때 여수에 머물고 있던 변씨 부인은 아들이 전라 좌수사에서 해임되고 서울로 압송된 후(백의 종군으로 풀려나 아산에 잠시 묶고 있는 지도 모르고) 본가가 있는 아산을 향해 배편으로 가던 중에 아들을 보지 못하고 4월 11일 배 위에서 임종했다.

정유1597년 4월 13일에 아산에서 어머니의 부고를 듣고

뛰어나가 가슴을 치면서 뛰고 궁그니 하늘의 해도 캄캄하다. 즉시 해암(蟹巖, 아산시 인주면 해암2리)으로 달려가니 어머니가 승선해 있던 배가 벌써 아산 해암 선창에 도착해 있었다. 길에서 바라보는 애통함은 이루 다 기록할 수가 없다.(다음날 대략 적었다) 15일에 입관하고 16일에 배를 중방포中方浦로 옮겨 영구를 상여에 싣고 아산 집으로 와 빈소를 차렸다.

이순신은 4월 19일(기묘)

도원수 권율 장군이 있는 경상남도 합천을 향해 다시 백의종군 길에 나섰다.

4월

13일(계유) 맑음. 일찍 밥을 먹고 어머님을 마중하려고 바닷가로 가는 길에 홍찰방의 집에 들러 잠깐 이야기하고 있는데, 울이 종 애수를 들여보내어, 아직 배가 온다는 소식이 없다고 한다. 또 들으니 황천상이 술병을 들고 변홍백의 집에 왔다고 한다. 홍찰방과 작별하고 홍백의 집으로 왔더니 조금 있다가 종 순화가 배에서 와서 어머님의 부음을 전했다. 뛰어나가 가슴을 치면서 발만 동동 굴렀다. 하늘의 해도 캄캄했다. 즉시 해암(아산군 인주면)으로 달려가니 배가 이미 와 있었다. 길에서 바라보는 그 애통함은 이루 다 기록할 수가 없다.(뒷날에 대략 내용을 적었다)

내 자신의 삶에서 "이순신의 백의종군길-자기극복의 로드"의 의미는 삶에서 실제로 있을 수 있는 엄청난 뒤틀림이 있을 때, 이순신의 삶에서 두 번의 곤두박질인 두 번의 장군에서 백의장군으로 곤두박질 치는 억울한 실상을, 극단적인 선택을 하지 않고 벗어나는 지혜와 평상시 지지기반 준거집단을 확보하는 삶의 바른 태도를 다시금 되새기고, 나를 가다듬고 실천하는 지혜를 되새기며 또 되삭이는 것이, 바로 나의 문제로 받아들이는 지혜인 것이다.

아둔한 정치지도자 나라의 운명=국민은 고통스런 아비규환의 운명

"만약 이순신을 병신년과 정유년 연간에 통제사에서 체직(백의종군)시키지 않았더라면, 어찌 한산閑山의 패전을 가져왔겠으며 양호兩湖가 왜적의 소굴이 되었겠는가. 아, 애석하다."

– 〈선조 실록〉 선조 31년(1598년) 11월 27일, 사관의 논평

1597년 원균의 모함으로 옥에 갇혀 백의종군 했으나 다시 풀려나 명량해협에서 12척의 배로 134척의 왜군함대를 이기는 대승을 거두었다.

1598년 본국으로 철수하는 왜군과 노량에서 싸우다 유탄에 맞아 돌아가시다.

★ 드론 100대가 동원된 '드론 라이트 쇼'가 펼쳐져 4차 산업혁명과 연계해 새로운 시도로서 축제의 절정 여수 거북선 축제 '드론 라이트 쇼' 절정 제53회 여수 거북선 축제가 5일 성황리에 막을 내렸다.

2019년 문화관광 육성축제이자 전라남도 대표축제인 여수 거북선 축제는 이순신광장과 선소 일원에서 '진남호국의 얼, 만세 불빛이 되다'는 주제로 펼쳐졌다.

특히 지난 3일 막을 올린 이후 첫날 방문객이 문화관광체육부 방문객 집계 기준 9만 2,000여 명을 돌파하는 등 관광객들의 인기를 끌었다.

이날 개막식에는 김영록 전남지사, 권오봉 여수시장, 주승용 국회 부의장, 이용주 · 최도자 국회의원, 서완석 시의회 의장, (사)여수진남 거북선축제 보존회 임용택 이사장, 제 52회 소년 이순신 여예찬 군 등이 참가했다. 축제 대표 프로그램인 통제영 길놀이는 해양경찰 교육원 의장대 사열을 시작으로 서교동 로터리에서 이순신광장까지 펼쳐졌다.

이번 길놀이에는 여수석유 화학고 취타대, 여수북놀이, 국제 자매우호도시 대표단, 26개 읍 · 면 · 동 등 53개 팀 4,500여 명이 참여해 완성도 높은 공연을 선보였다. 관내 9개 초등학교 학생 1,400여 명이 길놀이에 함께해 축제 분위기를 띄웠다.

3일과 4일 오후에는 패밀리 테마존에서 드론 100대가 동원된 '드론 라이트 쇼'가 펼쳐져 4차 산업혁명과 연계해 새로운 시도로서 축제의 절정을 이뤘다. 이번 쇼에는 이순신장군, 거북선, 해전진법, 축제명 등을 형상화해 관광객들에게 깊은 인상을 남겼다. (홍성표 기자, 2019.05.06 17:30)

☢ 위대한 한국인의 세계적인 한국전통문화

유네스코 지정 한국의 세계유산

세계유산

• 석굴암과 불국사 • 종묘 • 해인사 장경판전 • 수원 화성 • 창덕궁
• 경주역사유적지구 • 고창 · 화순 · 강화 고인돌유적 • 제주화산섬과 용암동굴
• 조선 왕릉 • 한국의 역사마을(하회와 양동) • 남한산성 • 백제역사유적지구
• 산사山寺

인류무형문화유산

• 종묘제례와 제례악 • 판소리 • 강릉단오제 ㅇ남사당놀이
• 제주 칠머리 영등굿 • 영산재 • 가곡 • 아리랑 • 농악 • 강강술래
• 처용무 • 대목장 • 매 사냥술 • 줄타기 • 택견 • 한산모시 짜기
• 김장문화 • 제주 해녀문화

세계기록유산

• 조선왕조실록 • 훈민정음 해례본 • 불조 직지심체요절 하권 • 승정원 일기
• 해인사 팔만대장경판 및 제경판 • 동의보감 ㅇ5.18민주화운동 기록물,
• 난중일기 • 일성록 • 한국의 유교 책판 • 국채보상운동 기록물
• 조선통신사 기록물 • KBS특별생방송 이산가족을 찾습니다
• 새마을운동 기록물

명 銘

서애 유성룡

독침불괴금명獨寢不愧衾銘
혼자누워서도(자신에게) 이불에 부끄럽지 않도록 새기자

깊은 밤 깜깜한 때는
상제가 나에게 임하신다
사람이 보지 않는 곳에는
신명이 살피고 있다.
모를 것이라 말을 말라
그 동기는 아주잘드러난다.
성의가 중심에 심어지면
모든 것이 도리에 맞게 움직여진다.
게으르고 간사한 나쁜 행동을
어찌 나에게 있게 하리요.

잠깐이라도 조심을 않으면
모든 잘못이 나에게 온다.
내게 있는 내 마음
밝고도 신령하다.
한 번이라도 잘못이 있으면
양심이 편치 않네
어찌 남이 알아야 만이
굳이 부끄러울가.
이래서 군자들은
행여나 잘못될까 자나깨나 걱정이네

낮이면 분주하다가
밤들어 쉬게 된다.
조심하고 또 조심하여
상제의 법칙대로 따를지어다.

무엇이 나쁘냐고 하지를 말라
그 사특한 것이 싹이 튼다.
숨기려는 것보다 더 잘 보이는 게 없고
작은 것보다 더 잘 드러나는 게 없다.

....

신은 삼가 명을 써서 아뢰옵니다. 감히 가까이 모신 분께.

고전국역총서 122, 유성룡, (국역)서애집①, 솔, 1982, 420~1쪽, 국립중앙도서관.

제3장

소서노 어라하 만수 대신이여 !

"추모는 왕 노릇을 좋아하지 않아(광개토호태왕비문)"소서노 어라하가 왕이었다. 민요 성주풀이 '어라 만수'는 어라하 만수로!

第3장. 소서노 "어라하 만수!" 대신이여!

"추모는 왕이 되기를 바라지 않아(광개토호태왕 비문)"소서노 어라하가 왕이었다. **하여 광개토호태왕이 만든 벽화 견우직녀도 – 견우는 땅의 남자, 직녀는 하늘의 왕비 환인과 공동 건국주 '막지' – 한민족 역사 변혁기마다 나타나는 한국의 여성들!**

환국 막지~ 단군조선 웅녀~ 고구려백제 소서노~ 발해 기질~ 일제시 고판례

"소서노 어라하 " : 꿈과 인고와 축원의 축이 되다.

시놉시스

작품에 대한 개요

막지는 노자님 덕에 부분이라도 살펴 보았고, 웅녀님은 개천한 거발한 환웅 1565년 후, 18내 마시박 거불단 환웅의 여인 왕검의 어머니이니 (조선건국 년도가 B.C.E. 2333이니) 왕검 단군의 탄생 후 38세에 왕이 되고 나라 '조선'을 선포한다. 문자역사가 흔하게 쓰이지 않던 시대에 쓴 이야기들이니 역사축소형으로, 원시적 상태에서 선진남자를 만나 왕검을 낳아 오늘날 우리 한국인이 있게 한 여성으로 그려져 있다. – 좀 더 많은 확실한 고증자료를 갖춘 후에 만들기는 꼭 만들어야 한다. 다음으로 미룬다.

1. **소서노 어라하**는 한민족에게 고구려 백제를 가져다 준 장본인으로 세계최고의 여대왕(단재 신채호, 『조선상고사』)이다.
2. **기질 국무는 발해** 멸망 100여년 전 이미 백성들을 안전한 곳으로 대피케 하고 안전한 삶터로 이주시킨 최고의 민족지도자 여성이다.(발해 멸망 926년 백두산 폭발 946년(고려사))
3. 고판례 국무는 사촌 차경석과 일제식민지 하 조선백성 1/3을 항일 독립운동으로 하나가 되게 한 (신령스런 기적과 어머니같은 따뜻한 품성으로 백성들을 보살핀) 최고의 민족종교 여성지도자이다.

1. 소서노 어라하는 "한민족에게 고구려 백제(십제)를 안겨준 세계에도 유례가 없는 나라를 두 세 개나 세운 최고의 여대왕이다."(신채호)

"추모는 왕 노릇을 싫어했고 (소서노가 떠난지 6개월만에) 죽다" 18~20살의 추

모는 정적인 왕보다는 야전 사령관격의 역할이 좋았다. 왕은 부족장 즉 최고 지도자의 역할을 해 본 소서노 어라하 몫이었다. 소서노 어라하는 자신감 있게 따르는 열신하 백성들을 데리고 가서 십제十薺 (백제로 개칭)를 잘 건국하고 20대 아들들에게 어린 추모에게 했듯 제왕 수업을 한다. **하여 광개토호태왕이 만든 벽화 견우직녀도 - 견우는 땅의 남자, 직녀는 하늘의 왕비**

2. "추모는 왕이 되기를 바라지 않아(광개토호태왕비문)"소서노 어라하가 왕이었다.

惟昔始祖鄒牟王之創基也出自北夫餘天帝之子母河伯女郎剖卵降世生而有聖 ㅁㅁ ㅁㅁㅁㅁ命駕」

巡幸南下路由夫餘奄利大水王臨津言曰我是皇天之子母河伯女郎鄒牟王爲我連葭浮龜應聲卽爲」

連葭浮龜然後造渡於沸流谷忽本西城山上而建都焉不樂世位因遣黃龍來下迎王王於忽本東履」

옛 시조始祖 추모왕鄒牟王이 나라를 세웠는데 (王은) 북부여北夫餘에서 태어났으며, 천제天帝의 아들이었고 어머니는 하백(河伯 : 水神)의 따님이었다. 알을 깨고 세상에 나왔는데, 태어나면서부터 성聖스러운 … 이 있었다(5字 不明). 길을 떠나 남쪽으로 내려가는데, 부여의 엄리대수奄利大水를 거쳐 가게 되었다. 왕이 나룻가에서 "나는 천제天帝의 아들이며 하백河伯의 딸을 어머니로 한 추모왕鄒牟王이다. 나를 위하여 갈대를 연결하고 거북이 무리를 짓게 하여라"라고 하였다. 말이 끝나자마자 곧 갈대가 연결되고 거북떼가 물위로 떠올랐다. 그리하여 강물을 건너가서, 비류곡沸流谷 홀본忽本 서쪽 산상山上에 **성城을 쌓고 도읍都邑을 세웠다. 왕이 왕위에 싫증을 내니,** (하늘님이) 황룡黃龍을 보내어 내려와서 왕을 맞이하였다. (이에) 왕은 홀본忽本 동쪽 언덕에서 용의[88] 머리를 디디고 서서 하늘로 올라갔다.

이 설화는 " (하늘님이) 황룡黃龍을 보내어 내려와서 왕을 맞이하였다. (이에) 왕은 홀본忽本 동쪽 언덕에서 용의[89] 머리를 디디고 서서 하늘로 올라갔다." 훗날 장수왕 대에 평양으로 천도하면서 그대로 옮겨간 듯한데, **황룡이 기린으로 바뀌는 등의 과정을 거쳤다.** 부벽루 참조. - 타고 부벽루를 거쳐 동암문으로 올라와 내성벽에 연속 되는데 둘레가 7809미터로 이성안에는 392년...구제궁과 동명왕이 기린마를 길렀다는 기린굴, 동명왕이 승천하였다는 조천석 등이 있다...[90)]

동명성왕東明聖王 / 추모성왕鄒牟聖王 / 동명왕東明王 / 추모왕鄒牟王 / 중모왕中牟王 / 성씨 고高 / 해解 휘: 추모鄒牟 / 추몽鄒蒙 / 주몽朱蒙 / 중모中牟 / 도모都牟 / 도모都慕 / 중해衆解 / 상해象解 왕후: 부인 예씨禮氏, 소서노召西奴, 월군녀越郡女[91)] (일본에서는 추모를 중모왕中牟王/ 중모中牟 / 도모都牟 / 도모都慕로 지칭한다)

- 기획의도: **나라를 3개나 세운 여대왕 소서노(신채호) 어라하의 능력 – 여성적 리더쉽에 홍익적 리더쉽은 오늘날도 유용하다. 세계에 나라를 2~3개나 세운 여성도, 남성도 없었다. 현대 정치인에 고갈된 마음정치의 핵을 알 수 있게 한다. 추모에 반해 소서노는 여성이라는 이유로 왕보다는 왕비로 주로 평가되고 있다.**
- 등장인물: **나, 소서노 어라하, 언니,여동생, (그림자군: 비류와 온조, 추모, 유리) 〈번조선왕 기준〉, 그의 중신 연타발 소서노의 아버지, 실크 로드 – 소금산 주인, 추모, 유화부인, 예씨부인, 유리 광개토호태왕(벽화 제작에 지시하는 내용)의 유언을 받고 호태왕비를 준비하는 장수왕**

– 이 컨텐츠에서 비틀기는 가부장제적 사관들에 의해 왜곡 축소된 소서노 어라하와 과대 포장된 추모상을 바로 잡는 것이다. 또한 나라를 세우는 게 집을 이사를 가든지 어디서든지 삶터를 다시 꾸리고 자식둥지를 만드는 까치집에서 살림짓는 능력을 가진 여성상 – 어디서든 살림을 찾아 생명을 살리는 사람 살리는 것이 여성의 특기이다.

추모는 (그림자군: 소서노보다 8살 어리고 가진 게 전혀 없는, 야전 전문 장군

- 특기사항: 맥궁 활쏘기이다. 그림자나 부수적 인물이다. 하여 소서노 떠나고 '왕위도 싫증을 내며' 6개월만에 죽는다.

'나'의 꿈의 파티 – 추모가 소서노를 다시 만나 하고 싶은 말

다이아나 비가 남편을 다시 만나 하고 싶은 말들을 한다.

세기적 해원식이다. 해원식에 있어야 할 사제도 등장한다.

• 우태 소서노 추모 예씨 부인 – 소서노가 교역하는 삼종 신기들

• 영국 찰스 황태자와 – 다이아나비 – 연상의 재혼 부인

• 프랑스의 나이 어린 현 대통령 마크롱과 부인 브리짓

%일본 신왕과(천황) 외교관 부인과 삼종 신기 기사

% 최연소 프랑스 대통령 "마크롱"과 24살 연상의 아내 "브리짓"의... 예로 현 프랑스 대통령 "마크롱" 역시 자신의 기분에 솔직한 연애를 구가한 인물 중의 하나, 나이 차이가 엄청 많이 나는 부인(유부녀)과 어떤 성숙의 과정과 갈등 촌극이 있었을까 ...[92)]

줄거리 "소서노는 첫 남편 우태를 사랑했다. 비류와 온조라는 아들이 둘 있었는데 우태가 전쟁에 나가 죽었다. 8살 어린 20살의 추모가 만난 여왕 어라하는 28살의 지적 사회적 경제적 권력적 정치적으로 풍성한 여왕이었다. 소서노가 다른 나라를 세우러 자신의 아들 둘과 10 신하들과 백성들을 데리고 떠나자 '왕노릇에 싫증을 내며' 죽게 되었다. (광개토호태왕 비문)" 앞 뒤를 볼 때 실상은 소서노 어라하가 왕이었다. 추모가 소서노를 '어라하' 라 불렀다. (삼국사기)하여 태자를 임명하고 나라의 기틀을 다지는 시절의 광개토호태왕이 만든 벽화 견우직녀도에도 – 자신의 조상들을 기리는 천상 벽화에 나타나는 추모, 견우는 땅의 남자, 직녀 소서노 어라하는 하늘의 왕비로 그려졌다.

추모는 부여에 있을 대 당한 상처와 고구려 건국시의 잦은 전투로 몸이 상해 힘들었다. 하여 소서노 어라하와 상의하여 부여에 두고온 예씨부인과 유리를 불러 들였다. ※ 구체적인 시나리오는 소서노 어라하의 다음에 소개한다.

청동 삼족오 제기祭器 주전자에 새겨진 글씨 – 뒷 조각상은 소서노 어라하와 추모(의 처음 만났을 때 모습 요동 집안 오녀산성에서 구입)과 고구려 건국 초기 야전장군 시절의 두 모습)

제4장

조조의 연인 천재 문자학자 채문희 환생하다

제4장. 조조의 연인 천재 문자학자 채문희 환생하다

시놉시스[93)]

작품에 대한 개요 ★

(일찍이 구석기부터 사람을 살아 온 문자文字의 오랜 흔적들을 가지고) 조조는 일찍이 지적이고 다재다능한 문자 학자이며 채옹의 딸이며 문신인 채문희를 연모했다. 혼란한 시절이라 문희는 어느날 북방족에 포로로 잡혀 갔고 거기서 왕비로 지내며 아이 둘을 낳았지만 (조국에 대한 그리움에 젖어 사는데 – 진나라 영정의 어머니 미열황후와 같은 처지이다) – 조조가 문희를 찾던 중에 그 상황을 듣고 힘과 재물로 조국으로 귀환할 수 있게 하였다. 문희와 만나던 젊은 시절에 문화예술적 지자인 조조는 이미 정치적 야망으로 다른 사람이 되어 있어, 조조는 문희의 마음에서 자신은 이미 떠난 사람임을 알고 실망하면서도 다른 남자를 권유하여 결혼하게 한다. 그리고 조조는 아버지 채옹의 귀한 책들을 줄 것을 요구하나, 어려운 세월에 거의 소멸되어 채문희의 기억으로 되살릴 수 있는 것들을 적어 보내준다.... 몇 생을 지나다, 현대의 한국 문자학자로 남자로 환생한다. 전생이 천산 쿠차의 문객이었던 시절과 돈황에서 알타이에서 노래를 부르는 가수로도 AD 3세기경 채문희 시절, 인도 여자 천문 주술사, 남자 문자 주술사, 문자학자로 쭈욱 살아온 몇 겁의 삶을 살 때의 임상체험을 한다. **수용자들은 그 과정에 필수적인 문자 역사와 어원을 배운다.** 약 11,000년전 상원 갑자년 환인의 부인 막지도 천문과 문자를 안다.

- 기획의도: 문자의 창조 변화 과정과 그 과정에서의 한국인의 역사와 중요 역할 인식과, 여성의 삶의 자각과 신적인 존재에 대한 지각.
- 등장인물: 전생 인물 막지, 문자(문희)씨, 조조, 채옹, 채옹의 딸 채문희, 왕과 놓고 온 아이 둘 – 현생에서의 언니 크샤트리아 문자 학승, 강상원 박사(범어연구자), 자신이 채문희의 후신같다고 여기는 현대문자학 전공박사 남자(문자해설가 역).
- 줄거리: 문자씨는 현대의 한국인, 지적으로 왕성한 양심적 문자 교수였다. 과

거 어느날 혼자 미국 여행을 가서 혼자 운전하고 가던 차가 절벽에서 떨어지는 사고를 겪는다. 다행히 나무가 차에 걸려 아슬하게 있다가 구조되어 병원에서 살아났으나 – 절벽에 떨어져 나무에 걸리는 그 기막힌 (이렇게 죽는구나 하는 짧은) 순간에 자기에게 나타나 구해 주겠다는 어떤 神같은 누군가를 보고 기절한다. 응급팀이 오는 동안 기절해 있었고, 병원에서 헤매는 7일동안 자신의 과거사 – 구석기시대에 결승을 하던 기억, 천산 쿠차 막지 시절의 태호 복희씨로 녹도문을 개량하여 용서龍書를 만들던 시절, 글자를 뜨거운 청동에 새기다 데인 시절, 조조의 삼국시대 채문희 시절(애기를 둘 이국에 떼어 놓고 오다), 인도 여자 천문 주술사, 조선시대에는 애기를 못 낳는 여성으로 고통을 받는 삶의 시대, 다음에 또 문자학자로 살아 온 몇 겁의 삶을 살 때의 임상체험을 한다. 꿈에서 글을 만든 '글'이라는 사람을 찾다가 절벽에서 떨어지며 꿈을 깨다. 그것이 또 평생의 일로 생각하며 웃는다. – 일 중독증

1. 문자가 창제되기 전에는 주로 결승문자(結繩文字: 노끈문자)가 사용되고 있었다. 동아시아 – 이것은 남미 인디언, 잉카제국에서도 통용되었다. (B.C.E. 2,000 ~ 1,500년경의 **도화문자圖畫文字)** 배달국에서는 숫자로서 산목算木이 통용되었고 14세 자오지 환웅 천황 때는 화서(花書: 佃目)가 만들어져 사용되었다 〈img/src=http://www.scjnet.co.kr/int/chan/munja1.jpg〉 자오지 환웅 천황의 동방 통일전쟁이 끝난 뒤에는 이전부터 개량돼 오던 신지 문자(녹도문)가 중원에도 전해졌는데 이것이 바로 창힐문자(倉頡文字: 鳥跡書)이다.
2. 남해군 낭하리에 계곡 바위의 신지문자 녹도문자 – 평양 법수교 아래 신지문자 신시배달 건국 이전 때부터 우리 민족은 이미 문자생활을 영위하였고 그 종류도 다양했다. 배달나라 세울 때 이미 전문가 3000명이 거발한 환웅과 함께 했다. 전문가들의 소통도구는 어떤 형태든지 문자의 역활을 한다. 배달국 환웅천황은 신지神誌 혁덕赫德에게 명하여 녹도문(鹿圖文:·神誌文字)을 창제하였다. B.C.E. 39~38세기 경에 창제된 이 녹도문은 이집트 상형문자(B.C.E. 3000

년경), 수메르 설형문자(楔形文字: cuneiform script, B.C.E. 3000년경)보다 몇 세기 앞서는 세계최초의 문자이다. 환단고기에 인용된 대변설의 주에 이르기를 "남해군 낭하리에 계곡 바위 위에 신시의 고각(古刻)이 있다. 그 글에 환웅 천황께서 사냥을 나왔다가 제를 삼신께 드린다고 했다" 그 개량된 형태가 1942년에 발행한 영변지에 실려 있다. 환단고기의 저자 계연수 선생이 평안북도 영변군 묘향산에서 천부경이 새겨진 옛 비석을 발견한 내용과 더불어 신지 전자篆字를 옮겨 놓은 것이다. 환단고기를 세상에 공개한 이유립 옹도 저서『대배달민족사』에 평양 소재 법수교 고비古碑라고 밝히면서 신지 전자篆字를 소개해 놓았다. 그밖에 구한말 서예의 대가인 김규진이 저술한 서법진결書法眞訣과 백두용白斗鏞 편, 해동 역대 명가 필보海東歷代名家筆譜에도 신지 전자가 실려 있다. 5세 태우의 환웅 천황의 막내아들 태호 복희씨가 녹도문을 개량하여 용서龍書를 만들고 이것을 주양朱襄씨가 육서六書로 남겼다고 한다(朱壤仍舊文字而始傳六書). 이것이 이른바 삼황오제 시대의 상고금문上古金文이다. 상고금문이 한민족의 언어를 바탕으로 만들어진 사실을 밝혀내고 그 문자들을 만들어 사용한 주체가 한족漢族이 아니라 동방 조선족이라고 단언하고 있다. (김대성 엮음, 금문의 비밀 참고 - 최근 중국 곳곳에서 은나라 갑골문 이전의 문자들이 발굴되고 있는데 이것을 집중 연구한 중국학자 낙빈기駱賓基는 자신의 저서 금문신고金文新攷에서)

3.... 금문金文이란 문자가 창안된 역사시대 이후부터 지금까지 각종 나무류와 동물의 껍질, 뼈다귀, 돌, 금속에 새겨진 글자를 총칭한다. **시대별로 상고금문(上古金文?五帝金文: 삼황오제 시대로부터 하夏왕조 때까지의 문자),**

4. 예맥족(동이족) 창힐의 창힐문자는 복희?주양씨 이래 중원지역에서 사용되던 옛 문자六書와 뒤섞여 → 은나라 갑골문의 뿌리가 되었다. 갑골문자는 맥족(동이족)인 은나라 사람이 만들었지만 현대 중국어의 어순과 비슷하다고 한다.

5. 단군조선에는 별도의 문자가 사용되고 있었다. 하나는 가림토加臨土문자, 하나는 신시 때부터 사용되던 신지문자이다.

6. 은주금문(殷周金文: 은殷나라 갑골문, 주나라 대전大篆), 춘추금문(春秋金文: 진시황 때의 소전小篆)으로 나눌 수 있다.[94] 맥족(동이족) 은나라 갑골문 → 창힐문자

7. 상고금문은 은殷나라의 갑골문甲骨文, 주周 나라의 대전大篆, 진秦나라의 소전小篆을 거쳐 B.C.E. 3세기 한조漢朝 때 한자漢子로 완성되었다. [95]현재 창힐의 고향 백수현 사관촌(산동반도 지역)에서는 창힐문자가 발견되고 있다. 위 사진의 중간에 있는 창성 조적서비倉聖鳥跡書碑에 새겨진 글이 창힐문자이다. 창힐은 실상은 자오지 환웅 천황의 제후로서 배달국 문자 녹도문鹿圖文을 서방에 전하여 동서문화 통합을 시도한 동이족이었다. 그런데, 헌원의 신하로 새 발자국을 보고 문자 조직서鳥跡書를 최초로 발명한 사람으로 잘못 알려져 있다. 창힐문자가 배달국 녹도문과 모양이 같은 것은 이 때문이다. 창힐문자는 복희?주양씨 이래 중원지역에서 사용되던 옛 문자六書와 뒤섞여 은나라 갑골문의 뿌리가 되었다. 갑골문자는 동이족인 은나라 사람이 만들었지만 현대 중국어의 어순과 비슷하다고 한다. 당시 중국은 화하족(중국 한족)과 동이족이 융합되는 과정에서 한족漢族의 언어체계로 통합되었기 때문이다. 중국사서의 고전古典인 사마천의 사기史記의 기록에 의하면 은나라가 망하고 은나라 왕실의 기자箕子가 은나라 유민과 단군조선으로 도망쳐 왔다고 하며 지금의 난하유역에 정착했다. 그는 단군조선에서 사용되던 신지문자보다 개량된 다소 형태라고 할 수 있는 갑골문자를 들고 와 유통시켰다. 당시 단군조선에는 별도의 문자가 사용되고 있었다. 하나는 가림토加臨土문자, 하나는 신지문자이다. 요녕성 여대시 윤가촌에서 출토된 토기의 접시 부분에는 단군조선 시대에 사용되던 신지문자(녹도문)가 새겨져 있다. 그런데 서토지역과 교역이 활발해지면서 갑골문 및 주周나라의 대전(大篆: 갑골문을 개량한 주나라 문자) 사용이 빈번해지자 한수漢水사람 왕문(王文, B.C.E. 9C)이 부예(符隸)를 만들고 B.C.E. 865년 천왕에게 건의하여 삼한에 이두법을 시행하기에 이른다. 상고금문은 은殷나라의 갑골문甲骨文, 주周나라의 대전大篆, 진秦나라의 소전小篆을 거쳐 한조漢朝 때 한자漢子로 완성되었다.[96]
8. 사투리=(크)샤트리아인도에는 여러 언어가 존재하며 범어 또는 산스크리트어도 인도 북부지방의 언어 중의 하나이다. **산스크리트어 중에서 실담(or 싯담)어는 왕족들이 사용하던 언어였으며 그 명칭이 크샤트리아Ksyatria라고 하는데 '크'는 묵음이 되어 일반적으로 샤트리아로 부른다는 것이다. 바로 우리말의 '사투리'가 실제로는 왕족의 언어라는 뜻이다. 산스크리트어 사전 표지**

에 "Sanskrit Language Cognate Indo – European Language " 라고 적힌 것을 보면 " 인도유럽어의 기원 산스크리트어" 라고 적고 있기 때문에 산스크리트어가 인도의 언어가 아니라는 뜻도 포함되어 있다고 보는 것이고 또한 그리스어, 라틴어, 영어, 프랑스어, 스페인어 등의 모체가 된다는 뜻이기도 하고, 현재 우리나라의 사투리와 같으므로 우리말의 기원이기도 한 것이다. 강상원박사의 저서 "왕손정통 언어복원王孫正統言語復元 실담어 주역" 내용 중에서... 실담 또는 싯담어로 불리우는 이 언어는 천축국의 음운학자 파니니Pānini에 의해서 문자로 만들어졌는데 흔히 '범어'라고 한다. 년대로 치면 漢나라 이전이므로 약 2300년 전이다. 지금까지 문제로 다루어 온 범어는 약 2300년 전 북인도 천축국에서 만들어진 것이다.

그런데 어째서 천축국의 말이 우리말과 같은 것일까?

천축국은 흔히 알려진 바로는 석가모니釋迦牟尼가 태어난 곳이라 하지만 사실은 천축국이 생기기 이전에 석가모니는 축건사위국竺乾舍衛國에서 태어났다. 그로부터 약 600년이 지난 후에 천축국이 생겼다. 엄밀히 말해서 석가모니는 축건사위국竺乾舍衛國 사람이지 천축국 사람은 아닌 것이다. 그러나 불교를 계승하여 온 국가로서 천축국만큼 융성한 나라는 없었다. 그러면 천축국을 세운 주체는 누구인가? **천축제국天竺諸國은 은殷나라 백성들이 남쪽 또는 서역쪽으로 가서 천축국天竺國을 이루었다**고 수경주소水經注疏의 하수河水편에서 적고 있다. 특히, 중천축국中天竺國 사람들은 은殷나라 백성들이라고 적고 있다. 그렇다면 석가釋迦의 선조先祖는 은殷나라였음을 알 수 있는 대목이다. 은殷나라 때 반고盤古라는 문자가 통용되었는지는 확인되지 않았지만 싯담어 판phan 고godh가 반고盤古라고 쓰여지기 전에 이미 은나라에서는 반고盤古라는 제왕의 타이틀이 사용되고 있었다는 추론이 가능하다. 단지 글자가 없었기 때문에 한자의 음과 뜻이 비슷한 것을 취하여 반고盤古라고 한 것이다. 은나라 백성들이 동이족이었으므로 반고는 우리 조상님께서 사용하시던 순 우리말이었다고 볼 수 있다.

범자가 생기게 된 연유

당唐나라 때 두우杜佑가 지은『통전通典』에 의하면 **천축국에서는 문자가 발달되**

어 천문天文과 역서(曆書 : 달력과 역술 서적), 그리고 산술算術 서적 등이 매우 발달되었다고 하였다. **노랫말처럼** 별을 보고 점을 치는 페르샤의 왕자를 연상하면 된다. 또 전투용의 활, 창, 갑옷과 병법과 지리가 발달되어 고도의 문명국임을 알 수 있다. 범자가 만들어지기 이전에는 부처의 행적이나 경전들을 모두 **노래처럼 외어서 후계자**에게 전승하는 형태로 이어져 왔다. 그런 점이 굉장히 불편하다는 것을 느낀 **서역의 범승들은 문자를 만들 필요를 강하게 느끼게 되었다.** 그래서 음운학에 조예가 있었던 천축국의 한 학자가 범어를 기록하는 방법을 개발하여 사용하기 시작하였던 것이다. 범자는 50여 개의 자음과 모음 그리고 문법체계를 갖춘 글자라고 한다. 그러므로 누구든지 공부를 하면 체득할 수 있었던 문자였다. 그런 후에 **구전으로만 전승되어 오던 경전들을 범어로 기록하게 되었던 것이다.** 그리고 혼돈이란, 혼돈한 시대, 즉 암흑시대에 인간의 360여 가지의 가르침과 이화세계理化世界, 홍익인간弘益人間 이념을 조화造化 · 치화治化 · 교화敎化의 본 뜻을 가르쳐 왔다는 뜻에서 붙여진 칭호이다. 반고씨를 개로 아는 사람도 있었다. 반고씨盤古氏를 개라고 한 것은 사서에 백견白犬 또는 견이犬夷로 적고 있기 때문이다. 白犬이란 뜻은 흰 개가 아니라 흰 개를 상징한 것이다. 다시 말해 하늘 개란 뜻이다. 이 말은 神과 같다는 뜻으로 고대 사람들이 비유적인 언어로 쓴 것임을 알아야 한다. 사람을 개라고 하는 것은 말이 되지 않는다. 인류의 시조를 개라고 할 수 없다. 견이犬夷란 부족의 대명사이다. 개 부족이 아니라 神과 같은 사람들이 모여 사는 부족의 이름일 따름이다. 그러기에 환인씨, 반고씨, 혼돈씨, 유신씨 하면 각각 다른 사람으로 알고 사서史書를 잘못 해설하거나 판독하는 사례 때문에, 누가 누구인지 모르고 오역한 것은 부인할 수 없을 것이다.

역대 신선통감歷代神仙通鑑 제 1권 13절에는 "**반고盤古 즉 환인씨**는 군주 중에서 제일 우두머리이다. 특히 반고가 군주로 세상에 나왔을 때 삼황(三皇:天皇, 地皇, 人皇)의 으뜸이다. 군민(君民 · 임금과 백성)과는 별도로 높은 곳에 자리하고 앉았다. 그러나 많은 무리들은 모두 서서 듣고 있었다. 설교하는 순간 순간 천지에서 음양의 기氣가 길게 돌곤 할 때 머리 주변에서 삼광三光 즉 세 가지 빛이 돌았다. 반고 환인씨가 설법할 때, 많은 무리들의 눈에는 세 가지 빛이 머리 주변에서 길게 돌았다가 꺼지고 다시 나는 것을 보면 구통九通 즉, 아홉 번의 도를 깨달았다고 보아야 한다. 그러기에 제석 환인씨라고 하였다. 제석이란 만유만물萬有萬物의 본체를 크게 통달한 우두머리라는 뜻이다. 상고시대上古時代 天皇, 地皇, 人皇 때부터 大淸(A.D.1583 ~ 1908 戊戌年)까지 돌아보면 1만년의 세월이었다."

강상원박사,"왕손정통 언어복원王孫正統言語復元실담어 주역" 2011/12/27, 환타임스, 다음.

맥족 묘족이 사는 곳에서 가까운 천축국의 말이 우리말과 같은 이유에 대해서

이중재선생은 " 범어는 파라문의 주문하는 소리이다. 즉 파라문은 천축국의 속국이며, 천축국은 신독국의 분신이다.. 그리고 신독국은 동이국이며, 동이국은 조선이다. 조선의 조상은 삼묘이며, 삼묘의 선조는 묘족이다. 묘족의 조상은 제석 환인씨가 상원 갑자년 음력 10월 3일에 신시 즉 신의 도시를 세우고 정통국을 건국하게 되었다." 라고 하였다. 결론적으로 **실담어는 환인씨의 무리가 사용하던 언어였는데 그것이 동서로 퍼져 나간 것이라고 할 수 있다.** 반고盤古 환인桓因 – 인도 철학에서는 제석 환인을 석제 환인이라(삼국유사에서도) 하여 샤카라 데바남 인드라라고 했다. 즉 샤카라는 석을 뜻하고, 데바남은 제를 의미하며, 인드라는 환인을 뜻한다. 그러기에 인드라는 인디아이며, 인디아가 인도라는 이름이 되었다. 불교가 한국에서 자리를 튼튼히 잡은 근원이 나왔다. **환인씨桓因氏는 B.C.E. 8937년 상원갑자上元甲子 원년 음력 시월 삼일十月 三日 곤륜산崑崙山 속에 있는 이전(伊甸. 에덴) 지역에서 감숙성甘肅省 돈황敦煌으로 이주해 왔다. 그리하여 삼위태백三危太白이 있는 아사달阿斯達에 도읍을 정하게 되었다.** 이때부터 생긴 별칭이 많다. **곤륜산에서 산길을 돌아 험준한 준령을 약 1만 리** 길을 행군하였다. 보통 사람이면 곤륜산을 넘어온다는 것이 불가능할 것이다. 그래서 생긴 별칭이 반고盤古이다. **반고란 옛날 나침반이라는 뜻.** 그때부터 반호槃瓠, **반고(盤古 또는 盤固), 반한盤桓, 유신씨有神氏 즉 신神과 같은 사람**이라고도 불렀다. 암흑과 같은 인간 이하의 세계에서 혜성처럼 나타나 중생들에게 신시神市를 정하고 밥을 하고 옷을 입는 것은 물론 선악과 형벌, 병마에 대하여 가르치고, 오곡을 심어 중생들이 살아갈 수 있게 하였다고 하여 붙여진 호칭이다. 그리고 혼돈이란 혼돈한 시대, 즉 암흑시대에 인간의 360여 가지의 가르침과 이화세계理化世界, 홍익인간弘益人間 이념을 조화造化 · 치화治化 · 교화敎化의 본 뜻을 가르쳐 왔다는 뜻에서 붙여진 칭호이다.

이 인도를 영국이 300여 년간이나 식민지로 지배하면서 그들은 인도인들이 한국 사투리를 쓰는 것을 알았고, 막의 고굴은 맥의 고굴이고 11,000년 전 반고 환인 부인 막지는 막인 · 맥인이라는 것, 그들은 돈황으로 옮겨 살았으니 돈황 막고굴은 한국의 유물 즉 인류 초기 문명의 유물이 많은 것을 알고, 영국인이 맨 먼저 – 스타인이 그것을 몽땅 훔치러 간 것이다. 엿값 은화 몇 냥에 송두리째 – 벽화도 일부 깨어 가져와서 (대)영국박물관에 채운 것이다. 그리하여 영국에서는 '한국이 역사를 찾으면 세계를 지배할 것이다'라는 예언가의 말이, 처칠의 입에서도 나오게 되는 것이다. 후에 일부 프랑스도 끼어들었다. 돈황 그 곳 막의 고굴에서 가져온 서류 중에 〈혜초 대당 서역기〉도 직지 일부도 나왔고 지금도 비서秘書나 유물이 많이 숨겨져 있을 것이다. 미국 고어 부통령이 독일의 구텐베르크 인쇄술이 한국의 인쇄술보다 늦다는 것도 – 유럽의 한국유물 역사 침략을 에둘러 언급한 것이다. 미국의 전도사 헐버트 고종 자문관은 춘천 맥국중도의 유물을 영어로 소개해 유럽에 돌렸으니 (유럽이 찾고 있던 차에) 중도맥국이 유물보고인 것에 인도에서 돈황에서 크게 이익을 갈취한 영국이 안 덤빌 리가 없다. 이런 의미에서도 9200여 점 유물 나온 중도를 표면적으로는 영국에 레고 장사 핑계, 이면적으로는 유물과 한국영토를 넘볼 나라에 넘길 수 없다. 레고는 중도에서 물러나라. 용산민족역사공원은 한국의 고대역사의 실마리나 핵들을 일반 국민에게 짚어서 만여 년 한국역사 문화를 지키게 하는 귀한 홍보교육 체험 장소로 만들어야하는 이유가 있는 것이다.

신라의 혜초는 환국 및 신라의 역사를 그가 지나간 길을 생각해 보면 어느 정도 알고 있었다고 추정된다.

723년에서 729년에 걸친 7년 동안 5천축국(인도)을 순례하며 불법 공부와 함께 인도에 대한 공부를 한 신라의 스님이다. 그는 인도차이나를 거쳐 인도 동해안에 도착하여 부다가야를 비롯한 불교의 유적을 찾아 순례 여행을 계속한 후 북쪽의 파미르고원을 넘어 727년경 당나라의 안서 도호부가 있는 쿠차를 거쳐, 729년 당나라에 다시 도착하였다. 당나라로 돌아온 혜초는 금강지라는 고승으로부터 성대한 환영을 받고 장안에 살면서 불경을 번역하였으나 자신이 신라인임을 확실히 하였다.

고대 중국 사람들이 인도를 부르던 명칭이 천축이다. 이 천축 인도를 동서남북과 중앙으로 나누면 다섯 천축국이 된다. 1300여 년 전인 723년, 당나라에 유학 온 신라 승려 혜초는 중국 광저우를 출발해 뱃길로 인도에 도착한 뒤 먼저 동천축에서 불교 성지를 참배하고 중천축과 남천축, 서천축과 북천축을 순례했다. 그런 다음 서역으로 넘어가 대식국의 페르시아와 중앙아시아를 거쳐 파미르 고원을 넘고 둔황을 지나는 대장정 끝에 727년 당나라 수도 장안(지금의 시안)으로 돌아왔다. 4년에 걸친 약 2만km의 대장정이었다.

한편 사람의 죽음과 사후세계 및 환생과 관련한 선지식들의 깊은 깨달음의 글들은 주로 티베트의 불교문헌 쪽에서 많다. 티베트의 옛 불교 문헌『사자의 서』가 서스름 없이 받아들여지는 근원이 있었던 것이다. 나도 가족의 급작스러운 죽음을 당해 특히 힘든 초기에 특별한 신앙을 가지지 않은 상태에서 티베트 불교적인 49재라는 것도 도움이 되었다. 사후 그 과정을 낱낱이 소개한 책《중음에서 들음을 통한 대 해탈= 티베트 사자死者의 서》은 나 자신 및 망자를 보내는 가족들에게 큰 도움이 되었다. 이후 자타의 죽음을 맞아 힘들어 하는 사람들을 만나면 이 책을 전하거나 소개했다. 물론 죽음에 임한 사람이나 망자에게도 도움이 되었을 것이다.

육체와 정신은 단지 거친 수준에서만 서로 다르고 분리된 것이다. 그러나 미세한 수준에서는 정신을 생명력과 분리해 볼 수 없다. 정신 혹은 의식이 있는 곳에는 항상 욕망 내지 충동을 동반하는 미세한 육체적 에너지가 있는 것이다. 그리고 극히 미세한 수준에서는 마음과 몸은 근본적으로 동일하다고 여긴다. 그래서 정신과 육체란 단일한 현상인데 점차 거칠어져 가는 과정을 통해서 둘 간에 분화가 생기고 서로 공존할 수 없는 것으로 보이게 된다는 것이다. 이러한 육체와 정신에 대한 견해를 통해 죽음에서 환생하는 과정을 더욱 잘 이해할 수 있다. 육체 및 정신의 세 수준은 죽음, 죽음과 환생의 중간기, 즉 중음(中陰, Tib. bardo 바르도)의 상태, 그리고 특정 계로 환생하는 세 단계에 유비類比해서 이해할 수 있다. 24시간 동안에 육체와 정신은 죽음→중간기→환생의 과정과 같은 단계를 경험한다. 즉 모든 의식과 에너지가 심장으로 모여 깊은 수면에 빠지는 것은 죽음과 같고, 깊은 수면에서 빠져 나와 꿈을 꾸는 것은 중간기와 같으며, 깨어나서 외부 세상과 육체를 의식하는 것은 환생에 비견된다. 두 경우 모두 해체와 생성의 동일한 유형을 취한다. 죽음과 깊은 수면에서는 육체와 정신은 통일되고 극히 미세한 형태로 작용하며, 중간기와 꿈꾸는 동안에 몸과 마음은 미세한 수준으로 움직이며, 환생과 깨어있는 의식에서는 육체와 정신이 분리된 거친 상태로 나타난다. 인생을 이같이 기본적인 유형으로 규정하고 나서, 탄트라에서는 붓다의 삼신설三身說을 철저히 새로운 방식으로 해석해 나간다. 전통적인 대승의 교리를 따르면, 이 삼신(三身, trikaya)은 붓다의 세 가지 기본적 측면을 나타낸다. 법신法身은 보편적이고 근본적이며 깨달음의 영적인 핵심이다. 보신報身은 정토에 계시는 영묘한 붓다의 모습이며 고도의 단계에 있는 보살만이 직접 접할 수 있다. 그리고 화신(化身, 혹은 應身)은 실제로 이 세상에 나타나는 물리적인 모습이다. 탄트라 가르침에서는 붓다의 삼신이 육체와 정신의 세 수준 및 죽음? 중간기? 환생의 세 가지 과정과도 관련된다. 대승 경전의 약간 형이상학적인 해석과는 대조적으로 탄트라의 권위자들은 깊은 수면? 꿈? 깨어 있음의 과정과, 죽음? 중간기? 환생의 과정에 기반이 되는 해체와 생성의 원칙이 법신? 보신? 화신에서도 마찬가지로 작용하고 있다는 것을 알게 되었다. 그래서 탄트라 수행의 목적은 깊은 수면? 꿈? 깨어 있음 그리고 죽음? 중간기? 환생이라는 오염되고 불만족스러운 과정을 법신? 보신? 화신이라는 정화된 측면으로 변환시키는 것이다. 따라서 깨달음을 얻는다는 것은 수트라에서 가르치듯이 먼저 **삶과 죽음의 윤회로 몰고 가는 힘을 끊고서, 다음에 법신이라는 초월적 상태를 실현하며 끝으로 존재의 수레바퀴에서 벗어나 보신과 화신을 나타내는 것을 의미하지 않는다.** 왜냐하면 인간을 죽음과 중간기와 환생으로 이끄는 해체와 생성의 과정은 법신이 보신과 화신의 모습을 취하도록 하는 바로 그것과 본질적으로는 같기 때문이다. 심지어 수트라에서는 욕망과 증오의 힘을 극도로 제거하지만 탄트라에서는 에너지와 의식의 보다 미세한 수준이 단지 거칠게 나타난 것으로 여긴다. 그래서 그러한 것들을 부정할 필요는 없다. 단지 그들의 중성적인 활동적 본성을 파악하여 정신의 건전한 자질로 재구성해 내는 것이 중요하다. 물론 육체와 정신의 활동에서 미세하거나 극히 미세한 수준의 움직임에 대해서 우리는 보통 의식하지 못하거나 통제하지 못한다는 어려움이 있다. 그래서 수행자는 완성의 단계에서 명상의 힘을 통해 미세한 혹은 미세한 수준의 정신과 에너지를 의식적으로 고양시키는 여러 방법을 배운다. 그러나 이런 것을 시작하기 전에 〈생성의 단계〉에서 신격과 만달라의 형상을 생성?분해하면서 개발한 집중력을 완전히 습득하는 것이 중요하다. 한 존재의 육체적 정신적 힘을 미세한 내지 극히 미세한 수준에서 실제로 고양시키고 효율적으로 변환?재조정하는 능력은 그러한 집중력을 통해서만 습득될 수 있다. 어떤 의미에서 보면 생성의 단계는 깨달음을 준비하기 위한 리허설과도 같다. 죽음?중간기?환생의 과정을 법신?보신?화신으로 전환시키기 위해 세밀하고도 상징적으로 연습해 보는 것이다. 그 다음에 잇따른 완성의 단계는 실제 공연으로 비유될 수 있다. 완성의 단계로 진행한 수행자는 미세한 및 극히 미세한 수준의 의식을 활동시키기 위해 육체의 에너지 조절에 대해 여러 수행을 해야 한다. 이 수행에서는 특히 극히 미세한 수준에서 육체 및 정신을 활성화시키는 것이 중요하다. 이는 다른 육체적?정신적 기능이 발생하는 심오한 근원이다. 이것을 달성하려면 거친 내지 미세한 수준의 모든 에너지와 정신을 모아서, 심장에 있는 더 이상 쪼갤 수 없는 에너지 방울로 분해시켜야 한다. 이 과정은 죽음의 과정과 유사하다. 이 수행에서 채택하는 방법의 하나는 성적 흥분을 통해 생성되는 강력한 에너지를 의식적으로 돌리는 것이다. 그러나 그러한 '성적'性的 수행은 절대로 난잡하게 배워서는 안되며 완성단계라는 고도의 수준에서 특정한 목적을 위해서만 사용해야 한다. 일단 극히 미세한 수준에서 육체와 정신이 활성화되고 나면 그것의 중성적인 상태에서 궁극적인 진리에 대한 집중된 자각 상태로 전환해야 한다. 이런 식으로 수행자는 법신의 기초를 확립하며, 탄트라 식으로 말하면 신격의 마음 가장 깊숙한 수준과 직접적으로 결합하는 상태를 이룬다. 그리고 나서 미세한 내지 거친 수준의 육체적?정신적 활동이 자연스럽게 나타난다.

미세한 수준에서 수행자는 신격과 만달라의 빛나는 모습을 다시 영상화한다. 이것은 붓다의 보신의 측면으로서, 꿈과 그리고 죽음 환생의 중간기에서 변화된 상태이다. 마지막으로 물질성과 깨어있는 상태의 거친 수준으로 돌아간다. 그리고 붓다의 화신의 측면으로 깨어나서 신격의 모든 측면과 합일을 이루고 전환하는 과정을 끝맺는다.

아누타라요가 탄트라 수행에 참여하길 원하면, 먼저 자격을 갖추고 있으며 어떤 특정 신격의 만달라를 그에게 전수해 주고자 하는 스승을 찾아야 한다. 스승의 충고와 수행자의 기질에 따라 여러 가지 신격 중 하나를 선택하여 수행법을 전수 받는다. 이러한 신격들 중 흔히 택하는 것으로는 구하사마자, 챠크라삼바라, 야만타카, 마하칼라, 바즈라요기니 등이다. 일단 전수 받고 나면 그 신격과 만다라를 묘사하는 짤막한 경전을 매일 참구해야 하며, 그럼으로써 그 수행의 목표와 기본 윤곽을 파악하게 된다. 그러나 생성 및 완성 단계의 수행에 전적으로 몰두하려면 엄격한 명상훈련에 돌입해야 한다. 이 명상훈련은 혼자서 혹은 동료수행자들 소집단과 함께 할 수도 있다. 수행은 삼년, 석달, 삼일 이런 식으로 진행되며, 그 동안 수행의 전 과정을 통과하게 된다. 티벳의 라마승들은 흔히 탄트라 수행의 삼년 과정을 몇 번 반복하여 이수한다...

(바라밀 실천도량 원문보기▶ 글쓴이 : 마음의 달)

죽은 후 49일 동안 사자들에게 읽어주는 글들에서 빠뜨리지 않을 것은

만일 당신이 장미와 사과의 섬인 남쪽 대륙에 태어날 예정이라면, 훌륭하고 아름다운 집들을 보게 될 것입니다. 만일 가능하다면 그곳에 들어가야 합니다. 만일 당신이 천신으로 태어날 예정이라면, 여러 가지 보석으로 만들어진 고층의 절들을 볼 것입니다. 만일 당신이 그곳에 들어가기에 적당하면 그곳에 들어가야 합니다.

만일 당신이 아수라로 태어날 예정이라면, 아름다운 작은 숲이나 회전하고 있는 불의 바퀴 같은 것을 볼 것입니다. 그곳에 절대 들어가지 말고 반대의 것을 생각하십시오.

만일 당신이 동물로 태어날 예정이라면, 마치 안개 속에서 바위 동굴과 땅에 나 있는 구멍 그리고 띠집을 보는 것 같은 풍경을 볼 것입니다. 그곳에 들어가지 마십시오.

만일 당신이 기분 나쁜 소리가 나는 곳인 북쪽 대륙에 태어날 예정이라면, 가축이나 나무들이 있는 호수를 볼 것입니다. 그것들은 재생의 표시입니다. 그곳으로 들어가지 마십시오. 비록 그곳이 장수하고 덕이 많은 곳이지만 부처님의 가르침이 번성하지 않은 곳입니다. 들어가지 마십시오.

만일 당신이 아귀로 태어날 예정이라면, 나무의 그루터기와 곧추 서 있는 검은 물체, 낮은 동굴과 검은 천 조각들을 볼 것입니다. 그곳에 들어간다면 당신은 아귀

가 되어 배고픔과 갈증 등의 온갖 고통을 겪을 것입니다. 그러므로 절대 그곳으로 들어가지 마십시오. 반대의 것을 생각하고 강하게 인내하십시오.

만일 당신이 소원을 성취시켜 주는 소들이 있는 즐거운 곳인 서쪽 대륙에 태어날 예정이라면, 암수의 말들이 놀고 있는 호수를 볼 것입니다. 거기로 들어가지 말고 이곳으로 돌아오십시오. 비록 그곳은 즐거운 곳이지만 부처님의 가르침이 번성하지 않은 곳입니다. 그러므로 그곳에 들어가지 마십시오.

만일 당신이 지옥 중생으로 태어날 예정이라면, 당신은 악업을 지은 사람들이 부르는 노래를 듣거나, 어쩔 수 없이 들어가거나, 또는 검고 붉은 집들과 검은 구덩이와 검은 길들이 있는 어두운 땅으로 들어가고 있는 것을 느낄 것입니다. 그곳에 들어간다면 당신은 지옥에 들어가 결코 벗어날 수 없는 그곳에서 열기와 추위의 견딜 수 없는 고통을 겪게 될 것입니다. 그러므로 그 가운데로 들어가지 마십시오. 절대 들어가지 말고 조심하십시오. 그것이 '자궁 입구를 닫고 그 반대의 것을 생각하리라.'라는 말입니다. 이것은 지금 필요합니다.

오 고귀한 집안의 사람이여, 설령 당신이 가지 않기를 원해도 당신은 힘이 없습니다. 당신은 어쩔 수 없이 가야 합니다. 당신의 뒤에서는 업의 복수자들이 쫓아오고 앞에서는 복수자들과 살인자들이 당신을 끌고 갑니다. 암흑, 태풍, 격렬한 폭풍, 고함소리, 눈과 비, 사나운 우박폭풍, 그리고 눈보라가 당신 주위에서 회오리칠 것입니다. 당신은 그것들로부터 달아나 피난처를 찾을 것입니다. 그래서 당신은 앞에서 말한 훌륭한 집이나 바위 은신처 또는 땅위의 구멍, 나무 사이, 연꽃의 둥근 구멍 등에서 안전을 구할 것입니다. 그곳에 숨어 당신은 두려워 하여 나오지 않고 이렇게 생각할 것입니다. '이제 나는 이곳을 나갈 수 없어.' 그리고 떠나기를 두려워 하여 당신은 그곳에 강하게 집착하게 될 것입니다. 만약 당신이 밖으로 나간다면 만나게 될 바르도의 공포 때문에 당신은 극단적인 두려움을 느낍니다. 그래서 당신은 안으로 숨어 아무리 나쁜 몸이라 해도 그것을 취합니다. 그리고 모든 종류의 고통을 겪을 것입니다. 그것이 악마들의 힘이 지금 당신을 방해하고 있는 표시입니다. 이때를 위한 심오한 가르침이 있습니다. 그러므로 잘 듣고 이해하십시오.

이 공포의 시간, 당신이 어찌하지 못하고 복수자들에게 쫓길 때, 즉시 온 마음을 다하여 커다란 몸집과 두꺼운 입술을 한, 모든 악한 힘을 부수어 먼지로 변하게 하며 두려움을 주는 분노한 태도로 서 있는 신성한 최상의 헤루카 또는 하야그리바나 바즈라파니, **또는 만일 있다면 당신의 원불을 영상화하십시오. 그의 축복과 자비로써 복수자들로부터 분리되면 당신은 자궁 입구를 선택할 힘을 갖게 될 것입니다. 이것이 진실되고 심오한 가르침의 비밀입니다. 그러므로 이것을 이해하십시오.**

오, 고귀한 집안의 사람이여, 명상하는 천신 등은 삼매의 힘을 통하여 태어납니다.

아귀 등과 같은 악령들의 집단은 바르도 상태에서 사자의 태도가 바뀌어서 생긴 것입니다. 그들은 아귀나 악마 등 여러 가지 환영의 모습으로 나타날 수 있습니다. 그들은 스스로 그러한 정신적인 몸으로 변했습니다. 깊은 바다에 사는 아귀들과 허공을 날아 다니는 아귀들, 그리고 8만 가지의 모든 악령들은 그들의 태도를 바꿈으로써 그러한 정신적인 몸을 얻었습니다.

이때 가장 좋은 것은 비어 있음에 관한 위대한 상징을 잘 생각하는 것입니다. 그러나 그것을 할 수 없다면 그때는 모든 것을 환영으로 여기십시오89). 만일 그것도 할 수 없다면 적어도 아무 것에도 집착하지 말고 원불인 대비주 관세음보살님을 명상하십시오. 그러면 당신은 바르도 상태에서 보신 부처님이 될 것입니다.

오 고귀한 집안의 사람이여, 만일 당신이 이와 같이 업의 힘에 의해 자궁으로 들어가야만 한다면, 이제 자궁을 선택하는 가르침이 있게 될 것입니다. 잘 들으십시오. **어떠한 자궁 입구가 나타나더라도 들어가지 마십시오. 만일 복수자들이 나타나 당신이 자궁으로 들어가는 것을 피할 수 없다면 하야그리바를 명상하십시오. 지금 당신은 미묘한 초자연적인 지각을 가지고 있으므로 모든 장소를 다 알 것입니다. 그러므로 선택을 하십시오. 여기에 두 개의 가르침이 있습니다. 순수한 부처님의 세계로 이동하는 가르침과 순수하지 않은 윤회계의 자궁 입구를 선택하는 가르침이 그것입니다. 그러므로 이 방식으로 행동하십시오.**

순수하게 정화된 능력을 지닌 사람이라면 공간의 순수한 세계로 이동하기 위하여 이렇게 생각하십시오. '아, 내가 지금도 여전히 이 윤회계의 진흙 늪에 남아 있으니 참으로 슬프구나. 시작도 없고 끝도 없는 한량없는 오랜 세월이 지났어도, 그리고 그렇게 많은 사람들이 이미 부처가 되었건만 나는 해탈되지 못했다. 이 순간부터 나는 이 윤회계가 지겹고 두렵고 신물이 난다. 이제 벗어날 준비를 할 때가 왔다.

'나는 서쪽 희열에 찬 세계의 아미타 부처님의 발 아래에 있는 한 송이 연꽃 안에서 자발적인 탄생을 이루어야 한다.' 이런 생각과 함께 서쪽 희열에 찬 세계에 대하여 강렬하게 집중하십시오. 이 노력을 하는 것은 지극히 중요합니다. 혹은 만일 당신이 정신을 흩뜨리지 않고 일념으로 강하게 집중하여 당신이 원하는 세계인 순수한 세계나 완벽한 기쁨의 세계, 또는 빽빽이 채워진 세계나 버드나무 잎의 세계, 혹은 야자나무 산이나 우르겐의 연꽃 빛의 궁전으로 주의를 돌린다면, 당신은 즉시 그 세계에서 태어나게 될 것입니다. 만일 당신이 미륵 부처님이 계시는 기쁨이 넘치는 세계로 들어가길 원한다면, 마음을 집중하고 이렇게 생각하십시오. '바르도 상태의 이 순간 내가 기쁨이 넘치는 세계에 계시는 진리의 왕 미륵 부처님께로 갈 때가 되었다. 그러므로 나는 갈 것이다.' 그러면 당신은 미륵 부처님이 계신 연꽃 속에서 자연스럽게 태어날 것입니다.

그렇지 않고 만일 당신이 이렇게 할 수 없어 자궁으로 들어가고자 하거나 들어가야 할 자궁을 발견한다면, 여기에 순수하지 않은 윤회계에서 자궁 입구를 선택하는 가르침이 있습니다. 그러므로 잘 들으십시오. 앞에서처럼 당신의 초자연적인 지각으로 당신이 선택하려는 대륙을 바라보십시오. 그리고 부처님의 가르침이 번성하는 곳으로 들어가십시오.

만일 당신이 불결한 거름더미에 자발적으로 태어날 예정이라면, 당신은 그 악취를 내뿜는 더미가 달콤한 냄새로 느껴질 것입니다. 그리고 당신은 그것에 매력을 느껴 그곳에 태어날 것입니다. 그러므로 무엇이 나타나더라도 그것을 신뢰하지 말고 욕망과 증오심을 버리십시오. 그리고 자궁 입구를 선택하십시오.

다시 다음과 같이 **마음을 집중하는 것은 매우 중요합니다. '나는 모든 중생들의 이익을 위하여 우주의 황제나 거대한 사라수 나무 같은 바라문, 또는 명상 수행에**

정통한 자의 아들로, 또는 순수한 진리의 혈통을 지닌 가계 안에서, 또는 아버지와 어머니가 신심이 있는 가족 안에서 태어날 것이다.' 이 생각에 집중하면서 자궁으로 들어가야만 합니다. 이때 당신이 들어가는 자궁을 신들의 궁전으로 축복하고 시방(十方)의 제불 보살님과 원불, 특히 대비주 관세음보살님께 간구하고 그들이 힘을 보내 줄 것을 간절히 바라며 자궁으로 들어가십시오.

자궁 입구를 선택할 때 업의 영향 때문에 좋은 자궁 입구가 나쁘게 보이고, 나쁜 자궁 입구가 좋게 보이는 실수를 할 수 있습니다. 그러므로 이제 한 번 더 가르침의 본질적인 요점을 아는 것이 중요합니다. 이렇게 하십시오. 설령 자궁 입구가 좋게 나타나더라도 그것을 믿지 말고 나쁘게 나타나더라도 싫어하지 마십시오. 진실되고 심오하고 중요한 **비결은 최상의 평정에 들어가는 것입니다. 그것은 선도 악도 없고 받아들임도 거부도 없으며 열망도 적대감도 없는 상태입니다."**

그러나 이것에 경험이 있는 소수의 사람들을 제외하고는 나쁜 무의식 성향들의 병을 제거하기가 어렵다. 그러므로 만일 그가 이런 방식으로 열망과 적대감을 끊을 수 없다면, 그가 짐승들같이 낮은 것 중에서도 가장 낮고, 보잘것이 없는 죄인들 가운데에서 피난처를 얻는 것을 막기 위해 **죽은 사람의 이름을 다시 부르고 다음의 말을 해주어야 한다.**

"오 고귀한 집안의 사람이여, 만일 당신이 자궁 입구를 선택하는 방법을 모르고 열망과 적대감을 제거할 수 없다면, 앞에서 언급된 어떠한 체험이 일어나더라도 **삼보님의 이름을 부르고 그들을 피난처로 삼으십시오. 대비주 관세음보살님께 간구하십시오. 머리를 높이 세우고 가십시오. 당신이 두고 온 친지들과 친구들, 아들 딸들에 대한 집착과 갈망을 버리십시오. 인간 세계에서 나오는 푸른 빛이나 천상 세계에서 나오는 하얀 빛 속으로 들어가십시오. 보석으로 장식된 궁전과 즐거움의 정원으로 들어가십시오."**

이 말을 일곱 번 반복해서 읽어 주어야 한다. 그 다음 부처님들과 보살님들께 간구한 다음,〈두려움을 막아 주는 중음 기원문〉과〈여섯 중음의 중요한 싯구〉그리고 〈중음의 위험한 좁은 길로부터 구원을 청하는 기원문〉을 일곱 번 읽어 주어야 한다. 그리고 〈몸의 구성 요소를 자발적으로 해방시키는 지님을 통한 해탈〉과 〈무의식적 경향들을 자발적으로 해방시키는 일상 수행〉을 분명하고 또렷하게 읽어 주어야 한다.

이와 같이 올바르게 행함으로써 고도의 통찰력을 가진 요가수행자들은 죽음의 순간의 중음에서 의식의 방출을 실행한다. 그리고 중음에서 방황할 필요 없이 그것을 통과하여 해탈에 이른다. 그들보다 수준이 조금 낮은 수련을 한 소수의 사람들은 죽음의 순간의 중음에서 다르마타의 광휘를 알아차리고 그것을 통과하여 깨달은 자가 된다. 그들보다 더 낮은 수준의 사람들은 계속되는 다르마타 중음 기간 동안 평화와 분노의 신들이 나타날 때 그들의 업에 따라 한 번의 가르침에 또는 다음 번의 가르침에 해탈된다. 거기에는 여러 단계가 있어서 그들은 적당한 단계에서 깨달음에 이를 것이다.

그러나 선업을 별로 쌓지 못했고 많은 신경증의 가리개들과 나쁜 업을 가지고 있는 사람들은 생성 중음을 향해 방황하며 내려가야만 한다. 그러나 그곳에서도 사다리의 디딤판처럼 많은 가르침들이 있기 때문에 그들은 처음의 가르침에 또는 그 다음 번의 가르침에 알아차리고 해탈될 것이다. 그렇지만 만일 선업을 거의 쌓지 않아 앞에서 말한 기간 동안 알아차리지 못하고 두려움에 의해 압도되는 사람들에게는 자궁 입구를 닫는 법과 자궁 입구를 선택하는 일련의 가르침이 차례로 있다. 그래서 그들은 처음의 가르침에 또는 다음 번의 가르침에 알아 차릴 것이다. 그리고 명상의 대상에 대한 믿음은 최상의 무한한 덕성의 상태에 이를 것이다.

짐승들처럼 가장 낮은 수준의 존재라 하더라도 **피난처를 가지는 미덕에 의해 낮은 세계에서 되돌아오게 된다. 그들은 모든 자유와 좋은 기회를 전부 갖춘 귀중한 인간의 몸을 얻을 것이다. 다음 생에서 그들은 거룩한 스승과 영적인 친구를 만나 가르침을 받고 해탈될 것이다.**

만일 이 가르침이 생성 중음 기간에 받아들여진다면, 그 가르침은 그 사람의 선업의 결과에 오래 지속된다. 그것은 마치 부러진 배수관에 파이프를 연결시켜 놓은 것과 같다. 아주 큰 죄를 지은 사람이라도 그가 이 가르침을 들었을 때 해탈되지 않기는 불가능하다. 왜 그럴까? 그것은 모든 평화와 분노의 부처님들과 신들의 자비로운 초대, 그리고 유혹자와 부정적인 힘들의 초대는 함께 나타나기 때문이다. 그래서 **이때 단지 이 가르침을 듣는 것만으로 그들의 마음가짐은 영향을 받고 해탈에 이른다. 영향은 쉽게 받는다. 왜냐하면 사념체는 살과 뼈로 된 바탕이 없기**

때문이다. 바르도 상태에서 아무리 멀리서 방황하고 있다 하여도 그들은 초자연적인 미묘한 지각작용으로 보고 듣는다. 그리고 나타난다. 이것은 아주 도움이 된다. 그때 그들은 이해하고 마음은 즉시 영향을 받기 때문이다. 그것은 투석기와 같고 백 사람의 힘으로도 움직일 수 없는 거대한 통나무를 물에 집어 넣었을 때와 같다. 그때는 한 사람으로도 어느 곳이든지 순식간에 이동시킬 수 있게 된다. 그것은 고삐로 말을 제어하는 것과 같다.

그러므로 사람이 죽으면 누군가 가까이 가야 한다. 만일 시신이 있다면 한 친구가 이 가르침을 콧구멍에서 피와 고름이 나올 때까지 반복해서 읽어 주어야 한다. 그 동안 시신은 건드리지 않은 상태로 있어야 한다. 이것을 위해 지켜야 할 일은, 죽은 사람을 위하여 동물을 희생시키지 말아야 하고 시신 앞에서 친구들이나 친지들이 다른 곳에서는 행해졌을지도 모르는 행동인 눈물을 흘리거나 한탄하거나 시끄럽게 하지 않아야 한다. **그리고 가능하면 많은 덕행이 베풀어져야 한다. 이 《들음을 통한 대 해탈》과 마찬가지로 다른 가르침들 또한 이 가르침에 이어서 읽어 주면 아주 좋다.**

누구나 이 경전을 끊임없이 읽고 말과 용어의 뜻을 외워서 익혀야 한다. 그리고 죽음이 확실하고 죽음의 징표가 나타날 때, 만일 죽어 가는 사람의 상태가 괜찮다면 그는 그것을 스스로 크게 읽고 깊이 생각해야 한다. 만일 그가 그럴 수 없다면 진리의 형제가 읽어 주어야 한다. 왜냐하면 이것을 기억하면 틀림없이 해탈할 것이기 때문이다. 그것은 추호도 의심할 바가 없다. 이 가르침은 어떠한 수련도 필요하지 않다. 이 가르침은 단지 보여주고 들려주고 읽어 주는 것만으로 해탈하는 심오한 가르침이다. 이 심오한 가르침은 큰 죄인들을 비밀의 길로 인도한다. 만일 누구라도 이 가르침의 말과 용어를 잊지 않는다면 일곱 마리의 개들에게 쫓긴다 해도 죽은 순간의 중음에서 해탈될 것이다. 설사 삼세三世의 부처님들이 찾는다 해도 이보다 더 나은 가르침을 찾을 수 없을 것이다.

인간을 해탈시키는 중음의 가르침이며 심오하고 가장 깊숙한 정수인 《들음을 통한 대 해탈》. 이 보물은 성취자 까르마 링빠에 의해 '감뽀다르 산'에서 발견되었다.

(cafe.daum.net/wongangbook/XOD8/3 금강불전연구원)

제5장

당 현종의 양자가 된 태인 허씨 허기(인천 이씨로)와 혜초

한국 인도의 뿌리 역사의 실크로드 지역 및 국가
허기장군 덕분에 다녀 온 신라 혜초와 왕오천축국전

제5장. 당 현종의 양자가 된 태인 허씨(인천 이씨) 허기와 혜초

한국 인도의 뿌리 역사의 실크로드 지역 및 국가 허기장군 덕분에 다녀 온 신라 혜초와 왕오천축국전

환국 인도의 뿌리역사와 신라역사 혜초[97](왕오천축국의 모든 루트를 따라) 천축국天竺國과 불교佛教 "천축국은 불교를 계승해 온 나라일 뿐, 천축국에서 불교가 발생한 것은 아니다." **본래 불교의 발상지는 곤륜산崑崙山 자락인 이전원伊甸園인 현재 화전和田 지구에서 생겨났으며, 기원전 8,937년경의 범천왕梵天王과 환인씨桓因氏를 기원으로 하고 있다.** 그리고 기원 후 5세기 이후부터 인도에 불교가 전파되기 시작했다는 기록이 『오백나한五百羅漢』이라는 책에 기록되어 있다.

☗ 15세기경 일본인들이 지도를 작성하면서 인도에 다섯 천축국天竺國이 있는 것처럼 만들었다. 인도 북부에 북천축국北天竺國, 중부에 중천축국中天竺國, 서부에 서천축국西天竺國, 동쪽에 동천축국東天竺國, 그리고 남쪽에 남천축국南天竺國)이 있었다는 지도를 만든 것이 계기가 되어, 오늘날 인도에 천축이 있었다고들 믿고 있다. 이 지도는 이화여자대학교 도서관에 보관되어 있다.

그러나 『통전通典』, 『통지通志』, 『후한서後漢書』 등 어떤 사서史書를 보더라도 인도에 천축국天竺國이 있었다는 기록은 보이지 않는다.

인도는 인디아로서 인드라의 강역에 불과했다. 인드라는 인타因陀라는 말로서 환인씨(桓因氏 B.C.E. 8937년)가 있던 동이지東夷地 땅을 말한다. 환인씨나 연등燃燈, 석가釋迦는 지금의 인도에서 출생한 사실이 없다. 동이지는 지금의 신강성新疆省 일대에 있는 곤륜산 자락을 타陀라고 했다. 타란 험하고 비탈지다는 뜻이고, 환인씨가 동방으로 이동해 와 신시를 건국했던 곳의 땅은 낮은 언덕으로 멀리서 보면 활처럼 굽은 모양으로 생겼기 때문이다. 바로 동이지東夷地란 뜻이다. **상고시대上古時代에는 이곳 동이지東夷地를 기준하여 서쪽을 요서遼西, 동쪽을 요동遼東이라 했다.**

* 요동. 요서의 개념은 시대에 따라 바뀌어 왔다. 상고시대上古時代에는 요동遼東 요서遼西의 기준을 실크로드가 있는 천산天山으로 삼았다. 인류의 발상지가 천.백天.白이고, **인류의 건국지가 바로 천산天山이기 때문에**, 요서遼西 요동遼東의 기준으로 삼았던 것이다. 그러므로 상고시대의 최초의 동경東京은 서안西安이다. 춘추전국 시대春秋戰國時代에는 요동 요서의 기준을 서안西安으로 삼았기 때문에, 서안에서 1천리 떨어진 낙양洛陽이 동경이었다. 그러던 것이 전란이 극심해지자 북경北京으로 동경을 옮겼다. 그 후 요동 · 요서의 기준을 난하 주변인 갈석산으로 하게 되자, 동경은 봉천奉天 즉 심양으로 옮겼으나, 명明나라 후기에는 일본日本으로 건너가게 되었다. 그리고 지금에는 서안西安을 서경西京이라고 기록하는 사서가 많아졌다. 한 마디로 요동 요서의 개념이 시대에 따라 달라졌기 때문이다. 지도에서 보면 오른쪽으로 언기焉耆가 보이는데, 『중국민족사』의 기록에 다음과 같이 적고 있어 고증할 만하다.

"연연…隨水草畜牧其西則焉耆之地. 東則朝鮮之地. 北則渡沙漠窮瀚海.
南則臨大적… ""연연족은... 물과 풀을 따라 목축을 했는데, 그 서쪽은 언기의 땅이다. 그 동쪽은 조선의 땅이다…" 그러므로 불교 경전인 법화경法華經, 금강경金剛經, 반야바라밀경般若波羅密多經, 수행본기경修行本起經, 그리고 아함경阿含經 등 각종 고대 경전에, 타불陀佛, 타이陀夷와 아이阿夷, 파이婆夷라고 기록된 것은 모두 동이지 땅에 있는 동이東夷들을 말하는 것이다. 인도에 퍼진 범어梵語 즉, 산스크리트語는 최초의 동이들이 사용했던 언어의 방언이었다.

☗ 왕오천축국전의 중천축국中天竺國과 남천축국南天竺國

중천축국中天竺國

이 파라나시국으로부터 보름쯤 걸려 중천축국中天竺國의 왕이 사는 성城에 도착하다. 이름이 카냐쿱자(Kanyakubja)이다. 이 중천축국의 경계는 매우 넓어 백성들도 많고 번잡하다. 왕은 9백 마리의 코끼리를 가졌고, 기타 대수령大首領들도 각각 3백이나 2백 마리씩의 코끼리를 가졌다. 그 나라 왕은 항상 스스로 병마兵馬를 거느리고 싸움을 하는데 이웃 나라와 교전하면 이 중천축국의 왕이 늘 이긴다. 그러므로 이웃 나라들은 스스로 코끼리가 적고 군사가 적음을 알아 곧 강화를 청하고 매년 공물을 바치고 서로 대진하여 싸우지 않으려고 한다. 의복 · 언어 · 풍속 · 법률 등은 다섯 천축국이 서로 비슷하다. 다만 남천축국南天竺國의 시골 백성들의 언어가 좀 다르다. 벼슬아치의 종류는 중천축국과 다르지 않다. 이 다섯 천축국의 법에는 목에 칼을 씌우고 매를 때리는 형벌과 감옥이 없다. 죄를 지은 사람이 있으면 그 경중에 따라 벌금을 물리고 사형에 처하지 않는다. 위로 국왕에서부터 아래로 서민에 이르기까지 매를 날리며 개를 몰아 사냥하는 일을 보지 못하겠다. 도로에 도적이 많다. 물건을 빼앗고는 곧 놓아주며 다치거나 죽이지는 않는다. 만약 물건을 아끼다가는 다치는 수도 있다. 토지가 매우 따뜻하여 온갖 풀이 항상 푸르고 서리나 눈이 없다. 음식물로는 쌀 양식과 떡 · 보리가루 · 버터 · 우유 등이 있는데 간장은 없고 소금이 있다. 모두 흙으로 만든 남비로 밥을 지어 먹고 쇠솥 등은 없다. 백성은 별도의 부역과 세금을 감당하지 않고 다만 곡식 다섯 섬만 왕에게 바치는데, 왕이 사람을 보내어 그것을 운반해 가고, 논 임자가 보내지는 않는다. 그 나라 백성들은 가난한 사람들이 많고 부자는 적다. 왕과 벼슬아치의 집안 및 부유한 사랑들은 전포(龍布:모직물로 된 천의 일종)로 만든 옷 한 벌을 입고, 기타 사람들은 아래옷 한 가지만 입으며, 가난한 사람은 그나마도 반 조각을 걸친다. 여자들도 그렇다. 그 나라 왕이 관청에 나와 앉으면 수령과 백성들이 모두 와서 왕을 사면으로 둘러 싸고 앉는다. 그런 뒤에 각기 도리道理를 논하는데 소송이 분분하여 매우 시끄러워도 왕은 듣고만 있지 말을 하지 않는다. 그러다가 마지막에 가서 천천히 판정하기를 "네가 옳고, 네가 틀렸다." 하면 모든 백성들은 왕의 이 한 마디 말을 결정적인 것으로 알고 다시는 거론하지 않는다. 그 나라 왕과 수령들은 불교를 매우 공경하여 믿는다. 만약 사승師僧을 대하게 되면 왕과 수령들은 땅바닥에 앉으며 의자에 앉기를 즐거워하지 않는다. 또 왕과 수령들은 외출하여 다른 곳에 갈 때에도 자기의 의자를 가지고 따라오게 하여 그곳에 도착하면 곧 자기의 의자에 앉고 남의 의자에 앉지 않는다. 절과 왕의 궁전은 모두 3층으로 짓는다. 그리하여 제1층은 창고로 쓰고, 위의 두 층에 사람이 거주한다. 여러 수령의 집들은 모두가 초가草家로 중국 사람들의 집과 같이 빗물이 추녀로 쏟아지도록 지어진 것이며 또 단층이다. 그 나라에서 생산되는 것으로는 전포 · 코끼리 · 말 등이며, 그 땅에서 금과 은은 생산되지 않아 외국으로부터 들여 온다. 또 낙타 · 노새 · 당나귀 · 돼지 등의 가축도 기르지 않는다. 그 곳의 소는 모두 흰데 일만 마리 중에 혹 한 마리 정도가 붉거나 검은 것이 있다. 양과 말은 아주 적어 왕만이 2~3백 마리의 양과 6~70필의 말을 소유하고 있다. 이 밖에 수령과 백성들은 모두 다른 가축은 기르지 않고 소만 기른다. 우유와 버터를 짜 먹기 때문이다. 그 곳 사람들은 착하여 살생을 좋아하지 않는다. 그래서 시장 가게에서 고기 파는 곳을 볼 수 없다. 이 중천축국에서도 대승불교와 소승불교가 함께 행하여진다. 또 이 중천축국 경계 안에 4개의 탑이 있는데 갠지스 강 북안에 그 중 3개의 큰 탑이 있다. 첫째 탑은 사위국 Savasti의 기원정사 안에 있는데 절도 있고 스님들도 있는 것을 보았다. 둘째 것은 비야리성의 암라원 안에 있다. 탑은 남아 있으나 절은 황폐되고 스님은 없다. 셋째 것은 가비야라국에 있는데 곧 이 곳은 부처가 태어난 성이다. 무우수無憂樹가 있다. 그 성은 이미 황폐되어 탑은 있으나 스님은 없고 백성도 없다. 탑은 이 성의 북쪽 끝에 있는데, 숲이 거칠게 우거져 길에 도적이 많다. 따라서 그곳에 기도하러 가기는 매우 어렵고 힘들다. 네째 것은 삼도보계탑三道寶階塔이라고 한다. 중천축국中天竺國의 왕이 사는 성 서쪽 7일 동안 걸어갈 거리에 있는데 갠지스 강 지류 사이에 있다. 이곳은 부처님이 도리천으로부터 삼도보계三道寶階를 밟고 내려와 염부제閻浮提로 내려온 곳이다. 탑 왼쪽은 금으로, 오른쪽은 은으로 장식하고 가운데는 유리를 박았다. 부처님은 가운데 길에 범왕梵王은 왼쪽 길에, 제석帝釋은 오른쪽 계단에서, 부처님을 모시고 내려온 것이 바로 이곳으로 탑을 세웠다. 절도 있고 스님들도 있는 것을 보았다.

남천축국南天竺國

중천축국中天竺國으로부터 남쪽으로 3개월 남짓 걸어가면 남천축국南天竺國의 왕이 사는 곳에 도착한다. 그 나라 왕은 8백 마리의 코끼리를 소유하고 있다. 영토가 매우 넓어 남으로는 남해에 이르고, 동으로는 동해에 이르며, 서쪽으로는 서해에 이르고 북쪽으로는 북천축국 · 서천축국 · 동천축국의 경계에 접한다. 의복 · 음식 · 풍속은 중천축국과 비슷하나 언어가 좀 다르다. 토지는 중천축국보다 덥고 그 곳에서 나는 물건으로 전포 · 코끼리 · 물소 · 황소가 있다. 양도 조금은 있으나 낙타 · 노새 · 당나귀 등은 없다. 벼를 심은 논은 있으나 기장 · 조 등은 없다. 그리고 솜과 비단류는 천축국 어디에도 없다. 왕을 비롯하여 수령 · 백성들은 불교를 매우 공경한다. 절도 많고 스님들도 많으며, 대승불교와 소승불교가 모두 행하여진다. 그곳 산속에 하나의 절이 있는데 용수보살龍樹菩薩이 야차신夜叉神을 시켜 지은 것이고, 사람이 지은 것이 아니다. 산을 뚫어 기둥을 세우고 3층으로 누각을 세웠는데, 사방이 3백여 보步나 된다. 용수龍樹가 살아 있을 때는 그 절에 3천 명이나 되는 스님들이 있었고, 혼자 공양하는 쌀이 15섬이나 되며 매일 3천 명의 스님들이 먹어도 쌀이 모자라는 일이 없었다고 한다. 그러나 지금은 이 절도 황폐화되어 스님들이 없다. 용수는 나이가 7백세나 되도록 살다가 세상을 떠났다 한다. 그때 나는 남천 축국의 여행길에 있으면서 고향에 대한 그리움을 오언시五言時로 읊었다.

여수旅愁
月夜瞻鄉路 浮雲飄飄歸 緘書參去便 風急不聽廻
월야점향로 부운표표귀 함서참거편 풍급불청회
我國天岸北 他邦地角西 日南無有雁 誰爲向林飛
아국천안북 타방지각서 일남무유안 수위향림비

달 밝은 밤에 고향길을 바라보니
뜬 구름은 너울너울 고향으로 돌아가네
나는 편지를 봉하여 구름편에 보내려 하나
바람은 빨라 내 말을 들으려고 돌아보지도 않네
내 나라는 하늘 끝 북쪽에 있고
다른 나라는 땅 끝 서쪽에 있네
해가 뜨거운 남쪽에는 기러기가 없으니
누가 내 고향 계림으로 나를 위하여 소식 전할까

위 시는 혜초승僧이 남천축국에 있으면서 旅愁를 5언시로 읊은 것이다. 고향을 그리워하는 심정을 그린 내용이다. 고향을 그리면서도 남천축국의 사정을 잘 묘사하였다. 여기서 주목할 점은 고향인 계림鷄林이 하늘 끝 북쪽이라고 한 사실이다. 남천축에서 바라보는 하늘 끝 북쪽은 어디일까?

신라의 위치는....*천산 가까운 북천축?

※ 신라 관련 지명

금성은 금성군金城郡으로서 지금의 감숙성甘肅省 옛 난주蘭州와
서영西寧의 두 주州를 뜻한다. 또한 금성현金城縣은 감숙성 고란현皐蘭縣 西南이라고, 중국 지명대사전 543쪽에 기록되어 있다.

계림鷄林은 옛 신라의 이름이며, 탈해 니사금脫解尼師今 9년에
시림始林이라 했으며, 감숙성 성현成縣 西南으로 되어있다.

경주慶州는 수나라 때 다시 찾아 홍화군弘化郡이라 했다.
당나라 때에는 안화군安化郡이라 했다가 다시 순화군順化郡이라 했다.
그후 다시 찾아 경주慶州라 했으나, 송나라는 경주 안화군慶州安化郡
이라 했다. 그후 승격시켜 경양부慶陽府라 했는데, 그곳은 감숙성
경양현慶陽縣이라고 기록하고 있다.

당나라의 요사겸姚思廉이 지은『양서梁書』에 의하면
“중천축국中天竺國은 대월지국大月支國 동남으로 수천리
떨어진 곳에 있는데, 그 지역은 3만리이다. 일명 신독국身毒國이라고도 한다.
“고 하였는데 통전에서는 월지국月支國을 월씨국月氏國 이라고 하였다.
감숙성 돈황 남쪽에서 흉노에게 쫓겨 서역인 토노번까지 도망을
갔다고 한다. 이들은 본래 월지국이었으며 신독국이라고도 하였다.
천축국은 서장성의 남쪽 인도북부 항하恒河에서 동북으로 감숙성의
남쪽인 기연산(祁連山: 북천축,雪山), 그 아래로 청해성青海省, 운남성雲南省, 광서성廣西省, 광동성廣東省, 복건성福建省, 귀주성貴州省, 등 중국대륙의 서부 남부 동부에 걸쳐 있었던 五天竺國을 말한다. 그 지역은 3만 여리였다고 한다. 반도 전체가 3천리임을 비교해 보면 10배가 되는 강역이라고 보아야 한다. 여기서 남천축국은 큰바다에 접해 있다고 했으니 지금 중국의 최남단인 남해이다. 혜초가 남해에서 바라보는 북쪽의 하늘 끝은 감숙성 돈황인 것이다. 지금의 상식으로는 이해하기가 힘들 것이다. 쉽게 말해서 동이지東吏地인 아미타지阿彌陀地는 지금의 돈황으로 당시에는 세계최고의 문화수준을 자랑하는 정신문명의 땅이며 단군조선 이래 秦나라, 新羅, 漢나라가 도읍을 했던 곳이다.

나무아미타불南無阿彌陀佛은 부처가 남쪽에는 없다는 말이다.

돈황의 아미타지阿彌陀地에 부처가 있다고 말한다. 결국 혜초의 문서가 돈황에서 발견되었으면 혜초는 그곳에서 수행을 하였을 것이다. 노자도 周나라 왕실이 곧 망할 것을 예견하고 더 수행하여 득도하기 위해서 돈황으로 갔으며, 돈황에는 500 나한이라는 깨달은 자들을 비롯하여 무수히 많은 수행자들이 그곳에 있었다. 돈황은 동이지東夷地이며 최초로 불교가 발생한 곳이기도 하다. 석가모니도 이곳에서 득도했으며 수많은 깨달은 사람 중에 한 사람이었다.

동이지東夷地와 관련있는 한자漢字

타 陀=아阿=동이지東夷地/아미타지阿彌陀地=동이지東夷地　단국口國=에운담 + 나라국) : 임균택 著『한경韓經』에서 말하기를 에운 담口 字는 탑리목 분지의 형상을 본뜬 글자(=곤륜구: 昆侖丘)라고 하고 동이지東夷地를 뜻하는 아阿를 덧붙여 창세기의 아담이란 말이 여기에서 유래되었다. 에운 담口 字는 하늘에 제사를 지내는 천단을 뜻하는 글자로 쓰이다가 나중에 제터 단壇 字로 바뀌었다.[98)]

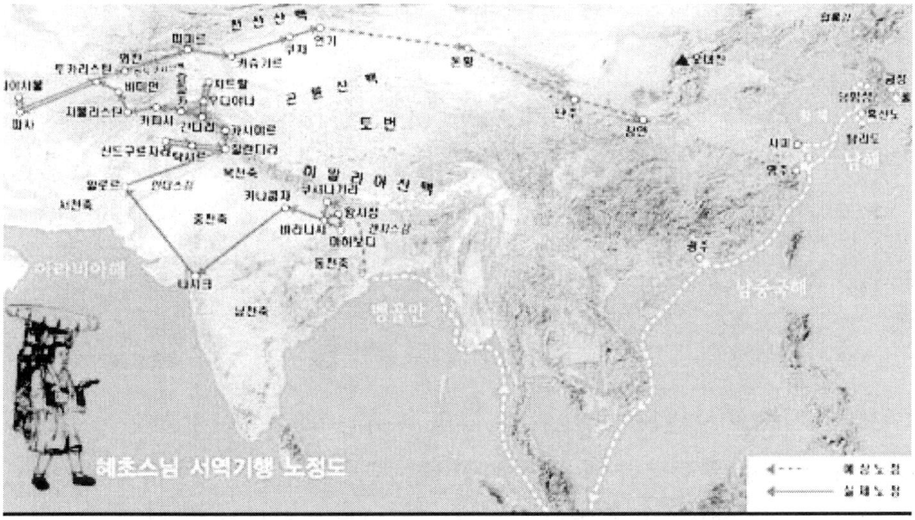

[99)]

파사 – 파미르 – 천산산맥 돈황 난주 – 장안 서천축 간다라 카시미르(곤륜산맥) 북천축 바라나시 동천축

★ 한글문자, 혜초가 한민족 선주민 지역 쿠차문자 및 인도 구자라트어에서 가져 왔다. '쿠차'에서 구자?

당 현장법사는 당 태종의 동생이라는 신분으로, **신라 혜초는 전북 정읍 출신 허기 장군이 통치 지역장으로 있는 덕에 어려운 구자라트국을 갔다 올 수 있었다.**

한글문자는 천축국(인도) 구자라트 제국 문자인데 신라고승 혜초가, 당 현종을 황제로 만든 백제인 허기장군 방위지역인 티벳과 실크로드를 거쳐 인도의 구자라트 지역만을 보고 왔는데 구자라트 글자가 한글과 유사하다. 한글의 발상지(허기장군의 방위지역인 티벳과 실크로드를 거쳐 인도의 구자라트 지역) 정읍 태인 허씨 시조 허기許琦장군의 탄생굴이 있는데 이름이 허왕두굴이다.(許王竇굴)[100]

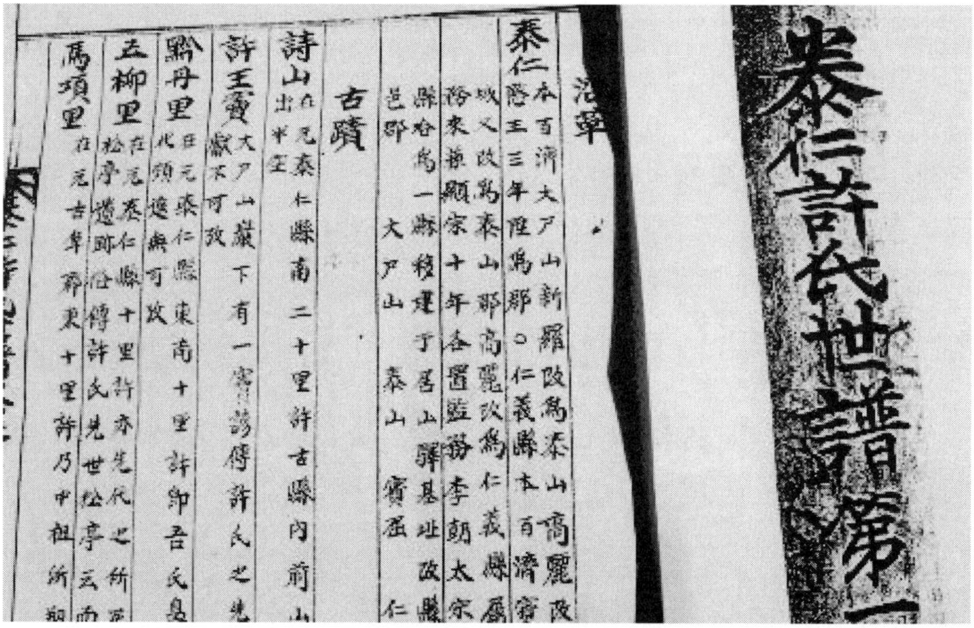
泰仁許氏世譜第一

古蹟

詩山

許王竇

黔丹里

五柳里

馬項里

713년에 당 태종 이세민의 어머니 두황후와 종소경 장군의 허씨 부인이 쿠테타에 성공하여 당 현종이 등극한 다음 해에 신라승 혜초와 김교각 등이 입당하게 된다. 청해성 촉나라 지방 사천성 지역은 지금도 가야 허황후 신당과 허씨족의 집성국가로 남아 있다는 국내학계의 답사기록도 있다. 가야국 청도(이서고국) 사람들이 백제 정읍 대시산군(칠보면)으로 망명하였으나, 백제가 망하여 백제 부흥군 흑치상지 장군과 허국공(걸사비우) 장군은 당나라 측천무후의 군장으로, 대대로 서역 티벳 로마제국 근경의 토번지역 방위군으로 살아 왔다.

가림토 문자와 한국, 일본, 인도,몽고, 중국 고대문자 비교표

허왕두굴: 당현종의 양모를 인천이씨 허겸이 모신 곳

그런데 측천무후 死後, 조카 무삼사가 태자 이단 황제를 죽이고 무녀로서 애첩인 위씨를 황후로 들여 당 현종 부자 등을 모두 죽이려 하자, 모두 도망하고 오로지 당 현종의 쿠테타 작전에 허씨 부인과 가야족 백제장군 허기장군의 합세로 성공하여 허기장군은 당 현종의 수양아들이 된다.

혜초는 당 태종 시대 현장법사의『서유기』를 배우고, 그곳 인도가 정읍 태인 허씨 허기장군이 주로 통치하는 지역이라서 덕분에 예민하고 까다로운 지역을 통과하며 인도를 쉽게 다녀올 수가 있었다.

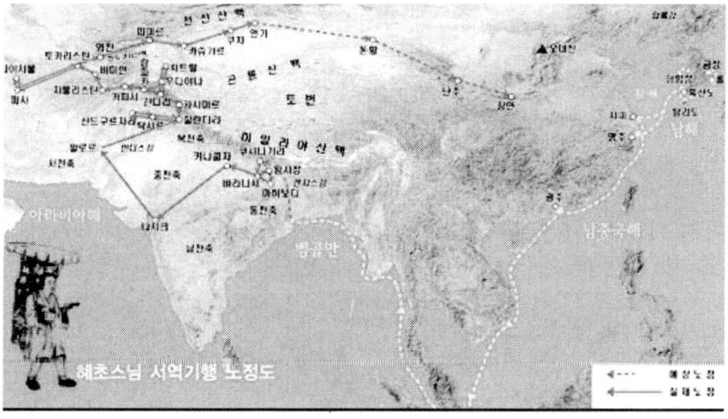

“위 지도처럼 **로마제국 티벳 토번지역 방위 허기장군**이 순회한 지역으로 혜초 스님이 순례하던 것이다.

혜초는 허기장군의 통치 군사지역으로 대동하는 군사력으로, 당 현종은 강력한 당나라 영역 군주로서, 접경 티벳과 구자라트를 다녀왔다. **서축 지역은 측천무후에서 당 현종시대까지 한민족 장군으로 흑치상지 – 흑치준 – 고선지 – 허기장군에 이어 지켜온 한민족 유민 군사 가족의 집성지였다.** 그러다가 755년 안록산의 반란으로 당 현종이 국토를 잃고 이보국과 태자(숙종)의 황위 찬탈로 이곳으로 피난을 오다가 **허기장군에게 황위복귀의 지원군을 부탁하였다.** 그래서 당 현종의 친위군과 인력 장비를 가지고 양자강을 타고 신라에 와서 신라를 동방예의지국 그리고 하급 식민지 지명을 당나라 지위위상 상급 군현으로 경덕왕 15년에 올려주고 (*혜초 시기) 계림을 동경, 완도를 청해성 등으로 승격시키고, **태인 허씨 사당에 당 현종의 친모 두덕비를 허왕두굴에 모시고,** 그 신전 앞에 5마리의 마차 석상을 만들어 제사를 지내왔다. 이곳 허왕두굴 허장군굴에는 도깨비 씨름 선수선발로 제사장을 선발하여 그 천하장사가 (신라 석굴암 분황사 문옆의 역사상처럼) 굴속의 허장군 신을 힘으로 모셔내는 축제행사를 하였다고 한다.

서유기 손오공은 당나라 현장법사 ‘신라혜초 스님’의 같은 줄거리로써 그 이야기 신화가 한국에서는 『홍길동전』에 유사하게 전통되어 있다. 홍길동은 유자광의 고모부 홍령의 동생으로, 같은 **서자인 유자광**이 연산군때에 꿈을 이루려한 실화로 **유자광이 혜초『왕오천축국전』의 이야기로 각색한 손오공 모방 이야기로서 이곳의 토착 허장군 설화와 손오공의 구자라트 글자를 재구성하여 세종대왕이 발표한 것으로 본다. 정읍 허기장군 성지에 근세조선에 와서는 홍길동과 유자광이 살았다. 손오공 변술『홍길동전』은『악학궤범』과 한글 〈정읍사〉를 쓴 유자광만이 감히 쓸 수가 있었다.**” 그 역사의 유적 허왕두굴문 모양에 “ㄱ”자 모양의 골이 있다. 그래서 한글 순서가 ㄱ 자부터라고 전한다.

이곳 **정읍 무성서원 학당에는『고금소총』·『어면순』·『홍길동전』** 등 이야기책이 있었는데 홍길동이 손오공처럼 가마솥에 삶아도 얼음덩어리로 있었다는 이야기 등 현 한글 소설본보다 손오공 변장술로 학교에서 많이 들은 이야기이며, 신라 최치원을 돼지 저팔계로 부르고, 김씨를 도깨비, 권씨를 돼지로 신격화하여 부르기 등 토템종교 유습이 지금도 행한다.

세종대왕이 한국음악과 한글을 찾으려 하자 이방원 · 박연 · 최만리 세력이 명나라 사대주의의 압력에, 음악은 아악으로 제사를 지내고, 한글을 주장하는 승지 권채. 안지 최항 허조 등을 한강변 옥수동의 사가독 서당으로 보내어 연구케 하고, 세종의 장녀 정의공주를 이곳 **허장군 신당지역의 안씨 가문으로 시집을 보내면서, 동생 수양대군을 붙여서 혜초가 구자라트에서 가져온 손오공 문자 등을 참고하여 정음 38자를 만들었다고 기술되어 있다. 한단고기의 단군세기편(임승국 번역, 정신세계사 출판 67쪽)에 한글문자를 비밀리에 실험하여 만들어 올리자, 24년에 수양대군 · 최항 · 정인지에 의해 용비어천가 훈민정음으로 태어난다.** 세조가 국악을 사용하고 세자 예종에게 한글창제자 최항, 안의, 악학궤범 저자 유자광, 신숙주 아들 신면, 이준 등 한글창제 지역 연고자를 주축으로 내각을 이루게 하였다. 그 세조가 찾아낸 한글을 아들 예종이 잘 사용케 하였으나, 명나라 황후의 친족 인수대비와 한명회 쪼이 **예종을 독살하고 정권을 명나라 세력으로 장악하자, 한글은 없어졌으나 유자광과 연산군에 의해 살아나려다 중종 반정의 쿠테타 즉시 언문청 폐지로 한글은 또 박해를 받는 여성들이 명맥을 유지했다. 대원군 시절 만주에서 미국 선교사의 성경책과 찬송가가 한글 인쇄로, 그리고 일본의 식민지 교육용 인쇄술로 한글과 불교 역사가 살아났다.**

초기 환국역사문화이며 초기불교문자이기도한 서역의 문자 산스크리트어(범어, 싣달어) 연구와 창달은 신라 혜초스님과, 신미대사이후, 그 현대적 맥으로서는, 제주대 안창범박사, 박인기박사, 환단원류학회 이재곤선생님, 그의 수제자이며 석학인 강상원박사, 박민우님 등과, 불가에선 법현스님 법영스님 이기상, 임기영불교연구소, 향토문화측에선 한종섭회장 등 선생님들이 우리 초기 역사와 문자의 뿌리와 관련지으며 심혈을 기울이고 있다. 안창범박사의 글을 잠시 보면,

『태백일사』를 보면 "신시에 녹서鹿書가 있었고, 자부에 우서雨書가 있었으며, 치우에 화서花書가 있었다. 투전문속鬪佃文束은 그 남은 흔적이다. 복희에도 용서龍書가 있었고, 단군에 신전神篆이 있었다. 이런 종류의 글자와 글이 백산 · 흑수 · 청구 등 구려九黎에 널리 쓰여졌다"고 하였다. 이와 같이 상고시대의 우리나라에 문자와 글이 있었으며, 여기에 보이는 복희의 용서가 곧 범서인 것이다. 왜냐하면 범서는 이를 데바나가리라 하는데, 데바나가리는 용서龍書라는 뜻을 지니고 있기

때문이다. 이래서 복희의 용서는 곧 범서라 추정할 수 있고, 범서는 곧 복희의 용서라 추정할 수 있다... "고급언어 인도산스크리트어는 한국어"

다음, 안창범저서 참조.

"경자 2년(BC2181) 당시의 풍속이 같지 않고 지방마다 말이 서로 달랐다. 형상으로 뜻을 나타내는 진서(녹도문자)가 있다 해도 열 집이 사는 마을에도 말이 통하지 않는 경우가 있고 백리가 되는 나라의 땅에서도 통하지 않는 일이 많았다. 이에 삼랑 을보륵(乙普勒)에게 명하여 정음(正音) 38자를 만들게 하니 이를 가림토(加林土)라 하였다."

정읍 태인 허왕두굴에 당 고종의 어머니 두씨 사당을 차리고 그 앞에 진시황제나 당 현종 황제가 타는 5두마차를 돌로 만들어 제사를 지내고, 조선의 왕은 사용 불가하게 했다. 세계에서 유일한 돌 5두마차 조각

"한글날은 휴일이지만 먹고 마시는 날이 아니고 내년에 한글의 발상지를 답사하는 애국의 마음 세종대왕을 위로하자. 싸이가 강남스타일로 세계를 정복하여 광개토대왕보다도 우세한 공로임에도 인터넷 댓글은 온통 병역 험담 댓글 욕설로 난무한다. 세종대왕이 한민족의 국악과 한글을 찾으려 할 때도 이 지경이었나보다. 국악과 한글 계승자는 모두 유자광 친분인이 많다. 그러나 댓글을 함부로 쓰는 어떤이는 이런 유자광에 대한 욕설로 이 시대를 흐리게 한다."[101]

◈ 혜초가 왕오천축국을 갈 수 있게 도운 인천 이씨 시조 허기

(사신으로 와서 공을 세운 허기에게 당 현종이 자신의 성 이씨 사성…›
이허기=인천 이씨 시조가 되다)

김해 김씨인 허황옥 허씨들의 부안 태인 정읍 안착 – 부안의 숱한 미륵상들

김해김씨 · 허씨 · 인천이씨 동본동근

김해 김씨金海金氏와 허씨許氏와 인천 이씨仁川李氏는 가락국 시조대왕을 시조로 하는 동일 혈족이다. 즉 허씨는 우리나라에서 최초로(가락국시대) 모계母系의 성姓을 좇고 있다는데서 타 씨족에게서는 찾아 볼 수 없는 특색을 지니고 있다.

(고려의 천추태후도 할머니의 성을 이었다)

시조 허왕후許王后께서는 왕자王子 열 분을 낳으셨는데 시조대왕께서 태자는 왕통을 잇게 하고, 두 왕자는 모후께서 이국 가락국에 출가하시어 늘 외로워하시는 어머니인 허황옥 시조왕비를 위로하는 뜻으로 모후母后의 성을 계승케 하였다. 가락국이 신라와 합친 후 김해에 남아 있던 허씨는 김해 허씨가 되었으니 그 시조는 허염許琰이시다. 또 하양으로 이주한 분은 하양 허씨河陽許氏가 되고 그 시조는 호장戶長 허강許康案이시다. 또한 공암 양천孔岩陽川으로 이주한 분들은 양천 허씨가 되었으니 시조는 허선문許宣文이시다. 그러니까 모든 허씨들은 김해 김씨로부터 갈라졌으며 가락의 왕손들이다. 선조들께서 가락국의 사직社稷이 끊긴 뒤 각기 사방으로 분거分居하였다가 그곳에 정착하면서 그 고장을 관적貫籍으로 삼았던 것이다. 학계에서는 허씨의 모성 계승을 우리나라 고대의 부계사회父系社會와 모계사회母系社會와의 접합현상接合現象으로 받아들이고 있다.

신라 경덕왕때부터 가야족 허기(許奇)란 분이 가야와 신라가 합병한 후, 신라의 벼슬아치 아찬으로서 당나라에 큰 변란으로 안록산의 난이 있어 사신으로 가셨다가, 변란시의 큰 공로로 당 고종(무측천)으로부터 당 고종의 姓氏인 李씨로 사성(賜姓)을 받아 이허기로 합성하였다. 훗날 이허기의 10대 후손 – 고려 현종(顯宗) 때 상서 좌복야를 역임한 이허겸 공께서 소성현 개국후(邵城縣 開國候)에 봉해지면서 인천 이씨로 관향을 갖게 되고 중시조가 된 것이다. 소성이란 인천의 옛 지명이다. 하여 인천 이씨는 바로 허씨에서 갈라진 분적종(分籍宗)이며 중시조가 이허겸(李許謙)이시다. 인천시 원인재터 연화 부수지의 주인공 이허겸은 고려 8대 현종(顯宗 992~1031, 재위1009~1031) 때에 외척의 반열에 오른 인천지역의 호족이다.

신라 혜초시대의 허기許奇(인천 이씨 시조) 고려 10대후 중시조가 이허겸

허기는 신라의 아찬의 벼슬인데 안록산의 난이 일어나자 허씨족보, 묘비명에 의하면 – 허기는 가야왕족으로 가야가 멸망하자 백제 정읍(시산 태인)에서 가야 부흥운동을 한 사람이다. 이 가야인을 '신라사신'으로 이름하기 뭐하여 – 당나라 황제의 성씨를 받아 온 (가야)신라의 외교관 허기許奇는 가야 김수로왕과 부인 허황옥許黃玉의 23세 후손인 가야 왕족으로, 신라 경덕왕 때 6두품의 아찬阿粲이었다. 가야는 철기무기 등 강력한 국가로 신라국 경주에 인접한 경북 청도군까지 점령하여 서라벌을 급습한 무술 경력이 있다. 이 작전의 비법은 태자 신검이 임진강 상선으로 위장하여 왕건의 송도를 불바다로 만든 작전과 수법이 같아서 견훤은 태인 허씨와 인연이 있을 수도 있다. 가야는 백제땅도 지리산 남원까지 점령했었다. 여기에서 놀란 신라 진흥왕이 고구려군의 지원을 받아 가야를 멸망시켰다. **가야의 패망 후에 반 신라 가야 부흥군 세력의 후손 허세신 부족이 백제에 귀화해서 토착화하여 시산(태산) 허씨가 되었다. 시산군이란 태산군 명칭의 호로 대대로 호족이 되어 통치하다가 백제마저 망하자 통일신라 시대 서남해안의 위도, 선유도, 인천해안의 해상을 떠돌다가 동진강과 섬진강의 교통 중심지 태산(정읍 칠보)과 지리산에서 유격대로 잠적한 세력이다. 그 세력이 백제 저항군 지수신 · 흑치상지 장군의 세력과 연계되어 당나라 측천무후의 군사력으로 흡수되게 된다.** 당나라 3대 고종의 후궁 측천무후의 잔혹한 정권 찬탈과 독재정치가 장기간 지속된 것은 노예 서민 등을 막론하고 과거 등용을 철저하게 능력과 책임으로 실시하여 민심을 얻은 결과이다.

여기에서 고선지, 이정기, 왕모중 등..이 벼슬을 하여 패망한 고구려 백제의 유랑인들이 당나라로 몰려들었다. 태인 허씨도 이 시기에 당나라에서 포로에서 군사로 배치되어 서해 해상에 배치된 것으로 보인다. 측천무후가 죽은 뒤에 당 현종의 심복이 된 왕모중(고구려인)은 선왕 중종을 위씨황후가 독살하여 왕권을 차지하려 하자, 왕모중이 급습하여 위씨황후 일파를 숙청하고, 현종 황제를 옹립시키는데 성공했다. 그러나 왕모중 세력이 커져서 당나라 궁중을 장악하여 그 세력이 커지자 환관들이 시기하였다. 당나라 환관들은 미녀 양귀비를 등장시켜 미인계로 현종을 이간시켜서 왕모중을 숙청하고 이어서 또 안록산을 숙청하려다 안록산이 눈치를 채고 755년 안록산의 반란이 일어나게 되었고 전 중국을 장악한 안록산은 스스로 황제라 칭하였다. 고구려와 백제계 왕모중의 세력으로 당나라 현종시대 합류한 정읍 호족에서 서해 해상으로 망명한 태인 허씨들이 당 현종을 '허기' 라는 사람이 신라사신으로 찾아갔다고 『삼국사기』에 기록했다. 그러나 허기는 가야의 독립운동을 목적으로 백제에 망명한 가야인이기에 신라사신이 절대로 될 수가 없었다. 신라에 항복한 김유신의 후손 김해 김씨 김원웅이 전주 도독으로 훗날 당나라에 지원군으로 참전한다. 당나라에서 김수로왕의 후손 김원웅이 먼저 참전한 태인 허씨 허기의 후손과 합류하여 세력이 강하고 **군산 선유도(문창)군수 아들 최치원도 후에 '황소의 난'에 참전하여 장보고, 김원웅, 이정기, 이사도 등이 안록산의 난을 평정하고 당나라 대륙을 장악하게 된다. 이사도(고구려 장군 이정기의 손자)와 장보고의 진영에 도우러 찾아간 허기가 당나라 현종과 양귀비가 피난한 호남성 장사현(장가계 근방)으로 찾아가서 풍전등화의 당나라 현종을 도왔다.** 이에 당나라 현종 황제는 친필로 감사의 글을 자신의 이씨 성을 사성하며 허기에게 써 주었다. 후에 이사도가 '국토회복의 야망'으로 돌아서서 낙양성을 함락하고 중국통일의 기반을 다졌다. 이때에 이사도의 군사령관 '유오'가 이사도를 암살하여 야망은 수포로 끝났다. '유오'를 기억하자 중국을 탈환하는 유일한 기회는 이사도를 암살한 '유오'였다. 무정부 상태인 이 시기에 이사도 암살로 종전이 되고 중국 상황이 불안해지자 장보고는 신라 청해진(완도)에서 살면서 신라의 왕족에 접근하며 강력한 한 · 중 · 일 해양을 장악한 활동을 하였다.

김해 허씨 고려 왕건조에 아서⇒ 태인 허씨로 시조 허사문의 탑. 태인 허씨 집성촌 전북 부안군 보안면 부곡리 399 성산초당앞 허황옥과 허사문의 공원 사진: 허명석님 · 정하영 장군

태인 허씨泰仁許氏 시조 허사문許士文은 가락국駕洛國 김수로왕비金首露王妃 허황후(許黃后:허황옥)의 30세손으로, 고려 왕건때 시산군(詩山君:시산은 태인=정읍의 옛이름)에 봉해졌다. 부인은 개성왕씨開城王氏로 고려 태조 왕건의 딸이다. 고려조에서 세도가문으로 유명했던 인천 이씨(仁川李氏.경원 이씨)는 태인 허씨에서 분관된 성씨姓氏이다.

당나라 **운주자사** 이사도가 **백제국의 의미로 제濟나라라는 나라를 세우다** 그 당나라 운주에서 이름을 따와 산내면에도 운주산이 있고 그 아래 견훤의 '왕박암'이 있다. 그 후, 장보고가 염장(염문)에게 암살된 후 **장보고의 부장이었던 이창진 등..이씨 청해진을 근거로 일본을 왕래하며 계속 대적했다. 이 시대에 이창진, 이충, 이소정 등 이씨들이 중심이 된 것을 보면 그들은 태인 허씨계의 후손 인천 이씨 부족 이씨 성으로 이것은 당나라 이사도 군 소속에서 활약한 태인 허씨계 세력이 대거 장보고 세력에 참여한 결과로 보인다. 태인 허씨와 양천 허씨가 주로 남해안 지방에 많이 사는 이유**도 드러내 주는 것이다.

장보고를 암살한 염장의 재토벌로 장보고 유민들이 일본에 건너갔고, 남은 유민들은 모두 신 정읍 태인 벽골군에 851년 (문성왕 13년) 강제 이주됐다. 따라서 부안 장씨는 김제 부량면이 집성지로서 장보고 후손이다. 김씨왕조가 신라가 박씨왕조로 쿠테타가 성립되어 김씨 호족 추장들이 인심을 얻고 견훤은 가야세력 태인 허씨가 신라인 아자개의 양자로 변신하다가 당나라 안록산에서 황소의 난까지 긴 세월 참전하여 뭉쳐져서 귀국한 장보고 김원웅(김해 김씨) 세력이 태산 태수로 만난지 4년만에 지원으로 후백제가 급성장으로 일어났다.

상주 가은현 아자개의 족보『이제가기』에 따르면 견훤은 그 조상이 신라 제 24대 진흥대왕의 비妃로서 시호(죽은 뒤에 올린 이름)가 백융부인인 사도思刀가 있다.

사도의 셋째 아들이 구륜공仇輪公이고 그 아들이 파진찬 선품善品이며 그 아들이 각간 작진酌珍이다. 이 작진이 왕교파리王咬巴里라는 여인을 아내로 맞아 각간 원선元善을 낳았는데 그가 바로 견훤의 아버지인 아자개라고 전한다.

이것이『삼국유사』가 인용한『이제가기』에 기록된 견훤의 족보이다. 이를 쉽게 정리하면 사도→구륜공→선품→작진→원선(아자개)→견훤이 된다는 말이다. 일개 무명 군장이 갑자기 조직 없이 쿠테타를 성공시키기는 불가능하다. 견훤의 거대한 세력을 믿고 신라 호족들이 호응하여 의지하여 후백제가 급성장한 것이다.

여러 부족국가 **가야에서 태인 허씨는 강력한 철기군사로 신라를 습격하여 고구려 구원병에게 망하고 백제에 망명하여 독립운동을 하다가 백제가 망하여 서해 해상세력으로 유랑하고 당나라 안록산의 난에 참전군으로 오랜 세월 단련한 군사전투 전문의 호족으로 보인다. 당 현종으로부터 하사를 받은 '허기'가 이씨 '이기'로 되어 태인 허씨는 이씨 허씨를 혼용하며 유랑한 것으로 보인다.**

견훤은 태인 허씨로서 진흥왕 후손 아자개의 양자로 살다가 당나라에서 돌아온 장보고 허기 김원웅(김해 김씨 김유신의 후손)같은 종족 세력으로 규합하여 나라를 세웠을 것으로 보인다. 견훤의 태자 신검의 반란으로 고려에 망명시킨 태산 호족으로 보인다. 그래서 정읍 산내면 운주산은 당나라 운주 지역 이름이며 견훤이 만들었다는 왕박암 굴이 있고, 견훤은 성씨가 이씨인 광주 북촌사람이라고『삼국유사』『제왕운기』에 기록이 있으며 당나라 혼란기에 활동지 운주 이름으로 운주산 아래에 있다.

무진주 (광주)의 북촌은 태산 태수 지역으로 태인 허사문이 통치하는 곳에 당나라에서 참전한 최치원이 887년에 태수로 자원해 오고 같은 해에 장보고 후손이 따라와서 부안 장씨로 지금에 이르고 있다. 태인 허씨의 시조 굴과 사당 전설이 있는 **정읍시 산외면 이치마을과 옆에 지네마을 공동마을이 있다.** 견훤의 탄생설화에 **지네굴에서 남자가 처녀를 간통한 것으로 진훤**(陳萱;지네 훤)이름으로도 표기한다.

『삼국사기』를 김부식이 쓴 시기는 태인 허씨 이자겸 정권시대이며,『삼국유사』를 김견명(일연)이 쓴 시기가 고려 충렬왕시대로 이곳 송씨의 세력시대였기에, 후백제를 숨기고 신라 귀족으로 위장하여 기록한 것으로 보인다. 견훤의 성씨가 이씨라면 당나라 현종 황제부터 안록산 · 황소의난 · 이극용 · 주전충의 반군을 토벌하며 참전한 장보고 김원웅 허기의 세력으로 보인다. **고구려 왕모중 계통의 후손으로 보이는, 장보고를 죽이고 나주로 간 반 장보고의 반대** 세력인 염장의 지역에서, 고구려 족으로서 후고구려 건국의 꿈이 태동했다.

그래서 견훤은 신라 김씨 왕족의 마의태자를 부안 변산에 망명시키고, 왕건은 신라 박씨 세력인 박술희 장군과 나주의 태자 혜종을 후계자로 삼았다. 『삼국사기』『삼국유사』 모두가 후백제 지역호족이 왕권을 차지한 시대로서 상주 신라인 후백제 견훤의 이씨를 고려 왕건이 몰락시켰으나 태인 허씨 후손 인천 이씨의 이자연이 글안군의 침입으로 고려 현종이 나주로 피난하는 도중에 고려 궁중세력을 장악했다. 그 뒤를 고려 무신인 이의방이 계승하였다. 고려 무신정권의 주장세력인 이의방은 태산군 사람으로써 정중부에게 죽게 되고 이의방을 죽인 정중부 부자는 태인 허씨 허승에 의해 죽임을 당하였다. 이 지역엔 고려 이자겸이 백제 정읍사 궁중악으로 송나라 사신을 맞이하고 고려무신 최충헌 시대에 태인 허씨 허경의 소유지로서 유자량 현덕수 등..이 풍류를 즐겼던 음성서부락이 있다. 현장의 옛이야기 자료를 청년학도들의 연구에 도움이 될까 하여 여기에 제시한다.

(notany350@hanmail.net 권희덕, 다음검색)

당 현종이 자신과 당을 구명한 가야 신라인 허기장군에게 성왕 직위와 '동방예의지국'호칭과 차를 보내다. 허기장군이 정착한 백제지역 전북 정읍시 산내면에 왕건의 딸 가묘가 태인 허씨 선산에 있다. 태인 허씨 허기장군 굴신화가 나뭇군과 선녀 거북이였다

(http://blog.daum.net/nongaak/7090578)

가야 허씨족이 청도 산청에서 정읍 부안으로 망명 그러나 백제마저 망하자 당나라 포로에서 서부 사천성 감숙성 청해지역의 돌궐족 방어군인 흑치상지의 군속으로 지내다가 안록산의 반란으로 도망을 온 당 현종을 가야족 허기장군이 구출하여 동방예의지국의 왕 성왕이 되고 이름을 이씨 '이기'라는 이름으로 당 현종의 15번째 수양아들이 되어 신라국 대사로 왔다.

그 허씨는 완도를 '청해'라는 당나라 사천성 청해라는 이름으로 정착 – 장보고장군에 이르다가 정읍 칠보 태산군으로 정착. 최치원에 이르러 태산군에 로마교육제도로 군사 음악 의학 웅변 4과목 필수교육하는 율수학당이 세워진다.

이곳에는 허기장군 신당 '허왕두굴'이 있고 ' 나뭇군과 선녀' 전설이 있는데 토템 주인공이 사슴이 아니라 거북이다. 그리고 한글로 된 허장군 성경책으로 무속 신앙책에서 거북과 매미를 하늘 신으로 부르고 있다. 이곳의 허씨는 고려 현종이 나주로 피난을 가다가 이곳에서 허씨 세력이 고려 현종 왕비 둘을 허씨 외손녀로 바꾸어 고려말에서 조선말까지 이어왔다.

조선 이성계 건원릉 제사날이 추석으로 이를 모방한 개인 제사로 변질되었다.

한국의 비석은 머리는 천신 새, 아래는 지신인 거북으로 남아 있다.

(http://blog.daum.net/nongaak/6884377)

(태조 이성계 제삿날로 변한 추석제秋夕祭 한국 토템신화는 백제 비둘기, 고구려 꾀꼬리, 신라는 닭. 말. 까치, 가야국은 거북이 토템신이였다.

그런데 일본인이 이 거북을 없애고 인본인이 저주하는 '빠가야로馬鹿' 즉 사슴으로 고쳐서 엉뚱한 '금강산 신화'로 만들어 총독부에서 교과서로 만든 것을 여과없이 영문도 모르고 일본인의 저주하는 욕설 '빠가야로' 사슴을 우리의 토템신으로 여기고 있다.

朝鮮の羽衣物語(선녀와 나무꾼)」「高橋享,『朝鮮の物語集附諺』,

「 滋賀の中の朝鮮」によると、天女の羽衣伝説は朝鮮の名勝地にたくさんあり 、とくに「金剛山の八仙女」伝説は有名で余呉湖の伝説と良く似ているそうで ある。朝鮮から海を渡って日本に入り、北陸の敦賀から飛鳥や奈良の都を目 指すなら、当時の余呉は、琵琶湖の東岸を経由するか西岸を経由するかの街 道の分岐点で、宿場もあったろうから、朝鮮の伝説が定着してもおかしくはない

한민족 명절 추석은 신라시대 가배嘉俳라고 했다. 가배는 가야국 김수로왕 토템신 거북을 말한다. 그리고 그 제사는 차茶를 올리는 차례상이 제사상이였다. 한국의 차는 허황후가 중국 사천성에서 가져와 김해에 심고 그리고 태산태수 최치원(崔致遠, 857년~?은 신라 말기의 문신)이 당나라에서 가져와서 지리산에 심었다고 전한다.

토번국 정벌군 허기장군이 당나라 안록산의 난을 진압하여 죽음에서 살아난 당 현종이 '신라는 동방예의지국'이라는 친필로 극찬하는 찬양시를 하사하고 수양아들로 이씨 성을 하사하여 당나라 성왕盛王이라는 직위를 받았다.

그러다가 당 현종 태자 숙종이 황제가 되어 신라로 귀국하여 가야 국토회복의 꿈을 키운다. 그 **허기 장군의 후손인 태산태수 허사문이 장보고 후손과 최치원을 규합하여** 후백제 견훤 이씨의 성으로 정복하려다가 고려에게 실패하였다. 그러나 태산태수 허사문의 둘째 아들 허겸이 이허겸으로 성을 바꾸어 고려 현종 때부터 이자의 이자겸이 왕궁세력을 장악하여 무신정권 이의방으로 이어진다.

고려의 충렬왕은 꿈에 추석에 만월대에서 역대 왕들이 노는 것을 보았다고 하여 만월대에서 제사를 지냈다. 이의방의 동생 이한의 후손 이성계가 조선 태조가 되었다. 그래서 조선 태조를 조선의 국가신으로 모시고 음력 8. 15 보름날 추석날에 왕릉 제사를 올리는 날이었다. 신라시대 허기장군이 당나라 최고의 고급품 차를 올리는 제례였다. 그런데 왕족만의 제사 지내는 차례茶禮를 양반귀족이 모방하여 추석날에 산으로 가서 묘에 제사를 올리는 것이 양반의 상징이였다.

그런데 조선 중종의 모화정책으로 공자의 제사 형식으로 차례가 아닌 종묘제례 형식 그대로 산릉에서 거행하였다. 그 제례를 시시비비로 대신이 싸워 당파싸움으로 특히 노론파들이 망해 버린 중국 명나라의 원수를 갚고 명나라를 맹종하는 행위로 한민족 거북의 토템신앙 차례를 버리고 말았다. 일제 통치로 모두가 양반이 된 후 누구나 제사를 왕족의 규모로 산에서 올리는 것이 양반의 품위가 되었다. 그 사치성 제사의 경쟁대회가 된 결과 지금 추석에 고향에 가서 거대한 제사문제로 이혼 분쟁이 되는 가정이 많다고 한다. 그래서 한국은 저출산 세계 1위국으로 겨우 태어난 남자 총각은 모두 독자와 장남뿐이다. 여자는 독자 장남이 질색이다. 그래서 저소득 후진국 아시아에서도 제사를 잘 지내는 베트남 여자를 가문의 제사를 위하여 일방적으로 선택하고 있다. 한국인과 피부가 똑같은 몽골 · 중국 처녀는 제사상 차림을 전혀 모르기 때문이라고 한다. 고려와 조선 초기의 찻잔을 올리는 간소한 '차례'를 당파 특히 노론파들의 행동으로 한국이 세계경제 10위의 선진국이 되어도 추석 설 축제에 가장 설래야 할 날이 고통의 날로 되기도 한다. 추석은 '가배' 거북 발음소리이다. 김수로왕이 거북으로 나타나라고 온 국민이 마구 뛰고 춤추는 환희용약歡喜勇躍의 날이었다.

추석에 올리는 차茶는 가야국 건국 때부터 사용했고, 한민족이 당나라를 구출한 감사의 표시로 **허기장군에게 '동방예의지국'이란 문명과 차를 보내어서, 허기장군이 정착한 전북 정읍시 산내면** 용장사의 풍경은 차병茶瓶 모양으로 만들어 거북과 부처님에 차를 올린다 하였다. (고려 김극기 시詩) 태산군 제사터 야생 차나무가 태산태수 군청 성황산에 살아 있었고, 『세종실록』과 『동국여지승람』 태인현에서도 차. 대추. 석류. 감. 생강. 인삼의 생산지로 되어 있다. 설날과 추석날 엄청난 재물을 소비하는데 추석과 설이 무엇인지 어떤 역사인지도 모른 채 조상의 제사날로 여기고 있다.

경기도 충청도 거북놀이 · 안동의 놋다리굿銅橋 · 임실필봉 농악의 노디굿 · 정읍 농악의 기와밟기 · 놋다리굿도 같다.

거북이가 올라와 다리를 놓았다는 신화 조선 삼신산은 거북섬 셋이라고『산해경』에 기록했다. 요즘 추석에는 태초 조선의 종교신 가배 거북에 대한 생각도 못한다. 대전시 대별동은 못 속에 큰 자라가 놋다리를 이어준 전설을 대별大鱉이라 불리던 것이 대별大別로 되었다. 농악에서 '놋다리 노디 굿'은 이런 종교신 자라 거북을 모시는 명절날 필수 풍속이다.

노能는 일본 탈춤 노가꾸能樂 능이 비내리는 수신의 뜻이고, 놋다리 노디 노들 노량등 물가의 거북 자라신을 찬송하는 뜻이다.

모든 비석의 머리 모자는 천신天神의 새를, 밑 받침돌은 거북 지신地神을 의미한다. 천신은 새 그 하늘새가 나리는 날을 설날이라고 하여 '까치까치 설날' 그 이름이 있고, 삼족오 그리고 절 건물 입구의 이름이 대웅전大雄殿은 '하늘새집'이라는 뜻이다.

통일신라시대 허기장군이 당나라 현종의 세력으로 사실상 신라를 제압한 경덕왕(통일신라의 제 35대, 재위:742~765)시대부터, 추석을 가배날이라고 했다. 가배날은 길쌈 베짜기 대회를 하여 그 옷감을, 천신으로 모시는 솟대(蘇塗짐대)를 빙빙 돌면서 기도하는 농악놀이였다. 가배놀이에서 회소곡會蘇曲이 솟대를 돌며 노래하는 '강강수월래' 지금의 소리이다.

그 소리가 백제가요 '정읍사' 신라가요 '동동'소리와 같은데 조선 중종이 중국 아악형식으로 느리고 낮게 조작하여 맥빠진 소리가 되었다. 그 노래소리가 '쾌지나 칭칭나네' 소리이고 전라도 '강강술래' 역시 김수로왕 구지가 '구야구야 수구현아' (

龜也龜也首龜顯아) 지금의 노래와 변함이 없다. 추석에 강강술래야 하고 외치는 것은 거북신에게 복을 비는 온 마을의 종교행사였다. 추석에 고향에 가서 고향의 종교행사를 함께 하는 것이지 지금처럼 개인이 개인 제사를 지내는 일은 없다. 자기 조상은 그 조상의 제삿날을 가족이 지내는 것이었는데, 양반의 자격의 잣대로 삼아, 제사상을 차리는 사치품으로 전락하여 버렸다.

일본이나 유럽의 축제를 보라. 성탄절에 개인 가족이 성당에 가서 종교행사를 하듯이, 우리도 신라시대 당산 솟대를 가배놀이에서 회소곡會蘇曲이 솟대를 돌며 노래하는 그런 전통적인 고향이 없어졌다.

추석 명절에도 정치인의 투쟁소리를 주로 보도하고 우리 종교가 아닌데도 중국에도 없는 공자 제사법을 민족의 전통으로 거짓 보도한다. 선거 당선으로 왕이 되는 한국은 학문적 전통문화까지 선거운동 공로자를 특채하여 전혀 모르는 엉터리 내용으로 보도되어 국민이 역사문화 문맹이 되어간다. 설과 추석을 부모님 제삿날로 절만 하고 세뱃돈을 버는 날로 안다.

유교적 가문을 자랑으로 여기던 우리나라의 가장 큰 욕설이 "잡것" 또는 "잡놈雜" 이었는데 이제는 잘못된 교육과 보도로 옛날 조상이 보면 기절할 현실에 와 있다. 조선정치 노론파들이 자기들 득세만을 위해 민족을 망치고 만든 추석과 설날 가배날 새날이 그 가문에 시집을 오는 처녀가 없어서 변질되어 간단한 차례茶禮가 사라지고 이유도 모른 채 교통지옥에서 고생으로 마친다. 지금이라도 추석과 설의 올바른 역사문화 교정교육으로 바뀌어야 하는데 그것도 없고, 정치적 자기 이익 투쟁으로 교육 문화는 없다.

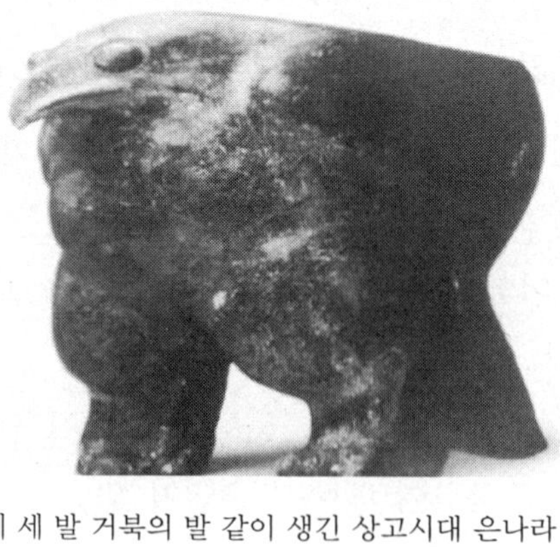

새의 머리에 세 발 거북의 발 같이 생긴 상고시대 은나라 종교 신앙체

고구려 삼족오三足烏는 거북과 비둘기를 결합한 원시 토템종교 신앙이었다.

원시 농경시대는 하늘에서 비를 내리게 하는 기우제 제사의 기능이 우수한 무당이었고 왕이었다. 그래서 요.순시대 또는 은나라 탕왕시대 궁중정원에 숲을 만들어 비둘기가 내려 앉아 우는 소리가 하늘님의 소리로 알고 비둘기 소리를 불교법당의 '나미아미타불' 같은 기도소리로 반복하여 외치며 우는 소리가 기우제 그 시대 종교 음악이었다.

비둘기의 깃털 모양이 가슴에 그대로 새겨져 있다. 발도 자라나 거북이 모양과 유사하다

세 발 까마귀도 유교적 불교적 과학적 해석은 틀린다. 음악도 도레미파나 궁상각치우가 아닌 새소리 그대로 내는 노래가 찬송가이고 천자문 외우기 · 자장가 · 정읍사 · 동동이 새소리이다. 제사용 술잔이나 향불피우는 향로에 왜 새가 있고 세 발 다리를 장식하는 그 이유를 지금까지 말하는 자가 없다.

여기 술잔에 세 발과 위에 한쌍의 신앙 종교새가 고구려는 꾀꼬리 백제는 비둘기로 지정된다. 그 이유는 비둘기새는 하늘에서 가장 슬픈 소리로 비를 내려 달라고 애원한다고 믿었다. 서양의 창세기 신화 성경에서도 지구 여호수아에 비를 내려 홍수에서 비둘기가 비를 관리하여 서양의 사원에서 비둘기를 교회마다 보호하여 신성시한다. 비둘기가 비를 관리 하는 천신으로, 땅에는 물에서 자라(거북)가 살고 있어서 물을 관리하는 수신(용왕)으로 믿고 기우제에서 기도했다. 요순시대 비둘기 신앙이 우임금시대에는 물속에 사는 자라 (거북)를 기우제 종교신으로 기도했다. 우임금 아버지는 다리 하나가 없다. 우임금시대에 우임금은 아버지 능能이 죽어서 제사를 지내는데 아버지 능能이 자라가 되어서 걸어가는데 발자욱마다 세 곳에서 물을 품어 나온다 했다. 중국의 하은주시대에 제사를 지내는 향로에는 세 발 달린 솥을 사용하여 우임금 아버지 능能을 상징하는 신체가 되었다. 술잔도 3족 제사의 그릇도 3족으로 비를 내리는 주술적인 의미로 본다. 이런 능能은 일본 말로 노能라고 하고 가면극이 노가꾸能樂이다. 일본이 우리의 고취 나레 풍물로 불리는 굿을 '농악(노가꾸)'으로 부르게 명한 것도 그런 노能 즉 우임금의 아버지 홍수관리 종교신을 의미한다.

한자 고문사전에서 '세 발 자라', '내 능할 능' 으로 우임금 아버지 이름으로 되어 있다.

태인 허씨 이자겸의 후손 공예태후가 살았던 전남고흥 백련사 사적비. 비석은 고려숙종 때의 것, 돌거북과 머릿돌은 고려시대의 것이다. 머릿돌은 고려시대의 것으로 백련사에서 제일 오래된 유물이다. 백련사는 고려 후기에 8국사를 배출하였고 고려 고종 19년(1232)에 일어난 참회와 정토를 강조한 백련 결사운동은 송광사의 정혜결사 운동과 함께 고려 후기 불교의 양대 산맥을 이루는 것이어서 그 당시 백련사의 위치를 가늠할 수 있고 고려시대 비둘기 머리와 거북다리의 상징 비석을 본다.

고려시대 비석에는 비석 머리는 기와집 모양 즉 비둘기 상징이고 아래는 가야의 거북이를 상징하였다

노래라는 말이 놀이라고 하지만 노례能禮라는 기우제의 비나리같은 비를 내리게 비는 비둘기가 우는 소리의 노래로 생각된다. 우리의 물밭水田 논沓, 놋다리밟기 노디굿 등이 모두 물을 의미한다. 그래서 최초 한문 배우기인 〈천자문 학어집〉에 비둘기는 비를 부른다고 교육시켰다. 비를 내리는 하늘의 비둘기새와 물 속에 사는 자라(거북)가 한 몸으로 통합된 천지일신天地一身의 종교신으로 삼족오三足烏가 만들어진다.

기와집의 모양은 새가 날개를 접고 앉아 있는 모양이다. 그런 뜻으로 대웅전(大雄殿 ;큰새집)으로 명찰을 붙였다.(필자주: 대웅전은 원래 환웅을 모신 곳이었다.)

그 삼족오三足烏를 고증하는 유물이 삼발솟三鼎 · 삼족향로三足香爐 · 삼족잔으로 중국 은나라에서 전해오다가 기자가 망명하여 한반도에 정착하며 가야토기같은 굽이 긴 그릇으로 제사를 지낸다. 찰흙으로 삼족토기를 만들면 쭈그러들기 때문에 개선책으로 3이라는 의미로 삼각형 구멍을 뚫어서 가야토기 긴굽다리 그릇이 전국에서 출토되고 있다.

가야 김수로왕 거북이의 그시대 조각상 거북모양 자연석 고인돌

가야국은 시조 김수로왕이 거북이라는 종교신으로
'거북아 거북아 어서 나와라
안 나오면 구워 먹을란다'
라는 최초의 노래가 생긴다.

가야의 망국 후에 가야족이 이곳으로 망명 – 남원 정읍 부안 서해안 남해안 해상세력 태인 허씨로 독립운동을 하였다. (흉노 인도 가야의 불교 미륵 – 변한의 미륵 부안의 숱한 미륵상들) 고려말기 정몽주의 제자 권근의 詩에서 부안 변산이 변한 땅이라 변산이라고 하였다. 흉노는 '사람이 사는 땅'이란 뜻이다. 흉은 훈과 서로 통한다.

그러다가 안록산의 난에 참전하여 평정한 후에 인천 이씨 이의방 이자겸 세력으로 이의방의 동생이 조선태조 이성계의 조상이 된다. 그래서 가야족 선통 가야토기 긴 굽그릇이 한국의 제사용 목기로서 남원에서 주로 생산된다. 한국의 제사용 목기는 삼족오三足烏 형태로 위는 비둘기새 아래는 거북의 3다리를 의미한 그릇이다.

가야인 김해 김씨 김유신의 동생은 남편 태종 무열왕 김춘추가 죽자 거북의 등에 비석을 세운다. 그리고 비석머리를 비둘기 모양으로 아래는 거북이 모양으로 한국 고유의 비석이 생성되었다. 한국의 기와집은 비둘기색과 흑청색으로 만든다. 타국의 빨간 기와보다 힘들다. 이것은 삼족오 형태의 향로에서 고려와 조선시대 비석문화의 성행시대에 삼족오 모양이 변형되었다.

가야인 백제 망명족 태인 허씨 독립군이 안록산의 난에 시원군으로 참전하여 그 공으로 노획한 당나라 도공이 가야토기를 당나라식으로 거대하게 만든 부안 출토 토기와 가야토기 비교사진

그리고 백제에서 독립운동을 한 **친백제계 태인 허씨 허이기와 김유신의 후손 전주 도독 김원옹이 연이어 당나라 안록산의 난 참전으로 승리 그 세력은 당나라 도공을 대거 노획하여 고려청자기를 고려시대 부안, 강진 그들의 터에서 만든다.**

이순신장군의 거북선도 해양세력 가야족의 종교신앙 거북신앙 선박의 계승일뿐 이순신의 발명은 아니다. 지금까지 삼족오三足烏를 학계에서나 백과사전에서는 아래와 같이 평하고 있다. 그 시대는 토템 종교신앙 요순우 하은주 시대이다. 유교 도교로 풀어서는 오답이 된다.

삼족오의 다리는 비둘기 몸에 자라의 3 다리를 의미한다. 삼족오三足烏 또는 세 발 까마귀는 고대 동아시아 지역에서 태양의 신으로 널리 숭배를 받은 전설의 새이다.

삼족오는 일부에서는 삼족오의 '오'가 까마귀가 아닌 단순히 '검은 새'를 의미한다고도 한다. 삼족오는 3개의 다리가 달려 있는 까마귀를 의미한다. 그 이유를 들자면 여러 가지가 있는데, 태양이 양陽이고, 3이 양수陽數이므로 자연스레 태양에 사는 까마귀의 발도 3개라고 여겼기 때문이라고도 하고, 삼신일체 사상三神一體思想, 즉 천天 · 지地 · 인人을 의미하는 것으로 해석하는 경우도 있다. 또 단군 고조선 시대의 제기로 사용된 삼족정三足鼎과 연관시켜 '세 발'이 천계의 사자使者, 군주, 천제天帝를 상징하는 것으로 분석하기도 한다.

삼족오의 발은 조류의 발톱이 아니라 낙타나 말 같은 포유류의 발굽 형태를 보이고 있다.

제사 목기는 가야인 이자겸 이의방 친족 조선 태조 이성계의 풍속으로 가야토기의 모양 그릇에 지금까지 가야식 종교기구 고배목기를 사용한다.

☀ 파미르 쿠차 돈황 – 앞으로 환국지역 답사가 여행과정으로 꾸며지기를 바라는 자료들!
환국.막지 천문 문자.. 허기 혜초 고선지 최치원 등과 연계하며

◈고유의 문자도 있었던 신비한 도시 파미르 천산산맥과 접한 '쿠차' ⇔ 카라사르 돈황 서안의 전형적인 시골 마을 같은데 **고유의 문자도 있었던 신비한 도시이다.** 6세기까지만 해도 음악의 도시로 번성했던 곳이다. 그 전에는 유럽 계통의 아리안이 거주했던 곳이기도 하다. 부근에 키질kizil석굴 등 불교유적이 많다.

クチャ [庫車]

쿠차, 중국 신장에 위치한 위구르 족의 자치구, 천산산맥 남쪽 기슭의 오아시스 도시이다.

Kucha쿠차. 중국 신장에 위치한 위구르 족의 자치구. 천산산맥 남쪽 기슭의 오아시스 도시임. 고대 불교 왕국인 亀兹国(くじこく, 구자국)의 현지 명칭이며, 부근에 키질kizil석굴 등 불교유적이 많다. 인구는 41만 명(2004)

사진:혜초여행시

쿠(위구르어: كۇچار, 중국어 간체: 库车, 정체: 庫車, 屈支, 屈茨, 丘兹, 중국어 간체: 龟兹, 정체: 龜茲)는 고대 불교 왕국 구자국龜茲國의 현지명으로 실크로드 천산남로에 위치하며, 타클라마칸 사막의 북쪽 가장자리를 흐르는 무자트강의 남쪽에 위치한다. 현재의 신장 위구르 자치구의 아커쑤 지구에 속하며, 쿠처현의 중심이다. 쿠차Kucha는 쿠샤, 쿠차르

쿠차문자

북경과 2시간의 차이가 난다. 북경시간과 헷갈려서 서로가 실수한다. 반드시 몇 월 몇 일 몇 시의 차표를 달라고 해야 한다. 전형적인 시골 마을 같은데 6세기까지만 해도 음악의 도시로 번성했던 곳이다. 그 전에는 유럽 계통의 아리인이 거주했던 곳이고 **고유의 문자도 있었던 신비한 도시이다.** 반드시 쿠차에 대한 역사 공부를 하고 가지 않으면 그냥 농촌의 읍단위 마을일 뿐이다.

쿠차는 – 전에는 다른 민족이 살았었는데 지금까지 해독되고 있지 않는 **토카리아어라는 문자가 발견되었다고 한다. 이는 그리스문자나 로마문자와 비슷하다고 한다.** 현재는 중국 땅에 위구르인들이 살고 있지만 위구르인들은 9세기 정도에 정착한 것이다. (sejin4844 님의 글 참조, 2005.12.17.)

% 초원의 왕자 돌궐족

돌궐족은 6~8세기경 몽골 고원과 알타이산맥을 중심으로 유목생활을 하던 투르크계 민족이다. 브리태니커에 의하면, 지배 씨족인 아사나씨阿史那氏는 처음에 알타이산맥 서남쪽으로 가서 유연柔然에게 복속되어 있었지만, 족장 토문土門 때 그 세력이 강대해졌다. 551년 토문은 유연으로부터 독립하여 스스로 이리 카간伊利可汗이라 칭하고, 동생인 디자브로스를 서쪽으로 파견하여 투르키스탄을 다스리게 했다. 그 후 제3대 목간 카간木杆 可汗 때 유연을 멸망시킨 뒤 거란을 정벌하고 키르기스를 장악한 다음 본거지를 북몽골의 우트켄산으로 옮겼다. 한편 투르키스탄에서는 디자브로스가 사산 왕조 페르시아와 협력하여 에프탈을 멸망시키고(563 – 567), 서면 카간西面可汗으로서 세력을 떨쳤다.

이들은 처음에는 소그드 문자를 썼다. 현재 소그드 문자로 된 〈목간특근 기공비木杆特勤紀功碑〉가 남아 있다. 후에 소그드 문자의 자모를 빌어 돌궐 문자를 만들었다. 관제官制로는 카간 아래 엽호葉護 · 설設 · 특근特勤 · 사리발俟利發 · 토둔

吐屯 등 28관원이 있었다. 세금으로 유목민들에게 병마를 징발했고, 각종 가축에 과세를 부과했다. (고태규의 실크로드 문명기행,18.01.25.)

고대 불교와 돌궐족의 고향 쿠처

쿠처 가는 길...

아예 쿠얼러를 생략하고 쿠처로 바로 가기로 했다. 11시 30분 차로 연좌(軟座) 밖에 없단다. 350위안이나 한다. 4명이 한 칸에 같이 타는 침대차이다. 그동안 경차만 타고 다니다가 침대차를 타니 정말 좋다. 이렇게 글도 쓸 수 있고, 사진도 찍을 수 있고, 무엇보다 15시간이나 걸리는 거리를 자면서 갈 수 있는 편리함에 비하면 그리 비싼 요금은 아니다. 서울에서 부산까지 가는 새마을호가 4시간 쯤 걸리니까 그 4배쯤 더 걸리는 기차 여행이다.

우루무치에서 쿠얼러 구간의 풍경이 기가 막히게 아름다웠다. 바룬타이와 쿠얼러 사이의 경치가 특히 아름다웠다. 이 서쪽이 바로 돌궐족의 근거지였던 바인부르커 대초원이다. 이 초원과 더 서쪽의 나라티 국립공원은 신장에서 가장 아름다운 경관을 자랑하는 지역이다. 신장 최북단 도시 알타이에서 쿠처까지 남북으로 달리는 217번 도로가 이 초원을 관통한다. 이 도로의 주변 풍경은 중국에서도 가장 아름다운 곳으로 손꼽히고 있다.

이 철도와 도로 양쪽으로 산맥이 따라오고 그 협곡 사이로 기차와 버스가 달린다. 우루무치 부근에서는 강과 초원이 보이고 가끔 경작지도 사이사이로 보인다. 여기저기 소나 양들이 방목되고 있었다. 추수가 끝나서 연두색과 갈색 그리고 노란색이 조화를 이루어 멋진 자연의 가을 색깔을 연출한다. 저런 풍경을 보면 그림으로 그리고 싶어진다. 저런 자연 환경에서 말을 타면서 사는 사람들이 세상에 무엇이 부러운 것이 있을까? 여기서 살았던 유목민족들이 갑자기 부러워진다. 중국 한족들이 오랑캐라고 업신여기고 깔보았던 그 사람들이 오히려 자연과 더불어 더 멋지게 살았다는 생각이 든다.

저들의 조상은 저렇게 살다가도 농경민족의 문명을 부러워하여 잊을만 하면 한번씩 중국 중원을 침략하여 여러 왕조들을 괴롭혔다. 특히 한족의 서진(265-316)

이 망하고, 중원이 혼란한 틈을 타서 5호 16국시대(316-439)와 북조시대(386-581)를 유지했던 흉노匈奴족, 선비鮮卑족, 저氐족, 강羌복, 갈羯족 등이 대표적인 북방 유목민들이었다. 흉노가 세운 나라가 전조前趙, 북량北涼, 하夏나라이고, 선비족이 세운 나라가 전연前燕, 후연後燕, 서진西秦, 남량南涼, 남연南燕이고, 저족이 세운 나라가 성한成漢, 전진前秦, 후량後涼이고, 강족이 세운 나라가 후진後秦이고, 갈족이 세운 나라가 후조後趙이다. 한족이 세운 나라는 전량(前涼)밖에 없다. 그러니까 581년에 한족의 수나라가 다시 중원을 통일할 때까지 거의 250년 이상을 북방 유목민들이 중국의 중원(양자강 이북 지역)을 지배한 것이다.

어제 유목민의 근거지인 남산목장에서 느낀 소감은 한마디로 유목민족은 강할 수밖에 없다는 것이었다. 약한 부족은 다른 부족에게 먹힐 수밖에 없는 것이 초원 세계의 법칙이다. 그들은 힘이 강해지면 서로 다른 부족들의 힘을 모아서 중원을 공략하곤 했다. 그리고 이런 전략은 상당히 효과적이었고 많은 성공을 거두었다. 전체 중국의 왕조 중에서 북방 민족이 세운 나라가 한족이 세운 나라보다 더 많다는 사실이 이를 입증해 준다. 송나라 등 많은 중국의 왕조들이 유목민족과 형제 또는 군신의 관계를 맺고 돈과 재물로 평화를 사곤 했다. 한 마디로 말을 타고 신속하게 이동하면서 싸우는 사람들과 정착 농경민과는 처음부터 게임이 안 되었던 것이다. 요즘으로 치면 총 들고 싸우는 사람과 칼을 들고 싸우는 사람의 게임과 같다고 할 수 있다.

말은 그렇게 전략적으로 효율적이고 공격적인 무기였다. 말을 직접 타보면 말이 얼마나 힘이 센지 알 수 있다. 말을 타고 상대방을 걷어차기만 해도 즉사할 정도로 말은 무서운 힘을 발휘한다. 그래서 눈 깜빡할 사이에 나타나서 순간적으로 공격하고 사라지는 유목민들을 농경사회의 왕조들은 당해낼 재간이 없었던 것이다. 얼마나 그들이 무서웠으면 진나라 때부터 천오백 년 넘게 그렇게 엄청난 시간과 인력과 돈을 들여 만리장성을 쌓았을까. 그들의 말이 얼마나 부러웠으면 한 무제는 천마를 구하려고 천산 너머의 페르가나(현재의 키르기스스탄, 우즈베키스탄)까지 군사들을 보냈을까.

그러나 16세기 후반(1585년)에 총이 발명되고 19세기 초기(1905년)에 자동차가 발명된 후부터 말이 기동력과 힘이 앞서는 자동차를 따라갈 수 없게 되자 말을 타는 사람들의 경쟁력은 급속히 약화되었다. 그리고 유목민의 장기인 말을 달리면서 활을 쏘는 것도 총알보다 빠를 수는 없었다. 결국 자동차와 총알 앞에 말은 더 이상 소용이 없게 되었다. 효용이 크게 떨어진 것이다. 현대전이라고 할 수 있는 제 1차 세계대전과 제 2차 세계대전에서 일부 국지전이나 수송 수단으로 사용된 것을 제외하면 말은 이제 전투용으로는 거의 사용되지 않는다. 특히, 제 1차 세계대전을 고비로 트럭 등 군용 차량이 말을 대체하는 수송 수단으로 등장하면서 말의 군사적 효용성은 일부 산악지대를 제외하곤 급격히 사라지게 되었다.

수천 수만 명의 기마병이 말을 몰고 먼지를 일으키면서 쳐들어오면 싸우기도 전에 적군들은 그 먼지와 함성소리에 기가 질려 버린다. 1532년 11월 16일에 168명의 스페인 오합지졸을 거느린 피사로가 4만 명의 군사를 거느리고 있었던 잉카제국의 황제 아타우알파를 생포한 것도 바로 말의 힘이 컸다. 생전 처음 보는 말이 잉카의 군사들을 공포에 떨게 만든 것이다. 우리나라 역대 왕조들이 몽골족이나 여진족 등 북방 유목민족들에게 번번이 패한 것은 바로 그 기마병 때문이다. 말을 타고 싸워 본 적이 없는 우리로서는 그들이 너무나 강한 상대였던 것이다. 항복하거나 도망치는 수 말고는 뾰족한 대안이 없었다. 그런데 기마병도 아닌 일본군에게 20일 만에 한성을 빼앗긴 것은 이해가 잘 안 된다. 물론 그들은 말 대신 조총이라는 신무기를 가지고 있었다. 국력의 약화와 왕을 비롯한 위정자들의 무능을 탓할 수밖에 없다.

한 시간쯤 지나자 초원의 풍경이 사막으로 바뀌었다. 양쪽 산맥 사이로 사막이 끝없이 이어진다. 신장 지방의 특징은 오아시스의 크기에 따라 도시의 규모가 달라진다는 점이다. 신장성의 성도인 우루무치가 가장 크기 때문에 그 부근에는 굉장히 넓은 오아시스와 초원이 발달되어 있다. 반면에 이렇게 황량한 사막에는 마을이 거의 없다. 이렇게 몇 시간을 가다 보면 오아시스가 나오고 거기에 도시나 마을이 발달하고 사람이 산다. 사막지방은 이런 식으로 도시가 발달되어 있다. 사람이 전혀 못 살 것 같지만 몇 시간쯤 가다보면 오아시스가 나오고 거기엔 사람이 산다. 인간이라는 동물이 얼마나 자연환경에 잘 적응하는 지는 사막지역에 와 보면 잘 알 수 있다.

사막이 아름답다는 것을 느끼기에는 그리 많은 시간이 필요한 게 아니다. 일주일만 사막을 돌아다니다 보면 사막도 푸르른 산만큼 아름답다는 것을 곧 깨닫게 된다. 또 다른 이유로 사막이 '아름다운' 것은 저렇게 황량한 땅 한 가운데에 석유와 지하자원이 무진장으로 매장되어 있기 때문이다. 경제인이나 위정자들은 돈이 되는 것은 모두 '아름답다'고 생각한다. 타클라마칸 사막에 오면 왜 중국이 강대국인지 저절로 알 수 있게 된다. 역시 한 국가의 영토는 넓어야 된다는 것은 만고불변의 진리이다. 〈총균쇠〉의 저자 재레드 다이아몬드(Jared Diamond)도 강대국의 조건 중 하나로 넓은 지리적 영토를 들고 있다. 그래서 역대 중국의 왕조들도 넓은 영토를 가지고 있음에도 불구하고 끝없이 동서남북으로 영토를 넓히기 위해서 노력한 것이다. 물론 한반도에 있었던 고대 왕조들도 2천년 넘게 그 희생양이 되었다.

우리 침대칸에 같이 탄 사람은 용접공 왕소영王小永과 왕해영王海永이다. 이 둘은 31세와 33세로 형제이다. 고향은 하북성 한단이고, 지금 아커수(阿克蘇 아극소)로 일을 하러 간단다. 둘 다 아주 순하고 착하게 생겼다. 동생은 얼굴이 아주 잘 생긴 미남이다. 돈이 되는 일거리가 있으면 이처럼 거리를 가리지 않고 돌아다닌다고 한다. 요즘 중국 전역에 건설현장과 토목공사가 엄청 많기 때문에 이런 기술직 일거리는 많다고 한다.

점심으로 식당차에 가서 도시락을 먹었다. 이제는 어떤 중국 음식도 입에 맞을 정도로 익숙해졌다. 메뉴를 보여 달라고 손짓으로 네모를 그리는 시늉을 했는데 도시락을 가져다 준다. 네모가 도시락을 의미한다고 생각했나 보다. 가격은 30위안. 맛에 비해 비싼 가격이다.

기차는 쿠얼러와 룬타이를 거쳐 새벽 3시에 쿠차에 도착했다. 애매한 시간이다. 호텔에 갈 수도 없고, 날이 밝을 때까지 역에서 기다릴 수도 없고. 역 대합실에는 들어가지 못하게 하니까 매표소에 가서 카스행 표를 끊고, 거기서 아침 6시까지 기다렸다. 옷을 단단히 입어서 춥지는 않다. 쿠차빈관으로 갔는데, 직원이 아무도 없다. 8시까지 로비 소파에 앉아서 잤다. 나중에 직원들이 나와서 객실료를 물어보니 280위안이라고 한다.

너무 비싸서 택시를 타고 쿠차빈장으로 갔다. 객실료가 180위안으로 100위안이나 싸다. 그런데 인터넷이 본관에서만 된다. 중국에서 처음으로 친절한 웨이터를 만났다. 짐을 방에까지 들어다 준다. 신장 지역에서는 상상도 할 수 없는 일을 경험한 것이다. 쿠차빈관에 태워다 준 택시로 300위안에 키질(커즈얼 克孜爾)석굴과 수바스蘇巴什고성 등 불교 유적지를 둘러보기로 했다. 처음에는 400위안을 달라고 했는데, 내가 깎은 것이다.

쿠차 또는 쿠처(위구르어: كۇچار, 중국어 간체: 库车, 정체: 庫車, 屈支, 屈茨, 丘兹, 중국어 간체: 龟兹, 정체: 龜兹)는 고대 불교 왕국 구자국龜兹國의 현지명으로 **실크로드 천산남로에 위치하며, 타클라마칸 사막의 북쪽 가장자리를 흐르는 무자트강의 남쪽**에 위치한다. 현재의 신장 위구르 자치구의 아커쑤 지구에 속하며, 쿠처현의 중심이다. 쿠차Kucha는 쿠샤, 쿠차르 등으로도 읽힌다. 위키백과 정보를 기본으로 쿠차국의 역사를 정리하면 다음과 같다.

쿠차는 서역의 36왕국 중 9대국의 하나로 장안에서의 거리는 7,480리이고, 인구는 81,317명이며, 군사는 21,076명을 보유하고 있다고 〈한서漢書〉 서역전에 기록되어 있다. **쿠차는 인도에 크게 영향을 받았다.** 스키타이인들은 인도왕이 그곳을 다스렸다고 생각하였다. 언어는 인도유럽어족의 일종인 토카리아어를 사용하였고, 고대 인도유럽어가 사용된 가장 동쪽 지역이다. **고대의 쿠차는 인도, 페르시아, 박트리아와 중국 문명의 교차지로서의 역할을 담당했다. 남쪽으로는 치에모且末 왕국과 접하며, 동쪽으로는 누란 왕국과 국경을 맞대고 있었다. 중국 한나라는 전한(기원전 206년 – 서기 26년) 때인 기원전 138~126년에 서역 개척자 장건(張騫, ? – 기원전 114년)을 파견하여 쿠차국** 등 서역 국가들과 외교관계를 모색했다.

서역 개척자 장건은 중국의 서역 개척사에서 가장 중요한 사람 중 한 명이다. 장건의 자는 자문子文이며, 지금의 산시성 성고현城固縣 사람으로 탐험가이자, 외교관이었으며 탁월한 탐험으로 실크로드의 개척에 중대한 공헌을 하였다. 그는 서역북로와 서역남로를 개척하였으며, 서역의 한혈마汗血馬, 포도, 석류, 복숭아 등의 물품을 가져오기도 했다. 기원전 139년에 한나라는 서북 변방을 어지럽히는 흉노에 대항하기 위해 **대월지(大月氏: 기원전 3세기 감숙성 서부 하서회랑 지역→타림분지→소그드 지방: 현재 우즈베키스탄 사마르칸트 지역→대하: 현재 아프가니스**

탄 박트리아 지역)와 동맹을 맺으려 사자를 모집하였다. 장건이 지원을 해서 지원자 100명의 수행원을 거느리고, 서역으로 가서 대월지국으로 향하였다.

이전에 대월지는 월지라고 불리었는데, 흉노의 묵돌 선우冒頓 單于와 그 아들 노상 선우에게 패한 후, 서쪽으로 옮겨 이름을 대월지로 바꾸었다. 특히 노상 선우는 월지 왕의 두개골로 술잔을 만들 정도로 잔인해서 월지는 흉노를 원망하고 있었고, 한나라는 이런 국제관계를 이용하여 흉노 서쪽에 있던 대월지와의 협공을 위해 장건을 파견한 것이다. 이때는 대월지가 아마도 소그드 지역에 있었던 때인 것으로 추측된다. 돈황 막고굴 제 323굴 북벽에는 〈장건 출사 서역도張騫出使西域圖〉가 지금도 남아 있다.

당시에는 서역 지방이 흉노의 세력권이었으므로, 장건은 한의 영토였던 감숙성을 나가자마자 하서회랑에서 흉노에게 붙잡히고 만다. 흉노의 통치자 선우는 장건이 대월지로 가는 사자임을 알아채고, "월씨는 우리들의 북쪽에 있다. 어떻게 한이 그곳에 사자를 보낼 수 있는가? 만약 내가 한의 남쪽 월나라에 사자를 보낸다면 한은 그것을 허용하겠는가?"라고 추궁하며, 장건을 십여 년 동안 억류시켰다. 흉노는 장건을 회유하려고 부인도 주어 그 사이에 아이도 낳았지만, 한나라의 사자로서의 임무는 잊지 않았다. 그 후 우여곡절 끝에 흉노의 땅에서 탈출에 성공하여 흉노 서쪽에 있는 대완국(大宛國: 현재 페르가나 초원지역)에 이르렀다. 대완은 익히 한나라의 강성함을 알고 있었기에 장건을 환대하고 대월지까지 길을 안내해 주었다. 대월지는 흉노에게 패배한 후에 오손(烏孫: 기원전 176년 경 일리 강과 이시쿨 호수의 영역)에게도 쫓겨서 더욱 서쪽으로 이동해 있었다. 장건은 강거국(康居國: 현재 사마르칸트?)에 들른 후에 드디어 대월지에 도착하였다.

장건은 흉노와의 원수지간인 월지의 왕에게 한과의 동맹을 제의하였지만, 월지왕은 이 제의를 받아들이지 않았다. 이미 월지는 새로운 땅에 정착하여 풍부한 생활을 누리고 있었기 때문에 다시 동쪽으로 돌아가 흉노와 싸울 이유가 없었던 것이다. 흉노에 대한 복수심은 이미 과거의 일이었다. 실의에 빠진 장건은 귀향할 때 천산(또는 파미르고원)을 넘어 강羌족의 지배지를 통과하는 노선을 선택했지만,

또 다시 흉노에게 붙잡힌다. 일 년 남짓 지나 흉노의 선우가 사망한 틈을 타서 탈출, 기원전 126년에 마침 한나라 장안으로 귀환했다. 출발할 때에 100명 남짓 있던 수행원은 두 사람만 남아 있었다.

대월지국과의 동맹은 성립되지 않았지만, 장건이 가지고 돌아온 서역에 대한 지식과 정보는 지극히 귀중한 것이었고, 그때까지 전혀 이해하지 못했던 서역의 사정을 듣고 한은 새로운 서역 전략을 세울 수 있었다. 이 공로로 장건은 태중대부가 된다. 기원전 123년에 무제는 마침내 대장군 위청으로 하여금 흉노 정벌 원정군을 출발시킨다. 이 원정에서 장건은 자신의 경험과 지리 지식을 활용하여 크게 공헌하였고, 위위衛尉 박망후博望侯로 제수 받게 된다. 그러나 기원전 121년의 원정에서 기일을 맞추지 못한 것에 문책을 받아 평민으로 강등되었다.

장건은 사천과 윈난 그리고 미얀마를 거쳐 인도로 가는 무역로를 개척하기도 했다. 장건이 서역을 여행하는 도중에 촉(사천) 명산의 대나무와 옷감을 현지 사람이 가지고 있는 것을 보고, 어떻게 손에 넣었는지 묻자, 인도의 상인으로부터 샀다고 했다. 이것에 의해 촉으로부터 윈난과 미얀마를 거쳐 인도로 연결된 루트가 있는 것을 알아내어, 장건은 무제에게 윈난을 한에 복속시키라는 건의를 몇 번이나 한다. 이 루트는 지금도 중국 윈난의 바오산에서 버마의 만달레이로 통하는 무역로로 이용되고 있다. 윈난은 장건 사후 약 300년 후에 삼국지에서 제갈량(諸葛亮, 181 – 234)이 남만왕 맹획을 일곱 번 잡았다가 일곱 번 풀어준 바로 그 지역이다.

한나라는 흉노에 대항하는 또 다른 방법으로 오손국烏孫國과의 동맹을 생각하고 기원 전 119년에 장건을 오손의 사자로 보낸다. 그때 오손에 와 있던 아라비아 상인들을 데리고 장안으로 돌아왔다. 이 우연은 실크로드 역사에서 아주 중요한 의미가 있다. 당시 서역까지만 들어와 있던 아라비아 상인들이 중국(한나라)의 수도인 장안까지 진출하여, 이때부터 아랍과의 교역이 본격적으로 시작되었기 때문이다. 장건은 기원 전 114년에 사망했다. 사후에 장건이 제시했던 계략이 서서히 열매를 맺고 시작하여 한나라는 서역 여러 나라와 교역을 하게 되었고, 흉노에 대해서는 유리한 입장을 가지게 된다. 장건은 마르코 폴로의 동방기행보다 1400여 년

전에 중국 역사상 처음으로 천산 너머 중앙아시아까지 가서 서역 국가들의 정보를 중국에 전한 실크로드 알리미로 볼 수 있다.

후한(서기 25 – 220) 시대에는 장건이 가져온 서역 국가들의 정보를 바탕으로 반초(班超, 32 – 102)를 서역도호부에 파견하여, 31년 동안 주재하면서 서역 국가들과 우호관계를 맺고, 한편으로는 북쪽의 흉노를 무찌르게 했다. 이에 앞서 **한나라는 기원전 68년(또는 60년?)에 정길鄭吉을 파견하여 쿠차국 오루성(烏壘城: 현재의 룬타이로 쿠차에서 동쪽으로 350리의 거리에 있다)에 서역도호부를 설치했다. 천산남로(서역북로)의 쿠차와 쿠얼러 중간에 있는 룬타이(위구르어:** بۈگۈر ناھىيىسى **부구르 현, 중국어: 轮台)는 한 무제 때는 기원전 133년 – 89년까지 흉노와 전쟁을 벌였던 장소이기도 하다.** 지금은 타클라마칸 사막을 가로질러 서역남로 중간 지점에 있는 민펑民丰으로 연결되는 사막 공로를 출발하는 도시이다.

이후 약 400~500년 동안 이 지역은 중국 왕조의 지배 하에서 벗어나 오랜만에 독자적인 지배체제를 유지했다. 중국의 왕조들은 삼국시대(서진西晉 포함: 220 – 316)와 5호 16국시대(316 – 439) 그리고 남북조시대(386 – 589)의 혼란기를 겪으면서 서역 변방국과의 관계에 관심을 가질 여유가 없었던 것이다. 그래서 이 시기에 조성된 키질석굴에는 중국풍의 영향이 거의 없고, 인도 간다라풍의 그림이 보이는 것이다. 7세기 중엽 타림분지 전역을 제압한 당나라는 640년에 고창국을 멸망시키고, 서주로 개명하여 그곳에 안서도호부安西都護府를 설치했다가, 648년에 한나라 때 서역도호부를 설치했던 룬타이로 이전했다. 이에 **쿠차는 다시 실크로드에서 서역북로(천산남로)의 중심도시로서 서역의 안정화와 동서무역의 번창에 큰 역할**을 담당하게 되었다. 이곳 안서도호부에서 당나라 장군이자 고구려 유민의 후손 고선지(高仙芝, 702? – 755)가 절도사로 임명되어 오랜 기간 근무했으며, 신라의 고승 혜초(慧超 또는 惠超 704? – 787?) 스님도 인도에서 돌아올 때, 이곳을 지나면서 〈왕오천축국전〉에 기록을 남겼다.

안 서도호부는 안북安北 · 선우單于 · 안동安東 · 안남安南 · 북정北庭도 호부와 함께 6개의 도호부 중 하나이다. 당나라는 태종(太宗, 599 – 649)과 고종(高宗,

628 – 683) 연간에 국력이 융성해져 그 영역이 사방으로 확대됨에 따라 변경지대에 위의 6개 도호부를 설치한 것이다. 그중 안동도호부가 바로 당나라가 668년에 고구려를 멸망시킨 직후, 평양에 설치한 최고 군정기관軍政機關인 것이다. 당나라 영역의 가장 서쪽에는 안서도호부를 두고, 가장 동쪽에는 안동도호부를 두었던 것이다. 초대 도호로 임명된 당나라 장수 설인귀(薛仁貴, 613 – 683)는 2만 명의 군사를 거느리고 진주하여, 고구려 옛 땅을 9도독부都督部 · 42주州 · 100현縣으로 나누어 다스렸다. 이래저래 쿠차는 역사적으로 실크로드를 통해 우리와는 인연이 많은 곳이다.

*** 앞으로는 환국! 즉 불교 이전 종교나 삶도 연구나 답사 여행의 주제가 될 것이다.**

고대 불교 왕국 쿠차

불교는 기원전 1세기경에 쿠차에 전파되었다. 그러나 왕국이 불교, 특히 소승불교의 중심이 된 것은 3세기가 이후였다. 이 때문에 대승불교 중심의 사막 남쪽에 있던 호탄 왕국과는 불교의 분위기가 달랐다. 중국의 기록에 따르면, 3세기에 쿠차에는 이미 수천 개의 불탑과 사원이 있었다. 이때에 쿠차 승려들은 중국으로 불교를 전교하기 시작했고, 4세기에는 쿠차의 불교가 더욱 성장하였다. 왕국의 수도는 불교의 사원을 닮아 갔다고 하는데, 도시 주변에는 부처의 석상과 수도원이 많았다. 379년경 쿠차에 유학 갔다 돌아온 승순이나 담충 등 유학승들의 보고에 의하면, 당시 쿠차에는 절 5개소에 비구 440명, 절 3개소에 비구니 260명이 있어 모두 700명의 승려가 있었다. 그러다 9세기 중엽 위구르인들이 침입하여 쿠차에서 투루판에 이르는 지역에 서위구르 왕국을 세우면서 불교는 사양길에 접어들게 된다.

쿠차는 불교 전파에도 크게 기여하였는데, 위진남북조시대(220 – 589)에는 372년에 고구려에 불교를 전해준 전진前秦의 부견(苻堅 337 – 385)이나 후진後秦의 요흥(姚興 366 – 416), 남조의 양 무제(梁 武帝 464 – 549) 등이 불교를 적극 수용하였다. 이 때 많은 쿠차 승려들이 중국으로 들어가 포교와 역경 사업에 헌신하였다. 구마라습(344 – 413)이 대표적인 인물이다.

쿠마라지바 또는 구마라습(구마라십, 구마라집, 중국어 간체: 鸠摩罗什, 정체: 鳩摩羅什은 쿠차 출신으로 구마라시바鳩摩羅時婆, 구마라기바拘摩羅耆婆, 줄여서 나습羅什, 습什, 또는 의역하여 동수童壽라고도 한다. 7세에 어머니를 따라 출가하여 서역 카슈미르와 야르칸드에서 대승과 소승 불법을 배우고 고국에 돌아와 열심히 대승을 설파하여, 그 명성은 중국 내부에까지 퍼졌다. 부견이 여관을 파견해 쿠차를 공략한 원인 중 하나가 이 고승을 모셔오기 위해서라고 할 정도로 유명하였다. 장장 15년의 교섭 끝에 401년 후진왕後秦王 요흥姚興에게 국사國師로서 영접되어 경전의 번역에 종사하여 35부 300권의 불경을 한문으로 번역했다. 그 역문은 유려하여 〈법화경 法華經〉이나 〈아미타경 阿彌陀經〉의 역문 등은 현대의 법의法儀에서도 사용되고 있다. 그의 번역 사업에 의하여 당시 유행하고 있던 〈반야경 般若經〉 연구는 더욱 심화되었고, 또 〈대지도론 大智度論〉 등의 대승론부大乘論部도 처음으로 소개되었다. 요즘 우리가 외우는 반야심경이 바로 구마라습이 번역한 것이다. 일본 실크로드 박물관을 세운 히라야마 화백은 반야심경을 자신의 그림으로 설명하는 아주 귀여운 손바닥 책자로 발간하기도 했다. 그가 〈반야경 般若經〉을 포함한 불교 경전들을 불교 본연의 뜻에 맞게 바르게 번역하면서 당시까지 중국에서 유행하던 격의불교格義佛敎의 폐단이 비로소 극복되었다.

격의불교 또는 격의는 불교의 중국 전래 초기인 위진시대(魏晋時代, 220 - 420)에 나타났던 불교 교리 이해 방법 또는 불교 연구 방법이다. 한문으로 번역된 불교 경전에 기술되어 있는 사상이나 교리를 노장老莊사상이나 유교사상 등 전통 중국 사상의 개념을 적용하여 비교하고 유추함으로써 이해하려고 하는 방법이다. 예를 들어, 불교 경전인 〈반야경 般若經〉에 나오는 '공空'에 대해 노장사상의 '무無' 개념을 적용하여 그 내용을 해석하고 설명하는 것을 말한다. **죽림칠현(竹林七賢: 완적阮籍, 혜강嵆康, 산도山濤, 향수向秀, 유령劉伶, 완함阮咸, 왕융王戎을 말한다)이 대표적인 인물들이었다.** 하지만, 이러한 격의불교로는 불교에 대한 참다운 이해에 도달하지 못한다는 한계가 있었다. 동진(東晋, 317 - 420) 시대의 고승이었던 도안(道安, 312 - 385)은 격의불교의 오류를 극복하기 위해 노력하였다. 하지만 그도 격의불교의 폐단을 완전히 극복하지는 못하였는데, 구마라습이 불교 경전을 본래의 뜻에 맞게 바르게 번역한 이후에야 비로소 극복되었다.

구마라습의 불경 번역은 중국 불교사에서 길이 남을 공적이며, 중국에서는 그를 중국 "삼장의 한 사람"이라 일컫는다. 그의 공적은 중국 뿐 아니라 한반도와 일본의 불교에까지 크게 영향을 미쳐 지금까지도 일상생활에 깊이 뿌리가 박혀 있다. 키질석굴 입구에 가면 그의 동상이 폐허가 된 석굴을 지키려는 듯 외롭게 서 있다. 사그라져 가는 불교를 붙잡으려고 안간힘을 쓰는 것처럼 웅크리고 깊은 생각에 잠겨있어 보는 이의 마음을 안쓰럽게 한다.

쿠차국(구자국)에 관한 이야기는 현장과 혜초의 여행기에만 나오고, 법현(불국기)과 송운(송운행기)의 기록에는 나오지 않는다. 현장의 대당 서역기大唐西域記에는 1,400여 년이 지난 현재의 모습과는 전혀 다르게 기술되어 있다. 불교 유적에 인적도 없이 쓸쓸하게 폐허만 보이는 지금의 모습과는 달리 풍요롭고 번성한 불교성국의 모습이 엿보인다.

쿠차국(庫車國 구자국, 屈支國 굴지국)은 동서로 천여리이고, 남북으로 600여리에 달하며, 큰 도성의 둘레는 17~18리이다. **땅은 기장과 보리농사를 짓기에 좋고, 벼도 자라며, 석류가 난다. 배와 능금, 복숭아와 앵두가 많으며, 금 동 철 납 주석**이 그 땅에서 난다. 기후는 온화하고, 풍속은 질박하다. 문자는 인도에서 가져다 쓰고 있는데, 약간의 차이가 있다. 특히 관현악에 관해서는 여러 나라에 그 이름이 널리 퍼져 있다. 비단이나 모직물로 만든 옷을 입으며, 머리를 짧게 자르고, 두건을 쓴다. 화폐로는 금전과 은전 그리고 작은 동전을 사용하고 있다. 왕은 굴지국 종족에서 나왔는데, 지모가 뛰어나지 못하여 세력이 강한 신하에게 핍박을 받고 있다. 자식을 낳으면 나무로 머리를 눌러서 납작하게 만드는 풍속이 있다. 가람의 수는 100여 곳이며, 승도는 5천여 명으로 소승의 가르침인 '설일체유부(說一切有部: 소승 20部의 하나 - 저자 주)를 익히고 배우고 있다. 불경의 교리와 계율은 천축에서 배워 와서 이를 따르고 있는데, 그들이 익히고 낭독하는 것은 바로 천축국의 원문 그대로이다. 역시 점교에 머물고 있으며, 세 가지 정육을 먹는다. 계행이 청결하고 배우기를 즐겨하며, 모든 사람들이 공덕을 쌓는 것을 좋아한다. 나라의 동쪽 변경에 있는 성의 북쪽에 **천사天祠가 있다. 천사 앞에는 대용지大龍池가 있는데, 온갖 용들이 모습을 바꿔가면서 암말과 서로 어울리다가 마침내 준마를 낳는다. 준마는 너무 사나워서 쉽게 길들이지 못하지만, 준마가 새끼를 낳으면 그 새끼는 길들여서 타고 다닐 수 있다. 이런 까닭에 이 나라에는 훌륭한 말이 많이 생**

산된다. (중략) 폐허가 된 성곽의 북쪽 40여 리 산기슭에 하나의 강을 사이에 두고 두 개의 가람이 있는데, 똑같이 조호리照怗釐라고 부르지만, 동서의 위치에 따라서 각기 동조호리와 서조호리라고 부른다. 그곳 불상의 장엄함은 도저히 사람의 솜씨라고는 생각할 수 없을 정도로 뛰어나다. 승려들은 청정하게 계율을 지키며 부지런히 정진하고 있다. 동조호리의 불당 안에 옥석玉石이 있는데, 면적은 2척 쯤 되며, 황백색을 띠고 있어서, 마치 대합조개와 같은 모습을 하고 있다. 그 위에는 불족佛足 문양이 새겨져 있는데, 길이는 1척 8촌이고, 너비는 6촌 남짓 된다. 재일齋日에는 등불을 환하게 밝히기도 한다. (출처: 김규현 역, 대당서역기, 55 – 58페이지)

혜초는 천축국(인도)에서 당나라로 돌아오는 길에 들른 쿠차국에 대해 현장보다 훨씬 더 간단하게 기록하고 있다.

다시 소륵에서 동쪽으로 한 달을 가면 구자국龜茲國에 이른다. 이곳이 바로 안서 대도호부로서 중국(당나라) 군사가 대규모로 집결되어 있는 곳이다. 이 구자국에는 절도 많고 승려도 많으며 소승법이 행해지고 있다. 고기와 파, 부추 등을 먹는다. 중국 승려는 대법승을 행한다. (출처: 정수일 역, 왕오천축국전, 432쪽)

현장의 기록으로 보면 쿠차국은 농사가 잘되는 풍요로운 불교 국가로서 서역 음악의 본산이었다. 380년경에는 5개의 절에 700명의 승려가 있었는데, 현장이 방문한 약 260년 후에는 불교가 번성하여 절이 100여 곳, 승려가 5천여 명으로 늘어났다. 지금은 인구의 90% 이상이 무슬림이다. 정수일 박사의 **〈신라 · 서역교역사〉에 의하면, 쿠차의 음악과 악기(오현五絃, 요고腰鼓, 동발銅鈸, 공후箜篌, 피리, 횡적橫笛, 소簫 등)는 중국(수와 당)은 물론 한반도와 일본까지 전래되었다. 최치원(837 – 876)은 〈향약 잡영 오수 鄕藥雜詠五首〉에서 신라 때 유행하던 다섯 가지 놀이를 소개하고 있는데, 그 중 유일하게 오늘까지 전승되고 있는 산예狻猊, 즉 사자춤이 바로 쿠차국**에서 유래된 것이다.

북방 유목민 중 일부 민족에겐 어릴 때 머리를 나무판으로 눌러서 인공으로 변형하는 습속이 유행했는데, 이른바 속칭 "수편두(睡扁頭, 눌러 납작하게 만든 머리)"라고 하며, 중앙아시아 지역을 가보면 실제로 그런 사람들이 간혹 보인다. 천사天

祠는 배화교 즉 조로아스터교가 이미 이 지역에 들어와 있었다는 사실을 의미한다. 또한 쿠차국은 북쪽으로 바인부르커 대초원을 가지고 있었으므로 자연히 중국에서 천마天馬라고 불렀던 준마들이 많이 있었을 것이다. 중국에서 한혈마라고도 불린 천마는 이 지역부터 천산 너머 페르가나 지역의 유목국가들이 많이 길렀다.

조호리 유적은 동창하銅廠河의 양안에 있는 수바시 유적을 말한다. 이 유적지는 지금 가서 보면 인공 수로에 의해 동쪽과 서쪽으로 나뉘어져 있다. 양쪽 유적 사이로 수량이 풍부한 수로가 흐르고 있다. 옛날에는 자연 하천이 흐르고 있었을 것이다. 수바스 불교사원 유적지는 쿠차 시내에서 북쪽으로 20㎞여 지점에 있다. 위진(魏晉, 220 - 316)시대에는 큰 사찰이 있었다. 동쪽은 대지가 약 8만 평방미터, 서쪽은 약 12만 평방미터나 되는 큰 절이었다고 한다. 이 절은 현장법사(602 - 664)가 인도 여행(629년 3월 장안 출발 ~ 645년 1월 6일 장안 도착)에서 돌아올 때, 그러니까 643 - 644년경에 들러서 두 달 동안 체류했던 유서 깊은 곳이다. 지금 이 절은 고창 고성이나 교하 고성에 비해 많이 훼손되거나 파괴된 상태였다. 현장이 7세기 중반(630년경)에 목격하고 기술했던 모습과 너무 달라서 보는 이의 가슴을 아프게 한다.

혜초의 기록이 현장의 기록과 다른 점

소륵(카쉬가르)에서 쿠차까지 걸리는 시간, 당나라 안서 도호부가 거기에 있다는 점, 대승법을 행하는 중국 승려와 달리 여기 승려들이 소승법을 행한다는 점, 먹는 음식 재료에 관한 소개이다. 혜초는 727년경 이곳에 들른 것으로 보인다. 남동신 교수의 연구에 의하면, 혜초는 727년 11월 상순, 늦어도 728년 초에 안서도호부 절도사 조이정趙頤貞에게 제출할 입경보고서로서 『왕오천축국전』을 저술한 것으로 추정된다. 외국인인 혜초가 인도와 당나라를 거쳐 당의 영토로 들어와야 하기 때문에 당연히 비자심사를 받아야 했고, 그 근거 자료가 바로 이 여행기였던 것이다. 나도 요르단에서 이스라엘에 입국하기 위해서 국경검문소에서 지난 4개월 동안 여행한 곳과 그곳에서 무엇을 했는지 30분~40분 동안 설명해야만 했다. 요즘도 그렇게 입국절차가 까다로운 나라가 많은데, 하물며 1,300여 년 전에야 말할 것도 없었을 것이다. 현장에 비해 혜초의 여행기가 간단하게 서술된 것도 그 이유가 된다. 입국 보고서이기 때문에 자세히 기술할 필요가 없었던 것이다.

현장과 혜초가 쓴 여행기의 역사적 사료로서의 한계는 6하원칙에 의해 기록되지 않았다는 점이다. 그래서 본인들이 방문한 장소에서 무엇을 했는지에 대한 기록이 거의 나타나지 않는다. 단지 어디는 어떻다, 어디는 어떻다는 식으로 직접 보았거나 들었던 사실만 나열해 놓았을 뿐이다. 이런 기록은 현지에 방문하지 않고도 선배들의 자료를 통해서 얼마든지 기록할 수 있다. 예를 들면, 우리가 미국에 직접 가지 않고도 다른 사람들이 쓴 자료만 가지고도 미국에 대해서 얼마든지 잘 묘사할 수 있는 이치와 같다. 이 점에 대해서는 **이들보다 200~300여 년 전에 인도 여행기 〈불국기佛國記〉를 남긴 법현**(339 – 420)이 좀 나은 편이다.

당시에는 서역의 왕국들에 대해서 기록한 중국의 역사서(〈한서〉 서역전 등)가 이미 많이 존재하고 있었고, 중국 승려들의 인도 여행과 인도와 서역 승려들의 중국 여행이 유행하여 인도에서 건너온 불경들이 넘쳐나고 있었기 때문에 서역 지방에 대해서 얼마든지 기록할 수 있었다. 특히, 기록 연대와 날짜가 빠져 있어서 언제 어디를 방문했는지, 언제쯤에 일어난 사실인지 확인할 방법이 없다. 단지 추측만 할 뿐이다. 마르코 폴로가 써서 유럽에서 히트를 친 〈동방견문록〉도 마찬가지로 날짜가 누락되어 있어서 역사적 사료로서의 가치는 떨어진다.

반면에 이 두 선배보다 불과 100~200여 년 후에 중국 장안을 다녀간 여정을 기록한 일본 승려 엔닌의 〈입당 구법 순례행기〉는 여행 수단과 방법이 비슷했음에도 불구하고 철저하게 6하원칙에 의한 일기체로 씌어 있어서 년 월 일 시까지 정확하게 기록되어 있다. 물론 엔닌이 만났던 사람들의 이름도 실명으로 정확하게 나온다. 그래서 사료로서 가치가 앞의 두 여행기에 비해서 훨씬 더 높다고 말할 수 있다. 그런 이유로 나는 여행사史를 연구하는 관광학자로서 엔닌의 여행기를 세계 최고의 여행기로 꼽는다.

수바시 사원터에서 더 북쪽으로 들어가면 천산 신비대협곡이 나오고, 더 올라가면 돌궐족의 고향 나라티초원이 나온다. 신장에서 가장 아름답다고 하는 쿠이둔을 거쳐 최북단 알타이까지 가는 217번 도로를 타고 가는 길이다. 더 가고 싶었지만 일정과 비용 문제로 포기했다. 우리 역사에도 자주 등장하는 돌궐족의 본거지가 눈앞이라 가슴이 설레지만 지금은 어쩔 수 없다. 5세기 초 호탄을 방문한 법현法顯은

"호탄국은 토지가 기름져서 사람들의 생활이 윤택하였고 모두 불법을 받들고 불교가 생활화되어 있었다. 승려는 수만이나 되었는데 대부분 대승을 배우고 있었으며 모두 중식衆食을 하고 있었다. 이 나라 사람들은 집집마다 문 앞에 작은 탑을 세워 놓았는데 그 중 제일 작은 것의 높이는 약 2장 가량 되어 보였다. 또 사방에 승방을 지어 놓고 객승客僧에게 제공하였으며 그 외에 필요한 물자들도 마련하였다."(〈法顯傳〉)고 전하고 있어 불교가 매우 성행했음을 알 수 있다.

그로부터 약 250년이 지난 644년에 호탄을 방문했던 현장은 "…문자와 법칙은 인도를 따르고 있으나 자체와 필세를 약간 고쳐 변화를 보이고 말은 다른 나라와 차이가 있다. 불법을 존중하며 가람이 백여 군데, 승려는 5천 명이며 모두 대승의 가르침을 학습하고 있다."(〈大唐西域記〉라고 기록하였으며, 8세기의 혜초 역시 "호탄국에는 절도 많고 스님도 많으며 대승불법이 행해지고 있다." (〈往五大竺國傳〉)고 기록하고 있어 7, 8세기 경까지도 불교가 매우 성했음을 확인할 수 있다.

◈ 당 현종 시 〈안록산의 난〉으로 패전한 고구려 후손 고선지장군은 처형 – 진압한 가야 허기장군은 상찬(당나라 성왕=이허기)

허기 – 당 현종 시(안록산의 난) 토번국 정벌군 허기장군이 당나라 안록산의 난을 진압한 덕에 죽음에서 살아난 당 현종이 '신라는 동방예의지국'이라는 친필로 극찬하는 찬양시를 하사하고, 수양아들 이씨 성을 하사하며 당나라 성왕盛王이라는 직위까지 주었다. 그러다가 허기는 당 현종의 태자 숙종이 황제가 되어 신라로 귀국하여 가야 국토회복의 꿈을 키운다.

– 가야와 신라를 복원하려 한 〈당나라 연관〉 허기와 신라 최치원: 고려 왕씨에게 실패 그 허기 장군 후손 태산태수 **허사문이 장보고 후손과 최치원**(857 문성왕 19 출생~ 894년 진성왕에게 집권체제와 골품제 사회의 모순에 따른 문제를 해결하기 위한 시무책 10여 조 올림)**을 규합하여 후백제 견훤 이씨 성으로** 정복하려다가 고려(왕씨)에게 실패하였다. 그러나 태산태수 허사문의 둘째 아들 허겸이 이허겸으로 성을 바꾸어, 고려 현종 때부터 이(허)자의 · 이(허)자겸 왕궁세력을 장악하여 무신정권 이(허)의방으로 이어진다. 이(허)의방의 동생 이(허)한의 후손 이(허)성계가 조선태조가 되었다 – 관향을 전북 정읍과 가까운 전주 이씨로 했나보다.?

▶ 혜초: 왕오천축국전 혜초 (704~787) 신라인인 혜초는 일찍 당으로 건너가 광저우에서 남인도 출신의 승려 금강지로부터 밀교를 배우고, 그의 권유로 722년경 바닷길을 타고 인도로 건너갔다. 인도의 여러 곳을 둘러본 후 중앙아시아를 거쳐 727년에 당으로 돌아왔다. 그... (정수일 역주, 『혜초의 왕오천축국전』, 학고재, 2018년 참조.)

☀ 고선지(高仙芝): 고구려가 망하자 아버지를 따라 당나라 안서에 가서 유격장군에 등용되고, 20세 때 장군에 올랐다. 740년경 병력 2,000명을 이끌고 톈산 산맥 서쪽의 달해부를 즉 탁월한 군사전략으로 당나라의 서역 정벌에 크게 기여하고 명성을 떨쳤다.

〈세계적인 국제 제국이었던 당제국에는 여러 이민족들과 많이 무역을 했기 때문에, 이민족 출신 군인들을 장군으로 기용하는 번장제도가 있었는데, 고선지의 아버지 고사계(高斯界)가 당제국의 번장이었으며, 고선지는 그러한 아버지의 지위에 따라 음보로 등용되었다고 기록되어 있다.

본래 고향은 하북 밀운군으로 북경 근방이나 730년경의 튀르기시 토벌원정 때 이주한 걸로 추측된다. 일찍이 장군이 되어 크고 작은 전공을 세웠으며 당제국의 서역(유럽, 이슬람) 원정을 진두 지휘하였다. 747년부터 당제국 황제가 이슬람 원정을 지시하였고, 토번과 사라센 등을 물리쳤고, 수많은 이슬람 국가들을 관광 태우면서 당나라의 영향권을 서쪽 이슬람 사막지대까지 확장시켰다.

이러한 원정에서 파미르 고원을 넘어 동투르키스탄(지금의 위구르)과 타슈겐트를 넘어 사마르칸트까지 점령했는데 이러한 역사는 중국 고대 제국 역사상 710년의 점령과 두 시기나 있었다.

이러한 전공戰功으로 당시에 명성이 높았으며, 시성 두보가 고선지 장군을 찬양하는 시를 짓기도 했다.

정확히는 그의 애마를 칭찬하는 시이다. 아마 한혈마였던 듯하다.

安西都護胡青驄(안서도호호청총): 안서 도호의 서역산 푸른 준마
聲價忽然來向東(성가홀연래향동): 명성을 떨치며 홀연히 동쪽으로 왔네
此馬臨陣久無敵(차마임진구무적): 이 말은 전장에서 오래도록 무적이었고
與人一心成大功(여인일심성대공): 주인과 한 마음으로 큰 공을 세웠네
功成惠養隨所致(공성혜양수소치): 공을 이루니 은혜롭게 보살펴져 가는곳마다 따라다니니
飄飄遠自流沙至(표표원자류사지): 표표히 먼 사막으로부터 이르렀다네

雄姿未受伏櫪恩(웅자미수복력은): 씩씩한 자태는 말구유에 엎드려 은혜입는 것을 받아들이지 않으니
猛氣猶思戰場利(맹기유사전장리): 사나운 기상은 아직도 전장의 승리를 생각하네
腕促蹄高如踣鐵(완촉제고여부철): 발목 짧고 발굽은 높아 쇠를 딛고 서있는것 같으니
交河幾蹴層氷裂(교하기축층빙렬): 교하에서 몇번이나 겹친 얼음을 발로 차서 깨트렸던가?
五花散作雲滿身(오화작산운만신): 오색 꽃무늬가 온 몸에 구름처럼 흩어져 있어
萬里方看汗流血(만리방간한류혈): 만리를 달리면 바야흐로 피땀 흘리는 것을 보겠네
長安壯兒不敢騎(장안장아불감기): 장안의 장사들도 감히 올라탈 엄두를 못내니
走過掣電傾城知(주과철전경성지): 번개보다 빨리 달려감을 온 성에서 다 알고 있기 때문이라
靑絲絡頭爲君老(청사락두위군로): 푸른 실로 갈기 땋고 주인을 위해 늙어가니
何由却出橫門道(하유각출횡문도): 어찌하면 다시 전쟁터로 길을 나설 수 있을까?

高都護驄馬行(고도호총마행), 두보, 749년작.

2.1. 탈라스 전두

751년, 고선지 장군의 석국 원정에 참살당한 왕의 아들이 압바스 왕조와 연합하여 이슬람 왕조들이 모두 연합하여 고선지 장군의 침공에 대비하자, 고선지는 제국에서 파견한 병력과 동맹국의 병력들을 소집하여 탈라스 대평원으로 다시 진군하였다. 이것이 그 유명한 탈라스 전투인데 하지만 카를룩군의 배신과 수적인 열세에 밀리며 아쉽게 패배하였고, 간신히 휘하 이사업 장군의 패병 재편성과 당 제국의 하서절도사의 유임 정도로 끝나고 만다. 하지만 카를룩군의 배신과 수적인 열세라는 위기 속에서도, 고선지 장군은 탈라스 전투에서 이슬람 연합군들을 거의 개박살낼 정도로 막강하였다. 비록 아쉽게 패배하긴 했지만 말이다.

2.2. 안사의 난과 고선지 장군의 죽음

755년 안사의 난이 발생하자 부원수로 임명되어 정부군을 지휘하였다. 황족은 관례상의 원수로 지휘되는걸 감안하면 사실상의 원수. 고선지는 안녹산의 서진 소식을 듣고 이를 저지하기 위해 임의로 휘하부대를 이동시켰다. 덕분에 안녹산의 서진은 저지할 수 있었지만, 정치장 교감군이던 환관 변영성이 황제의 명령없이 군대를 움직인 점을 문제로 삼아 당 현종에게 과장하여 보고하였다.

진노한 현종은 참형을 명하였고 결국 고선지는 진중에서 참수되었다. 『신당서新唐書』 고선지전高仙芝傳은 고선지와 봉상청의 최후를 이렇게 전하고 있다.

참고로 봉상청은 고선지가 발탁한 인물로 절름발이라 태생적으로 군직을 맡기에 문제가 있었으나, 일찍이 발탁되어 그럭저럭 실력을 인정 받았고, 고선지가 탈라스 전투 패전으로 물러난 이후 고선지의 직위를 물려 받았다. 안사의 난에서도 고선지군보다 먼저 안녹산군을 저지하기 위해 투입되었으나 패해서 후퇴한 상황이었고, 이로 인해 감군 변영성의 모함으로 고선지보다 앞서 처형되었고, 이어 고선지도 처형되었다.

.....황제가 대노하여 변영성(邊令誠)에게 곧 군중軍中에서 베어 죽이게 했다. 변영성은 봉상청을 베어 죽여 시체를 거친 대자리에 싸서 버렸다. 고선지가 다른 곳에서 도착하자 변영성은 도수刀手 100명에게 자신을 따르도록 지시한 뒤 고선지에게 말하기를, "대부大夫에게도 역시 황명이 있다."고 했다.

.....고선지가 이내 급히 내려가 말하기를, "내가 후퇴한 것은 죄를 지은 것이니 그 때문에 죽는다면 어찌 할 말이 있겠는가? 그러나 나보고 창고의 식량을 도둑질했다는 것은 모함이다."라고 하고, 다시 변영성에게 이르기를, "위로 하늘이 있고, 아래로 당이 있고, 삼군三軍이 모두 여기 있는데, 어찌 임금께서는 이 일을 모르시는가?" 했다. 또 휘하의 사졸들을 돌아보면서 말하기를, "내가 너희를 모집했던 처음 의도는 적을 쳐부수고 나서 큰 상을 받게 하기 위함이었다. 그러나 적의 기세가 이 순간에도 성하기 때문에 지금까지 미루어지게 되었다. 이로 인해 어쩔 수 없이 동관을 고수하고 있게 되었다. 내게 죄가 있다면 너희는 그렇다고 말할 수 있다. 만약 너희가 그렇지 않다고 생각하면 원통하다고 외쳐라!"라고 하자, 군중에서 모두가 "원통하다!"고 크게 외쳤는데 그 소리가 사방에 진동했다. 고선지가 봉상청의 시체를 보고, "그대는 내가 발탁했고, 또 나와 절도사를 교대했다. 지금 그대와 더불어 죽으니 이는 모두 운명이 아니랴!"하면서 죽음을 의연히 받아들였다. 사실 고선지로서는 안녹산의 서진을 도저히 막을 수 없어서 일단 섬주를 버리고 전략적인 위치로 후퇴하고 적에게 노획될 가능성이 있는 무기를 파묻고 창고를 직권으로 개방해서 백성들에게 식량을 나누어 준 것이 고선지의 죄라면 죄이다. 즉 임의로 상부 명령없이 소개작전을 펼쳤다는 일, 하지만 상황이 어쩔 수 없을 정도로 군이 무너지고 있었다는 점에서 처형은 지나친 감이 있다. 참고로 충신이라는 이름하에 고선지의 소개명령을 거부하고 상소를 올린 변영성은 수도 장안 동쪽에 있는 동관을 지키고 있다가 후에 안녹산이 오자 직접 동관을 바치고 투항한다. 물론 나중에 난

이 진압된 후 죽음을 당하지만. 국내의 경우 남북국시대를 배울 때 거의 반드시 언급되는 인물이다. 고등학교 세계사의 경우 그 유명한 탈라스 전투가 중요하기 때문에 언급되는 인물, 그러나 탈라스 전투에서 패배했다가 설명의 전부이다.〉

초원의 왕자 돌궐족

돌궐족은 6~8세기경 몽골 고원과 알타이산맥을 중심으로 유목생활을 하던 투르크계 민족이다. 브리테니커에 의하면, 지배 씨족인 아사나씨阿史那氏는 처음에 알타이산맥 서남쪽으로 가서 유연柔然에게 복속되어 있었지만, 족장 토문土門 때 그 세력이 강대해졌다. 551년 토문은 유연에게서 독립하여 스스로 이리 카간伊利 可汗이라 칭하고, 동생인 디자브로스를 서쪽으로 파견하여 투르키스탄을 다스리게 했다. 그 후 제 3대 목간 카간木杆 可汗 때 유연을 멸망시킨 뒤 거란을 정벌하고 키르기스를 장악한 다음 본거지를 북몽골의 우트켄산으로 옮겼다. 한편 투르키스탄에서는 디자브로스가 사산 왕조 페르시아와 협력하여 에프탈을 멸망시키고(563 – 567), 서면 카간西面 可汗으로서 세력을 떨쳤다.

돌궐의 세력은 6세기 중반 급속히 강대해졌지만, 카간의 지위를 둘러싸고 동족 간의 싸움이 그치지 않아 통일의 기반이 취약했다. 중국을 통일한 수隋나라는 교묘한 돌궐 이간책을 써서 사발략 카간沙鉢略 可汗 때인 583년 투르키스탄의 서면 카간을 독립시켰다. 이때부터 돌궐은 서돌궐과 동돌궐로 나누어졌다. 고구려와 접촉이 많았던 동돌궐은 도람 카간都藍 可汗의 치세 때 그와 달두 카간達頭 可汗, 돌리 카간突利 可汗이 서로 싸우다, 603년 결국 돌리 카간은 수에 투항하고 도남 카간은 부하에게 살해되었으며, 달두 카간은 수나라 군대에 격파되어 달아났다. 돌리 카간은 계민 카간啓民 可汗으로 개칭하고 오원五原 지방에서 유목지를 얻어 북몽골 지역에 거주하던 철륵(鐵勒: 당 · 송대에 중국인이 투르크족을 부르던 이름) 각 부部를 통제하게 되었다. 돌궐의 혼란기에 철륵 각 부가 세력을 신장시켰지만 동 · 서 돌궐이 다시 강대해지면서 다시 이들에 예속되었다. 즉 동돌궐에서는 시필始畢 · 처라處羅 · 힐리頡利의 세 카간이 연이어 옛날의 국력을 회복했고, 서돌궐에서는 사궤射匱 · 통엽호統葉護의 두 카간이 동방의 철륵 각 부와 서방의 페르시아 · 쿠샨 왕국 등을 정벌하고 투르키스탄에서 패권을 장악했다. 서돌궐은 실크로드 중간에 자리 잡고 있어 각국 상인의 왕래가 끊이지 않았고, 또한 이곳에는 불교 · 조로아스터교 · 네스토리우스교景教 등이 전파되었다. 당의 현장도 이곳을 거쳐 가면서 인도까지 가는 여행자금 등 여러 가지로 통엽호(또는 사엽호?) 카간의 도움을 받았다. 이와 같이 서돌궐은 지리적 중요성으로 동서 문화와 경제교류에 많은 영향을 미쳤다.

동돌궐은 630년에, 서돌궐은 657년에 각각 당에 멸망되었고, 당은 이곳의 각 지역에 도독부 · 도호부 · 주 등을 설치했다. 그러나 7세기말 서돌궐 지역에서는 돌기시突騎施가 독립했고, 동돌궐 지역에서는 아사나골출록阿史那骨咄祿이 당에 반기를 들었다. 골출록은 일테리시 카간(頡跌利施 可汗 힐부리시 카간)이라 칭하고 돌궐을 다시 세웠다. 이것을 후돌궐이라고 부른다. 동생인 묵철默啜이 그의 뒤를 이어 카파간 카간이 된 뒤로는 세력이 더욱 커져 거란 · 키르키스 · 탕구트를 정벌하고 돌기시까지 격파하여 영토가 동서로 1만여 리, 병력이 40여만 명에 이르렀다고 한다. 그러나 말년에 권력투쟁으로 정치가 어지러워지자 북방의 철륵 각 부가 반란을 일으켜 카파간 카간이 그들을 토벌하러 나갔다가 전사했다(716). 그 후 카간의 지위를 둘러싸고 분쟁이 일어났지만, 결국 골출록의 아들 퀼테킨(闕特勤 궐특근)이 형을 빌게 카간(毘伽 可汗 비가 카간)으로 세웠다. 그는 스스로 군권을 장악하고 인망이 두텁던 톤육쿡(暾欲谷 돈욕곡)을 고문으로 맞아들여 부족 간의 안정을 도모했다. "성을 쌓는 자는 반드시 망하고, 끊임없이 이동하는 자만이 흥한다."고 갈파했던 사람이 바로 톤육쿡이다. 빌게 카간은 주변의 여러 부족들을 정벌하는 데 힘을 기울였다. 734년 빌게 카간이 독살된 후 내란이 일어난 틈을 타 바슈미르 · 위구르 · 카를루크 등 여러 부족들이 독립함에 따라 후돌궐은 멸망했다. 후돌궐은 돌궐 문자를 사용했고, 빌게 카간, 톤육크, 퀼테킨의 공적을 기린 비문이 지금까지 남아 있다.

(2013년 9월 21 – 22일 토 – 일요일, 맑음) 태그:쿠처

제6장

820년 "조상이시여! 우리는 어디로 가야 하나이까?" 백두산 폭발전 발해 한민족 이주 이끈 국무國巫 '기질'

한국판 쿼바디스! –
한국과 아즈텍 페루나 맥이곳(맥시코)과 공동 영화제작!

제6장 ⌛ 820년 “조상이시여! 우리는 어디로 가야 하나이까?” 민족의 이주를 이끈 국무 ‘기질’

한국과 아스텍 페루나 멕이곳(맥시코)과 공동 영화제작!

기질이라는 이름을 지닌 국무國巫는 일찍이 백두산 화산 폭발을 감지하고 발해 멸망 기미가 보이자 백성들을 안전한 곳으로 대피케 하고 안전한 삶터로 이주시킨 최고의 한민족 여성지도자이다.

맥시코 이주민들은 “우리 이전에 이 곳으로 온 우리 조상이 있었다. 우리가 처음은 아니다. 우리는 아스땅에서 왔다. 우리들은 820년 무당 기질의 선동으로 떠나”, 라는 벽화가 그려져 있었다.[102] 그것을 그림으로 그렸고 그 그림을 후손들에게 잘 전승하여 후손들 그대로 잘 설명해 냈다. 고리족은(Teocolhuacan) 위험한 화산 폭발을 미리 예측하고 몇 만명의 백성의 생명과 마음과 백성의 귀한 가산을 지켜내고 새롭게 갈 곳으로 안전하게 이끌고 운영한 신명있는 지도자 기질은 과히 국무國巫라 할 만하다 .

926년 발해가 멸망한 후에, 우리 민족은 아메리카로 또 이동하였다. 발해멸망 중국기록……[103]

한민족이 남미 아스텍문명을 건설 – 손성태교수

스페인어 전공 언어학자인 손성태 교수는 언어문화의 비교분석 결과 부여의 멸망과 820년경 발해의 멸망 이전 두 차례에 걸쳐 유민들이 북쪽으로 이주해 베링해를 건너 멕시코에 왔다는 연구결과를 발표했다. "미대륙의 원주민들은 몽골로이드가 빙하기 이후 아시아에서 건너간 것이라고 잘 알려져 있다. 그 중 가장 큰 문명을 세웠던 아스텍과 그 피라미드는 가장 강력했던 문명의 힘을 지금도 과시하고 있고, 심지어는 지금의 강대국인 미국이 세운 그 어떤 건축물보다도 큽니다.그런데 이 아스텍 문명을 세운 사람들이 어디에서 온 사람들인지 의문이였습니다. 당시 멕시코 원주민들에게는 아스텍사람들이 외래 민족이었기 때문에 숱한 전쟁을 치루고 물리치려 했지만 결국 정복당하고 피라미드건설에 동원되는 신세로 전락합니다. 아스텍 문명은 15세기에 번성해서 피라미드도 이때 지어졌습니다. 우리의 조선초기에 해당하는 문명입니다. 몽골로이드가 1만년전 빙하기 때 미대륙에 건너간 후 왜 1만 년 동안 아스텍과 같은 발전된 문명을 만들지 못했는지, 그리고 왜 15세기에 와서야 갑작스럽게 거대 피라미드와 함께 아스텍이라는 거대문명이 건설됐는지, 아스텍문명을 건설한 사람들이 어디에서 왔는지 오랜 미스테리였습니다." 손성태교수의 고리족과 발해유민 아스텍문명 건설설은 불과 1200년전에 한민족이 미대륙으로 이주했다는 설로, 아시아 몽골로이드의 이주가 1만 년 전뿐 아니라 최근까지 계속됐다는 점을 강조합니다. "맨하탄 어원은 우리말 '많은 땅' 입니다. 옛 부여인 들이 축지(춥지)반도를 거쳐 아메리카로 이동 정착해 살던 인디언의 말이다. 많은땅〉〉맨하탄, 아버지〉〉아파치 등 유사한 생활풍습 여러가지가 있다.[104] 우연히 한류 동영상을 보다가 손교수의 강의 내용과 일치하는 것을 보았습니다. 러시아 사하공화국 아메리카 인디언 등등 도 살펴 보면 한류적인 비슷한 풍습과 언어가 아직도 많이 남아 있다는 걸 알 수 있습니다."

● 아메리카 인디언

15,000~6,000년전 구환 또는 구이족의 한 갈래가 얼어 붙은 베링해협을 건너 알래스카를 거쳐 남, 북 아메리카 대륙에 정착했다고 재야 사학계에서 추정.

●영국 '대영 백과사전' – 멕시코에 있는 마야 문명이 "한민족"과 같다고 기록되어 있으며, 영문판 '의학대사전' – 아시아인들이 미주로 이주한 것이 아메리칸 인디언의 기원이라 기술되어 있다.

● 공통점

◀ 언어

인디언어 : 주어 + 목적어 + 동사 (한국어, 만주어, 몽골어, 퉁구스어, 에스키모어, 터키어, 일본어, 우즈벡어 등과 어순 동일)

* 구체적인 유사 단어 모음 (인디언 – 우리말)

* 그네 – 그네 꽃신 – 코신 낫 – 낫 여자 – 가시나 또는 딸

신주 – 신즈 지붕 – 덮이 헛간 – 허갠 막히신 나막신

여보시오 – 보시오 이쁘다 – 이쁘나 마을 – 리 많은땅 – 맨하탄

아버지 – 아파치 나 – 나, 노이, 누이 외 숱함.

◀ 유사한 문물, 풍습 등

* 한국과 인디언 모두 물동이를 이고 다니며, 도자기, 꼬막단지, 맷돌, 팽이, 물레, 베틀, 물두레박 사용

* 나무를 묶는 것을 '다바리'(다발의 경상도 방언)라고 하는 것도 같음

* 같은 놀이 풍습인 자치기, 실뜨기, 윷놀이, 고누 등을 함

* 새를 쫓을 때 짚으로 꼬아 만든 새끼를 휘휘 돌려서 새를 쫓는 소리가 우리 풍속과 같음

* 멕시코와 남미 안데스 산맥 원주민에게서 윷놀이가 발견(현재 아리조나 대학 박물관에 보관)

* 북미에서 오래 전 오리건 주에서 짚신 75켤레가 발견됨(9,000~10,000년 전의 것으로 당시 베링해협을 건너갈 때 가지고 갔던 우리 선조들의 유품이 아닌가 추성하는 학자 있음)[105]

쿠차-후한 반초 안서도호부 설치

장건 (서기전 164년 114년) 前漢 대 외교가, 정치가, 여행 정보수집가 등으로 공헌하다.

後漢반초출사서역도전한의 장건의 활약 이후 끊겼던 실크로드를 다시 개척하여 후한과 서역의 교역길을 연, 반(班超, 32년 – 102년, 자는 중승仲升)는 중국 후한의 무장이다. 문사가문 출신으로, 서안 근처의 샨시성 함양(咸陽)에서 태어났다. 역사가 반표의 아들이자, 《한서의 저자인 반고의 아우로 이 세 사람을 삼반(三班)이라 칭한다.

그의 선임자였던, 곽거병이나 위청처럼 타림 분지에서 흉노족을 효율적으로 방어했으며, 광무제의 통치 기간 기마부대를 이끌고 흉노를 격퇴하고 서역(중앙아시아)의 지배권을 확보하였다.

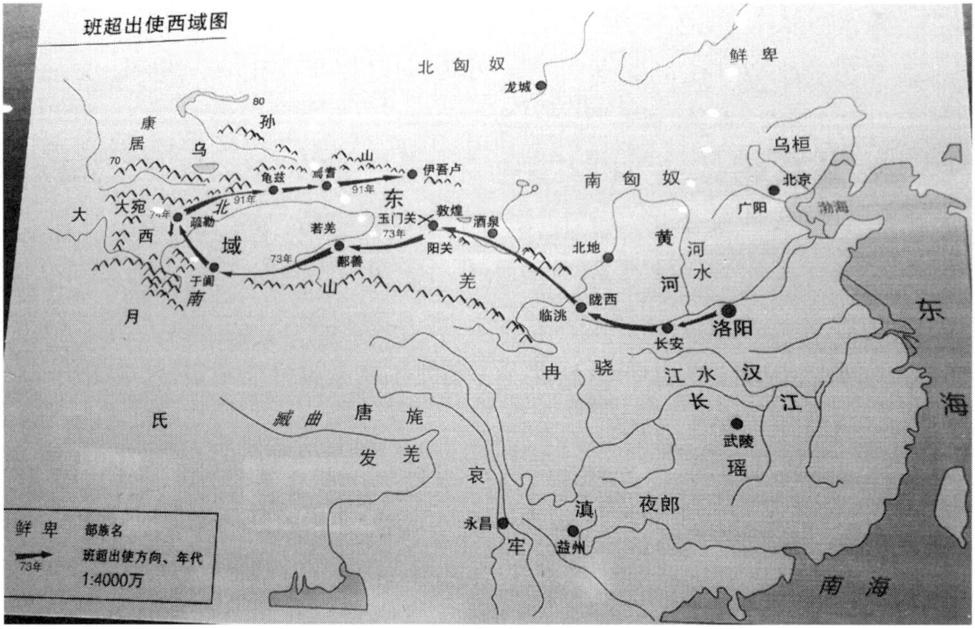

그의 원정대는 파르티아와 카스피 해까지 이르렀다. 반초는 91년 서역도호부의 도호가 되었고, 쿠차에 서역도호부를 설치했다. 97년에는 톈산 산맥과 파미르고원을 7만 명의 경기갑 군사로 횡단하여 실크로드를 어지럽히던 흉노나 훈족을 토벌했다.

파르티아의 파코루스 2세와 동맹을 맺어 동쪽으로는 파르티아, 서쪽으로는 카스피 해의 해변과 투르크메니스탄의 메르브까지 그의 기지를 확장했다. 여기서 감영이라고 부르는 그의 수하 장수를 특사로 로마에까지 파견했다고 전해진다. 감영은 유럽에 중국의 흔적을 남긴 최초의 중국인이었으나, 실제로는 흑해에까지 도달하지 못했다. 감영은 한나라와 유럽의 직교역에 위기를 느낀 파르티아 상인들의 방해로, 되돌아올 수밖에 없었다. 파르티아와의 동맹으로 설치된 한나라 군대의 기지는 파르티아의 수도 크테시폰(이란)과 며칠 거리에 지나지 않았기 때문에, 오늘날의 바그다드와 52 km 거리 밖에 되지 않았다. 한나라 군대는 이 지역을 몇 년간 다스렸다. 116년 로마의 황제 트라이아누스는 파르티아로 진격하여 크테시폰으로 진격을 했는데, 한나라의 요새와는 하루 거리였지만, 직접적인 접촉은 일어나지 않았다. 100년 (영원 12년) 반초는 서역에 31년 동안 머물다가 고향이 그립다고 조정에 귀국 탄원서를 냈다. 102년에 그의 요청이 받아들여지고, 낙양洛陽에 돌아온 반초는 고향에서 사망하게 된다. 반초가 없어지자, 흉노는 활발하게 정복 활동을 벌이고 서역은 곧 흉노의 세력에 떨어졌다. 그 후 한은 몇 번이나 서역에 군대를 보내지만, 반초가 있던 시절의 영토는 되찾을 수 없었다.

위키백과, ko.wikipedia.org

장건 (서기전 164년 114년) 사망 B.C.E. 114

한 무제 시대의 정치가. 기원전 139년 장안을 출발하여 두 차례 서역행을 추진하여 실크로드를 개척했다. 이후 한나라에 서역의 각종 문물이 전파되고, 동서양 문물 교류가 활성화되었다.

실크로드의 개척자

비단길 혹은 실크로드는 고대 중국과 유럽을 잇는 교역로를 일컫는 말로, 중국의 비단이 로마 제국으로 흘러 들어간 것을 의미하여 붙여진 이름이다. 실크로드를 통해 동양과 서양은 다양한 물품들을 주고 받았는데, 특히 중국은 이 길을 통해 비단과 철기를 서방 세계에 수출하고, 로마로부터 보석이나 유리 제품을 수입했다. 실크로드는 단순히 교역로의 의미를 넘어서 동서간의 문화가 교류된 통로라는 역사적 의의를 지니고 있다. 이 길을 통해 중국의 주철 기술과 양잠, 제지법이 서방 세계에 전달되었고 중앙아시아와 서아시아의 산물과 풍속은 물론 불교, 조로아스터교, 이슬람교 같은 종교가 중국에 유입되기도 했다.

실크로드를 통한 동서 간의 교역은 기원전 2세기 중엽까지 간간이 이루어지기는 했지만 공식적으로 이 길이 개척되어 무역로로 사용된 것은 한나라 무제 때이다. 정확히는 장건이 월지(月氏)와 동맹을 맺으러 파견된 이후부터이다.

서역 돈황 '삼위태백'

서역 돈황 '삼위태백'(『삼국유사』 〈고조선조〉에 나오는)을 뒤로 하고 막의 고굴에서

한 고조 유방이 한나라를 건국한 이래로 북방의 흉노족은 한나라에 가장 위협적인 존재였다. 유방은 직접 흉노족 정벌에 나서기도 했지만 끝내 정벌하지 못했고, 한나라 공주를 흉노에게 시집 보내거나 조공을 하는 조건으로 화친을 맺곤 했다. 한 문제와 경제 시대에도 이러한 정책은 지속되었다. 기원전 141년에 즉위한 무제는 흉노와 화친 관계를 유지하는 한편 선대 황제들이 이룩한 탄탄한 경제력을 바탕으로 불안 요소였던 흉노 정벌을 도모했다. 당시 흉노에서는 내분이 일어나 전성기 때만큼 강성하지는 못했으나 여전히 군사력에서 한나라를 압도하고 있었다. 무제는 일리(오늘날의 카자흐스탄 지역)강 유역에 있던 유목 민족 월지와 연합하기로 계획을 세웠다. 월지는 북아시아와 중앙아시아 지역에서 활약했던 튀르크계 유목 민족으로 늘 흉노의 압박에 시달렸으며, 기원전 176년경에는 흉노에 패해 서쪽으로 쫓겨나 일리강 유역으로 옮겨 갔다.

월지는 그 후 계속된 흉노의 침입에 오늘날의 아프가니스탄 지역을 향해 서쪽으로 이동하여 왕국을 건설했다. 특히 흉노의 선우가 패배한 월지 왕의 두개골로 술잔을 만든 이후 월지와 흉노의 관계는 극도로 악화되었다. 무제는 월지와 흉노의 적대 관계를 이용하여 월지 동맹을 계획했고, 이를 위해 파견된 인물이 바로 장건이었다.

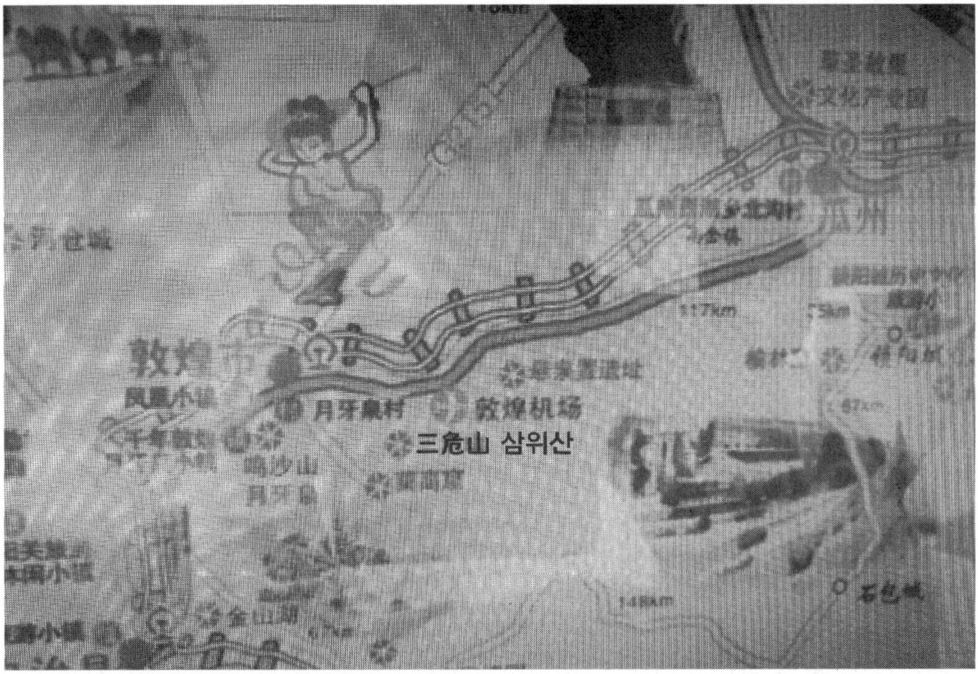

서역으로 떠나는 장건

서역 고성으로 간 당 태종시의 현장스님과 현대의 필자

장건은 월지와 동맹을 맺고 흉노를 격파하기 위해 서역 월지로 파견되었다. 그의 여행을 통해 동서양 문물 교류가 시작되었다.

장건은 한중 출신으로 출생연도는 불분명하나 무제가 즉위했을 당시 이미 낭관직을 맡고 있었다. 기원전 139년 장건은 100여 명의 사절단을 이끌고 흉노 출신 감부甘父를 데리고 목숨을 건 여정을 시작했다. 하지만 장건 일행은 월지의 정확한 위치를 알지 못했고, 그저 흉노의 영역인 서쪽을 향해 걸어나갈 수밖에 없었다.

장안長安을 출발한 장건 일행은 흉노의 영역을 통과하던 중 하서河西 지역에서 흉노에게 붙잡혀 포로가 되었다. 장건 일행의 목적을 안 흉노의 군신軍臣 선우(單于, 흉노족 군장을 뜻함)는 장건을 억류시켰고, 장건은 10여 년간 포로 생활을 하며 흉노족 출신의 여인을 아내로 맞고 아들까지 두었다. 흉노가 한나라의 공격을 받아 어수선해진 틈을 타 장건은 부하 몇 명만을 데리고 탈출해 서쪽으로 도망쳤다. 흉노에 의해 한나라로 가는 길이 막혀 다시 서쪽으로 향한 장건 일행이 도착한 곳은 월지와 인접해 있는 대완大宛이었다.

대완의 왕 역시 흉노의 압박을 받고 있는 상황이었기 때문에 그는 장건 일행에게 호의적이었다. 장건은 대완에서 길 안내와 통역의 제공을 받으며 드디어 기원전 129년 월지에 도착했다. 월지에 도착한 장건은 월지 왕에게 무제의 동맹 의지를 전했다. 그러나 흉노에 복속되어 있기는 하지만 주변국 대하大夏를 항복시키고 평화를 누리던 월지 왕은 동맹을 거부했다.

임무를 완수하지 못한 장건은 귀국을 잠시 뒤로 미룬 채 월지의 지배하에 있던 대하 주변, 즉 서역 여러 나라의 지리, 정세, 물산 등의 정보를 수집했다. 기원전 126년 흉노의 군신 선우가 세상을 떠났다. 장건은 흉노의 내분을 기회로 귀국길에 올랐다. 장건은 귀국길에 다시 흉노에게 잡혀 포로가 되었으나 흉노의 왕위 계승을 둘러싼 내분을 틈타 탈출에 성공했고, 결국 기원전 126년에 장안으로 돌아올 수 있었다.

장건은 무제에게 13년간의 서역 생활을 보고했다. 비록 월지와 동맹을 맺는데는 실패했으나 서역의 정세를 상세히 알 수 있게 된 무제는 그의 공을 인정하여 태중대부에 임명했다.

기원전 123년 무제는 장건의 보고를 바탕으로 흉노 정벌 계획을 세웠다. 교위로 참전한 장건은 서역 체험을 바탕으로 한나라 군대를 여러 번 위기에서 구명했고,

그 공으로 박망후에 봉해져 제후 반열에 올랐다. 그러나 기원전 121년 위위에 임명되어 비장군飛將軍 이광李廣을 따라 나선 전투에서 본진과 합류하는 기일을 맞추지 못해 직위를 박탈당하고 목숨까지 위태로워지는 지경에 이르렀다. 하지만 서역에 대해 박식한 지식을 가진 장건을 우대한 무제로 인해 목숨을 구할 수 있었다.

기원전 119년 흉노의 세력은 많이 약해져 있었고, 무제는 흉노와의 세 번째 대결을 준비했다. 장건은 일리 지역에 있는 오손烏孫과 동맹하여 흉노를 협공할 것을 제안했고, 곧 중랑장으로 임명되어 오손으로 파견되었다.

300명의 사절단과 막대한 재물을 가지고 오손에 도착한 장건은 오손 왕 곤막에게 동맹을 제안했다. 그러나 곤막은 오손의 불안한 국내 사정과 흉노에 대한 두려움으로 동맹을 거절했다. 장건은 포기하지 않고 대원, 강거康居, 월지, 대하 등 주변 여러 나라에 부사副使들을 파견했다. 기원전 115년 장건은 오손의 사신 수십 명과 대원의 명마 수십 필을 데리고 귀국했다. 장건은 대행령에 임명되어 외국 사신을 접대하는 일을 맡아 보다가 기원전 114년에 생을 마감했다.

장건의 두 차례 서역행의 목적은 흉노를 견제하기 위해 주변국과의 동맹을 체결하려는 것이었다. 비록 군사적, 외교적으로 동맹을 맺는데는 실패했으나 그는 한나라와 서역의 여러 나라가 교류할 수 있는 물꼬를 텄다. 장건의 서역에 대한 전문적인 지식을 바탕으로 무제는 이광리李廣利 장군을 파견하여 명마를 얻어 유목 민족인 흉노에 비해 약했던 기병을 보강하여 흉노와의 서역 패권 다툼에서 승리할 수 있었다. 한나라는 서역을 지배하기 위해 둔전(屯田, 변경이나 군사 요지에 설치하여 군량에 충당한 토지) 정책을 실시했고, 무제 사후에는 서역도호부를 두어 서역을 한나라의 지배하에 두었다. 이러한 상태는 전한 시대(한나라는 서기 8년 왕망의 왕권 찬탈을 계기로 전한과 후한으로 구분한다) 말기까지 지속되었다.

당시의 동서 양쪽 지역을 주름잡던 한나라와 로마는 서로를 상상의 나라라고만 생각했다. 그러나 장건의 서역 개척으로 인해 두 나라는 서로의 존재를 인식했으며, 이후 서역과 한나라는 군사적, 외교적, 정치적 교류를 넘어 상업적 교류를 시작했다. 중국의 비단, 철기, 동기, 칠기 등이 서역으로 수출되고 향료, 옥 같은 사치품과 우수한 말, 서역의 동식물들이 중국으로 유입되었다. 또한 중국의 우수한 야철 기술과 우물을 파는 기술이 중앙아시아로 전파되었다.

양관 화염산

페르시아 사신과 그리스 병사

한나라 시대 서역을 오가던 페르시아(파사국) 사신을 묘사한 벽화와 그리스 병사가 묘사된 벽걸이는 실크로드를 통해 동서 간의 교역이 활발하게 이루어졌음을 알 수 있게 한다. 그러나 서기 8년 왕망이 한나라를 무너뜨리고 신나라를 세우는 등 혼란한 시기가 계속되자 한나라는 서역의 지배권을 잃어버렸다. 25년 광무제가 도읍을 낙양으로 정하고 후한을 건국했다. 후한은 이후 3대에 걸친 황제의 통치를 받으며 번성했고, 비로소 대외 정책을 본격화할 수 있게 되었다.

홍문숙 · 홍정숙, 중국사를 움직인 100인, 다음.

후한의 서역 원정은 73년 반초班超의 흉노 정벌 출정으로 시작되었다. 75년 북흉노를 정벌한 반초는 서역도호부를 설치하고, 부장 감영을 대진(大秦, 로마)에 파견했다. 이로써 후한은 서역 지배권을 다시 확보하고 로마와 직접 교류하기에 이르렀으며, 이 시기에 불교가 유입되기도 했다.

고비사막 – 선선(누란) 쿠무타크 사막(세계에서 유일하게 도시로 연결되는 모래 사막)

본토에서 서역 관문 양관 · 옥문관에 관한 기록《沙州地誌》

제7장

"동학 및 항일 독립운동 종교지도자 차경석과 모성적 종교 지도자 고판례"

영화 · 연극 · 만화 · 드라마 · 다큐멘터리 · 애니메이션

제7장 ★ "동학 및 항일 독립운동 종교지도자 차경석과 모성적 종교 지도자 고판례" 영화 연극 드라마나 다큐멘터리 애니메이션

'소서노' 이후 '기질'과 '고판례' – 한국 여신들 2000년대에 다시 드러나다

한민족 구원의 깃발로 나비효과 발휘하기를 기원!

고판례를 무시하여 숨긴 일제 치하 모성적 종교 〈한국민족 여성사〉

% 차경석은 『실사구국의 한국역사문화학』 제2권 참조.
고판례 구체적 실상은 『고판례 수부』 단행본 참조.

기획의도: 이스라엘 예수만 마리아만 구원자? 한국 '우두머리여자 首婦' 고판례 – 증산도 강증산보다 고판례 자기가 한 도수 위라고 스스로 언급하시는 일제시 여성지도자. 종교 지도자만이 아니다. 한국민 1/3이 그녀의 '치마폭 아래 모였으니'. 여성지도자 · 종교지도자 · 교주이다.

고판례高判禮가 세운 선도교 태을교

고판례高判禮가 세운 선도교와 안내성安乃成이 세운 선도교 그리고 여처자余處子가 세운 선도교 등 같은 명칭을 사용하지만 종단이 각기 다른 세 개의 선도교가 있다. 고판례의 선도교는 분명히 자기가 세우는 종교를 '선도교'라 하였다. 선도는 만여 년 전부터 내려오는 한 민족의 현묘지도이다. 강증산과의 단 1여 년간의 교류에 이어 증산 사망 후 여러 종파 중 가장 먼저 세워진 종단이다. 증산교의 창시자 강일순姜一淳이 사망하자 그를 따르던 추종자들이 모두 흩어졌었는데, 고판례가 머물고 있던 집주인이며 이종 사촌인 차경석의 소개로 1여 년 간 증산의 동반자적 부인이었던 고판례가 1911년 강일순의 생일날 치성을 드리다가 졸도하였으며, 그 후부터 증산 관련 신력神力을 더욱 갖게 되었다고 한다. 그녀가 평소의 강일순과 비슷한 모습과 행동을 하며 치병을 잘한다는 소문이 퍼지게 되자, 소수에 머물렀던 강일순의 추종자는 물론 많은 사람들이 그녀와 차경석의 주변으로 몰려들기 시작하였다. 그녀는 자신의 이종사촌 차경석車京石의 집인 전라북도 정읍군 입암면 대흥리 집에서 같이 교단 창설을 선포하고, 포교활동을 시작하였다. 이때 교단의 명칭은 선도교 또는 태을교太乙教라 하였다. 그 후 교세가 매우 확대되고 문제가 발생하여, 차경석이 그녀와 신도들간의 접촉을 차단하고 교권을 장악하자, 그

녀는 1918년 차경석과 결별하고, 전라북도 김제군 백산면 조종리로 장소를 옮겨 '태을교'라는 별도의 종단을 세웠다. 따라서 '선도교'란 고판례와 차경석이 교단을 분리하기 이전의 교단을 말한다. 1931년 고판례는 교단 관리를 강응칠姜應七에게 넘겨주고, 증산교의 또 다른 종파인 전라북도 김제군 금산면 금산리 용화동에 소재한 이상호李祥昊의 동화교東華教로 옮겨가 통합종단을 형성하여 조직과 체계를 강화시켰다. 따라서 고판례의 활동은 차경석과 지내던 선도교 시절과, 자신이 독자적으로 활동하던 조종골 시절, 그리고 이상호와 활동하던 동화교 시절의 세 시기로 나눌 수 있다. 조종골 교단은 그 후 몇몇 종단으로 다시 분파되거나 오랜 동안 단절되기도 했으며, 1980년대 중반에 다시 재조직된 이후에도 특별한 날에 얼마 안되는 신자들이 모여 치성을 드리는 정도로 미미한 상태를 면치 못하고 있다.

안내성의 선도교는 1913년에 세워졌다. 강일순의 제자였던 안내성은 **고판례가 선도교(태을교)**를 설립할 때 참여했으나 차경석과 뜻이 맞지 않자 전라남도 여수읍 가국리에서 별도로 교단을 설립했다. 1927년에는 전라북도 전주군 우림면 청도리 백운동으로 본부를 옮겨 전국에 있는 신도들을 모아 교인촌을 형성하였다. 1927년 보천교가 독립운동의 거점으로 일제에 고단위 탄압을 받게 되자 탈퇴한 많은 증산교 신도들이 모여들자, 한 때 교명을 증산대도교(甑山大道教)라 바꾸기도 하였다.

★ 아사 직전에 이른 교인들을 보며 老子와 신선 여동빈 신을 불러 혼내키다: 1931년 4월 고판례는 4월 어느 날, 치성을 봉행한 후에 문득 노자를 불렀다. 그리고 큰 소리로 꾸짖었다. "복중 팔십년 에 부모의 공덕을 아느냐 모르느냐" '복중 팔십년'이란 노자가 어머니 뱃속에 80년 동안 잉태되어 있다가 출생하였다는 설화내용을 가리킨다. (노자를 비롯한 '선천 성인 심판공사'에 대해서는 도전10:40을 참조)

고수부님은 다시 여동빈을 불렀다. 여동빈은 당팔선 중 한 사람. 당나라 천보(742~755) 년간에 태어났다. 팔선의 수장격인 종리권으로부터 도를 전수받아 신선이 되었다고 한다. 여동빈은 이미 몇 차례에 걸쳐 증산 상제님(7:84)과 고수부님의 공사 재료가 된 바 있다(11: 210). 특히 고수부님의 '칠보산 태자봉 공사'는 이 공사의 연장선상에 있다. 여동빈을 불러 놓고 고수부님은 "하늘을 보라"고 하였다. 성도들이 모두 하늘을 보는데 구름이 선관의 모양을 이루며 떠 있었다.

그때였다. "세계창생들로 하여금 모두 갱소년이 되게 하라" 고수부님이 선관 모양의 구름을 향해 말했다. 구름이 머리를 숙여 명을 받드는 형상을 하며 동쪽 하늘로 물러갔다. "앞 세상에는 흰머리가 나지 않게 할 것이며, 허리도 굽지 않게 하리라."[106]

★ 또 다른 여성교주 여처자

여처자의 선도교는 보천교 신도였던 여처자가 세운 종단으로 **모악교母岳敎**의 전신이다. 보천교가 큰 세력을 나타낼 때 신도들 사이에 신력을 가진 것으로 소문났던 여처자는 차경석이 조직적 정치적 경제적 등으로 방대해진 차경석은 당시 무능한 고송에 반해 6~700반 신노들로 부터 내한의 유능한 천자로 등극할 것을 요구 받는다. 경상남도 함양군에 소재한 **황석산黃石山에서 천제天祭를 지낼 때 자신과 혼례를 올리고자 한다는 설을 전해 듣고 피한 다음,** 1937년부터 신도들을 규합하여 포교활동을 시작하였다. 1946년, 그녀는 전라북도 김제군 금산면 계룡리(용화동)로 이사하여 선도교라는 교명으로 적극적인 포교활동을 전개하기 시작했다. 1953년 그녀가 사망한 후 선도교는 여러 종단으로 분리되었으며, 용화동 본부는 모악교로 개명되어 오늘에 이르고 있다.[107]

천지굿[108]의 기능과 미학

차경석의 집 두 칸 장방에는 평소 강증산을 믿고 따랐던 많은 성도들이 잔뜩 숨을 죽인 채 앉아 있었다. 증산은 장구를 앞으로 메고 성도들의 눈길이 우르르 몰려오는 바로 그곳에 자리하고 섰다. 성도들은 호기심 어린 눈길로 스승의 거동을 지켜보았다.

스승이로되 단순한 스승이 아니요, 인류의 스승이다. 인간이로되 그냥 인간이 아니라 닥쳐오는 대환란의 후천 가을의 개벽기를 예비하고 인류의 낙원이 될 후천 선경 세계를 건설하기 위해 하늘과 땅을 뜯어 고치는 천지공사를 집행해 왔던 개벽장 하느님이라 설했다.

그런 증산 상제께서 무당의 모습으로 장고를 메고 태연하게 서 있는 것이었다. 성도들의 궁금증이 막 폭발하려고 할 즈음, 상제님은 "수부 나오라고 해라" 심산유곡의 산사에서 울려 퍼지는 종소리같이 청아한 목소리로 명하였다.

뒤이어 수부님이 약속이나 한 듯 우쭐우쭐 춤을 추면서 나타났다. 잠시 동안 고판례 수부님의 등장을 기다렸던 상제님은 장구채를 휘두르며 두둥 – 장구를 쳤다. "이것이 천지굿이라. 나는 천하 일등 재인才人이요, 너는 천하 일등 무당이니 우리 굿 한 석 해 보세"

상제님은 소리꾼이 아니리를 하듯 말하면서 다시 장구를 두둥 쳤다.

단순한 판소리 마당이 아니다. 종교적 의식행위로서 우주 주재자인 상제님과 그의 반려자인 수부님이 천지공사를 행하고 있는 것이다. 천지공사란 앞 세상의 시간표, 이정표이다. 좀 구체적으로는 후천 개벽기를 맞이하여 인류를 구원하기 위해 우주의 주재자가 짜는 프로그램이다.

상제님과 수부님의 말씀을 이해하려고 할 때에 우리는 저 심오한 비유법에 주의해야 한다. 일부 논자들은 언표만을 보고 수부님이 무당이라는 결론을 내리기도 하지만, 시속에서 흔히 일컫는 무당으로 오해한다면 오독이다. 백번 양보하여 수부님이 무당이라고 한다면, 큰 무당이요, 진짜배기 원형 무당이다. 과연 근대과학지식으로 샤머니즘 세계의 원형이 제대로 이해될 수 있을까. 원래 샤머니즘의 세계는 우주의 대도세계와 통해 있다. 무당은 대우주의 신령한 조화의 여기를 온 몸에 충만히 받아 내려 도통한 영적 성인이다.

지금까지는 상극의 이치가 인간 사물을 맡았으므로 모든 인사가 도의에 어그려져서 원한이 맺히고 쌓여 온갖 참혹한 재앙을 일으키게 되었다고 원한을 풀어 그로부터 생긴 모든 불상사를 소멸하여야 영원한 화평을 이루게 된다(4:16)고 또 말했다. 천지를 개벽하여 선경을 세우려면 먼저 해원이 돼야 한다고(4:19)

인류가 전멸할 위기에 처하게 되는 후천 개벽기를 맞이하여 인류를 구원할 수 있는 천지공사를 하기 위해서는 무엇보다도 해원이 선행되어야 한다. 그리고 지금 진행되고 있는 것이 바로 '원한풀이굿'이다. 이름하여 천지해원굿이다. "이 당 저 당 다 버리고 무당 집에 가서 빌어야 살리라."

천지굿이 한창 진행되고 있을 즈음, 상제님은 다시 노래하듯 말했다. 유유자적

하듯 부르는 노래같지만, 그 말씀 속에는 인류 생사문제가 달려 있다. 후천개벽기를 당하여 그 누구를 막론하고 반드시 일등 무당인, 천지해원굿의 주인공인 수부님을 대도연원의 뿌리로서, 생명의 근원으로서 모셔야 살아날 수 있다는 경고 메시지에 다름 아니다. 그러니까 상제님은 지금 천지굿이라는 해방의식을 통해 수부님이야말로 당신의 종통대권을 이어받은 후계자로서 그 연원임을 확실히 자리매김하고 있는 것이었다.

"세상에 나온 굿 한 석에 세계 원한 다 끄르고 세계 해원 다 된다네."

천과 지, 이 두 분 간의 천지 교감은 온 좌중까지 전율과 교감 속으로 감아 돌았다.

상제님이 장고를 둥, 두, 두둥 – 울리는 데 수부님이 장단에 맞추어 청아하게 소리했다. 천지굿판이 무르익고, 신명이 절로 어우러진다. 수부님의 소리를 듣고 있던 상제님은 " 그대가 굿 한 석 하였으니 나도 굿 한 석 해 보세." 장고를 끌러 수부님께 드리며 복정을 가다듬었다. 수부님이 장고를 받아 메고 두둥 둥 울렸다. 상제님이 크게 소리를 했다.

"단주[109] 수명이라 단주를 머리로 하여 세계 해원 다 끄르니 세계 해원 다 되는구나." [110]

"요임금 아들 단주가 만족蠻族과 이족夷族의 오랑캐 칭호를 폐하지는 주장이 어찌 말이 많고 남과 다투기를 좋아하는 것이겠느냐"고, 상제님은 역사 기록자들을 꾸짖는다. 상제님은 단주의 4천년 내려 온 묵은 원한이야말로 원한의 역사의 뿌리라고 간파하고, 자신의 핵심사상 중 하나인 해원의 머리로 꼽았다.[111]

요순에 얽힌 역사의 진실

세상에서 우순虞舜을 대효大孝라 일러 오나 순은 천하의 대불효니라.

그 부친 고수의 악명이 반만년 동안이나 사람들의 입에 오르내리게 하였으니 어찌 한스럽지 않으리오. 세상에서 요순지치堯舜之治를 일러 왔으나 9년 홍수는 곧 창생의 눈물로 일어났나니 요堯는 천하를 무력으로 쳐서 얻었고, 형벌刑罰은 순舜으로부터 나왔느니라.

아시아 대동세계를 만들고자 한 단주에 대한 진실 왜곡사

하루는 상제님께서 말씀하시기를 "'요堯의 아들 단주[112]가 불초不肖하였다.'는 말이 반만년이나 전해 내려오니 만고의 원한 가운데 단주의 원한이 가장 크니라. 정말로 단주가 불초하였다면, 조정의 신하들이 단주를 계명啓明하다고 천거하였겠느냐. **만족蠻族과 이족夷族의 오랑캐 칭호를 폐하자는 주장이 어찌 말이 많고 남과 다투기를 좋아하는 것이겠느냐?** 온 천하를 대동세계大同世界로 만들자는 주장이 곧 '시끄럽고 싸우기 좋아한다.'는 말인가?" 하시니라. 한 성도가 상제님께 여쭈기를 "우禹가 단주의 허물을 들어 말하기를 밤낮 쉬지 않고 강마다 배를 띄우고, 벗들과 떼를 지어 집 안에서 마시며 세상을 없애려 하였다.' 하였습니다." 하니 말씀하시기를 "단주가 밤낮없이 쉬지 않았다는 것은 쉬지 않고 무엇인가를 하며 부지런하였다는 것이요(증산도 道典 4:17) 요임금은 아들 단주에게 왕위를 물려주지 않았다.

%〈모악산 아래 종교촌〉미래선경未來仙境의 성지 · 세계문명의 중심지 꿈을 갖다

전라북도 모악산 주변에 산재해 있는 50여 개의 **증산계 종파를 비롯하여 단군계 · 동학계의 많은 종파**를 총칭하는 신종교 용어. 거의 대부분의 종파들이 증산사상과 깊은 관련을 맺고 있다.

실은 모악산은 고수부 고판례로 대변한 지천태 세상을 예지한 어머니 후천의 산이다. 일찍이 증산이 모악산에서 칠석날 대도를 통한 것을 통해서도 알 수 있고, 후천 천지공사는 증산 자기 사후 차경석과 고수부 치마폭에서 이루어질 것도 일찍이 통찰했다.

모악산은 노령산맥의 서남단에 위치한 해발 794m의 주봉으로서 전라북도의 완도 · 김제 · 정읍의 세 군과 인접해 있으며, 우리 나라에서 가장 큰 미륵불상으로 미래 조화선경의 원을 세운 금산사金山寺가 위치해 있는 곳이다. 이 절은 766년(혜공왕 2) 진표율사眞表律師가 중창할 때부터 미륵신앙의 근거지로 터를 닦아 나라 내에 회자했으며, 당래불當來佛인 미륵불은 민중들의 구세주로서 광범위한 영향력을 지니고 있었다. 모악산 아래 독특한 종교적 분위기는 10여 세기

동안 내려온 미륵신앙과 강증산姜甑山의 후천개벽사상과 고수부의 후천 조화선경 만드는 존재 의미가 결합되어 나타난 것으로 볼 수 있다. 하여 증산은 모악산의 용화동龍華洞을 가리켜 **"이 곳은 나의 기지라. 장차 꽃밭이 될 것이요, 인성人城에 쌓이리라."**라고 하였다. 또한 용화동 옆의 계룡봉溪龍峯에 대해서는 "신도안의 계룡산은 수탉이요, **모악산의 계룡봉은 암탉이라. 이 암탉이 진계眞鷄이니라." 하여 미래선경未來仙境의 성지로서 이 곳을 신앙하였다.**

또한 **"세계의 젖줄은 남조선이며 세계의 명당자리는 금산사, 문명개화의 국가가 삼천나라나** 되고 도술문명이 세계를 뒤덮는다(萬國活計南朝鮮 淸風明月金山寺 文明開化三千國 道術運通九萬里)."라 하여 이곳이 세계문명의 중심지가 될 것을 암시하였다. 특히 금산사는 증산과 깊은 연관을 맺고 있다. "내가 서천서역대법국 천계탑天階塔에 내려와서 삼계를 둘러보고 천하를 대순大巡하다가 이 동토에 그쳐 모악산 금산사 미륵금상에 임臨하여 30년을 지내면서 **최수운崔水雲에게 천명과 신교를 내려 대도를 세우게 하였더니** 수운이……대도의 참빛을 열지 못하므로 갑자년에 천명과 신교를 거두고 신미년에 세상에 내려왔노라." 라고 한『대순전경大巡典經』의 구절은 금산사 미륵불이 후천선경 건설의 주재자인 증산의 강림처임을 나타내 주고 있다.

증산이 죽기 직전에도 "나는 금산사로 들어가서 불양답佛糧畓이나 차지하리라." 또는 "내가 금산사로 들어가리니 나를 보고 싶거든 금산사로 와서 미륵불을 보라."고 할 정도였다.

증산이 1909년 6월 24일 39세를 일기로 세상을 떠나자 제자들은, 큰 지도자 조직 중심으로 단일 교단을 형성하지 않고 주변 지역에서 다양한 요지의 각 종파로 분립하고 있다.

최초로 교단을 세운 이는 차경석車京石이다. 증산의 제 2부인인 고씨(高氏)가 증산의 3년상을 치르고 난 1911년 9월 19일 금산사 미륵전에서 증산 탄신기념 치성을 드리다가 *기절하여 깨어나 증산의 영이 자기에게 내려왔다고 신어를 말하고 치병하는 기적을 보이기 시작하였다. 이에 흩어졌던 교인들은 증산이 성령으로 재림한 것이라고 하면서 다시 모여들게 되자 차경석의 주선으로 고수부가 된 동갑네기 사촌 **고판례와 더불어 선도교仙道教 또는 태을교太乙教라는 교명으로**

포교를 시작하였다. 새로운 리더쉽의 차경석이 주도권을 확보하며 교세가 급격히 번창함에 따라 자연스레 교주로 부각 옹립되어 *보화교 보천교普天教를 세웠다. 보화교가 국민 1/3의 기대에 찬 호응을 하자, 나약한 현실 왕권의 실정에 따라, 그는 신천지 개벽의 운로運路가 자기에게 있다고 사명감을 갖고, 일제 치하 어려운 상황임에도 이른바 "신세계 조화정부新世界造化政府의 건설을" 시도하여 실질적인 천자天子의 역할을 감당하려 했다.

그러자 차경석의 부당함을 비판하면서 신도들이 흩어지기 시작하여 이후로 증산계의 수많은 종파가 생겨나게 되었다. 김형렬金亨烈은 증산이 재림할 때 금산사 미륵불에 내려올 것이라는 신념을 가지고 미륵불교를 세웠다. 안내성安乃成은 금산면 청도리 백운동에서 증산 대도회甑山大道會를 일으켰으며, 증산 재세시 만국대장에 임명되었던 박공우朴公又는 의통醫統 전수를 자부하며 태을교를 세웠다. 차경석과 함께 보천교를 만드는 데 노력한 이치복李致輻은 주문呪文 도통으로 천 · 지 · 인 삼덕이 통천하統天下함을 내세우며 제화교濟化教를 만들었다.

증산의 무남독녀였던 강순임姜舜任은 조철제趙哲濟의 무극대도교가 증산과 관련을 맺기 위해 자신을 유인, 이용하였다는 것을 깨닫고 24세 때 탈출한 뒤 33세 때 자살을 기도했으나 그때 증산의 말씀을 듣고 선불교를 세웠다. 차경석이 후비로 삼으려 하였으나 거절한 여처자余處子는 보천교에서 이탈한 교인들을 모아 금산리 용화동에 선도교仙道教를 세웠다. 그녀는 예언과 안수를 잘해 제자들은 증산이 말한 의통의 신력神力이 그녀에게 내렸다고 믿었다. 후천개벽시 병겁病劫으로 인한 환란을 극복하는 문제에 대해서는 증산은 해결의 묘방을 '의통'이라 했기 때문에 제자들의 의통에 대한 관심은 대단했던 것이다. 또한 증산의 가르침에서 빼놓을 수 없는 것이 미륵선경의 사상이었기 때문에 이 요소도 여러 종파에 흔히 나타나고 있는데, 특히 서백일徐白一의 용화교龍華教에서 현저하게 드러난다. 서백일은 병겁을 물리치기 위해서는 용화동 30리 안으로 들어와야 한다고 주장하고 용화선경은 여기서부터 이루어진다고 하였다. 그 밖에 증산의 수제자 중 하나로서 증산의 재림을 믿으며 주문을 읽고 도통할 것을 주장하였으나 포교에 힘쓰지 않고 수십 명의 교인으로만 일파를 이루고 지낸 문공신文公信)

의 종파가 있다. 또한 『도리원서문』을 천독千讀하게 되면 도통하게 될 것이라고 주장한 김광찬金光贊의 도리원파桃李園派, 이상호李相昊·이정립李正立 형제의 교리체계화 사업이 두드러지는 동도교 증산교회東道敎甑山敎會가 있다. 그리고 현재 모악산 하에서는 제일 활발한 활동을 벌이고 있는 동도교 보화교회 등 많은 종파들이 존재하고 있다. '모악산 하 종교'의 변천양식은 네 단계로 규정지을 수 있다. 첫째 단계는 증산의 접령接靈 또는 치병, 예언적 문답에 초점을 둔 종교들이다. 둘째 단계는 증산을 천사天師로 호칭하여 옥황상제·구천상제로 받듦으로써 절대적인 능력을 지닌 신격화 움직임을 보이는 종교들이다. 셋째 단계는 미륵사상에 초점을 두고 금산사에서부터 미륵선경이 열릴 것이라고 주장하는 종교들이다. 넷째 단계는 **증산이 예시한 후천선경이 열리게 될 때 그 예시와 공사公事가 이미 단군·수운·증산에 의하여 행해졌다고 보고 삼단계 신앙체계를 주장하는 종교들이다. 이와 같이, 변천의 흐름을 잡아볼 수 있으나 그 주요 맥락은 후천선경 도래의 관건인 병겁해결을 위한 의통권능에 있다고 여겨진다.**[113]

고판례 국무는 일제식민지 하 조선백성을 하나가 되게 한 신령스런 기적과 소신을 보여준 다사로운 약손 어머니의 종교 – 최고의 여성 종교지도자이다. – 모래시계가 앞에 붙는 것을 보니 마음을 빨리 정해야 하나 보다. 스스로 하느님의 아들이라 한 예수도 하나님으로 보면, 스스로 상제라 하는 증산을 상제 하나님으로 못 볼 것도 없다. 그런데 앞으로도 세계는 뒷걸음질 치려고 하나? 평화적 민주적 화친적으로 나가려 하나? 무섭고 협박하는 옛처럼 권위적 위압적 신격화 길로?

차경석 강증산(과 1년간 지내다) 차경석의 동갑 사촌으로, 차경석과 모임을 만든 직후에도 기적을 자주 보였다는 고판례 할매. 고판례 할매는 강증산도 차경석도 한국사에 우뚝 서는 큰 인물로 만드는 계기 – 치병 구복 신명을 받으셨다.

마을마다 마을과 백성들을 지켜내며 세금까지 내라면 낸 당골네!
– 그 신성한 지위를 남자들과 남성중심 사회는 제대로 인정하지 않았고 못했다. 지금도.
고판례와 마리아: 하나님 어머님 마리아와 하나님 어머님 고판례 마리아와 고

판례는 옆 집 아지매, 할매였다. – 옆집 아줌마처럼 지내는 게 우리네 착하고 따스한 여신인데 앞으로 어떻게 지낼까? 어떻게 만들려고 하는가? 만들어 갈 것인가? 능력은 인정하되 따스한 아지매로! 일본왕실 제사에서도 아직도 여신을 '아지매'로 부른단다. 그것만은 그대로 자연적이다. 자연적인 것이 훨씬 포용적이고 품이 깊다. 신격화 자제하자. 어떤 아줌마는 자기 남편을 남앞에서 존대하는 사람도 있긴 하다. 선진의 종교나 마음 둘 곳 혹은 마음 안착 시킬 곳은 편하고 가깝고 턱이 높지 않은 자들과의 나눔이다. 미래가 달렸다. 증산 고수부 중심의 증산도는 후천선경 도래의 관건인 병겁 해결을 위한 의통권능을 중시한 개인 기복적 요소가 강한데 비해, 일제강점기 1/3 국민 종교의 국가적 사명과 기능을 해결하는 수준까지 등급을 올린 사람이 보화교(보천교) 차경석 교주이다. 상해 미국 임시정부 만주독립군에 보낸 어마어마한 독립자금과 여러 지원을 일제 몰래 한 차경석 그의 기개는 과히 천자의 수준이었다. 보천교가 처경석 교주가 하는 국가적 민족적 거사를 다 알았을까? 6~700만 신도들은 그를 천자로 추대하려 했다.

김철수,『잃어버린 역사 보천교』, 상생출판, 2017 참조.

제8장

1600여 기 선사 집터 160여 기 고인돌의 주인들 – 청동검 맥국 왕의 역사문화! 실크로드 한민족 고대영역 잇기 몇 천년만에 발굴되어 몰래 화장당한 유해의 주인공 사연은?

– 춘천 맥국중도 세계적 의례를 역사문화 영화로! 보존 홍보하자.

■ 5년여 간 춘천중도보존운동 시작에서부터 정성을 더하며 앞장서는 유성엽 국회의원 외 김종문 중도본부장과 최근에 합류하기 시작한 회원들

제8장. 1600여 기 선사집터 160여 기 고인돌의 주인들 – 청동검의 왕의 역사문화! 몇 천년만에 발굴되어 몰래 화장당한 유해의 주인공 사연은? 춘천 맥국중도 세계적 의례 역사문화 영화로! 보존 홍보하자. (『실사구국의 한국역사학』 1권 춘천 맥국중도 장 자료를 참고하시길 바람)

석기 청동기시대 고인돌이나 적석묘 등에서 청동검이 나오면 그것은 왕의 무덤으로 간주한다. 춘천 맥국중도의 162기 무덤에서만 약 45기의 청동검이 나왔다면, 바로 45명의 왕을 묻은 것이고 그 의식이 행해졌다는 것이다. 고구려 광개토호태왕 앞의 16분 선조 무덤 관리인 집이 330가 (구족 110가, 韓과 穢 220가) 45분 왕무덤을 관리하는 노비의 3배가 국연 30X3=90가, 간연 300X3= 900가가 나온다. 990가이다. – 선사시대—중도의 집이 1200 여 기라는 말이 대체로 어울린다...

45기 무덤의 각 왕들의 이름 짓기와 왕족과 정치문화 역사적 사연 – "어떤 죽음에도 사연이 없는 죽음은 없다."그리고 900 여 (묘 수호지기) 간연들의 사연은 또 어떠할까?...

% 장차 〈일본 속의 한국역사〉를 영화나 다큐로 만들 준비를 하나씩 해야 할 것 같다. – 이 한줄 추가

◒ 삼종신기 – 곡옥이 많이 달린 신라 황남대총 금관(일명 곡옥금관)

한국에서 곡옥 유물은 두루 나왔고 나온다.

현대도 춘천 옥광산에서 곡옥이 나온다.

◒ **"일본왕가 삼종신기 청동검 청동거울 곡옥"의 원 출처는 어디일까요?**

그 삼종신기 청동검 청동거울 곡옥은 한국은 춘천박물관에만 가도 고루 다 있다. 한국 국립 중앙박물관은 물론이고. 왕이 사용하고 왕의 상징인 청동검 · 무사제가 쓴 청동거울 · 한국엔 흔한 곡옥. 신라 곡옥 금관 하나에도 숱하게 곡옥이 많이 달려 있다.

그런데 그것이 일본은 나라의 신과 나라의 기원과 관련이 될만큼 신성하고 귀한 것으로 대접을 받는다. 고천원에서 일본 땅으로 내려온 신은 아마테라스 오미가메의 후손 니니기 노미코도이다. 니니기는 구시후루 다케에 내려왔다. 일본민족은 한반도에서 건너온 기마민족임을 주장한 에가미 나미오는 가락국의 수로왕이 내려 온 구지봉과 연결하여 '구시후루' 는 '구지의 마을'이 된다고 하였다.

- **니니기 노미코도가 하늘에서 내려올 때 거울 칼 구슬이라는 세 가지의 신의 보물이라는 삼종신기三種神器를 가지고 왔다.**
- **이번 새 일본왕 즉위식에서도 그 삼종신기를 새로운 왕에게 전했단다. 그의 왕비는 여자라 그 자리에 참석도 못한단다.**

"아키히토 일왕이 물러나고, 장남인 나루히토 왕세자가 오늘 새 일왕으로 즉위합니다. 새로운 왕과 함께 일본의 공식 연호도 바뀌면서, 오늘 0시부터 '레이와令和' 시대가 시작됐습니다. 김지경 기자가 보도합니다. ◀ 리포트 ▶ 일본은 오늘 새벽 0시부터 레이와 시대가 시작됐습니다.

나루히토 새 왕이 오늘 즉위하며 일본의 공식 연호가 아름다운 조화를 뜻하는 '레이와令和'로 바뀐 겁니다. 일왕의 퇴위과 즉위라는 국가적인 행사를 치르는 일본 사회는 들뜬 분위기입니다.

시민들: "동일본 대지진 같은 큰 일이 있을 때 직접 방문해주시곤 했습니다."

"천황부부 폐하께 감사하는 마음으로 (황거까지) 걸어왔습니다."

나루히토 새 일왕의 즉위식은 오늘 오전 일왕이 거주하는 궁 내부에서 열립니다. **먼저 '삼종신기'로 불리는 일본 왕가의 상징물을 넘겨받고,** 총리를 비롯한 정부부처 대신들과 국민대표를 만나는 의식을 치르며, '레이와' 시대의 시작을 알릴 예정입니다. **나루히토 새왕은 영국 옥스퍼드 대학에서 공부한 첫 해외 유학파 일왕으로,** 왕실 반대를 무릅쓰고 외교관 출신 마사코와 결혼한 것으로도 유명합니다. 30

년 3개월 만에 스스로 왕위에서 물러난 아키히토 일왕은 이제 상왕의 지위를 갖고, 과거 왕세자 시절 거주하던 곳에서 지내게 됩니다. 퇴위식에서는 재위기간 자주 언급했던 평화를 다시 한 번 강조했습니다. [아키히토 일왕/(어제 퇴임식)] "새로운 '레이와'의 시대가 평화롭게 많은 결실을 보기를 (바랍니다)" 우경화하는 정치권을 우회적으로 견제해 온 왕실의 기조가 유지될지, 나루히토 새 일왕이 오늘 던질 첫 메시지가 주목을 받고 있습니다." 114)

◉ 맥(貊族) · 한韓 · 예穢족 신임하는 광개토대왕(비문에 유언에서)

"한인과 예인들이 수묘의 예법을 잘 모를 것이 염려되어," 다시 (옛 백성 맥인) 구민 110가를 더 데려왔다. 천산 돈황 막의 고굴古窟에서 또 태백산들에서 천제를 지내는 신교를 해 온 환단 천손 옛 구민은 제사나 상례에 밝은 것을 알 수 있다.

"새로 공취해온 한韓과 예穢의 烟戶〈(묘 관리하는 나라 노비)는 다음과 같다.〉 사수성沙水城은 국연 1가, 간연 1가. 모루성牟婁城의 2가는 간연. 두비압잠한豆比鴨岑韓의 5가는 간연. 구모객두勾牟客頭의 2가는 간연. 구저한求底韓의 1가는 간연. 사조성舍蔦城의 한예韓穢는 국연 3가, 간연 21가. 고모 야라성古模耶羅城의 1가는 간연. 경고성炅古城은 국연 1가, 간연 3가. 객현한客賢韓의 1가는 간연. 아단성阿旦城과 잡진성雜珍城은 합하여 10가가 간연. 파노성巴奴城의 한韓은 9가가 간연. 구모로성臼模盧城의 4가는 간연. 각모로성各模盧城의 2가는 간연. 모수성牟水城의 3가는 간연. 간저리성幹底利城은 국연 1가, 간연 3가. 미추성彌鄒城은 국연 1가, 간연이 7가. 야리성也利城은 3가가 인연. 두노성豆奴城은 국연이 1가, 간연이 2가. 오리성奧利城은 국연이 1가, 간연이 8가. 수추성은 국연이 2가, 간연이 5가. 백잔 남거성은 국연이 1가, 간연이 5가. 태산한성太山韓城의 6가는 간연. 농매農賣城은 국연이 1가, 간연이 7가. 윤노성閏奴城은 국연이 2가, 간연이 22가. 고모루古牟婁城은 국연이 2가, 간연이 8가. 전성瑑城은 국연이 1가, 간연이 8가. 미성味城은 6가가 간연. 취자성就咨城은 5가가 간연. 삼양성彡穰城은 24가가 간연. 산나성散那은 1가가 국연. 나단성那旦城은 1가가 간연. 구모성勾牟城은 1가가 간연. 어리성於利城의 8가는 간연. 비리성比利城의 3가는 간연. 세성細城의 3가는 간연.

국강상 광개토경호태왕이 살아 계실 때에 교敎를 내려 말하기를, "선조 왕들이 다만 원근에 사는 옛 구민舊民들을 데려다가 무덤을 지키며 소제를 맡게 하였는데, 나는 이들 옛 구민들이 점점 몰락하게 될 것이 염려된다. 만일 내가 죽은 뒤 나의 무덤을 편안히 수묘하는 일에는, 내가 몸소 다니며 약취略取해온 한인韓人과 예인穢人들만을 데려다가 무덤을 수호.소제하게 하라" 하셨다.

왕의 말씀이 이와 같았으므로 그에 따라 한과 예의 220가를 데려다가 수묘하게 하였다. 그런데 그들 한인과 예인들이 **수묘의 예법을 잘 모를 것이 염려되어,** 다시 옛 구민 110가를 더 데려왔다. 신구 수묘호守墓戶를 합쳐, 국연이 30가이고 간연이 300가로서, 모두 330가이다.

선조 왕들이 이래로 능묘에 석비를 세우지 않았기 때문에 수묘인 연호(노비)들이 (*누구 묘인지) 헷갈리게 되었다. 오직 국강상 광개토경호태왕께서 선조왕들을 위해 묘상墓上에 비를 세우고 그 연호烟戶를 새겨 기록하여 착오가 없게 하라고 명하셨다. 또한 왕께서 규정을 제정하시어, "수묘인을 이제부터 다시 서로 팔아넘기지 못하며, 비록 부유한 자가 있을 지라도 또한 함부로 사들이지 못할 것이니, 만약 이 법령을 위반하는 자가 있으면, 판 자는 형벌을 받을 것이며, 산 자는 자신이 수묘하도록 하라" 고 하셨다.[115)]

춘천 맥국중도는 천산을 이어 온 한민족 예맥족의 최고 성지이다.

맥족 고구려 광개토태왕이 "우리조상과 나의 묘를 지켜 줄 믿을 '우리 옛족'"의 수장들께서 묻힌 성지이다. 일반인들과 몇 명의 독립운동가가 묻혔던 '망우리 공동묘지'도 성역화한다는 마당에, 민족의 뿌리조상의 성지를 훼손하여 외국인들에게 내어준다는 것은 한국이라는 나라 기강과 존엄성의 절대절명의 손상이고 망상이다. 아무쪼록 조정이 힘들더라도 레고는 차선책을 선택하도록 돕고, 지혜와 외교력과 순발력을 발휘하여, 개인적으로나 국가적으로 더 큰 화를 피하기 위해선 결자해지로 〈민주당과 최문순 도지사〉가 지금이라도 원상태로 되돌려 놓아야 한다.

중도 맥국터에서 나온 '공방'들

고조선 유적지가 밀집되어 있는 것으로 알려진 춘천 중도 지역의 레고랜드 테마파크 건설과 관련하여 2013년과 2014년 상반기에 걸친 중도 지역에 대한 1차 발굴조사에서는 고인돌 101기와 주거지 917基가 조사되었고, 공방지工房址와 방어용 환호시설 등이 함께 확인되었다. 이들 유적에서 비파형동검 · 청동도끼 등이 청동기류, 돌대문토기 · 무문토기 · 타날문토기 등 각종 토기류, 마제석부 · 마제석촉 · 유구석부 · 반월형석도 같은 석기류 등이 다수 출토되는 등 약 1400여 점의 유물이 출토되었다.

춘천 중도유적이 특히 주목되는 점은 취락지구(주거지와 공방지), 무덤구역, 생산구역(밭유구) 등으로 구역이 나누어져 있고, 취락지구 가운데 중요지점은 환호를 설치하여 방어시설까지 구비되어 있다는 점이다. 또한, 비파형동검 · 검파두식(동검 손잡이 장식) · 마제석촉 등과 같은 의례기와 전투용 유물 등이 출토되는 대형 장방형 주거지는 수장층의 주거지로 간주되며, 유구의 평면 분포에서 보여지는 위계적 주거 형태는 수장을 중심으로 하는 청동기시대에 조성된 초기 형태의 도시 공간으로 해석될 수 있다고 학계에서는 보고 있다.

특히, 중도 유적지에서 출토된 유물 가운데 **비파형동검과 선형동부扇形銅斧**는 주로 고인돌 무덤의 부장품으로 주로 출토되었으나, 이번 발굴에서는 **수장首長의 주거지로 간주되는 장방형 주거지에서 출토되어** 상당한 학술적 의의를 지니는 것으로 평가되고 있다. 비파형동검(한국동검)은 요녕지방에서 주로 발견되어 요녕식동검이라고 불리기도 하며, 청동기시대 동검 가운데 가장 이른 시기에 나타나는 것으로 한반도에서는 **부여, 대전, 순천, 창원 등 여러 지역에서 출토되고 있으며, 고조선시대의 대표적인 유물 가운데 하나이다.** 선형동부는 부채모양을 닮았다고 하여 붙여진 이름으로 요동지방에서 비파형동검과 함께 출토되고 있는 유물로 한반도에서는 청동기시대의 것으로 **평북 의주 미송리 동굴유적, 강원도 강릉고인돌 유적에서** 초기 철기시대의 것으로는 부여남성리 석관묘에서 함경남도 금야 영흥읍과 부여 송곡리에서는 거푸집이 각각 출토된 바 있다.

또한, 중도 지역에서 발굴된 고인돌의 경우는 한반도 중남부에서 자주 보이는 개석식 고인돌로 조사되었으며, 이는 최근 진주 등 영남지역에서 조사되고 있는 묘역식 고인돌의 형태를 띠고 있다. 따라서 중도의 묘역식 고인돌은 요동지방에서 한반도 남부지방으로 이어지는 거점에 위치하고 있어 고조선 시기 고인돌 연구에 중요한 유적으로 학계에서는 평가하고 있다.

이번 춘천 중도 레고랜드 건설과정에서 고조선 유적이 대거 발굴되었다는 소식이 전해지면서 유적을 보호해야 한다는 시민 사회단체들의 목소리가 그 어느 때보다도 뜨거워지고 있다. 이러한 상황에서 춘천 중도에 레고랜드 건설 허가를 내어준 문화재청 관계자(김계석 문화재발굴 제도과장)가 직접 제 1주제 발표자로 나와 '춘천 중도유적의 승인현황 및 보존대책' 에 대해 "중도의 발굴유적은 레고랜드 사업으로 훼손되거나 사라지는 것이 아니라, 복토 보존하여 유지되고 고인돌 · 환호 · 집터 등 대표적인 유구와 유물은 국민들이 체험교육의 장으로 활용하는 방안을 마련할 계획임"을 밝혔다.

제 2주제 발표에서는 춘천 중도 유적에 대해 오랫동안 관심을 가져오면서 이번 레고랜드 개발 문제로 **중도유적이 파괴되는 것을 처음으로 주장했던 이형구 석좌교수**(선문대학교)가 '춘천 중도 유적의 고고학 성과와 역사적 의의' 발표에서 "565,250㎡에서 **917기의 주거지가 발굴되었는데, 고대 중도에서 1가구당 6,7명이 살았다고 보면, 중도에 6000~7000명 이상의 주민이 거주한 대단위 취락**" 이었을 것이라며 "인구밀도가 많은 인구를 소유하고 있다는 것은 국가 단계의 첫 번째 덕목으로 볼 수 있다"고 밝혔다. 또한, **"주거지 밀집지역의 중심구역에서 중심 취락을 에워싸고 있는 네모난 형태의 방형 환호(環壕) 안에 주거를 비롯해 창고, 공방, 대형건물, 공공장소, 제의장소, 특별시설물 등 각 공간을 구획 경계하는 방어시설을 갖추고** 있는 것으로 보아 중도 유적의 환호는 정치 경제의 핵심 시대인 도시를 형성"하고 있으며 "동북쪽에 위치한 주거지 밀집지역은 **가옥이 대부분 동남향으로 향하도록 배치돼** 있고, 그 배치가 질서정연한 기획도시 같은 느낌을 준다"고 밝혔다.

특히, "중도유적 중 Ⅲ유형과 Ⅳ유형에서 **작업공을 갖춘 공방시설을 볼 수 있**

는데, 각종 생활도구를 제작할 수 있는 공방이 분업화되는 등 기술과 직업의 전문화가 나타나는 것으로 보아 춘천 중도 유적은 대단히 발전한 사회를 형성하고 있었을 것"으로 보인다고 밝혔다. 또한, "중도유적에서 발굴된 101기(추가 162기)의 고인돌 무덤(지석묘)이 발견된 것만으로도 국내 최대의 고고학적 성과"라며 "고인돌 무덤의 배치가 남 – 북 방향으로 열상으로 배치되어 방향성을 갖고 있고, 대소별로 매장하여 위계성位階性을 나타내고 있는 것으로 보아 이는 당시 사회가 계층화階層化되어 있다는 사실을 보여주는 중요한 증거"라고 밝히고 있다.

이형구 교수는 "중도유적 발굴에서 **무려 355기의 저장용 수혈**이 확인된 것으로 보아 엄청난 잉여 농산물이 창고에 저장되어 있었을 것으로 볼 수 있다"며 "잉여 농산물과 이를 저장하는 창고가 있다는 것은 **국가 성립의 중요한 또 하나의 덕목**"이라고 강조했다. 또한, "중도유적의 주거지와 무덤에서 **옥부와 옥착, 관옥, 소환옥** 등 옥기류들이 출토되고 있다는 사실로 미루어 보아 이는 **종교와 일정한 관계를 갖고 있는 것으로 보여진다**"고 밝히면서 "중도유적은 **고고학상으로는 청동기시대로 편년되나 역사적 편년으로는 고조선 시대로서, 춘천 중도 유적은 고조선의 또 하나의 실체일 수 있다**"고 말하고 "중도유적 전체를 보존, 조사 연구하여 **고조선시대의 역사를 복원해야 한다**"고 강조했다.

제 3주제는 춘천지역 역사 문화 발전을 위해 꾸준한 활동을 전개해 온 정재경 전문위원(춘천 역사문화 연구회)이 '한국역사에서 춘천 중도 고조선 유적지의 필요성'이란 주제로 발표했다. 정재경위원은 발표에서 문헌사학자 박성수 교수의 '고조선론'(2011년 11월 9일 춘천문화원 창립 60주년 기념발표)을 언급하면서 "**예맥은 고조선의 핵심 민족으로서 그 유민들이 우두벌에 정착하여 고조선을 재건한 성지가 바로 맥국이고, 맥국은 고조선과 삼국의 맥을 이어주는 고리**"라고 주장하였다. 또한, 1984년 강원대 박물관의 '중도유적 지표조사보고서'를 인용하면서, "**춘천은 선사유적의 보고로서 한강변에서 지금까지 거의 완벽한 상태로 남아 있는 유적으로 신석기 · 청동기 · 철기시대의 문화를 소유하고 있는 유일한 지역이 춘천 중도**"라고 힘주어 말했다.

또한, "대형 환호 내에서 집터와 출입구 시설이 확인되었는데, 이는 청동기시대 마을 유적의 구조와 성격을 이해할 수 있는 획기적인 자료로 평가되며, 둥근 바닥 바리모양 토기(예맥 20호 집터)는 신석기 시대에서 청동기 시대로 넘어오는 전환기의 중요한 유물로 평가된다"고 강조했다. 정재경 전문위원은 "역사유산은 당대인의 경제적 척도만으로 평가해서는 안되며 문화재청은 전문적인 책임을 관련 학계에서도 충분한 학술토의를 공개적으로 개최해서 시민들의 이해를 돕기를 기대한다"고 밝혔다.

제 4주제는 오래 전부터 중국 요하문명에 깊은 관심을 보여왔던 우실하 교수(항공대, 중국 적봉대 홍산문화연구원 방문교수)가 '중국 요하문명 지역 고대 유적지 보존사례 및 역사의식'이란 주제로 발표했다. 우실하 교수는 발표에서 "**단일규모로는 최대인 춘천 중도 유적에 레고랜드 놀이공원이 건설된다는 소식에 참담함을 금할 수 없다**"고 밝히면서 특히, "**역사학계와 학술단체들이 아직까지 조용한 것은 참으로 이해하기 어렵다**"고 말했다. 우 교수는 **중국 요하지역의 신석기, 청동기 유적을 중국이 어떻게 보호하고 있는지 그리고, 유적을 활용해 일상생활 속에서 역사의식을 어떻게 고취시키고 있는지,** 유적의 원형보존은 어떻게 이뤄지고 있는지에 대해 구체적인 사례를 들어 발표했다. 또한, "**춘천 중도의 대규모 고대 유적군은 그 자체로 좋은 역사교육의 장이며, 질적, 양적 모든 면에서 앞으로 다시 발견되기 어려운 대규모 유적"이라고 밝히면서 "춘천 중도는 단순한 놀이공원을 위한 '레고랜드' 건설이 아니라 '고조선랜드' '역사문화공원'을 만들 자리"**라고 힘주어 강조했다.

한편, 학술발표 후 최정필 세종대 명예교수의 사회로 이어진 종합토론에서는 주제발표자 4인과 이기환 경향신문 논설위원, 서동철 서울신문 논설위원, 오동철 춘천 역사문화연구회 사무국장이 함께 토론을 펼쳤다.

이기환 경향신문 논설위원은 **"중도는 국립박물관의 집자리 발굴(1980년) 이후 건드리면 터질 수 있는 '유적의 화약고'처럼 인식되는 곳"이라고 밝히면서 "강원도 지역에서 고인돌이 이처럼 무더기로 발굴 된 것은 처음으로 '둥근바닥바리 모양 토기'와 '덧띠 새김 무늬토기'**가 확인되었는데, 이는 유적의 최고(最古) 연대가 초기 청동기시대(기원전 14~12세기)임을 알려주는 지표유물들"이라고 강조했다.

서동철 서울신문 논설위원은 **"중도유적은 폼페이 이전 시대를 대표할만한 도시유적의 하나라고 해도 좋을 것"**이라며 **"중도유적의 체계적인 복원이 이뤄진다면 중도는 전 세계적인 선사유적공원**으로 발돋움하게 될 것이며 춘천은 선사유적공원과 레고랜드 테마파크라는 전통과 현대가 조화를 이루는 두 개의 뛰어난 관광자원을 가진 경쟁력 있는 관광도시로 우뚝 서게 될 것"이라고 밝히면서 **"춘천시는 오늘의 시점이 아닌 200년, 300년 뒤 훗날 춘천시민들을 행복하게 만드는 결정을 내려야 하며, 중도는 춘천 시민들만의 문화유산이 아닌 우리 국민 전체의 문화유산임**을 잊지 말아야 한다"고 밝혔다.

오동철 춘천 역사문화연구회 사무국장은 "문화재청 매장문화재분과 위원회 13차 회의록을 보면, 중도에서 대규모의 유적과 유물이 발견되었음에도 불구하고 문화재청은 유적 보존을 완벽하게 담보하지 않은 상태에서 조건부 승인을 통해 개발가능성의 길을 열어주어, 결과적으로 우리나라 최대의 청동기 유적이 파괴될 위기를 자초했다"고 강조했다. 특히, "강원도의 발표를 보면 레고랜드 테마파크가 여러 의혹이 있는 것으로 보이지만, 그럼에도 불구하고 춘천지역 경제 활성화 측면에서 반드시 필요하다면 투명한 행정을 기반으로 시민의 동의를 전제로 추진되어야 하며 국가의 백년대계이며 후손들에게 온전히 물려주어야 할 역사유산을 파괴하지 않는 현명한 개발이 요구된다"고 밝히면서 "그럼에도 불구하고 문화재청이나 지방자치단체가 나서서 개발의 당위성을 주장하고 있기에 레고랜드 개발과 관련하여 문제점은 없는지 세밀히 살펴볼 필요가 있다"고 말했다.

(최종입력 : 2015.1.7 | 편집 : ⓒ 마로니에방송)

@ 며칠 전 영국 모기업은 한국 삼성을 제소했다. 춘천중도 영국 레고 문제로 많은 이가 골머리를 앓는데, 영국왕자가 또 한국을 여왕처럼 방문했다. 아래 기사의 기자의 기사 제목이라도 중도와 연관해 보는 관점이 있어(가까운 춘천중도

에 대한 안동시장의 태도와는 달리) 반가운 마음으로 스스로의 마음도 조금 다독이지만, 정말 안팎이 가증스러운 상황이다.

% (2019년 5월) 영국 왕자 안동 방문, 춘천 중도는?

안동을 찾은 앤드루 영국 왕자 (사진=연합뉴스, 정연미 기자, 2019.05.14.)

엘리자베스 2세 영국 여왕의 차남인 앤드루 왕자가 14일 안동을 방문했다.

방문 20주년을 기념해 2대째 안동을 방문했다. 안동을 찾은 앤드루 영국 왕자 앤드루 왕자는 이날 오전 서울에서 헬기로 경북도청에 도착해 기념식수를 한 뒤 안동 나들이를 시작했다.

그는 20년 전 어머니의 발자취를 따라 하회마을, 농산물 도매시장, 봉정사를 차례로 방문했다. 먼저 하회마을에서 서애 류성룡 선생의 종택인 충효당을 둘러보고 '왕가의 길'이라는 의미의 '로열 웨이'(The Royal Way) 표지판 제막식에 참석했다. 안동시가 여왕이 다녀간 '하회마을~농수산물도매시장~봉정사'에 이르는 32㎞ 길을 퀸스 로드(Queen's Road)로 부르다 로열 웨이로 이름을 바꿔 이번에 표지판을 설치한 것이다.

이후 앤드루 왕자는 담연재에서 20년 전 여왕 방문 당시 차렸던 생일상을 그대로 재현한 모습을 보고 여왕의 감사 메시지를 대신 낭독했다. 그는 학록정사에서 오찬을 하고 하회 별신굿 탈놀이를 관람한 뒤 농산물 도매시장으로 이동해 사과의 선별 과정과 경매 시연을 관람하고 사과나무 기념식수를 했다. 이후 한국에서 가장 오래된 목조 건물이 있는 봉정사를 찾아 극락전과 대웅전을 둘러보고 범종을 타종했다. 마지막 일정으로 2015년 유교책판을 유네스코 세계기록 유산에 올린 한국 국학진흥원을 방문했다. 이곳에서 유교책판이 보관된 장판각을 둘러보고 퇴계 이황의 '성학십도' 목판 인쇄를 시연하며 안동 방문을 마무리했다.

안동에서의 모든 일정을 마무리한 앤드루 왕자는 권영세 안동시장 등 환송을 나온 관계자들에게 감사 인사를 전하고 서울 귀경을 위해 헬기에 몸을 실었다...

위구르족의 이상향: 한민족과 유사성이 강하다.

위구르족의 이상향 – 사막의 오아시스에 전통악기 라그라 등의 음률을 들으며 차를 마시며 즐긴다. 그림 위쪽에 4명은 중국 전국 8000㎞에 전국의 지하수로 정책과 지시에 따라 3대를 이어가며 각 자 집앞이나 연고지에 "지하 물길(카레즈)"을 뚫고 있다. 투루판에서는 그 카레즈도 관광자원화에 성공하여 하루 관광 코스로 잡는다. 중국 삼국시대까지도 서역에서만 나는 과일이 포도였다. 지금도 공기가 건조하고 습도가 높지 않은 서역에서 포도가 많이 나서 건포도 최고생산지로 14억 중국인에게 내수는 물론 외국 관광객도 사가도록 홍보하여 수입을 본다. 지금도 서역의 작은 살구와 복숭아 수박 등도 당도가 높고 맛있다.

유네스코 등재 문화유산
-세계 최고로 오래 되고 가장 많이 남은 토성 교하고성

아스타나고분군 입구

고창의 옛 성터

제9장

녹두꽃 지금도 자랑스레 피고 있다

작은 전봉준 접주의 큰 친구 차치구 접주와
그 후손 차경석 · 차일혁 · 차길진

정읍 구민사救民祠

정읍 동학 의병 사당 구민사: 아들 차경석이 직접 시신을 업어 온 동학접주 차치구의 위패도 모셔져 있다.

신라 법흥왕 5년 (544)에 전남 구례에 창건된 화엄사를 비롯한 주변 사찰들을 한국전쟁 때 차경석의 아들 차일혁 총경이 지켜 내었다.

전봉준장군을 필두로 모셔진 위패 55개 중 '연안 차치구'님의 위패도 모셔져 있다. – 사진 아래서 둘째줄 왼쪽에서 4번째

제9장. '녹두꽃' 지금도 자랑스레 피고 있다
– 작은 전봉준 접주의 큰 친구 차치구 접주와 그 후손 차경석 · 차일혁 · 차길진

전봉준과 공동 동학 접주로 처절한 죽음을 당한 차치구(정읍 동학인들 사당 구민사에 모셔져 있다)와 이 아버지의 죽음을 15살에 직접 보고 주검을 업고 항일을 되새긴 동학간부 차경석 보천교 교주는 일제시 한국 독립운동 자금과 지원 등으로 한국민을 하나로 만든다.

그 아들은 한국전쟁시 전라도 사찰들을 목숨 걸고 지켜준 차일혁 총경이다.

화엄사 · 천은사 · 백양사 · 쌍계사 · 금산사 · 선운사 등의 사찰을 구해냈다.

그의 아들은 간도반환 소송제기 추진 성공한 차길진 법사

(위 4분 차치구의 4내 가족에 대해선 차옥녀의 다음까페 자료 잠조)

전봉준의 친구 차치구 접주 그 후손들의 대를 잇는 민족적 활약이 대단하다

어렵사리 자주적인 동양의 한 민족정신을 만들어내는

SBS 금토 드라마 동학 '녹두꽃'에서도 제대로 잘 그려져

서양 서학과 일제에 항거한 자랑스런 한국 국민성이 잘 그려지길 바란다.

\-\-\-\-\-\-\-\-\-\-\-\-\-\-\-\-\-\-

이른 아침 들판에 나가
일하는 농부에게 물어 보라.

공산주의가 무엇이며
자본주의가 무엇인지 아는 사람이 몇 명이나 있겠는가.

지리산 싸움에서 죽은 군경이나 빨치산에게 물어보라
공산주의를 위해 죽었다
민주주의를 위해 죽었다 할 사람이

과연 몇이나 있겠는가？

그들은 왜 죽었는지
영문도 모른다고 할 사람이 태반일 것이다.

이 싸움에서 어쩔 수 없이 하지만
후에 세월이 가면
다 밝혀질 것이다.

미국과 소련
두 강대국 사이에 끼여 벌어진
부질없는 골육상쟁
동족상잔이었다고 차일혁

위의 글은 남부군 사령관 이현상을 사살한 토벌대 대장 차일혁 총경이 전북일보에 기고하였던 '이 땅의 평화를 기원하며'라는 글입니다. 남북의 이데올로기 대결이 극한으로 치닫던 상황에서 당시 남쪽의 토벌대 대장이 이런 글을 썼다는 것에 좀 의아하게 생각될지도 모르겠습니다.

그렇습니다. 차대장은 한민족이 이데올로기에 찢겨 서로 죽고 죽이는 것에 가슴 아파했습니다. 그래서 이현상을 사살하고도 차대장은 이현상의 시신을 적장에 대한 예를 갖추어 섬진강 다리 밑 하동 송림 주변 백사장에서 스님의 독경 속에 예를 갖추어 화장을 하고, 화장이 끝난 후에는 이현상의 뼈를 자신의 철모에 넣고 M1 소총으로 빻아 섬진강 물에 뿌렸습니다. 그리고 권총을 꺼내 허공을 향해 3발을 쏘았고… 이로 인해 부대원들에게는 태극무공훈장이 3개나 수여되었지만 차대장은 하나도 받지 못했었죠.

이런 차대장이었기에 토벌대 대장을 하면서도 가급적이면 빨치산들의 귀순을 유도하여 많은 빨치산의 목숨을 살렸습니다. 당시의 시대상황에서 이런 행동을 하였으니 어떻게 되었겠습니까? 차대장은 전쟁이 끝나서도 제대로 승진도 못하고 진해 경찰서장 재직시에는 오히려 좌익혐의로 조사를 받기도 하였지요.

차대장은 원래 독립투사였습니다. 차대장은 홍성공고 재학시절 일본 고등계 형사 구타사건에 연루되어 17세에 중국으로 건너가 중앙군관학교 황포분교를 졸업한 뒤 조선의용대에서 항일유격전 활동을 펼치며 독립운동가를 탄압하는 미와 형사와 헌병사령관 하세가와를 저격하여 죽이기도 하였답니다.

그런가 하면 차대장은 신성 문화를 사랑하는 문화인이었습니다. 차대장은 6.25. 전쟁 중 화엄사를 소각하라는 명령에 고뇌하다가 각황전 문짝만을 떼어내 불태웠습니다. 이로 인하여 차대장은 명령 불이행으로 감봉처분을 받았지만, 그 때 차대장이 명령을 그대로 이행하였더라면 화엄사의 그 소중한 문화재들은 어떻게 되었겠습니까? 그래서 조계사에서는 이러한 차대장의 공을 인정하여 화엄사에 기념비를 세웠다는군요. 고독한 영웅 차일혁. 저는 그를 이렇게 부르고 싶습니다. 차대장은 1958년 금강의 곰나루에서 가족과 함께 물놀이를 하다가 38세의 젊은 나이에 심장미비로 사망하였는데, 그의 아들 차길진이 보는 앞에서 물속으로 걸어 들어가더니 나오지 않았답니다. 아들은 현실의 상황에 고뇌하던 아버지였기에 자살하신 것으로 생각하고 있더군요. 재미있는 것은 아들 차길진씨는 영능력자로 예언을 하는 법사로 유명하고, 또 현재 야구단 넥슨 히어로즈의 구단주 대행을 하고 있다는 것이네요...

양승국변호사의 세상이야기, 차일혁 총경, 2011. 8. 30.

차길진이 후견하여 <간도협약 무효, 영토권 반환청구 소송 접수>(국제사법 재판소 – 네덜란드 헤이그 소재)와 독도분쟁 (민간단체에서 추진) 그 이후는 어떻게 되었는가 또한 실효성은 있는가?| 정치 경제 사회문제 간도협약 무효, 영토권 반환청구 소송(국제사법재판소 – 네덜란드 헤이그 소재)와 독도분쟁

힘이 없고 주권이 빼앗긴 비참한 한국에서 "간도" 문제를 거론하여 찾아 온다는 자체가 기대할 수 없는 일이겠죠 실효성이 있는지 국제사법 재판소에 정식으로 소송을 제기한 상황으로, 이후 어떻게 되었는지 궁금하고 알고 계신 분 답변 좀 부탁합니다! - (나 차옥덕은 혈세를 받는 정부가 해야 할 일이라고 생각한다.)

참고내용

간도협약은 일본과 청나라가(융희 3) 9월 청淸나라와 일본이 간도(젠다오)의 영유권 등에 관하여 맺은 조약.
(http://terms.naver.com/entry.nhn?docId=1055780&cid=40942&categoryId=31659)

일 시 : 1909년 9월

목 적 : 간도영유권분쟁 해결

가입국가 : 청, 일본

청나라는 19세기 말기부터 간도가 자국 영토라고 주장하여 군대까지 투입하고 지방관까지 두었으나, 한국도 그에 강력히 맞서 영토권을 주장하였으므로 간도영유권 문제는 한·청 간의 오랜 계쟁문제係爭問題였다.

일제는 1905년(광무 9) 대한제국의 외교권을 박탈한 뒤 청나라와 간도문제에 관한 교섭을 벌여 오다가 남만주철도 부설권과 무순撫順탄광 채굴권을 얻는 대가로 간도를 청나라에 넘겨주는 협약을 체결하였다.이 협약은 전문 7조로 되어 있는데, 그 내용은 ① 한·청 양국의 국경은 도문강(圖們江: 토문강)으로서 경계를 이루되, 일본 정부는 간도를 청나라의 영토로 인정하는 동시에 청나라는 도문강 이북의 간지墾地를 한국민의 잡거雜居구역으로 인정하며, ② 잡거구역 내에 거주하는 한국민은 청나라의 법률에 복종하고, 생명·재산의 보호와 납세, 기타 일체의 행정상의 처우는 청국민과 같은 대우를 받으며, ③ 청나라는 간도 내에 외국인의 거주 또는 무역지 4개처를 개방하며, ④ 장래 길림吉林·장춘長春 철도를 연길延吉 남쪽까지 연장하여 한국의 회령會寧 철도와 연결한다는 것 등이었다.

이것으로 일본은 만주 침략을 위한 기지를 마련하는 동시에, 남만주에서의 이권을 장악하고, 조선통감부 임시 간도파출소를 폐쇄하는 대신 일본총영사관을 두어 한국인의 민족적 항쟁운동을 방해하는 공작을 하게 되었다.

([네이버 지식백과] 간도협약 [間島協約] (두산백과)
http://blog.daum.net/allinonegroup/18172658
https://www.whoim.kr/detail.php?number=26535
http://www.o - dokdo.com/gnuboard4/bbs/board.php?bo_table=05_04&wr_id=1788&sfl=&stx=&sst=wr_datetime&sod=asc&sop=and&page=81)

〈간도間島협약(1909년 9월 4일로부터 100년 됨)국제사법 재판에 재소〉

아래 글은 우리 한민족 평화통일단체 총연합 표준정의단 등의 한민족단체 및 지구촌연합 신부활단체가 '간도협약 무효반환 청구 소송'에 관하여 오랜 기간 동안 준비해 온 사업을, 한 민족 열사가 우리 모든 300여 개 단체를 대표하여 국제 사법재판소에 소장을 제출하면서 발생된 역사적 실화의 시나리오이다.

간도(중국의 동부 3성)

- 남북한을 합친 땅의 4배에 달하는 우리의 고토(우리나라의 변방으로 방치된 채 버려둔 옛국토)
- 일본이 36년 조선을 지배하기 전까지 당연히 우리의 땅이다.

일본이 명성황후 민비를 시해하고 고종에게 칼을 들이대고 강제로 옥새를 찍어 이른바 을사늑약을 체결한 후 청에 가서 간도를 철도부설권 광업권을 얻는 조건으로 간도 전부를 청나라에 주기로 한 계약이 이른바 간도협약이며 그로부터 일본은 바로 패망하고 한국에서 떠난 직 후 남북이 양분되어 북한 김일성이 중국과 러시아를 어버이 국가로 지원받는 처지로 되면서 지금까지 방치되어 온 것이다.

통일준비정부, '간도협약 무효' 국제 사법재판소에 소송 제기

우리의 영토인 간도 반환 청구를 위한 소송이 국제 사법재판소에 정식으로 제기됐다. 민족회의 통일준비 정부(통일준비 정부)에 따르면 지난 2009년 9월 1일(현지시각) 국제 사법재판소(네덜란드 헤이그 소재)에 간도 반환 청구 소송을 위한 소장을 제출, 정식으로 접수됐다. 통일준비 정부 김영기 대표와 한극동 사무국장을 비롯 300여 개 시민단체로 구성된 〈간도 반환 청구 대표단〉은 "1일 국제 사법재판소에 소장을 제출하고 접수 확인증을 받았다"고 밝혔다. 한사무국장은 "간도 협약 소송가능 시한을 불과 3일 앞둔 지난 1일 극적으로 소송을 제기하게 됐다"면서 "이제 국제법상 영토분쟁 시한인 100년에 상관없이 우리 민족이 간도를 찾을 수 있는 법적인 근거를 마련하게 됐다"고 말했다.

1909년 9월 4일 일본과 청나라는 주권국가인 대한민국을 배제하고 불법조약인 간도협약을 맺었다. 협약 자체가 명백한 불법이지만 이번 소송제기로 '국제법상

100년 간 실효적으로 점유하는 동안 이의 제기가 없을 경우 영구히 귀속될 수 있다'는 관례는 일단 제동이 걸린 셈이다.

그동안 미국 뉴욕의 재야 사학자인 폴 김 박사를 비롯 간도를 되찾기 위한 여러 뜻있는 인사들도 소송을 제기하려 했으나, 국제법상 국제 사법재판소는 국가나 유엔 기구가 아니면 소송 접수가 불가능한 규정 때문에 정부에 소송을 제기하도록 수차례 청원을 해온 게 사실이다.

또한 이런 국민적인 열망과 여론에도 불구하고 정부는 일절 반응이 없어 영원히 간도를 찾을 수 없을 거라는 절망감도 없지 않았으나, 최근 민간 차원에서 구성된 통일준비 정부가 나서서 정식 소장을 접수함으로서 우리의 권리를 되찾을 새로운 희망을 갖게 됐다.

한 사무국장은 "소송을 제기하기까지 어려운 점도 많았지만, 막상 (국제 사법재판소에)소장이 접수되고 나니 큰 희망이 생겼다"면서 "우편으로도 접수가 가능하지만 너무나 중요한 사안으로 판단, 직접 방문해 소장을 제출하고 근거를 남겼으니 더 이상 바랄게 없다"고 기쁜 마음을 감추지 않았다.

그러나 "앞으로도 정식 소송 절차가 남아있기 때문에 많은 난관이 예상된다"며 "국민들이 힘을 모아 준다면 우리의 영토인 간도는 꼭 되찾을 수 있을 것"이라고 호언장담했다.

◆ 한극동 사무국장과의 일문일답

문) 소장 접수는 언제했나

답) "김영기 대표 등 통일준비 정부 관계자를 비롯 네덜란드 현지의 동포 전문가들은 소장을 접수하기 앞서 일체의 오류가 없도록 만전을 기해 왔다"면서 "지난 1일 정식으로 네덜란드 헤이그에 소재하는 국제 사법재판소를 방문, 소장을 제출하기에 이르렀다"고 말했다. 앞서 "통일준비 정부 대표단은 헤이그(네덜란드) 이준 열사기념관 앞(1907년 7월 14일 이준 열사와 이상설 이위종 열사 등 순국)에서 '간도협약 원천무효'라는 현수막을 내건 뒤 동포들 앞에서 반드시 소장을 접수시키겠다는 의지를 불태웠다"고 전했다.

문) 국제 사법재판소에 '간도 되찾기' 소송을 제기한 이유는

답) "통일준비 정부는 정부와는 별개의 채널로 준비해 온 소송단 대표"라며 "간도 문제는 우리 민족에게는 너무나 중요한 사안이기 때문에 소송을 진행하게 됐다"고 설명했다. 그러면서 "1905년 9월 4일 일본은 '을사늑약'으로 우리의 주권을 빼앗고, 우리의 영토인 간도 땅을 '간도협약'이라는 이름으로 청(중국)에 불법으로 넘겨줬다"며 "국제법상 '을사늑약' 자체가 불법 조약임이 오래 전에 판명됐으니 무효이므로 소송을 진행하게 됐다"고 말했다. 특히 "일본은 1952년 중국과 일본 양국이 1941년 12월 9일 이전에 체결한 모든 조약, 협약 및 협정은 무효임을 세계 만방에 합의 공포했으므로 명백한 반환 요구 근거사유가 된다"고 밝혔다.

문) 소송을 제기하기까지 어려웠던 점은 무엇이었나?

답) "무엇보다 정부를 설득하는 것이 가장 어려웠다"면서 "국가간의 큰 외교문제로 번질 수 있는 사안이기 때문에 신중하게 접근했다"고 말했다. 그러나 "국민들의 염원과 300여 개 시민단체 회원들의 응원에 힘입어 (소송 접수가) 안 될 거라는 의심은 전혀 하지 않았다"고 강조했다.

문) 소송접수가 완료된 후 각계 반응은

답) "대부분이 불가능할 거라고 예상했는지 의아해 하는 반응이다"며 "한 정치인은 아무나 할 수 없는 일을 해냈다며 감격했다"고 말했다. 하지만 **"일부 언론에서는 간도문제에 대해 너무 민감한 나머지 기자회견을 취재하고 나서 보도조차 하지 않더라"**며 서운한 마음도 감추지 않았다.

(차길진) 100일간의 기도, 100년만의 쾌거…간도

세상에서 가장 빠른 것이 무얼까? 빛입니다.

아마도 절대 다수가 이렇게 답할 것이다.

모든 에너지의 원천이며 가장 막강한 파워를 지닌 빛.

그러나 빛보다 빠른 게 있다.

바로 '염念'이란 놈이다.

빛보다도 어마어마한 에너지를 가진 염.
인간의 상념을 볼록렌즈처럼 한 점으로 모으는 것이 바로 기도이다.
기도는 하늘과 통하는 길이다.

지난 7월 7일부터 13분의 개국 열성조를 모시고 민족혼을 불어넣는 구명시식을 하고 있다. 그동안 가족중심의 기도를 벗어난 국가와 민족을 향한 기도였다.

구명시식을 올리기 전, 이기도가 하늘에 닿으면 경천동지驚天動地할 일이 생길 것이라는 예언 아닌 예언을 하게 되었다. 나로서도 어떤 경천동지할 일이 벌어질지 자못 기대되었다. 구명시식이 딱 절반이 되는 8월 25일, 한 사람이 구명시식에 찾아 왔다. 민족회의 집행부 K씨였다.**그는 통일준비 정부 일원으로서 나(차길진)와 함께 '간도협약 원천무효 및 간도반환 소송'서류를 접수시키러 헤이그의 국제사법재판소로 떠날 예정이었다.** 그를 무대 위로 불러 기도 동참자에게 인사시키려는 순간, 별안간 휴대전화의 벨이 요란하게 울리는 게 아닌가? 입장시에 진동, 묵음조차 금하고 배터리까지 분리하도록 입구에서부터 확인시키고, 다시 한 번 시작 전에 철저히 확인하여 이중삼중으로 주의를 환기시키고 있는 터였다. 부주의를 책하듯, 150여명의 시선에 일제히 벨 소리 나는 쪽으로 모아졌다. K씨 휴대전화였다. K씨는 당황해서 어쩔 줄 몰랐다. 입구에서 안내자 앞에서 분명히 전원을 끄고 확인했기 때문이다. 하지만 더욱 황당한 일이 벌어졌다. 미안한 마음에 얼른 휴대전화를 꺼내 파워 버튼을 눌렀으나 도무지 작동을 하지 않았다. 무심한 벨은 계속 울려댔다. 할 수 없이 동행했던 일행이 전화기를 가지고 극장 밖으로 나가야만 했다.

22년 구명시식 중에 종종 코드가 빠진 전화기 벨이 울린 적이 있었기에 특별한 일은 아닐지도 모른다. 하지만 거사를 앞둔 지금, 예사롭지 않은 신호였다.
무슨 징조일까. 나중에야 그 의미를 알 수 있었다.

피치 못하게 내가 국제 사법재판소로 떠나지 못하게 되면서, 사단법인 후암 미래연구소 김영수 국장을 부대표로 K대표로 동행하게 되었다.
그간 세계가 하나 되는 경제도구로 올인원 그룹(韓 Group)을 세우고, 이 거사를 위해 〈세계 한민족 평화통일단체 총연합〉을 설립하여 각 나라가 인정한 국가 기구인 각 나라별 (사)한인회를 100여 개를 연합하여 북한 조총련단까지 연합하여 연합체가 되고 거기에 여러 중요 인사가 회장단이 되고, 안중우는 총재를 맡아 준비해온 터에 이렇게 남북이 분단된 연고로 겪는 준비 방법은 또 어렵고 남 달라야 했다.

그리고 그 긴 준비기간 속에서 우리 단체는 누구하나 협찬 안해주고 자비로 운영해 온 터에 이제부터 진짜 일을 할 때에는 정녕 어려워졌던 터에 이들 김국장이나 김대표는 참으로 고마운 열사였다. 나는 떠나는 김국장을 불러 '위법망구違法忘軀'라는 글자를 쓰고, 그 위에 혈서로 인장을 찍었다. 헤이그로 가는 이준 열사의 심정으로 가라는 징표였다. K대표와 김국장은 위법망구違法忘軀 4글자를 품고 8월 29일 네덜란드행 비행기에 올랐다. 각오는 비장했지만, 처음 예상과는 많이 빗나간 출발이었다.

세계 한민족 평화통일단체 총연합 간부 민족회의 간부, 간도 찾기에 뜻있는 분들과 제소장을 작성한 미국동포 폴 김을 비롯하여 태권도 연맹 간부들이 대거 동참하게 돼 있었으나, 어찌된 영문인지 모두 불참하여 달랑 두 명만 출발하게 된 것이었다.

암스테르담 공항에 내린 두 사람은 막막했다. 아무도 마중 나와 있지 않았다. 영어 능통자가 없었기에 망연자실하기까지 했다. 하지만 이준 열사 또한 이러한 심정으로 헤이그로 달려갔을 것이라고 마음을 다잡고, 1시간을 헤맨 끝에 헤이그행 기차를 탈 수 있었다.

이때부터 불가사의한 일이 이어지기 시작했다. 헤이그 시내 지리를 전혀 몰랐던 일행에게 어디로 갈 것인지, 어떤 사람을 만날 것인지 정확한 정보를 주는 교민들이 나타나기 시작했다. 심지어 소송 문건을 고치고 접수하는 절차를 알려주는 교민도 있었다. 특히 한 여인의 등장이 결정적이었다. 이준 열사가 순국한 호텔을 개조한 이준 열사 기념박물관에서 묵념을 하고 돌아서는데 김국장을 찾는다는 현지 전화가 온 것이었다. 네덜란드에 전혀 연고가 없는 김국장으로서는 어리둥절했다.

알고 보니 작년에 구명시식을 올린 G라는 교민이었다. 열렬한 내 팬인 그녀가 매일 인터넷으로 나의 근황을 주시하다가, 내가 네덜란드에 온다는 소식을 읽고 연락을 해 온 것이었다.

"법사님이 오신 것으로 생각하고, 제가 최선을 다해 돕겠습니다."

말도 안통하고 지리도 몰라 도보로 이동하던 차였는데, 현지인이 손수 운전까지 하며 기꺼이 발노릇을 자청했다. 더욱이 가장 아쉬웠던 통역을 해결할 수 있어 무엇보다 천군만마를 얻은 느낌이었다. 마치 약속이라도 한 듯 어쩌면 그렇게 콕 집어 적재적소에 도움을 주는 분이 나타나는지 아무리 생각해도 신기하지 않을 수 없었다.

가장 큰 난제는 역시 제소장의 접수였다.

"나라를 위해 좋은 일 하십니다. 하지만 접수는 안 될 겁니다. UN에 가입한 국가여야만 하거든요." 만나는 분마다 격려를 해주었지만 하나같이 불가능하다고 걱정을 해주었다. 익히 알고 대책을 마련한 터였지만, 막상 굳게 잠긴 국제 사법재판소 철문을 보니 더욱 암담하기만 했다.

두 사람은 다시 이준 열사를 생각했다.

박물관 앞에서 '위법망구'를 펼치고 의지를 모았다. 매일 국제 사법재판소 정문에서 성명서를 읽고 작은 현수막, 태극기를 펼치고 간도협약 무효와 간도 반환을 요구했다. 냉정한 국제법을 다루는 법원 앞에서 1인 시위는 부질없는 짓처럼 보였지만, 결연한 각오는 하늘에 보내는 염원이었다. 드디어 9월 1일. 만반의 준비를 갖춘 서류를 들고 국제 사법재판소 경비실로 들어갔다.

예상대로 경비원들은 냉랭했다. 약속이 되었는지 묻고는, 서류접수는 우편으로 하라고 거절했다. 하지만 중요한 서류라서 직접 접수해야 한다며 실랑이를 벌였다. G씨는 주부였기에 정치, 법률 용어에 서툴고, 일행이 설명하는 민족주권과 국가주권의 개념을 통역하는데 한계가 있었다. 하지만 그것이 오히려 결정적인 도움이 될 줄이야. 물러서지 않고 끈질기게 주장하는 결연한 기세에 주눅이 든 경비원과 대치하다가, 우여곡절 끝에 안으로 들어오라는 전갈을 받아냈다.

"왜 한국 대사관에서 오지 않고, 직접 왔습니까?"

이 글은 우리 세계 한민족 평화통일단체 총연합 표준정의단 민족회의 등의 한민족단체 및 지구촌연합 신부활단체가 간도협약 무효반환 청구 소송에 관하여 오랜 기간 동안 준비해 온 사업을, 한 민족 열사가 우리 모든 300여 개 단체를 대표하여 국제 사법재판소에 소장을 제출하면서 발생된 역사적 실화 시나리오이다.

간도(중국의 동부 3성)

- 한국 남북을 합친 땅의 몇 배에 해당하는 우리의 고토 아니 우리의 진짜 변방 같이 방치된 채 버려둔 국토
- 일본이 36년 조선을 지배 하기 전까지 당연히 우리의 땅이다. 일본이 민비를 시해하고 고종에게 칼을 들이대고 강제로 옥쇄를 찍어 이른바 을사늑약을 체결한 후 청에 가서 간도를 철도부설권 광업권을 얻는 조건으로 간도 전부를 청나라에 주기로 한 계약이 이른바 간도협약이며 그로부터 일본은 바로 패망하고 한국에서 떠나자 말자 바로 남북이 양분되어 북한 김일성이 중국과 러시아를 어버이 국가로 지원받는 처지로 되면서 지금까지 방치되어 온 것임.

그 사이 청나라는 중국으로 바뀌고 공산주의국가가 되었다. 간도협약에는 국제 사법재판소 접수창구 입구에서부터 실랑이가 시작된다. 국제 사법재판소의 행정처 직원이 날카롭게 물었다. 국가가 아니라 접수가 안된다는 의미였다. "우리는 대한민국 한 국가의 대표가 아니라 남한과 북한 전세계에 퍼져 사는 9천만 해외 동포들이 구성한 민족 연합체의 대표이다."

민족회의에서 구성한 통일준비 정부 대표. 그래서 한국 대사관과는 별개이다.

"민족회의는 UN에 가입되어 있는가?"

"민족회의 구성원인 남한과 북한은 이미 UN에 가입되어 있다. 우리는 국가주권이 아닌, 하나의 민족에 두 개의 국가로 나뉜 남북의 민족주권을 행사하러 온 것이다."

일행의 결연한 답변에 담당자는 주저 없이 접수증에 접수 서명을 했다.

100년 동안 그 누구도 하지 못했던 한 장의 서류였다.

떠나는 마지막 날 아침부터 비바람이 몰아쳤다. 본래 네덜란드의 7~9월초까지는 우기여서 폭우가 잦은데, 묘하게도 6일 동안 비가 없다가 마지막 날에 몰아친 것이었다. 큰 일이 있을 적마다 비가 내리더니 역시 이번에도 그 징크스를 깨진 못했다.

거사를 마친 일행의 비행기는 암스테르담 공항을 힘차게 이륙했다. 그런데 비행기가 비구름을 뚫고 오르자 신기한 현상이 벌어졌다. 석양에 비친 비행기의 그림자가 구름에 은막처럼 비춰졌는데, 오색무지개가 그림자가 둘러싸고는 쫓아오는 게 아닌가. 비행기가 축하 꽃다발처럼 둥근 무지개에 둘러싸여 있었던 것이다.

민족사 100년만의 쾌거를 달성하고 돌아온 두 사람이 다시 구명시식 무대 위에서 귀국 보고를 했다. K씨는 감회를 털어 놓았다. "하늘이 돕지 않았다면 절대 접수할 수 없었을 겁니다. 법사님의 강력한 염력과 후암 여러분들의 진지하고 열정적인 기도의 덕택입니다." 김국장은 불가사의한 경험담을 열거하면서 "보이지 않는 누군가가 등을 떠밀고 안내해 주어서, 단지 저는 심부름하는 집배원 같았습니다. 지식이 많고 영어가 유창했다면 그 쪽에 설득 당했을 겁니다. 말싸움이 아니라 기싸움에서 이긴 겁니다. 단순하라는 법사님 말씀을 실감했습니다"라고 기염을 토했다.

나는 일찍이 8월경에 경천동지할 일이 생긴다고 말한 바 있다. 큰 별 중에 하나인 김대중 대통령 서거가 있었고, 북한을 다녀온 현정은 회장으로부터 놀라운 소식들이 쏟아졌다. 모두 국가에 경천동지한 일이지만, 헤이그 국제 사법재판소에 간도반환소송 서류를 접수한 것이야말로 인간의 염念과 하늘이 같이한 경천동지가 아닐까.

'新헤이그밀사' 간도반환 청구소송 '내막'

간도밀약 100주년 맞춰 국제사법재판소 제소 중국 발끈

간도협약 100주년을 맞아 간도반환 문제가 국민적 관심사로 부상하고 있다. 이런 가운데 간도협약 무효 소송이 지난 1일 오후 5시(현지시간) 네덜란드 헤이그 국제사법재판소에 접수됐다. 이에 따라 간도를 둘러싼 중국과 한국의 물밑 신경전이 치열해질 것으로 보인다.

국제재판소에 소송을 제기한 것은 큰 의미를 가진다. 우선 100년이 넘도록 소송을 제기하지 않으면 간도는 영원히 중국 땅이 될 가능성이 크다. 때문에 현시점에 소송을 제기한 것은 간도를 포기하지 않았다는 의지의 표명이다. 또 간도소송이 본격적으로 진행될 경우 한국이 여러 면에서 유리한 점이 많아 승소가능성이 높다. 이렇게 되면 중국의 동북공정(東北工程)을 차단하는 효과도 볼 수 있다.

간도협약을 체결한지 100년째 되는 지난 4일 서울시내 곳곳에서 간도협약의 무효를 주장하며 간도의 영유권 회복을 촉구하는 대회가 열렸다.

국제 사법재판소 접수증.(좌) 차길진 법사가 쓴 위법망구 혈서.(우)

간도반환을 요구하는 이들은 "간도 문제를 해결하기 위해서는 정부가 나서서 움직여야 한다"며 촉구하고 있다. 정부가 국제 사법재판소(ICJ)에 간도문제를 정식으로 제소해야 한다는 것이다. 하지만 중국과 갈등이 생기면 득보다 실이 많다는 게 정부의 생각이다. 당장 소송이 진행되는 동안뿐 아니라 간도 반환 이후에도 중국과는 수교가 끊어지는 등 불편한 관계를 유지할 수밖에 없다. 이렇게 되면 경제적 타격은 이루 말할 수 없다. 사정이 이렇다 보니 정부가 간도소송에 쉽게 나설 수 없다.

간도소송의 미스터리

이런 정부를 대신해 민족회의 통일준비 정부(KNCUPG)는 간도협약 100년을 맞아 서울 종로구 중국대사관 인근에서 '간도협약 무효선언 집회'를 열고 "민족사 100년 만에 국제 사법재판소에 간도 문제를 정식 제소했다"고 밝혔다.

하지만 민족회의의 이 같은 발표에도 불구하고 대다수 언론은 냉담한 반응을 보였다. 이 말을 있는 그대로 믿기 힘들다는 이유에서이다.

헤이그 국제 사법재판소는 일반인들의 민·형사 소송을 처리하는 곳이 아니라 국가 간의 국제분쟁 사안을 재판하는 곳이다. 따라서 이곳에는 국가만이 소송을 제기할 수 있다. 그렇다면 민족회의가 국가자격으로 소송을 제기하는 것은 불가능하다. 민족회의는 국가가 소송대리 자격을 부여하지도 않았을 뿐 아니라 국가라고 볼 수도 없어서이다.

민족회의의 주장이 사실이라면 그들은 어떻게 소송을 제기할 수 있었던 것일까. 민족회의의 한 관계자는 이 의문에 대해 "국제재판소에 소송을 제기할 수 있는 자격은 UN에 가입된 국가여야 한다. 그리고 또 하나 더 있는데 그것은 민족의 대표도 소송제기의 자격이 있다는 것이다"라고 말했다.

이 관계자에 따르면 **민족대표를 구성해 소송을 제기할 경우 해당 민족으로 구성된 나라가 UN가입국이면 된다.** 이 관계자는 "국가가 나서지 않아 부득이하게 **민족대표를 구성해 '민족회의통일준비 정부'를 세워 소송을 준비해 왔다"며 "소송제기 절차와 방법 그리고 소장을 작성하는 요령이 까다로워 여러 면에서 어려움이 많았던 게 사실"이라고 털어놨다.**

이어 "세계 각국에 흩어져 있는 동포들 가운데 사회지도층 인사들이 소송을 제기할 수 있도록 물심양면으로 많은 도움을 줬다"며 "그들의 도움이 없었다면 아마 소송을 제기해 보지도 못하고 간도문제는 100년을 넘기고 말았을 것"이라고 말했다.

민족회의 측의 설명에 따르면 김영기 대표와 김영수 부대표등 민족회의 대표단은 100년이 되기 전에 국제 소송을 제기해 훗날 되찾아 올 수 있는 발판을 마련해야 한다고 결의하고 지난달 28일 국제재판소가 위치한 헤이그로 떠났다. 이어 지난 1일 국제재판소에 간도반환 청구 소송을 제기하는 데 성공했다.

차길진 법사가 소송의 후견인

대표단이 소송을 제기한다고 이것이 재판소에 받아들여진다는 보장은 없었다.

구색을 갖춘 정부 대표단이 아닐 뿐 아니라 민족대표 자격으로 소송을 제기하는 일은 매우 드물다. **이에 일부 변호사는 국제재판소 정문 통과도 힘들 것이라고까지 말했다.** 국제재판소 사정을 잘 아는 이들의 전언에 따르면 국제재판소에는 하루에도 수많은 탄원서가 배달된다. 하지만 이 서신들은 봉투도 뜯겨지지 않은 채 모두 쓰레기통으로 던져진다. 정식절차를 거쳐 접수된 문서가 아니면 철저하게 외면한다는 것이다. **또 서류를 갖췄다 해도 국제재판소 안으로 들어가는 것 역시 쉽지 않다.** 철저한 신원검증이 이뤄지지 않으면 정문에서 다시 발걸음을 돌려야 한다. 이런 문제점들을 대표단이 어떻게 뚫고 소장을 접수할 수 있었는지 궁금하지 않을 수 없다. 이에 대해 민족회의 측은 **"현지 교민들의 도움이 제일 컸다. 지금까지 우리나라 국민들은 말로만 간도문제를 국제재판소에 맡겨야 한다고 했지 누구도 실행한 적이 없었다.** 일반인들의 접근이 불가능하기 때문"이라며 "우리가 소장을 성공적으로 접수할 수 있었던 것은 교민들 도움도 컸지만 하늘의 도움도 컸다"고 말했다. 헤이그로 떠났던 민족회의의 김영수씨는 **"하늘이 우리를 도운 탓인지 헤이그에 도착해 우리를 돕겠다는 현지 교민들의 도움을 많이 받았다"며 "관용차량도 없고 수행원도 없는 초라한 모습이라 접수가 쉽지 않을 것이라 생각했는데 교민들이 차량을 제공하고 수행원 역할을 대신했다. 또 소장도 전문가의 자문을 받아 현지에서 새로 꼼꼼하게 작성할 수 있었다"**고 했다. 이와 함께 이번 '헤이그 밀사 파견 작전' 뒤에는 숨은 공로자가 있었다.

이 공로자는 일명 '헤이그 작전'을 계획하고 총지휘한 인물로 다름 아닌 차길진 법사이다.

차 법사는 지난호(제 796호 참고)를 통해 "오는 9월에 간도반환 소송문제로 사회가 떠들썩해질 것"이라고 예고한 바 있다. **차 법사는 과거 영친왕 유물을 일본에서 가져온 데 이어 윤봉길 의사의 미공개 사진을 입수 공개해 파장을 일으켰다.** 그런 차 법사가 또 다시 큰일을 해낸 것이다. 그를 아는 이들은 "이번 일은 차 법사가 아니면 누구도 못할 일"이라고 입을 모은다. **외국에 흩어져 있는 우리 유물을 찾아 와야 한다고 말하기는 쉽지만 실행하기는 힘들다. 또 간도문제도 찾아야 한다고 외치긴 쉽지만 찾기 위해 나서긴 힘든 게 사실이다.** 차 법사는 외교적 문제로 국가도 못하는 일을 행동으로 옮기고 있다.

중국 헤이그 밀사에 보복조치

그러나 이번 소송은 그리 만만한 게 아니다. 소송을 본격화하면 중국이 가만 있을 리 만무하기 때문이다. 차 법사는 "국제법상 영토 분쟁은 제소자에 대하여 피제

소인 중국이 대응해야 한다.

만약 중국이 무대응으로 일관할 경우 안건이 분쟁으로 인정받기 힘들 수도 있다"며 "중국은 무대응으로 나올 것이 분명하다. 하지만 우리가 일단 간도를 우리 땅임을 잊지 않았다는 것은 매우 중요하다. 향후 정부가 정식으로 간도를 문제 삼을 때 이번 소송 제기가 큰 의미를 갖게 될 것"이라고 강조했다.

차 법사의 설명에 따르면 일부에는 특정지역의 실질적 점유기간이 100년을 넘길 동안 다른 주변국가의 이의가 한 번도 없었을 경우 이 지역은 실질 점유국 소유로 넘어가는 것으로 알고 있으나 이는 사실과 다르다.

100년 동안 이의제기가 없었다면 소송에 매우 중대한 영향을 미친다.

이번 소송제기가 큰 의미를 가진다는 것은 바로 이런 이유에서이다.

한편 차 법사는 중국이 겉으로는 무대응 자세를 취하면서도 물밑으론 보복조치를 강구하고 있다고 주장했다.

차 법사는 "중국은 이번 일로 나의 중국 방문을 비롯해 중국내 활동 그리고 민족회의 관계자들의 중국 방문 등을 모두 차단할 움직임을 보이고 있다"고 말했다.

간도협약은 1909년 9월 4일 일제가 청나라로부터 남만주 철도 부설권을 보장받는 대가로 청나라와 맺은 협약으로, 당사국인 우리의 주장은 무시된 채 간도에 대한 청나라의 영유권이 인정됐다. 그러나 **분단국가라는 약점과 중국의 압력으로 인해 100년이 되도록 남북한 누구도 공식적인 제소를 하지 못했다.**

한국 주요 언론들의 간도문제 외면

차길진 법사는 국제재판소에 간도협약 무효청구 소송을 제기한 것과 관련 언론들의 무관심에 탄식했다. 차 법사는 "이번 간도소송을 언론에 알리려 했으나 언론은 시큰둥한 반응이었다. 땅과 국민은 국가를 이루는 근간임을 감안할 때 우리 영토인 간도를 되찾는 것은 매우 중요한 문제이다. 그런데도 **주요언론은 여기에 관심을 가지지 않아 실망을 넘어 놀랍기까지 했다"고 말했다. 우리나라 지식인들의 국가관이 얼마나 흐릿한지** 새삼 알게 됐다는 얘기이다.

또 차 법사는 "국제재판소는 일반 법원이 아니다. 민사 형사 사건을 처리하는 곳도 아니고 개인의 민원을 받아 주는 곳도 아니다. 국가 간의 분쟁을 해결하는 곳이다. 그래서 소송진행의 절차가 우리 사법기관과 많이 다르다."고 말했다. 차 법사와 민족회의 측에 따르면 국제재판소는 개인의 탄원서는 받지 않는다. 또 절차를 거치지 않은 국가의 탄원서도 받지 않는다. 이런 서류는 모두 쓰레기통으로 직행한다.

민족회의의 '헤이그 밀사'가 국제재판소에 제출한 서류는 엄밀히 말해 우리가 알고 있는 소장이 아니라 탄원서(petition)이다. 이런 점을 들어 언론은 민족회의가 소장을 접수한 게 아니라 탄원서를 내고 왔을 뿐이라며 민족회의의 '헤이그 밀사'를 그저 국제재판소에 탄원서를 내고 구호를 외치고 온 '헤이그 시위단'으로 규정했다. 하지만 민족회의의 김영수씨 설명에 의하면 국제재판소는 소송을 받아들이는 절차가 다르다. 소장을 제출하면 소송이 진행되는 우리 법원과 달리 먼저 국가나 민족 대표 자격으로 재판소 내 행정관에게 탄원서를 제출해야 한다. 그러면 이것이 그 자리에서 접수 또는 거부가 결정된다. 탄원서가 접수될 경우 이것은 분쟁의 소지가 있는지 검토되고 분쟁의 이유가 충분해 재판이 필요하다고 판단되면 그때 비로소 양쪽이 소명자료를 내고 본격적인 재판이 시작된다.

민족회의는 국제재판소에서 탄원서를 접수했다는 접수확인증을 갖고 있다.
이는 현재 분쟁여부를 국제재판소에서 심사하고 있다는 말이 된다.
따라서 소송을 제기한 것과 거의 비슷한 상황이 전개되고 있는 것은 맞다고 봐도 무방하다. 간도 문제, 국제법상 간도 영유권 주장에 대한 100년 시효와 맞물려 간도 협약이 뜨거운 감자가 되어 돌아왔다. 지금 인터넷 상에서는 간도협약 100주년인 9월 4일이 채 3주도 안 남은 상황에서 협약무효 소송을 제기하자는 논쟁이 뜨겁게 일고 있지만, 정부는 묵묵부답인 채 자칫 반정부 프레임으로 증폭될 조짐마저 보이고 있다.

지금으로부터 100년 전인 1909년 9월 4일 **일본이 간도 지역의 철도부설권을 받는 조건으로 조선 땅이던 간도를 중국에 '공식적으로' 넘겨준 간도협약에 대한 무**

효선언 및 국제사법재판소 제소 주장을 지금 당장 해달라는 대정부 청원이 이어지고 있다.

지난 10일「간도 되찾기 운동 본부」뉴욕 지부장 폴 김(59 · 김태영) 박사는 "오는 9월 4일이면 중국이 '우리 땅' 간도를 실효 지배한 지 꼭 100년째가 된다. 100년은 국제법의 관례에서 '영유권'을 주장할 수 있는 최후 시한이다. 그 시한이 지나면 우리는 간도를 돌려달라는 합법적인 주장조차 제기할 수 없게 된다"면서 정부와 우리 국민의 관심을 촉구하고 나섰다. 그가 주장하는 요지는 물론 중국이 간도를 현실적으로 점유하고 있지만 누군가 소송을 제기하면 100년의 법률 시효를 묶어 둘 수 있을 것이라는 것이다. 따라서 1909년 9월 4일 당시 청나라와 조선 정부의 외교권을 박탈한 일본 사이에 맺은 '간도협약'에 대해 국제법상 법률 시효 기한인 100년 안에 공식적인 문제 제기를 해야 함에도 불구하고 100년이라는 초읽기에 들어간 현재까지 남북한 어느 정권도 수수방관하고 있는 상황이라는 것이다.

자신이 사비를 들여서라도 국제 사법재판소에 소송을 하려고 많은 법조인들에게 자문을 구했지만 국제법상 소송 주체는 국가나 국제연합 관련 단체만 가능하다는 것이다. 이에 따라 그는 지난해 4월 15일자로 이명박 대통령에게 '대한민국 영토 회복에 따른 국제사법 재판건'이라는 제목의 탄원서를 78명의 뉴욕 뉴저지 한인들의 서명지와 함께 발송했으며, 김경근 뉴욕총영사와 UN의 반기문 사무총장에게도 참조 공문을 발송했으나 답신 등 일체의 반응이 없어 올 6월 15일 서한을 재발송했다고 한다.

이번에는 지난해 탄원서는 물론, 청 · 일 간 간도협약 무효 확인 요청 및 국제 사법재판 소송건이라는 소장을 한글과 영문으로 만들어 보냈으며, 양식을 완벽하게 갖췄으니 대한민국 관인만 찍어 사법재판소에 보내달라고 읍소했다.

이렇게 정부가 뒷짐을 지고 있는 사이에 시민단체에서 간도 협약 무효화 선언을 촉구하는 대정부 압박이 가해지기 시작했고, 일부 국회의원들도 이에 가세하면서 하나의 거대한 프레임이 될 조짐마저 보이고 있다. "우리의 땅, 간도를 이대로 놔 둘 겁니까? 이제 3주가 지나면 국제법상 간도는 영원히 중국의 땅이 됩니다"라는 절규에 정부가 제대로 답변하지 못한다면 이명박 정권은 영토에는 관심이 없는 정권, 나라를 팔아먹는 정권이라는 꼬리표를 달게 될 것이다.

사실 간도문제가 당장 3주도 안 남았기 때문에 그렇지 그동안 김대중이든 노무현 정부이든 이 문제를 이렇게 방치한 것은 이명박 정부와 다를것이 없다.

김박사가 우리 역사에 대한 일제의 왜곡과 한민족 역사의 진실을 알리기 위해 1999년 '한민족 사관 정립 의식 개혁회'를 조직했고, 간도협약 99년을 맞은 지난해 9월에는 간도 문제를 풀기 위해 온 몸을 던질 각오로 미국의 유일한 간도 단체인 '간도 되찾기 운동 본부' 뉴욕 지부장을 맡아 지금에 이르기까지 김대중, 노무현, 이명박 정부가 다 관여되어 있지만 그 어느 정권도 문제를 해결해 주지 못했다.
그럼에도 3주도 안 남은 시한을 넘겨 버린다면 두고두고 영토를 포기한 정권이라는 소리를 듣게 될 것은 이명박 정부뿐일 것이다.

김대중 정부가 IMF를 극복한 정부가 된 것이나, 이명박 정부가 금융위기를 극복한 정부가 된 것이 뭘 잘해서가 아니더라도 그때 그 정부가 있었다는 이유만으로도 칭찬받을 수 있듯이, 2009년 9월 4일 있었던 정부는 이명박 정부이기 때문에 비난받아 마땅하다면 할 말이 없을 것이다. 그럼에도 일부 우파는 MB지지자라고 떠들면서도 현실론을 들고 나와 정부차원의 소 제기를 가로막고 있는 것은 아이러니하지 않을 수 없다.

미국의 협력 없는 자주국방은 현실적으로 불가능한데, 중국과의 영토분쟁을 야기하는 극단적인 해결방식에 미국이 동조할 것이라고 생각하느냐는 논리, 억지논리로 분쟁을 자처하여 국가안보의 주축이 되는 미국에 부담을 주게 되면 미국이 대만을 외면한 것처럼 우리를 외면할까 봐 겁난다는 논리를 전개한다.

아무 때나 억지 춘향처럼 친미논리를 접목시키는 것이 아닌지 묻고 싶다.

힘의 논리 앞에서 아무리 난리를 쳐보았자 안 되는 건 안 되는 것이라는 그 같은 논리에 왜 친미를 깔고 있는지 모르겠지만, **그런 사대주의적 발상이 독도문제를 여기까지 오게 만든 친일 논리일텐데**, 이제는 간도문제에까지 그 같은 해괴한 친중 논리를 접목시키려는 것이 우려스럽다.

독도 문제나 동북공정을 놓고 보여준 일본과 중국의 극우파들과 비교했을 때 전혀 우파답지 않은 비겁한 논법이고, 좌파에게 "기득권을 위해서는 영토도 포기하는 보수 꼴통"이라는 프레임을 선점 당하기 딱 좋은 미친 짓이다.

"이명박 대통령께 7월 31일까지 정부의 입장을 알려달라는 간곡한 요청을 했지만 이번 역시 아무런 회신이 없었다. 이제 간도는 갑론을박하고 탁상공론을 할 시간이 없는 촌각을 다투는 일이다.

대한민국 정부가 우리 영토라는 주장을 공식적으로 할 수 없는 상황이라면 민간단체에서 실행하겠다"는 김 박사의 비장한 각오가 비수로 꽂힐 때 우파는 김 박사마저 좌파로 몰아세울 것인가?

좌파로 몰아세우면 또 뭘 할 것인가?

반대로 이명박 정부가 지금이라도 소를 제기한다면 역사 찾기이니 독도문제를 그렇게 외친 정권들도 중국이 무서워서 못했던 일을 한 정권이 될 것이다.

독도문제로 보건대 친일정권이 아닌지 미심쩍다는 비난을 일거에 몰아내고 프레임상 주도권을 잡을 수도 있는데 왜 주저하는가?

그렇다고 소를 제기한 것만으로 중국관계가 엄청 나빠질 것도 아니라는 것쯤은 현재도 영토분쟁 중에 있는 한일, 러일, 중일 관계가 그것 때문에 더 나빠지지 않은 것을 보면 알 수 있다.

그러니 충분히 남는 장사인데 왜 주저하는가?

야당이 어떻고 좌파 시민단체가 어떻고 해도 할 수 있는 칼자루는 정부만이 쥐고 있다. 우파라면 당연히, 그리고 MB지지자 또한 당연히 정부에 대해 강력히 그 칼을 휘두를 것을 권고해야 마땅하지 아니한가.

만에 하나 그렇게 하지 않고 있다가 9월 4일이 지나가면 지금 독도문제를 둘러싸고 벌어지고 있는 것과 똑같은 좌파의 반MB 공세가 예상되는데, 그 저열하고 음습한 기운을 스스로 자초할 이유가 없는 것이다.

그 단적인 예가 지난 13일 민주당 부대변인 이재명 변호사로부터 시작된 요미우리신문에 대한 손해배상과 정정보도 청구 소송건이다.

이 변호사가 반MB 연합세력을 끌어들여 구성한 총 1886명의 소송인단은 지난 2008년 7월 15일자 요미우리의 독도 관련 MB발언 보도에 대한 총 4억 1143만 900원의 소송을 제기한 겉으로 보기엔 참으로 거창해 보인다.

한일정상회담 직후 "정상회담에서 후쿠다 총리가 '다케시마(竹島, 독도)를 표기하지 않을 수 없다'고 통고하자 이명박 대통령이 '지금은 곤란하다. 기다려 달라'고 요청했다"고 보도한 것에 대해 청와대가 "사실무근이며 용납할 수 없다"고 발표했던 사실이 있다.

당시 요미우리신문의 보도만 놓고 본다면 이 대통령이 공식 정상회담에서 일본 교과서의 '다케시마' 표기에 대해 시기만을 문제 삼을 뿐 교과서 명기 자체는 수용함으로써 일본의 분쟁지역화 전략을 용인했다는 것으로 해석되는데, 청와대는 사실무근이라고 해 놓고도 법적 조치를 취하지 않았고, 요미우리도 보도내용을 시정하지 않았기 때문에 소송을 제기하는 것이라고 그들은 주장한다.

그런데 여기서 우리가 주목해야 될 사실은 이번 소송 자체가 갖고 있는 음습하고 부도덕한 목적성이다.

8월 12일자 쿠키뉴스가 보도한 바에 따르면 이 부대변인은 11일 포털사이트 다음 '아고라'의 자유 토론방에 올린 소송을 도와주고 있는 네티즌들에게 감사를 표하는 글에서 "21년째 변호사를 하면서 내 사건이 패소하길 바라기는 이번이 처음"이라고 덧붙였다고 한다.

스스로 패소를 원한다고 인정하고 있는데, 세상에 어느 변호사가 처음부터 승소를 위한 소송이 아니라 패소를 위한 소송을 한단 말인가?

그렇다면 패소하는 것이 좋겠다는 저의는 과연 무슨 뜻일까? 소송단은 “사실관계를 명확히 하는 것이 1차 목적으로 요미우리 보도가 사실과 다르다면 오보를 시정하고 책임을 물을 것”이라고 했지만, “요미우리 보도가 사실로 드러날 경우 이 대통령이 '영토보전 책무'를 정한 헌법 제 66조 2항을 정면 위배한 것에 대한 엄중한 정치적 법적 역사적 책임을 물을 것"이라고 밝힌 2차 목적이 더욱 중요한 것임을 소송단은 부정하지 않는다.

저의는 아주 단순명료하며 또한 단호하다. 이번 소송에서 패소할 경우 이 대통령의 발언이 사실임이 드러날 것이고, 그렇다면 대통령을 탄핵할 수 있다는 얘기이다.

독도를 지키겠다는 소송인단의 취지에 공감한 일반 국민들과 재외국민들까지 다수 참여했다는 소송단 대변인의 설명에도 불구하고, '이명박 탄핵을 위한 범국민운동본부 대표'인 백은종씨와 '민주회복 직접행동 대표' 채수범씨 등 '반MB' 인사들이 그 같은 대통령 탄핵을 위한 기획소송을 하고 있는 것이 드러난 셈이다.

국제법상 영토분쟁에서 역사적 기록은 중요하다.

대한민국 대통령의 위와 같은 공식 정상회담 발언의 보도가 시정되지 않으면 훗날 위 보도는 '한국 대통령이 일본의 독도영유권 주장을 소극적으로라도 인정했다'는 근거가 된다"고 국민들에게는 독도를 지키기 위한 소송인 것처럼 호도하면서 사실은 대통령이 독도가 일본 영토라고 말한 것을 입증하여 독도를 일본에 내주기 위한 소송을 하기 위해 반MB 세력까지 끌어들인 제 1야당의 당직자를 어떻게 우리 국민이라 할 것인가?

독도 문제를 놓고 벌어지고 있는 이 해괴한 사건이 간도 문제에도 그대로 적용될 것을 우려한다.

간도협약 체결 당시 일제는 1905년 을사늑약 이후 조선 정부의 외교권을 박탈한 상태에서 외교권을 불법적으로 사용한 것이므로 그 자체가 무효이므로 시효 기산점은 어찌 보면 1945년 해방 이후로 봐야 할 것이다.

또한 1965년 일본 정부가 간도협약을 무효로 한다고 국제사회에 선언한 바 있으니 그때가 기산점일 수도 있다. ICJ와 간도협약(법이면 다 되는 것만은 아니다 – 법보다 주먹이 앞선다 – 김정일의 배짱을 보라) 국제 사법재판소(International Court of Justice)는 국제연합의 주요 사법기관으로, 일종의 '세계 국사國事법원'이다. 나라에 민사법원이 있듯이, 국가간에 발생하는 분쟁을 처리하는 재판소로 보면 되는 것이다. 이곳에 소訴를 제기하고, 피소당할 수 있는 대상은 '국가(State)'뿐이며, ICJ 규정 당사국은 그 대상에 당연히 포함된다.

단, ICJ 규정 당사국이 아닌 국가가 ICJ에 소를 제기하기 위해서는 국제연합 안전보장 이사회가 제시하는 (제소국 – 피소국에) 불편부당한 조건을 만족시킬 수 있어야 한다.

ICJ가 판결을 내리는 문제는 당사국'들'(제소국 – 피소국 모두)이 제소해 온 '명백한' 분쟁들 이다. 재판소는 이 분쟁들을 1) 양국이 명백히 동의한 조약, 2) 양국에서 법적으로 그 효력이 받아들여진 국제 관습, 3) 법의 일반원칙, 4)보조적 수단으로만 이용할 수 있는 저명한 국제법학자의 학설에 근거하여 판결을 내린다.

단, 국가간의 형사刑事에 해당하는 문제는 국제 형사재판소(International Criminal Court)에서 맡게 되는데, 여기에서는 국가가 아니라 '개인'에 책임을 묻는다는 점에 주의할 필요가 있다.

* 참고로, 현재 국제 사법재판소 재판소장은 일본 국적의 오와다 히사시(일왕세자비 마사코의 부친), 국제 형사재판소 재판소장은 한국 국적의 송상현이다.
최근 대한민국을 대신하는 국가라 자칭하는 '괴 단체'가 ICJ에 100년 전 청나라와 일본간에 체결된 '간도협약'의 부당성을 제소했다고 한다.

이 협약이 무효이므로, 현재 중국이 실효적 지배를 하고 있는 간도 지역이 자기네 영토라고 주장한 것이다. 1) 이 제소는 ICJ 규정 제 34조 제 1항, 제 38조 제 1항의 다.에 의거 무효이다.

전자는 ICJ 재판의 당사자가 될 수 있는 자격을 국가(state)로 한정한다.
후자에 따라, [문명국에 의하여 인정된 법의 일반 원칙]을 적용한다면, 국가는 '국민', '영토', '주권'을 갖고 실효적 통치를 하는 결사체를 지칭한다고 볼 수 있다.

ICJ에 이번에 소를 제기했다는 단체는 이 요소들을 만족시킬 수 없다.
만약, 국가 형성에 객관적인 기준이 없다는 일부 관점을 받아들인다 해도, 다음의 이유로, 이 제소는 무효이다.2) 이 제소는 ICJ 규정, 제 35조 제 1항, 제 2항에 의거 무효이다.

이 두 조항은 ICJ가 당 재판소 규정의 당사국에 개방되며, 비당사국에 개방되기 위해서는 국제연합 안전보장 이사회가 제시하는 불편부당한 조건을 충족시켜야 함을 명시하고 있다.

ICJ에 소를 제기한 단체는 ICJ규정 당사'국'이 아니다. ICJ를 사법기관으로 두고 있는 국제연합의 회원'국'도 아니다.
나아가, 이 단체는 국제연합 안전보장 이사회에 조건을 제시해 줄 것을 요구하지도 않았다.

3) 이 제소는 ICJ 규정 제 36조 1항에 의거 무효이다.
이 조항은 재판소에 회부되는 소訴는 당사국'들'(parties)이 회부해야 함을 명시하고 있는데, 곧 피소자인 중국과 함께 소를 제기해야 함을 뜻한다.

중국이 이 제소에 동의하거나 반소反訴를 제기하지 않았으므로, 본 제소는 무효이다.
* 만약 이 자들이 상기 국가 요건을 만족시킨다고 주장한다면, 이 자들은 대한민국의 국내법인 [국가보안법]을 위반한 것이며, 그에 상응하는 처벌을 받게 될 것이다.

더하여 이중국적을 인정치 않는 대한민국에서, 이들이 대한민국 국적을 거부하기까지 했다면, 대한민국은 이 괴단체가 설립한 국가를 부정할 수 있고, 자국 영토를 무단 점거하고 있는 그 구성원들의 생명, 재산 등에 자국법에 따라 제한을 가할 수 있다.

다만 세계적으로 인정되는 인권을 보장해 주고, 국적선택의 기회를 줄 수는 있다. 개인적으론 이 모자란 사람들에 차마 입에 담지 못할 폭언을 퍼붓고 싶지만, 그 중엔 사회적으로 명망이 높았던 인사도 있고, 대부분이 나이 지긋한 사람들이라 그저 '사기꾼들에 속은 불쌍한 사람들이려니' 생각하고 그냥 넘어가려 한다.

다만, 이런 간도 소동이 계속되는 것에 대하여 명망 있는 국제법학자들이 대놓고 따끔한 훈계를 하지 않는 점이 아쉽고, 대 중국외교를 펼치고 있는 한국 외교관들이 이번 일로 막대한 피해를 봤을 게 안타깝다.
(중국정부가 이 사건에 공식항의를 한다면, 그것은 엄청난 정치 - 경제적 피해의 전조前兆라고 보면 된다.)

---

* 여기서부터는 고등고시 국제법 답안지엔 절대 쓰면 안 되는 이야기. '국제법'이란 것이 실상 하나의 '명분'에 지나지 않으며, 결국 세상을 지배하는 건 '국력'이란 사실을 깨닫는 건 어제오늘의 얘기가 아니다.

19세기 말, 사해평등四海平等의 이상이라 기대했던 '만국공법萬國公'에 캉유웨이가 실망했고, 유길준이 실망했고, 불평등 조약개정 운동차 서구를 돌아다니던 일본 대표단이 실망했다.

국내법마저 정의를 구현하는데 완벽치 못해 국민들의 실망을 자아내는 판에, 잘나가는 나라들이 자기네들 편하자고 만든 국제법은 어떻겠는가? 국제법에의 호소는 1) 명백히 상대방이 잘못했고, 그 보상 - 배상을 이끌어낼 수 있는 우월한 강제력이 자국에 있음에도 불구하고 '평화적 해결'을 원할 때, 2) 어느 편이 옳고 그른지 불분명하여 제 3자의 객관적 판단을 통해 '쌍방이 납득할 수 있는 답'을 얻어 불필요한 분쟁을 회피코자 할 때 가치가 있는 것이다.

간도협약 문제, 더불어 독도 문제는 상대국(중국, 일본)의 국력상, 3자의 판결에 당사자들이 납득하기 어려울 그 문제의 특성(영토문제)상 국제법에 호소할 게 못된다. 만약 나라가 미쳐 돌아간 나머지 국가수반이 외교부서에 '명령'을 내려 국제법에 호소토록 시킨다면, '법보다 주먹이 가깝다'는 말을 '국제법 - 국제여론보다 군사력 - 경제력이 더 효과적이다'라는 말로 체험하게 될 것이다.

간도, (지금은)우리 땅이 아니다. 독도, (지금은)우리 땅이다.

그 기준은 어떤 희생을 치르고서라도 가질 수 있는지, 어떤 위협에도 지켜낼 수 있는 지다. 약해서 빼앗겼으면, 그건 이미 내 것이 아니다.

지금 내 것이라도 나중에 빼앗기면 그건 내 것이 아니게 될 것이다.

아직도 힘의 논리가 실질적으로 지배하는 현대 국제사회에서 과거와 명분은 아무 소용없음을, 오직 힘만이 중요함을 깨달아야 한다.

국제 사법재판소 규정(Statute of the International Court of Justice(ICJ)) 관련조항제 34조 제 1항. 국가만이(Only states) 재판소에 제기되는 사건의 당사자가 될 수 있다.

제 35조 제 1항. 재판소는 본 재판소 규정의 당사국에 대하여 개방된다. 제 35조 제 2항. 재판소를 다른 국가에 개방하기 위한 조건은 현행 여러 조약의 특별한 규정에 따를 것을 조건으로, 국제연합 안전보장 이사회가 정한다. 그러나 어떠한 경우에도 그러한 조건이 당사자들을 재판소에서 불평등한 지위에 두게 해서는 안된다.

제 36조 제 1항. 재판소의 관할은 당사자들(parties)이 재판소에 회부하는 모든 사건과 국제연합헌장 또는 현행의 제 조약 및 협약에서 특별히 규정된 모든 사항을 포함한다.제 36조 제 6항. 재판소가 관할권을 가지는 지의 여부에 관하여 분쟁이 있는 경우에는, 그 문제는 재판소의 결정에 의하여 해결된다.

제 38조 제 1항. 재판소는 재판소에 제소된 분쟁을 국제법에 따라 재판하는 것을 임무로 하며, 다음을 적용한다.

가. 분쟁국에 의하여 명백히 인정된 규칙을 확립하고 있는 일반적인 또는 특별한 국제협약.

나. 법으로 수락된 일반 관행으로의 증거로서의 국제관습.

다. 문명국에 의하여 인정된 법의 일반원칙

라. 법칙결정의 보소수난으로서의 사법판결 및 여러 나라의 가장 우수한 국제법학자의 학설. 다만 제 59조의 규정(주 : 제소되어 인용된 사건에만 적용한다)에 따를 것을 조건으로 한다.

제 38조 제 2항. 이 규정은 당사자가 합의하는 경우에 재판소가 형평과 선에 따라 재판하는 권한을 해하지 아니한다.

제 40조 제 1항. 재판소에 대한 사건의 제기는 각 경우에 따라 재판소 서기에게 하는 특별한 합의의 통고에 의하여, 또는 서면신청에 의하여 이루이진다. 어느 경우에도 분생의 주제 및 당사자가 표시된다.

제 40조 제 2항. 재판소 서기는 즉시 그 신청을 모든 이해관계자에게 통보한다.

제 40조 제 3항. 재판소 서기는 사무총장을 통하여 국제연합회원국에게도 통보하며, 또한 재판소에 출석할 자격이 있는 어떠한 다른 국가에게도 통고한다.

제 62조 제 1항. 사건의 결정에 의하여 영향을 받을 수 있는 법률적 성질의 이해관계가 있다고 인정하는 국가는 재판소에 그 소송에 참가하는 것을 허락하여 주도록 요청할 수 있다.

제 62조 제 2항. 재판소는 이 요청에 대하여 결정한다.

제 63조 제 1항. 사거에 관련된 국가 이외의 다른 국가가 당사국으로 있는 협약의 해석이 문제가 된 경우에 재판소 서기는 즉시 그러한 모든 국가에게 통고한다. 제 63조 제 2항. 그렇게 통고를 받은 모든 국가는 그 소송절차에 참가할 권리를 가진다. 다만, 이 권리를 행사한 경우에는 판결에 의하여 부여된 해석은 그 국가에 대해서도 동일한 구속력을 가진다.

간도, 간도협약, ICJ, 국제 사법재판소, 국제법, 국제정치, 레알폴리틱(Real politik), 현실정치, ICJ제소

※ 국제 사법재판소

약칭 ICJ로서 국제 사법재판소는 국가 간의 분쟁을 법적으로 해결하는 국제연합 기관으로 1945년에 설립되었고, 국제연합의 사법기관으로서 소재지는 네덜란드 헤이그입니다.

재판소는 국제연합 총회 및 안전보장 이사회에서 선출된 15명의 재판관으로 구성되며, 원칙적으로 국제법을 적용하여 심리하며, 강제적 관할권이 없으며, 일정한 예외를 제외하고는 한쪽 당사자의 청구만으로 재판의 의무는 생기지 않는다. 그러나 판결은 구속력을 가지며, 당사국이 이를 이행하지 않을 때에는 안전보장 이사회가 적당한 조치를 취하게 된다고 하는데 안전보장 이사회국인 중국과 그렇지 못한 우리 대한민국....

갑자기 밀려오는 불안? 국제사회는 힘의 논리가 지배하는 사회인데...다른 안전보장 이사회국가 들이 객관적으로 판결을 내려줄지...믿어야겠죠!

간도협약이 인터넷 검색순위 상위에 노출될 정도로 지대한 관심이 저에게 기쁨을 주면서 간도를 통해서 중국과의 외교문제를 걱정하면서 현실적으로 찾아올 수도 없는 일로 인해 우리 대한민국이 불이익을 받는 것이 아니냐고 하는 분들이 보이던데요...

제가 해드릴 수 있는 말은 지금 현재도 우리는 역사를 기록하고 있다는 것입니다. 당장의 이익이 없고 불이익이 있다고 하더라도, 현 시점에서 현 시대를 사는 사람의 의무로서 해야 할 일이라는 것입니다.

간도협약의 무효에 대한 간도협약의 당사자인 우리의 의견을 먼미래의 후손들을 위해 역사의 기록으로 남기는 것입니다.

간도가 우리에게 현재 교훈을 주는 것처럼요...

숙종때 청나라를 무서워하지 않고 좀더 당당하게 확실하게 경계를 확실히 정했다면 하는 바램처럼요....

간도협약 100돌… 황당한 시효설

국제법상 근거가 없는데 인터넷 중심 퍼져나가 4일은 청일 간도협약이 맺어진 지 100주년이 되는 날이다. 청일 간도협약은 1909년 일본이 만주철도, 탄광 등 5가지 이권을 넘겨받는 대가로 청나라에 간도 영유권을 넘겨준 것이다. 일본은 당시 불법적으로 맺은 을사늑약을 빌미로 한국 대신 협상에 나섰다. 현재 만주 일대를 가리키는 간도지방에는 조선인이 많이 살았으며 1712년 조선과 청나라가 국경 획정을 위해 백두산 정계비를 세웠으나 이후 여러 차례 국경 협상이 열렸다가 결렬된 지역이기도 하다.

간도협약 100주년을 맞아 '영토협약 시효 100년 설'이 인터넷에서 논란을 낳고 있으나 시효 100년 설 자체가 국제법상 근거가 없다는 지적이 나오고 있다.
시효 100년설은 '한 국가가 영토를 점유한 지 100년이 지나면 영유권이 인정된다'는 것이다.
하지만 박선영 포스텍 인문사회학부 교수는 "지금까지 단 한번도 국제 사법재판소가 시효를 인정하는 판결을 내린 적이 없다"며 "100년 설은 오히려 100주년이 지나면 간도에 대해 아무런 문제 제기도 할 수 없다는 자승자박일 뿐"이라고 반박했다.

노영돈 인천대 법학과 교수(국제법)도 "국제법에도 시효를 인정해야 한다는 조항이 없다"며 "1911년 미국 멕시코 간 차미살 지역 분쟁에서 미국 측이 30여 년 점유를 근거로 시효를 주장했는데 받아들여지지 않은 국제 판례가 있다"고 말했다.

중국도 16세기 중반 포르투갈에 마카오를 점령당했으나 450여 년이 지난 1999년 이를 돌려 받았다. 중국은 당시 협상에서 포르투갈은 점령 기간 중 마카오에 대한 지배권만 갖고 있었을 뿐 주권은 중국에 있었으니 지배권도 돌려 달라고 주장했다.

박 교수는 "중국 사례처럼 돌려 받겠다는 의지만 있다면 얼마나 시간이 흘렀느냐는 문제가 되지 않는다"고 말했다. 시효 100년 설이 논란이 된 것은 간도 되찾기 운동본부 뉴욕 지부장인 폴 김 씨(59)가 8월 중순 한 인터뷰에서 "간도반환 소송가능 시한이 3주밖에 남지 않았다"고 한 발언 때문이다. 육락현 간도 되찾기 운동본부 대표는 "김 씨도 국제법상 시효에 관한 어떤 판례나 규정도 없다는 사실을 알고 있었다"며 "하지만 앞으로 재판을 할 때 '100년간 왜 가만 있었느냐'는 말을 들을 수 있다는 생각에 관심을 촉구하기 위해 이 발언을 한 것으로 안다"고 말했다.

독도문제와 동북공정, 고구려역사에 관한 문제 등.

독도는 우리나라와 일본의 역사를 바로 알아야 문제를 풀 수 있습니다.

독도는 백두산이 폭발할 때 나온 화산 분출물 때문에 생겼다고 합니다.

그 후 독도는 몇 억년 동안 버려져 있다가 AD 1세기경에 우산국(울릉도에 있던 조그만 국가)의 영토가 됨으로써 한국의 영토가 됩니다. 우산국은 신라 진흥왕 때의 명장 이사부의 계략에 속아 함락당하고 맙니다. 이사부는 평소에 우산국 사람들이 용맹하지만 어리석다는 이야기를 듣고, 나무사자들을 가지고, 울릉도(우산국) 정벌을 떠나게 됩니다. 우산국인들은 나무 사자를 보고, 모두 겁을 먹어 항복하고, 울릉도와 독도는 신라의 영토가 됩니다. 이 당시만 해도 일본은 헤이안 시대로 문학 짓기에만 관심이 있었지 독도에는 관심이 없었습니다.

독도는 신라가 멸망될 시기인 935년까지 아무 탈 없이 지내다가 신라의 마지막 왕인 경순왕이 고려의 시조 왕건에게 신라 땅을 바치자, 독도는 고려의 영토가 됩니다. 이제 1392년 조선 건국으로 독도가 조선 땅이 될 때부터 진정한 독도의 역사라고 할 수 있습니다. 일본이 독도의 존재를 안 것은 1592년 임진왜란 때입니다.

임진왜란 때 고니시 유키나가와 가토 기요마사 등의 왜장은 부산포를 넘어 한성으로 진군했고, 구로다 나가마사 등의 왜장은 서해를 넘어 바로 한성을 치는 전술을, 구키 요시다카, 도토 다카토라 등의 왜장은 동해를 넘어 공격해 왔습니다.

이 당시 일본의 함선들은 고대 이집트 시대의 함선들보다 약간 큰 것을 제외하면 고대 이집트의 함선들과 다를 것이 없을 정도로 뒤쳐지는 함선들을 가지고 있었습니다.

항해 도중 태풍을 만나 울릉도나 독도 등으로 많이 떠내려 갔는데 이때에 독도가 일본에게 알려졌습니다. 일본이 언제 독도를 자신들의 땅이라고 주장하기 시작한 것은 17세기 말부터입니다.

임진왜란 때 독도에 간 여러 왜병들이 독도의 존재를 알리고, 어업을 하기에 좋은 조건이라는 것을 알리자, 많은 일본 어부들이 독도에 갔습니다. 그로부터 몇 십년 후 조선 정부는 그런 사실도 모르고 있다가 조선 숙종 때가 되어서야 알게 됩니다.

조선 숙종 때의 어부인 안용복이 독도를 지킨 최초의 인물이라고 할 수 있습니다.

어느 날 어업을 하다가 폭풍을 만나 독도로 가게 된 안용복은 독도에 어업을 하고 있던 일본 어부들을 보고 분노해 일본 어부들을 무력으로 쫓아냅니다.

그에 불만을 품은 일본 어부들이 대마도 영주에게 이 사실을 알리자, 대마도 영주는 안용복을 납치한 후 강제로 "독도는 일본 땅"이라는 증명서를 써 달라고 하나 안용복은 쓰지 않고 계속 독도가 조선 땅인 이유를 주장합니다.

일본 정부가 이 사실을 알게 되고, 조선과의 관계가 나빠지는 것을 두려워하던 쇼군이 안용복을 되돌려 보내고, "독도는 한국 땅"이라는 증명서를 스스로 써 줍니다. 그러나, 이 증명서는 앙심을 품은 대마도 영주에 의해 빼앗기고, **안용복은 이 사실을 조선 정부에 알리지만 상민이라는 이유로 그에게 포상을 주기는 커녕 오히려 그를 감옥**에 가둡니다.

결국 **안용복은 이 감옥에 갇혀 있다가 죽고, 독도의 존재는 20세기로 흘러서야 다시** 집중됩니다. 1905년 러일전쟁 때 일본의 제독인 도고 헤이하치로는 러시아의 발틱함대를 만나기 전에 독도에 망루를 세워 러시아군의 움직임을 예측한 후 러시아군을 만나자, 러시아군의 전술을 예측한 도고 헤이하치로 제독이 이순신 장군의 학익진(도고 헤이하치로는 스스로를 이순신의 제자라고 자칭함)을 펼쳐서 이겼다는 기록이 있습니다.

그 해 일본은 이토 히로부미를 보내서 조선의 고종 황제에게 강제로 을사보호조약에 체결하게 합니다. **이 조약으로 독도는 일본 땅이 되었으며 (이것이 바로 고이즈미가 우기는 이유), 1909년에는 간도 협약으로 간도도 청에게 빼앗겼습니다. (일본이 만주의 철도부설권과 바꾼 것)**

일제강점기 시절에만 해도 독도의 역사는 잊혀져 있다가 광복 이후에 다시 등장합니다. 1945년 8.15 이후 여러 울릉도 주민들은 광복이 되었음에도 불구하고, 일본군이 독도에 주둔해 있다는 사실을 듣습니다.

울릉도 출신의 군인들이 독도로 가서 일본군을 쫓아낸 후 독도 수비대라는 군대를 만듭니다. 얼마 후 대한민국 정부에서는 이 사실을 알고, 이들에게 독도 방어를 맡겼으며 이들이 나이가 많아 은퇴하자, 여러 젊은 군인들을 보내서 독도를 지키게 했습니다. 일본은 절대 포기하지 않습니다. 저들은 손해볼 것이 없거든요. 속타는 것은 우리나라입니다.

국제 사법재판소에 제소하는 문제를 가지고 협의를 해 온 적이 있었는데 우리나라는 말살했습니다. 원래 우리나라 땅인데 국제사법재판소에서 확인할 필요가 없다는 것이지요. 일본이 우리와 동등한 위치에서 재판한다는 것은 있을 수 없는 일이니까요.

책을 읽어 보세요...개벽 실제상황이라구....
이 책의 2부 대한의 문은 역사(상고사)를 알 수 있으며, 중국과 일본에 의한 역사 왜곡에 대해서 알 수 있습니다. 그리고 3부 새역사의 문은 우리 민족이 상고시대에 신앙한 신교문화가 어떻게 유불선. 기독교에 영향을 미쳤는지 잘 알 수가 있습니다. 아무튼 도움이 되었으면 합니다... 의문나는 것은 연락주세요...
헤이그 국제 사법재판소 간도협약 원천소송 서류를 접수하고 2009년은 민족주권 회복의 원년임을 만방에 선포한다. 지난 9월 1일 헤이그 국제 사법재판소에 민족회의 통일준비 정부의 이름으로 청 - 일간도협약 원천무효 소송 서류를 정식으로 직접 전달 접수했기 때문이다.

1905년 일제는 날조된 을사늑약으로 조선의 국가 주권을 강탈했다. 1909년 9월 4일에 일제가 강탈한 것이 또 하나 있었다. 바로 우리의 '민족주권'이다. 청 - 일간도협약을 체결하여 단군 선조 이래 우리 민족시원의 땅을 감히 중국에 팔아 넘긴 것이다.

민족주권을 상실한 1백 년 동안 우리는 무엇을 했단 말인가? 왜 우리는 무기력하게 방관만 하고 있었단 말인가? 이제 각성한다. 민족주권을 망각한 까닭이다. 국가 패권에 눈이 멀었던 까닭이다. 8.15 광복을 맞아 국가 주권을 되찾았지만 민족주권은 그렇지 못했다.

이념대립에 의한 6.25전쟁과 분단으로 또한 중국의 눈치를 보며 간도 반환을 즉시 요구하지 못했다. 단군 조선 이래 한민족은 여러 개의 국가로 분열을 반복하다가, 급기야 민족 시원의 터전까지 빼앗기기에 이르고 만 것이다.

그러나 하늘은 더 이상 방관하지 않았다. 청 – 일 간도협약 체결 1백년이 되는 3일을 남겨 놓고, 국제 사법재판소에 간도 협약 무료소송서류가 전격 접수된 것이다.

이 쾌거는 단국선조를 위시한 민족 영령들께서 후손들에게 전하는 준엄한 민족적 명령임을 깨달아야 한다. "때가 왔다, 후손들이여. 민족주권을 회복하라!!"

국제 사법재판소 접수과정에서 현장의 실무자들조차 믿기 어려운 불가사의한 도움이 연이어졌다. 1백 년 동안 모두가 불가능하다고 체념했던 일이 일거에 성사된 사실 자체가 하늘이 돕는다는 의심할 수 없는 증거가 아니겠는가.

이번 서류접수는 끝이 아니다. **민족주권을 회복하고 국가를 단위로 하는 민족공동체 연합으로 가는 역사의 첫걸음일 뿐이다.** 국가로 흩어진 우리 민족이 하나 되어 간도를 되찾는 날 진정한 민족주권이 완성되는 때이다.

국가의 이름으로, 혹은 애국의 최면으로 강대국이 약소국과 약소 민족을 억압하는 시대는 이제 지나갔다. 가장 민족적인 것이 가장 세계적인 것이다.

세계 모든 민족이 자신의 정체성을 깨달아 민족주권의 꽃을 활짝 피우는 날이야말로 지구촌 민족공동체 연합국가로서 진정한 세계 평화가 완수되는 날이 아니겠는가.

민족주권의 꽃이 한반도에서 전 세계 처음으로 꽃을 피우려는 찰나이다. 간도협약 무효소송이 그 씨앗이 될 것이다. 민족주권 통일준비 정부의 이름으로 국제사법재판소에 간도협약 원천 무효소송 서류가 정식 접수된 9월 1일. 우리는 이 날을 영광스런 '민족주권의 날'로 세계만방에 선포한다.

단기4342년 (서기2009년 9월 4일 간도의 날)

헤이그 국제사법재판소 간도협약 원천소송 서류를 접수하고 2009년은 민족주권 회복의 원년임을 만방에 선포한다. 지난 9월 1일 헤이그 국제 사법재판소에 민족회의 통일준비 정부의 이름으로 청 – 일간도협약 원천무효 소송 서류를 정식으로 직접 전달 접수했기 때문이다.

1905년 일제는 날조된 을사늑약으로 조선의 국가 주권을 강탈했다.

1909년 9월 4일에 일제가 강탈한 것이 또 하나 있었다.

바로 우리의 '민족주권'이다. 청 – 일 간도협약을 체결하여 단군 선조 이래 우리 민족시원의 땅을 감히 중국에 팔아넘긴 것이다. 민족주권을 상실한 1백년 동안 우리는 무엇을 했단 말인가? 왜 우리는 무기력하게 방관만하고 있었단 말인가?

이제 각성한다. 민족주권을 망각한 까닭이다.

국가 패권에 눈이 멀었던 까닭이다.

8.15 광복을 맞아 국가 주권을 되찾았지만 민족 주권은 그렇지 못했다.

이념대립에 의한 6.25전쟁과 분단으로 또한 중국의 눈치를 보며 간도 반환을 즉시 요구하지 못했다. 단군 조선 이래 한민족은 여러 개의 국가로 분열을 반복하다가, 급기야 민족 시원의 터전까지 빼앗기기에 이르고 만 것이다.

그러나 하늘은 더 이상 방관하지 않았다.

청 – 일 간도협약 체결 1백년이 되는 3일을 남겨 놓고, 국제 사법재판소에 간도협약 무료소송 서류가 전격 접수된 것이다. 이 쾌거는 단군선조를 위시한 민족 영령들께서 후손들에게 전하는 준엄한 민족적 명령임을 깨달아야 한다.

"때가 왔다, 후손들이여. 민족주권을 회복하라!!"

국제사법재판소 접수과정에서 현장의 실무자들조차 믿기 어려운 불가사의한 도움이 연이어졌다. 1백 년 동안 모두가 불가능하다고 체념했던 일이 일거에 성사된 사실 자체가 하늘이 돕는다는 의심할 수 없는 증거가 아니겠는가.

이번 서류접수는 끝이 아니다. 민족주권을 회복하고 국가를 단위로 하는 민족공동체 연합으로 가는 역사의 첫걸음일 뿐이다. 국가로 흩어진 우리 민족이 하나가 되어 간도를 되찾는 날 진정한 민족주권이 완성되는 때이다. 국가의 이름으로, 혹은 애국의 최면으로 강대국이 약소국과 약소 민족을 억압하는 시대는 이제 지나갔다. 가장 민족적인 것이 가장 세계적인 것이다. 세계 모든 민족이 자신의 정체성을 깨달아 민족주권의 꽃을 활짝 피우는 날이야말로 지구촌 민족공동체 연합국가로서 진정한 세계 평화가 완수되는 날이 아니겠는가. 민족주권의 꽃이 한반도에서 전 세계 처음으로 꽃을 피우려는 찰나이다. 간도협약 무효소송이 그 씨앗이 될 것이다.

민족주권 통일준비 정부의 이름으로 국제사법재판소에 간도협약 원천 무효소송 서류가 정식 접수된 9월 1일. 우리는 이날을 영광스런 '민족주권의 날'로 세계만방에 선포한다.

단기4342년 (서기2009년 9월 4일 간도의 날)

간도협약 관련 질의와 정보공개 청구

1909. 9. 4.에 맺어진 간도협약은 2009.09. 04일로 100년이 되며, 올해는 헌법 제정 60주년이 됩니다. 그런데 일본은 독도에 대한 영토권을 역사교과에서 학생들에게 가르치도록 공식 선포하는 공식 외교적 선전포고로 다시 한일 강제합병 조인과 유사한 국제범죄를 저지르기에 이르렀는 바,

일본이 행한 조선조 말에서 대한제국과 제 2차대전의 패망 때까지의 주요 행적을 추적하여 오류 역사의 정의 회복과 진정한 청산과 공과의 결산이 필요한 시점에 이르렀습니다. 한국의 고토 회복의 문제를 넘어선 인류사적 국권과 약소국민의 주권, 자유와 행복의 유린은 세계사에 공개되고 재발 방지책이 나와야 되리라 봅니다.

이와 관련한 아래사항에 대한 사법부 관련 재판사항과 사법부의 견해에 대한 질의와 정보의 공개를 청구합니다..

1. [을사늑약]

1) 1905.10.27. 체결한 '조선 보호권 확립 실행에 관한 각의 결정'문서와 관련 회의록

2) 1905.11.17. 을사늑약 조인 조정 회의록 및 외무대신에 대한 고종황제의 권한을 위임한 증거서류 등 늑약 체결 당시 상황 관련 문서

3) 1909년 청일간 2차에 결친 국경관련 회담의 회의록

2. [일제항복 전후 한일관계]

1). 1943년 카이로 선언 선언문 전체 문서와 관련 회의록(주요내용) 및 실행결과 문서

2) 1945년 포츠담선언 선언문 전체 문서와 관련 회의록(주요내용) 및 실행결과 문서

3) 1945년 일본의 항복선언 전체문서와 주요내용 및 실행결과문서

3. [중.일관계]

1) 1895년 청일전쟁으로 인한 한국 관련 영토관련 사항

2) 1951년 중일 평화조약의 내용 및 실행결과 문서

3) 1951년 센프란시스코 조약의 내용 전문과 우리 영토 관련 사항 문서

4) 1941.12.9일 이전에 체결한 청일간의 모든 조약, 협약,협정 내용과 경과 조치 사항

4. [한.중.러 관련]

1) 1860년 북경조약의 내용과 연해주 관련 정부회의록 문건

2) 2008. 러시아가 중국에 반환키로 한 지역 관련 우리와 관련한 사항 검토 문건

5. [북방영토에 대한 정부의 정책]

1) 간도문제에 대한 정부의 정책 기본계획

2) 연해주 문제에 대한 정부의 정책 기본계획

3) 고조선(단군환국)에 대한 정부의 정책 기본계획

4) 위 각 항 관련사항에 대한 국정감사나 감사원감사 등 질의응답
5) 독도문제에 대한 정부의 기본계획

6. 위 각 항목과 관련한 정부 관련부처의 연구실적 및 추진 사항
1) 정부 연구기관의 명칭과 연락처, 연구목록 및 국민 정보 활용방법
2) 위 관련 민간 연구기관, 단체와 연구실적 및 국민 정보 활용방
3) 위 각 항목 관련 정부 부처의 해당업무 추진 실적 및 진행, 예정 사항
4) 위 간도협약과 관련한 각 부처의 견해

7. 위 각 항목과 관련한 재판
1) 해방 이후 관련사항에 대한 재판실
2) 재판 주요 결과와 관련한 관련기관에 대한 시정요구사항
3) 위 각 항목(간도협약에 대한 정부의 직무 적정 처리) 관련 사법부의 재판 등 처리사항

8. 위 간도협약과 관련한 사법부의 견해
1) 간도협약의 무효화 선언과 영토회복 의지 천명에 대한 견해
2) 간도등 북방영토에 대한 중국정부에 대한 반환청구권에 대한 견해
3) 일제 식민통치의 시작과 관련한 당시 정부(대한제국 각의)의 행정 오류나 착오, 강박에 의한 협약 조인의 진실과 정의의 공개와 세계 역사상의 비인륜적 국권 침탈사건의 재발방지를 위한 기본방침 등 일본과 중국의 불법행위의 시정필요에 대한 견해

정보공개 청구 수수료 감면 신청서
청구자 : 김동준 (대표 연구위원)
소 속 : 한국 지역사회문제 미래전략 연구소
업 무 : 알앤디 정책대안 실용화/ 행정오류 피해 국민 재난방지 대책연구/ 국민주권 회복운동
연락처 : 032-886-6546 010-7713-3118

신청취지: 정보공개 청구 수수료의 감면 (법 17조 공공을 위한 연구 활동)
신청이유:

o 동 연구소는 헌법 제 1조에 명시한 국민주권의 회복을 위한 활동으로 세계와 한국의 지역 사회 제 문제를 연구 분석하고, 생활현장에서 나타난 불합리한 현상을 통하여 미. 거시적으로 인류와 지구를 위한 가치 있는 계획과 정책대안을 도출하여, 우주의 모든 생명체가 공존. 번영. 사랑으로 하나 되는 세계를 만들고자 활동하는 국민 연구소입니다.

o 이를 위하여 동 연구소에서는 지역사회의 현실과 미래의 문제를 파악하고, 관련 자료와 정보의 수집. 분석, 연구를 통하여 문제 해결의 현. 미래전략과 정책대안을 개발하고 현실에 반영, 실용화함으로 모든 이에게 유익을 주고자 합니다.

o 청구정보는 관련분야의 문제점의 연구와 그 정책대안을 찾고자 하는 것으로 공익을 위한 연구와 행정사각으로 인한 국가와 국민의 생명과 재산의 손실을 막는 행정 감시를 위한 것입니다. 미처 행정의 손이 미치지 못하는 여러 분야의 사각지대, 행정 등의 관심 누락이나 오류에서 발생하는 분쟁. 갈등과 재해. 재난 등 각 사고를 미연에 방지하고자 하는 공공복리를 위한 사항입니다. 이에 정보공개 청구 수수료의 감면을 공공기관의 정보공개에 관한 법률 규정(법 17조 2항, 령 17조 3항 3)에 따라 요청하게 되었습니다.

한국 지역사회문제 미래전략 연구소
대표 연구위원 김동준 (날인 생략)

역사적으로 보면 누가 뭐래도 간도는 대한민국 영토가 분명하고, 중국이 지금 실효적 지배를 하고 있다고 할지라도 그 중심에 있는 민족 고유의 문화와 역사를 종속시킬 수 있는 것은 아니다. 영토를 논할 때 문화와 역사보다 최상위 가치는 없으며, 이는 어떤 결속력과 설득력을 더 갖게 한다. 우리의 외교권을 박탈한 채 자국의 이익을 위해 일제가 자기 마음대로 당시 청나라와 협약했다는 것 말고도 간도가 대한민국 영토라는 설득력 있는 이유가 여기에 있다.

3주 안에 어떻게 하자는 것은 아니다. 지금 어떻게 하는 것은 무리이겠지만 일단 소송이라도 제기해야 그 다음에라도 할 말이 생기는 것이라니 잘 생각해야 할 것 같다.

국제법상 그런 절차가 굳이 필요 없다면 모르겠지만 만에 하나 김 박사의 논리가 맞는다면 시효연장의 국제법상 구속력이고, 발등에 불이 떨어진 다급한 상황인데, 국제법상 (영토권에 대한) 소송의 주체는 국가나 국제연합 관련 단체만 가능한 것이라고 하니 정부의 적극적인 역할이 그만큼 중요하며, 정부의 의지가 관건이라는 생각이다. 아무리 외교 관계상의 복잡한 문제가 피할 수 없는 상황이라도 다른 것도 아닌 영토문제인데 우선 급한 대로 시효연장이라도 해야 할 것 같다. 소비에트 연방이 해체되듯이 중국이 해체되지 않는다는 보장도 없는 것이고, 그 때를 대비해서라도 정부의 대응이 필요하다는 주장을 깊이 새겨야 할 것이다.

지난 10년간 좌파정권 당시에는 중국의 눈치나 보고 있는 북한을 의식하여 이 문제를 꺼내는 일은 엄두도 못 냈을 것이지만, 저 좌파 주구들은 그런 자신들의 책임이라든가 하는 저간의 사정을 고려치 않을 위인들이다. 독도문제처럼 간도문제 역시 정권투쟁용 불쏘시개로 쓰고자 할 것이며, 그래서 또 다른 갈등과 분열의 단초가 될 우려가 있다는 점을 알아야 할 것이다.

인류와 지구를 위한 가치 있는 계획. 위대한 계획의 실현

* 한국 지역사회문제 미래전략 연구소*

공공기관의 정보공개에 관한 법률 [일부개정 2007.1.3 법률 제8171호]

제1조 (목적) 이 법은 공공기관이 보유 · 관리하는 정보에 대한 국민의 공개청구 및 공공기관의 공개의무에 관하여 필요한 사항을 정함으로써 국민의 알 권리를 보장하고 국정에 대한 국민의 참여와 국정 운영의 투명성을 확보함을 목적으로 한다.

제2조 (정의) 이 법에서 사용하는 용어의 정의는 다음과 같다. 〈개정 2007.1.3〉

1. "정보"라 함은 공공기관이 직무상 작성 또는 취득하여 관리하고 있는 문서(전자문서를 포함한다. 이하 같다) · 도면 · 사진 · 필름 · 테이프 · 슬라이드 및 그 밖에 이에 준하는 매체 등에 기록된 사항을 말한다.
2. "공개"라 함은 공공기관이 이 법의 규정에 의하여 정보를 열람하게 하거나 그

사본 · 복제물을 교부하는 것 또는 「전자정부법」 제2조제7호의 규정에 의한 정보통신망(이하 "정보통신망"이라 한다)을 통하여 정보를 제공하는 것 등을 말한다.

3. "공공기관"이라 함은 국가기관, 지방자치단체, 정부 투자기관 관리 기본법 제2조의 규정에 의한 정부 투자기관 그 밖에 대통령령이 정하는 기관을 말한다.

제3조 (정보공개의 원칙) 공공기관이 보유 · 관리하는 정보는 이 법이 정하는 바에 따라 공개하여야 한다.

제4조 (적용범위)

① 정보의 공개에 관하여는 다른 법률에 특별한 규정이 있는 경우를 제외하고는 이 법이 정하는 바에 의한다.

② 지방자치단체는 그 소관사무에 관하여 법령의 범위안에서 정보공개에 관한 조례를 정할 수 있다.

③ 국가 안전보장에 관련되는 정보 및 보안업무를 관장하는 기관에서 국가 안전보장과 관련된 정보분석을 목적으로 수집되거나 작성된 정보에 대하여는 이 법을 적용하지 아니한다. 다만, 제 8조 제 1항의 규정에 의한 정보목록의 작성 · 비치 및 공개에 대하여는 그러하지 아니한다. 제2장 정보공개 청구권자와 공공기관의 의무

제5조 (정보공개청구권자)

① 모든 국민은 정보의 공개를 청구할 권리를 가진다.

② 외국인의 정보공개 청구에 관하여는 대통령령으로 정한다.

제17조 (비용부담)

① 정보의 공개 및 우송 등에 소요되는 비용은 실비의 범위 안에서 청구인의 부담으로 한다.

② 공개를 청구하는 정보의 사용목적이 공공복리의 유지 · 증진을 위하여 필요하다고 인정되는 경우에는 제 1항의 규정에 의한 비용을 감면할 수 있다.

③ 제 1항의 규정에 의한 비용 및 징수 등에 관하여 필요한 사항은 국회규칙 · 대법원규칙 · 헌법재판소규칙 · 중앙선거관리위원회규칙 및 대통령령으로 정한다. 공공기관의 정보공개에 관한 법률 시행령 [일부 개정 2007.4.4 대통령령 제 19985호]

제17조 (비용부담)

① 법 제 17조 제 1항의 규정에 의한 정보의 공개 및 우송 등에 소요되는 비용은 수수료와 우편요금(공개되는 정보의 사본 · 출력물 · 복제물 또는 인화물을 우편으로 송부하는 경우에 한한다)으로 구분하되, 수수료의 금액은 행정자치부령으로 정한다. 다만, 지방 자치단체의 경우 수수료의 금액은 조례로 정한다.

② 법 제 15조 제1항 및 제 2항의 규정에 의하여 정보통신망을 통하여 전자적 형태로 공개하는 때에는 공공기관(지방 자치단체 및 그 소속기관을 제외한다)의 장은 업무부담을 고려하여 제 1항 본문의 규정에 의한 행정자치부령이 정하는 금액의 범위 안에서 수수료의 금액을 달리 정할 수 있다.

③ 다음 각호의 1에 해당하는 경우에는 법 제 17조 제 2항의 규정에 의하여 수수료를 감면할 수 있다.

1. 비영리의 학술 · 공익단체 또는 법인이 학술이나 연구목적 또는 행정감시를 위하여 필요한 정보를 청구한 경우
2. 교수 · 교사 또는 학생이 교육자료나 연구목적으로 필요한 정보를 소속기관의 장의 확인을 받아 청구한 경우
3. 그 밖에 공공기관의 장이 공공복리의 유지 · 증진을 위하여 감면이 필요하다고 인정한 경우

④ 법 제 17조 제 2항의 규정에 의한 비용감면을 신청하는 때에는 감면사유에 관한 소명자료를 첨부하여야 한다.

⑤ 공공기관의 장은 제 3항의 규정에 의한 비용의 감면비율을 정하고, 정보통신망 등을 통하여 이를 공개하여야 한다.

⑥ 제 1항의 규정에 의한 수수료는 정부기관에는 수입인지로, 지방 자치단체에는 수입증지로, 정부기관 또는 지방 자치단체가 아닌 공공기관에는 현금으로 각각 납부한다. 다만, 부득이한 때에는 정부기관 또는 지방 자치단체에 현금으로 납부할 수 있다.

⑦ 정부기관 또는 지방 자치단체의 장은 제1항의 규정에 의한 수수료를 정보통신망을 이용하여 전자화폐 · 전자결제 등의 방법으로 납부하게 할 수 있다.

규치 제7조 (수수료이 금액) 영 제 17조 제 1항익 규정에 익한 수수료의 금액은 다른 법령에 특별한 규정이 있는 경우를 제외하고는 별표와 같다.

작년 4월 15일, 폴 김 박사는 이명박 대통령에게 "대한민국 영토 회복에 따른 국제 사법 재판건"이라는 제목의 탄원서를 뉴욕 한인들의 서명지와 함께 보냈다고 한다. 허나 받았다는 어떠한 일체의 반응도 보이질 않은 우리의 자랑스런 쥐박이 대통령..

[귀찮은 문제에 대해선 모르쇠냐?]

그리고 올해 6월 15일, 다시 한번 지난해의 탄원서는 물론이요. 청일간 간도협약 무효확인 요청 및 국제 사법재판 소송건이라는 소장을 한글과 영문으로 만들어 보냈다.

양식을 완벽히 갖추었으니 대한민국 관인만 찍어서 보내달라는 최후의 울부짖음이었던 것이다. 그러나 이번에도 그 어떠한 회신이 없다. 그냥 무시하기로 마음먹은 것이리라

쥐박이와 딴나라당... 그리고 지식인들을 좌파 빨갱이로 몰아부치는 친일 매국노 세력들....

미친 광우병 쇠고기로 국민을 팔아먹고, 모르쇠 작전으로 국토를 팔아먹는 자가 어찌 대통령이라는 것입니까? 그럼에도 불구하고 낮 부끄러운 줄 모르고 4대강 살리기니 뭐니 헛소리를 하며 축재를 하려고 혈안이 되어 있습니다.

사심없이 기부한다고 한다던 개인 재산도 자기 친인척들을 관리인으로 내세워 재단을 만들었습니다. 이제 그는 세금 한 푼 안 내고 몇 백억이란 재산을 무한 증식 시킬 수 있게 되었습니다.

돈에 눈이 뒤집혀 개거품을 물고 금력과 권력에 달려드는 자(이명박 대통령)와 그의 추종 세력(딴나라당)이 어찌 대한민국의 국민이라고 할 수 있겠습니까???

참으로 하늘이 울고 땅이 울 일입니다!!!!!!!!!!!!!!!!!!!!!!

위의 내용은 국민들의 다양한 의견을 적어 놓은 것이다.

위와 같은 일련의 내용을 토대로 올인원 그룹의 사명자로서의 결론은 현세에는 네 나라 내 나라를 논하는 대의보다는 우리가 되고 하나가 되는 일에 앞장서야 한다. 즉, 시대가 변하여 이제는 나라니 주의니 하는 일에 옛날처럼 목숨 바칠 사람 없는 시대를 맞은 것이다. 다만 불의하고 비인간적일 때는 오히려 옛날보다 더 강한 시대를 맞았다.

혹 법이 허용한다면 민족운동권에서 남과 북이 공동으로 인정을 해 주어 추진하되 차제에 중국의 탐험공정과 동북공정 역사왜곡을 만국에 시비를 가리고 바로 시정하게 하고 간도 지역을 세계 연방국가 설립지역으로 유엔에 요청하여 정하여 남과 북 그리고 나아가 세계가 하나 되는 큰 물결운동을 일으키는 계기가 되었으면 하는 바이다.

사실 세계를 하나로 국가 경제도구로 만든 올인원 그룹과 지구촌의 잘못된 사물의 제도를 바로잡는 도구역할을 하기 위해 만든 것이 표준정의단이다.

이들이 세계에 큰 지표가 되길 앙망하면서 준비하는 바이다. 많은 뜻 있는 이들이 참여하길 바란다.

간도 영유권 문제 관련 연표	
1627년	조선-후금 강도회맹(江都會盟), 동간도 지역 양국 국민 출입금지 합의
1712년	조선-청 백두산정계비 설치(압록강~토문강을 국경선으로 정함)
1885년	조선과 청나라 양국 경계에 대한 을유담판(乙酉談判) 결렬
1887년	정해담판(丁亥談判) 결렬
1888년	청, 제3차 감계회담(勘界會談) 요구, 조선은 받아들이지 않음
1905년	대한제국-일 을사늑약 체결, 한국의 외교권을 일본이 강제적으로 박탈
1909년	청일 간도협약
1962년	북-중 조중변계조약(朝中邊界條約) 체결 (현재까지 조약이 유엔에 등록되지 않은 상태)
2004년 9월	열린우리당 김원웅 의원 등 '간도협약의 원천적 무효 확인에 관한 결의안' 국회에 제출
2009년 8월	자유선진당 이명수 의원 등 '청일 간도협약 무효안' 외교통상위 제출 추진 중

한국전쟁 때의 국보급 사찰인 전라도 화엄사 천은사 쌍계사 금산사 백양사 선운사 덕유산 사찰 등까지 생명과 지위를 걸고 보호한 문화영웅 차일혁총경(차치구의 손자이면서 차경석의 아들)

☀"차일혁 홀"에서 열린 최초의 문화경찰 차일혁 총경 일대기 창작 오페라〈카르마〉

6.25동란 발발 60주년을 맞아 경찰, 아산시민이 함께 감동의 도가니 〈차일혁 홀에 공연장에 입장하는 차일혁 총경 영정〉 17일 충남 아산 경찰교육원 '차일혁 홀'에서 고 차일혁(1920~1958) 총경의 일대기를 그린 오페라 '카르마'의 갈라 콘서트가 공연됐다. 경찰교향악단과 김자경 오페라단이 함께 공연한 이날 공연장은 경찰관, 아산시민, 후암미래연구소 회원 등 1800여석을 모두 메웠고, 1시간 30분의 공연시간 내내 뜨거운 박수를 받았다. 앵콜곡이 끝날 때에는 함성과 함께 전 관중이 일어나 기립박수를 보내주었다.

3막 6장 23곡의 창작 오페라 카르마는 이번 공연에서 16곡의 아리아와 합창곡이 선정되어 갈라 콘서트 형식으로 연주되었다. 차길진 작시, 임준희 작곡의 카르마는 이데올로기, 적군과 아군을 초월한 박애주의적 사랑을 실천한 실존 인물 차일혁 총경의 이야기이다. 차총경은 전쟁 중에 상부의 명령을 거부하며 천년 고찰을 전화戰禍에서 구하고 전쟁 한 복판에서 아군과 적군이 함께 가극 공연을 관람하는 등 문화를 지킨 공로로 보관문화훈장을 받은 최초의 문화경찰이다. 오페라 〈카르마〉의 원작도 1951년 전쟁 중에 차총경이 제작 기획에 참여한 최초의 전투 경찰 영화 '애정산맥'에서 비롯된다.

고 차일혁 총경의 아들이기도 한 차길진 작시자는 이날 경찰청으로부터 경찰정신과 문화경찰상을 구현하는데 기여한 공로로 감사패를 받았다. 18일 서초동 예술의 전당(저녁 8시 콘서트홀)에서 다시 한 번 뜨거운 감동이 기대된다.

김영수 기자(buscard@whoim.kr)/사진 양동민기장/인터넷신문 후아이엠(www.whoim.kr)

제10장

흡색귀 吸色鬼

백여 년전 여성들의 경고 〈방한림전〉
– 현재 여성들의 삶 · 미래 100년 후 여성의 삶?
더 이상의 여성고통 남성불행이 연장 생성되지 않도록 연극영화화하자.

제10장 흡색귀吸色鬼

백여 년전 여성들의 경고 〈방한림전〉 - 현재 여성들의 삶·미래 100년 후 여성의 삶?

더 이상의 여성고통 남성불행이 연장 생성되지 않도록 연극영화화하자.

차(배)옥덕, 『백년전의 경고 – 방한림전과 여성주의 연구』 참조

여성 4대가 앉아서 나누는 자기시대 삶의 그림들

- 할머니대. 1850년대 – 여성은 공적 활동 불허, 남성양반 사회가 비수용
- 어머니대. 1900년대 근대 전후 여성들 가부장적 여성억압의 한 끈을 풀려다 당하다
- 본인. 현대 2000년대 남성 각 계의 흡색귀吸色鬼, 색마色魔는 최악의 악마이다.
- 손녀. 미래 2100년대보다 나은 여성의 삶을 위한 오늘의 노력을?

(현대 여성의 삶을 위해서도) 그려보다.

☗ 현대 2000년대 남성 각 계의 **흡색귀吸色鬼, 색마色魔**는 최악의 악마이다.

지인 동료 후배 제자 등을 철저히 노예화하고 착취한다.

타인화하여 – 여성을 노예화하여

타인화하여 – 여성의 生命을 빨아들인다 – 흡명귀吸命鬼

자신이 선택한 경우: 궁녀 양공주

사각지대: 정신대

가부장적 지위 이용한 흡색귀들 – 남성들의 지배력 권위 권력 힘의 횡포

⇒ 여성 노예화

● 2000년대 성폭행, 성추행의 구체적 사례들: 정치 문단 학계 사법부 군대 체육계 등등 –

정치계 비서관, 문단 여성문인, 서울대 예체능 여학생들, 체육계,

여성 연예인...사무직, 경리직, 근로자 – 총망라하고 있다.

제11장

한강의 女神들

삼호정시단 여문인들 여성 서얼 문제를 다루다
(홍길동전 남성 서얼문세)

제11장 한강의 女神들: 18C 삼호정시단의 여성 문인들이 여성의 서얼문제를 다루다. (홍길동전 남성 서얼문제)

★ – 주체가 여성들 – 그들 삶의 주제를 한강에서 풀다.

한강 – 한강이 안고 흐른다. 김금원 남편 한성부윤 김덕희의 집에 '삼호정' 한강변 원효로4가 山비탈. (현재, 용산성당 및 카톨릭 외국인 묘지)

한강에 그 한과 글을 풀어 녹여 흐르게 하다

양반 소실(서얼) 자녀들 – 홍길녀들의 해방구는?

★ 16~7세기 양반가: 허난설헌, 김삼의당

/삼호정시단 – 1850년대 소실의 딸들의 문제 – 김금원 · 운초 · 경산 · 경춘 · 죽서

(차(배)옥덕,『여신들의 향기』, 아세아문화사 2000년 참조)

★ 1만년전 여신같은 황후 막지: 노자의 정신상태에 따라 – 나라의 앞날 몇 백년 예언도 잘 하는 노자! 앞 뒤 두루 훤히 꿰뚫어 보는 노자라 몇 천년 전 앞 시대 막지에 대해서도 마치 지금 이 시대에 만나는 여인처럼 훤히 다 아는 상태로 언급할 수도 있겠다. 다음 글은 노자의 통찰력과 식견을 잘 드러내는 사마천의 글이다.

주 · 진나라 건국과 멸망에 대해 노자는 다음과 같이 정확히 몇 백년을 내다보았다.

"공자가 죽은 후 129년만에 사관史官의 기록은 이렇다. 주의 태사 (太史:사관)인 노자 담儋이 秦의 헌공(B.C.E. E. 384~362 재위)을 뵙고, '처음에 진 秦은 주周와 합류하였습니다만 합류한지 500년에 분리하고, 분리한지 70년에 패왕이 될 자가 나타날 것입니다.'라고 했다.

어떤 사람은 '이 담이 곧 노자이다' 라고 하며, 또 어떤 사람은 그런지 아닌지를 알지 못한다. 노자는 숨은 군자이다. 노자의 아들은 이름은 종宗이라 하는데 종은 위의 장군이 되어 단간 땅을 봉토로 받았다. 종의 아들은 주注, 주의 아들은 궁宮, 궁의 현손이 가假인데 가가 한의 효 문제를 섬겼다. 그리고 가假의 아들 해解는 교서왕 膠西王인 앙卬의 태부가 되었으므로, 그때부터 제齊에서 살게

된 것이다.

세상에서 노자의 학문을 하는 자는 유학을 배척하고 유학자도 역시 노자를 배척한다. '도가 같지 않으면 서로 상의할 수 없다'고 하는 것은 이런 것을 두고 하는 말일까.

노자에게 서승경의 '위도장'은 자신과 자신의 삶 전체에 던진 가장 큰 반역이고 모험이고 역린이었다.

– 이이(李耳: 노자)는 인위적으로 작위하지 않으면서도(無爲) 사람들로 하여금 스스로 교화케 하고, 조용하게 있으면서도 사람들이 저절로 올바르게 되도록 하였다(홍석보 역, 같은 책, 45쪽.)는데, 서승경의 위도장은 그 반대이다. – 자신의 줄기찬 사상의 라인과 거침없이 반대도 할 수 있는 막힘이 없는 노자! 라고 감탄만 할 것인가? 아니면 이성으론 거부할 수 없는 인간의 더 심연의 깊은 곳에 닿았다고 하는 것이 더 맞을까! 앞으로 더 깊은 천착으로 더 가까이 다가가 보기를 바란다.

☀ 한국 역사문화 속의 여신女神들

- 막지
- 소서노
- 기질
- 신사임당 · 허난설헌 · 김삼의당 · 김금원 외 4女
- 항일여성운동가들 · 김금화
- 최명희 · 고판례 · 박경리
- '천하에'어떤 女子

⧓ 허난설헌의 시 〈광한전 백옥루 상량문廣寒殿白玉樓上樑文〉에 미루어 보건대 그녀의 일상 삶 속에 – '서왕모', '상원부인', '노자'까지 등장하고 있다.

– 서왕모의 공적 문화적 사회적 교류 상징인 '요지연'이 살아 있다. 서경덕의 문하 아버지 허엽이 어여쁘고 영특한 난설헌을 안고 수시로 많은 도가 선가의 얘기를 재미있게 들려준 것 같다.

"나 장달수는 난설헌이 지은 광한전 백옥루 상량문을 즐겨 읽는다. 읽으면서 항상 안타깝게 생각하는 것은 시참詩讖이 너무 맞은 것 같아 가슴이 아려 옴을 금치 못한다.

흔히 뛰어난 인재가 일찍 죽었을 경우에 백옥루 상량문을 지으려 불려 갔다고 하는데 이 고사는 당唐나라 이상은李商隱이 지은 〈이장길소전(李長吉小傳)〉에 나오는 글로, 이하李賀는 어려서부터 영특하여 시문에 뛰어났으나 몰락한 종실의 후예로서 뜻을 펴지 못했다. 어느 날 대낮에 졸다가 갑자기 보니 붉은 관복을 입은 도인이 옥판玉板을 잡고 있었는데, '상제上帝께서 백옥루를 완성하시고, 그대를 불러 기문을 짓게 하려 한다[上帝成白玉樓 召君作記]'고 쓰여 있었다. 이것을 본 이하는 곧 병이들어 27세의 젊은 나이로 요절하였는데 난설헌도 27세에 자신의 죽음을 미리 예견 하고 요절하였으니, 이 어찌 우연이라 할 수 있겠는가.

교산 허균의 『성소부부고』를 즐겨 읽으면서 그의 글에 취해 있다가 책을 덮을 때는 언제나 가슴이 시리다. 상량문 뒤에 시인의 동생 교산이 서애 선생에게 부탁해 쓴 발문과 서애의 기록을 부기하였다.

2013년 10월 5일 남매 분의 시를 좋아하는 장달수 삼가 쓰다

난설헌 허초희 작 광한전 백옥루 상량문(廣寒殿白玉樓上樑文)

보배로운 일산日傘이 하늘에 드리워지니 구름 수레가 색상의 경계를 넘었고, 은빛 누각이 해에 비치니 노을 난간이 미혹된 티끌 세상을 벗어났다. 신선의 나팔이 기틀을 움직여서 구슬기와 궁전을 짓고, 푸른 이무기가 안개를 불어서 구슬나무 궁전을 지었다. 청성장인靑城丈人은 옥 휘장의 도술을 다하고, 벽해왕자도 금궤짝의 묘방을 다 베풀었다. 이는 하늘이 지은 것이지, 사람의 힘이 아니다.

주인의 이름은 신선 명부에 오르고, 벼슬도 신선 반열에 들어 있어서, 태청궁에서 용을 타고 아침에 봉래산을 떠나 저녁에 방장산에 묵으며 학을 타고 삼신산을

향할 적에 왼쪽에 신선 부구浮丘를 붙잡고, 오른쪽에는 신선 홍애洪崖를 거느렸다. 천년 동안 현포玄圃에서 살다가 한 번 꿈에 인간 티끌 세상에 내려와 황정경黃庭經을 잘못 읽어 무앙궁에 귀양을 왔다. 적승赤繩 노파가 인연을 맺어 주어, 다함이 있는 집에 들어온 것을 뉘우쳤다.

병 속의 신령스러운 약을 잠시 현사玄砂에 내리자, 발 아래의 달이 문득 계수나무 궁전으로 몸을 숨겼다. 웃으면서 붉은 티끌과 붉은 해를 벗어나 자미궁의 붉은 노을을 거듭 헤치며, 난새와 봉황이 피리 부는 신령스러운 놀이의 옛모임을 즐겁게 계속하였다. 비단 장막과 은병풍에 홀로 자는 과부는 오늘 밤이 지나가는 것을 아쉬워하니, 어찌 일궁日宮의 은혜로운 명령을 월전月殿에까지 아뢰게 할 수 있으랴.

벼슬을 맡은 무리들은 몹시 깨끗해서 그 발로 팔색 노을의 관청을 밟으며, 지위와 명망이 드높으니 그 이름이 오색 구름의 전각을 짓눌렀다. 옥도끼에서 차가운 기운이 나니, 계수나무 밑에서 오질吳質이 잠들 수가 없었다. 예상우의곡霓裳羽衣曲을 연주하자, 난간 가에 있던 소아素娥가 춤을 추어 올렸다. 영롱한 노을빛 노리개와 노을빛 비단이 신선의 옷자락에서 떨쳐지고, 반짝이는 성관(星冠)은 별빛 구슬로 머리꾸미개를 꾸몄다.

여러 신선들이 모여들 것을 생각해 보니, 상계에 거처하던 누각이 오히려 비좁게 느껴졌다. 푸른 난새가 옥비玉妃의 수레를 끄는데 깃으로 만든 일산이 앞서고, 백호가 조회에 참석하는 사신을 태웠는데 황금 수실이 그 뒤의 먼지를 따랐다. 유안劉安이 경전을 옮겨 전하자 두 용이 책상 위에서 태어나고, 희만姬滿이 해를 쫓아가자 팔방의 바람이 산비탈에 머물렀다.

새벽에 상원부인(*상원갑자 제1대환인천제 황후 막지)을 맞아들이자 푸른 머리는 세 갈래 쪽이 흩어졌고, 낮에 상제의 따님을 만났더니 황금 북으로 아홉 무늬 비단을 짜고 있었다. 요지瑤池의 여러 신선들은 남쪽 봉우리에 모였고, 백옥경의 여러 임금들은 북두칠성에 모였다.

당종唐宗은 공원公遠의 지팡이를 밟아 우의羽衣를 삼장三章에서 얻었고, 수제手帝는 화선火仙과 바둑을 두며 온 누리를 한 판에 걸었다. 붉은 누각이 높게 지어지지 않았더라면 어찌 편하게 붉은 깃발을 세우고 조회에 참례할 수 있었으랴.

이에 십주十洲에 통문을 보내고 구해九海에 격문을 급히 보내어, 집 밑에 장인匠人의 별을 가두어 놓게 하였다. 목성이 재목을 가려 쓰고 철산鐵山을 난간 사이에 눌러 놓으니, 황금의 정기가 빛을 내고 땅의 신령이 끌을 휘둘렀다. 노반魯般과 공수에게서 교묘한 계획을 얻어내어 큰 풀무와 용광로를 쓰고, 기이한 재주를 도가니에 부리기로 했다.

푸르고 붉은 꼬리를 드리우자 쌍무지개가 별자리의 강물을 들여 마시고, 붉은 무지개가 머리를 들자 여섯 마리 자라가 봉래섬을 머리에 이었다. 구슬 추녀는 햇빛에 빛나고, 붉은 누각이 아지랑이 속에 우뚝했다. 비단 창가에는 유성이 이어지고, 푸른 행랑을 구름 너머에 꾸몄다.

옥기와는 물고기 비늘같이 이어졌고, 구슬계단은 기러기같이 줄을 지었다. 미련微連이 깃대를 받드니 월절月節이 자욱한 안개 속에 내리고, 부백鳧伯이 깃대를 세우자 난초 장막이 삼진三辰에 펼쳐졌다. 비단 창문의 수술을 황금 노끈으로 매듭짓고, 아로새긴 난간의 아름다운 누각을 구슬 그물로 보호하였다.

신선이 기둥에 있어 오색 봉황의 향기로운 누대에서는 기운이 불어나오고, 선녀가 창가에 있어 쌍 난새의 거울 갑에서는 향수가 넘쳐 흐른다. 비취 발과 운모 병풍과 청옥 책상에는 상서로운 아지랑이가 서리고, 연꽃 휘장과 공작 부채와 백은 평상에는 대낮에도 상서로운 무지개가 둘러쌌다. 이에 봉황이 춤추는 잔치를 베풀고, 제비가 하례하는 정성을 펼치게 하였으며, 널리 백여 신령을 초대하고, 널리 천여 성인을 맞이하였다.

서왕모를 북해에서 맞아들이니 얼룩무늬 기린이 꽃을 밟았고,
노자를 함곡관에서 영접하자 푸른 소가 풀밭에 누웠다.

구슬 난간에는 비단무늬 장막을 펼쳤고, 보배로운 처마에는 노을빛 휘장이 나직하게 드리웠다. 꿀을 바치는 왕벌은 옥을 달이는 집에 어지럽게 날고, 과일을 머금은 안제鴈帝는 구슬을 바치는 부엌에 드나들었다.

쌍성의 나전羅鈿 피리와 안향晏香의 은쟁銀箏은 균천鈞天의 우아한 곡조에 맞추고, 완화婉華의 청아한 노래와 비경飛瓊의 아름다운 춤은 하늘의 신령스런 소리에 얽혔다. 용머리 주전자로 봉황의 골수로 빚은 술을 따르고, 학의 등에 탄 신선은 기린의 육포 안주를 바쳤다. 구슬 돗자리와 옥방석의 빛은 아홉 갈래의 등불에 흔들리고, 푸른 연과 하얀 복숭아 소반에는 여덟 바다의 그림자가 담겼다. 구슬 상인

방에 글이 없는 것만이 한스러웠다.

그래서 신선들에게 노래를 바치게 하였지만, 청평조淸平調를 지어 올렸던 이백李白은 술에 취해서 고래등을 탄지 오래이고, 옥대玉臺에서 시를 짓던 이하李賀는 사신蛇神이 너무 많아서 탈이었다. 새로운 궁전에 명銘을 새긴 것은 산현경山玄卿의 문장 솜씨인데, 상계에 구슬을 아로새길 채진인蔡眞人은 이미 세상을 떠났다.

스스로 삼생三生의 티끌 세상에 태어난 것이 부끄러운데, 어쩌다 잘못되어 구황九皇의 서슬 푸른 소환장에 이름이 올랐다. 강랑江郎의 재주가 다해서 꿈에 오색찬란한 꽃이 시들었고, 양객梁客이 시를 재촉하니 바리에 삼성三聲의 소리가 메아리쳤다. 붉은 붓대를 천천히 잡고 웃으며, 붉은 종이를 펼치자, 강물이 내달리듯, 샘물이 솟아나듯 글이 지어졌다. 자안子安의 이불을 덮을 필요도 없었다. 구절이 아름다운데다 문장도 굳세니, 이백의 얼굴을 대해도 부끄러울 것이 없었다. 그 자리에서 비단 주머니 속에 있던 신령스러운 글을 지어 올리고, (백옥루에) 두어서 선궁仙宮의 장관을 이루게 하였다. 쌍 대들보에 걸어 두고서 육위六偉의 자료로 삼는다.

어영차 떡을 들보 동쪽에 던지노니 /拋梁東。
새벽에 봉황을 타고 요궁瑤宮에 들어갔더니/曉騎仙鳳入珠宮。
날이 밝으면서 해가 부상扶桑 밑에서 솟아올라/平明日出扶桑底。
붉은 노을 일만 올이 바다를 붉게 비추네/萬縷丹霞射海紅。

어영차 떡을 들보 남쪽에 던지노니/ 拋梁南。
옥룡이 아무 일 없어 연못 물이나 마시니/玉龍無事飮珠潭。
은평상 꽃그늘에서 낮잠을 자다 일어나/銀床睡起花陰午。
웃으며 요희瑤姬를 불러 푸른 적삼을 벗기게 하네./唉喚瑤姬脫碧衫。

어영차 떡을 들보 서쪽에 던지노니/ 拋梁西。
푸른 꽃에 이슬이 떨어지고 오색 난새가 우는데/碧花零露彩鸞啼。
옥자玉字를 수놓은 비단옷 입고 서왕모를 맞아/春羅玉字邀王母。
학을 타고 돌아가니 날이 이미 저물었네./鶴馭催歸日已低。

어영차 떡을 들보 북쪽에 던지노니/ 抛梁北。
북해가 아득해서 북극성이 잠기고/溟海茫洋浸斗極。
봉새의 깃이 하늘을 치니 그 바람에 물이 치솟네./鵬翼擊天風力掀。
구만리 하늘에 구름이 드리워 빗기운이 어둑하네./九霄雲垂雨氣黑。

어영차 떡을 들보 위에 던지노니/抛樑上。
새벽빛이 희미하게 비단 장막을 밝히고/曙色微明雲錦帳。
신선의 꿈이 백옥 평상에 처음으로 감도는데/仙夢初回白玉床。
북두칠성의 국자 돌아가는 소리를 누워서 듣네./臥聞北斗廻杓響。
어영차 떡을 들보 아래에 던지노니/ 抛樑下。
팔방에 구름이 어두어 날 저문 것을 알고/八垓雲黑知昏夜。
시녀들이 수정궁이 춥나고 아뢰네./侍兒報道水晶寒。
새벽 서리가 벌써 원앙 기와에 맺혔네./曉霜已結鴛鴦瓦。

엎드려 바라오니, 이 대들보를 올린 뒤에 계수나무 꽃은 시들지 말고, 아름다운 풀도 사철 꽃다워지이다. 해가 펴져 빛을 잃어도 난새 수레를 어거하여 더욱 즐거움 누리시고, 땅과 바다의 빛이 바뀌어도 회오리 수레를 타고 더욱 길이 사소서. 은빛 창문이 노을을 누르면 아래로 구만리 미미한 세계를 내려다 보시고, 구슬문이 바다에 다다르면 삼천년 동안 맑고 맑은 뽕나무 밭을 웃으며 바라보소서. 손으로 세 하늘의 해와 별을 돌리시고, 몸은 구천의 바람과 이슬 속을 노닐게 하여지이다. (장달수)

난설헌 허초희가 여덟 살의 어린 나이에 지었다고 하는 믿기 힘든 것으로 이 상량문을 짓고 난 후 신동이라 불려지게 되었는데 이것은 목판본『난설헌집』에 유일하게 전하는 산문으로 동생인 교산 허균이 1605년 충천각에서 석봉 한호에게 부탁하여 그의 글씨로 써서 1차로 간행되었습니다. 이 목판본은 1606년 우리나라에 왔던 중국 사신 주지번에 의해 중국으로 건너갔으며, 1608년 4월에 간행된『난설헌집』에 실려 있을 뿐, 원본 글씨나 목판을 찾을 수 없고 탁본만 국내에 전한다. (장정식)

이러한 천상세계 상상과 지식으로 주옥같은 시詩를 남긴 난설헌 허초희는 화담 서경덕 문하인 아버지 허엽, 오빠의 스승, 서얼 이곡, 오라버니인 하곡 허봉의 자상한 얘기와 학문연마 모습을 옆에서 배우기 시작한 것으로 여겨져 다시금 그 정신과 문학세계가 넓고 시대를 초극하여 범상치 않음을 알게 한다.

● 서경덕 1489년~1546년

"죽고 사는 이치는 이미 알고 있은 지 오래이다", 대표작《화담집》,

조선 중종 · 인종 때의 유학자. 황진이, 박연폭포와 함께 송도삼절로 불렸다. 가난한 집에서 태어나 독학으로 어렵게 공부했으나 벼슬길에도 나아가지 않고, 일생을 송도 화담에서 초막을 짓고 청빈하게 살며 학문에만 정진하며 살았다. 유학의 근본 입장에서 받아들여질 수 없는 기일원론을 주장하여 퇴계 이황의 격렬한 비판을 받았다. 그러나 율곡 이이는 독서에만 의존하지 않고 스스로 연구하고 탐구하는 서경덕을 높이 평가했다. 저서에는 시문집인《화담집》이 있다.《토정비결》의 저자 이지함과 허균의 아버지 허엽을 제자로 두었다. 1578년 선조는 그를 우의정에 추증하고, 문강(文康)이라는 시호를 내렸다. ⓒ 평단문화사

공자의 묘에 들어가는 꿈을 꾸고 낳다: 서경덕의 호는 화담花潭-자신이 생활한 지역이름에서 따 왔다. 송도(현재의 개성) 사람이다. 그의 조상은 대대로 개풍군(현재 개성직할시의 한 군으로 재편성됨) 풍덕(고려 태조의 무덤인 현릉과 박연폭포 등의 명승고적이 있음)에서 살았다. 아버지 서호번은 낮은 벼슬에 있었다고 하나, 남의 땅을 소작하여 생계를 꾸려나간 것으로 보아 녹봉도 받지 못한 것 같다. 그럼에도 성품이 정직하여 소작료를 속이지 않고 꼬박꼬박 내어 지주는 확인해보지도 않고 받았다고 한다. 서호번은 개성에 사는 한씨에게 장가를 든 까닭에 개성에 옮겨와 살았는데, 한번은 개성에 큰불이 나서 그의 집에까지 옮겨 붙었다. 이때 그가 향을 사르고 축문(祝文)을 지어 "저는 평생에 감히 의롭지 않은 일을 한 적이 없습니다" 하고 하늘에 아뢰자, 갑자기 바람이 일어 불이 붙은 초가지붕을 걷어버렸다. 이에 대해 사람들은 이 집안사람들이 여러 대에 걸쳐 쌓은 덕에 하늘이 감응했다고 입을 모았다. 그의 어머니가 공자의 묘에 들어가는 꿈을 꾸고 그를 임신했다고 하며, 그 때문인지는 몰라도 서경덕은 어려서부터 대단히

총명하고 영특했다. 그러나 집안 형편 때문에 14세가 되어서야 비로소 유가 경전을 배웠고, 또 정해진 스승이 없었기 때문에 어떻게 보면 자기 자신의 노력으로 학자가 된 사람이라고 할 수 있다.

종달새가 하늘을 나는 이치: 서경덕은 궁리하지 않은 채 책을 읽는 것은 소용없는 일이라 생각하여 잘 모르는 글자는 벽이나 천장에 써붙여 놓고 하나씩 사색하며 연구해나갔다. 가령 하늘의 이치를 알고 싶으면 '하늘 천天' 자를 벽에 붙여놓고 문을 잠근 채 한없이 그 글자를 바라보며 이치를 생각하고, 또 땅의 이치를 알고 싶으면 '땅 지地' 자를 붙여놓고 계속 궁리해나가는 그런 식이었다. 그는 훗날 이렇게 말했다.

"나는 좋은 스승을 만나지 못했기 때문에 스스로 많은 노력을 기울여야 했다. 하지만 후세 사람이 내 말에 따라 공부를 한다면 나와 같이 힘들이지 않아도 학문에 통달하게 될 것이다."

그가 《상서》(《서경》을 다르게 일컫는 말)를 공부할 때 서당의 훈장은 "선생도 잘 몰라 뒤로 물러앉은 것을, 이 아이는 홀로 깊이 생각하여 십오 일 만에 알아냈도다!"며 탄복할 정도였다.

16세 때에는 《대학》을 읽어 그 뜻을 깨우치고는, 기쁨을 이기지 못해 눈물을 흘렸다. 이렇게 공부에 열중할 때면 그는 밥을 먹어도 맛을 몰랐고, 길을 걸어도 어디를 갈지 몰랐다. 어디 그뿐인가? 며칠씩 잠을 자지 않는가 하면, 조금 눈을 붙이는 중에 꿈속에서 풀지 못한 이치를 알아내기도 했다.

한 번은 어머니가 그를 불러 밭에서 푸성귀를 좀 뜯어오라고 시킨 일이 있었다. 그러나 그가 돌아왔을 때, 광주리에는 푸성귀가 얼마 들어 있지 않았다. 어머니가 그 이유를 묻자 그는 "종달새가 땅에서 하늘로 날아오르는 것을 보고, 하루 종일 그 이유만 생각하다 보니 푸성귀 뜯는 걸 잊어버렸습니다"고 대답했다. 그 후로도 며칠 동안 계속 어두워진 후에야 집에 돌아오자 부모는 재차 그 까닭을 물었고 그는 이렇게 말했다. "저는 나물을 캐다가 새끼 새가 날아오르는 것을 보았습니다. 첫 날은 땅에서 한 치를 날고, 다음 날은 두 치, 그 다음 날은 세 치를 날다가 차차 하늘을 날아다니게 되었습니다. 새끼 새가 나는 것을 보고 그 이치를 곰곰이 생각해 보았으나 터득하지 못하여 나물도 얼마 못 캐고 늦게 돌아왔습니다." 이 어린 소년의 종달새에 대한 관찰과 회의懷疑는 훗날 이른바 기철학氣哲學을 확립하는 데 중요한 소재로 작용한다.

벼슬에 나가지 않고 은둔하다: 서경덕은 몇 년 동안 계속된 지나친 독서와 사색 탓으로 과로가 겹쳐 다시는 책을 읽을 수 없을 정도로 몸이 상하고 말았다. 문지방을 넘지 못할 정도로 몸이 쇠약해지자 사색을 그만두기로 마음먹은 적도 있었다. 그러나 워낙 천성적으로 탐구심이 강해 스스로도 억제할 수가 없었다. 결국 21세 때에는 학업을 포기하고 전국 곳곳의 명산 등지를 찾아다니며 몸을 회복하는 데 힘써야 했다. 서경덕은 25세 때에 이미 전국의 대학자들 사이에서 이름을 날릴 정도였으며, 많은 사람들에게서 존경을 받았다. 조광조는 현량과를 신설하여 인재 120명을 선발하면서 서경덕을 제 1로 추천했다. 그러나 그는 이를 거부했다. 또 조정에서는 과거를 보지 않은 그에게 한때 벼슬을 천거했지만, 서경덕은 벼슬에 뜻을 두지 않았다. 쌀이 떨어져 며칠씩 굶고 지내는 판인데도 조정의 녹봉에는 전혀 관심이 없었다. 당시 조정에서는 고려 왕조에 대한 향수가 짙은 개성 사람들을 소외시켰다. 또 문벌을 자랑하는 양반이 주름 잡던 시절이었는데 보잘것 없는 문벌의 그에게 벼슬을 천거한 것은 보통 대우가 아니었다. 그러나 서경덕은 아예 초야(草野)에 묻혀 산천(山川)과 벗하고 지내기로 작정하고, 34세에 유람을 떠났으며 속리산, 변산을 거쳐 지리산에 올랐다.

얼마 후, 서경덕은 제자 이지함을 데리고 지리산을 다시 찾았다. 이때 그들이 만난 사람은 지리산 언저리에서 은거하고 있던 대곡 성운각과 남명 조식 이었다. 성운과 조식은 조정에서 내리는 벼슬을 거절하고 철저하게 은둔자적 삶을 살던 선비들이었다. 이들은 서로 어울려 시와 술을 주고받았고, '벼슬에 나가지 않고 산에 묻혀 사는 삶'의 의미를 노래했다.

성균관을 뛰쳐나오다: 이렇게 자연을 벗 삼아 은둔 생활을 하던 서경덕도 어머니의 간곡한 부탁을 뿌리치지 못해 43세에 과거장으로 나갔다. 참으로 그의 이상에 걸맞지 않은 행동이었지만 어쨌든 생원시에 합격했다. 생원시에 합격하면 누구나 성균관에 들어가 앞으로의 벼슬살이에 대비한 훈련을 받아야 했으므로 그 역시 성균관에 들어가기는 했다. 그러나 그는 성균관에서 별로 인정받지 못했

다. 어수룩한 행동과 촌스러운 몸가짐이 세련된 권문세가 자제들의 눈에 좋게 비쳤을 리가 없었다. 개성 무지렁이로 따돌림을 받았는데, 다만 생원시에 장원으로 합격하고 영남의 암행어사가 된 이담이라는 사람이 그에게 호의를 보여 뒷날 칭송을 받았다고 전한다. 결국 서경덕은 성균관에서 뛰쳐나옴으로써 벼슬자리에 나가는 것을 포기했다. 개성으로 돌아온 그는 송악산 자락의 화담에 자리를 잡았다. 그곳에 초막을 짓고 못다 한 학문에 정진했다. 이때부터 '화담 선생'이라는 별호가 그에게 붙여졌다. 그의 소문은 널리 퍼져 개성 일대는 물론이요, 서울에서까지 제자들이 몰려 들었다. 학문에 정진하는 그의 모습은 참으로 성자와 같았다. 어느 날 제자 강문우가 쌀을 짊어지고 가보니 스승이 화담 위에 앉아서 한낮이 되도록 사람들과 이야기에 열중하고 있었다. 사람의 마음을 감동시키는 열변을 계속하는데도 얼굴에는 조금도 피곤한 기색이 보이지 않았다. 강문우는 짚이는 것이 있어 부엌에 들어가 부인과 이야기하는데, 부인은 "어제부터 양식이 떨어져 밥을 짓지 못했습니다"고 말했다.

한 번은 제자 허엽이 그를 찾아갔는데 장마가 계속되다 보니 화담의 집으로 건너가는 냇물이 불어나 있었다. 엿새 동안 기다린 끝에 마침 냇물이 조금 줄어들어 건너가니 화담은 태평하게 거문고를 타며 글을 읊고 있었다. 인사를 마친 허엽이 저녁밥을 지으러 부엌으로 들어가자, 화담은 "나도 저녁을 먹지 않았으니 내 밥도 지어라"고 말했다. 허엽이 솥뚜껑을 열어 보니 솥 속에 이끼가 가득 끼어 있었다. 허엽이 "왜 솥에 이끼가 끼어 있습니까?" 하고 물으니, 서경덕은 "물에 막혀 집사람이 엿새째 오지 않아서 그랬나보다"고 말했다.

황진이의 유혹: 세상 사람들이 화담을 존경한 것은 그의 학문상의 업적보다도 고결한 성품 때문이 아닌가 싶다. 황진이가 화담을 여러 번 유혹했으나 끝내 성공하지 못했다는 이야기는 너무나 유명하다. 개성 출신의 명기 황진이는 원래 진사의 서녀였다. 사서삼경과 시서, 음률에 모두 뛰어났으며 특히 용모가 빼어났다. 15세 무렵 이웃 총각이 자기를 연모하다가 상사병으로 죽자 기녀가 되어, 시를 짓는 탁월한 재주와 아름다운 용모로 문인들을 매혹했다. 그중 10년 동안 수도에 정진하여 '살아 있는 부처'라 불리던 천마산의 지족 선사를 유혹하여 파계시켰다는 이야기도 있다.

이어 당대의 대학자인 화담을 유혹하기 위해 어느 비 오는 날, 얇은 가사(袈裟)를 걸치고 그의 집으로 향했다. 빗물에 흠뻑 젖은 옷이 아리따운 몸에 달라붙어 그야말로 맨몸이나 다름 없었다. 그녀는 온갖 교태를 부리며 화담의 손을 끌어당겼으나, 그는 끝내 요지부동이었다. 이에 황진이가 말했다.

"지족 선사는 나의 농락으로 이전에 쌓았던 공을 하룻밤 사이에 허물어뜨리고 말았다. 그러나 화담 선생은 내가 가까이한 지 여러 해가 되었건만 그 분의 마음과 몸을 어지럽히지 못했다. 그야말로 참 성인(聖人)이시로다!" 이후 개성 사람들은 황진이와 박연폭포, 화담을 묶어 송도의 세 가지 빼어난 것, 즉 '송도삼절'이라 불렀다.

화담의 임종은 실로 도학자다웠다. 그는 2년 가까이 병상에 누워 있다가 죽기 직전 시자(侍者)에게 업혀 화담으로 갔다. 그곳에서 목욕하고 돌아와 세상을 떠나니 때는 1546년 7월 7일, 그의 나이 57세였다. 임종할 때에 한 제자가 "선생님! 지금 심정이 어떻습니까?" 하고 물었다. 이에 화담은 "죽고 사는 이치를 이미 알고 있은 지 오래이다. 마음이 편안할 뿐이다"고 했다.

철학 속으로: 서경덕은 북송의 성리학자 장재의 영향을 받아 기(氣)가 만물의 근원이라고 보는 기일원론을 주창함으로써 주리론(主理論)으로 기울어가는 당시의 학계에 큰 충격을 주었다.

서경덕에 따르면, 천지 만물은 모두 기로 말미암아 생성되는 물질적 실체이다. 깨끗하게 비어 있는 선천(先天)의 기는 본래 하나이긴 하나 그 하나는 둘을 낳고, 둘은 그 자체의 능력으로 변화의 작용을 일으켜 나간다. 여기에서 말하는 둘은 곧 음양과 동정(움직임과 정지), 감(坎, 달과 물)과 이(離, 해와 불) 등을 가리킨다. 하나의 기가 나뉘어 음양이 될 때 양이 변화의 극치를 이룬 것은 하늘이 되고, 음이 모이고 응결한 것의 극치는 땅이 된다. 또 양의 정수가 모여 해가 되고, 음의 정수가 모여 달이 된다. 나머지 기운들이 하늘에서는 별이 되고, 땅에서는 물과 불이 된다.

화담은 이처럼 선천(先天)에서 후천(後天)으로 옮겨가는 과정을 기의 운동으로 파악했다. 그리고 이 기의 운동은 다른 어떤 것에 의해 좌우되는 것이 아니라 기(氣) 스스로 능히 그것을 일으킨다고 보았다. 결국 화담은 모든 운동과 변화의 원인을 기 자체에 두고, 기의 모임과 흩어짐을 통해 현상계를 설명함으로써 이(理)라는 관념적 존재의 실재성을 부인했다. 그에 따르면 이는 기가 취산(모이고 흩어짐)하는 법칙에 불과한 것으로, 기에 부수된 이차적 존재일 뿐이다. 만물의 근원은 기이며, 따라서 인간의 존재와 인간의 정신, 지각까지도 기의 모임과 흩어짐에 의해 설명이 가능하다.

그런데 이 물질적인 기는 시작도 종말도 없으며, 창조나 소멸도 없다. 따라서 구체적인 사물은 소멸되어도 그를 구성하고 있는 물질적인 기는 흩어질 뿐 소멸되지는 않는다. 이와 같은 그의 견해는 이(理)를 기(氣)에 선행하는 1차적 존재라고 주장한 주희(주자)의 견해와는 뚜렷이 구분되는, 독창적인 것이었다. 나아가 그는 귀신이나 죽음의 문제도 기의 모임과 흩어짐으로 설명함으로써 당시 성행하던 풍수지리설과 같은 미신을 배척했다. 결국 기일원론적인 그의 유물론적 사고에 의해 불교의 공(空)이나 노교의 무(無), 기타 미신적인 귀신관 등은 설 땅을 잃게 되었다. 현실 문제에도 관심을 가져, 왕릉이나 기타 묘지가 무분별하게 지정되고 확장되는 데 따른 폐단이나 왕릉의 축조를 위한 돌 채취의 노역 동원을 지적하는 상소를 올렸다. 중종이 죽었을 때에는 생업에 종사하는 백성들의 형편에 맞게 삼년상을 3개월로 고칠 것을 건의하기도 했다. 그러나 그의 기일원론은 유학의 근본 입장에서 받아들여질 수 없었기 때문에 퇴계 이황의 격렬한 비판을 받게 된다.(강성률)

⧗ 화담 서경덕-허엽-허봉, 난설헌, 균의 도가적 가풍

…

"임금 앞에서도 주눅 들지 않고 자신의 소신을 당당하게 말하는 작은오빠 허봉을 그미는 피붙이를 넘어 존경하였다. 거침이 없는 말수와 논리 정연한 사물에 대한 사고를 하는 훤칠한 오빠 허봉은 12살 위로 때로는 학문에 대해 열띤 토론까지 벌이곤 하였다. 그럴 때마다 문득문득... 오빠를 빤히 쳐다보기도 하였다. 허봉은 명나라 사신으로 갔다 올 때마다 초희에게 상아빗과 화장품, 그리고 거울 등을 사다 주었다. 그럴 때면 그미는 "오빠, 소녀는 어머니가 쓰시는 동백기름을 바르고 창포물에 머리를 감으면 돼요! 명나라 사대부들이 많이 읽은 책을 사다 주세요!" 라고 지적 호기심을 서슴없이 말하였다. 그럴 때면 허봉은 기쁘면서도 걱정스런 표정으로 초희를 바라보았다. 저 영리하고 재기발랄한 것을 어느 사내가 감당해 낼까 걱정이 앞섰다.

아무튼 허난설헌은 안동김씨 집안에서 (난설헌이 죽은 해에야 비로소 과거에 급제하는 가장 불민한) 김성립과 결혼하여, 건천동(현 명동 근처) 친정에서 3일을 묵은 후 시집인 옥인동으로 들어갔다. 난설헌은 거문고를 키는 것보다 붓으로 글쓰기를 즐겼으며 비단에 수 놓는 것보다 말 타고 석성을 달리는 것을 선호했던 그미는 날개 꺾인 봉황이 되어–여느 양반 규수들처럼 별당에 갇히듯 살게 되었다.

(시대를 4백년정도 앞서 태어났다.) 그미의 꿈은 꿈으로 끝날 현실이 되어 버렸다. 초희는 어릴 때 소학 · 대학 · 논어 · 중용 등을 탐독하여 학문의 세계가 남자로 태어났으면 과거를 봐 장원급제 했었으리라!

'하늘하늘 창 아래 난초 잎/ 가지와 잎 어찌 그리도 향기로운가/
하늬바람 한번 스치면/ 시들어 버리니 가을 서리를 슬퍼하노라/
빼어난 고운 빛 시들어 버려도/ 맑은 향기는 끝내 없어지지 않는구나/
그 모습 보면서 내 마음이 아파서/ 눈물이 흘러 옷깃이 젖네...'

〈감우感遇〉

자신의 운명에 대해 은유했음이다. 꿈이 많던 소녀가 별당에 갇힌 신세가 되었으니 그 마음 어찌 상상이나 할 수 있을까? 그미는 진정한 조선판 노라이즘, 아니 페미니즘이었을 것이다. 적자도 서자도 빈자도 부자도 남자도 여자도 천민도 차별이 없는 세상을 꿈꿔 왔을 것이다.

아버지 허엽은 화담 서경덕(徐敬德 · 1489~1546)의 문인으로 도학적 학풍을 이어 받았다. 또한 허엽은 동인 중에서 자유분방한 북인계에 속했으며 안동김씨 김성립은 성리학의 철저한 지킴이 가문 남인계이다. 이처럼 가문이 가지고 있는 학풍이 서로 다른 이들이 결혼하였다. 김성립의 안동김씨 집안은 5대가 문과에 급제한 명문가문으로 시를 쓰는 자유분방한 허난설헌의 집안과는 거리가 멀었다.

당시 결혼은 가문과 가문이 관계를 맺는 풍습으로 결혼 당사자의 생각은 그렇게 중요하지 않았다. 허난설헌과 김성립도 그 중의 한 쌍이다. 난설헌이 김성립이 마음에 들지 않듯이 김성립도 난설헌이 결코 마음에 흡족하지 않았을 것이다. 여자란 남자 품에 쏙 들어와야 하는데 난설헌은 그런 여자가 아니었었다.

오히려 자신을 능가하는 수준의 여자여서 언제나 버거운 상대였다. 계속 실패했었던 과거도 난설헌이 사망한 뒤 힘겹게 급제하였다. 어머니 송씨의 한을 풀었다. 아마 보기 싫은 시나 쓰는 며느리가 없어져 아들이 과거에 급제했다고 생각할지도 모를 가문의 경사가 생겼다.

난설헌이 살아있을 때 김성립이 과거에 급제했다면 며느리 구박이 좀 덜 했을 터인데 그것마저 안돼 그미는 시어머니의 복도 남편의 복도 없는 여자로 결혼생활 13년을 끝냈다. '신선께서 알록달록 봉황새를 타고/ 한밤중 조원궁에 내려오셨네/ 붉은 깃발은 바다 구름에 흩날리고/ 예상 우의곡이 봄바람에 울리네/ 요지 봉우리에서 나를 맞으며/ 유하주 한 잔을 권하시더니/ 푸른 옥지팡이를 빌려주시며/ 부용봉에 오르자고 인도하시네...' ≪부용봉에 오르다≫ (시 옮김. 허경진)

이렇듯 그미는 결혼생활에서 얻지 못하는 꿈을 눈만 감으면 현실처럼 나타나는 신선세계에서 찾았다. 그리고 그곳 신선세계에서 서왕모西王母를 만나고 그곳 세상에서 고추보다 매운 시집살이, 그 시대적 주류 유교 사상세계에서 못 이룬 신선도가적 천상세계 삶의 아름다움과 시의 세계도 마음껏 펼쳤으리라...

하지만 육신이 거처하는 옥인동 시집에선 끝이 없는 갈등이 빚어졌다. 김성립은 초희에게서 얻지 못하는 여자와의 사랑을 제 3의 여자에게서 찾았다. 육체의 희열을 넘어 아이까지 낳아 안방으로 들어오는 사건을 일으켰다. 장남인 김성립에겐 대를 이를 중책이 허난설헌에게 있음을 행동으로 보여주는 가정사이다.

하지만 이 또한 초희가 감내해 내야 하는 여자의 숙명으로 받아들인다. 이런 와중에 아버지 허엽의 비보가 날아든다. 경상북도 감찰사 겸 병마절도사로 임명됐으나 병마로 사퇴하고 귀경길에 상주객관에서 절명(1580년 2월 4일)했다는 절망적인 소식이다.

그미는 서둘러 건천동 친정집으로 갔다. 같은 사대문 안인데 3년 만에 간 친정집이다. 몰라보게 야윈 초희의 모습에 영월댁 김씨는 소스라치게 놀란다. "이게 어떻게 된 일이냐? 네 곱디 고운 선녀같은 모습은 어디가고 이 몰골이 무엇이냐?" 영월댁 김씨는 남편 사망소식보다 딸의 몰라보게 변한 모습을 더 충격적으로 받아들였다. "어머니 저 괜찮아요! 요즘 속이 좀 안 좋아서 그래요..." 그미는 태연하다. 어머니와 같이 표정을 바꾸면 더욱 놀라실까 의연하게 행동하였다. 그것이 초희의 본래 모습이다. 딸은 어미를 쏙 빼 닮는다. 초희도 강릉김씨를 닮은꼴이다. 딸이 어머니를 보면 자신이 늙은 모습이고 어미가 딸을 보면 자기의 젊은 때 모습이다. 초희네 모녀가 지금 그러하다.

모녀는 서로 입만 보고 있다. 무슨 말부터 꺼내야 하나 궁리하는 표정이다. 모녀는 굳게 닫힌 입을 끝내 열지 못하고 뜨거운 눈물만 두 볼로 흘려보내고 있다. 그때이다. 구름 한 점 없는 하늘에서 마른 천둥이 치고 소나기가 쏟아지기 시작했다.

제12장

남북한 공동역사 민속 활용의 컨텐츠화가 참소통 상생 · 첩경
광개토호태왕이 만든 (408년) 벽화 견우직녀도 우주도

직녀는 하늘의 왕비, 견우는 땅의 남자

1. 광개토호태왕이 만든 (408년) 벽화 견우직녀도 우주도 – 직녀는 하늘의 왕비, 견우는 땅의 남자

학생들과 견우직녀도 그리기 | 한국역사를 지킬 용산민족역사공원 74만평 탈사대종교

주제 : 견우와 직녀

작품설명 : 고구려 벽화 〈덕흥리 고분〉 견우와 직녀 고분벽화를 현재의 사랑하는 연인을 흙과 안료 및 혼합재료를 사용하여 액션페인팅(Action painting) 기법으로 완성하였다. 서울미술고등학교 1학년 김다희, 나희원 , 강배훈 , 김민지 ,김예진, 김유영, 김나형, 김유민, 김희영, 강현승, 금예리, 김지소, 백수경, 김경빈, 김보미 협동 작품 지도: 유종회[116)]

★ 북한의 고구려벽화 소재로 남북이 같이, 중국 돈(둔)황시처럼 막고굴 벽화로 연희를 만들어 인기공연을 하듯 하면 유효할 것 같다.

% 중국 둔황시 막고굴은 우리나라 사람에게 인기 있는 관광지이다.

이곳에서 신라 출신 혜초 스님이 쓴 〈왕오천축국전〉이 발견됐기 때문이다.

막고굴은 중국 사람에게도 인기가 많다. 약 천 년에 걸쳐 13개 나라 사람들이 막고굴에 벽화를 그렸다. 벽화 그림에는 불교 경전 내용뿐만 아니라 각 시대 사람들 생활 모습이 담겨 있다.

특히 막고굴이 있는 중국 둔황시는 옛날 중국 사람들이 파미르고원을 지나 유럽 혹은 인도로 향하는 여행을 시작하는 출발점이다. 이곳에서 중국, 페르시아, 아라비아, 인도, 유럽 문화가 교차했다. 그래서 둔황시 벽화에는 세계 여러 나라 사람들 모습과 문화 교류 흔적이 남아 있다. 당연히 한국 문화 모습도 있다. 지금도 중국 둔황시에서 한국 문화 모습을 찾아볼 수 있다.

중국 둔황시는 실크로드를 배경으로 하는 공연을 3개 운영한다. 둔황시의 랜드마크가 〈비파를 들고 춤추는 여인의 모습〉이라는 이름의 동상인데, 이 모습 역시 막고굴 벽화에 있는 모습이다. 이 여인 이야기를 줄거리로 만든 〈비단길에 내리는 꽃비絲路花雨〉라는 춤 공연이 가장 인기이다. 사실 이 공연은 굉장히 유명하다. 베이징 올림픽 개막식에서도 공연했고, 중국에서 열리는 정상회담이나 국제회의에서 지금도 공연된다. 또 중국 국영 텔레비전 CCTV에서 정상 회담 소식을 뉴스로 방송할 때 외국 정상이 이 공연을 보는 화면을 자주 보았다. 그래서 지난 3월 둔황시를 방문할 기회가 있어 이 공연을 보았다. 세 가지 감상이 들었다. 누적관객 400만... **중국 대표 공연 직접 보니**

▲ 중국 둔황시에서 본 '비단길에 내리는 꽃비' 일부. ⓒ 김기동

첫째 이 공연은 중국의 여느 공연과 달리 '쪽수'로 승부를 걸지 않는다. 춤추는 공연자가 약 50여 명 정도이고, 무대 장치도 첨단기술이나 크기로 승부하지 않았다. 최대한 단순화시켰다는 느낌이 들었다.그러니까 오로지 출연자의 춤에만 집중하는 공연이다. 대사나 노래가 전혀 없다. 그래서 막 사이에 간단한 줄거리를 소개하는 영상을 띄운다. 줄거리 자체도 너무 단순하다. 중국어와 영어로 소개하기 때문에 한국사람도 줄거리를 이해하는 데 문제가 없다. 중국 사람보다 외국 사람을 위해 만든 공연이라는 생각이 들었다. 둘째 막고굴에는 시대별로 세계 여러 나라 사람들이 춤추는 모습을 그린 벽화가 다수이다. 이 공연은 벽화 속 춤 모양을 재현해 보여준다. 시대 배경은 당나라이다. 당나라 시대 실크로드를 통해 세계 여러 나라 사람이 그 시대 중국의 수도였던 장안에 왔고, 여기에서 세계 여러 나라 사람들의 춤을 볼 수 있다. 춤에는 문외한인 내가 봐도 출연자들의 모습은 충분히 감동적이다. 둔황시 방문을 예정해 둔 한국 사람 모두에게 추천하고 싶은 공연이다.

▲ 한국 전통 복장을 입은 남녀 출연자. 정가운데를 기준으로 왼편에 서있다. ⓒ 김기동

셋째 가장 재미있는 사실은 한국 전통 복장을 한 두 사람이 공연에 출연한다는 것이다. 막고굴 벽화에는 당나라를 방문한 세계 여러 나라 외교사절의 모습이 있는데, 공연에서도 그때 외교사절들이 각자의 전통 옷을 입고 등장한다. 공연에는 6개 나라 외교사절이 등장하는데, 가장 중간에 있는 나라는 우리나라 외교사절과 페르시아 외교사절이다. 특별히 우리나라와 페르시아 외교사절은 부인과 동행해 남성과 여성이 나오고, 다른 네 개 나라는 남성 외교관만 등장한다. 다만 연극 배경이 당나라 시대이니 고구려, 백제, 신라 중 한 나라의 외교 사신이어야 하는데, 연극 무대에서는 조선 시대 복장을 한 사람이 나온다. 이 공연은 1979년 처음 만들었고 그동안 30여 개 나라에서 공연했다. 현재까지 총 2600회 공연했고 누적 관객 수가 4백만 명이 넘었다고 한다. 중국을 대표하는 공연이라 할 만하다. 이런 공연에서 뜻밖에 한국 전통 복장을 만나 특별히 반가웠다.

([김기동의 차이나 클래스] '누적 관객 400만' 중국 대표 공연, 거기...
2019.04.25 | 오마이뉴스 | 다음뉴스)

2 ★ 남북이 같이 한민족을 지켜온 낭가郎家 조의선인의 흐름을 한 번 영화나 연극으로 엮어 활용하면 민족 청년 정신 교육에 공유소도 생기고 좋겠네요.

한민족을 지켜온 낭가郎家 정신

얼마 전 신문에 충격적인 기사가 실렸다. 한 · 중 · 일 청소년 의식조사의 결과, 우리나라에서 전쟁이 나면 앞장서서 싸우겠다는 청소년이 10명당 1명밖에 안되는 것으로 조사됐다. 이는 일본의 4분의 1에 불과한 것이었다. 나라야 어떻게 되든 내 살길을 먼저 찾겠다는 것이 오늘날 대한민국 청소년들인 것이다. 갈수록 희박해져 가는 국가관. 도대체 왜 이렇게 되었을까?

고려 말 행촌 이암 선생이 쓴 〈단군세기〉 서문에 "나라는 형체와 같고 역사는 혼魂과 같으니, 형제가 그 혼을 잃고서 어찌 보존될 수 있으리요."라는 말씀이 있다. 이 모든 것은 국가와 민족에 대한 의식이 부족한 탓이고, 이는 또한 잘못된 역사교육에서 비롯된다 해도 과언이 아닐 것이다.

하지만 우리의 민족성은 본래 그렇게 나약하지 않다. 그 옛날 인류의 시원문명을 열고, 동방문명의 종주국으로서 동북아 대륙을 누비던 우리가 아니던가. 지금은 비록 협소한 한반도에서 살고 있어 의식마저도 위축되었지만 수천 년 세월 동안 수많은 전쟁과 외침 속에서도 영토와 민족을 보존할 수 있었던 것은 우리 한민족의 정신과 저력을 보여주는 산 증거가 아닐 수 없다. 그 저력의 실체는 무엇일까?

낭가의 뿌리와 맥

한민족의 지나온 역사를 살펴보면, 역동하는 우리 역사의 중심에는 겉으로 드러나지는 않지만 끊일 듯 끊이지 않는 생명력으로 위기의 순간마다 민족을 구원했던 알캥이 정신이 있다. 그것은 한마디로 '낭가郎家의 역사 창조 정신'이라 할 수 있다. 하늘의 뜻을 받들어 이 땅에 광명 세상을 열고자 했던, 우리 민족 본래의 이상을 역사속에 실현하고자 했던 낭가郎家 정신이 한민족사의 심장 속에서 언제나 고동치고 있었기 때문이다.

낭가란 무엇인가? 이는 우리 역사의 뿌리인 환국시대로부터 시작된 한민족 고유의 선맥仙脈이며 선문도량仙門道場이라 할 수 있다. 단재 신채호 선생은 낭가의 상무정신이 인류의 뿌리종교인 신교의 삼신문화에서 비롯되었다고 역설하였다.

오늘날 결혼하는 남자를 '신랑新郎'이라 부르는데, '랑郎'이란 본래 지금처럼 일반 사내를 일컫는 말이 아니었다. 『환단고기』에는 '삼랑三郎'이란 본래 '삼신을 수호하는 관직三神護守之官'이라고 하였다. 이들은 삼신三神의 가르침, 즉 신교神教로서 백성을 교화하여 다스리던 배달 환웅 때부터의 진리 수호자들로서, 삼신하느님과 민족신에 대한 제사를 주관하던 사람들이었다.

이들은 개인적 영달이나 깨달음을 추구하는 것이 아닌, 천지의 도를 닦으며 나라와 민족을 지키는 것을 천업天業으로 삼은 도꾼道軍이었다. 역사적으로 이들을 선가仙家나 도가仙家라 부르지 않고 낭가郎家라 불러온 이유가 여기 있다. 나라가 위기에 처했을 때 살신하여 나라를 지킨 민족의 수호자들이며, 또한 새로운 세상을 여는데 앞장을 섰던 역사 개창의 주역들이었다.

흔히 '낭가'라 하면 신라시대의 화랑도를 떠올린다. 그러나 낭가가 역사에 등장한 것은 그보다 훨씬 이전인 6000여 년 전 환국시대 말, 배달 환웅과 함께 동방문명 개척의 선구자가 된 3000 제세핵랑濟世核郎으로부터 시작되었다.

배달 환웅께서 신시神市를 여실 때의 개국이념은 일신강충一神降衷, 성통광명性通光明, 재세이화在世理化, 홍익인간弘益人間이다. 하나님이 참 마음을 내려주셨으니, 너의 본성이 광명을 통하게 하고, 삼신의 진리로 세상을 다스리고 교화하여 인간세계를 널리 이롭게 하라는 뜻이다. 이는 인류의 시원문명을 열었던 우리 민족에게 본래 주어진 지상천명이며, 또한 장차 우리가 반드시 이루어야 할 과제이다.

배달시대로부터 비롯된 이 낭가정신은 근대까지도 우리의 역사 속에서 면면히 이어져 내려왔다. 배달국 이후 단군조선의 **13세 흘달 단군은 미혼의 자제들에게 독서와 활쏘기를 익히며 심신을 단련하게 했는데, 이들을 '국자랑國子郎'이라 했다.**

이들이 출행할 때에는 머리에 천지화(天地花, 무궁화)를 꽂았기 때문에 천지화랑天地花郎이라고도 불렀다. 신라의 '화랑'도 단군조선의 이 제도를 되살린 것이라 여겨진다.

이후 고구려의 조의선인衣仙人, 신라의 화랑花郞, 백제의 무절武節에 이어 고려 중기까지 그 명맥이 이어져 왔다. 그러다 '묘청의 난' 때 국풍파國風派가 유학파儒學波에 패한 후로 사대주의의 소한사관에 혼을 빼앗기면서 낭가는 역사의 뒤안길로 사라지게 되었다.

그러나 그 정신만은 우리 문화의 원형으로 깊이 뿌리를 내려 조선시대의 '선비정신', '동학운동', 구한말 '항일독립운동'과 '3.1운동' 등 민족의 위기 때마다 낭가의 의기를 떨쳐 그 맥을 이어왔다.

위기 때마다 나라를 구한 낭가

최근 SBS드라마 〈연개소문〉에 머리를 깎고 검은 옷을 입고 일사분란하게 움직이는 이들이 등장하는데, 이들이 바로 고구려의 '조의선인'이다.

고구려에서 조의선인이 제도화된 것은 9대 고국천열제(재위 179~197)때이다. 당시 국상國相으로 등용된 을파소는 나이 어린 영명한 준재들을 뽑아 '선인도랑仙人徒郎'으로 삼았다. 이 가운데 교화를 주관한 자를 '참전參佺'이라 하고, 무리 중에 계율을 잘 지키는 자를 선발하여 삼신을 섬기는 일을 맡겼다. 한편 무예를 관장하는 자는 조의라 하여 국가의 법을 잘 지키고, 나라의 공적인 일을 위해서는 몸을 던져 앞장서도록 하였다.

『태백일사』「고구려국본기」에는 을파소가 조의선인에게 말한 가르침을 다음과 같이 기록하고 있다.

"신시神市 시절에 세상을 신교의 진리로 다스려 교화할 때理化之世는, 백성들의 지혜가 열림으로 인해 날로 지극한 치정의 시대에 이르렀느니라. 이것이 만세에 걸쳐 가히 바꿀 수 없는 치정의 표준이 된 까닭이니라. 그러므로 참전들에게는 그들이 지켜야 할 계율을 두어參佺有戒 상제님의 성신聖神을 받아 백성을 교화시키고聽神以化衆, 한맹寒盟을 맞이함에 계율을 두어 하늘을 대행해 공덕을 완수하도록 하느니라. 모두가 자발적으로 심법을 바르게 갖고 일심을 다해 앞으로 이루어야 할 공덕에 대비하도록 하여라."

조의선인은 단순히 무예만을 닦아서 나라를 구하려 했던 조직이 아니었다. 그들은 심법을 닦아 조화造化, 교화敎化, 치화治化의 삼신 상제님의 뜻을 지상에 구현하는 것을 궁극 목표로 삼았다. 오늘의 군인정신과는 비교도 안 되는 우리의 진정한 민족정신이며, 역사를 이어온 혼인 것이다.

조의선인은 선배 또는 선비로도 불렸는데, 단재 신채호 선생에 의하면 '선배'라는 것은 고구려의 10월 제전 때 군중 앞에서 무예를 선보인데서 비롯되었다고 한다. 이 경기에서 승리한 사람을 '선배'라 불렀고, 이들은 국가에서 급료를 받아 생활하면서 무예와 학문을 닦았다1). 전시에는 이들이 자체 부대를 조직하고 전장에 나가 정예군으로 활동했다. 이들은 머리를 박박 깎고 검은 옷을 입었으므로, 이들의 독특한 외양 때문에 고구려와 전쟁을 하였던 수, 당의 병사들은 이들을 승군僧軍으로 착각하기도 했다.

단재 선생은 선배의 활동에 대해서 다음과 같이 썼다.

"선배가 된 사람은 각기 편대를 나누어 한 집에서 먹고 자며, 앉으면 고사故事를 외우고講 학예를 익히며 나가면 산수를 탐험하거나 성곽을 쌓거나 도로를 닦고 군중을 위하여 강습講習하거나 일신一身을 국가와 사회에 바쳐 모든 어려움困苦을 사양치 않았다."

이들은 비교적 어린 나이에 나라에 뽑혀 국통수호의 최일선에 섰다. 을파소나 명림답부, 을지문덕 등 고구려 역사에 이름을 남긴 이들이 모두 조의선인들이었다. 이를 보면 우리가 흔히 말하는 선비란 바로 이들이 가지고 있는 덕성과 실천력에 뿌리를 두고 있음을 알 수 있다. 그러나 조선시대 이후 선비란 말이 사대부 유학자를 가리키는 용어로 변질된 것은 아쉬운 일이 아닐 수 없다.

고구려 이후 신라의 진흥왕은 나라를 일으키기 위해 반드시 '풍월도風月道'를 먼저 일으켜야겠다 하고 덕을 행하는 자를 모아 화랑을 조직하고 그 우두머리를 '국선國仙'이라 하였다.

김유신, 사다함, 김흠운, 관창 등 신라의 현자賢者와 충신, 명장名將과 용맹스런 군사들이 모두 화랑출신이다. 이들의 무용담은 신라인들에게 귀감이 되었고, 비록 망국통일이긴 하지만 삼국을 통일하는 원동력이 되었다.

신라 이후로도 화랑을 되살리려는 노력이 끊이지 않았다. 고려시대에는 이지백에 의하여 '화랑을 중흥시키자'는 논쟁이 있었으며, 고려 곡송穀宗은 "국선國仙이 묻혀 있는데, 다시 열어라"는 조서詔書를 내리기도 했다.

고려 때, 몽고에 항복을 거부하며 끝까지 항쟁했던 삼별초三別抄는 낭가정신의 표상이다. 삼별초의 무인정신 또한 민족수호 의식에서 나온 것이니 두고두고 한민족의 사표가 되어 왔던 것이 아닌가?

다시 일으켜야 할 한민족의 혼

그러나 이러한 낭가정신은 외부에서 들어온 불교에 이어 유교의 사대주의 사상으로 그 명맥을 잃어갔다. 중화사상은 우리의 뿌리 역사를 은폐시키고 왜곡시키면서 낭가가 설 자리를 잃게 했다. 그중 치명적인 사건은 민족의 뿌리 역사를 기록하고 정통사상을 바탕으로 쓰인 민족사서들이 국가의 정책으로 소멸의 길을 걷게 되었다는 것이다. 그 예로『세조실록』에 보면 "안함로, 원동중이 쓴『삼성기』三聖記란 책을 갖고 있는 이는 나라에 바치라. 그 사람에게는 벼슬과 상을 내리리라."는 교지를 전국에 내렸다는 기록이 있다. 그 후로『삼성기』는 나라에서 자취를 감추었다. 그러다 20세기 초 계연수에 의해 편찬된『환단고기』에 의해서 비로소 다시 빛을 보게 된다.

그러나 1000여 년에 걸친 외래종교의 억압 속에서 민족사관은 좁은 반도 중심으로 축소되어, 지금은 민족을 말하고 민족의 정통 사상을 이야기하면 오히려 국수주의란 말을 듣는 기이한 세상이 되었다.

중국의 한족으로부터 고구려를 지켜낸 이가 낭가였으며, 신라가 삼국을 통일하게 된 것도 낭가가 있었기 때문이다. 오늘날, 민족의 역사와 혼을 잃고 역사교육의 부재로 민족의 정체성마저 상실해 가고 있는 우리 대한민국을 다시 일으킬 이는 누구인가? 우리 속에 잠재된 낭가정신을 되살려 우리 역사를 회복하고, 광명개천의 천명을 오늘에 다시 실현할 이는 누구인가?

그것은 바로 인존으로 오신 상제님의 도를 깨우치고 받들어 상생의 새 문화를 열 상제님의 도꾼들, 제세핵랑군이 바로 그들이다. 6000년 전 배달국을 열고 광명세상을 열고자 했던 제세핵랑군의 천명이 개벽과 더불어 이 땅 이 역사 속에서 비로소 실현된다. 그것은 단순히 한 민족, 한 나라에 그치는 일이 아닐 것이요, 전 인류를 광명한 세상, 상생의 세상으로 인도하는 천지의 대업이다.

이제 대한 사람이면 누구나 대한의 깃발을 들고 외쳐야 한다. 우주의 가을을 여는 운명의 시간이 다가오는 지금이야말로 천지에서 대한의 정신을 깨우는 천고天鼓 2)를 높이 울리는 때이다.

천고여! 천고여!
너는 울고 나는 춤을 춰 우리 동포들을 일으키자.
삼신상제님을 모시는 신교 문화를 다시금 부활시키고
대한의 대광명을 활짝 열어 한민족의 사명을 완수하자.

===============

1) 조의선인(혹은 조의)을 단순히 하나의 관직으로만 보려는 의견이 있다. 이에 대해 단재 선생은 다음과 같이 반박하고 있다. "학자들 간에 선인先人, 仙人을 관직으로만 보는 견해가 있으나 발해사에 선인을 '사정병士正兵'이라 하고, 『

삼국사기』에 '선비는 싸움에 당하여 물러서지 아니한다'고 한 것을 보아도 선인이 '선배'라 부르던 무사단(武士團)에서 유래한 이름임을 알 수 있다."

2) '텬고天鼓'는 단재 신채호 선생이 북경에서 1921년 1월부터 중국인과 한국인을 상대로 일본 침략의 부당함과 역사 왜곡을 알리기 위해 홀로 발행한 잡지의 이름이다. 〈텬고〉 **창간사에서 다음과 같이 썼다. "텬고여, 텬고여, 구름이 되고 비가 되어 (이 땅에 가득 찬) 더러움과 비린내(역겨움)를 씻어다오. … 우리 동포들의 사기를 끌어 올려보자꾸나. 우리 산하를 돌려다오. 털고여, 분투하라. 노력하라. 너의 직분을 잊지 말지어다."**

(한민족을 지켜온 정신, 낭가郎家, 상생도군 | 2010.10.25)

3. 환단고기의 영상화 :
북한도 환단고기를 인정한다. 남한정복보다 오히려 더욱 적극적이다.

4. 구체적인 것들은 실사구국 2권 3장 참조 바람

축하합니다. CONGRATULATIONS!
미래로 가는 대한민국의 여성자매들로 태어난 것을!

★ 돈황 유네스코 등재 문물 막고굴과 위구르족 악사 할아버지 DNA교류!

막고굴내 문을 닫아 둔 굴앞에서 손님이 흥미를 보이면 위구르 모자에 손짓까지 직접 가르쳐 주시며 잠시나마 흥을 돋구워 주시니 관광객은 조금이나마 사례를 한다.

서로 사진 찍어주기로 외국인끼리도 친구를 맺었다.

감숙성 돈황 명사산 사막내 월아천 부속 건물내서 사막을 배경으로 중국처녀 둘이서 찍어 이메일로 보내주었다. 내가 먼저 그 두 처녀를 찍어 주었는데 너무나 고마워 했다. 말이 잘 안통한다는 것을 미리 알리기 위해 "나는 한국인이라고 (워쓰 한구런)"–내가 아는 몇 마디 중국어 중 하나를 활용한다. 다행히 한국인에 대한 인상이 좋아 그간 한국인들이 중국에서나 한국에서 잘 했구나 하고 안심이 되었다.

비가 거의 오지 않아 버틸 수 있는 흙(과 짚) 벽 고성 – 우리 태교역사와 유관

막고굴에 4700여 비천상 (돈황 야시장)

세계의 사람들이 드나들었을 돈황 야시장에서 서역지도와 살구를 샀다.

돈황시장 가로등 장식에도 비천상이다. -비천마을이라는 말이 어울린다.

막고굴에 4700여 비천상을 뒤로 하고 돈황 야시장에서 호텔로 가는 길에도 비천상!

☀ 칠석제 유네스코 등재를 향한 준비들: 한국여성향토문화연구원 칠석제 연혁

올해 기해년 칠석제까지 16년간 한국칠석제를 다시 살리려 나름으로 무척 노력했다. 10년간의 칠석제: 연인의 날 연혁(환기 9201년~9210, 서기 2004~2013년) – 한국여성향토문화연구원 한민족칠석제보존회| 15년간의 칠석제: 연인의 날 연혁 환기 9201–9215

2013.09.30.http://cafe.daum.net/AcademyofKorCulture/RMIX/1

"칠석제: 연인의 날" 연혁–서울시 비영리법인 한국여성향토문화연구원 한민족칠석제보존회 회장 차옥덕(국문학박사)

제 1회(2004): 한강 선유도공원(서울시 및 영등포구청, 마포구청 의 예산 및 인력지원, 용산구청 외 각 단체 후원(차옥덕 기획, 노중평해설, 허영진, 이강재, 이귀선 등 후원으로 (중간에 우중雨中에도 계속) 성대히 함–제1회 직녀 허영진(칠석제 연인의 날 후원회 청년회장).〈 학생들 일반인들 은행알 나누기, 연꽃나누기..한은희 석사신녀 공연 외〉 미국 LA의 '라디오서울' 방송국에서 한국여성향토문화연구원장 차옥덕의 칠석행사 전 중앙일보 기사를 보고 1시간 인터뷰를 요청해 와 그 방송을 듣고, 미국 교포들도 칠석제 연인의 날을 동시에 하자하여, LA라디오서울 방송국에서는 은행알이 없어 마침 교포 중에 농장에서 은행나무를 키우는 분이 기증하여 은행나무 나누기를 하는데 방송국 유리창이 깨어지도록 성황리에 했다 함. 그 방송의 성공으로 일주일 후 다시 1시간 방송요청을 해 와 추석방송까지 하게 되었음..

★

제 1회 (2005): 행사 총개요 2005년 6월 15일 – 차배옥덕, 노중평,『칠석제의궤』, 서울 집문당, 단행본으로 출판. (칠석제보존회 참여교수단: 소재영, 송호수, 이상준, 서영대, 이용범, 이창식,우쾌재, 권미세, 강용자, 사이또아사꼬, 조규익, 한재규,장순범, 배석범, 김용기, 손덕수, 이삼열, 방민화, 정연학, 양종승, 김해자, 배영기, 박선숙, 노성환 교수 외 윤명선, 이형석, 반재원, 유인학 박사 등 다수)

제 2회 (2005): 한강 선유도공원– 학생들 꽃 나누기 견우직녀극, 시민들 꽃 나

누기 행진 중심 -〈서경욱 문화재 공연〉

제 3회 (2006): KBS 및 농림부 및 전국화훼협회 등이 칠석축제를 선유도에서 일방적으로 몰래 하고자 하여, 본원은 숭례문과 남산 백범광장에서 역사찾기협의회, 기독교단체 등과 합동으로 성대히 함. (KBS 등은 7월5일과 6일로 잡았는데 비가 많이 와서 못함)-〈견우직녀극, 꽃 및 은행알나누기, 무교협회 대전본부장 및 소서노신당 김영순 공연 외〉

제 4회 (2007): 서울시가 직접 선유도를 포함한 한강공원에서 (이벤트회사에 위임하여) 칠석축제를 함. 본원도 그 주관처와 같이 선유도에서 함 〈꽃 나누고 화관나눠쓰고 행진, 송신비 공연 외〉

제 5회 (2008): 숭례문 및 남산 백범광장에서 5명의 여성박사 사제들과 중국교포신문사와 같이 (재활용품 선물, 꽃 나누기함.) 〈한국민속신문사 대표 김희수 공연 외〉

제 6회 (2009): 한강선유도공원에서 (雨中에도)〈무형문화재 진도씻김굿팀〉과 함께 함. 연인 간 선물, 연꽃나누기,

제 7회 (2010): 청계천광장 및 각 다리 포함(4대강유역으로 확산할 수도 있음)에 정했으나 예산 문제로 이 장소에서 실행치 못했음: 〈무속협회장 최광식 주미순 외〉 선농무교대학에서 실행.

제 8회 (2011): 청계광장-3일간 (2011년 7월 5, 6, 7일- 장소 예약이 그때밖에 안되었음-음력 칠석 삼일간은 국가원호처, 동아일보가 삼일간 행사 예약기간 전에 미리 했음-반칙)-연인 간 선물, 꽃나누기, 김금화 무형문화재팀(7월5일), 송순단 무형문화재(7월6일), 이성재 무형문화재 서울새남굿보존회 팀 외〉〈학생들의 유네스코 등록서명운동, 견우직녀극〉

제 9회 (2012): 서울시 종로구 종묘공원 〈연인 간 선물, 꽃나누기, 학생들의 유네스코등록 서명운동, 견우직녀극 외, 송신비 무교문화연구회장 외〉

제 10회 (2013): 서울시 종로구 인사동 남인사마당〈연인 간 선물,떡,꽃나누기, 외국인 연인간 키스하기, 학생들의 유네스코등록 서명운동, 견우직녀극 외, 변재섭 문화재 이수자 공연 등〉

제11회(2014) 서울 (기독교) 신교회원 가게터

제12회(2015) 강원도 삼악산(중도 맥국 이동터)

제13회(2016) 한국여성향토문화연구원터 및 인왕산신당

제14회(2017) 강화 마니산 전제암궁터

제15회(2018) 강북구청 솔밭공원

제16회(2019) 효창운동장 · 부천

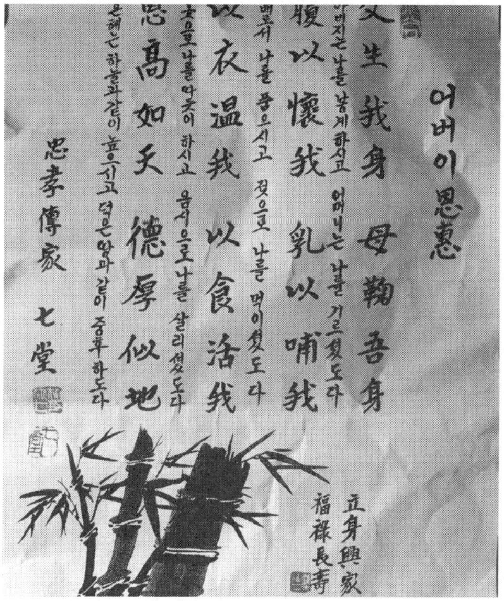

효창공원의 서예지킴이 칠당선생님과 백범클럽 회원님들께서는 효창공원에서도 칠월칠석이나 삼짇날 등 한국민속이 매년 길이 이어지도록 하는 일에도 힘을 많이 써 주시기를 간곡히 부탁드립니다.

남북이 칠석제를 임시정부 의인들께서 영면해 계시는 효창공원에서도 기리는 날을 기다리며.

★ 그 동안 후원, 출연, 자문, 집행해 주신 여러분께 이 자리를 빌어서 깊이 감사드리고, 앞으로도 칠석제를 댁이나 주변에서 잘 살려주시길 부탁드립니다.

한국여성향토문화연구원장 · 소서노어라하기념사업회장 · 한민족칠석제보존회장 차옥덕 올림

기해년 칠석제: 새벽에 비가 조금씩 내리지만 칠석이라 으레 비님이 오시려니 하고 며칠전 예약해 둔 김밥을 찾고 어제 포도 산 것을 씻어, 효창운동장 어르신들을 찾아 뵙고 '칠석이라 조금 준비했으니 같이 하시겠느냐 하니 "우리는 너무나 좋지요 아 오늘이 칠석인 줄 잊고 있었고 잊고 살았는데 알려주고 맛있는 김밥도 주니 참으로 고맙네요"

"원래 칠석제들 하셨지요? 할머님들께서 저녁이나 새벽에 자식들 건강 장수하고 가족들 무병장수 하라고" 하니 다들 "그랬었다"고 하시며 그리워도 하셨다.

칠석날 견우직녀날은– 견우직녀를 만난다는 것도 지혜로 만들어 낸 것이겠지만 (일년 중 은하수를 사이에 두고 좀 가깝게 만나는 날이다.) 땅에서 장마나 가뭄으로 힘든 시간대에 그 천문의 시간을 빌어 와 동네사람 다들 모이게 하여 자연재해에 예민한 이웃 간의 갈등을 완화시키고 처녀총각 만나게 하는 분위기를 터 주기도 하는 지혜로운 다양한 목적을 지닌 날이다.

사실은 홍수나 가뭄때 동네사람끼리 물 때문에 싸우지 말라고 안정시켜 주는 역할이 가장 크다. 홍수 때 떠내려오거나 간 쓰레기를 치우며, 어떤 아픔도 갈등도 동네 대청소와 제철음식으로 같이 먹거리 장만과 나눠 먹기나 놀기를 통해 마음을 씻어 낸다.

이 번 칠석에는 공원 정자에 앉아 도란도란 칠석에 대한 얘기들을 했다. "원래 우리 민속인데 불교에서 가져가고 일제 때는 한국민속을 지키며 한국인의 정체성을 더 찾을까 또 동네사람들 모여 독립운동의 불씨를 만들까 봐 금지했다. 36년간 금지하다 보니 끊어지기 시작했고 7~80년대 우리전통찾기하면서 점차 단오도 칠석제도 찾아졌다. 나도 2000년도에 한국여성향토문화연구원 만들고 이런저런 일을 하면서 칠석제를 소소하니 해 온 팀들과 교류하며 급기야는 처음은 서울시와 함께 칠석제 행사를 복원하기 시작했다. 10년간은 그럭저럭 서울시 중심가에서 하다가, 10회 때는 중국이 칠석제를 유네스코에 등재한다는 바람에 개인으론 무리하게 3일간을 했다. 이렇게 십여 년간 서울시 각 곳을 돌며 칠석제를 일제 이전처럼 살려보겠다고 고생 좀 했습니다. 11회때부터는 생활 속에 찾아가는 칠석제를 하기 시작했다. 기독교인 신교협동조합회원 가게, 강화마니산, 강북구청,.."

올해 16회때 내가 하는 '찾아가는 칠석제'는 내가 운동을 하러 가끔 들리고 하는

7인의 항일독립투사께서 영면해 계시는 효창운동장으로 정했다. 노인들과 젊은이들이 많이 찾는 곳이다. 새벽부터 비가 오고 있었다. 커피를 노인분들께서 끓여주셨다.–백범클럽 회원들로부터 커피를 얻어마시며 가장 차분하고 정갈한 칠석제를 지낸 것 같다. 나의 설명과 김밥과 포도를 다 먹기도 전에, 어르신 한 분께서 품안에서 비가 오는 중에도 글씨 한 점을 가져오신 것을 내게 선물을 주셨다.

작은 칠석제가 운치 있고 행복한 시간을 나누었습니다.

– 중국이 칠석제를 유네스코에 등재하겠다고 국가차원에서 크고 적극적으로 추진하는 바람에 나도 그냥 미뤄두지를 못해 한국의 가장 큰 전략?은 30만~50만으로 추정하는 무속인 신당에서는 매년 칠석제를 해오고 있으므로 그 조직에 바람과 희망을 가지고 묶는 일을 시도해 보려 방문하였다. "주변 신당들을 아시면 칠석날 조용히 신당내에서만 칠석을 할 것이 아니라, 자연과 조화를 이루며 살아 온 조상님들의 지혜를 알리고 현재도 계승한다는 차원에서도, 한국무형 문화 민속을 지킨다는 뜻에서도, 칠석깃발 하나라도 걸어 주기를 당부드립니다. 저라도 돈이 되면 만들어 전국 신당에 나눠주고 싶습니다." 했더니 신당당주 뿐 만 아니라 회원중에서도 댁에 칠석 깃발을 걸겠다고 신청하여 반가웠다.

참고로 우리 한국의 전통종교인 무속(무신교)이 이제야 종교로 인정?받았다. 서민 대중 및 그 모든 계층의 애환과 긴 세월을 함께 해 온 무신교는 참으로 공식적으로는 많은 설움을 받았다. 일제가 신도와 불교와 기독교 외 한국 민족종교는 모두 유사종교로 칭하면서 무신교는 더욱 경시되었다. 이제 다들 반가워서 축하연을 한다고 한다. 매우 반갑다. 앞으로는 한국의 무신교도 일본의 신도처럼 한국정부도 국가적인 정책으로도 법적으로도 당당한 무신교로 대접하여 더욱 상승된 전통종교로 돕고 전통문화의 관광화나 대중의 심신적 안정에도 국가 정체성 차원에서도 바르게 활용하기를 바란다. 교육은 서울대를 비롯한 전통문화대학교 등 민속 종교 국악 국학 무용과 등등 관련학과나, 과를 신설하여 우선 만들어 교육지원을 나서 줄 것이 요구된다.

- ㅁ 경천신명회(대한경신회)입니다. 기쁘고 반가운 일. 역사적인 날이었습니다. 경천신명회가 7대 종교의 종단가입이 승인되었습니다. 늦었지만 많이들 축하해주시구요.
- ㅁ 양력 9월19일 역사적인 날을 잠실 실내체육관에서 모든 국민과 종교인들과 함께 축하연을 하기로 하였습니다. 많은 참석과 축하를 부탁드립니다. *일시: 양) 9월 19일 10:30 *잠실 실내체육관

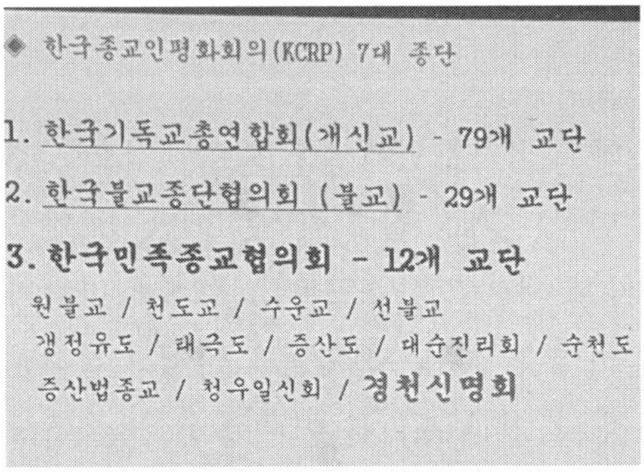

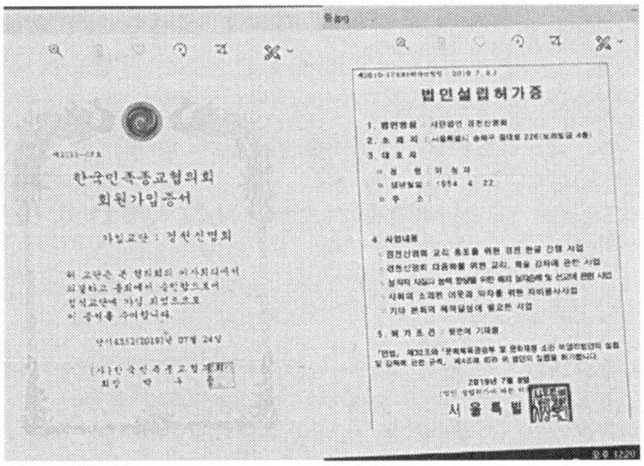

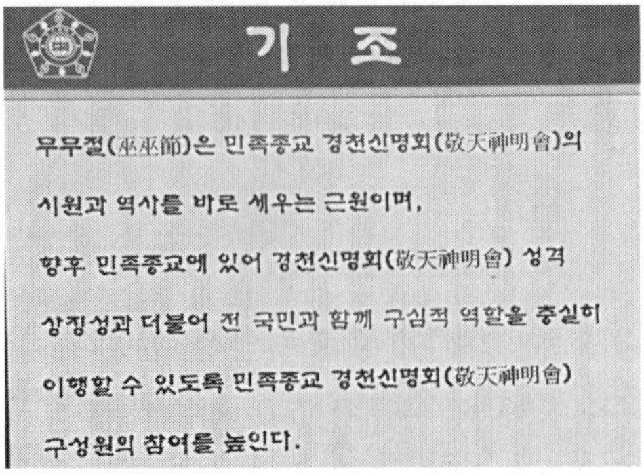

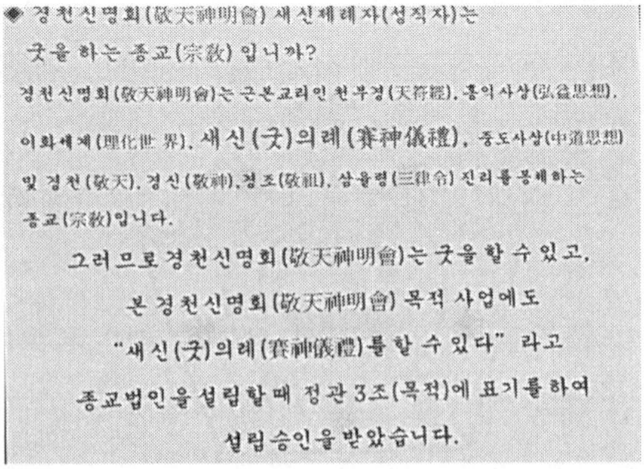

제13장

〈실사구국의 한국 역사문화학〉주제 컨텐츠 다큐거리 소재들

만년 환단 한국역사문화는 실제 삶에서 바로 자본이 된다!

제13장Σ 〈실사구국의 한국역사문화학〉주제 컨텐츠 다큐거리 소재들

만년 환단 한국역사문화는 실제 삶에서 바로 자본이 된다!

다큐멘터리 만들 거리들

1. "한국 맥들이 왜 죽었을까?" kill it?
2. 강원도 평창군청 앞 여신묘
3. 영국 프랑스 등 돈황문서를 개방하게 하면
4. 우리 부자가 흉노와 몽골의 왕을 임명하다
5. …카자흐스탄 봉분과 신라의 봉분이 같다 등 많은 공유점의 맥
6. 번조선 기비 · 기준 부자 해모수 외 고구려 · 백제 건국 인연
7. 서울 용산민족역사공원 한국관련 세계 고고학공원으로 혜초처럼 한 번 나아가자. 무 대륙 100번을 들어갔다 나온 영국인
8. 세상에 과거에도 앞으로도 오직 하나밖에 없을 국보《287년간의 乳母록》

1. 맥貊 kill it ?

"한국 맥들이 왜 죽었을까?" kill It?

한국 예맥족의 상징동물 맥의 보존 나비효과 발휘하기를 기원!

한국 맥의 죽음에 대한 의문과 해원과 보존 및 교육 · 홍보 활성화를 기원하며

시놉시스

맥 실상은 본 책 1권 3장 맥貊장 참조.

기획의도: 한국 전통 맥을 닮은 말레이 맥 4마리뿐인데 – 사육 우리 옮긴 후 그들만 다 죽은 것과 남은 남미 맥 암컷도 한 마리뿐인데 그 암컷 맥을 수컷과 분리하는 것이, 멸종되어 가는 맥을 같이하는 것 같아 심히 우려스러워 그 조사 중심의 다큐멘터리가 맥을 보존하는 계기가 되기를 바란다.

2. 강원도 평창군청 앞 여신묘

평창 신석기 (홍산여신묘와 견줄) 한반도 유일하게 발견된 〈평창 여왕(여신)묘〉 복원도 함께 이루게 평창에서 찍자. (평창군 바로 그곳 주변을 고고학 영화셋트장으로 유치 – 이효석컨텐츠 외 다양하게)

평창 하리여왕 복원 절실!

강원도 평창군청 앞 하리 고인돌 유골 위 세형동검은 청동기 시대 권력자나 제사장의 석곽묘나 고인돌에 부장하는 유물로서 매장자가 여성 사제장이나 女王임을 증명한다. – 복원이 절실하다.

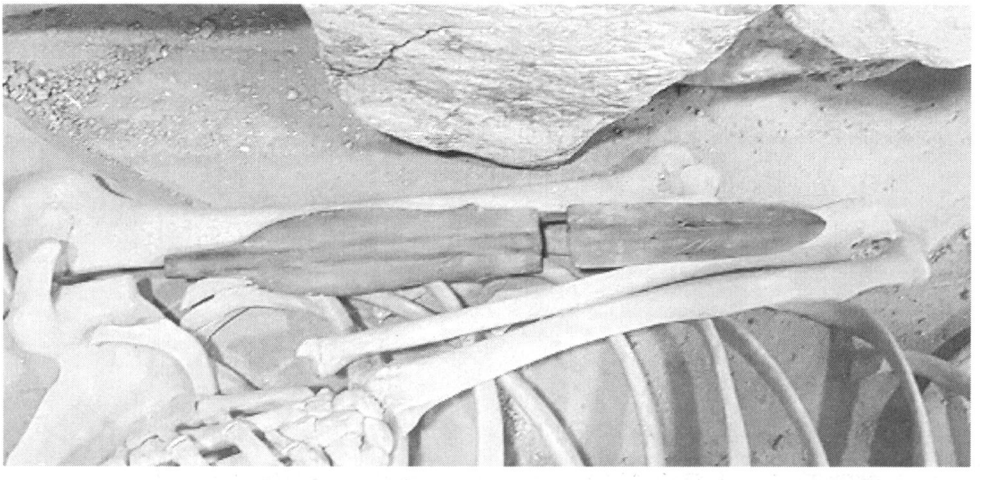

평창 하리 고인돌 유골 옆 동검

평창군 하리에서 출토된 고인돌 유골을 원형대로 복원해 놨다. 유골의 주인공은 여인인데, 갈비뼈 옆에 세형동검 한 자루가 부러진 채 놓였다. 세형동검은 청동기 시대 권력자나 제사장의 석곽묘나 고인돌에 부장하는 유물이다. 그렇다면 이 여인은 여성제사장이라는 결론이 나온다. **시베리아나 중앙아시아에서 보는 여성 제사장 무덤이 한반도에서도 존재했다는 유력한 증거이다.**

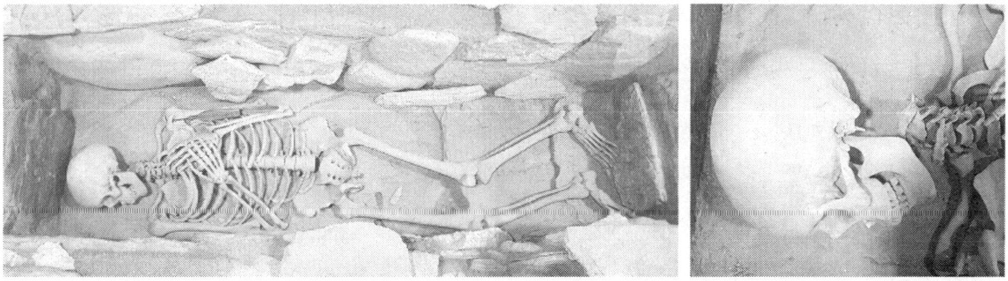

이 여성 제사장 추정 유골의 콧날이 오똑하고, 두개골은 장두형으로 백인 유형에 가깝다. 무엇보다 키가 160.5㎝이다. 여성으로서 지금도 중간 이상의 키이다. 남부지방 가야 무덤에서 출토되는 성인여성의 키가 145㎝정도인 점을 감안하면 당시 한반도에 살던 평균적인 한국인이 아니라는 추정에 힘이 실린다. 정선, 제천, 평창은 충북과 강원도 산간지역으로 서로 통하지 않는 교통의 오지처럼 보이지만, 그렇지 않다. 남한강을 이용하면 서로 가깝고 접근하기 쉽다. 강원대 박물관. ⓒ 김문환

실크로드 누란에서 7000여 년전~3800년 전? 미인 미라가 나와 누란은 이후 세계 대중들에게 주요 관광시가 되었나. 한국 평창에서 청동검을 지니고 출토된 키가 크고 잘 생긴 한반도 최초의 여사제장 · 여성수장의 유골은 누란의 미녀처럼, 과학적으로 인물 복원하여 활용할 경우 여러 유익함이 있을 것이다. **(현재 강원도와 평창군은 역사적으로도 부가가치적으로도 중요 발굴부지에 작은 빌라 한 채를 짓는다고 파괴하고 있다. 빠른 조치와 대책이 필요하다)**

% [제 3회 인류대이동 국제학술대회] 2013. 12. 14

한양대 문화재연구소(배기동)와 유네스코 카자흐스탄 위원회가 함께 주관한 '제 3회 인류 대이동 국제학술대회" 2013년 12월 5일 한양대학교에서 발표했다. 프랑스와 세마교수, 프랑스 국립 자연사박물관 외 몇 발표자들의 주요한 발표 사항을 보면

모든 인류는 99.9%같은 유전자이고, 0.1%만 차이 난다.

인류는 11만년 전부터 – 1만 8천년~1만 2천년 전(10만년 동안 혹독한 마지막 빙하기를 겪었다)의 해수면은 지금보다 100m 낮았다(황해에 존재하지 않음 – 육지의 평야였다 – 황해 지하 지금 대평야가 있다) ... 빙하기 때 동남아시아는 거대한 육지였다. (남중국해 황해 모두 해수면 상승과 홍수 이후) "현재 말레이반도 해양 아래에 거대한 육지가 잠겨 있다."

1만 4천년 전 ~ 1만 1천년 전 ~ 7천 5백년 전 급격한 해수면상승 ⇒ 홍수설화

중원 고지대⇐ 황해도 연결된 육지 동남아시아 말레이시아 근처 '순다랜드'⇐아프리카에서 출발, 당시 살아 남은 자들의 후예 – 말레이시아 '바텍부족': 화석인류(아프리카에서 6만년 전부터 출발 해안가를 따라 이주 고립해서 사는 니그리토)

☗ 연구 활용해야 할 한국 관련 사항

이 당시 이주민들은 한국에도 상륙했을 것이다... ► 부산 가덕도 장항유적지에 신석기시대 7천년 전 공동묘지 유골들 많이 발굴 – 완형토기 흑요석 옥제품 조개장신구 등 많다.

KBS파노라마 코리안 이브(Eve) 2편, 비밀의 열쇠, 순다랜드(*필자주 뮤대륙? 아트란티스) 참조.

► 황해 남중국해 등등이 육지였었기에 '황해 아래 거대한 평야가 숨쉬고 있다.'
⇐ 한국의 주변해역을 매년 조사하는 – 한국해양과학기술원 이상훈 박사

◈ 7천 5백년 전 급격한 해수면 상승 ⇒ 춘천 맥국지역 발산리 홍수설화 지명과 역사자료가 있다.

춘천도 홍수설화 – "단군 신하 '팽오'가 와서 관리 및 정리해 주다. 우두산에 팽오에 대한 감사의 비를 세웠다"

☢ 말레이시아 타만네가라 정글속의 순수한 영혼 오랑아슬리 원주민 바텍부족

이들은 대부분 말레이시아 북동쪽 타만네가라라는 정글지역 강가를 중심으로 거주한다.

대부분 강가에서 식수 등 모든 것을 해결하므로 건강에도 상당히 안좋고 특히 피부병이 심하여 고통스러워 합니다. 물론 먹는 것도 형편없는것이 사실이고 여자이건 남자이건 아이들까지 잎담배를 피우기도 합니다. 당연히 전기가 없으니 송진을 긁어 모아 나뭇잎에 사서 나무를 쪼개 거기에 끼우면 밤을 밝히는 횃불이 됩니다. 어디를 가든 어린이들은 순수하고 환한 미소가 귀합니다. 이 부족은 3년동안 사역해 처음으로 세례를 주었던것으로 기억합니다. 선교사가 오면 나무 뒤에 숨고 워낙 착한 부족이라 그 순수함이 아름다운 사람들입니다. 외부인들에 대한 경계심이 크기는 하지만 친해지면 너무 잘 해 주지요.

대나무에 오전에 잡은 고기를 삶아 먹고 오후에 잡은 새나 물고기를 가족들을 위해 가져다 줍니다.

이 부족은 거주지를 자주 이동하여 다니는 부족이라 사실 정착 사역이 상당히 힘들었습니다. 나중에 다시 가보면 마을이 텅텅 비어 있더군요. 이들은 병이 들거나 사람이 죽으면 그리고 주변에 먹을 것이 다 떨어지면 바로 이동을 합니다. 그리고 사람이 죽으면 나무 위에 매달아 놓아 장례를 치룹니다. 가끔 정글을 다니다 보면 사람의 유골을 보기도 합니다.

선교사를 처음엔 경계의 대상으로 생각하다가 함께 자고 사냥을 가고 하니 친해져서 점점 마음의 문이 열려져 복음을 듣습니다.

머리카락을 자를 가위가 없어 정글용 파랑이라는 긴 칼로 이발하기도 합니다. 집은 대부분 다른 부족과 달리 땅에다 움막처럼 간단히 짓습니다. 대부분 잠깐 거주하다 이동하기에 간단히 짓는 것이지요. 두려움과 설레임으로 만났던 바텍 부족

말레이시아 타만네가라 정글속의 순수한 영혼 오랑아슬리 원주민 바텍부족 | 훈련원장DMiss

신강역사박물관

신강 위구르자치관 박물관과 고구려 고분벽화에 병존하는 인수사신人首蛇身(인수사신)염제 신농씨

사람의 머리와 뱀의 몸을 한 형상이 고구려 고분벽화에 등장한다는 것이다. 고구려 오회분 4호묘, 5호묘의 고분벽화에 등장하는 인수사신人首蛇身(반인반수)의 해신, 달신이다. 중국 측에서는 해신을 복희(伏羲), 달신을 여와(女媧)라고 부르고 있다.

[출처] 제1회 히도츠바시 아카데미 정건재 교수님 한민족의 옥문화. 건국대 상허관 415호 - 2019. 4. 25. | 작성자 dongsan

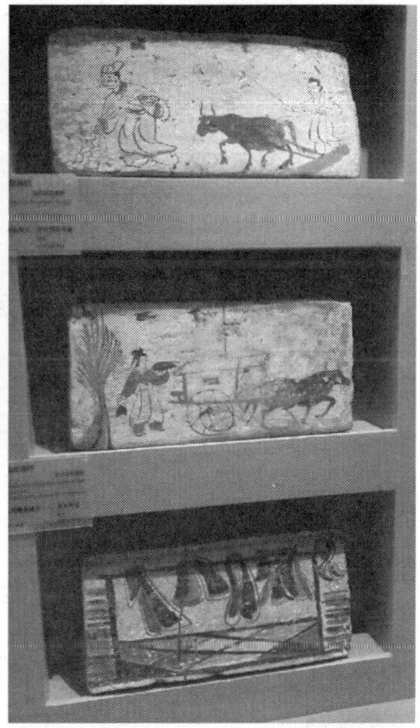

XINJIANG HISTORICAL RELICS EXHIBITION

3. 영국 프랑스 등이 돈황문서나 유물을 모두 개방하면 한국 고대역사가 더욱 명확해진다.
(한 번 짧은 다큐멘터리를 만든 미국과의 공동 제작도 지혜)

돈황문서에서(프랑스 보관본) 신라 혜초의 왕오 천축국전이 나오다.

돈황문서란 중국 3대 석굴 유적 중 하나인 돈황 막고굴에서 발견된 고문서 일체를 일컫는 말로써 20세기 초반 이후 서구인들 특히 영국인 스타인에 의해 대규모로 약탈되어 현재는 영국박물관이나 프랑스 루브르박물관 등에 주로 보관돼 있다. 유명한 한국 신라 혜초의『왕오천축국전』도 돈황문서의 하나로 프랑스로 반출되어 있다.

4. 우리 부자가 흉노와 몽골의 왕을 임명하다

3번째 가륵 단군께선 흉노왕을 임명하고,
4번째 단군인 오사구 단군께선
그의 동생인 오사달을 몽고지역의 왕으로 임명했다.

흉노匈奴는 국명을 "薰누리" 훈나라 즉 훈국이라는 "나라"이름 누리 누로 '奴' 입니다. '흉(=훈, Hun)'은 사람, '노'는 땅이라 '사람이 사는 땅' 이라는 뜻이다.

흉노 휴도왕의 왕자 김일제(한 무제 때 포로로 재상이 되다) –
신라 초대 김씨왕 김알지 – 김일제 – 뭔가 이름이 비슷하지 않나요?
문무왕 말씀이 "나는 김일제의 후손이다."

(주周대에 중국의 북변을 위협하던 혐윤 · 훈육 등의 후예로) B.C.E. 3세기 말부터 B.C.E. 1세기 말까지 몽골고원 · 만리장성 일대를 중심으로 활약한 유목 기마민족이다. 흉노족이 형성한 국가를 뜻하기도 한다. 흉노는 중국 漢나라 때 **전성기를 맞이**하였고 한나라가 흉노에게 조공하는 일이 빈번하였다. 후에 흉노는 **남북으로 분열**되었다. 북흉노는 선비족 · 후한 · 남흉노 연합군에게 쫓겨 **중앙아시아로** 밀려나게 되었다. **로마제국의 멸망을 초래한 게르만족의 이동(375)은 흉노족이 서쪽으로 패주하게 된 것이 발단**이었다. 훈족의 왕 아틸라는 로마제국 깊숙히 진격하여 제국 전역을 유린하여 유럽인을 공포에 떨게 했다. 그리고 **이들의 후예는 핀**

란드, 에스토니아 등의 나라를 세웠다. 남흉노는 서진西晉의 쇠약을 틈타 화북을 침략하여 5호 16국을 세운 뒤 중국에 동화되어 사라졌으나, 그 일부는 서쪽으로 이동하여 **헝가리민족(마쟈르족)의 시원이 되었다.** 지금은 혼혈이 되어 유럽인과 형태적으로 크게 구별이 안 되지만, **언어학적으로는 구별이 뚜렷하여 어순이 한국어와 유사하고 우리와 마찬가지로 성을 먼저 쓰고 이름을 뒤에 쓴다.**[117] **匈奴는 국명을 훈"薰"누리로 훈나라 즉 사람이 사는 땅 흉노 훈국이라는 뜻이다.**

북경대학교 "夏代의 형세도"로 부도附圖로 그려진 "중국의 고대 하나라 시절"의 구이족의 형세도의 '하나라'는 아주 작습니다. 동쪽으로 구이九夷고 황하북부?는 텅 빈 상태로 그 위로 훈육薰育[薰蠻夷 훈 만이]로 "蠻夷"라는 말로 훈육[薰育]으로 바로 흉노의 "이름"으로 "사마천의 사기" 흉노열전에 나오는 그 흉노는 "한나라보다 3배 – 4배가 큰 북방제족의 하나의 제국을 형성한 삼한족의 수유씨족 묵돌단우單于의 제국을 의미합니다. 기존에 선우를 잘못 읽어 왔다는 지적에 따라 이 책에서부터 '단우'로 바로 잡는다.

흉노 조정에 들어간 "단군조선 대부여"의 신한의 군신족 천지 화랑부대 소호 금천씨는 흉노의 제 2인자 좌현왕으로 "흉노 최동단" 감숙성 무위를 중심으로 군사행동을 한 적군인가? 아군입니다. 즉 주적이 "한나라 유방劉邦"이지 신한 오가 육부는 아니었다는 사실이 이를 '입증"합니다.[118]

위구르족은 몽골 고원과 중앙아시아를 누비던 투르크계 유목민을 통칭하는 말이지만 피부가 노랗거나 흰 사람도 많다. 1882년 청은 이리에서 러시아를 몰아내고, 1884년 톈산[天山] 남북 지역에 내륙과 마찬가지로 '성(省)'을 설치하고 지명을 '새로운 영토'라는 뜻의 '신장[新疆]'으로 통일하였다. 과거 '서역(西域)'이라고 불렀던 지역을 '청의 새로운 영토'라고 부르며 지배권을 주장한 것이다. 위구르인들이 살던 톈산산맥[天山山脈] 남쪽...중세 이슬람 작가들은 이 지역을 '투르크어를 사용하는 민족의 땅'이라는 뜻의 투르키스탄으로 불렀다.

중국 신장(新疆) 위구르자치주 박물관에는 3800여 년 전 여인의 미라가 있다. '누란(樓蘭)의 미녀'로 불리는 이 미라는 금발에 오똑한 콧날, 커다란 눈, 흰 살결 등 유럽계의 특징을 갖고 있다. 건조한 기후 덕분에 보존상태가 좋아 손톱의 봉숭아 꽃물까지 그대로 있다. 오묘한 미소로 '죽음의 모나리자'라는 별명도 얻었다. 이 여인이 살던 누란은 옛 실크로드의 오아시스 왕국이었다. 일본 작가 이노우에는 그녀가 남편의 피살 후 독초를 물고 자살한 마지막 누란 왕비라는 내용의 소설을 썼다. 미라에서도 알 수 있듯이 이 지역에는 다양한 인종이 모여 살았다.

5. 삼위태백이고 백산인 천산의 한 자락 카자흐스탄 봉분과 신라 아메리카 인디언의 봉분이 같다. 등 많은 공유점의 원맥? 고향 천산?왼쪽 고향 천산?오른 쪽 네팔 인도 천산 자락의 봉분 = 경주의 봉분 – 아메리카 인디언지역

아유타 허황옥 – 김수로 김씨 흉노[119] = 김알지 김씨

금동인간 = 금관

보로보에 보검 = 계림로 황금보검 거의 똑 같다.

"李종선 관장(경기도박물관)은 신라 김씨족을 알타이계로 부르는 것이 정확하다고 했다. 흉노와 겹치기도 하고 흉노라는 이름 안에 포함되기도 하는 개념으로서의 알타이계이다. 몽골고원의 서쪽에 있는 알타이 산맥 부근에 뿌리를 둔 유목민이 동진東進하는 과정에서, 북방 초원 지대를 통일하여 거대 제국을 만든 흉노계의 일원이 되었을 것이지만 알타이적인 요소를 잃지 않고 신라지역까지 들어왔다는 것이다. 알타이계 민족은 중앙아시아와 가깝고 **중앙아시아는 그리스 – 로마문화권과 끊임 없이 교류해 왔기 때문에** 알타이계 신라 金氏 왕족 무덤에서 로마적인 영향이 나타나는 것이다." [120]

★신라시대 인골과 몽골 인골이 같다. KBS 역사스페셜

추암동 고분군에서 출토된 신라시대의 인골. 중앙대 의대에서 고인골의 DNA를 추출했다. 이곳에서는 아시아 각 지역의 고인골을 수집해 비교분석하고 있다. 이러한 작업을 통해 고대에 살고 있던 사람들의 상호이동 관계를 알 수 있다. 그런데 신라시대 인골을 분석한 결과 예상하지 못한 결과가 도출됐다.

이광호 교수(중앙대 생명과학과)는 **"처음에 이 결과를 보고 저희들도 상당히 좀 이상하다. 어떻게 이런 결과가 나올 수 있는가 해서 여러 가지를 분석했습니다."**

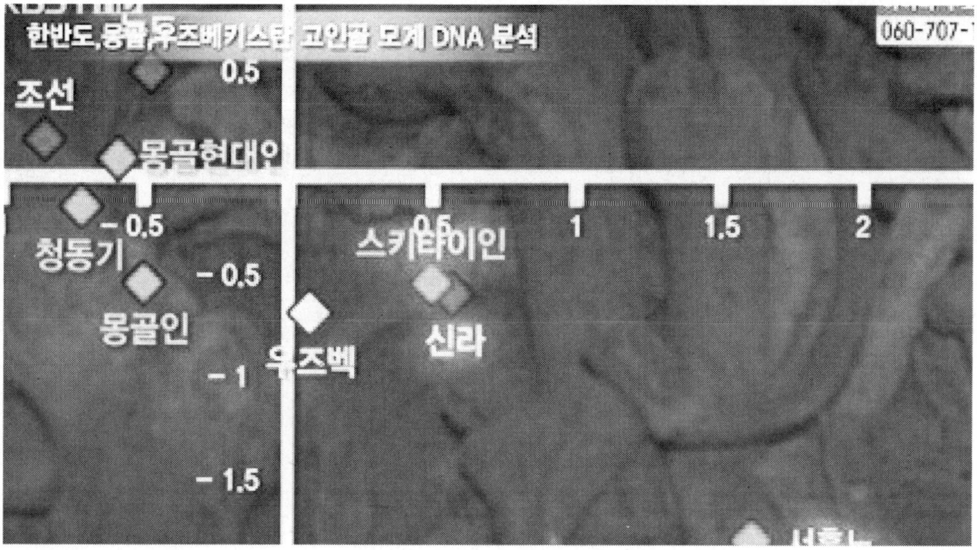

놀랍게도 신라의 인골에서 나온 DNA와 몽골 서부에서 발견된 북방유목민족의 DNA가 거의 일치하는 경우를 보여주었다. "부계와 모계 DNA조사 결과 신라사람과 북방유목민의 유사성이 밝혀졌다. 인적교류의 가능성이 크다."

중국대륙의 영웅 "징기스칸"

몽골은 몽골과 내몽골로 나뉘어져 몽골은 몽골 자체적인 하나의 국가이며, 내몽골은 중국에 편입되어 중국인의 인식 속에는 몽골도 "중국의 역사"임을 명기하고 있다. 중국은 한족 외 55개 민족 중 몽골인도 소수 민속에 속한다.

⧗ 천산 – 교환 교역해야 산다

실크로드 끝(터키= 예맥) – 카자흐스탄 – 키르키스탄 – 우즈베키스탄 – 한국 신라 경주 · 상주 실크 ⇐ 교환 왕래길 맥인들이 잘한 실크나 카페트로 교역 실크로드 다른 끝 맥 흉노 신라 경주 ≙돈황 삼위태백산 ⇒ 북안 북경 태백산은 백두산 서안 태백산 – 동안은 강원도 춘천(동경) 태백산/ 남경태백은 태산

카자흐스탄은 5,000여 년 전부터 유목으로 살아 왔다 ↢ 1937년대 한국인의 강제이주 후 쌀농사 및 흑해의 왕자/ 안파견(아반) 천산을 오르다 = 바이(마이 · 맥) 칼의 남자 아반/과 나만 흑해 ⋯› ⋯› ⋯› 흑룡강성 나도 다시 조명해 보자.

토템 깃발, 도등주圖騰柱, 도등圖騰, 족휘族徽, 솟대 토템 폴(Totem Pole)

도등주圖騰柱를 가지고 마을마다 발전시켜 나갔어요. 잉카도 마찬가지이고 사라진 무 제국 문명도 이 도등주를 가지고 발전시켰다.[121)]

도등주圖騰柱라는 말을 누가 만들었는가?

* 도등주圖騰柱는 씨족 또는 부족 상징인 토템이 있는 깃발이 걸린 나무 기둥(Totem Pole)을 말해요. 도등주圖騰柱라는 말은 신농씨神農氏 집안에서 만들었는데, 신농씨는 강씨姜氏의 선조이고, 그 8대代 손孫 신농주神農柱가 '도등주圖騰柱'라는 말을 만들었다.

예를 들어, 한 마을이 있어요. 여기에 여러 가정이 삽니다. 여기는 평안해야 돼요. 이 사람들은 보호되어야 해요. 다른 부족과 달리 구분을 하기 위해 천에 '강씨姜氏' 라고 그린 깃발旗을 만들어 가지고 나무 기둥에 달아요. 여기는 '강씨姜氏'가 주인인 마을이다'는 것을 나타내요. 한글로 ᄆᆞᄌᆞᆯ 촌(마잘촌)이라 했어요. 이 마잘촌의 특색을 나타내는 것이 도등주圖騰柱라고 해석을 합니다.

영어로 토템이라는 것은 엠뷸런스 토템(Embulance of Totem) 이라고 해요. 다른 말로 '시빌라이즈드 서사이어티(Civilized Society)'로 개발되고 문화적으로 정리가 잘된 사회를 말하는데, 이것이 왜 중요하냐 하면 미국 및 아메리카 대륙의 인디언들이 도등주圖騰柱를 가지고 마을마다 발전시켜 나갔고, 잉카도 마찬가지이고 사라진 무 제국 문명도 이 도등주를 가지고 발전시켰다. 이것은 하광악何

光岳 선생이 '조선 동이족이 전 세계문명을 개척한 민족이다' 라고 책『동이원류사東夷源流史』 서문에 쓰고, 93쪽에 명기하고 있다. 이것이 동이족의 문화라고 역사서에 기록되어 있다.

또 강상원 박사님의 '도등주圖騰柱' 어원에 대한 설명도 다음과 같다.

도圖(Doh, Duh) 는 Grow, to be nourished '젖 먹여 기르다'는 말이에요. 예를 들어 뭘 먹여야 사람이 살잖아요. 한자 '助 도울 조' 는 '젖 먹다'는 뜻이에요. '나 좀 도와줘요!' 는 '나 젓 먹여 달라!'는 말이에요. 심청전에서 심봉사(심맹인)가 마누라가 일찍 죽고 나서 어린애를 데리고 다니면서 동냥 젓을 먹었잖아요. '도와주슈'라고 하는데 이것은 '젓 먹여 달라' 는 것. 등騰 Doheu 는 eat, drink '먹어라'는 얘기에요. '아, 약좀 드슈' 하듯이

주柱는 기둥이라는 뜻. 그래서 도등주라는 말 자체가 산스크리트어에요. 도등수라는 뜻이 바로, 노등주圖騰柱는 공동체 마을 대표하는 상징적인 깃대를 달아놓고 서로 협력하고 서로 노력하고 서로 보호하는 씨족 사회의 문화의 핵심이 된다고 볼 수 있다.

토템은 부족의 상징이자 부족신部族神.

단군조선 토템은 새鳥, 호랑이虎, 곰熊 .

요령성 평강지구에서 출토된 (새 토템족이 곰 토템족, 범 토템족, 이리 토템족을 휘하에 거느린 도안의) 청동장식도 나와 있다. 하느님을 섬기고 하늘 자손 즉 천손天孫 사상을 가지고 있어요. 새는 하늘과 땅을 이어주며 소통하는 매개체예요. 우리에게 솟대가 있어요. 그리고 마을의 안녕安寧을 주는 장승이 있다.

장승 ; 천하대장군, 지하여장군

"씨족, 부족사회에서는 동물 자체를 장대에 걸어서 부족 토템을 나타냈을 것으로 보여요. 직접 머리나 써거나 몸에 착용했을 것에요. 천에 색을 입히는 것이 쉽지 않아요. 그리고 색을 구해서 칠을 해서 토템을 그려야 하고요. 천에 토템을 그리는 것은 먹같은 재료가 있는 후대에 생겼을 것으로 보여요..."

☗ 천제를 지낼 수 있다는 것은 ⇒하늘이 점지한 천손으로서 천손의 장자권과 천제 제사권을 부여받았다는 징표이다.

B.C.E. 194년 제 41대 기준箕準왕 때 위만에게 패하여, 준왕을 따라 마한 지역으로 남하하지 못한 일부 왕족과 백성들은 분루를 삼키고 동쪽으로 이주하여 '부여'를 건국한 뒤에도, 은나라의 정월(음력 12월)에 천자가 치르는 제천행사 '영고(迎鼓: 북맞이)'를 거행했다. 정월에 부여가 하늘에 제사를 지내는 의식을 거행했음은 매우 의미심장한 일이다. '예기 집설대전禮記集說大全'의 기록처럼 동아시아의 지엄한 옛 법에서는 오직 천자만이 하늘에 제사를 지낼 수 있었기 때문이다. 제후들은 경내 산천에만 제사할 수 있을 뿐 하늘에는 제사할 수 없었다.

동북 삼성 연변족(예맥족이 있는) 길림성 집안현의 광개토호태왕 비문[122]은 그 기억들에 대한 중요한 단서이다. "아! 옛적 시조 추모(주몽)왕은... 북부여에서 나왔으며, 천제天帝의 아들이고 어머니는 하백의 따님이시다. 알을 가르고 세상에 내려오시니, 태어나면서부터 성스러움이 있었다."

그 거대한 비석을 세운 고구려 제 20대 장수왕은 자기가 천제=천자의 자손임을 알고 있었다. 이는 고구려의 조상국인 부여가 천자국이었음을 의미한다. 주몽의 아버지는 B.C.E. 58년 오룡거를 타고 내려와 부여를 다스린 해모수였다. 부여는 B.C.E. 2세기경부터 494년까지 북만주지역에 존속했던 우리 민족의 나라로, 삼국지 동이전에 의하면, 당시 부여인들은 스스로를 옛적에 다른 곳에서 옮겨온 유이민의 후예라고 하였다.

부여는 갑골점의 왕국 은나라처럼 소의 발굽으로 길흉을 점쳤다. 그리고 은나라의 풍습대로 왕이 죽으면 많은 사람들을 함께 묻는 순장을 했으며, 주周 · 진秦 · 한漢나라와는 달리 독립적으로 음력 12월을 정월로 삼는 은력(殷曆: 은나라 역법)을 고수했다. 이는 부여가 은나라의 후예인 독립국 기자조선의 뒤를 이은 나라임을 증명한다.

천자국 은나라의 제 31대 제신帝辛 왕은 자기 제후국이었던 주나라의 무왕에게 B.C.E. 1018년 2월 22일 목야대전에서 패해 천자국의 자리를 내어준다. 하지만 제신의 숙부이자 제 29대 천자인 '문정文丁'의 아들이었던 기자箕子는 생각이 달랐다. "나는 결코 주나라의 신하가 되지 않겠다"는 굳은 결심과 또 무왕에게 하늘의 도인 '홍범구주'를 가르쳐준 스승의 자격으로, 천자국 은나라와 단군조선의 뒤를 이은 독립국 '후조선'을 건국한다.

그러한 기자조선의 천제국 정신과 예법은 부여인들에게도 계속 이어졌다.

이와 같은 역사를 세종과 그 신하들도 잘 알고 있었다. 세종대왕은 기자조선과 그 조상국인 은나라=은상을 각별히 여겼다. 나아가 은상의 시조에 대해서도 각별했을 것임은 물론이다. "뿌리 깊은 나무, 바람에 아니 뮐쌔"로 유명한 '용비어천가'는 조선왕조를 있게 한 세종 이전 육룡(여섯 조상, 곧 목조 · 익조 · 도조 · 환조 · 태조 · 태종)들의 수고하신 행적을 잊지 않기 위해 지은 시가이다. 〈사진〉에서처럼 용비어천가 맨 끝 '발문' 말미에서 훈민정음 8학사 중 한 명인 최항은 다음과 같이 기록하며 마침표를 찍는다. "그런즉 이 용비어천가의 제작은 진실로 당연히 하늘이 지은 '현조玄鳥의 송시'와 함께 전해져 민멸되지 않을 것입니다."

이는 조선이 있게 된 것은 육룡의 덕분이요, 더 거슬러 올라가면 '기자조선'을 있게 한 은상의 시조 '설契'을 낳은 '현조' 때문이니, 그와 관련 "하늘이 현조에게 세상에 내려가 상나라 조상을 낳으라고 명하였다(天命玄鳥, 降而生商)"로 시작하는 시경 상송商頌의 '현조' 편 또한 용비어천가와 더불어 영원히 잊지 말으쇼서라는 뜻이다.

☗ 실사구국!

우리것과 우리 사람들부터 잘 챙겨보는 것이 애국이나 구국의 시작이다.

- **Σ 참성단에선 참전계경을!≙왕검이 쌓은 단: 4검단산 – 동서남북은 환인 환웅을 제사 지내는 단. 삼랑이 쌓은 성:삼랑성...사는 동안 계속할 것이다.**

▼ 문제 인물들이 문제의 나라를 만든다. 한국정치인들 스스로의 각성이 가장 필요하다. 국민들이 속을 모르는 정치지도자를 보는 밝은 혜안에는 한계가 있다.

- **한국 카톨릭의 최대 장애 인물: 백서로 나라를 망하게 하려 한 황사영**
- **한국 기독교의 최대 장애 인물: 이명박 전 대통령과 같은 교인들**

6. 번조선 기비 · 기준 부자는

• 번조선 기준이란 인물은? 기준의 아버지가 북부여 고구려(광개토대왕비) 창건 '해모수' 돕다. 한머리땅: ① 기준 번조선왕 인연들 → ② 연타발 소서노 고구려 건국 · ③ 왕몽 신라 건국

환단고기는 삼성기, 단군세기, 북부여기, 태백일사 4권의 책으로 이루어졌다. 단군세기를 쓴 문정공 이암과 북부여기를 쓴 휴애거사 범장은 고려 말에 살았던 동시대 인물이다. 두 사람은 일찌기 천보산에 함께 유람할 때 태소암이라는 절에서 묵으며 여러 권의 서책을 얻게 되었는데, 모두 환단(桓檀)시대로부터 내려온 진결(眞訣)이었다. 후일 이 자료를 토대로 편찬한 책이『단군세기』와『북부여기』이다. 휴애거사 범장은 '북부여기'의 서두에 해모수의 출현을 다음과 같이 기록했다. "임술 원년(B.C.E. 239년) 해모수 단제께서는 자태가 용맹하게 빛나시니, 신과 같은 눈빛은 사람을 꿰뚫어 그를 바라보면 과연 천왕랑(天王郎)이라 할 만하였다. 이는 47세 고열가 단군 57년으로 임술 4월 8일이라. 웅심산에 의지하여 궁실을 난변에 쌓았다. 까마귀 깃털로 만든 모자를 쓰시고 용광(龍光)의 칼을 차시고 오룡(五龍)의 수레를 타셨다. 따르는 종자 500인과 함께 아침에는 정사를 듣고 저녁엔 하늘로 오르시더니 이에 이르러 즉위하셨다."

해모수와 북부여 기비 · 기준 부자의 도움을 받다.

천왕랑이란 칭호는 B.C.E. 2,700년 자오지(치우)천왕 이후로 해모수 단군이 유일하다. 역사상 가장 위대한 군신軍神으로 존경을 받는 자오지(치우) 천왕의 후계자로 백성들에게 자신의 정체성을 보인 것이다. 황제만 탈 수 있는 오룡五龍의 수레를 타고 하늘로 오르내리며 출퇴근했다는 표현은 해모수 단군을 신격화해 백성의 신망을 모으려는 노력이었다. 천왕랑 해모수는 B.C.E. 261년에 태어나 23세가 되는 B.C.E. 239년 4월 8일에 고구려(북부여)를 창건했다. 당시는 47대 단군 고열가 57년이었다. 해모수가 군대를 일으키자 이듬해 3월 고열가 단군께서 천제를 마치시고 오가(내각의 다섯 장관)와 더불어 선위의 뜻을 밝히시고 이튿날 제위에서 물러나셨다. '단군세기'와 함께 '북부여기'도 고열가 단군을 고조선 47대 단군으로 기록하고 있다.

이후 단군조선은 임금 없이 오가의 집단책임 '공화정치'로 6년 동안 나라가 운영됐다. 해모수가 꾸준히 오가를 회유하여 '공화정치'를 폐지하고, 마침내 B.C.E. 232년에 백성들의 추대를 받아 단군에 즉위했다.

연 나라와의 80년 전쟁(B.C.E. 380~B.C.E. 303)으로 피폐해진 단군조선은 B.C.E. 296년 '한개의 난'으로 더욱 쇠약해졌다. 한개의 내란을 평정한 상장군 고열가가 단군으로 즉위했지만, 단군조선은 더 이상 나라를 지킬 힘이 없이 고갈된 상태였다. 이러한 격동기에 출현한 천왕랑 해모수가 창건한 고구려(북부여)는 6대 단군이 181년간을 이어가면서 중국의 통일제국인 한나라의 침공을 막아내고, 고구려의 삼국시대로 한민족 역사를 잇는 기념비적 역할을 담당했다.

격동의 시대 - 진시황의 통일제국 출현

2096년 간의 단군조선이 끝나고 해모수가 고구려(북부여)를 창건한 때는 동북아시아의 격동기였다. 단군조선(북부여)이 인질로 잡고 있던 연나라 장수 진개를 풀어주자, 진개는 연나라로 돌아가 군대를 이끌고 북부여 서쪽 번조선의 변경을 침입해 만번한(양평)까지 차지했다.

B.C.E. 221년에는 중국에서 진시황이 6나라와 통일전쟁을 하며 마지막으로 연나라를 정복하고 통일제국을 세웠다. 같은 해, ① 해모수 단군이 북부여 휘하의 제후국인 번조선의 왕으로 임명한 기비가 죽고 그 아들 '기준'이 번조선 왕을 물려 받았다. B.C.E. 207년에는 한나라 유방이 진나라 자영의 항복을 받아 통일제국을 계승했다.(해모수 33년)

번조선의 패배와 위만조선의 출현

북부여기에 연나라 사람 '위만'의 귀순에 관해 기록하기를, ① "B.C.E. 209년에는 진나라에 농민 반란이 일어나 불안해진 연나라, 제나라, 조나라 백성들이 도망해서 수만 명이 번조선에 귀순해 왔다. B.C.E. 195년 유방과 가까왔던 연나라의 노관이 한나라를 배반하고 흉노로 망명하니, ② 연나라 그의 무리였던 위만이 해모수의 북부여에 망명을 요구했으나, 해모수 단제께서는 허락하지 않았다. 나이 많아 병든 해모수 단제가 결단을 내리지 못하고 있었는데, ③ 번조선 왕 기준이 크게 실수하여 마침내 위만을 박사로 모시고 상하 운장의 땅을 떼어서 위만에게 봉해 주었다. 이해 겨울에 해모수 단제께서 붕어하시고 웅심산 동쪽 기슭에 장사를 지내니 태자인 모수리가 즉위했다." 해모수 45년 단군이 늙고 병든 재위 말년에, ④ 연나라 사람 위만은 번조선 왕 기준에게 서쪽 변경을 지켜 주겠노라고 속여 귀순을 허락 받고 '상하 운장' 지역을 차지했다. 이후 중국 여러 나라에서 도망치는 귀순자들을 적극적으로 받아들여 군대를 키웠다. 북부여 2대 모수리 단군 원년(B.C.E. 194년), ⑤ 서쪽 국경의 수비를 위만에게 의존하던 번조선 왕 기준은 위만 군대의 침공을 받아 번조선을 빼앗겼다. ⑥ 위만에게 패한 기준은 "뒤에 도적떼들에게 패하여 망한 뒤 바다로 들어가더니 돌아오지 않았다"고 기록되고 있다. 못난 번조선 왕의 기준 탓에 북부여 서쪽지역에 위만조선 3대 86년이 시작된 것이다. 그리고 오늘날 조선총독부가 만든 조선역사에서는 북부여의 지방정권에 불과한 위만조선의 출현을 고조선의 종말이라고 왜곡 조작했다.

북부여 창건이 고구려 역사의 원년

1해모수 (추모의 고조)

↓

2모수리 – 동생 고진

↓

3고(아들)

↓

4 고불리지

↓

5 고추모

"모수리 3년(B.C.E. 192년) 모수리 단제는 해성을 평양도에 속하게 하고, 황제의 동생 고진을 시켜 이를 수비케 했다." 2대 모수리 단군의 동생 '고진'의 손자 불리지의 아들이 고주몽이다. 따라서 고구려를 창건한 고주몽은 해모수의 고손자이다.

통일신라시대 승려 안함로가 편찬한 '『삼성기전』 하편' 끝부분에 다음과 같이 기록되어 있다. "계해(B.C.E. 58)년에 이르러 봄철 정월에 역시 천제의 아들인 고추모가 북부여를 이어 일어났다. 단군의 옛 법을 되찾고 해모수를 제사하여 태조로 삼고, 처음으로 연호를 정하여 '다물'이라 하니 바로 고구려의 시조이다." 고추모대왕은 자신의 '고조부' 북부여의 해모수 단군을 고구려의 태조로 모심으로 고구려 역사의 출발점을 삼은 것이다.

하여 광개토태왕은 고구려 19대 임금이고, 20대 장수왕이 세운 광개토태왕비에는 17세 손이라고 기록되어 있다. 삼국사기에는 '13세 손'으로 기록되어 있는데, 실제로 광개토태왕은 고추모대왕(고주몽)으로부터 13세 손이 맞다. 그렇다면 비문에는 왜 '17세 손'으로 기록했을까? 해모수 단군으로부터 고추모 대왕 이전까지 4세대를 더해 17세 손이 된 것이다.

고구려를 창건한 고추모대왕 뿐만 아니라 광개토태왕이나 20대 장수왕까지도 북부여 해모수 단군이 즉위한 B.C.E. 232년에 고구려 역사가 시작된 것으로 기록에 남긴 것이다. B.C.E. 232년 해모수 단군의 즉위로부터 시작된 고구려의 역사는 27대 보장왕의 종말(668년)까지 합산하면 900년이다.[128]

기씨 기후가 드디어 번조선왕을 잇다.

신사(단기 1994.B.C.E. 340)년에 아들 수한이 즉위. 다음해 임오년(1995.B.C.E. 339)년에 연나라가 이틀 길을 하루에 달려 쳐들어와 안촌홀을 공격하고 험독까지 쳐들어 왔다. 이때 수유사람 기후가 젊은 청년 5천명을 거느리고 와서 전쟁을 도우니 군세가 조금 진작되었다…무술년에 수한이 세상을 떠나니 후사가 없었다. 그리하여 기후가 명을 받들어 군령을 대행하였다. 연나라가 사신을 보내 하례하였다. 이 해에 연이 왕이라 칭하고 장차 침범하려다가 그만두었다. 기후도 명을 받들어 왕호를 써서 번조선 왕이 되고, 비로소 번한성(번조선의 첫 번째 수도. 지금의 중국 하북성 개평 동북쪽 70리에 위치)에 머물면서 뜻밖의 사태에 대비하였다.

→ 기후 → 기욱 → 기석 → 기윤 → 기사 → 기비(74세왕) → 기준(75세왕, 단기 2113, B.C.E. 221)이 즉위하였다. 정미(단기 2140, B.C.E. 194)년에 떠돌이 도적 위만에게 속아 패하여 마침내 배를 타고 바다로 가서 돌아오지 않았다. 한머리땅(한반도) 금강하구 군산 어래산 익산으로 들어왔다는 설이 많이 있다.

기비의 도움으로 해모수가 대권을 잡아 단군조선을 계승함

일찍이 기비가 종실 사람인 해모수와 함께 몰래 옥새를 바꿔치려는 (새 나라를 열자는) 약속을 하고, 힘을 다해 천왕이 되는 것을 도와주었다. 해모수로 하여금 능히 대권을 잡을 수 있게 한 사람은 오직 기비 그 사람이었다.[129)]

☢ 공자의 동이 칭송 : 3년상 제도의 기원과 신교 제사 문화

소련과 대련은 동양고전에서 하늘이 낸 효자, 즉 천종지효天縱之孝라 하여 효의 대명사로 불리며, 특히 상례喪禮를 잘한 인물로 유명하다.

이들은 2세 부루 단군 때의 중신이었다(단군세기). 대련은 태백산 4대 신선 가운데 한 사람이다. 공자는 예기에서 "소련 · 대련은 거상을 잘하였는데, 3일을 게을리 하지 않고 3개월을 해태하지 않으며 3년을 슬퍼하였다. 그들은 동이 사람이다."라고 하였다. (『예기』잡기, 하편) 공자는 이를 윤리의 시초라 칭송하고 소련 · 대련을 성인이라 하였다. 이와같이 3년간 거상하는 상례는 본래 유교에서 나온 것이 아니라, 신교를 종주로 하는 단군조선에서 처음 나온 신교문화의 제사 풍속이다.[130)]

★ 이중재 · 강상원박사 율곤학회의『환단원류사』

"어원을 모르고는 역사연구를 단 한 발자국도 나아갈 수 없다"

"산스크리트어는 우리말 사투리이다"[131)]

산스크리트어는 모든 언어의 모체母體/ 어원語源을 모르는 역사연구는 허구

우리 문화는 '소도 문화'/ 한자漢字 교육이 없으면 역사 · 문화 단절

"어원을 모르고는 역사연구는 단 한 발자국도 나아갈 수 없다"고 강 박사는 주장한다.

집무실에 산더미처럼 쌓여 있는 각종 연구서적들의 종류와 소장한 장서의 수가 그의 연구의 폭과 깊이를 가늠케 해 준다는 생각이 들었다. 9월 5일 〈시사뉴스〉는 강상원 박사의 집무실에서 인터뷰를 가졌다. 강 박사는 80세가 넘은 고령임에도 불구하고 여전히 각종 참고문헌을 보면서 빽빽하게 밑줄을 긋고 주석을 달아놓은 연구서를 펼쳐 보이며 대담에 응했다.

산스크리트어로 거의 모든 언어를 해석할 수 있다고 주장하는 것이 맞나.

그렇다. 산스크리트어를 모든 언어의 뿌리언어라고 말할 수 있다. 일례로 하와이 언어에 '알로하'라는 단어가 있다. 이것을 산스크리트어로 풀이해 보면 '물가로

오시라'는 뜻이 정확히 어원적으로 풀이된다. 또 다른 예를 들어보자. '주몽'이라는 단어가 있다. 이건 '추드모크사'(cudmoksa)다. '현명한 해방자'라는 뜻이다. 해모수는 산스크리트어의 '해마하수'에서 나온 단어인데 이것은 '하늘의 영광'이라는 의미를 갖고 있다.

'번조선'이라는 것도 많은 학자들이 한자(漢字)로 번조선이라고 씌여 있는 것만 알뿐, 이것의 의미를 모른다. 이 단어는 산스크리트어로 '밴드'이다. 즉, 합병했다는 뜻이다. 그래서 '어원을 모르면 역사를 할 수 없다'고 하는 것이다.

산스크리트어를 쓰고 있는 지역의 범위가 현재 개념으로 보면 어디인가.

네팔, 사천성, 방글라데시 그리고 방글라데시 바로 북쪽에 아루나첼 푸라데시라는 곳이다. 전 세계 언어의 원조를 산스크리트어로 본다면, 원조와 그 후손은 누구인가. 산스크리트어가 주종을 이루는 것이다. 원조는 '숭전축국의 범왕'이라고 되있다. 이것은 '실담자기'라는 문헌에 기록되어 있다. 중천축 언어를 표준으로 본다면, 전라도 · 경상도 사투리가 표준이라고 볼 수 있다는 얘기이다.

1만년 전쯤에 유라시아 대륙으로부터 산스크리트어를 쓰는 동이족이 베링해협을 거쳐 아메리카 대륙으로 이동했다는 것을 어원적으로 풀이가 가능한가. 베링해협을 백령해협이라고 한다. 백령이 베링해협이다. 알라사카가 '아 라 사카'이다. 아라사카가 무엇인가. 그게 바로 알래스카이다. 그런데 알라사카가 산스크리트어이다. 원래 뜻은 '동트는 고장'이라는 뜻이다. 즉, 베링해를 건너서 동트는 고장에 도달했다는 것이 언어에 그대로 나타나 있는 것이다. 베링해를 건너서 남쪽으로 가면 캐나다가 나온다. 캐나다라는 말은 인디언 계통의 언어이다. 그런데 이것의 원류가 바로 산스크리트어이다. 'SUN+나타난다+어디에 닿았다'로 풀이되므로 '태양이 비치는 곳에 닿았습니다'라는 뜻이다. 이 사실을 내가 어원적으로 증명했다.

대한민국의 영문 표기를 COREA로 써서는 안 되고, KOREA로 써야 한다는 이유는.

COREA라고 쓰면 이것은 '초리아'가 된다. 산스크리트어에서 C가 '초'로 발음되므로 '초리아'가 되는 것이다. 그래서 이렇게 부르면 안 되는 것이다. 옥스퍼드 사전에는 KUR라고 나온다. '꾸르'는 구려 · 고려다. 고구려 · 고려라고 할 때 '려'(麗)

는 원래 '리'라고 읽는 것이 맞는 것이다. 우리는 원래 '꾸르족'이다. 꾸리아에는 '겨레'라는 뜻도 있다. 이것이 '고산족'이라는 뜻인데 옥스퍼드 사전 294쪽에 나온다. 꾸르 · 꾸루 · 꾸아리 · 꾸리아 · 꿀루리안. '꼴 베러 간다'라고 했을 때 꼴을 베려면 산으로 가야 한다. 이 단어 속에 이미 우리가 고산족이라는 뜻이 드러나 있는 것이다. 이렇게 풀어 놓으니 절대로 COREA라고 쓰면 안 되는 이유를 알게 됐을 것이다. COREA로 쓰는 것은 '초라니'라는 뜻이 되므로 절대로 그렇게 쓰면 안 되는 것이다. 장구치고 북치고 이상한 놀이나 하는 게 '초라니'이기 때문이다.

고산족(高山族) 문화에 대해 설명해 달라.

岳(악)이라는 말이 산이라는 뜻만이 아니라, '城中之大道'(성안의 큰길)이라는 뜻이다. 결국 岳(악)이라는 말은 '메트로폴리스'라는 뜻으로 도시국가라는 뜻이다. 고대 그리스의 도시국가도, 페루의 마추픽추도 이런 개념이다. 이것은 '아사달'이라는 개념과도 연결되는데 '아사달'이라는 뜻이 '아스 따르'로서 Invincible Castle (난공불락의 성)을 의미하는 단어이다. 따라서 '아사달'이라는 곳은 여러 곳에 있을 수 있는 개념이다. 어디에 고정된 장소가 아니다. 왕이 도읍하면 도읍한 그 장소를 아사달이라고 하는 것이다. 일본에 아사히 신문이 있으니 우리나라가 '아침의 나라다'라는 식의 엉터리 역사를 하니까 문제가 되는 것이다.

우리 문화를 '소도문화'라고 하는 근거는.

소도는 '솟대'라고도 한다. 이게 산스크리트어의 스타빳드이다. Holy, Saintly라는 뜻이다. 즉, 왕이 되면 스타빳드에 가서 하늘과 천신에게 제사를 지내면서 "내가 왕이 됐습니다"라고 하늘에 보고하는 곳이 소도이다. 이것이 염황 원류사에 명확히 기록되어 있다. 소도문화는 동이족의 문화이다. 중국의 문화가 아니다. 이것이 아메리카 인디언, 마야, 잉카 이 사람들이 그곳으로 가서 거기에서 소도문화를 일으킨 것이다. 고로 잉카, 마야, 인디언 문명은 동이족의 문명이라는 것이고 또한 그들이 쓰는 언어가 산스크리트어라는 사실이다.

역사를 어떻게 정의하나.

우리나라가 잘 되려면 역사를 잘 알아야 한다. 역사를 모르면 나라는 망한다. 내가 정의하는 역사는 'Historical Record'가 아니다. 우리 선조들이 만든 문화를 유기적으로 만들어 그것에 근거해서 우리가 살아가는 것이 역사이다. 따라서 나는 역사를 이렇게 정의한다. History can be defined as an vital organism of an ancestor civilization. (역사란, 조상의 문명을 생명력 있게 유기적으로 만드는 것이라고 정의할 수 있다)

우리 정부와 국민들에게 당부하고 싶은 말은.

첫 번째는 한자(漢字) 교육을 제대로 해야 한다는 것이다. 한자(漢字)를 모르면 범어(산스크리트어)를 알기 어렵고, 범어를 하려면 한자를 해야 한다. 그리고 어원을 알기 위해서라도 범어를 해야 한다. 산스크리트어 어원을 알면 모든 것의 의미 파악이 된다. 한글교육만 해서는 바보가 된다. 두 번째는 철학교육을 해야 한다. 경영학 등에만 주안점을 둔 교육은 안 된다. 세 번째는 정부에서 영어를 선택과목으로 돌려야 한다. 선택과목으로 하되 아무리 어려운 문장도 읽고 해석만 하면 통과되게끔 해야 한다. 그래야 나라가 바로 선다.[132)]

영국 프랑스 등 돈황문서와 유물 전부를 개방하면 한국 고대역사가 더욱 명확해진다. (한번 짧은 다큐멘터리 만든 미국과 공동 제작도 지혜)

나! 돈황문서야, 내가 세계유람? – 나도 할 말 있어

등장인물: 나! 돈황문서, 해설자: 한국국립박물관장, 대화자: 20대 초반의 배낭 여행객 혜초스님, 돈황석굴의 관리인 왕원록, 영국 스타인, – 에리자베스여왕/프랑스령 베트남 하노이대학에서 동양학을 전공하던 펠리오 /1912년 세번째로 돈황문서를 찾아온 이는 일본의 오타니 탐험대, 오타니 아버지= 정토진종 스님/ 정리 출간한 돈황학자.

세계 4대 여행기에 이름을 올린 위대한 한국인이 혜초스님이다.
그러나 백년 전에는 아무도 아는 사람이 없었다.[133)]
세계 4대여행기가 있다.
7세기 현장법사의 대당 서역기/8세기 혜초의 왕오천축국전

13세기 마르코 폴로의 동방견문록/14세기 이븐바투타의 여행기

혜초는 한국인 최초로 해양 실크로드와 육로 실크로드를 답사한 위대한 테마 여행가이다. 세계 사대 여행기에 이름을 올린 유명한 인물이지만 백년전에는 아무도 그 이름을 알지 못했다. 혜초와 그의 여행기 『왕오천축국전』은 어떻게 세상에 알려지게 되었을까? 중국 돈황문서의 발굴은 꿈란동굴에서 발견된 사해문서[134]와 함께 동.서 문명의 양대발굴로 평가한다.

달밝은 밤에 고향길을 바라보니
뜬 구름은 너울너울 북쪽으로 돌아가네.
구름편에 편지한장 부치려하나 바람이 거세어 화답이 없네

내 나라는 하늘가 북쪽에 있고
이 나라는 땅끝 서쪽에 있네
하늘에는 기러기마저 없으니
누가 내고향 계림으로 소식을 전해주리..

당시 20대 초반의 배낭 여행객 혜초가 머나먼 천축 땅에서 고향 신라를 그리며 쓴 시이다. 왕오천축국전의 저자 혜초가 처음에는 중국의 구법승으로 소개되었다. 그러나 일본인 학자가 위의 시를 보고 혜초는 신라스님이라고 학계에 발표하였다.

외로운 배 달빛타고 몇 번이나 떠나갔나?
이제껏 구름따라 한 석장도 돌아오지 못했네..

① **1900년 5월 16일 돈황석굴**의 관리인 왕원록은 동굴안에서 담배를 피우고 있었다. 무심코 동굴천장을 올려보다가 그는 의문에 빠졌다. 담배연기가 동굴에 가득 차야 되는데 동굴벽틈으로 연기가 빠져 나가고 있었던 것이다. 벽면을 두들겨 보니 내부가 빈듯한 울림이 있어 곡괭이로 벽을 무너뜨렸다. 놀라운 광경이 펼쳐졌다. 조그만 별실이 있고 그 안에는 5세기에서 11세기까지의 고대문서가 산더미처럼 쌓여 있었다. 문헌의 수는 4만 여 점, 쓰여진 언어는

한문. 싼스크리트어. 티벳어. 소그드안어. 위구르어. 코탄어. 쿠차어 등이다. 그 중 불교문헌이 87.5%. 도교문헌이 3.8%. 유교문헌 0.9%. 문학문헌 2.1%. 나머지 4.2%는 사원의 계약문서. 장부. 호적. 서간문 등이다. 이 문헌들은 돈황문서로 불린다. 세계각지로 흩어진 문헌들을 마이크로 필름으로 촬영하여 250권의 방대한 분량으로 편집하여 출간하였다. 돈황문서의 발견은 돈황학이라는 새로운 학문분야를 성립시켰다.

② 1900년, 청나라 광서 26년 중국은 서구열강의 침략으로 극심한 혼란기를 맞이하고 있었다. 사막의 동굴에서 고대문서가 발굴되었다는 보고서가 접수되었지만 아무도 관심이 없었다.

③ 맨 처음 돈황문서 정보를 접한 이는 중앙아시아를 탐험하던 영국인 스타인이었다. 그는 왕도사를 매수하여 상태가 좋은 문서들을 몇 푼에 매입하여 인도 델리를 거쳐 영국의 대영박물관으로 보냈다. 영국여왕 엘리자베스는 그의 공적을 높이 사서 공작칭호를 부여하였다.

④ 1908년 2월 프랑스령 베트남 하노이대학에서 동양학을 전공하던 펠리오에게 돈황소식이 들려 왔다. 그는 즉시 돈황으로 날아가서 왕도사를 매수하였다. 한문에 능통했던 펠리오는 석실 안에 자리를 잡고 자료가치가 높은 문헌들을 가려내어 파리 국민도서관으로 보냈다. 그 문헌 속에 혜초의 왕오천축국전이 포함되어 있었다.

⑤ 1912년 세 번째로 돈황문서를 찾아온 이는 일본의 오타니 탐험대였다. 그들은 키질석굴 등 중앙아시아 탐사유물과 돈황문서들을 수집하여 일본 교토로 가져왔다. 오타니 유물들은 다시 조선총독부 박물관에 기증되었다. 해방이 되자 그 유물들은 일본으로 가지 못하고 국내에 남게 된 연유이다. 용산에 있는 국립 중앙박물관의 중앙아시아 서역유물들은 그때 오타니 탐사단이 수집해 온 유물들이다. 오타니는 일본 정토진종 스님의 아들이다.

⑥ 중국인들은 뒤늦게 돈황문서의 가치를 깨닫고 남은 문서들의 목록을 만들었다. 목록의 제목은 〈돈황 겁여록〉, 즉 "도둑들이 훔쳐가고 남은 돈황문서의 목록"이란 뜻이다. 사진 1번 혜초의 인도 순례길을 상상으로 그린 것이다. 사진 2번 혜초의 저술은 왕오천축국전이다. 사진 3번 프랑스의 동양학자 펠리오가 돈황석실에서 고대문서를 살펴보는 모습이다.[135)]

삼위태백이 있는 곳의 천산천지에서 흘러 내리는 만년설 녹은 물

천산에서 흘러 내리는 만년설 녹은 물-이 물로 많은 지역이 먹고 산다. 지하에 물 저장소를 만들어 공급하기도 한다. 사막의 나무들은 인공으로 호수를 깔아 정해진 시간에 물을 살수하도록 만들어 두었다고 한다. 평지는 비가 오지 않는데 높은 산엔 그래도 가끔씩 비나 눈이 온다고 한다. 어떤 겨울엔 눈이 많이 와 녹으므로 물저장이 가능하다고 한다. 삼나무 백양나무 등이 주로 키워지거나 높은 산엔 자연으로 크고 있다.

'天山鄕천산향'=천산 고향, 맞은 편 도로 곁에서 마을 특산물인 살구와 자두를 판매하다.

'천산고향'이라는 말이 (〈요서〉에 천산이 백산이라는 지적대로라면) 한국인으로서는 예사스럽지 않다.

삼위태백과 명사산과 연결되는 막의 고굴 정문

삼위태백산의 오른쪽과 바로 연결된 명사산

유네스코unesco가 찍혀 있다

명사산은 돈황 시내와 가장 가까운 곳에 있는 사막으로 또 오른쪽 한가운데 작은 호수 월아천으로 유명한데 비해, 또 바로 이어진 막고굴을 가는 길에도– 명사산 왼쪽으로 바로 이어지고, 한국민족에겐 너무나 중요한 '삼위태백산'은 어디에도 간판하나 보이지 않았다. 관광객 상대로 낙타타기 체험을 한다.

사막한가운데 월아천의 풀들

11000전 다 클라 말캉

다 클라 말캉 – 모두다 큰일 나 모두!

내년까지 나의 답사 목표는 타클라마칸 사막과 주변 역사터 찾아 보는 것이다. – 이제부터 눈에는 우연의 일치로 '클라' 만 보인다.

천산 빠리콘 초원에서 말, 양 똥 실컷 보고–천산 설경을 구경하다

7. 서울 용산민족역사공원에 우리 민족과 관련된 세계적 고고학공원도 만들자.

11,000여 년전 무 대륙 혹은 아틀란티스가 잠기기 전에 천산으로 이주해 간 문화인 환인과 환웅 – 3000여 명과 흑피옥이 나오는 곳인 우리 민족 형성지와 일치 경남 창녕에서 8000년 된 배도 나오다. – 11,000년전 이미 상당히 발전한 세계교역국 무 대륙 혹은 아틀란티스 글자 동이 것...

《부도지符都誌》에 따르면, 환웅桓雄은 이러한 놈모(환부鰥夫)들을 대동하고 세계를 순방하고 다녔다. 환부鰥夫라는 글자에서 환鰥이라는 글자의 모양은 물고기 가죽을 둘러 쓴 오아네스와 매우 닮아있음을 알 수가 있다. 수메르 기록에는 우주인들(신)이 창조한 원시 노동자의 이름을 '루루魯魯(물고기 인간)'라고 하였다. 고구려고분 황해도 안악군 대원면 산상리 안악 1호 고분에 있는 '천마비어도'의 그림은 날개가 달린 물고기를 매우 정확하게 보여주고 있다. 흑피 조각상은 모두가 지하 묘에 망자와 함께 수장된 매장물이다.

그들은 매장할 때 왜 검정색의 칠을 했는가? 반수반인인 인간과 동물이 합해진 존재들은 누구인가? 이들 조각상 중에서 빈번하게 나타나고 있는 돼지 룡과 마룡의 정체는 무엇인가? 수많은 옥 조각품 중에서 유일하게 현대인과 거의 같은 복장을 한 수염을 기른 남자상이 있다. 다른 인물 조각상과는 전혀 다른 특징들을 매우 많이 가진 특이한 조각상은 누구인가?

1) 수많은 인물조각상들이 거의 모두가 전신조각상이며, 상대적으로 인물의 얼굴이 매우 작게 표현된 점에 반하여 이 인물상은 독특하게 흉부 이상만 조각되었고 전형적인 흉상 초상 조각상이다. 자조상으로 보인다.

2) 수많은 인물상들의 머리모양은 대체로 길게 늘어 뜨렸는데, **이 인물은 상투를 틀었다. 뒷모습에 머리카락을 표현한 곳이 없이 머리는 모두 위로 올려져 있으므로 틀림없는 상투를 튼 모양인데 이 역시 수많은 조각상 중에서 유일한 형태이다.** 그리고 상투 끝에 상투머리 덮개인 관이 있고 관에는 새(매미?) 모양 장식이 있다. 나중에 갓을 써서 상투를 보호하는데 갓God은 영어로 God 신神이며, 갓머리는 상투를 표현한 것으로 원래는 우주선이 지붕에 앉은 모습을 표현한 것이라 한다. 윤복현님의 주장으로는 영어의 성인聖人을 뜻하는 ' 세인트' 라는 단어는 '상투'가 변한 말이라고 한다. 즉 상투란 하늘부족만이 하는 것이었다. 갓은 말총으로 만들며 새 장식은 날개 달린 천마를 상징한다. 즉 상투와 새장식의 갓은 신神(하늘에서 온 사람)을 표현한 것이다. 이 인물의 얼굴의 상하 비율은 다른 인물상들이 거의 정사각형인데 비해 이 인물은 상하로 긴 장방형이다. 극히 지적인 인상이다.

5) 콧수염을 기르고 있는 거의 유일한 인물상이다. 즉 수염을 기른다는 것은 나이를 먹었다는 것을 뜻한다. 콧수염을 기른 이들은 신적인 존재로서 수명에

제한이 없었다.

6) 상의에 두루마기의 깃처럼 보이는 장식이 되어 있고 상체에 의복을 걸친 거의 유일한 인물상이다. 자세히 보니 털은 한쪽으로만 그은 사선으로 처리한데 반하여 무늬는 격자무늬이다.

이것은 분명 격자로 짜여진 천을 표시한 것으로 보인다. 이는 매우 특별하며 예외적인 조각으로 이 인물이 특별히 중요한 인물임을 시사하고 있다. 이는 누가 보든지 당시 돌도끼를 사용하는 원시인들과는 전혀 다른 종족이며 그들이 바로 무덤의 주인공이고 이 조각품들을 조각한 장본인임을 알 수가 있다.

그들이 바로 시리우스라는 별로부터 이동해 온 우주인들로 보인다.

그들이 세운 문명이 아틀란티스와 레무리아이다.

피레네산맥 주위의 동굴에서 발견된 상아로 된 조각품은 레오나르도 다빈치라는 이름이 붙어졌는데 그 얼굴 모습은 원시인의 얼굴이라고는 도무지 상상할 수 없는 숭고한 모습이다. 이 인물의 머리카락은 모두 위로 올려져서 두 개로 묶여 있다.

이는 두 개의 상투를 튼 모습으로 보인다…

인간의 피부인데 이는 육지에서 사는 포유류의 피부 중에는 인간과 같은 피부를 가진 동물은 없다. 인간은 오히려 개구리류의 양서류의 피부와 가장 가깝다. 인간의 귀는 귓바퀴의 중앙 구멍 부위에 돌기가 있는데 이는 원래 물속에 들어갈 때 귓구멍을 덮어서 귓속으로 물이 들어가는 것을 방지하기 위한 기능을 했었다. 그리고 인간 뿐 아니라, 모든 포유동물은 태어나기 직전까지 어머니 뱃속의 양수인 물속에서 생활한다. 따라서 초기 인간은 주로 물속에서 생활을 했기에, 다리가 헤엄을 치기에 적합했고 육지에서 걷는 데는 불편했다.

차츰 육지생활을 하게 되지만 완전히 직립하지는 못했다.

티벳인들은 '루'라고 하는 인어 비슷한 신성한 존재들이, 물에서 살고 있다고 믿으므로 그들은 물을 더럽히지 않는다. 몽골인들도 마찬가지인데 그들은 물을 더럽히지 않기 위하여 빨래를 금기시하고 목욕도 자주하지 않는다. 바빌로니아인들은 자신의 문명을 하늘의 신들과 한 무리의 이상한 수륙 양서동물같은 존재들이 세웠다고 믿는다는 것이다.

이 집단의 주요인물을 '오안네스'라고 불렀다.

헬레니즘시대에는 '에아'를 '오아네스'라 불렀다.

'오아네스'는 그리스어로는 '이오아네스'이며, 라틴어로는 '요하네스'이며, 히브리어로는 '요안나'이며, 영어로는 '존'이다. '오아네스'는 수메르 사람들에게 많은 가르침을 주었다는 신으로서, 수메르의 건축물에 새겨져 있다.

도곤족 전승에 의하면 놈모는 아득한 옛날 시리우스 항성계에서 지구로 왔던 위대한 문화영웅이며 문화의 창립자를 일컫는 집단의 이름으로 알려져 왔다. 놈모들은 수륙 양서동물(인어)이었음이 도곤족이 그린 그림에 나타나 있다. 이 놈모인들은 아마도 수메르와 바빌로니아 전승에 나타난 오안네스와 동일한 존재인 것 같다. '놈모'의 복수는 '놈모스'이다. 그런데 그들 스스로가 시리우스 문명의 영향을 강력하게 받았다고 주장하는 이집트에서는 고대의 도시들을 모두 놈모스 'nomos'라고 불렀다.

옛날의 도시들은 그 도시를 세운 사람의 이름을 붙이는 것이 상례였으므로 이집트 도시를 세운 사람들은 모두 시리우스에서 온 '놈모스'들이었다는 뜻이다.

인간을 창조한 여신을 아루루Alulu라고도 한다. 아루루는 루루 중에서 가장 뛰어난 여자로 여와는 만들어진 여자라는 설도 있다. 서기전 2~3세기 경의 그리스의 역사가들은 '압칼루' 또는 '무사루스 오아네스'라고 하는 존재와 페르시아만 연안에 살고 있었던 주민들 사이에 일련의 조우가 있었음을 기술했다.

수메르에서는 시리우스별에서 온 '오아네스(환웅桓雄 – 오시리스)'를 인류의 문명을 전수해 준 고마운 스승으로 맞이했다.

'베로소스'가 언급한 '오아네스'의 별칭인 '압칼루Apkallu'의 어원은, 수메르어의 '압갈Ab.Gal'이다. 압갈루 – 수메르어를 읽을 때 '위대한 스승' 또는 '길을 인도하는 스승'으로 해석한다. '압갈루'에서 '압'은 '아비(아버지)'의 준말인데, 처음에는 '아버지'라는 뜻이 아니었으며 유태인의 '랍비'라는 말은 스승 또는 양친을 존경하여 부르는 칭호로 '랍비'는 두음법칙에 의하여 '아비'로 된다. '갈喝'은 '말로서 가르친다'는 한국어이다. 예수 갈하시되, 공자 가라사데..등으로 쓰인다. 이집트 신 '토트'는 '말의 스승'이라고 불렀다. '토트'는 신왕의 부하로서 서기관으로 나오는데《**부도지符都誌》에서는 환부鰥夫라고 나오며, 유호(순임금의 아버지 고수)는 단군을 모시는 신하로 등장하며 수메르나 인도 등을 여행하며 문화사절단의 역할을 한다.**

'루路'는 길이라는 뜻으로 쓰였음을 알 수가 있다.

'태초에 말씀이 있었다. 말씀은 하느님과 함께 계셨고, 말씀이 곧 하느님이라.'

〈요한복음 1장 1절〉

중국어로 된 성경에는 말씀이 도道로 쓰여 있다. 도道는 길이라는 뜻이고, 로路 또한 '길'이라는 뜻인데 로路는 중국어에서 '루'로 발음된다. 즉 지구에 최초의 신이 '루'였다는 수메르 기록과 일치한다. 강상원은 산스크리트어는 한국의 전라도방언과 상당 부분 일치하며 인도의 왕족은 '크샤트리아'인데 '크'가 묵음으로 '샤트리아'라는 글자가 '사투리'라는 것이다. 즉 '사투리'는 왕족이 쓰는 언어였으며 그 어원은 '사투루스'로 보인다.

'크리스마스'의 어원은 '사투루스의 날'이다. '사투루스'는 '사투루'의 복수형이다. '사투루'는 바다염소자리의 상징동물인 하체는 물고기 머리는 양인 동물이다. 바다염소자리 3등성 다비드가 또 하나의 견우성이다. 동짓날은 낮이 가장 짧은 날이며 그날부터 새로운 태양이 떠오른다. 이 새로운 태양을 조선朝鮮이라고 부르며, 즉 이 물고기 태양을 한문으로 로魯Lu라고 한다.

중국 남서부 운남성과 그 주변의 다른 지역들에서 난공불락의 요새를 만들어 놓고 중국인들의 침략을 막아내며 독립적으로 살아 온 루루魯魯족으로 지금도 자신들을 루루魯魯족으로 부르고 있다. (중국의 공식 명칭은 이彝족이다. 1950년 모택동과 주민대표의 협의에 의해서 명칭이 바뀌었다. 원래의 이름은 이夷족이다. 즉, 우리의 조상과 같은 핏줄의 종족이다.)

원시노동자 루루魯魯족 최대 집단거주지인 사천성 량산 이夷족 자치구에는
주 총인구의 67%에 해당하는 69만 명의 이夷족이 살고 있다.

루는 원래 Lu로 발음되는 노魯로 적었다. 노魯나라가 바로 그들이 세운 나라이다.

나중에는 루婁라고 적었고, 수로首露는 수루首婁이고, 고구려의 계루부 桂婁部와도 줄이 닿는다. 부루夫婁, 다루多婁, 기루己婁, 개루蓋婁, 아루阿婁, 허루許婁, 애루愛婁, 두루杜婁, 구루溝婁, 치구루置溝婁, 읍루挹 두막루豆莫婁, 주루가 있다. Lu로 발음되는 노盧로 적은 경우는 막로국莫盧國 구로국狗盧國, 사로국駟盧國, 만로국萬盧國, 의로국擬盧國, 독로국瀆盧國, 사로국斯盧國, 속로불사국速盧不斯國 자리모로국咨離牟盧國, 모로비리국牟盧卑離國이 있다.

Lu로 발음되는 로路로 적은 나라로는 염로국, 시로국尸路國이 있다. 또한 리離, 려驪, 려麗등의 글자도 모두 Lu魯와 관련된 글자로 보고 있다. 고대의 유명한 단군들 색부루索弗婁, 해부루解扶婁, 부루扶婁, 읍루挹婁 모두 루婁를 사용하고 있으며 김수루金首露는 우두머리 루婁라는 뜻이다.

'호루스' 등에도 '루'가 들어 있으며, 로마를 세운 인물인 레무스 - 오물루스 형제의 이름에도 '루'가 공통으로 들어가 있다.

또 아일랜드 켈트신 중에는 '루'라는 신이 있는데 '빛을 비추어주는 신'이며 사나운선사, 마법사, 신기한 무기를 많이 만들었고, 무엇이든지 벨 수 있는 검과 승리를 보장하는 창이 유명하다. 그의 도시를 '루'의 이름을 따서 '루의 요새'라는 뜻의 '루그두눔'이라 했는데 로마인들이 이를 '론디니움'으로 부르다가 후에 '런던'으로 바뀌었다. 바이칼호수 주변에 전통적으로 내려오는 그림에는 호수에 사는 물고기인 '오무루'가 네 발 짐승으로 그려지고 물고기의 등에 사람이 타고 있는데 그 사람을 '환인桓因'이라고 한다.

물고기 짐승은 태양을 삼키고 있다. '루'는 고대 이집트나 수메르 또는 고대 한국 등에서는 모두 '라'라고도 불렀나. 아스텍의 태양신 라라羅羅/나나가 아즈텍어로는 '발'을 뜻했다고 한다. 따라서 태양신은 발의 신(빠르게 걷는 신)헤르메스임이 분명해진다.

마라, 하라, 파라 역시 모두가 마루, 하루, 파루가 변형된 글자이다.

아수라, 아후라 등도 마찬가지이며, 파라오에서 파라 역시 마찬가지이다.

황제 헌원의 다른 이름은 라라羅羅였다. 라주羅州라는 말은 라羅의 중심도시라는 뜻이다. 풍백風伯은 입법을 담당하는 장으로서 입춘 후 축丑일 즉 소날에 개머리를 곡문 밖에 걸어 놓고 제사를 지내는 우두머리, 이름은 석제라釋堤羅, 『환단고기桓檀古記』〈신시본기神市本紀〉에 라羅는 한반도 남쪽지명에 탐라耽羅, 마라魔羅, 신라新羅, 가라駕羅 등 많이 붙어 있다.

인도지나 반도까지 하면 보다라국補多羅國, 구절라국瞿折羅國, 안달라국安達羅國, 가비라성迦比羅城, 파라사波羅娑, 타화라墮和羅, 섬라暹羅, 사라단詞羅旦, 탐라속저耽羅粟底, 나월羅越, 말라유末羅瑜, 이파라泥婆羅, 가습미라迦濕彌羅, 호라산呼羅珊, 토염라吐炎羅, 공건나보라恭建那補羅, 달리비다達羅毗茶, 부라리副羅里, 파라니波羅尼 등 30여 개가 붙어 있는 지명으로 태양신의 이름인 Ra이다.

시리우스는 맨눈으로 볼 때 매우 밝은 별이었으므로 '중천의 태양'이라고 불렀다. 수메르에서는 개인 병원을 가진 전문의를 '루루'라고 불렀는데 이는 '박사'라는 뜻이었다.

그리고 병원의 상징 즉 이 박사 의사들의 상징은 헤르메스 지팡이로 나타낸다. 지금은 중국에서 살고 있는 이夷족들은 스스로를 '루루'라고 부르며 그들은 루루'라는 성씨를 사용하고 있다. 나시족 역시 자신들을 '루루'라고 부른다. 몽고지배 원나라 시기에는 이夷족들을 '라라'라고도 불렀다. 그런데 중국에 가보면 군대에서 경찰 또는 각각의 기관마다 이 헤르메스 지팡이 마크를 상용하고 있는 것을 본다. 동이東夷족이 세웠다는 나라 은殷나라는 원래 상商나라이다. 상고商高 마크에는 대체로 헤르메스 지팡이 기호가 들어간다. 상나라는 상업의 신인 헤르메스와 관련 있다. 헤르메스는 '헤르마'의 복수형으로 '헤르마'는 '길을 가리켜 주는 표지석'이라는 뜻이다.

이집트의 '토트'는 '헤르메스 트리메기투스'라고도 불렀고, 많은 신화학자들은 '토트'와 '제우스'를 동일한 존재로 보기 때문에 '제우스'역시 '헤르마'였음을 알 수가 있다. 이집트신화에서는 이시스가 토트를 백부라고 부르고 있다. 또한 이집트의 오시리스의 아들인 늑대 머리 신 아누비스의 다른 이름은 '웁우아트'로서 그 뜻은 '길을 가르켜 주는 자' 였고, 중국의 도교道教 역시 '길을 가르켜 준다.'라는 뜻이다. '아누비스'는 나중에 '토트'와 합해져서 '헤르마누비스'라는 이름을 얻었다.

중국의 전통적인 최고신은 북극성과 일치시키는데 '북극성'과 '북두칠성'은 밤하늘에서 길을 가르켜 주는 별이다.

환웅桓雄의 다른 이름은 '아리'였는데 '아리'는 원래 '알라'였다. 즉 마호멧교의 '알라'신이 바로 '아리'이다. B.C.E. 2000년경 전 세계적으로 커다란 음운이 변하는 현상이 있었는데 '아'의 발음이 '이'로 바뀌었다. 즉 '아쉬타르'의 이름이 '이쉬타르'로 바뀌었다. **'아리'에서 '아'는 '물'이라는 뜻이었고 리里는 길이라는 뜻이다. 당시의 커다란 '물길'인 큰 강을 '아리'라고 불렀으며 한강漢江의 이름이 '아리수'가 된 것이다.**

당시에 수륙 양서인간들은 주로 물길을 따라 이동하였으므로 그들이 말하는 길이란 육로가 아니라 수로인 강이었다. 그래서 '말갈靺鞨'이란 족 이름은 '물길勿吉'이 변해서 된 것이다. 즉 **'루魯' '라羅' '리夷' '려麗' '려黎'는 모두 같은 글자로서 시리우스에서 온 인간을 뜻하는 글자였고, 지금 흑피조각품이 발견되는 곳이 시리우스에서 온 인간들과 그들이 창조(체세포 복제)한 인간(이夷족)들이 살았던 곳이다.**

마루둑은 옛날 아누(천왕성)의 종자였던 '가가' Gaga(명왕성)를 데려다가 '깊숙한 어둠'속에 숨겨 놓고 자신의 본거지인 '물의 심연(압수)'의 상담역으로 임명했다. 그의 이름도 우스미Usmi(길을 가르쳐주는 자)로 바꾸어 놓았다. '우스미'가 바로 '환桓'이라는 글자이다. '환桓'은 '길을 가르쳐 주는 푯말'이라는 뜻이다. 환인桓仁, 환웅桓雄은 명왕성을 표현한 것이다.

수메르 사람들과 고대 인도인들은 이집트를 마간(마한)이라고 불렀다.

천부경은 생명나무라고 하는 유태인의 카발라와 일치하고 있고 이 생명나무를 표상한 도상이 바로 헤르메스 지팡이다. 이夷를 자세히 보면 십자가에 매달린 예수의 형상과도 비슷하다. 16세기 독일의 '들어 올려진 뱀'이라는 금화에는 앞면에 십자가에 매달린 예수의 상이 새겨져 있다. 뒷면에는 십자가를 감고 있는 거대한 뱀이 그려져 있다. 나무를 감고 올라가는 뱀과 나무 끝의 독수리 날개는 십자가에 매달려 죽은 뒤에 3일 만에 부활하는 영원한 생명나무의 상징이며 황소와 사사 - 새의 영원한 상징이다.

'사자 - 새'는 동시에 '찢겨지는 황소'이다. 이들은 일체이다. 그래서 삼위일체의 신이라 불리며 이 신들은 모두가 황소로 표현되기도 한다. **이夷와 시矢는 서로 바꾸어 쓸 수 있는 글자였다. 즉 이夷는 활이 아니라 화살을 뜻하는 글자였는데,** 남신을 '이시비시' 여신을 '이히리시'라고 불렀는데 이 두 단어에 공통으로 들어가는 단어인 '이쉬'라는 뜻이 바로 '화살'이었다. **이족의 이夷라는 글자**는 큰활을 쓰는 대인을 뜻하는 것으로 알려져 있으나 **사실은 '신'을 뜻하는 '이쉬'라는 글자를 한자로 옮긴 것이다.** 점성술에서 반신반마인 캔타우르족의 성인인 샤론(카이론)이 활을 쏘려고 하는 장면이 '사수자리'의 상징이고 사수자리의 마크는 화살이다.

조선의 수도 아사달은 초승달(新羅 - 신라)의 뜻도 되지만 아쉬달 즉 신의 땅 또는 이夷족의 땅이라는 뜻이 된다. '아사달'은 바로 '아틀란티스'의 어원이 된다.

김희용金喜鏞선생님은 흑피조각품이 발견되는 지역에는 '아스달' '아달란' '아달' '아틀란' '아사달'등의 지명이 많이 있다고 하며 이는 분명 '아틀란티스'의 어원일 것이라고 주장한다.

신의 이름으로는 아스트라에아, 아스따르떼, 아스따롤, 아쉬타르, 아수라, 아사달, 아스마, 아프로디테,아르테미스 등이 있고, 지역명으로서는 아스타나, 아스탈란 등이 있다.

이夷라는 글자는 궁弓과 대大자가 합해진 상형문자인데 궁弓은 뱀이 무엇인가를 감고 올라가는 모습이며 대大는 독수리가 날개를 편 모습이다. 따라서 독수리로 상징하는 하늘로부터 온 천신족과 뱀으로 상징되는 훨씬 전에 지구에서 살아가던 토착 지신 세력과의 교잡 즉 결혼으로 인한 연합관계를 나타내고 있다.

현재 **흑피조각이 발견된 지역은 아틀란티스 족과 레무리아 족이 결합하여 새로 탄생한 이夷족들의 본거지**라 추정된다. 현재 한국어 '아들'은 '아틀란티스'에서 온 말이며, '딸'은 '달'로부터 온 말이라고 추정하는데 아틀란티스는 새롭게 하늘에서 온 민족이며 이들은 남성 위주의 국가였고 그래서 '아들'이란 '하늘'과 같은 뜻이었다고 보인다. 반면 '딸'은 오늘날 영어의 '타르'처럼 대지를 뜻하는 것으로 모신母神인 지신地神을 뜻하는 것이다.

따라서 **'아사달' 또는 '아쉬타르'는 '아들'과 '딸'이 합해진 합성어로 보이는데 곧 천신족과 지신족의 결혼 즉 통합을 의미하고 있다. 구이족은 구리, 또는 구려, 구티, 후리, 프리 등으로도 불리었는데 견이犬夷, 우이牛夷, 방이方夷, 황이黃夷, 백이白夷, 적이赤夷, 현이玄夷, 풍이風夷, 양이暘夷의 족속으로 나뉘어졌다. 그러나 조상은 같아서 서로 크게 다르지 않았다.** 수메르는 사르곤 대제(B.C.E. 2725~2671)가 재통일 다시 1세기 후 북동부에 살던 '구티'족 공격으로 B.C.E. 2150년경 붕괴되었고 '구티(구이九夷)' 정권은 내란으로 붕괴 1세기 후 우르 3왕조가 전성기 때 동쪽에서 엘람 족 서쪽 리비아 – 아라비아의 아모리족에게 무너졌다. '산에서 온 용들'이라고 불렸던 그들은 그들의 왕은 자칭 구티(Guti)구이九夷와 사방四方의 왕이라고 하였다.[136)]

풍백風伯, 우사雨師, 운사雲師, 치우治尤의 역할

다음은 『태백일사』에 나오는 풍백風伯, 우사雨師, 운사雲師, 치우治尤 에 관한 내용이다.

환웅천황은 풍백 석제라에게 명하여 새, 짐승, 벌레, 물고기의 해를 제거하였지만 백성들은 좀猶처럼 동굴이나 토굴 속에서 나오지 않았다. 동굴이나 토굴은 습기가 많고, 외풍이 심하여 백성들은 병에 걸렸다. 그래서 재차且 금, 수, 충, 어의 일경의 무리(엄청나게 많은 개체)를 잡거나 쫓아버렸다. 그랬더니 점점 그 수가 줄어들어 이젠 잡아 먹고 살기에도 불편하게 되었다. 이에 우사 왕금영에게 명하여 사람들이 살 집을 조성하게 하고, 소, 말, 개, 돼지, 독수리, 호랑이 등의 짐승을 기르는 일을 주관하도록 하였다. 그리고 운사 육약비에게는 남녀혼인의 법을 만들도록 하였고, 치우에게는 대대로 병마와 도적을 관리하는 일을 맡도록 하였다.

풍백, 우사, 운사, 치우라는 이름은 관직명이다.

그래서 풍백風伯을 "석제라" 라 하였고, 우사雨師을 "왕금영"이라 하였으며, 운사雲師를 "육약비"라고 하였다. 석재라, 왕금영, 육약비는 개인명일 수도 있으나 또 다른 직위나 직책명일 수도 있다. 따라서 풍백, 우사, 운사는 삼국유사에서 말하는 장군도 아니고, 네이버 지식백과에서 말하는 주술사(점쟁이)도 아니며, 네이버 지식 iN의 답변자처럼 신神도 아니다. 백성의 실무를 담당했던 실무 담당자들이었다. 굳이 말하자면 풍백은 백성의 전체적인 살림살이를 보살피는 일을 담당했던 현現 국무총리 격이고, 우사雨師는 백성들의 의, 식, 주를 담당하는 일을 했던 현現 국토해양부장관 겸 농림수산식품부장관 격이며, 운사雲師는 가정의 일이나 복지를 담당했던 현現 여성가족부장관 격이다. 또한 치우治尤는 국방과 치안을 담담했던 현現 행정안전부장관 겸 국방부장관 격이다. 올바른 예例일지는 모르겠으나, 장군도 아니고, 주술사도 아니고, 신도 아닌 것 만큼은 확실하다[137]

북경 환구단 기년전 옆 천지신명을 모시는 선삭 중에 우사, 운사, 풍백, 뇌사를 모신 곳[138]

⧗ 왕성한 무 대륙이 지진으로 사라지고 그 얘기를 인도에서 듣고 찾은 영국인 처치워드 대령 – 처치워드 발표 87년 후인 2013년 한국에서 열린 '인류 대이동 국제 학술대회'에서는 '순다랜드'로

1926년 가을, 전세계 고고학계가 발칵 뒤집히는 사건이 일어났다. 영국 육군의 예비역 대령인 제임스 처치워드가 『잃어버린 무 대륙(The Lost Continent of Mu)』이라는 책에서 고고학자들도 들어 보지 못한 무 대륙의 실재를 주장한 것이다.

이 대담한 주장을 한 영국인은, 1868년부터 인도에 머무르면서 원주민들 사이에 전설로 내려오는 무 대륙에 대해 듣고 필사적으로 그 확인 작업에 매달렸다. 그는 각고의 노력 끝에 드디어 인도의 옛날 사원에서 무 대륙에 관한 사실이 적힌 옛 점토판을 발견하여 그것을 해독했다. 그 결과, 원주민들 사이에 전승된 무 대륙이 상상의 땅이 아니라 실제로 태평양 바다 속으로 가라앉은, 문명이 발달했던 대륙이었다는 것을 확신했다.

그는 이러한 확신이 서자, 무 대륙의 존재를 입증할 만한 증거를 찾기 위해 50년 동안이나 세계 각지를 떠돌았다. 그는 이 기간 동안 방대한 자료와 사진들은 수집하였다. 그리고 미국 뉴욕에 칩거하면서 무 대륙에 관한 지금까지의 연구를 글로 쓰기 시작했다. 그때 그의 나이는 이미 70을 넘어서고 있었다. 그리고 마침내 『잃어버린 무 대륙』이란 책을 완성하여 고고학계에 깜짝 놀라게 한 것이다.

그리스의 철학자 플라톤이 『국가론』에서 신비한 아틀란티스 대륙에 관해 언급한 것을 놓고도 지금까지 명확한 결론을 못 내리고 있는 고고학계에, 제임스 처치워드의 무 대륙에 관한 주장은 또 다른 짐이었다. 이제 한 평생을 무 대륙 연구에 바친 그의 주장을 들어 보자.

아득한 옛날, 지금의 태평양이 있는 위치에 '무(Mu)'라는 광대한 대륙이 있었다. 그 동쪽 끝은 현재의 이스터 섬, 북쪽 끝은 하와이 제도, 서쪽 끝은 마리아나 제도, 그리고 남쪽 끝은 지금의 쿡 제도에 해당한다. 동서의 길이는 8천 ㎞, 남북은 5천 ㎞로 지금의 태평양 면적의 절반 크기이다.

이 무 대륙에 인류가 나타난 시기는 지금으로부터 약 5만 년 전의 일이다. 이곳에 살았던 인간은 매우 우수한 민족으로 고도의 문명을 이룩하고 있었다. 무

대륙의 인구는 약 6천 4백만 명이었고, 열 개의 민족으로 구성되어 있었다. 머리색, 피부색, 눈의 색은 제각기 달랐지만 각 민족간에 차별은 없었고, 한 명의 왕 밑에 하나의 정부가 통치하고 있었다. 무 제국 국민은 우수한 학문과 문화를 가졌고, 특히 건축술과 항해술이 고도로 발달해 있었다. 그들은 진취적인 기질이 풍부하여 배를 타고 세계 각처를 떠돌았다. 서쪽으로는 아시아, 유럽, 이집트와 교류했고, 동쪽으로는 북아메리카 중부에서 남아메리카 북부까지 진출하여 그곳에 자신들의 식민지를 건설했다.

무 대륙에는 낮은 동산 이외에는 산이라고 부를 만한 것이 없었는데, 땅 전체는 세 개의 좁은 해협에 의해 세 부분으로 나뉘어져 있었다. 문화의 중심지였던 일곱 개의 대도시를 중심으로 도로가 격자 모양을 이루며 도시와 마을을 연결하였고, 그 표면은 대리석으로 잘 포장되어 있었다. 그리고 거대한 석조 궁전과 신전과 호화로운 대지택들이 괸칭을 에워싸고 있었다. 항구마다 세계 각시로 떠나는 배로 분주했으며, 세계 각지에서 진귀한 물건을 가득 싣고 온 수십 척의 배가 항구로 들어왔다. 태양을 숭배하고 세계를 지배했던 무 제국은 날로 번영했다. 왕권은 튼튼했으며, 모든 국민은 행복한 생활을 누렸다. 그러나 거대한 대륙은 발밑으로 다가오는 불행을 알아차리지 못했다.

어느 날, 갑자기 땅 밑에서 이상한 소리가 들려 왔다. 소리는 점점 커졌으며, 대지가 심하게 요동치기 시작했다. 사람들이 혼비백산하여 신전에 몰려들어 태양신에게 기도하고 있을 때, 대지가 갈라지며 지옥의 불길 같은 거대한 불기둥들이 하늘로 치솟았다. 이 첫 번째 대지진으로 무 대륙 남쪽을 대부분 바다 속으로 가라앉았다. 산보다 더 큰 해일이 대륙 남쪽을 강타하고, 용암이 들끓었다.

무 대륙의 국민들이 일차 대지진의 공포를 잊고 폐허 위에 신전을 재건할 무렵, 다시 땅이 요동을 치고 바다가 울부짖기 시작했다. 건물이 무너지고 대지는 바가 위에서 나뭇잎처럼 흔들렸다. 대륙의 중앙에 굉음이 대륙 전체를 휩쓸었다. 무 대륙은 조각조각 갈라지며 바다 밑으로 잠기기 시작했다. 태평양의 절반을 차지하고 있던 거대한 무 대륙이 바다 속으로 잠기자, 전무후무한 해일이 지구 곳곳을 덮쳤다. 지금으로부터 1만 5천 년 전, 지구가 생긴 이래 최초이자 최대의 문명을 건설했던 무 대륙은 이렇게 사라졌다.

얼핏 들으면 신화 같은 무 대륙에 관한 처치워드의 이러한 주장은 그가 머릿속으로 상상하여 꾸며낸 이야기가 절대 아니다. 그가 이런 대담한 주장을 할 수 있었던 것은 바로 인도의 낡은 힌두교 사원에서 입수한 두 개의 점토판 덕택이었다.

두 개의 점토판에는 난생 처음 보는 이상한 도형과 기호같은 것이 빽빽이 새겨져 있었다. 늙은 고승은 점토판이 신비한 모국母國인 무에서 보내진 것이라고 말해 주었다. 그가 믿을 수 없다는 표정을 짓자, 노승은 처치워드를 토굴 속으로 안내했다. 거기에는 1만여 년이라는 세월에 부식된 점토판이 수북이 쌓여 있었다. 그는 그 점토판들을 보자기에 소중히 싸 가지고 나왔다. 그리고 점토판에 새겨진 고대 상형 문자를 해독하는데 전념했다. 해독은 군대에서의 암호 풀기와 같았다. 그는 고승의 도움을 박아 2년 동안 점토판 해석에 매달렸고, 마침내 상형 문자를 해독하는데 성공했다.

그 점토판은 무 대륙의 성정인 '거룩한 영감의 책'이었는데, 무 대륙의 건국에 관해 상세하게 기록되어 있었다. 점토판에 새겨진 무 대륙의 건국 설화는 구약의 창세기에 나오는 창조 설화와 비슷했다. 그는 이렇게 추측했다. 무 대륙은 왕성한 해상 활동을 했으며 인도와 이집트, 그리고 시나이 반도에까지 그 영향을 미쳤을 것이고, 모세는 우연히 이것을 입수해 석판에 다시 새겼을 것이다.

처치워드는 인도의 고사원에서 입수한 점토판을 '나칼 비문'이라 명명하고, 자신의 추측을 뒷받침할 수 있는 또 다른 고대 점토판을 찾아 나섰다. 그러다 멕시코의 광물학자 윌리엄 니벤이 고대의 석판을 수천장 수집했다는 사실을 알게 되어, 멕시코 석판이 나칼 비문보다 1만 년 후에 아메리카에서 만들어진 것으로 결론을 내렸다. 처치워드의 주장이 사실이라면, **무 대륙은 인류의 어머니 나라가 된다.** 처치워드의 책이 세상에 나오자 고고학자나 지질학자들은 터무니 없는 주장이라고 한마디로 몰아부쳤다. 그는 과학자들의 냉소에 일일이 반박하지는 않았지만, **자신의 주장을 뒷받침하는 것으로 다음의 몇 가지를 들고 있다.**

우선 인도의 힌두교 사원에서 발견한 나칼 점토판의 해석이다

다음으로 힌두교의 성전 '라마야나'에 '동방의 미지의 땅에서 미얀마로 온 것'이라는 구절이 나오는데, 동방은 바로 태평양을 가리키는 말이다. 또한, **대영 박물관에 소장되어 있는 '트로아노 고사본'은 유카탄 반도와 고대 마야족에 대한 기록인데, 여기에도 무 대륙이 언급되어 있다.** 그리고 **인도나 미얀마, 이집트에서 발굴된 상형 문자는 모두 나칼 점토판에 새겨져 잇는 무 제국의 기호를 사용하고 있다**는 점도 간과할 수 없는 일이다.

이와 같은 **직접적인 기록 말고도 무 대륙이 실재했다는 증거는 세계 각지에 흩어져 있다**고 처치워드가 주장한다.

이스터, 망가이, 마리아나 제도 등 남태평양의 섬들에 남아 있는 온갖 유적에서 무 대륙의 자취가 발견되고 있고, 유카탄 반도의 우슈말 사원 비문에 새겨진' 서방의 나라, 우리는 그 나라에서 온 사람'이라는 표현도 그 증거의 하나이다. **멕시코시티 남쪽에 있는 피라미드의 비문에는 '어머니 나라의 붕괴를 기념해 세웠다'라는 구절이 있다.**

★ 그럼 이 거대한 무 대륙은 왜 태평양 바다 속으로 가라앉았는가?

처치워드는, 그 비극적 함몰은 태양신의 노여움이 아니라 **태평양을 관통하고 있는 특수한 지질층에 기인한다고 주장했다.** 지금의 환태평양 화산대는 태평양 지저에 거미줄처럼 얽혀 있는 가스실(체임버)로 연결되어 있다. 가스 체임버는 지저의 화산 활동에 의해 땅 속에서 발생하는데, 이 가스는 매우 폭발하기 쉬운 성질을 지니고 있어서 지각을 형성하고 있는 화강암에 벌집과 같은 구멍을 뚫는다. 어떤 계기로 이 가스가 지상으로 빠져 나오면, 다음은 아주 불안정한 공동(空洞)이 되어 간신히 지각을 지탱한다. 만약 이 지탱하는 힘이 약해져 천장이 무너지면 연쇄 반응을 일으켜 땅 속의 공동은 다음에서 다음으로 무너져 내리며 대함몰이 시작되는 것이다.……무 대륙 아래에 있던 이 가스층은 매우 얕아서, 지표면에서 가까운 곳에 있었던 것으로 추정된다. 왜냐하면 가스 체임버가 깊은 지층에 있을 경우, 지표는 가스의 팽창력에 들려지면서도 갈라지지 않고 견딜 수가 있기 때문이다. 그것이 바로 산맥의 형성이다. 그런데 '트로아노 고사본', '코르테시아누스 고사본', '라사 고사본' 등의 **옛 기록을 보면 무 대륙 최후의 날에 대규**

모적인 융기가 일어났다는 내용은 없다. 다만 '두 차례 흔들리며 올려졌다.' '대지는 두 차례 튀어올랐다.'라고 기술되어 있는데, 우선 조그만 가스 체임버가 팽창하면서 주위의 다른 가스 체임버에 충격을 주고, 이런 일련의 과정을 거치면서 마침내 하나의 커다란 가스 체임버가 만들어졌는데, 그것이 폭발을 일으켜 지표를 갈갈이 찢어 버림으로써 무 대륙은 함몰된 것이다.

그는 무 대륙의 지저地底에 가스 체임버가 있었다는 증거로 다음과 같은 이유를 들고 있다.

현재 태평양의 곳곳에 산재해 있는 섬들 사이의 바다 깊이는 천차만별이다. 이것은 수많은 가스 체임버로 이루어진 것이라면, 바다 밑이 그렇게 심하게 들쭉날쭉하지는 않을 것이다. 지금 남아 있는 섬들은 함몰된 대륙의 잔재이다. 거대한 가스 체임버의 함몰로 인한 것이라면, 그와 같은 섬이 가라앉지 않고 남아 있기란 불가능하다. 그러한 섬들은 가스 체임버와 가스 체임버 사이에 위치해 함몰을 면했을 가능성도 있다. 가스 체임버가 서로 통해 있었다는 사실은 그러한 섬들의 화산 활동을 보면 분명해진다. 당연히 그러한 섬들에는 깎아지른 듯한 단애와 절벽이 많다. 현재도 남태평양 폴리네시아의 많은 섬들은 대규모 화산 활동을 하고 있다. 이러한 현상은 폴리네시아를 빼고 다른 속에서는 볼 수 없는 현상이다. 그들 거대한 분화구는 무 대륙의 함몰이 어떠했을까를 설명해 준다.

이상으로 처치워드가 현재의 태평양이 위치한 자리에 존재했다고 주장하는 무 대륙에 대해 살펴보았다. 지금의 과학 지식으로 무 대륙의 실재를 증명할 방법은 없다. 인간의 기술이 수천 미터의 바다 속을 샅샅이 뒤져 세월이 쌓아 놓은 진흙을 걷어내고 무 대륙의 유물을 건져올린다면 몰라도....

기원전 350년, 플라톤이 애매한 표현으로 신비의 대륙 아틀란티스에 대해 언급한 이래 학자들은 거의 2천 년 동안 그 수수께끼에 매달렸다. 그러나 아무도 명쾌한 해답을 찾지 못했다. 처치워드가 주장하는 무 대륙도 마찬가지의 운명이 되리라! 그러나 **인간은 항상 호기심에서 출발하여 뜻밖의 성과를 얻어내곤 했다.** 무 대륙을 어느 몽상가의 넋두리쯤으로 치부해 버리는 것보다는 **'혹시'라는 탐구**

심을 바탕으로 받아들이는 것이 여러 모로 좋다. 왜냐하면 **인간의 역사는 그 시작을 자신도 모르기 때문이다.**

무 대륙은 아득한 옛날 우리 조상들의 기억 속에서만 잠자고 있는 것일까? [139)]
아주 먼 옛날 (약 2만 2천 여 년 전) 무 제국이 마지막으로 에너지를 봉인하였고 살아 남은 자들은 새로운 대륙으로 이동이 시작되었습니다. 무 대륙의 시초는 마고였고 마지막 왕은 라무였습니다. 무 대륙은 어머니 나라, 연꽃의 나라라고 불리웠고 마고란 명칭은 가장 높은 엄마라는 뜻입니다. 무 대륙의 침몰로 인해 살아 남은 사람들은 원시상태로 돌아가게 되었고 모든 것은 파괴되고 부서졌으며 긴 빙하의 밤에 접어들어야만 했습니다.

무 대륙의 흔적은 한국, 일본, 하와이, 폴리네시아 군도, 버마, 인도, 호주, 아메리카 등지에 광대하게 퍼져 있습니다. 대륙으로 이동한 무인들 중 일부가 인도 일대에 무 대륙을 다시 이어간다는 뜻으로 레무리아(re-muria)를 세웁니다.

그 기록들이 티벳에 어머니 나라 무 대륙을 추모하는 자료들이 보관되어 있습니다.

긴 빙하의 밤동안 지구는 원시상태로 돌아갔고 지구가 다시금 회복기에 접어들 무렵(약 9천 여 년 전)북두칠성의 존재들이 지구로 들어오기 시작했습니다. 북두칠성의 환웅님에 의해 새로운 세상이 열리게 되었습니다. 그것이 지구의 새로운 신시였습니다. 그들이 이곳 지구에 내려올 무렵 하늘문이 열려 다차원 존재들이 지구로 들어올 수 있는 계기가 마련되자 지구 속으로 통하는 게이트들이 모두 닫히게 됩니다. 이때부터 지구속 문명과 단절이 됩니다.

무 제국의 멸망시에 지구관리자였던 무인들은 지구속으로 들어갔고 무인들과 소통하고 있던 종족이 곰족...곰족은 지구속으로 통하는 문을 지키는 종족. (곰 = 문, 고마 = 마고) 문이 닫히고 난뒤 그들은 지구속 통로인 동굴에서 생활하고 있다가 환웅님과 함께 지상으로 나가 터전을 마련하게 됩니다.

환웅님은 대륙을 12부족으로 나누어 다스렸고 불안정한 지구의 에너지를 안정화시키고자 대륙 곳곳에 피라미드를 건설하여 지구 에너지장을 조절하기 시작했습니다. (피라미드는 지구 에너지를 조절하여 분출시키는 에너지 출력소입니다.

땅속 네 방향의 기운을 모아 에너지 균형을 맞추는 통로로 행성간 에너지 균형 또한 맞춥니다. 고대 왕들은 이곳 피라미드에서 재생, 부활을 위해 나중에 이곳을 무덤으로 활용하였는데 지구에서의 부활이 아니라 자신의 고향별로 돌아가기 위한 하나의 의식이었으며 재생, 부활에 관련된 비전을 받는 장소이기도 합니다.)

지구의 에너지는 점차 안정화 되었고 새로운 문명의 토대를 마련하게 되었는데 그 나라가 바로 고조선입니다. 조선이라는 말은 chosen으로 선택되어진 민족이라는 뜻입니다.

그 후로 많은 세월이 흐른 뒤 니비루라는 행성이 지구로 근접하게 되고 지구는 또 한 번의 대홍수를 겪게 되었습니다. 그 뒤로 고조선의 세력이 점차 약해지고 여러 나라로 분할되기 시작할 무렵 중동의 수메르 지역에 니비루의 아눈나키들이 들어와 신으로 군림하게 됩니다. 그들 니비루의 아눈나키들은 수메르 지역의 종족으로 입식하기 시작했고 더불어 과거에 그들이 쳐놓은 네트를 활성화시키며 자신들의 과학기술을 이용하여 지구 지배 작업에 착수하게 됩니다.

그래서 수메르의 문명이 고조선 문명과 비슷한 전승을 하고 있지만 신이 다른 것처럼 보여지는 이유입니다. 이들은 중동지역의 스타게이트를 점령하고 이 곳을 기점으로 자신들의 기반을 구축하고 과거 고조선의 12부족 중 하나였던 수메르지역의 문명 위에 자신들의 정신을 입히게 됩니다.[140]

☀ 7대 지위리 환인은 미륵상으로 남아 있고(논산)
아들인 제 1대 거발한 환웅은 장군바위 海仙으로 남아 있다.(천안)

충남 천안天安 풍세면豐歲面 삼태리三台里 신라 흥덕왕 때 조사 진산이 해선암海仙庵이라는 이름으로 창건했다. 해선암이었을 당시 진산은 절 뒤편에 있는 바위에 마애석각을 조성했고 암자 이름을 해선암이라고 지었다. 부처를 새겼다면 애불이라 않고 선仙이라 했을까? 또 인근에서는 장군바위라 불리었던 점을 미루어 짐작컨대, 조사 진산은 자신과 민족의 원뿌리를 새긴 것이다.

하여 "논산 은진면 미륵은 7대 환인 지위리 환인천황으로 보는" 태고사학자 곽춘근선생은 이 해선海仙을 거발한 환웅 천황 존영으로도 부른다.

김견명(일면)스님이 『삼국유사』에서 "마지막 47대 고열가 단군도 나중엔 황해도 구월산으로 들어가 신선이 되었다"고 기술하는 풍조로 보아서는 크게 무리가 없다.

창건 이후 연혁이 전해지지 않아 절의 자세한 역사는 알 수 없으나, 1931년 이병희가 기도차 들렸다가 마애석각(불)을 친견하고 불심이 발하여 출가해 공주 마곡사에서 득도하고 수계해 광덕사에서 토불을 옮겨와 옛 해선암 터 아래에 절을 세워 해신임이라 칭하였나. 그 후 새선해 1959년 개명하여 현 한국불교 태고종 소속 사찰인 태학사를 창건했다.

현재는 대웅전, 미륵전, 산신각, 요사체가 있으며, 유물로 옛 해선암 터에서 발견된 석탑과 보물 407호인 마애(불?)이 있다. 인근에 장군바위라 불리던 거대한 이 석불?을 태학사 창건자인 춘담이 평범한 조각이 아닌 마애불?의 조각상으로 짐작해 문화관리국에 진위여부를 요청, 1963년 9월경 보물 407호로 지정되었다.[123]

➲ 계신곳=충남 천안시 동남구 삼태리 산28 - 1[124] 이 삼태리 석불은 일제 강점기까지 바로 옆 해선암이라는 암자에서 모시고 있었으며 지금도 암자터 주변에서는 고려 전기 것으로 보이는 와편과 건축물의 석축등이 곳곳에서 보인다. 고려 후기에 조성된 거불 양식의 전형적 모습인 석불의 높이는 무려 7미터에 이른다. 얼굴 부분은 고부조에 가까울 만큼 선명하나 아래로 내려올수록 선조(線條)에 가까워 밋밋하다. 바위 끝에 육계를 모신 까닭에 광배는 없다. 두상은 관을 쓴 듯 분명한 구획이 나누어진 소발(素髮, 민머리)로 귀는 도톰하며 넉넉하다.

이마에는 백호광자리가 미간에 깊숙하게 자리하고 호선이 가뭇하기는 해도 코 끝 준두(準頭)는 풍만하다. 두 눈은 끝이 올라가 있어 치켜 뜬 모습이다. 승기지(속옷) 밖으로 법의 자락이 넉넉하게 양손 팔뚝에 걸쳐져 있고 가운데로는 물결이 밀려오는 듯한 착각을 할 정도의 반원형의 번파식(飜波式) 돋을새김을 하였다. 정강이 아래쯤에는 군의 자락이 흘러 내려온 모습도 보인다. 수인은 오른손으로 왼손 바닥을 간질이는 모습인데 이름을 붙이기는 애매하다. 왼쪽 아래로는 돌의 결에 따른 층상박리형태로 떨어져 나간 모양이 되어 있다. 맨 아래로는 땅에서 조금 띄워 마무리 되었는데 이로 보아 좌대와 발은 따로 새겨 모셔 놨던 게 없어진 거 아닌가 한다. 석불 앞에는 참배를 위하여 축조된 공간이 있는데 흙이 떠내려가는 것을 방지하는 이중의 효과도 있는 듯하다. 그 전에는 비가림을 위하여 전실을 만들어 모셨음직한 흔적이 바위 중간 중간에 홈으로 남아 있다. 천하에 돌이라 한들 세월 앞에 장사가 어디 있겠는가 하는 마음에서 였으리라.[125]

★ 11,000년전 태호복희 여와씨

이 고창고성高昌故城에 세워진 태호복희씨아 여와는 제 5대 태우의 환웅의 자식들이다. 위구르족이 주로 살던 천산 남쪽, 3800여 년전의 여왕이나 왕비였던 누란의 미녀 미라(신강박물관내) 가 나온 곳– 이 모든 정황들이 이들이 오랜 옛날부터 살아 왔던 민족임을 알게 한다.

투루판(바다보다 낮은 땅이라는 뜻의 몽골어)의 고창고성내 입구에 있는 태호복희씨와 여와 동상

당나라 태종때 왕의 형제였던 현장법사는–고창국에 들렀다가 고창국의 불심이 깊은 국씨왕과의 약속을 지키려, 수행 및 경전 수집을 한 몇 년후 다시 돌아왔는데 이미 고창국 나라는 망해버렸고 왕도 볼 수 없었다.

천산천지 서왕모조전

王母祖殿

觀音殿

草
场禁

定海神针
西王母祖庙
区间车站
潜龙渊步道

지질박물관

태상노군

태상노군太上老君은 노자老子를 신격화한 것이다. 장자와 함께 도가의 시조이다. 이 계보가 그대로 신선설을 주장한 신선가神仙家를 거쳐서 도교에 도입되어 도교의 교조로 숭앙받고 있다.

그러나 그의 실재는 의문이다. 한대漢代에 와서는 성姓이 이李라고 말하기도 하고 주周 왕조의 역사를 기록하던 고관高官으로서 유교의 개조인 공자도 노자에게 예禮를 물었다고도 전하며, 끝에는 함곡관函谷關에서 관리의 청탁으로 《도덕경》을 남기고 서방으로 사라져 행방이 묘연해졌다고도 한다. 또 어머니의 태내胎內에서

81년이나 있다가 어머니의 좌액左腋에서 태어났는데 그때 벌써 머리털이 백발이었기 때문에 '노자老子'라 말하고 태어날 때에 오얏나무李樹를 가리켰기 때문에 이李라는 성이 되었다는 설도 있다. 또 역대曆代마다 나타나서 황제黃帝 시대에는 황성자黃成子, 요堯의 시대에는 무성자務成子가 되었다는 등 갖가지 전설이 더하여 차차로 신격화되었으며 마침내는 원시천존의 화신化身으로까지 되었다.

태상노군이 된 것은 6세기 경부터로 당대(唐代)에는 당 왕실의 성과 노자의 성이 같은 이李라는 점에서 당실唐室의 조상으로도 숭앙되었으며 절대적인 지위를 확보하게 되었다. 신천사도 기타 교단 도교 제파는 노자와의 사이에 어떠한 관계를 지어서 자파自派의 가르침에 권위를 부여하려 하였다. 그 때문에 이들 교단의 창시와 관련된 여러 신화에는 자주 태상노군이 등장하여 창시자들에게 그 정통성을 인가해 주는 부록이나 그 교단의 근본경전 · 비법을 주는 등, 주요한 역할을 다하고 있다. 또 민중 도교에서도 근본 성전인 〈태산감응편太山感應篇〉은 태상노군의 가르침이라고 말하고 있다.

《드래곤볼》에서는 여자가 되어 "안닌"이라는 이름으로 나온다

실크로드내 투루판 화염산 · 천불동 영화

실크로드내 투루판 화염산 · 천불동을 배경으로 한 영화 〈서유기〉 촬영지 관광화 성공

游记拍摄地

天山天池

卫生间 饮用水 地质博物馆
母婴室 急救中心

农夫山泉

우루무치 전국 지하수로 '카렌즈'(4대 불가사의 代를 이어 만든 5000㎞)도 관광자원화에 성공

사막엔 낙타체험으로!(돈황 명사산)

인공으로 만든 신강성 우루무치 '홍산' 공원-내몽골자치주 '홍산'이 아니라-도 관광자원화 성공하여 관광객 1일 코스에 넣어- 100여 년 전부터 인공섬을 만든 과정과 우루무치시를 내려다 보게 하고 있다.

우루무치 겨울 휴양지(스키장, 별장, 목장 등) 가는 길 - 장식한 길

사막들 모두 관광 체험장화

중국은 56개 민족 단결-敬業

천불동

▲ 식사시 위구르 민속춤 권유

찰지게 밥을 하거나, 찹쌀을 섞어 먹거나 찰밥을 먹는 한국이나 태국에 비해 실크로드의 밥은 퍼석퍼석했다. 땅이 모래라 퍼석해서 유기질이 없는 탓인지. 그 대신에 나물들이나 고기는 모두 기름으로 볶아 보완하는 듯 했다.

▶ 하밀시 불가이농 분불 분포도

▲ 중국민의 정체성과 정신 문물 교육을 겸하는 박물관 ▲ 투루판박물관 입구-1층 공룡실

% 한국 해양실크로드?

한민족의 원조 타클라마칸사막 화염산 고비사막내 천산 돈황으로

타클라마칸사막에서 유명한 곳이 『서유기』의 고향인 화염산이다. 낮 평균 기온이 50도를 넘어 화염산이라는 이름이 붙었다. 일반적으로 사막이라면 다소 노리끼리한 모래색을 연상하는데 화염산 사막의 색깔은 갓 구워 낸 붉은 도자기 색이다.

이는 사막을 구성하는 모래 성분 때문이다. 모래 성분은 90퍼센트 이상이 석영과 장석인데 타클라마칸사막은 운모의 함유량이 광물 전체 함유량의 20퍼센트(일반 사막은 3퍼센트)가 넘기 때문에 '반짝이는 사막'이라는 별칭을 갖고 있다. 외부 침입자로서는 '돌아오지 못하는 사막'이라는 별칭도 가지고 있다. 실크로드의 대부분을 차지하는 타클라마칸사막의 지형적 기후적인 특수성 때문이다. 타클라마칸은 투르크어로 '들어가면 당신은 나오지 못하리라'는 뜻을 지녔다. 한국어의 경상도나 전라도 강원도 사투리로 풀면 '타클라마칸'은 '다 클라 말캉' 즉 다= 모두, 클라= 큰일이 난다. 말캉= 모두를 뜻하며, '다'를 한번 더 강조하는 형용사다.

타클라마칸사막의 면적은 22만 5,000㎢로 남북한 면적보다 조금 넓은데 삼면이 세계에서 가장 높은 산맥들에 의해 둘러싸여 있고, 나머지 한 면은 고비사막에 의해 닫혀 있다. 이곳은 한 번 들어갔다가는 다시 나오지 못하는 악마가 사는 장소로도 일러저 악명을 떨쳤나. 과서에 많은 여행자가 티베트나 카시미르 혹은 아프가니스탄과 러시아로부터 넘어오는 얼음 고개 위에서 추위에 얼어 죽거나 아니면 발을 헛디디는 바람에 끝없는 벼랑 아래로 떨어져 목숨을 잃었다. 무사히 험준한 산맥을 넘어 사막에 들어서면 또 다른 위험이 도사리고 있다. 몇 시간이나 계속되는 카라부란(검은 폭풍)이 몰아치면 한낮에도 온 천지가 깜깜한 밤 같아서 아무것도 분간할 수 없게 된다. 1905년에는 기병 60명이 은괴를 호위하며 투루판으로 가는 도중 강력한 폭풍을 만나 모두 흔적도 없이 사라지기도 했다. 이들을 찾는 수색대는 몇몇 유류품과 낙다 뼈민을 발견했다고 한다.

현장(삼장)법사가 7세기에 인도로 가기 위해 타클라마칸사막을 건넜는데 그는 사막에 사는 악마에 대해 다음과 같이 기록했다.

이런 바람이 일어나면 사람이고 짐승이고 모두 제정신을 잃고 망연자실해져서 완전히 무기력한 상태에 빠진다. 때로는 슬프고 애처로운 선율이나 가엾게 울부짖는 소리가 눈앞의 여러 광경과 소리들 사이로 들려온다. 사람들은 혼란에 빠져서 어쩔 줄 모르다가 죽음을 당한다. 이것은 모두 악마와 요괴들의 짓이 틀림없다.

유럽인들이 감히 들어갈 수 없는 곳이라고 여겼던 둔황을 방문하여 사막을 건넌 몇 안 되는 유럽인인 스벤 헤딘조차 "세상에서 가장 위험한 최악의 사막"이라고 평했고 오렐 스타인은 아라비아사막은 타클라마칸사막에 비하면 '길들여진' 곳이라고 말할 정도였다. 중국인들은 타클라마칸사막을 '유사(流沙, 움직이는 사막)'라고 불렀는데 이는 쉬지 않고 사막을 할퀴는 바람으로 누런 사구가 항상 움직이기 때문이다.이러한 악조건 속에서도 사람이 살 수 있는 것은 인간에게 절대적으로 필요한 물이 있기 때문이다. 타클라마칸사막 아래 매장된 지하수는 장강 여덟 개를 합친 수량과 맞먹는 8조m³에 이른다. 이 지하수를 전부 뽑아 올리면 타클라마칸사막 전체를 36m 높이로 채울 수 있다고 하며 이 양은 사하라사막 지하수의 약 세 배에 달한다. 사막에서도 눈이 온다. 사막의 기후는 매우 변덕스러운데 타클라마칸사막은 일 년 중 안개가 끼는 날이 3.5일에 지나지 않지만 서리가 내리는 날은 무려 140~230일에 달하며 심지어 1~5㎝가량의 눈도 내린다. 소나기가 쏟아지는 경우도 있는데 1988년에는 84.9㎜의 비가 내렸으며(세계 연평균은 26.4㎜) 하루 20㎜에 가까운 강수량을 기록한 적도 있다. 1979년 7월에는 집중호우가 발생해 둔황에서 가옥 4,815채가 파손되고 수재민 7,279명이 발생했다. 돈황 삼위태백과 바로 연결된 모가오 굴(莫高窟)-명사산과 연결- 등 귀중한 문화유산은 피해를 면했지만, 사막에서도 홍수가 난다. 아무튼 둔황은 연평균 증발량이 2,500㎜나 되므로 1년에 수십 밀리리터에 불과한 강수량으로는 증발량을 감당할 수 없다. 비가 내리다가도 바로 하늘로 증발한다는 말이 과언이 아니다. 북카라반 참조.

타클라마칸사막 화염산에서 필자

나는 현대 에어콘 나오는 고속기차나 고속버스를 타고 몇 시간에 갔지만, 옛시대 그 곳을 건너려면 '말캉 죽는 길, 악마의 길'이라는 말이 나올 것이다. 그렇게들 외지인들은 낙타를 이용하기도 했으나 몇 명을 빼고는 거의가 다 죽었다. 그것은 내지인에겐 자연적 상태나 기후가 방어가 잘 되는 곳이라는 것이다. 그래도 살기 힘들어 오아시스인 천산(백산)을 거쳐 돈황으로 이주한다.

천산천지-왼쪽 위 박격달봉(설산), 흙으로 만든 고성(최고 오래된 토성으로 유네스코등재)

한편 우리민족이 타클라마칸에서 옮겼다는 돈황은 세계적인 교역의 중심이 되고, 현재는 겨울에 내리는 비, 사시사철 만년설 등을 지닌 천산천지에서 흐르는 물과 높은 산에는 매년 내리는 눈물로 인공시설로 저장하여 생활용수 및 가로수 농장 등의 물을 충당하고 있었다. 중국내 그 조직적인 저수지 수로(카레즈)는 관광자원화하고 있었다. 천산 신강성내 위구르족(유연한 이슬람교)과 카자흐스탄, 키르키즈스탄 등은 천산산맥을 공유하고 있다. 이 지역을 지키고 독립을 주장하는 위구르족과 한민족의 공유점은 여러 면에서 앞으로 더욱 천착할 연관성을 지니고 있었다. 한국인들이 명사산내 월아천은 잘 아는데(유명 관광코스로 지정) 함께 이어진, 자신들의 고향인 삼위태백산은 모르고(가이드도) 있어 알려주고 왔다. 명사산 안에서도 막고굴 안에서도 삼위산은 많은 부분이 잘 보인다. 명사산은 일반적인 모래빛 희거나 노리끼리한 모래산이고, 삼위산은 흙색 검은 돌산이 낮고 길게 늘여져 있다. 삼위산의 서쪽 시작점은 돈황 시내안에서부터이다.

8 ☢ 세상에 과거에도 앞으로도 오직 하나밖에 없을 국보《287년간의 乳母록》

한국인간 국보 이강욱 한국승정원일기연구소장 "일체유심조-두 손 모두 잃고 얻은..."

인간세상에 과거에도 앞으로도 오직 하나밖에 없을《287년간의 유모록乳母錄》을 승정원일기에서 찾아낼 수 있다. 현재까지 남은 기록은 조선 개국 때부터 기록한 것인데 여러 가지로 멸실되고, 현재 남은 것은 인조 1년(1623)에서 순종 4년(1910)까지 287년 정도 분량이지만 입력 및 번역 등으로는 대단히 많은 분량이다.

몇 차례에 걸쳐 번역도 나올 것이다. 이강욱은 ⊙ "君臣 간 생생한 역사 기록된《承政院日記》는 '王宮新聞' 수준"이라 언급했다.

1. 조선조『승정원일기』內 예를 들자면 〈왕세자 유모 관련 글들〉만 다큐로 엮어도 훌륭한 태교 및 양육의 지혜 등을 알 수 있겠다. 왕비 외 비빈이나 궁녀 등 특히 주목되는 사항은 영화나 연극 등으로 익히 알려져 있듯이. 무궁무진한 자료 등에서, 여러 주제별로 특히 국왕 &신하 간 모든 토론 대화내용, 그 날 임금의 진료 여부와 처방받은 약의 약방문 등에서도 많은 일상사 별로 묶어낼 수도 있을 것이다. 이러한 대중의 관심은『승정원일기』에 대한 가치인식dml 기회 뿐만 아니라, 우리것과 인류문화학적 가치인정에도 크게 기여할 것이다. 그러니 세계도 일찌기 2001년에 이미 유네스코세계 기록유산으로 등재하였다.

"조선에서는 승정원이라는 기구가 있었는데 지금으로 치면 대통령비서실과 같은 곳으로, 왕과 부서들 간의 소통을 맡아 각종 서류들을 정리해 왕에게 올려 보고하고 왕이 내린 명령을 부서들에 전달하는 비서실의 소임을 맡았다. 이렇게 승정원에서 왕이나 부서들에서 올라온 일들을 시시콜콜 기록한 기록물이 승정원일기이며 조선왕조가 시작된 이후부터 작성되어 조선왕조가 멸망할 때까지 계속 기록되었다. 도중에 이름이 몇 번 바뀌었지만 역사가들도 편의를 위해 그냥 '승정원일기'라고 부른다. 조선왕조를 대표하는 기록유산이자, 조선왕조실록과 더불어 조선사를 연구하는 사람이라면 꼭 봐야 하는 기록물이다. 국보 303호로 등록되어 있다.

2. 방대함: 안타깝게도 승정원일기는 완전하게 후대에 전해지지 못했다. 왜냐하면 조선 전기의 기록들은 임진왜란이 일어나면서 화재로 모조리 불타버렸기 때문. 그나마 다시 시작한 기록분도 이괄의 난이 일어나면서 또 타버렸고 영조 시대에 또 불타 일부 기록이 또 소실되었으며 세손의 요청으로 사도세자 사건이 기록된 승정원일기가 사라져 버렸다. 그래서 현재까지 남은 기록은 인조 1년(1623)에서 순종 4년(1910)까지 287년 정도 분량이다. 이전 일기들과 중간중간 있었던 기록들의 소실은 후대의 연구자들에게 있어서는 매우 안타까운 일이 아닐 수 없다. 이토록 소실된 결정적 이유는 실록은 같은 책을 여러 권 만들어 서너 곳의 사고에 보관했던 것에 비해 승정원일기는 필사본 1부만 제작 보관했기 때문이다. 그러나 그렇게 많

은 양이 소실되었음에도 불구하고 승정원일기는 엄청난 분량을 자랑한다. 조선왕조실록의 글자 수가 4964만 6667자인데, 현재 남은 승정원일기는 대략 2억 4250만 자(!)다. 동아시아는 물론이고 세계적으로도 이 정도로 한 나라의 역사를 꼼꼼히 기록한 기록유산은 승정원일기 이외엔 없다. 현대 국가들도 이 정도로 기록을 남긴 경우가 드문 판인데... 당연히 그 기록의 세세함과 성밀함에서 차이가 날 수 밖에 없다. 게다가 승정원일기는 1차 사료인데다 기록도 매우 세세하고 공문서의 성향이 강해서 사관의 성향에 따라 기록이 첨삭될 우려가 있는 실록보다도 실제 역사에 더 근접하다고 볼 수 있다. 또한 조선의 모든 국정을 기록한 자료이니만큼 조선사뿐만 아니라 조선 주변국들의 정세까지도 세세하게 볼 수 있기 때문에 그 역사적 가치는 매우 높다. 유네스코에서도 승정원일기를 2001년 세계기록유산으로 지정했다.

3. 구성과 내용: 여러 사람이 돌아가면서 쓰고 사서를 만들기 위한 1차 공문서 역할을 하기 때문에 굉장히 세분화되고 쓰는 방법이 체계화되어 있었다. 일단 가장 서두엔 일기답게 당연히 날짜가 들어간다. 여기엔 연호, 갑자년, 월일시, 날씨까지 기록하였다. 매 시간대마다 새로 하였으며 날씨의 변화 정도와 측우기를 통한 강수량의 정도까지 세밀하게 기록한다. 이런 내용이 들어가는 것은 아무 것도 아닌 것 같지만 매우 중요한 부분으로 기본적으로는 왕이 거한 궁을 중심으로 기록하지만 행궁으로 행차시에는 행궁과 본궁 양쪽을 기록하여 조선의 날씨 연구에 매우 큰 도움이 된다. 또한 해무리가 끼었다 안개가 어디부터 어디까지 가시 거리 어느 정도로 끼었다 몇 시에 개었다 등 날씨의 수준도 대단히 세밀하게 작성되어 있다. 또 임금의 경연 장면에서는 왕이 언제, 어디서, 어떤 신하들과(모든 신하 이름은 다 나열된다) 경연을 하였고, 저번에 읽다 만 어떤 책의 어디에 나오는 어떤 구절을 읽었고 이에 임금이 평한 내용과 신하가 평한 내용, 그리고 왕과 신하들이 계속해서 책 내용에 관해 대화를 나누고 공부하는 과정이 빠짐없이 기록되어 있다. 이러한 기사에 나온 것을 읊으면 그냥 녹음기를 틀어놓은 것과 같다. 의원이 임금의 건강을 살피는 대목에서는 어제 왕의 건강상태가 어떠어떠하였으며 요즘 날씨가 환절기라 일찍 기침을 하면 몸에 안 좋을 수가 있다는 내용과 그날 임금의 맥박이 어떠어떠했다는 등의 내용도 빠짐없이 기록되어 있다. 이 다음 칸에는 이 시간

대의 근무한 승지와 일기를 작성한 주서의 이름이 적히는데 이를 좌목(座目)이라고 한다. 좌목의 다음에는 국왕의 위치와 현재 업무 상황이 적히고 중요 왕족이라고 할 수 있는 왕비, 대비, 세자 등의 안부가 나온다. 날짜와 좌목에 이어서 여기까지도 정형화 된 불변정보라고 할 수 있다. 그리고 일기의 본문인 그날의 국정이 대화와 처결 여부를 포함하여 기록된다.

일기에 포함되는 내용은 다음과 같다.

각 관서에서 국왕에게 올린 문서와 거기에 대한 국왕의 결재여부와 후속처치, 의정부의 인사행정, 여러 상소와 장계, 당일에 근무하는 승정원 소속 관리 명단, 당일 국왕의 행적, 국왕 &신하 간 모든 토론 대화내용, 그 날 임금의 진료여부와 처방받은 약의 약방문

공문서의 성격을 띠는 터라 사도세자 신원을 상소하는 유생 1만57명의 이름을 적어놓은 사례도 있으니 할말 다한셈. 영조대 청계천 공사에 대해선, 실록이 홍봉한 등과 대화한 것을 몇줄로 간략히 처리했다면 승정원일기에서는 대화 내용을 세세하게 기록하고 있다. 기록 분량만 비교해도 몇자 vs 몇장의 차이.

임금이 말씀하시길 "저번에 광충교를 보니 금년 들어 더욱 흙이 메워져 있다. 가히 걱정이 된다." 홍봉한이 말하길, "하천 도랑의 준설이 매우 시급합니다. 만약 홍수를 만나면 강가의 집들은 대부분 떠내려 가는 화를 입을 것입니다.(중략)" 임금이 말씀하길, "서울의 백성들을 불러 물은 후에 실시하는 것이 옳은 듯 하다. 설령 하천을 준설한다 해도 모래와 흙을 둘 곳이 없지 않은가?" 홍봉한이 말하길 "어떤 이는 배로 운반한다고 하고, 어떤 이는 수레나 말로 실어 나른다고 하는데, 한번 시험해 보면 알맞은 방도가 있을 것입니다. 임금이 웃으며 말씀하시길" 한성 안으로 배를 들일 수 있는가?" 홍봉한이 말하길 "배로 운반한다는 것은 큰비가 내린다면 가능한 방법인 듯 합니다." 임금이 말씀하시길 "사관들은 의견이 다를 수도 있으니 각자 소견을 말해 보라." _《승정원일기》 영조 34년 5월 2일.

임금이 준천의 가부를 물었다._《조선왕조실록》 영조 34년 5월 2일.

1777년 7월 28일, 새벽에 궁궐에 자객이 들자 이를 발각된 후의 기사를 비교해보자. (홍국영이 "자객이 새나 짐승이 아니면 궁궐 담장을 넘지 못했을 터이니, 대궐 안을 두루 수색하길 청합니다."라고 하자) 임금이 말씀하시길 "조금 전에 별감

들에게 먼저 차비문 안밖을 수색하게 하였는데 경의 말이 매우 옳다. 경은 금위대장도 맡고 있으니 금군 20명을 인솔하여 승헌문에서부터 무덕문에 이르기까지 두루 수색하고, 또 연화문에 숙직하는 군사 20명에게 궁궐의 담장 안을 순검하게 하는 것이 좋겠다." 홍국영이 말하길, "그러면 연화문에 숙직하는 군사는 표신을 풀어 보냅니까? "임금이 말씀하시길, "일이 급박하니 지체할 수 없다. 경이 영전으로 인솔하면 되겠다."— 《승정원일기》 정조 1년(1777) 7월 28일, (홍국영이 "자객이 새나 짐승이 아니면 궁궐 담장을 넘지 못했을 터이니, 대궐 안을 두루 수색하길 청합니다."라고 하자) 임금이 그것을 옳게 여겼다.— 《조선왕조실록》 정조 1년 7월 28일.

3.1. 승정원일기 마지막 내용

좌목: 경 조동희(趙同熙) 진(進) 기주관 김천수(金天洙) 진 이용구(李龍九) 진전제관 김유성(金裕成) 도서과(圖書課) 진윤희구(尹喜求) 진수사조병억(趙秉億) 진, 조성흡(趙性翕) 진, 정낙붕(鄭樂鵬) 진, 장석준(張錫駿) 진

임금이 창덕궁에 있었다

한국의 통치권을 일황에게 양여한다는 칙유를 내렸다

○ 칙유(勅諭). 황제는 이르노라. 짐(朕)이 부덕(否德)으로 간대(艱大)한 왕업(王業)을 이어 받들어 임어(臨御)한 이후로 오늘에 이르기까지 유신 정령(維新政令)에 관하여 속히 도모하고 여러모로 시험하여 힘써 온 것이 일찍이 지극하지 않음이 없었으되 줄곧 쌓여진 나약함이 고질을 이루고 피폐(疲弊)가 극도(極度)에 이르러 단시일 사이에 만회(挽回)할 조처를 바랄 수 없으니, 밤중에 우려(憂慮)가 되어 뒷갈망을 잘할 계책이 망연(茫然)한지라. 이대로 버려두어 더욱 지리하게 되면 결국에는 수습을 하지 못하는 데에 이르게 될 것이니, 차라리 대임(大任)을 남에게 위탁하여 완전할 방법과 혁신(革新)의 공효(功效)를 이루게 하는 것만 못하겠다. 짐이 이에 구연(瞿然)히 안으로 반성하고, 확연(確然)히 스스로 판단하여 이에 한국의 통치권(統治權)을 종전부터 친근하고 신임(信任)하던 이웃나라 대일본 황제 폐하께 양여(讓與)하여 밖으로 동양(東洋)의 평화를 공고히 하고, 안으로 팔도 민생(民生)을 보전케 하노니, 오직 그대 대소 신민(大小臣民)들은 나라의 형편과 시기의 적절함을 깊이 살펴서 번거롭게 동요하지 말고, 각각 그 생업에 편안히 하며 일본제국(日本帝國)의 문명 신정(文明新政)에 복종하여 모두 행복을 받도록 하라. 짐의

오늘 이 거조는 그대들을 잊어버린 것이 아니라 그대들을 구활(救活)하자는 지극한 뜻에서 나온 것이니, 그대 신민(臣民) 등은 짐의 이 뜻을 잘 체득하라.

한창수 등에게 상전을 내렸다

○ 내각 서기관장(內閣書記官長) 훈1등 한창수(韓昌洙)에게 특별히 태극장을 하사하였고, 장례원 악사장(掌禮院樂師長) 훈6등 백우용(白禹鏞)은 특별히 훈5등에 승서(陞敍)하여 팔괘장을 하사하였으며, 재무관(財務官) 훈5등 조재영(趙在榮)은 특별히 훈4등에 승서하여 팔괘장을 하사하였다.

순종 4년 경술(1910) 7월 25일(병인, 양력 8월 29일 월요일) 맑음 이상 승정원일기 마지막 날 경술국치 당일의 일이다. 이 기사를 작성한 이후 승정원은 바로 한국통감부에 의해 전격 폐지되었다. 조선총독부는 1달 뒤에 세워진다.

4. 작성 방법

이름은 승정원일기라서 승정원의 핵심인 승지가 작성할 것 같지만 승정원일기는 주서 2명이 주로 작성했다. 두 사람이 2부제로 하루 업무의 반씩을 담당해 국왕의 모든 행정처리와 회의에 참여하여 속기하였다. 이렇게 만들어진 속기록이 초책(草册). 당연히 혼자서 하다 보니 모자라는 부분이 있게 되는데 이 경우는 다른 승정원 직원들이나 사관들에게 물어서 채워 넣었다고 한다. 속기 외에 올라온 상소문과 같은 자료는 주서가 아닌 서리가 베껴서 첨부한다. 그리고 이렇게 하루에 두개씩 나오는 초책들을 모아서 한달 혹은 반달마다 모아서 책으로 만들어 일월년을 기록해 승정원에 보관하였다..

5. 번역과 전산화: 이렇게 엄청난 기록유산임에도, 번역이 완료된 조선왕조실록과 달리 승정원일기는 일반인이 접하기 어렵다. 그 이유는...

위에서 말한 엄청난 분량. 조선왕조실록만으로도 번역이 몇 년은 넘게 걸렸는데 적게 잡아도 실록의 5배는 될 엄청난 분량을 번역하려면 얼마나 오래 걸리겠는가.

초서의 압박. 승정원일기는 임금이 바뀔 때마다 최종정리를 위해 역사서로 정리된 것이 아니라 그날 그날의 각종 공무에 대한 누적된 기록에 가깝다. 그래서 승정원일기에는 초서가 많이 쓰이는데 초서를 이해하는데는 별도의 교육이 필요하기 때문에 해독이 쉽지 않았었다. 승정원일기 전산화 작업을 통해 초서를 정체자로 풀어쓰는 작업은 완료가 되었다. 그러나 지금도 수많은 학자들이 승정원일기를 한국어로 번역 중이지만 완전히 번역되려면 앞으로도 최소한 수십년에서 길게는 백년은 더 기다려야 한다고 한다.(...) 당연하지만, 승정원일기의 번역이 완전히 끝난다면 조선사를 다시 써야 할 정도로 엄청난 변혁이 일어날 것은 확실하다. 게다가 외국 사절 방문과 그 내용 그리고 당시 조선에 떠돌던 외국의 뜬소문까지 포함된다면 일본, 중국, 오키나와의 역사도 어느 정도 다시 써야 할 정도로... 더불어 모든 작업이 완료된다면 조선 말의 실록 중 순조실록, 헌종실록, 철종실록은 분량 자체가 적은 데다가 기록이 워낙 부실하고, 고종 순종실록은 일제가 만들어서 역사 왜곡이 상당히 심하기에 일기가 주요 사료가 되고 실록이 보충하게 될지도 모른다. 세도정치기 연구가 더욱 활발해질 가능성이 크다. 이 부분만 보면 아주 먼 일도 아닌 게 고종 시기의 번역이 완료된 것을 보면 처음부터 순서대로 번역하는 것이 아니라 실록의 내용이 부실해서 승정원일기의 기록이 중요한 시대의 것을 우선하여 번역하는 듯 하다."... 나무위키, 다음.

⧓ 인간 국보 이강욱 한국승정원일기연구소장 "두 손 잃던 날, 공부하다 죽자고 결심했다"

⦿ 1983년 부산 냉장고 부품 공장서 油壓 프레스에 양손 절단= 삶의 목표 전환 운명

⦿ '갈고리 義手'에 붓 끼우고 書堂에서《四書三經》등 漢學 독파

⦿ 국책학술기관서 '古典번역위원'으로 公認… 논문 심사 의뢰도 부인도 자랑스러워 하는 남편 이강욱

李康旭1960년 출생. 제1회 獨學 국문학사 및 성균관대 유학대학원 유교경전학과 졸업 / 국사편찬위원회《承政院日記》정보화사업팀장, 한국고전번역원 번역위원 및 역사문헌번역실 수석전문위원. 現 한국승정원일기연구소장 글 | 신승민 월간조선 기자 2019-05-07 09:43

"1983년 겨울 저녁, 부산 태종대 갯바위 앞 도로. 택시 한 대가 멈춰 선다. 운전대를 잡던 기사가 먼저 내려 뒷문을 열어준다. 엉거주춤 몸을 뒤틀며 나오는 환자복 차림의 사내. 택시는 떠나고 사내는 난간 아래로 기어간다. 깎아지른 절벽의 턱 밑으로 파도가 친다. 말로만 듣던 '자살바위' 위에 서고 보니 짧았던 젊은 날의 생애가 주마등처럼 머릿속을 지나간다. 죽고 싶지만 또 살고 싶은 심경이 복잡하다.

사내는 눈을 감아본다. 골수암으로 다리를 절단하고도 2년밖에 살지 못한 재활병동의 소녀가 떠오른다. 세상에 대한 원한과 서러움으로 밤잠을 못 이루던 그에게 다가와 위로해 주던 소녀. 고민이 깊어질 무렵, 한 남자의 불호령이 사내의 귓전을 울린다. 두 팔이 없는 재활훈련 강사였다. "자네! 지금 다친 지가 얼마나 됐는데 아직도 밥을 남이 떠먹여 줘야 하나? 팔목에 덧씌울 고무 밴드를 만들어 줄테니까, 거기에 숟가락을 꽂고 혼자 밥 먹는 연습을 하게!" 차디찬 바닷바람에 사내는 주저앉는다. 살고자 하는 욕구가, 살아야 하겠다는 의지가 저 어두운 갯가를 적시는 밀물처럼 차오른다. 양팔로 간신히 눈물을 닦아내며 일어선 그는 '자살바위'에서 그렇게 살아 나왔다. 그동안 돌봐 주던 고향 친구에게 "3년 안에 내 힘으로 살아가지 못한다면 그땐 진짜 자살하겠다"는 각오를 남기고 책에 파묻혔다.

그 결과, 36년이 지난 현재 사내는 고전(古典) 번역 · 연구 분야에서 일가(一家)를 이룬 전문가로 거듭났다. 두 손을 사고로 잃었지만, 《승정원일기》[承政院日記 · 조선시대 왕명을 출납하던 기구인 승정원에서 군신(君臣)의 말과 글, 동정을 일기 형식으로 기록한 책]를 비롯해 사료(史料)와 고문헌(古文獻)의 가치를 알게 된 이강욱(59세) 한국승정원일기연구소장의 이야기이다.

油壓 프레스에 눌린 靑雲의 꿈

40년 가까이 지난 지금도 그때의 그 '살벌하고 악몽 같은 순간'을 잊을 수 없다. 이 소장의 본래 꿈은 장군(將軍)이었지만 신체조건이 따라주지 못했다. 물 건너간 '육사(陸士) 입학'을 뒤로 하고 다니던 고교를 자퇴한 뒤 군에 입대했다. 군 복무를 무사히 마친 그는 자신감에 부풀어 있었다. 어떤 어려운 일도 다 해낼 수 있을 것 같았다. 문득, 입대 전 공부했던 자격증 시험이 떠올랐다. '냉동고압가스 기계기능사'였다. 희귀한 만큼 취업도 보장되는 자격증이었는데, 입대 전 시험을 보고 아직

결과를 확인하지 않은 상태였다. 그 무렵 자격증 공부에도 도움이 된다고 해서, 잠시 일을 했던 부산의 한 냉장고 부품 공장이 생각났다. 이 소장은 그리로 발길을 돌렸다. 해당 자격증 시험에 합격한 게 맞는다면, 유관 업종에서 경력을 쌓는 것도 나쁘지 않을 것 같았다. 옛 동료들도 다시 만나볼 심산으로 한 20일 정도 근무를 하던 차에 사고가 났다. 당시 이 소장의 원래 보직은 제품 품질 관리였는데, 현장 일손이 모자라 작업장에 나간 게 그만 화(禍)를 불렀다. 회사에서 새로 들여놓은 300t짜리 유압(油壓) 프레스에서 제품을 꺼내주는 작업을 하다, 상관의 작동 실수로 금형(金型)에 눌려 두 손을 잃게 된 것이다. 1983년 11월 11일, 23세 때 일이었다.

"글씨만 쓸 수 있게 해달라"고 빌어

지난 2월 25일 서울 광화문 인근 한국승정원일기연구소 사무실에서 기자와 만난 그는 당시의 아찔했던 순간을 담담하게 회고했다. "완전히 형체가 없어질 정도로 눌렸어요. 제가 기계 뒤쪽에서 보조하다 그랬는데, 앞에 있던 사람들이 놀라서 다가오지 못할 정도였어요. 저도 뭐 너무 갑작스레 벌어진 일이라 (비명 같은) 소리조차 안 나왔죠. 그나마 불행 중 다행이라고, 만일 머리를 이렇게 넣었다든지 했다면…. 그런 생각하면 아찔하죠." 사고 즉시 긴급 이송돼 목숨은 건졌지만 이미 형체가 사라진 두 손은 되찾을 수 없었다. 본인은 물론 가족 · 지인들의 좌절에 당장이라도 죽고 싶은 심정이 차고 넘쳤다. '나 혼자의 힘으로 어떻게 이 험한 세상을 살아갈 수 있을 것인가.' 취업과 결혼은커녕 일상생활조차 힘들었던 그는 눈앞이 캄캄했다. 한동안 입에 욕을 달고 살았고 세상을 비관했지만, 그런다고 삶이 그대로 끝나는 것도 아니었다. 서울 세브란스병원으로 가서 의수(義手)를 알아보고 재활치료를 했다. 거기서 각종 기형과 불구가 된 환자들의 처절한 분투기를 보면서 마음을 고쳐 먹었다. '글씨만 쓸 수 있게 해달라'고 의사와 하늘에 빌었다. 그때부터 그의 기상 시각은 새벽 다섯 시가 됐다.

義手에 펜과 붓을 끼우고

본격적으로 '먹고살' 궁리를 했다. 자신에게 적합한 갈고리형 의수에 펜과 붓을 끼우고 반낫없이 글씨 쓰는 연습을 했다. 현실적으로 일반 직장에 취업하기는 어려웠다. 자격증 시험에 집중했다. 공인중개사 시험에 최종 합격했고, 공인노무사

시험도 1차 통과를 했다. 2차 시험도 문제 자체는 그리 어렵지 않았지만, 여러 장의 답안을 요구하는 장문의 서술형이라 포기했다. 딜레마에 빠진 이 소장은 "이럴 바에야 차라리 내가 좋아하는 공부를 하다 죽자"고 결심했다. 출발은 한문(漢文)과 사학(史學)이었다. 외숙이 운영하는 서당(書堂)에서 친형들이 한학(漢學)을 배운 영향을 받아, 고전과 사료에 심취했다. 전주 시내의 한 서당에서 5년간 《사서삼경(四書三經)》《고문진보(古文眞寶)》《통감절요(通鑑節要)》를 독파했다. 좋아하는 공부를 하니 기량도 일취월장했다. 고교 검정고시를 통과하고 독학사(獨學士)를 취득했으며, 성균관대 대학원 유교경전학과까지 입학 · 졸업했다. 성균관(成均館) 부설 한림원(翰林院)과 국사편찬위원회(이하 국편)에서 고전 번역 · 연구 관련 고급과정도 통과했다.

《승정원일기》와의 만남

세상은 그렇게 자기 분야에서 두각을 드러내기 시작한 그를 서서히 주목했다. 1998년 2월 마침내 민족문화추진회(한국고전번역원의 전신) 국역위원(國譯委員) 시험에 합격, 《홍재전서》(弘齋全書 · 조선 후기 임금 정조의 문집)와 《일성록》(日省錄 · 조선 임금의 동정과 국정을 기록한 책) 번역을 맡게 됐다. 사실상 프리랜서였지만, 두 손을 잃은 이후 사회가 그에게 허락해 준 첫 번째 직장이었다. 사고를 당한 뒤 15년 동안 공부한 결실이었다. 그 무렵, 한창 사료 번역에 심취해 있던 그에게 운명적으로 찾아온 또 하나의 사료가 있었다. 훗날 연구소까지 열게 된 《승정원일기》였다. "2001년부터 2007년까지 국편에서 작업한 《승정원일기》 정보화사업에 참여했어요. 현존하는 《승정원일기》는 지금 사람이 번역하면 50~60년이 걸릴 정도로 양이 방대해요. 번역 없이 전산화 작업만 해서 원문(原文)을 그대로 컴퓨터에 옮겨도, 전문가가 아니면 바로 읽기가 어렵죠. 그래서 제가 팀장을 맡아서 동료들과 문구마다 표점(쉼표 · 마침표)을 달고, 기사 내용을 요약해서 제목을 다는 작업을 했죠. 예를 들어 내용이 '국왕의 명이다'라면, '임금은 이조판서에 누구를 임명하라고 명했다' 이런 식으로 다는 거죠. 그때 《승정원일기》를 자세히 읽어볼 수 있었죠."

"광해의 월담까지 《승정원일기》에"

영화 〈광해〉의 스틸컷
이강욱 소장은 "仁祖反正이 일어나자 궐에 갇힌 광해가 담을 넘는 이야기, 강화도에 유배된 광해가 탈출하려고 땅굴을 파다 발각된 이야기까지 《승정원일기》에 나온다. (왕실과 조정의 대소사가 다 적혀 있어) 거의 '왕궁신문' 수준"이라고 했다. 사진=조선DB

현재 조선 인조대에서 순종 때까지만 기록이 남아 있는 《승정원일기》는 실록(實錄)과 달리 국왕이 당대에 생존해 있을 때 편찬된 자료로, 《일성록》 《조선왕조실록》과 함께 '조선시대 3대 관찬사료(官撰史料)'로 꼽힌다. 이 사료들은 다른 사료와 비교할 수 없을 정도로 많은 양과 풍부한 내용을 담고 있다.

《승정원일기》의 경우 승정원에 속한 정7품 벼슬인 주서(注書)가 한 달 또는 보름 단위로 1권의 책을 작성해 서고에 보관한다. 흘려 쓰는 초서체(草書體)로 속기(速記)를 하기 때문에, 입시기사(入侍記士)가 그걸 다시 보기 좋게 옮겨 쓴다. 이후 한림(翰林 · 예문관에 소속된 검열관)이 그 기록을 정리해서 왕이 죽은 뒤 사관(史官)들이 실록을 편찬할 때 기초자료로 제공한다.

주된 내용은 군신이 만나서 한 대화, 주고받은 글이다. 편전(便殿)에서 조회가 열릴 때 군신이 문답한 내용, 의식과 행사는 물론 윤대 · 차대(신하들이 정기적으로 궁중에 입시해 왕의 질문에 답하거나 국사를 논하던 일) 및 경연(군신이 모여 유교 경전을 공부하던 일) 때 나눈 이야기도 기록한다. 군신이 한자리에 모여 나눈 이야기가 생생하게 기록되기 때문에, 행간에서 역사적 사건들도 발견할 수 있다. 이 소장은 "가령 노론(老論) 측에서 영조를 임금으로 옹립하고자, 경종을 밤중에 협박하다시피 해서 '왕세제(王世弟) 책봉'을 관철시키는 대목이 발견되기도 한다"며 "인조반정(仁祖反正)이 일어나자 궐에 갇힌 광해(光海)가 담을 넘는 이야기, 강화도에 유배된 광해가 탈출하려고 땅굴을 파다 발각된 이야기까지 나온다. (왕실과 조정의 대소사가 다 적혀 있어) 거의 '왕궁신문' 수준"이라고 했다.

그는 특히 "가장 재밌게 읽은 부분은 대간[臺諫 · 관료를 감찰 · 탄핵하는 대관(

臺官)과 국왕에게 직간하는 간관(諫官)을 합쳐 부르던 말]의 계사(啓辭 · 국사나 논죄에 관해 임금에게 아뢰는 말이나 글)에 관한 것"이었다며 "대간은 그 뜻이 받아들여지거나 왕의 비답(批答 · 답서)이 내려올 때까지 계속 계사를 올리는데, 그 일을 맡은 대간이 죽고 나서도 다른 대간이 이어받아 진행할 정도였다. 다만, 새 당파가 집권하면 대간을 장악해 논조를 바꾸기도 하는데, '조정의 언로(言路)'라고 불린 대간이 정치적으로 어떻게 이용됐는지도 흥미로운 부분이었다"고 했다.

"'不屈의 의지'가 있는 사람"...

2015년 12월 16일 오후 서울 중구 프레스센터에서 열린 《승정원일기》 원문 데이터베이스(DB) 구축 완료 보고회에서 한 참석자가 구축된 DB의 시연을 보고 있다...사진.. 《승정원일기》에는 便殿에서 조회가 열릴 때 군신이 문답한 내용, 의식과 행사는 물론 윤대 · 차대(신하들이 정기적으로 궁중에 입시해 왕의 질문에 답하거나 국사를 논하던 일) 및 경연(군신이 모여 유교 경전을 공부하던 일) 때 나눈 이야기도 기록돼 있다. 이 소장은 이후 국편에서 진행한 《조선왕조실록》 대국민 온라인 서비스 사업에 윤문 · 교열팀장으로 참여했고, 한국고전번역원 부설 국역연수원에서 '사료번역실습'이라는 강의를 열어 후학 양성에 힘쓰기도 했다. 승정원의 업무규정집 《은대조례(銀臺條例)》를 번역했고, 한국고전번역원 역사문헌번역실 수석전문위원 타이틀까지 거머쥐었다.

2010년 승정원일기 연구소와 부설기관 '은대학당'을 열어 동료 · 후학들과 함께 수년간 3대 관찬사료 번역 · 연구에 매진했다. 사료 연구 중심의 학계와 사료 정리 중심의 국책학술기관 사람들이 서로 모여 토론하는 '공부의 장'을 만들고 싶었다. 사무실 마련이 어려울 때는 서울역 앞 대우재단빌딩 2층 세미나실을 빌려 공부했다. 이후 이 소장이 관련 강좌를 열어 수강생들을 모집, 후원금과 수강료를 모아 광화문 옥빌딩 7층에 위치한 아담한 강의실 하나를 얻을 수 있었다. 이 소장과 제자들은 지금도 그곳에 매일같이 나와 강연을 듣고 발제를 하고 강독회를 여는 등, 열심히 고전 공부를 해나가고 있다.

생을 포기한 '방황 청년'에서 어엿한 '고전 선생님'이 된 이 소장을 제자들은 어떻게 바라보고 있을까. 8년 동안 그에게 사료 번역을 배웠다는 한 수강생은 "다른 데서 20년 넘게 번역한 분들에게 자문을 하면, 그분들도 헷갈리는 내용이 있다. 그

때 그분들은 '이럴 것 같다'고 넘겨 짚어 해석한다"며 "(반면) 소장님은 왜 이런 번역이 나오는지 근거 자료를 다 찾아서 학생으로 하여금 '승복'하게 만든다. 워낙 꼼꼼하고 철저하게 사료 연구를 하기 때문에 학생들도 (몰랐던 것을) 이해하게 된다"고 했다. 또 다른 5년 차 수강생도 "공부하다 모르는 용어가 나와도, (이 소장이) 자료를 통해 '이거는 이거다'라고 명쾌하게 알려주기 때문에 확실히 기량이 늘어나는 느낌이 든다"며 "항상 끊임없이 연구하고 논문 작업을 계속하는 모습을 보면서 제자들도 용기를 얻는다"고 했다. 동(同) 대학원 선후배 간으로 인연을 맺은 부인 노효경씨의 말이다.

"(연애할 때) 학교에서 친구랑 같이 만났는데, 저 사람 그때부터 '불굴의 의지'가 상당히 있었어요. 성향도 긍정적이었고요. '하면 뭐든지 할 수 있다'는 마음으로 뭔가를 끝없이 하는 사람이니까, 그런 것들에 믿음이 갔어요. 지금도 단순히 부부관계를 넘어서, 선배가 저의 패션(passion · 정열)일 정도로 존경스럽게 느껴져요. 아무것도 없는 상태로 이 분야에 와서 (남편이) 나름 이뤄놓은 것들이 저는 대단하다고 생각해요. 사학 쪽으로 공부하지 않았음에도 원전(原典) 연구로 상도 받고 그랬거든요. 번역하다가 (스스로) 터득해서 연구 쪽까지 개척한 거죠. 지금도 관부문서, 국왕문서 관련해서는 논문 심사 의뢰도 많이 들어오고 사회적으로 많이 인정받고 있어요."

"인공지능 번역 시대, 종사자들 고민해야"

이 소장은 곧 연구소장직을 내려 놓을 예정이다. 한국승정원일기연구소가 출범한 지 햇수로 10년이 됐고, 이제는 번역 중심의 민간기관이 아니라 '고전 연구전문기관'으로 개편하고자 내린 용단이다. 내실을 기하고자 사단법인 체제로 만들고 학계의 명망 있는 인사를 초빙해, 이사장 겸 새 소장으로 앉힐 것이다. 그렇다고 그가 연구소를 완전히 떠나는 건 아니다. 이사로 재직하면서 새로 온 전문가들과 함께 연구소의 발전을 도모할 계획이다. 연구소의 새 명칭은 '(사)은대고전문헌연구소'로 정해졌다. "알파고-이세돌 대결 이후 고전 번역 업계도 변화를 많이 겪었어요. 《승정원일기》만 해도 사람이 번역하면 수십 년 걸릴 일을, 인공지능으로 시험해 보니 기간이 훨씬 단축됐거든요. 저는 15~16년 전 국편에서 《승정원일기》 정보화사업을 할 때부터 '한 20년 후에는 사람이 아니라 기계가 다 번역하겠다'고 봤어요. 물론 아직 (기계 번역에 대해) 찬반이 엇갈리고 있어요. 특히 관찬사료 번역은 개인 문집을 번역하는 게 아니기 때문에, 수준 높은 번역을 하려면 역사적 배경이나 행간의 함의를 깊게 알아야 하거든요….

그런데 제가 볼 때는 이 정도 속도에 기존 자료만 충분히 데이터화한다면, 인공지능이 (《승정원일기》 등을) 다 번역할 날도 곧 다가오리라고 봐요. 그래서 우리 같은 사람들이 대비해야 해요. (인공지능이 사료 번역 시 참고해야 할) 조선시대 법전(法典)이나 관서지(官署誌) 등을 우선 번역해서 축적할 것인지, 아니면 번역만 고집할 게 아니라 학술연구 분야를 더 개척해야 할 것인지 고민할 시기가 왔다는 거죠."

"고전 번역의 정신은 옛사람과 현대인을 이어주는 소통의 정신"이라던 이 소장은 현재 다산(茶山) 정약용의 《흠흠신서(欽欽新書)》를 번역 중이다. 다산이 생각한 법과 형벌론을 다룬 이 책은, 정조 시대 때 전국의 살인사건 전말과 판결을 집대성한 일종의 판례집인 《심리록(審理錄)》에 바탕을 뒀다. 이 소장은 "《흠흠신서》 내용 반 이상이 《심리록》과 중복이 된다"며 "《심리록》에는 정조와 신하들이 각 사건을 추리하고 형조(刑曹)의 판결이 타당했는지 검토하는 대목이 나온다. 문화 컨텐츠 분야를 연구하거나 극본 쓰는 분들이 흥미를 느낄 만한 내용들이 상당히 많다"고 했다. 이 소장이 장애를 극복하고 일평생 '학자의 길'을 걸을 수 있었던 '희망의 원천'은 무엇이었을까. 그의 조언이다. "자살바위를 돌아 나오면서 영화관을 갔어요. 병원 밥 대신 빵도 사 먹어보고, 여관에 가서 머리도 감아 봤죠. 이왕 살겠다고 마음먹은 거, 한번 제대로 살아보려고요…. 그때부터 《불경》에 나오는 '일체유심조(一切唯心造)'라는 글귀를 가슴에 새기고 살았어요. 이 세상 모든 것이 '자기 마음과 생각'에 따라서 달라질 수 있다는 뜻이죠.

장애인분들에게 꼭 이 얘기를 해주고 싶었어요. 내가 어떤 생각을 갖느냐에 따라서 이 세상은 다르게 보일 수 있어요. 더 밝은 세상이 될 수 있어요. 하나의 생각, 하나의 마음 안에 갇혀 있지 말아야 해요. 남의 시선에 너무 주눅이 들 필요도 없고요. 지금도 지하철을 타면 제 의수를 보고 수군대는 사람들이 있고, (자리가 나서) 제가 한가운데 앉으면 양옆의 사람들이 동시에 일어난 적도 많았어요. '내가 틀린 게' 아니라, '나와 다르니까' 그러는 것이라고 생각해요. 언제든 어디서든 용기를 잃지 마세요."

제14장

〈새 인문학의 지평을 열다 – 글쓰기의 변혁 약속
('변혁적 일러두기'는 이 글로 대신한다)

제14장 새 인문학의 지평을 열다 – 글쓰기의 변혁 약속

일러두기

위대한 역사를 가진 한국의 장점은, 남이 안 가진 천산부터의 예맥족 만년 한류 역사문화로서 유무형 문화역사 사상 유적유물 전체 – 특히 춘천 맥국중도 유적 원형과 국립최초 용산역사민족공원을 살려, 만년역사 원형과 예맥족의 자긍심과 수익구조를 찾아 영원한 한민족으로 세계인과 더불어 발전해 가는 것이다. 하여 이 책에서는

1. 우리 속에 좋은 것: 가치의 재발견으로 살려내고 확장하면 좋을 것, 여타 연구를 통해 실질적으로 컨텐츠로 해 볼 문제들을 중심으로 썼다. 구체적으로 우리 부족 부분 보완, 방향 전환을 모색하고
2. 외국 것을 보고 감동받은 것, 새로운 것 = 우리도 했으면 좋겠다는 것도 찾아보았다.
3. Σ관습적으로 무시해 왔어도, 또 잘못 써 왔어도 잘못된 사고에 의해 왜곡된 어휘나 사고는 바로 고쳐 쓴다. – 잘못된 관습을 누군가 끊지 않으면 지속된다.

예)

- 한국인은 예맥족이다. 예는 예의를 잘 알아서 붙인 이름이고, 맥족이라 함은 맥이라는 동물로 만든 옷들을 입고 있어서 붙은 호칭이라 한국의 국기가 태극기인 것을 알아야 하듯, 족의 대표적 상징 동물이 '맥'임을 이제부터라도 제대로 알아, 타국 특히 일본 맥 기업으로부터 모독을 당하지 않고, 우리도 맥컨텐츠 수익구조를 위해서도 인식의 국민대중화를 도모해야 한다.
- 환桓은 한韓의 정자이기도 하고, 나는 1만년 환국역사를 지키는 것은 우리 한국의 만년역사를 지키는 것이기에 桓(환, 韓한)은 환국의 '환'으로 읽는다. 주어진 유리한 컨텐츠를 배제하여 역사를 빼앗기고 무시를 당하고 정체성을 잃는 것은 우둔한 짓이다.
- 11,000년 전 안파견 환인의 '환국'을 더욱 각인하여 만년역사를 지켜낼 수 있어, 환인 7분, 환웅 18분, 단군 47분이나 되는데, 우리는 각 1분씩 3분뿐인 줄 들어 왔다.

● 단군조선(후대가 잘못 번역한 삼국유사에서 만든 말 '고조선'은 안 쓴다 '옛조선'은 의미는 통하지만 나라 이름으로는 부적합하고, 고조선은 아예 나라 이름을 고씨조선이나 원래 이름으로 착각하게 하는 우를 범한다.)

● '神'자는 분별해서, 귀신 혼과 정신은 '神'자로, 참하늘 신교 하느님 신 𥛠자는 참하늘 𥛠신 자 – 의 일제 이전의 고자古字를 쓴다. 율곡선생님 집안의 다물선생님께서 92세에 돌아가시기 전에 바로 제게 보내주신 '지성여신至誠如𥛠' 이라는 액자의 글도 깊이 새기며, 그런 마음으로 세상과 사람과 주변 자연을 보며 살고 있다. 𥛠하느님'신'은 神귀신 '신'의 원래 옛 자이다. 일제 때부터 神자를 썼다.

● 한글(한자) 이어 쓰는 경우 한자 앞 뒤의 괄호는 제거한다. 예) 국가(國家) → 국가國家

● 만 단위로 , 를 찍는다. – 만단위 한국식 기호의 우수성 천단위 구분기호는 순전히 영어권을 위한 방법이다. 영어권에서는 thousand(천), million(백만), billion(십억), trillion(1조)가 3자리마다 바뀐다. 975149000000를 예로 든다면, 영어 – 975billion 149million

우리나라에서 수를 읽는 방법은 만단위 기준으로서 만, 억, 조가 4자리마다 바뀐다. 스케일이 더 컸던 것을 의미한다. 우주적 관찰 등 천문으로서도 더 큰 스케일의 수치가 절실했다.

우리나라 – 9751억 4900만

그렇다면 위의 읽는 법을 염두에 두고, 975,149,000,000를 살펴보자!

우리나라 방식으로 읽는 것이 편한가?

만약 9751,4900,0000으로 구분 기호를 달리하여 읽으면 어떠한가?

구분기호만 보고도 바로 9751억 4900만이라고 바로 나온다.

(그래서 천단위 구분 기호가 만 단위 구분 기호보다 얼마나 불편한지 알 수 있다!)[141]

● 이름은 현대말로 주민등록에 등재된 것으로 한다. 옛 분들의 이름도 종교적으로 얻은 이름이 아닌, 원래 성씨와 이름을 찾아 쓴다. 본인이 특별히 바꿔 쓰는 것은 괄호에 넣는다. 한국처럼 종교나 사상이 많은 나라에서 각 종교나

사상에 따른 이름들을 마구 쓴다면 여러 면에서 혼란을 낳기 때문이다.

● B.C.E.로 쓴다: 종교와 관계없이 쓰기 위해서다. B.C의 경우 C가 기독교의 Christ를 쓰기 때문이다.

예〉 차(배)옥덕...김견명(일연스님), 김안함로(안함로).

◈ 차옥덕박사가 "각 글에 대한 자기 견해에 부응하는 부호"를 만들어 내었다. 일상에서 연상적으로 분산적인 사람의 삶에서 자연스런(때때로 창의적인 글쓰기에도 도움이 된다) 글쓰기로 일하다 보니, 길라잡이 부호가 나의 메시지 전달이나, 읽는 독자들에게도 한 번 더 생각하는데 도움이 되게 하므로, 마침표 대신에 의미있는 부호를 만들어 쓰게 되었다.

부호 약속 예들

☑ '시급 부호' 시급히 처리해야 할 것, 이 책에서 가장 시급히 요구하는 것은 3개이다. 국제적 전국적 시급 결제요구 사항이다. 이러한 부호를 붙이는 문제는, 말이나 글로서 탄원의 항의 데모도 할 수 있는 사항이다. (불가역적 파괴 위기: 춘천 중도, 114년만에 광복되는 용산민족역사공원 민족공원으로 제대로 하는 것, 아이들 실종 학대 사건 예방, 중국 유네스코 등재 준비 완료한 칠석제: 연인의 날,

한국도 국가적인 정책지원 활성화가 요구된다. 우리 것을 그냥 빼앗기면 국가적 망신이다.)

◒ 우리 조상의 지혜나 전승해야 할 것들

☢ 3, 삼, 삼신에 관한 것 및 오랜 한국 전통

⊙ 직접 만들거나 떠오른 새로운 낱말이나 아이디어

★ 칭찬거리 컨텐츠로 홍보 확산, 천연 자연 자랑거리, 희망거리로 '활용 부호'

◈ 귀하게 여기거나 귀하게 만들고 귀하게 삽시다 '귀삽'.

하는 나의 설, 땅, 터 소신, 동료, 가치관의 필요

☀ 수익구조가 좋은 아이템 – 특히 건져내서 활용해 보시라는 나의 '살뜰 부호'.

중요 문화재 보호와 지속적 창의적 꼼꼼한 관리와 운용이,나라 위상과 기강과 수익구조를 만든다.

▲ 긍정적 생산적 중간 항목, ▴ 긍정적으로 보는 소항목

@ 표시는 연상적으로 이 주제는 많은 생각이 연결되는 표시로 적합해 쓴다. '연상 확산부호'

% 참고자료 * 남의 설 중에 나의 견해를 삽입할 때 붙이는 부호

▮▮ (인재)사람 농사에 해당할 수 있는 일일 때 붙인다.

◘ '수정勇氣부호' 수정 지금 여기서 나부터 사대적 식민지적 남성우월적 여러 관습적 왜곡 적폐 잘못된 글자나 사고는 바로 고치자

☗ 풀어야 할 과제 등과 문화재연구자원 문제 등등 고쳐야 할 것 '과제 부호'

▼ 부정적 비상생 비생산적 수정필요 중간 항목

▾ 부정적으로 보기에 수정 필요 소항목

@ 나의 글쓰기 방법은 나는 내 입장에서 보고 느낀 것을 쓰니, 내가 쓰고자 하는 것에 맞는 낱말과 항목 붙이기 등을 스스로 만들어 쓰게 되고, 소위 개인 존중주의, 자연히 여성이니 여성입장에서 또 한민족 역사에 예민한 사람으로, 보고 듣고 느끼고 하는 글쓰기를 하게 된다. 쓰는 부호들도 그런 감성과 스타일이 기반이 된다. 어쩌다 용산에 40여 년을 살다 보니 문학박사학위를 받고 사단법인 용산향토문화사학회 회장을 20년간을 맡아 별 일 없이 지냈었는데, 작금에 정부 부처의 ☑'용산민족역사공원' 기획 및 설계가 관 편의적이고 상투적인 기획안이라(조선일보 기사), 역사 전쟁기에 간만의 역사민족공원을 바로 세워, 늦었지만 일부라도 우리 역사왜곡을 '중국은 60년 준비완료'상황인데 비해, 우리가 짧은 시간에 신속히 바로 잡을 수도 있는 때와, 장소와 사람이 왔는데, 기회를 놓치고 버릴까 봐서, 좌불안석이다 보니 – 내가 편하려면 기우이길 바라지만 민족이 이 시점에 해야 할 일과 너무나 먼 기획안이라 – 춘천 맥국중도 보존 유네스코 등재를 위한 대통령이나 문화재청장 직권으로 불법허가 취소와 유네스코 등재를 촉구하며, 차옥덕 나의 국가 성장동력 제안을 펼친다. 또한 우리민족이 예맥족이라 아직 우리 한국에도 있으나 알지 못하나 한국 우리 예맥족의 상징동물이 맥貊이기에 한국민들이 맥을 알아야 한다. 춘천 중도는 맥국이라 고대역사 전쟁기에 더욱 원형 보존해야 한다. 국기가 태극기인 것과 같이 맥과 맥국을 잘 알아야 한다. 일본은 한국의 상징인 맥을 한국모독으로 박장대소하며 큰 돈을 – 특히 맥이 한국과 무슨 관계인지 모르는 – 한국에서 많이 벌어들이고 있는 실정이라, 한국 상징동물로서의 화석동

물 맥을 인식하기 위한 자료들을 제시하고, 멸종 가능성이 있는 맥의 종의 보존과, 한민족 관련성과 홍보컨텐츠로의 활용을 위한 노력을 제안하였다. 이러한 한민족 상징과 국가기강에 꼭 필요한 것들을 일반 국민은 물론이고 특히 공무원이나 정치인이 되려는 분들과 공무원 하시는 분들이 좀 깊이 생각해 주길 바라는 일들을 실사구국적 마음으로 한국역사문화학의 기조로 실었다. 이미 우리가 가지고 있는 것의 새활용 선순환적 홍익적 수익 아이디어를 비판적 사고로 제안하는 것이다.

★ 문화재 보존의 열정을 가진 문화재청장 변영섭같이 '춘천 맥국중도'를 지켜내자.

변영섭 문화재청장 "반구대는 그림으로 쓴 역사책… 종이가 물에 젖게 해선 안돼"

취임 7주를 맞은 변영섭 문화재청장

'반구대 청장'의 반구내 사랑

26일 오후 기획특별전 '그림으로 쓴 역사책 국보 반구대 암각화, 물속에 잠깁니다'(~5월 19일)가 열리고 있는 서울 국립고궁박물관 기획전시실에서 변영섭 문화재청장이 암각화에 대해 설명하고 있다. 뒤에 보이는 암각화 탁본은 임세권 안동대 교수가 1973년에 제작한 것이다.

《"인터뷰하는 대상이 아니라 반구대를 함께 살리는 '동지'로 얘기 나눕시다. **지금 반구대 암각화는 불에 타고 물고문을 당하고 있어요. 제발 살려주세요."** 예상대로였다. 달리 '반(구대) 청장'이라 불릴까. 지난달 26일 서울 국립고궁박물관에서 취임 후 언론과의 첫 단독인터뷰를 가진 변영섭 문화재청장(62)은 자리에 앉자마자 반구대 암각화(국보 제 285호) 얘기부터 꺼냈고, 인터뷰의 거의 모든 시간을 반구대에 할애했다. 1시간 넘게 진행된 인터뷰는 수시로 냉탕과 온탕을 오고 갔다. 반구대 보존을 위한 열정은 매섭도록 뜨거웠고 대답마다 문장의 조사 하나에도 신경 쓰는 신중함도 짙게 묻어났다. 대한민국 첫 여성 문화재청장은 취임 7주 동안 무엇을 보고 느꼈을까.》

– 교수로 재직하다 처음으로 관직에 나섰다. 그것도 문화재청장이란 막중한 자리이다.

"여러 생각이 든다. 하지만 개인적인 소회는 중요하지 않다. 평생 문화를 공부하고 문화재에 관심을 쏟아왔으니 아주 바뀐 건 아니다. 다만 강단에선 이상을 논하고 그것을 실천할 방법론을 고민했다면, 지금은 현장에서 실행에 옮기는 입장이란 것만 다를 뿐이다. 솔직히 정치나 관직에 관심이 없었기에 지금도 거창한 포부는 없다. 하지만 문화와 문화재에 대해 좀 더 깊고 치열하게 고민할 기회를 얻어서 감사할 따름이다."– 문화재청 역사상 첫 여성 청장이다. 느끼는 바가 사뭇 다를텐데…."물론 직원들은 생소하게 느낄 수 있다. 마찬가지로 세세한 부분에서 어려움을 느낄 때도 있다. 하지만 남성이건 여성이건 청장으로 일하는 건 본질적으로 똑같다. 성별에 초점을 맞춰서 에너지를 써서는 안 된다고 본다. 다만 여성의 강점을 살릴 수 있다면 좋겠다. 꼼꼼하면서도 대화로 일을 풀어나가려 노력한다. 반구대 역시 울산시와 대립하는 게 아니라, 화합을 통해 해결할 수 있다고 믿는다."

– '반 청장'이란 별명은 들어봤나. 전담 TF(태스크포스)도 꾸렸다.

"그렇게 부르는 줄 몰랐다. 그만큼 이 문제가 심각하다는 취지로 이해해 달라. 반구대는 올해 또 물에 잠긴다면 정말 무슨 일이 벌어질지 모른다. 조선왕조실록을 물에 젖게 내버려 둘 수 있나. 지금 반구대는 암석이 약해져 종이를 물에 넣는 것과 마찬가지이다. 단지 이것이 울산시민들과의 대립으로 보일까 봐 걱정스럽다. 절대 서로를 비난하거나 반대하는 게 아니다. 해결 방향에서 입장의 차이가 있을 뿐이다. 그리고 TF는 물론 문화재청 직원들이 적극적으로 일해 줘서 감동했다. 안에 들어와 보니 정말 열심히 한다."

– 울산시와 갈등을 빚는 것은 사실이 아닌가. 지난 현장 설명회 때도 박맹우 울산시장이 거세게 항의를 표시했다. "박 시장도 다 시민을 위해 일하는 거 아니겠나. 그간 보여준 모습을 보면 시장으로서 존경스러운 면도 많다. 울산 역시 반구대를 지키기 위해 고민이 많을 것이다. 하지만 10년 넘게 반구대 보존 운동을 해보니까 가장 큰 문제는 소통이다. 서로의 얘기를 더 귀담아 들으려는 자세가 필요하다. 나 역시 그간 그런 부분에서 실패했다는 것을 인정한다. 계속해서 울산과 대화하겠다. 제발 이걸 대립이나 갈등으로 보지 말아 달라."

– 박근혜 대통령도 반구대에 관심이 많은 걸로 알고 있다. 별다른 언질은 없었나."따로 얘기할 기회는 없었다. 임명장을 받을 때 돌아가며 한마디 할 기회가 있었다. 그래서 '우리 문화재의 맏형, 그림으로 쓴 역사책을 살릴 수 있게 도

와 달라'고 했다. 그랬더니 대통령이 바로 '반구대 암각화' 하고 반응하시더라. 원래 우리 문화에 대한 관심이 지극하신 분이 아닌가. 진지하게 생각하시고 있다는 느낌을 받아 감명을 받았다."

– 문화재청은 산적한 현안이 많다. 너무 반구대에 '다 걸기(올인)'하는 거 아닌가. "그만큼 시급하니까 이러는 것이나. 또 취임 때부터 국보 보물 천연기념물 등은 국가가 관리해야 한다는 소신을 펴왔다. 그런 의미에서 반구대를 모범 사례로 세우고 싶다. 반구대 문제가 이렇게까지 된 데는 관리나 보존에 있어 지방 자치단체와의 혼선이 한몫을 했다고 본다. 반구대를 시작으로 국가지정 문화재는 국가가 관리한다는 상식적 원칙을 세우고 싶다.

반구대가 살아야 우리 문화가 산다."[126]

⧓ "한국 고고학 올레길" 과 "서울 고고학 올레길" 조성하자.

서울도 구석기부터 다 있다. 안 지키면 사라진다.

◉ 외국인에게도 알려주고 싶은 서울 청계 뒷길 – 서울 최근 고고 뒷길 미학 Can You want another architect? 평소 영어 중국어 일어 회화 공부를 해야겠다.

"나의 전공은 고고학이다. My major is archeology. 고고학이란 학문은 역사학과는 조금 다른데, 역사학은 문헌사를 바탕으로 한 역사해석을 하는 반면, 고고학은 발굴조사를 통해 확인되는 유적과 유물을 해석해야 하는 점이 가장 큰 차이이다.

Archeology is a little different from history. The most different characteristic is that in history, it is analtically based on literature, while in archeology, relics and artifacts identified via excavation should be analyzed.

따라서 유적과 유물의 각 시대변화의 흐름과 형식적인 분류를 시도해야 한다.

Thus, it should try to classify the forms and flow of the chronological change of relics and artifacts.

중도 유적지를 지키자 3 :

이은심

춘천 중도
선사 유적지가 우리를 부릅니다.
조선의 한혈이 녹아있는 고귀한 유물들.
고인돌과 청동칼. 인골에 고구려 황금귀걸이.

파고 들수록 보물이 쏟아지는 유물밭입니다.
냄새 맡고 관광리조트의 주문을 거는 그들을 보면,
지난 세기 피냄새 가시지 않은 렙틸리언의 얼굴
세계의 구석구석 돌며 보물을 빼앗고 훔치던 그들.

다시 한반도에 어둑한 그림자를 드리우는 것을 보면,
우리가 얼마나 무지하게 살아왔나를 알 수 있습니다.
산업화의 발뒤꿈치 따라가랴 뿌리 잘라먹은 불효막심.
스스로 명문의 집 태우고 고졸한 석비를 파손했습니다.

이제 깨어나 조상님 앞에 엎드려 사죄하려 하오니,
무덤 앞에서 줄줄이 쏟아져나오는 희한섞인 보물들.
한민족이 뿌리 되찾을까 조바심내던 해적들이
망령되이 땅을 빼앗고 장난감왕국을 세우려 합니다.

아니됩니다. 아니됩니다. 역사의 양심으로 말합니다
선사 조선 고구려의 유적지를 탐내는 영국황실이여!
장물로 쌓아올린 정오의 시계탑은 울지 않습니다.
세계문화유산을 인류의 이름으로 지켜야하지 않나요?

Keep Zungdo archeological site!

Lee Eunsim

At Zungdo island in Chuncheon, Old Chosun's remains call us. Precious relics wetted by sweat and tear of Chosen and Goguryeo. Stonehenge. Bronze sword. Bare site of ancient community. Skull and Koguryeo's golden earings.

Dig and dig to find the field of relics pouring jewels out.
While snoozing by their mesmerism of sightseeing,
They still steal and rob relics as turning around the world with a reptilian face with blood stains of the past century.

We could find our stupidity along the past.
As seeing the dark shadow on peninsula again.
Unfidelity cutting root by following industrialism and individualism.
We, for ourselves, fired korean house and broke Tangun sculpture.

Now awakened, we kneel to ask for forgiving sin in front of ancestor.
Relics of tear pouring out of the tomb.
Vikings irritating whether Hans recover their pride or not, try to excavate the site and build up lego kingdom.

No! no! I dare say to all by conscience of history.
British kingdom envy relics of Chosun, Goguryeo!
Clock of noon filed up by stolen goods don't tell.
Must we keep the world heritage site by the name of humankind?

역사적 주체성이 있는 즉 한국인의 정체성을 아는 공무원으로 일하자.

한국 국가의 정체성을 찾을 때 비로소 이 공인들의 국정 사업 계획도 한국의 정체성 있는 사업을 할 수 있게 한다.

자신의 역사를 지켜내지 못한 민족이 누구를 탓할 수 있을까? 또한 현재가, 과거 뿌리와 단절되어 한국이나 한국인이 제 정체성을 상실하였는데 어떻게 밝은 미래를 설계할 수 있겠는가?

이제 우리는 무엇보다 잃어버린 인류의 시원문화이자 우리 민족의 뿌리 문화인 신교문화를 회복해야 할 것이다. 다행히 참하늘 신교와 천제문화를 계승하며 역사적 존재로서 살아갔던 이들이 있었다.

(이재국, [STB] 하늘과 땅의 결실, 태일太一, 상생도군 | 2010.12.08)

그 직후에는 이렇게, 일본 왕이 주재한 궁중 만찬이 열렸습니다.

지난 1일 즉위한 일본의 새 왕, 나루히토 부부의 첫 국빈이 바로 이들 트럼프 부부가 됐는데요. 테이블에는 일본 최상급 소고기, 와규 스테이크와 후지산을 형상화한 아이스크림까지 프랑스 요리 풀코스가 올랐습니다. 분위기를 의식한 듯 트럼프 대통령은 이 자리에서 "미 · 일 관계는 보물 같은 동맹이다" 양국 관계를 한층 격상시킨 표현으로 화답했습니다.

도쿄의 밤 풍경도 달라졌습니다.

랜드마크인 '스카이트리'의 밤 조명은 트럼프 대통령이 도착한 지난 25일부터 성조기 색인 빨강 · 파랑 · 흰색으로 장식됐습니다.

'오모테나시' 일본 말로 극진한 대접이란 뜻입니다.

잠시 사진 한 장을 보실까요?

1983년 일본의 총리 별장, 나카소네 야스히로 총리가 전통식 화덕을 갖춘 다다미방에서 레이건 미국 대통령에게 무릎을 꿇고 정성껏 차를 대접하는 모습입니다.

이후 두 사람은 서로를 '론'과 '야스'로 부르며 최고의 동맹을 구축했습니다.

일본 외교가에서는 이를 '오모테나시'의 대표적 장면으로 꼽습니다.

지금의 아베 총리는 다다미방 대신 골프장을 택했습니다.

골프광이자 스포츠 애호가의 취향을 고려한 맞춤 의전입니다.

트럼프 아베의 골프 회동은 이번이 다섯번째인데요.

30도를 넘는 5월의 폭염 속에서 골프 16홀을 소화했습니다.

라운딩을 마친 뒤에는 활짝 웃으며 이른바 '셀카'를 찍어 트위터에 올립니다.

사진 아래에는 "새로운 레이와 시대에도 미 · 일 동맹을 흔들리지 않도록 만들고 싶다"는 메시지도 남겼습니다.

골프 다음은 스모였습니다.

일본식대로 하면 방석에 양반다리를 하고 관전해야 하지만 트럼프의 체구를 감안해 특수 제작 소파를 가져다 놓았고요.

경호를 위해 주변 1,000석을 통째로 비우기도 했습니다.

아베 총리의 이른바 접대 외교에 대해 일본 제 1야당에선 "아베 총리는 트럼프 대통령 관광 가이드냐"는 비판의 소리가 나오기도 했습니다.

오늘로 트럼프 대통령 방일 나흘째, 겉만 보면 꿀처럼 달콤한 시간을 보낸 듯 싶지만 아베 총리로서는 어렵고 고단한 하루 하루였을지도 모릅니다.

미중 무역전쟁에 가려서 그렇지 미일 간의 무역 긴장도 만만치 않습니다.

트럼프는 그동안 일본에 대해서도 무역 불균형을 거론하며 미국산 농산물에 대한 관세 인하, 일본산 자동차 수출 제한을 줄기차게 요구해 왔습니다.

미일 회담 와중에도 중국과의 협상을 거론하며 에둘러 일본을 압박하기도 했습니다.

직접 들어 보시겠습니다.

[트럼프/미국 대통령 : "미국은 준비가 안 됐습니다. 미국은 지금 중국 제품에 부과하는 막대한 관세 수입이 들어오고 있는데, 앞으로는 매우 쉽게 더 늘어날 것입니다."]

아베로서는 트럼프의 압박이 난감할 수밖에 없습니다.

특히 미국산 농산물에 대한 관세 인하는 농민들의 거센 반발에 부딪혀 오는 7월로 예정된 참의원 선거를 망칠 수도 있습니다.

그렇다고 미국과의 동맹 외교가 갖는 전략적 중요성을 감안할 때, 트럼프 면전에서 미국의 통상 요구를 일축하기도 어렵습니다. 그러니 이번 정상회담에선 갈등을 피하고 무역협상을 뒤로 미루는 게 최우선 목표가 됐습니다.

때문에 트럼프에 대한 아베의 극진한 대접은 **이번 정상회담의 핵심 현안인 무역협상을 보다 쉽게 풀어 보려는 외교적 노력**으로 보는 시각이 많습니다. 아베 총리의 정성이 통했는지 트럼프 대통령은 "일본과의 무역 협상을 7월 일본 참의원 선거 때까지 기다리겠다"는 글을 트위터에 남겼습니다.

선거를 앞둔 아베 총리가 곤란하지 않도록 배려하겠다는 뜻입니다.

미일 회담에 대해서도 만족스럽단 반응을 내놨습니다.

[트럼프/미국 대통령 : "아베 총리와 무역과 군사 분야에 대한 대화를 나눴습니다. 매우 생산적인 하루였습니다."]

트럼프 대통령은 오늘 마지막 일정으로 미군이 주둔해 있는 가나가와현 해상자위대 기지에서 가가함에 탑승한 뒤 오후 귀국길에 오릅니다.

트럼프 대통령은 다음달 말엔 우리나라를 방문합니다. 친절한 뉴스였습니다.

★ (서울=연합뉴스) 이정현 기자 = 방송 스태프가 칸영화제에서 황금종려상을 받은 봉준호 감독의 영화 '기생충'이 **제작 스태프와 표준 근로계약서를 작성하고 근로시간을 준수한 것을 방송가도 본받아야 한다고 촉구했다.**

전국 언론노조 방송작가 지부(방송작가 유니온)는 28일 성명을 내고 "'기생충'의 성과를 거울삼아 국내 방송사들도 비정규직 프리랜서 등 제작 스태프를 상대로 표준 계약서를 체결해 노동 인권 보장에 나서야 한다"라고 밝혔다.

이들은 한국 영화뿐 아니라 방송업계에서 스태프 표준 근로계약과 노동시간 준수가 제작비를 높여 적자를 낳고 양질의 영상 컨텐츠 경쟁력을 떨어뜨릴 것이라 주장해왔지만 '기생충'이 이러한 논리를 깼다고 강조했다.

노조는 "봉 감독이 '설국열차'와 '옥자'를 찍으며 얻은 것은 유명 배우와 CG(컴퓨터그래픽) 기술에 그친 게 아니라 '미국식 조합 규정'도 있었다"라며 "'기생충'의 수상은 공정한 노동 환경에서 만들어진 작품이 세계적인 수준의 높은 질도 담보할 수 있다는 점을 증명했다"라고 설명했다.

문화체육관광부는 2017년 방송작가의 저작권을 보호할 방송작가 집필 표준 계약서를 제정했지만 이를 통해 보호받는 작가는 소수라고 노조는 꼬집었다. 방송사나 제작사에서 상근하고, 주 40시간 넘게 일하지만 프리랜서라는 이유로 4대보험과 최저 임금, 52시간 근무제를 적용받지 못하는 작가가 대부분이라는 것이다.

방송업계에도 표준 근로계약서가 없는 것은 아니다. 문체부는 2014년 업계와 종사자 의견을 반영해 근로, 위탁, 도급 3종의 계약서를 만들었다. 그러나 노조는 "방송제직 현장에서는 임연히 노동자성을 인정받아야 할 신입 작가와 스태프가 도급과 위탁 계약서를 강요받고 있다"라고 지적했다. 이들은 "'기생충' 관련 뉴스를 전하며 한국 영화의 위상을 운운하는 방송사들은 봉 감독 뉴스를 제작하는 보도국 작가, 특별 프로그램을 만드는 방송 작가와 후반 작업을 맡은 스태프의 처우를 돌아보라"고 촉구했다. lisa@yna.co.kr

☀ 하늘의 존귀한 신, 태일太一

서울 종로구 삼청동, 이곳의 명칭은 도교道敎의 태청太淸 · 상청上淸 · 옥청玉淸 3위位를 모신 삼청전三淸殿이 있었던데서 유래되었다. 삼청전의 제사는 소격서昭格署에서 맡았는데, 소격서는 잘 알려진대로 중종 때 조광조에 의해 폐지된다. 조광조는 좌도가 정도를 어지럽힌다는 이유로 소격서의 폐쇄를 지속적으로 간한다. 결국 1518년(중종13)에 폐지되고, 이때 제복祭服 · 제기祭器 · 신위神位까지 땅에 파묻혔다. 비빈(왕비나 후궁)들의 낭비를 근절하는 개혁의 일환으로써 보기도 하지만, 결과적으로는 유교체제를 더욱 공고히 하는 결과를 가져왔다. 사실 소격서에 대한 논란은 조광조 이전부터 있어 왔던 일이었다. 가령 태종 4년(1404년), 태종이 초제(별에 올리는 제사)를 지낼 날짜를 상정하도록 명하자, 유학자들이 도교숭배에 대해 반대하며 논란을 일으킨 적이 있었다. 그런데 이에 대해 예조 지사 김첨이 다시 반박하는 상소를 올리는데, 여기 특이한 문구가 보인다.

태일太一은 하늘의 귀신貴神이기 때문에, 한漢나라 이래로 역대에서 받들어 섬기어 여러 번 아름다운 상서祥瑞를 얻었습니다. 그러므로, 전조前朝에서 복원궁福源宮·소격전昭格殿·정사색淨事色을 두고 따로 대청관大淸觀을 세웠으며, …중략… 만일 군사를 행行하려면, 장수가 대청관에 나가서 재숙齋宿하고 초례를 베푼 연후에 행하였으니, 대개 태일太一은 어진 별仁星이 있는 곳이어서 병역兵疫이 일어나지 않고, 방국邦國이 편안하기 때문입니다.(*대청관은 태청관을 말함)

소격서에서는 삼청전(옥청, 상청, 태청)과 내외전 외에 태일전太一殿을 따로 두었다. 태일太一은 천신天神의 이름으로 하늘에서 가장 존귀한 신으로 모셔졌다(태일전은 태일이 있는 곳에 따라 옮겨 설치하는데, 처음에는 경상도 의성義城에 두었다가 성종 때에 충청도 태안泰安으로 옮겼다고 한다). 실록에는 태조 이성계와 태종 이방원을 비롯한 여러 왕들이 태일성이 움직이는 방위에 따라 해당하는 지방에 태일전을 짓고 태일신에게 천제를 올렸다는 기록이 남아 있다.

도교는 황제와 노자의 학설로 이론체계를 세우고 교단을 확립하여 황제와 노자를 시조로 받들었다. 그런데 도교의 주요 경전인『포박자抱朴子』나 개설서인『운급칠첨』을 보면, 황제가 신농씨의 후예인 광성자나 치우천황의 국사인 자부선생에게서 깨달음을 전수받았다고 기록되어 있다. 또 노자는 동이계 국가인 초나라 출신으로 자신의 성 한韓씨를 이李(木+子)씨로 바꿈으로써 본래 자신이 동방사람임을 암시하였다. 즉 황제와 노자는 혈통적으로나 학맥적으로 모두 동이족의 전통을 잇고 있는 것이다. 이처럼 도교는 본래 신교의 신선사상을 바탕으로 형성된 종교로 그 신앙형태 역시 신교를 계승하고 있다.

신교는 북극성, 삼태성, 북두칠성이라는 하늘의 세 신성한 별을 섬겨 왔는데, 도교에서도 태일, 삼청, 칠성사상이 있다. 하늘의 모든 별은 북극성을 중심으로 도는데, 그 중심별을 바로 태일 또는 태을이라고 한다. 이처럼 상제님과 더불어 하늘의 천신이신 태일신을 함께 모셨던 도교는 신교에 그 연원을 두고 있는 것이다. 그런데 이 태일太一에 대해 보다 깊이 느낄 수 있는 신교문화의 사서가 있다.

만유생명의 근원, 삼신三神

조선조 중종 시절 한민족 신교문화의 신학과 철학적 기틀을 세운 이가 있었으니 바로 일십당一十堂 이맥(李陌, 1455~1528)이다. 그의 본관은 고성固城으로 고려 말『단군세기』를 쓴 행촌 이암의 현손(5대 손)이다. 외세의 침입 속에 천자국의 위상이 쇠퇴해 가던 고려 말, 단군조선의 역사를 기록한 행촌 이암과 중종반정 이후 사림의 득세와 명분론에 치우친 유학의 정치체제 속에서 신교의 맥박을 다시 이은 이맥의 삶을 통해 과연 역사적인 존재로 살아간다는 것이 무엇인지를 깊이 생각해 봄직하다.

일십당 이맥은『태백일사』「소도본전 경훈」에서, '삼신은 천일 지일 태일이라(三神은 乃天一地一太一之神也)'하여, 만물생명의 뿌리, 근원인 삼신三神이 현실 속에 하늘과 땅 그리고 인간으로 드러남을 말했다.

그런데 첫 째로 삼신三神이란 말에서부터 혼동이 온다. 혹시 신이 세 분이란 말인가? 대부분의 종교에서는 우주의 신 또는 창조주를 말할 때 한 분의 하느님, 유일신으로 말한다. 그래서 신교의 '삼신'을 마치 세 분의 하나님으로 잘못 이해하기 쉽다. 그러나 이는 세 분의 신이 독립적으로 존재한다는 의미가 아니라, 신은 본래 일신一神이지만 세 가지 덕성을 가지고 있다는 의미이다. 그리고 이 삼신과 '하나' 되어 우주 자연의 질서와 인간역사를 총체적으로 다스리는 인간형상을 하고 계신 주신主神을 '삼신상제님' 또는 '상제님'이라 불러 왔다.

태시(太始)에 하늘과 땅이 '문득' 열리니라. 홀연히 열린 우주의 대광명 가운데 삼신이 계시니, 삼신三神은 곧 일신一神이요 우주의 조화성신造化聖神이니라. 삼신께서 천지만물을 낳으시니라. 이 삼신과 하나가 되어 천상의 호천금궐昊天金闕에서 온 우주를 다스리시는 하느님을 동방의 땅에 살아온 조선의 백성들은 아득한 예로부터 삼신상제三神上帝, 삼신하느님, 상제님이라 불러 왔나니 상제는 온 우주의 주재자요 통치자 하느님이니라.(道典 1:1:1~3)

'일즉삼一卽三 삼즉일三卽一'이라는 말이 있다. 즉 하나가 구체적으로 현실에 작용하려면 셋으로 열려야 된다는 뜻이다. 이것을 변화 논리로 볼 때 본중말本中末이라고 한다. 하나가 셋으로 작용할 때 그 첫 시작이 있고, 작용하는 중간 과정이 있고, 그 다음에 끝 마무리를 짓는 과정이 있다는 뜻이다.

흔히 한국인은 숫자 3을 참 좋아한다고 하는데, 씨름을 해도 세 판, 내기를 해도 세 번, 무엇을 해도 세 번을 한다고 우스갯말을 하곤 한다. 이는 하나가 3수의 원리로 펼쳐지는 대자연의 원리를 생활문화 속에 그대로 적용해온 오랜 문화전통이다.

봄에 만물을 내고, 여름에 길러 가을에 결실을 거두는 생장성生長成의 법칙은 바로 3수의 원리로 만유를 주재하시는 삼신 상제님의 창조 섭리가 지구 1년의 초목 농사 속에 드러내심이다.

그래서 '천일 지일 태일'에서의 '일一'은 우주를 낳아준 한 분의 조물주 곧 삼신을 말한다. 이 삼신의 신성과 지혜와 광명이 하늘과 땅과 그리고 인간 속에 100% 온전히 그대로 동일하게 깃들어 있기 때문에 하늘을 천일天一, 땅을 지일地一, 인간을 태일太一이라 부른 것이다.

그런데 왜 인간을 인일人一이라고 하지 않고 태일太一이라고 하는 것일까?

하늘 땅보다 더 존귀한 존재, 태일太一

태太는 대大와 씨앗을 의미하는 '丶'가 합해진 글자로, 단순히 '크다'라는 대大자와는 다른 의미를 지닌다. 태는 씨앗을 품고 있으니 모든 것의 근원이며 또한 결실이 된다. 동방의 한민족은 예로부터 천지를 아버지와 어머니로 받들었다. 이 천지부모의 이상과 꿈을 이루는 우주의 주인공, 그 인간의 위격이 바로 태일太一인 것이다.

천지가 합덕해서 낳은 인간 속에 삼신 하느님의 신성과 그 거룩한 대조화가 그대로 들어와 있다! 그리하여 인간은 우주 안에 있는 모든 것을 들을 수 있고 깨달을 수 있으며 천지 질서를 다스려 삼신하느님의 꿈과 이상을 실현할 수 있다. 이것이 인간을 천지보다 더 존귀하게 여겨 인일人一이라 하지 않고 태일太一이라고 정의하는 이유이다. (안경전)

우주의 역사과정에서 인류가 마침내 자연 속에 자신들과 하늘을 바라보며 자신의 존재와 근원에 대해 각성하게 되자, 천단을 쌓아 제를 올리고, 신교의 가르침을 받아내려 문화를 창조하고 문명을 쌓아온 인류의 발자취에서 참으로 신비롭고 경이로운 조물주의 손길을 느끼게 된다.

어떤 종교 지도자는 "이 대우주 천체권은 사람농사를 짓기 위해서 생겨져 있는 것이다"라 하였다. 이 광활한 우주 속에 인간의 의미, 내 생의 목적이 무엇인지를 확연히 깨우치게 해주시는 말이다. 기나긴 우주역사 과정의 결실로서 나 자신이 다시 인식될 때, 인간을 낳고 기르는 천지에 대한 경외심과 진리를 향한 구도심이 샘솟고, 삼신 상제님이 주재하시는 천지 시간 중에 나는 어느 때에 살아가고 있으며, 무엇을 해야 하는지를 자문하게 된다. 이끗의 도구가 아닌 우주의 목적 그 자체인 인간으로서 다시 태어나게 되는 것이다.

천제문화를 찾아가는 여정에서 인간의 가치에 대한 물음을 던지는 이유는 바로 여기에 있다. 천제문화를 찾아가는 길은 인생의 가장 중요한 주제인 생의 목적을 찾는 여정과 결국 한 길에서 서로 만나게 된다.

形於天地하여 生人하나니 萬物之中에 唯人이 最貴也니라 하늘과 땅을 형상하여 사람이 생겨났나니 만물 가운데 오직 사람이 가장 존귀하니라. 天地生人하여 用人하나니 不參於天地用人之時면 何可曰人生乎아 천지가 사람을 낳아 사람을 쓰나니 천지에서 사람을 쓰는 이때에 참예하지 못하면 어찌 그것을 인생이라 할 수 있겠느냐!(道典 2:23:1~4)

강증산은 '천존天尊과 지존地尊보다 인존人尊이 크니 이제는 인존시대人尊時代니라. 이제 인존시대를 당하여 사람이 천지대세를 바로잡느니라.'고 선언하였다. 인간에 의해 마침내 우주의 역사가 성취됨을 의미하는 이 놀라운 말씀은 인간이 우주 속에 어떤 위치에 있는가를 말씀해 주신다.

그런데 그 태일과 상통하는 또 하나의 단어가 떠오른다. 구한말 꺼져가는 국운의 불씨를 다시 밝히려 했던 고종, 그가 천자국을 선포하며 내세웠던 국호 대한제국大韓帝國, 그 대한大韓의 의미가 바로 태일과 상통하고 있다.

태일, 대한大韓의 의미

'대한大韓사람 대한大韓으로 길이 보전하세.' 애국가의 마지막 소절은 참으로 의미심장한 말이다. 대한大韓의 한韓은 하나, 크다, 중앙, 하늘 등 많은 뜻을 함축하고 있지만 그 중에서도 한韓의 정신을 대표하는 것이 바로 '광명'사상이다. '한'의 뿌리는 바로 신교 삼신[조화신, 교화신, 치화신]의 광명정신이다. 광명은 우주 만물의 실상이요 본성으로서 우리 조상들은 하늘의 광명을 '환桓'이라 하고 땅의 광명을 '단檀', 천지의 광명을 실현하는 역사의 주체를 '한韓'이라 했다. (『개벽 실제 상황』, 안경전)

인간은 천지의 자녀이며 천지는 인간을 통해 하늘의 뜻을 이룬다. 바로 한韓은 그 주인공인 태일太一의 광명을 의미한다. 이러한 '한韓사상'을 계승한 민족, 그 천명을 받은 민족이 한민족인 것이다. 그런데 그 광명의 세상을 길이 보존하고 열어나갈 역사적 주체성을 가지고 있는지 한번 냉정히 자문해 보자.

중국에서 가장 오래된 자서字書로, 고대의 백과사전 격인 『이아爾雅』에는 동방한민족을 대평지인大平之人이라 말하고 있다. 최치원 선생은 대大는 곧 태太라고 주석하였는데, 이 태평지인이란 말에서 평화의 바다 태평양이란 이름이 나왔다고 한다.

그러나 한민족이 태평지인太平之人의 나라, 불사지국不死之國, 어진 마음을 가진 사람들이 사는 나라仁方등으로 불리며 동방문화를 전수해 준 주체였다는 것을 아는 이는 그리 많지 않다. 도리어 과연 우리에게 그만한 문화 창조의 역량이 있었겠냐는 의구심을 품는 이들이 많다. 중국과 일본의 역사왜곡은 동방 문화의 연원을 왜곡시켜 놓았을 뿐만 아니라 우리 스스로의 정체성마저도 잃어버리게 하였다. 그 중에서도 특히 중요한 것이 '신교神敎와 상제문화'를 잃어버렸다는 것이다.

그러나 자신의 역사를 지켜내지 못한 민족이 누구를 탓할 수 있을까? 또한 현재가 과거 뿌리와 단절되어 제 정체성을 상실하였는데 어떻게 밝은 미래를 설계할 수 있겠는가.

이제 우리는 무엇보다 잃어버린 인류의 시원문화이자 우리 민족의 뿌리 문화인 신교문화를 회복해야 할 것이다. 다행이 신교와 상제문화를 계승하며 역사적 존재로서 살아갔던 이들이 있었다. 지금 한국은 홍익천손문하의 상제문화의 수호자 낭가郎家와 낭가의 맥을 잇는 현실적 계승이 절실한 시점이다.(상생문화 참조)

☗ 도시 재생 사업에도 너무 국지적인 면만 보지 말고 좀 더 폭 넓은 시각으로 접근해야 한다.

진희선 서울시 도시재생 본부장은 "주민이 중심이 되고 지역이 가진 정체성을 살리는 서울형 도시재생의 방향과 구체적 추진전략을 담은 서울시 최초의 법정계획 〈2025 서울시 도시재생전략계획〉이 최종심의를 통과함으로써 현재 진행되고 있는 도시재생 사업의 법적 근거가 마련됐다"며 "향후 지역별 구체적인 실행방안을 담은 '도시재생 활성화 계획'을 차질 없이 진행하여 서울의 각 지역이 명소화名所化되고 지역경제가 활성화되어 공동체가 살아나는 서울을 위해 최선을 다하겠다"고 말했습니다. 문의 : 재생정책과 02 - 2133 - 8623 (2016.01.09. 18:37)

서울시, 서울역 일대 도시재생활성화계획(안) 공청회 개최

서울시는 서울역 일대 도시재생 활성화 계획(안) 공청회를 오는 27일 오전 10시 중구 세종대로 110에 위치한 서울시청 8층 다목적홀에서 개최한다고 밝혔다.

서울역 일대 도시재생은 서울시 중구 중림동, 서계동, 서울역, 양동, 남대문시장, 회현 · 명동 등 지역별로 추진되고 있으며, 2019년까지 500여억 원이 투입돼 지역 맞춤형 도시재생을 구현한다는 계획이다. 이에 따라 이번 공청회는 「도시재생 활성 및 지원에 관한 특별법」 제 20조 규정에 따라 주민과 관계전문가 등의 의견을 수렴하기 위해 개최하는 것이다.

공청회는 ▲등록 및 자료제공 ▲개회식 ▲주제발표 ▲주민협의체 소개 ▲휴식 및 정리 ▲토론 및 질의응답 시간 ▲폐회식 순으로 진행될 예정이다.

한편 서울특별 시의회 도시계획 관리위원회(위원장 김정태)는 제 274회 정례회 개회 중인 지난 21일, 서울역 일대 도시재생 지원센터를 포함해 개장 1개월을 맞은 '서울로 7017(서울역 고가)'과 중림동 2030 역세권 청년 주택 대상지를 방문하기도 했다.

김진원 기자 figokj@hanmail.net

서울역 일대 '도시재생' 기대가 높은 이유

시민기자 박혜민

찻길에서 사람길로 변한 서울로7017

서울역 고가도로를 찻길에서 사람길로 재생한다는 취지 아래, 완공 전부터 서울시민의 주목을 받아 왔던 '서울로 7017'이 개장한 지 한 달이 넘었다. 서울시는 개장 첫 주말에 23만 명이 서울로 7017을 다녀 갔다고 공식 집계했고, 이후로도 많은 시민들이 도심 속 보행길을 거닐기 위해 모여들었다. 서울의 중심에서 여유롭게 산책을 즐길 수 있는 이색적인 공간이 탄생했다.

서울로 7017 개장을 시작으로 서울역 인근 지역에는 변화의 움직임이 한창이다. 경제기반형 도시재생 활성화 지역인 서울역 일대는 지난 2015년부터 재생계획을 수립해 왔고, 중림동, 서계동, 회현동, 남대문시장으로 구분되는 권역별 재생사업을 통해 지역 활성화를 도모할 예정이다.

서울역 일대 도시재생은 서울역의 위상을 재정립하고, 인근 지역에 활기를 불어넣을 기회이다.

서울역의 역사와 위상 서울역 일대 도시재생을 제대로 이해하기 위해서는 서울역의 역사와 위상에 대해 살펴볼 필요가 있다. 1900년에 경성역으로 출발하여 1925년에 역사(驛舍)를 준공하고, 1947년부터 현재의 이름을 갖게 된 서울역은 60~70년대에 물류 수송의 중추적인 역할을 담당하며 교통의 거점으로 성장했다. 현재 우리가 이용하는 서울역사는 급증한 수송량에 맞추어 1988년에 신설한 것으로, 이후 2004년 KTX 운행을 개시하는 등 도심 내 여객 수송에도 큰 비중을 차지하게 되었다.

특히 2010년에 인천 국제공항 철도가 연결되면서 서울의 국제적 관문으로 그 위상이 높아졌다. 교통시설의 역할 외에도, 수많은 기억을 간직한 장소라는 점에서 서울역은 의미가 크다. '눈 감으면 코 베어 간다'는 말로 설명되던 서울과 처음 대면하는 장소였고, 명절 전이면 서울역 광장은 귀경행렬이 밤을 지새우는 대합실로 변했으며, 80년대 당시에는 함성으로 가득했던 민주화의 상징이기도 하다.

서울역 역사의 시작 문화역 서울 284

그러나 서울역은 역사적 가치나 지리적 중심성에 비해 그동안 소홀이 여겨져 온 부분이 적지 않다. 하루 평균 33만 명에 육박하는 거대한 유동인구에도 불구하고 그저 지나쳐가는 곳으로 인식될 뿐이다. 도시계획에서도 마찬가지였다. 서울의 미래상과 발전 방향을 제시하는 도시 기본계획인 '2030 서울플랜'에서, 서울역 일대는 "역사문화 도심으로의 위상 및 글로벌 경쟁력 강화"가 요구되는 도심권 내에 포함되지만 중요한 위상을 갖는 거점으로 제시되지는 않았다. 반면, 국제 업무의 중심역할을 담당할 주요거점으로 꼽힌 용산역은 향후 발전 방향 및 계획과제가 언급되었고, 서울역은 이를 보조하는 정도의 역할을 줬다. 서울시 전 분야를 아우르는 도시계획의 최상위 법정계획 내에는 서울역에 대한 언급 자체가 미약한 편이다.

서울로 7017은 중림동, 서계동, 회현동, 남대문시장 등 서울역 일대 전역을 하나로 이었다. 서울역 일대 도시재생은 서울역의 위상을 재정립하고, 쇠퇴하는 인근 지역에 활기를 불어넣을 기회이다. 지난 6월 27일, 서울시는 시청 다목적홀에서 '서울역 일대 도시재생 활성화 계획(안) 공청회'를 열고, 역사 내에 통합 환승 시스템을 구축하여 맨 먼저 LH 지원기구 이상준 박사는 혁신적 포용국가를 지향하는 정책기조의 변화에 따라 전국적으로 비슷한 전략이 많다며, 대전은 과학도시로서 특화하는 것이 좋겠다는 방향을 제시했고요. 스마트시티에 있어서는 최근 R&D나 4차 산업이 키워드지만, 그에 대한 구체적 방안은 다소 부족하다고 지적했습니다. 이어 도시재생 활성화 지역 지정에 있어서는 2017년부터 바뀐 읍면동 단위로 변경된 권장면적에 맞도록 조건을 변경하는 등의 준비가 필요하다고 조언했습니다.

박천보 한밭대교수

박천보(한밭대학교)교수는 전략계획(변경)안을 보니 대전시의 실태 등에 대한 기초조사가 잘 됐다고 평가했습니다. 다만 쇠퇴도와 실제 주민 주도에 의한 사업추진이 원활한 지역 간의 간극(gap) 문제를 어떻게 가져갈 것인지에 대한 고민이 필요한데, 여기에서는 사회적 약자를 위한 네트워크와 연계되어야 한다고 보았습니다.

도시재생 활성화 지역에 대한 조정은 정량적 분석도 중요하지만, 시행지역 관할 구청의 의견 또한 매우 중요하므로, 구청 차원의 적극적 참여가 필요하다고 강조했습니다.

오광영 대전시의원

대전시의회 오광영의원은, 도시재생이 일자리와 공동체를 중요시하고 있다고 보았습니다. 일부 지역에서는 주민과의 갈등도 있으므로 광범위하고 지속적인 주민의견 수렴이 필요하다고 진단했고요.

또 일반시민의 도시재생에 대한 이해를 높이기 위해, 시민대상 교육 등을 통해 도시재생의 인적 토대를 구축하는 게 중요하다고 제안했는데요. 이를 통해 도시재생이 단순한 물리적 환경 개선사업이 아닌, 주민과 함께 하는 사업으로 추진될 수 있도록 기획 및 실행단계에서도 적극적인 참여를 위한 소통 채널이 확보되기를 바란다고 말했습니다.

정태일 대전 도시재생 지원센터장

정태일 대전 도시재생 지원센터장은, 도시재생 사업에 대한 용어 등을 시민의 눈높이에 맞게 이해하기 쉬운 용어를 사용하도록 할 것이라며, 뉴딜사업 추진을 위해서는 활성화 지역의 확정이 우선되어야 하므로 5개 구청 관계 공무원들과 긴밀한 협의를 통해 빠른 시간 내에 확정되어야 한다고 말했습니다.

또 모든 활성화 지역을 뉴딜사업 지구의 면적 기준에 일일이 맞추기는 현실적으로 한계가 있기 때문에 2~3단계의 접근을 통해 우선적으로 시급히 추진해야 할 사업지역은 세분화하여 확정하되, 중장기적으로 시행될 지역은 포괄적으로 넓게 설정하는 방안도 생각할 필요가 있다고 제안했습니다.

지정토론을 마치고 공청회 참석자와의 질의응답 시간을 통해 도마동 주민 김점

옥은 “도마 1동이 작년에 뉴딜사업 지구로 지정받으면서 도마 2동에 대한 추가지정이 어렵게 되었다”며, “도마동 일대에 대한 활성화 지역을 세분화해서 도마 2동도 뉴딜사업 지구로 신규 지정받을 수 있도록 조치해 달라”고 요청했습니다.

이에 대해 정경석 책임연구원은 “이미 나누어졌다”고 답변했습니다. 도마 2동에 대한 도시재생 지역 추가지정을 기대해 봐도 좋을 것 같습니다.

질의응답. 도마동 주민과 서구청 공무원

대전 서구청 도시재생 담당 정덕영 주무관은, “뉴딜사업을 시행하는 데 있어 가장 큰 어려움은 해당 대상지역의 뉴딜사업 지구 지정에 대한 논리적인 근거를 제시하며 주민을 설득하는 것”이라고 말했는데요. 그렇지만 계획(변경)안을 통해 어려운 점들에 대한 해답을 도출하고 구 차원에서 잘 시행될 수 있도록 협의하겠다고 했습니다.

이에 대해서 정경석 연구원은, 선정된 68개 쇠퇴지역에 선정에 대한 확실한 근거 등을 제시할 것이라고 답변했습니다.

공청회에 참석한 각 구청 도시재생 담당자 및 관계자, 시민

공청회를 마치면서 김혜천교수는, 도시재생에 사업의 국비 매칭 비율 조정과 관련해서는 광역시(5:5)가 일반 기초지자체(6:4)에 비해 다소 불리하기 때문에, 시와 의회 차원에서 중앙정부에 지속적인 건의가 이루어져야 한다고 강조했습니다.

또 도시재생의 성패는 지역공동체가 복원되고 활성화에 달렸다고 지적하고, 도시재생 사업과 기존의 마을공동체 지원사업이 별개로 진행되지 않고 뉴딜사업에 작 녹아들 수 있도록 관련 사업 및 내용에 대한 정보공유와 협력 거버넌스 체계가 잘 구축될 수 있기를 기대한다는 말로 마무리했습니다.

(출처: https://daejeonstory.com/9808 [나와유의 오감만족 이야기])

제15장

시대를 초월한 스승의 위대성 = 위대한 정신문화 가진 스승의 화두에서 출발

第15장 ☗시대를 초월한 스승의 위대성=위대한 정신문화를 가진 스승의 화두에서 출발

⇒ 유일무이한 한국철학자로 동양세계사상사의 혁명아인 이운규가 제자들에게 던진 화두로 이루어내다. (주나라 문왕 · 공자를 뛰어 넘는 · 김일부) 동양사상의 정수인 주역(天과地)을 차원상승하여 정역으로

동양사상사 전체를 초극하는 '풍류도적 5차원의 주역인 정역'을 새로 탄생시킨 (스승 이운규와) 19세기 일부 김항선생 1826~1898

한민족정신에서 풍류도를 읽어 낸 10세기 최치원선생 영정

풍류도에 춤과 소리, 소리와 춤의 도가 안들어갈 수 없다. 하여 〈영가무도詠歌舞蹈: 소리를 내고 춤을 추며 깨달음을 얻는 수행법의 하나〉–김일부 아드님이 잇고 있다.

〈정역팔괘도〉: 후천의 바른 역으로 한국중심의 선경이 건설된다는 예언적 내용을 담고 있는 철학이다. 이러한 같은 맥락에서 인도시성 타고르가 "조선을 동방의 등불이 되리라 나의 마음의 조국 조선!"이라 예언하였을 것이다.

내 나이 36세에 처음으로 연담 선생님을 좇으니 선생께서는 관벽이란 호 두 자를 내려주시면서 시 한수를 읊어주셨다. 맑음을 보는 것은 물보다 좋은 것이 없고,

덕을 좋아함은 인을 행하는 것이 마땅하다. 달그림자가 천심월에서 움직이니 그대에게 권하건대 이 진리를 찾아보시게나 《정역》〈십오일언〉 "先後天周回度數"

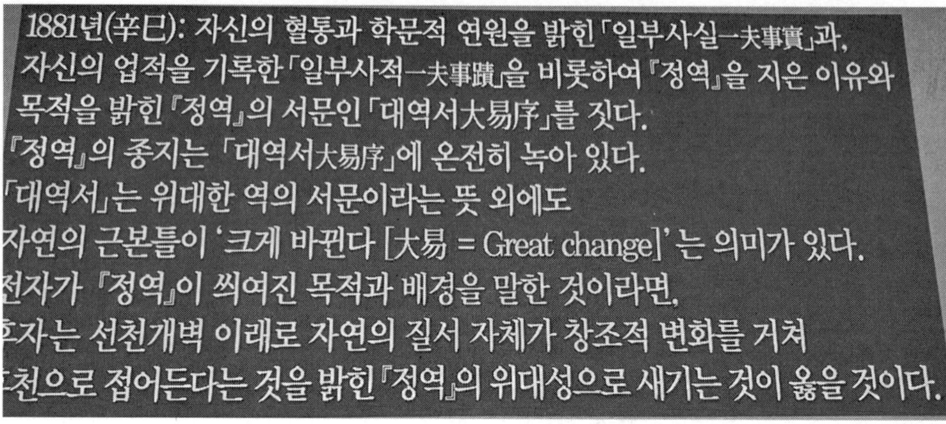

충남 논산과 인접한 마을 모촌에 은거하고 있던 이운규李雲圭는 그의 문하에서 수련을 쌓았던 제자 중에, 동학의 최제우崔濟愚, 남학의 김광화金光華와 함께, 출생지가 그곳에 가까운 김항金恒이 있었다.

1861년에 이운규는 최제우에게 '선도'적 전통을 계승한 자라 하여 동학주문을 주었고, 김광화에게는 '불교'적 전통을 계승한 자라 하여 그에 알맞는 주문을 주었으며, 김항에게는 쇠해져가는 '유교' 공자의 도를 이어 천시天時를 크게 받드는 자라 하여, '예서'만 볼 것이 아니라 '서전'과 '주역'을 공부하기를 권했다고 한다. 그리하여 김항은 일월변화사상의 학문적 명제가 되는 '영동천심월'이라는 시구를 받아, 고심한 끝에 복희역과 문왕역에 이어 제 3괘도인 정역8괘를 얻고 같은 해 6월에〈대역서 大易序〉를 서술했다. 이렇게 해서 김항은 그때까지 민중 속에서 관념적으로만 전승되던 정역을 체계화하여 정역의 후천개벽사상의 토대로 삼았다.

김일부선생께서, 선천에서 후천으로 넘어가는 시간적인 관점을 가지고, 연구 해석(계시를 받은) 독창적인 역서가 정역이다. 그는 다시 1884년 정역상편인〈십오일언 十五一言〉에서 〈무위시 無位詩〉까지를 완성했으며, 이어 다음해 1885년〈정역시〉와 〈포도시 布圖詩〉를 비롯하여 그 하경인 〈십일일언 十一一言〉에서 〈십일음 十一吟〉까지 저술함으로써 《정역》을 완성했다.

아래는 김일부 선생의 역경의 설명이다.

아스타나 고분군에 들어가기 전 태호복희상과 여와상과 12지신상

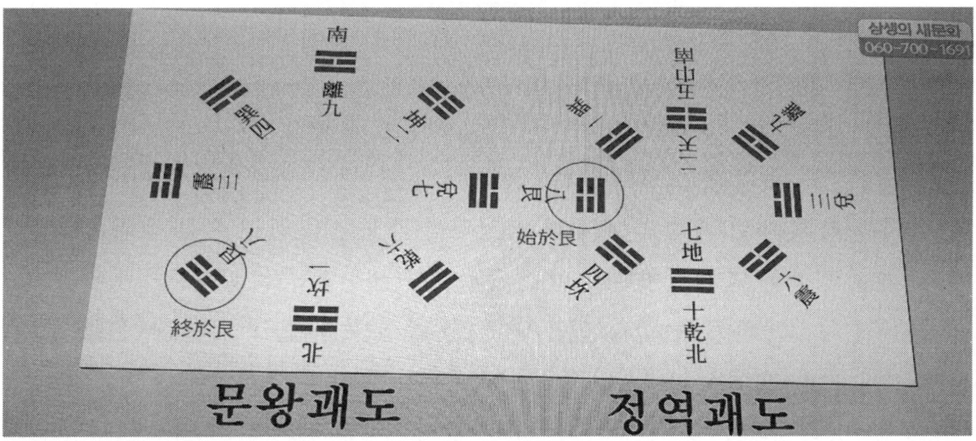

정역은 대역서 269자, 십오일언 3147자, 심일일언 1207자의 총 4623자에 불과한 책이다. 여기에는 붓 한 자루로 세상을 경악하게 한 내용으로 가득 차 있다. 주자학(1130-1200) 중국에서 한국으로, 정역은 겉은 선후천, 속은 율려를 언급하고 있다. 율려는 음양오행에서 나온 말로 천지와 인간 신명계에 나아가 살아 있는 모든 우주만물이 태어나는 생명의 근원, 창조정신의 근원이다. 괘도는 역학에서 자연계와 인간계의 본질을 인식하고 설명하는 기호체계이다.

☗ 문왕괘도의 문제점 혼인 줄긋기가 상당히 그 시대적인 프날루아제도, 반면 정역괘도에서는 부부, 자식-대수별로 뚜렷한 경계- 근대 윤리적으로 맞도록 수정

- 선천: 우주 1년의 순환법칙에서 분열 성장하는 양(봄, 여름)의 시간대
- 후천: 우주 1년의 순환법칙에서 수렴 통일하는 음(가을, 겨울)의 시간대

一 夫선생의 계시啓示인 正易을 살펴보면, **우주운동의 정도正道는 360도**인데. 선천(현실)은 5 · ¼도 가량이 불어난 365 · ¼도의 비정상 운행이기에. 즉 우주운동의 건강이 불완전한 까닭으로 인신의 건강도 숙명적으로 불완전한 것이다. 그런데 一夫 선생은 正道운행의 말썽거리인 5 · ¼도가 사그라들고 **360도(정도)로 회복되어 감을 깨침으로서,** 기존 팔괘八卦의 자리를 재정비하여 正道(360도) 운행의 이론적 근거를 세워서 발표하였으니, 곧 正易의 탄생인 것이다! 正易의 원리는 내용이 방대尨大할 뿐만 아니라 경지에 이른 전문가가 아니면 이해하기 어렵다. 그러므로 여기에서는 正易의 개념 정도만을 요약해서 적어 보기로 한다. 현실(선천=陽道)의 우주운동은 지축경사(地軸傾斜)의 까닭으로 365 · ¼도인데 선천(先天)이 말세에 이르면 정도운행(正道運行)인 360도로 회복된다는 것이다.

正易의 예언인 바, **正易이 열리면** 사방四方의 이지(동지, 하지)와 이분(춘분, 추분)은 삭아서 중용(中庸)으로 화합(和合)하는 시운時運이 열린다는 것이다. **중용中庸의 시운(時運)이란 우주의 체제가 사정지덕(四正之德)인 土心의 정권正權이기에, 인류는 병마와 빈부의 차별이 없는 공평무사(公平無事)의 時運, 즉 선천(先天)의 부정직한 실낙원(失樂園)의 신음(呻吟)은 종말(終末)을 고하고, 낙원(樂園)의 신천지(正道)가 열림**을 의미한다.

동방(東方)의 태양은 만물을 밝혀주고 성장시키지만, 서방으로 꺼져가는 태양은 만물을 감춘다. 신(神)은 철학의 총명(聰明)을 동방에서도 이 땅에다 배려하신 걸까?. 필자가 이런 생각을 하게 된 것은 正易을 득도(得道)한 一夫 선생을 이 땅에다 보내주셨기에 하는 말이다. 정녕 **正易이 열릴 때는 중심지가 동방에서도 이 땅**이 되려는 조짐(兆朕)인가? …

과학은 알 수 있는 물질의 세계요. 철학은 정신의 세계이다. 현상계의 만물은 보고 느낄 수 있지만 이를 지배하는 법칙은 안보이며 냄새도 안난다.

인신도 육신을 지배하는 정신은 안 보이지만,
정신에 지배 당하는 육신은 보인다. 안보이는 법칙을 도(道)라 한다.

우주만물은 시초에 무엇이 무엇으로 만들었을까?. 운동의 주체主體는 어떻게 생겼고, 어디에 있을까? 이 문제의 베일을 벗겨 보려고 동서의 거두巨頭 석학들의 집념은 지금껏 뼈를 갈았건만 道에는 접근하지 못하였다. 외도外道했다고 신神이 외면한 것일까? 外道?. 그렇다! 서양쪽은"희랍의 자연철학이 쇠퇴하면서 형形에만 급급했으니 분명 外道한 것이다."

법칙(道)을 터득하게 되면 과학이 가볼 수 없는 만물의 이치와 대화할 수 있는 것을, 왜 만져 보려고 했으며 찢어서 들여다 보려는 데만 급급했을까?. 까발려 봤자 법칙은 볼 수도 없거니와 소리도 냄새도 안나는 것을… 서양철학의 외도(外道)가 그렇다 보니 결국에는 자연을 神에다 양도讓渡해 버린 것이다. 그러나 오동(吾東)의 철학은, 파들어 가는 샘에서 물이 안나온다고 결코 자리를 옮겨다니지 않는 형극(荊棘)의 길 오천년이다!. 그 지극한 정성에 神도 감동하셔서 正易의 소식을 이 땅에다 배려하셨는가?.

성경의 마지막 마무리가 **요한 계시록啓示錄**이라면
易經의 마지막 마무리는 **일부一夫의 계시록啓示錄인 正易**이라 할 것이다!

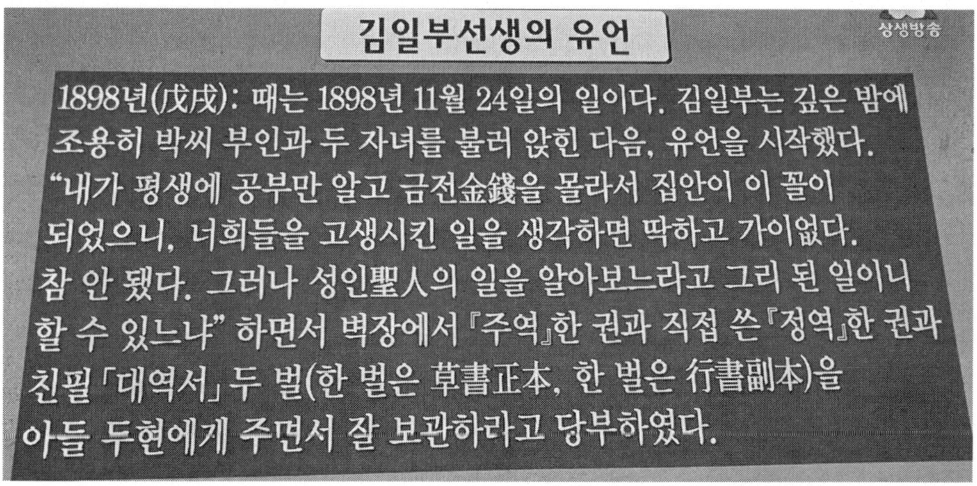

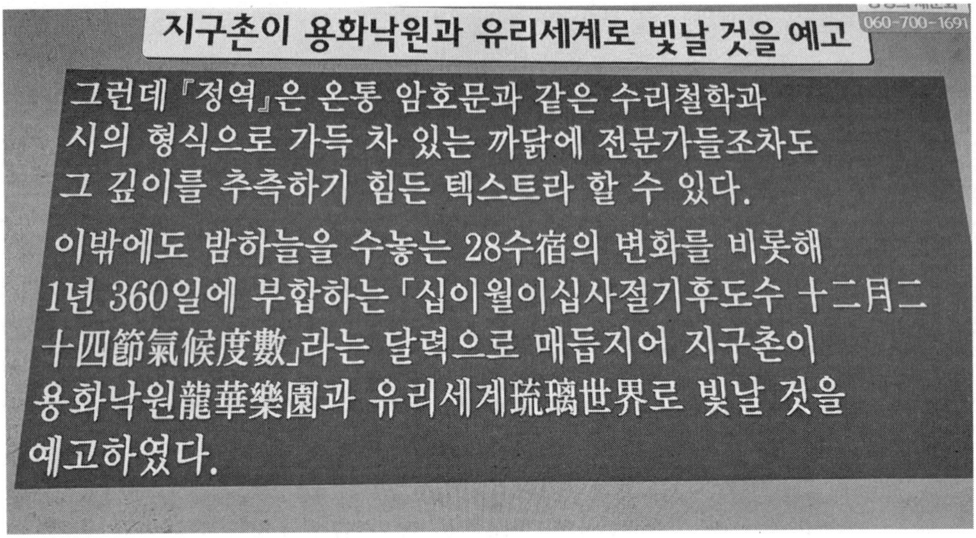

노자, 공자를 보다 (최치원 · 김일부로 잇기): 한국인의 계시록

주역의 이분법 음양을 뛰어 넘다.

김일부는 바깥세계가 아닌 율려 즉 속 개인의 이해로- 바른 역, 정역正易-감히 공자의 주역을 바로 잡는 정역을 내어놓은 대철학자이다.

평생 충남 연산에서 몇 리 밖을 나가보지 않고 깨우친 사람에게서 나온 한국철학 충남 논산군 연산 도맥-풍류계 연단 이운규스승과의 운명적 만남과 깨우침 화두 전달로 최제우, 김일부가 나오다. 이후 김일부가 노심초사 수련하여, 드디어 조상과 상제와 눈물을 흘리며 나누거나 보고 깨우친 대화의 계시록이 세계적인 정역이다.

[김일부의 생애와 사상] 프롤로그

조선은 주역의 나라였다. 조선의 선비치고 주역을 읽지 않은 사람이 없었으며, 유명한 학자들 또한 주역에 대한 해설서를 앞다투어 내놓았다. [주역]은 어떤 책인가? 예로부터 주역은 인생관을 비롯하여 가치관, 역사관, 정치관의 철학적 근거를 제공함은 물론 삶의 표준을 안내하는 훌륭한 지침서였다.

조선조 말기에 태어나 새로운 우주관과 시간관에 입각하여 [정역]을 지은 김일부金一夫(1826~1898) 역시 주역학자였다. 김일부는 총 4,623자로 이루어진 짧은 글로 주역학의 지평을 새롭게 열었음에도 불구하고 그의 정역사상은 지식인들에게 외면받기 일쑤였다. 단지 소수의 계층에서만 관심을 가질 뿐 아직도 대중화의 길은 험난한 것으로 보인다.

이러한 현상이 나타나는 이유는 어디에 있는가? 여기에는 두 가지 원인이 있다. 하나는 **김일부가 구성한 이론이 조선을 지배했던 성리학적 세계관과 가치관을 뒤엎어버리는 폭발성 때문에 지배층으로부터 불순한 이념으로 지목되어** 의심받았고, 소수의 연구자들 또한 모자라는 기존의 관념을 벗어 던지는 **지적 용기가 부족**한 탓에 연구의 활성화가 이루어지지 않았던 것이 주요 원인으로 손꼽힌다. 다른 하나는 **김일부가 사용한 언어와 논리를 이해하기 위해서는 엄청난 기초 지식**이 필요하며, 때로는 이미 배워 왔던 지식이 도리어 정역사상의 심층적 이해에 걸림돌이 된다는 사실을 절감하고서 중도에 포기하는 경우가 허다했기 때문이다.

이런 연유에서 정역사상은 [주역]의 종지와는 거리가 한참 멀거나, 김일부는 합리적인 유토피아 이론을 외친 신흥종교의 거목으로 왜곡되는 경우가 많았다. [정역]이 비록 [주역]에 근거를 둔 학술이지만, 당혹스러울 만큼 내용이 매우 파격적이다. 그래서 주역에 중독된 학자들은 애당초 정역사상을 거부하거나 '[주역]의 이단異端 또한 스캔들'이라고 몰아쳤다.

그렇다면 [주역]과 [정역]의 차별성은 무엇인가?

전 세계 도서관에는 주역을 풀이한 책들이 수두룩하다. [정역]은 [주역]에 대한 수많은 해석서 가운데 하나가 아니다. **한마디로 [정역]은 과거의 다양한 주역관을 종결 짓는다. 김일부는 [주역]의 핵심을 추출한 다음에 재구성하여 [주역]의 본질을 새로운 성격으로 규정하였다.**

일차적으로 [정역]은 '올바른 주역[正易]=바로잡힌 주역=주역을 바로잡다'라는 뜻을 함축한다. 따라서 김일부는 정역과 주역을 결정적으로 구분 짓는다. [정역] 대역서에서 그가 "초초지역初初之易과 래래지역來來之易이 소이작야所以作也라"라고 한 말이 그것이다. 즉

'초초지역'은 [주역]으로 대표되는 선천역이고,

'래래지역'은 [정역]으로 후천역이라는 뜻이다.

이는 [주역]이 선천역이고, [정역]이 후천역이 된다는 얘기이다. [정역]의 출현은 한 권의 책이 이 세상에 출간된 사건에 머물지 않는다. 그것은 [정역]을 통해 전통 주역학의 주제가 물론 사회적 모럴과 문화의 양상도 새롭게 사고해야 한다는 것을 전제한다.

김일부는 과거의 복희역伏羲易과 문왕역文王易에 숨겨진 대립과 갈등과 모순을 극복하여 새로운 형태인 정역팔괘도正易八卦圖를 완성함으로써 인류사의 새로운 지평을 열었다. 결과적으로 볼 때 **[정역]은 인류의 미래를 제시하는 새로운 패러다임을 완수했다**는 점에서 사상적 의의가 있는 것이다.

정역팔괘도는 [정역]의 최종 결론이다. 그 까닭은 정역팔괘도가 '선후천 전환'의 원리를 근거로 김일부에 의해(복희팔괘도와 문왕팔괘도를 이어) 새롭게 만들어진 "제3의 괘도"가 되기 때문이다. 주목할 것은 정역팔괘도를 완성하는 과정에서 그가 선천이 후천으로 바뀌는 이유와 목적을 논리적 추론의 확신을 넘어, 종교적 신념의 차원에서도 고백하였다는 점이다. 특히 머지않아 시공질서의 재편성을 통해, 후천이 역사현실에 구현된다는 것을 밝힌 이론의 정합성은 정역사상의 압권이라고 하겠다.

김일부의 사후로부터 지금까지 정역사상에 접근했던 방식은 여러 갈래로 구분하여 열거 해 볼 수 있을 것이다. 유가의 도덕 형이상학과 주역의 연장선에서 정역사상을 바라보는 시각도 있을 것이고, 가깝게는 19세기 당시 사상계의 동향에 발 맞추어 개벽사상의 입장에서 조명하는 방법도 있을 것이며, 멀게는 조선조 중기 이후에 싹트기 시작한 [정감록]을 비롯한 각종 비결서에 깊이 숨겨진 우주의 비밀을 합리적으로 해석한 학문으로 인식하는 경우도 있을 것이다. 한편은 정역 사상의 궁극적 목적이 되는 개벽 사상에 초점을 맞추어 논의하는 것이라고 보고 있다. 물론 [정역]의 성격을 단언하여 하나로 규정지을 수 없는 것은 우리의 한계이다. 김일부의 정역사상의 뿌리가 당시 유교사회에 만연한 [주역]을 정리한 공자孔子(B.C.E. 551~B.C.E. 479)를 계승하였음은 부정할 수도 없다. 또한 그가 철학적인 데서 나아가 종교적으로 선후천 개벽 상황이 어떻게 전개될 것인가까지는 구체적으로 언급하지 않았다. 그것은 다른 분야 사람의 몫이었다.

김일부의 정역사상은 단지 총 4623자로, **공자가 미처 언급하지 못했던, 천지 자체의 변화를 하도낙서河圖洛書와 정역팔괘도로 압축하여 설명하며 하늘의 이치를 인간의 보편적 윤리와 맞게 책정한 점, 또 선후천변화의 문제에 착안하여 우주론과 시간론의 근본명제를 다양한 방법으로 사유하고 풀었다**는 사실들만으로도 동서양을 통틀어 통찰력과 직관력과 영성이 뛰어난 혁명적 사상 철학자라 불러 마땅하다.

그렇다면 [정역] 즉 황극대도를 관통하는 핵심주제는 무엇일까? 김일부는 자연의 배후에 존재하는 숨겨진 수학적 질서와 패턴을 읽어내어, 우주의 창조적 변화[造化]가 일어나는 후천개벽사상의 이론적 근거와 그 과정을 **3극론의 입장**에서 천명하였다. 선후천 전환의 화두는 언제 발생했으며, 또한 역법 성립의 메카니즘, 시공의 근본 틀이 어떻게 변화하는가를 '금화교역설'을 중심으로 드러낸다. 인류문명사에– 오랜 기간 지속되어 온 단순하고 비합리적이고 덜 총체적이라 진리와는 먼 사고와 규정의 틀인 단순한 이분법을 뛰어넘은 것이다. 그리고 우주의 이치를 총체적으로 담은 후천의 새로운 수리천문 철학인 달력이 어떤 형태로 나타나는 지를 여러 각도에서 논의하고 있다. 때문에 정역사상은 한마디로 '선후천론'이라고 말해도 틀리지 않는다. 선후천론은 시간의 선험적 구조를 바탕으로 돌아가는 자연계의 순환과 진화가 크게 보아 선천과 후천으로 구성되어 돌아가고 있다는 것이 핵심이다.

⧓ 정역은 우주창조의 시원을 반고班古에 둔다. 반고에서 분화되어 삼위일체적으로 나타난 것이 천황 · 지황 · 인황이다.

◉'3극론'?

여성의 생리구조에 비유하면

자궁에 고정된 태반이 10무극

태아에게 영양분을 나르는 탯줄은 5황극

영양분을 공급받는 태아의 배꼽은 1태극이라 할 수 있다.

따라서 하나의 생명체로서의 태아는 자궁, 탯줄, 배꼽의 완전한 일치와 조화를 바탕으로 영양분을 공급받으면서 성장하는 것이다. 김일부는 3극론으로 만물의 근원을 비롯하여 선후천의 변화에 대한 역동적인 3원의 존재론을 정립하였다. 이때 무극은 우주조화의 본원이며 태극은 음양의 분화를 통해 만물을 빚어내는 창조의 본체 (무극의 조화성이 열리면서 질서화되는 경계를 뜻한다.)

• **'금화교역설'이란?**

하도는 우주의 원초적 생명력이 음양과 오행의 짝을 이루어 천지를 변화시키고 어떻게 그 목적에 도달하는가 하는 우주창조의 설계도이자 계획서이며, 생명이 스스로 변화하면서 자존하는 신비로운 모습을 상수논리로 해명하는 우주변화의 암호해독판이다. 하지만 하도는 일종의 계획서에 지나지 않기 때문에 반드시 중간 단계로서 후천을 향해 진화해 나가는 낙서의 과정을 거쳐야만 한다. 하도의 설계에 따라 순차적으로 분화 전개되어 나타난 것이 바로 낙서의 선천이다. 또한 후천이 구현되기 위해서는 낙서가 다시 하도로 바뀌는 '금화교역'이라는 근본적 변화를 겪어야 하는 것이다. 낙서에는 10수의 무극이 존재하지 않는다. 낙서는 10수 하도의 세계를 희망할 따름이다. 이를 김일부는 하도낙서의 시간적 우동 방식을 각각 '도생역성 倒生逆成'과 '역생도성逆生倒生'으로 설명한다. 하도와 낙서원리는 후천과 선천의 뒤바뀜을 밝힌 것이요, 천지의 이치는 (수화)기제궤와 (화수)미제궤의 원리를 밝힌 것이다. 하도는 미제궤의 원리를 형상화한 것인데, 그 움직이는 모습은 거꾸로 태어나 거슬려서 이루니(동기 입장에서)선천의 태극이다. 낙서는 기제괘의 수리를 밝힌 것인데, 거슬려 태어나 거꾸로 이루니(결과적 입장에서) 후천의 무극이다. 그는 "**선후천이 바뀌는 우주 대변혁의 원리**와 간艮 동방에 상제님이 오는 이유와 이치를 처음으로 밝혔기"(도전 1: 9) 때문에 역도易道 종장宗長으로 불리는 영광을 누리게 되었다. 깊이 있는 정역 연구는 김재홍 박사의 자문이 필수적이다.

김일부선생 탄생지 (충남 논산 양촌면 남산리 당골)

국사봉 향적산방 (김일부선생이 제자들을 가르치던 집)

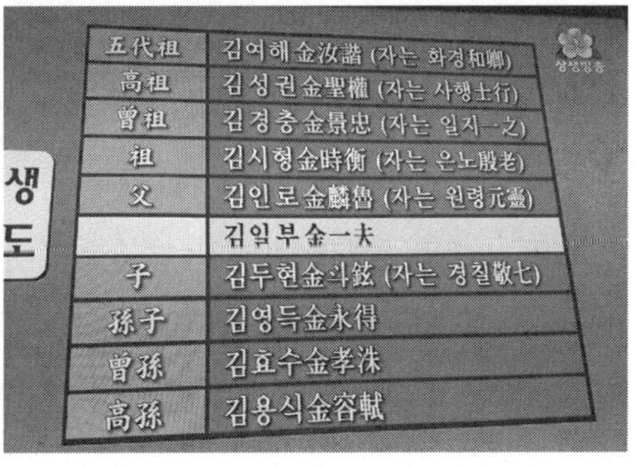

☢ 노자를 공자가 찾아가듯, 김일부(1826~1898, 73세 몰)를 강증산(1871년~1909년, 39세 몰)이 찾아갔다. 몇 년도에 찾아갔을까? 『정역』 발표년도?

"충청도 강경을 지나 연산에 이르러 향적산 국사봉에 있는 김일부를 찾으시니라.

도전 1:68

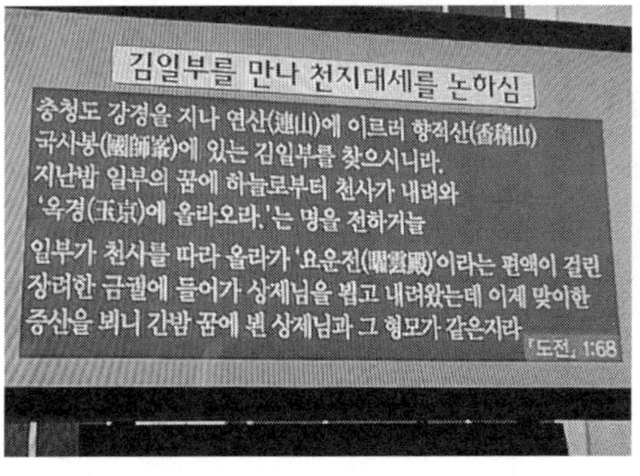

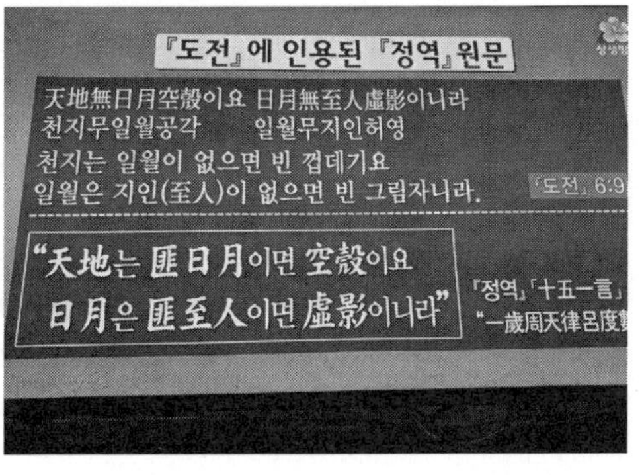

정역 15일언 "일세주천 율려도수"

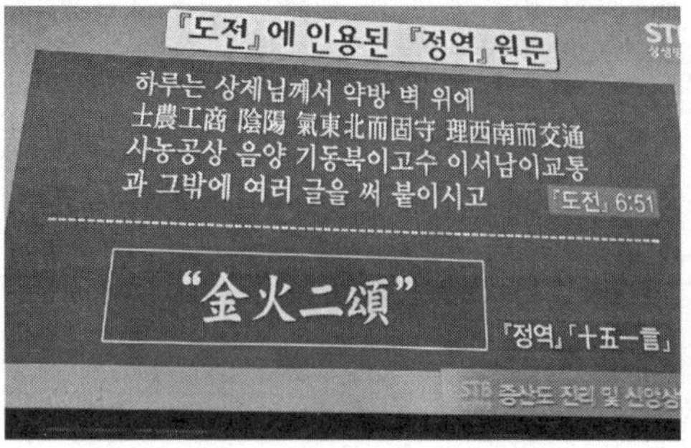

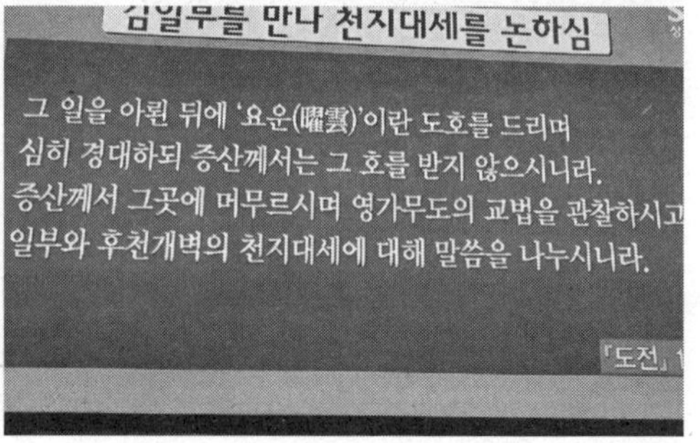

개벽과 관련하여 증산은 "주역은 개벽할 때 쓸 글이니, 주역을 보면 내 일을 알리라."(도전 5:248)고 말하여, 주역에서 언급하는 선천개벽과 후천개벽이 있음을 분명히 하였다. 선천개벽은 아주 먼 과거의 일이고, 후천개벽은 앞으로 곧 다가올 우주의 대변화를 뜻한다. 이는 지금이 선천이 후천으로 바뀌는 시간대에 접어들었다는 것을 설명하는 철학체계를 뜻한다. 당시 유교사회 주역이 절대적으로 찬양받고 만연하던 시대에, [주역]에 대한 이 부분의 강조와 이러한 정의는 과거의 도덕 형이상학적 해석들을 뛰어넘는 혁신적인 규정이다.

태호복희, 주 문왕의 역, 공자의 주역- 그들 중심의 주역사에서, (일부 본인은 그들과 구분하는 정역을) 가장 수수께끼 같은 사상으로 오해하는 [정역]

[출처] [김일부의 생애와 사상] 프롤로그|작성자 막노동하는 선비

◆ 한국속담의 저력: 김일부의 개벽 소식 속담에 미리 담아내다. 조선말 김일부는 〈정역正易〉을 저술하였습니다. 〈정역正易〉은 천하 만민에 때를 밝혀준 대성인의 저술입니다. 태호복희, 우임금, 문왕, 공자 등 창생들의 때를 밝혀준 분들은 모두 성인들이었습니다. 김일부는 〈정역〉에서 이렇게 말했습니다. "' 오호(嗚呼)라 축궁득왕(丑宮得旺)하니 자궁퇴위(子宮退位)"로다" 무슨 뜻일까요? 앞세상에는 '자궁이 물러나고 축궁이 들어선다'는 것입니다. 현재 자오선의 지축이, 후천에는 축미선의 지축으로 바뀐다는 뜻입니다. 한마디로 지축이 정립한다는 뜻입니다.

◆ 우습게 넘어갈 수 없는 우리 속담의 개벽 소식 그런데 조선말 대선사이신 김일부 이전에 우리 민족은 속담으로 "축궁득왕(丑宮得旺)하니 자궁퇴위(子宮

退位)"의 지축 정립 소식을 전해 왔습니다. 어떤 게 있을까요? '미치고 자빠졌네.' '미치고 환장하것네' '지랄하고 자빠졌네' '자치기' '쥐불놀이' '소 뒷발질에 쥐잡기' '천붕우출 天崩牛出, 하늘이 무너져도 솟아날 구멍이 있다' 등등

◆ '미치고 자빠졌네 '에 얽힌 개벽 소식 '미치고 자빠졌네 ' 이 속담은, "축궁득왕(丑宮得旺)하니 사궁퇴위(子宮退位)'와 같은 말입니다. 그림에서 보면, '미未가 친다'는 것이나 반대편에서 '축궁득왕(丑宮得旺)'이나 같은 말입니다. 미가 치거나 축궁이 득왕할 때 '자子가 빠지며' 선천의 자오선은 물러나는 거죠. '미치고 환장하것네'는 지축이 정립할 때 '인간의 내장이 다 뒤틀려 버린다'(換腸)는 표현입니다. '지랄地剌하고 자子빠졌네'는, 개벽하여 땅이 엎어질 때 그때 '자子가 빠진다'는 표현입니다. 우리 조상님들은 무서운 분들입니다. 김일부어르신이 역리易理로서 '지축의 변화'를 밝히기 전에, 어떻게 조상님들은 '지축 정립' 소식을 알고 이렇게 속담으로 전한 것일까요?

일부선생께선 3극(무극 태극 황극)의 관계에 대해

"(열 손가락 중) 무지를 들어 보면 곧 무극이니 10이다. (10을 굽히면) 10은(무지인 1을 굽히면) 곧 태극이니 1이다. 1은 10이 없으면 그 본체가 없음이요, 10은 1이 없으면 그 작용이 없으니, 본체와 작용을 합하면(중아에 위치하는) 토土로서, 그 중 중(하도의 중앙)에 위치하므로 5이니 황극이다."라고 설명하였다. 손가락으로 철학을 한 분이시다. 무지拇指는 엄지손가락이다.

☢ 한국어와 영어의 철학적 차이는 손가락 이름에서도 잘 드러난다.

▷ 첫째 손가락 : 엄지손가락, 무지拇指, 벽지擘指, 대지大指, 거지巨指

▷ 둘째 손가락 : 집게손가락, 검지, 식지食指, 인지人指, 염지鹽指, 두지頭指

▷ 셋째 손가락 : 가운뎃손가락, 중지中指, 장지長指, 장지將指

▷ 넷째 손가락 : 약손가락, 약지藥指, 무명지無名指

▷ 다섯째 손가락 : 새끼손가락, 소지小指, 계지季指, 수소지手小指

이 명칭들의 유래는 다음과 같다.

1. '엄지'는 '첫머리'라는 뜻으로, '엄'은 '어미'와 어원이 같다. '무拇' 와 '벽擘'은 '

엄지손가락'이라는 뜻의 한자이며, '대大'와 '거巨'는 엄지손가락이 가장 큰 것에서 유래하였다.

2. '검지'의 어원은 칼 劍... '식지食指'라는 명칭에는, "옛날 중국의 춘추시대에 宋송이라는 공자가 입궐하는데 갑자기 이 食指가 떨리는 것이었다. 이것을 동행하던 친구에게 보이면서 전에도 이런 일이 있었는데 나중에 보니 맛있는 음식을 먹게 되더라는 말을 하였다. 궁에 들어가 보니 과연 요리사가 커다란 자라를 요리하고 있었다. 두 사람이 서로 마주 보며 회심의 미소를 짓자 왕이 그 까닭을 물으므로 食指가 떨린 일에 대해 고하였다. 이 말을 들은 왕은 장난을 할 생각에 그를 밖으로 내보내 요리를 먹지 못하도록 하였다. 그래도 그는 나가면서 요리 솥에 食指를 넣어 국물 맛을 보고는 물러났다"
3. '중中'은 가운데에 위치해서, '장長'은 길어서, '將(장수 장)' 역시 가장 길어 우뚝 선 모양에서 유래하였다.
4. 원래는 이름이 없다고 하여 '무명지無名指'였으나, 이 손가락은 심장과 연결되어 있다고 믿어져서 독이나 해로운 물질이 있으면 이 손가락에 증세가 나타날 것이라고 생각했다. 따라서 약을 저을 때 반드시 무명지를 사용하였으므로 '약지藥指'라는 명칭이 붙었다.
5. 가장 작고 끝에 있으므로 '새끼', '小(작을 소)', '季(끝 계)'라는 이름이 붙었다.
※ 참고로 영어에서 'finger'는 엄지손가락을 제외한 4개의 손가락만을 지칭하며, 엄지손가락은 따로 'thumb'이라고 하므로, 약손가락은 'fourth' 가 아닌 'third' finger이다. thumb−forefinger(index finger)−middle finger −ring finger−little finger

무명지無名指가 왜 이름이 없는가에 대해 "엄지부터 차례로 주먹을 쥐거나 펼 때 무명지가 가장 독자적으로 움직이기 힘들다는 점과, 사용 빈도가 가장 적다는 점 (그래서 활동에 제약을 덜 받는 왼손 무명지에 반지를 착용)"이 이유라고 설명주셨다. 무명지가 심장과 연결되어 있다는 것에 대해서는 "누군가가 의미를 부여했을 것"이라고 하였는데, 이는 세간에서 부여한 근거없는 속설이 아니며, 한의학에서 말하는 경혈이나 경락이라는 개념에서 나온 것. 심포경이 심포에 통속하고, 향하 횡격막을 통과하여 무명지 끝까지 연장된다고 나옵니다. 또 "무명지가 퇴화할 것"이라고 언급하였는데, 오히려 현대에 타자기와 키보드 덕분에 무명지가 제소임을 찾아서 역할이 증대됐다고 생각된다. 미래에는 입력장치도 변화할 것이므로 어떻게 될 지 모르겠지만.

"왜 다들 검지의 의미를 모르죠? 검지는 칼 검劍자를 쓰기 때문에 '검지' 입니다 검을 쥘 때 검지와 중지를 곧게 피고 나머지 손을 감싸고 검을 휘두를 때 중요한 역할을 하기 때문에 검지라고 이름이 붙어 있어요. 예전부터 많은 무기를 사용했지만 그 중 최고로 치는 것이 검(실제로도 무사들이 잘못하면 가장 먼저 자르는것이 검지라죠?)이고, 그 때문에 가장 많은 장식무구도 검이라고 하니, 옛 선조들은 얼마나 문과 무를 중요시했는지 아셨으면 합니다."

진인 즉 태일인간의 현재화, 심화를 향하는 보다 공식적인 노력들이 – 이분법적으로, 신처럼 창조하고 파괴하는 힘을 획득해 현재인류 호모사피엔스가 멸종하기를 노력하기(즉 새로운 인류 호모데우스를 기다리기)보다, 더욱 인간적이고 합리적이다. 징역처림 또 김일부선생처럼– 인간은 딱 둘이 아닌, 세 측년노 염두에 둘 수 있는 저력과 사람다운 따뜻한 천손의 마음도 가진 인종이기 때문이다.

% 중국문화관광지 山의 주역周易 관광자원화

상생방송, "내 삶의 특별한 중국산 여행기"에서

제16장

천둥 번개도 함께해 주는 차(배)옥덕의 삶.
('내 삶의 주인공은 나다' 라며 산 저자 소개는 이 글로 대신한다)

※ 마치면서: 한국 역대 천황 년대표 B.C.E. 8937년부터
한국인의 정체성

제16장 ☀ 천둥번개도 함께 해 주는 차(배)옥덕의 삶

님들께 감사를 대신하는 글

내 삶에서 인상적으로 남는 것을 몇 가지로 정리해 보고 저자 소개를 대신하고자 한다.

역사문화와 관련이 깊은 집안에 대해 몇 자 밝힌다. 동이족이며 중국민족의 시조로 모셔지는 황제黃帝의 후손인 사신갑姒辛甲은 단군조선 때 평양 일토산(一土山) 아래에 살면서 성을 왕씨王氏로 하고 이름은 조명祖明이라 하였다. 단군조선 말 그의 후손 왕몽王夢이 기자조선 준왕準王의 모함을 받아 7남 림琳과 함께 지리산으로 들어가 숨어서 살게 되었다. 이때 몽蒙은 자손의 안녕과 번창을 목적으로 왕씨 성자(王氏 姓字)를 전자(田字) · 신자(申字) · 차자(車字)로 고쳐 성을 차씨車氏로 하고, 이름은 무일無一이라 하였다. 신라 태조가 경주에 노읍을 정하고, 나라를 세울 때 차무일車無一께서 공훈功勳으로 시중벼슬에 오르고, 왕으로부터 차씨의 성을 인정 받아 차씨 득성시조得姓始祖가 되었다... 차건갑車建甲은 신라 소성왕 때의 중신重臣으로, 왕이 임종할 때 어린 태자(애장왕)에게 전위傳位하기가 불안하여 노(老)재상인 그에게 후사를 부탁하였다. 현재도 그의 묘는 부산시 기장읍 만화리萬化里에 있으며 세칭 '차릉車陵'으로 불리고 있다. 건갑의 아들 승색承穡은 아버지를 이어 애장왕 밑에서 승상으로 보필하였는데, 애장왕의 서숙庶叔 언승彦昇이 왕과 왕자를 시해하고 왕위(헌덕왕)에 오르자, 전왕의 원수를 갚고자 헌덕왕을 죽일 계획으로 거사하였다가 실패하고 황해도의 구월산九月山에 은거하였다. 그는 성을 조모의 성을 따라 양씨(楊氏)로 고치려다가 '변양위류(變楊爲柳)' 하여 유씨(柳氏)로 고치고 이름도 색(穡) 외자로 하였다고 한다. 그리고 류차달柳車達은 고려 태조 때의 대승大丞이다. 그는 태조가 후백제의 견훤을 칠 때 식량을 지원한 공으로 '대승'에 오르고 차달이란 이름을 하사 받았다. 고려 창업에 공을 세워 태조 왕건에 의해 '대광백 연안군'에 봉해진 차효전車孝全님 덕에 본관이 황해도 연안이다. 나는 42세손이다. 가까이는 허난설헌 허균 집안과 조선조 5대 문장가 집안으로 추앙 받았던 차식 집안의 셋째 아들로, 하룻밤에 한시 5000여 수를 지어 중국 사신의 갑질 횡포를 막아낸 오산공 차천로의 14대손이다. 산소는 과천시 문원동산 35번지에 있으며, 음 9/23일 오산공 산제山祭가 이곳 산소에서 열린다. 한국국어국문학계에서 세운 〈오산五山 차천로 문학비〉가 '강촌별곡'과 함께, 과천역 5번 출구 '경기과천 교육도서관' 오른쪽에 세워져 있다. 세우신 분 중에는 나의 박사학위 지도교수였던 소재영님의 성함도, 남편 허씨 집안인 인천이씨 '원인재 설립비'에도 우쾌재교수 성함이 들어 있었다. 나도 석사논문이 허난설헌이고, 국문학박사를 받고 보니, 이리저리 인연의 깊음을 새삼 느낀다. 나의 바로 위 할아버지는 충남 논산 성동면 개척리의 동네 서당훈장님이셨단다. 할아버지가 훈장하실 때의 책 한 권을 큰 집 오빠가 돌아가시기 전쯤 내게 전해주시고 가셨다. 조부모님들은 사시던 동네인 충남 논산군 성동면 금성과 개척리 뒷산 불암산을 선산(차동욱 덕)으로 하여 유유히 널널히 흐르는 금강과 마주하며 계신다. 역사 전문가 중에선 불암산, 금성 등을 주목하여 다녀간다.

내가 오산 차천로 14대손이라며, '오산 차천로선생 문학비'로 안내한 기섭씨와 함께
사진 및 자료 안내: 이영남 · 차병찬님, 고락찬님 · 고낙술 · 차윤섭 · 차경환 · 차영미 · 차경훈

우연이겠지 하였지만 나의 말에 억지를 쓰던 스님들이 줄행랑을 친 것을 보며

* 나도, 공청회를 연 주무 부서 종로구 문화계 직원 2인도, 공청회에 온 모든 사람들이 겨울날 내가 스님들 헛소리에 대답하고 스님들이 어거지를 쓰는 말을 하는 바로 그때 시간 맞춰 울리는 갑작스런 천둥번개에 놀라, 헛소리로 한국 전통종교 무속을 폄훼하려고 덤볐던 스님들만 모두 도망갔다. (줄행랑 치듯 가셨다) 전국에서 대표적인 한국 용궁의 신앙 기도터인 인왕산 용궁에 기도하러 오는 분들이 놓은 관리비 몇 푼에 관심을 두어서 선거 때만 되면 근처 절들이 20여 개가 단합하여 자주 민원을 올린단다. 무속 사제가 더 많을까? 불교사제가 더 많을까? 무속을 믿는 국민이 더 많을까? 절에 가는 사람이 더 많을까?

이제 관공서도 통계청 통계도 다 나와 있어 알고 있는데 – 지난번 전국 인구조사에서는 전 번 조사 때보다 불교신도가 350만 명이나 줄었다. 불교신도 17.7%에는 옛날 우리동네 할머니들처럼 4월 초파일 일년에 한 번 가는 사람도 있다. 이제 여타 외래종교가 한국종교 무신교 신도수를 믿고 무시하고 탄압할 짓이 아니나. 조선시대는 끝났나. 유교를 국시로 삼던 그 때는 부물이 같이 – 특히 불佛이 도성에도 못들어 오고 핍박받던 신세인데.. 불교는 사실 천사 근처에서 근원했으므로 거의가 한국적이다.

* 서울 무악동 인왕산 국사당 앞마당에서 몇 만년 간의 전통무속 기도터를 (용궁을 비롯), 근처 20여 개 사찰주지들이 나서서 파괴하라는 선거전 민원에, 입장이 딱한 종로구청이 아예 양쪽을 불러놓고 공청회를 열었다. 직원 2명이 보는 앞에서 양지간 공청회가 열렸는데 30여 무속인들은, 절 주지들의 잘못된 인왕산 선바위 역사를 들이대는 망발에 밀리니, 우리 무형 문화를 지키는데 앞장서는 박사라고 나까지 급작히 초청하여, 내가 헛소리하는 주지들의 인왕산 생성의 몰역사에 대해 시정하는 말을 시작하였다. 그에 대해 주지들이 말도 안되는 어거지 소리로 내게 대들자, 겨울에 눈이 오는 날인데도 갑자기 천둥번개가 치기 시작하니, 헛소리를 하던 주지 20여 명이 자기들이 잘못한 것을 아는지 무속인들은 가만히 있었는데, 나 살려라 하고 도망갔다. 나의 일심으로 한 말과 행동이 하늘을 감동시킨 모양이었다. 중생대.. 11억 만년 한반도 지질학[142]과 역사공부와 박사를 공부한 보람이 있었다. "인왕산 선바위가 융기하여 만들어진 것은 한반도가 만들어진 역사와 같고, 그 이후 사람처럼 서 있는 신기하게 생긴 바위이니 자식을 낳게 하거나 무병장수를 해 달라고 우리네 할머니와 어머님들이 지나 다니시며 빌었던 기자석이다. 이성계와 무학대사께서 600여 년 전에 그 근처에 왔다 갔어도 선바위의 생성 시기와는 관련 없다...선바위의 생성 때부터 불교가 어쩌고 하는 무식함에다 경전공부를 한 스님들이 神을 받을 무속인들을 평소 무시하는 것에_대한 답변이고 항변이었다. 기독교, 서울시장이나 대통령들이 들어설 때마다 한국무속 관련 기도터를 뭉개는 작업을 공공연히 해 왔다. 한국은 기독교 국가가 아니다. 기독교 국가처럼 행동하는 내외 한국기독인들의 과열 저질 전도 갑질 때문에 피해를 보는것이 현

재의 한국이다. 곧 한국인의 정체성을 잃는 행위이고 식민지의 예속적 버릇을 못고친 노예 하수인 짓이다. 일본을 보라. 일본인은 자체 신도(옛 한국 무신교에 뿌리를 두고 있다)가 90% 이상이고 불교가 80%(거의 이 두 종교를 믿는다) 정도, 기독교인이 0.5% 정도이다.

* 관변단체 주도의 국회 학술대회에서 춘천 맥국중도의 파괴공작을 뒤집다 – 문화재청이 공식적으로 공청회도 한 번 안 열고 춘천 맥국중도에 영국 레고를 불법 허락하고 발기식까지 해 놓고 급하게 관변단체를 중심으로 공청회를 열었다. 관변단체들은 보존운동해야 한다고 사람들을 모았다. 해서 세미나의 처음에는 보존운동을 하는 것같은 발표들을 하더니, 토론 점점 문화재청 담당자 발표 전후와 토론 시간부터, 300여 명이 더 모여 있는 국회공청회 토론시간이 시작하자, 세종대 최정필교수는 토론 좌장으로서 마이크를 들자마자 "대통령이 중도에 영국 레고를 하자는 데 무슨 말이 더 필요하냐"식의 언급을 했다.

레고 사업하는데 허가한 문화재 심사위원장 심정보 교수에게만 발언기회를 계속 주고, 보존하자는 사람에게는 손들고 있어도 발언할 기회를 안주자, 나는 속았구나 하는 생각에 그냥 넘어가거나 가만 있을 일이 아니라, 화도 나서 내가 일어나 청중 앞으로 나서서 말할 기회를 달라고 했고, 청중들의 일부가 내게 마이크를 주라고 가세해 주었다. 그제서야 발언권을 줘서 그 덕에 불법허가한 심정보 위원장이 "물높이가 잘못 기재된지 모르고 허가했다"고 그 자리에서 실토하길래, "그럼 이제라도 알았으면 허가취소하는 양심선언을 하라"고, 요구했다. 당일 촬영한 영상물에선 토론 지적의 주인공인 나의 이름은 시간이 좀 지나자 빼어버렸다고 전해 들었어도, 그날 청중들의 내 말에 대한 환호는 잊지 못하겠다 – 나의 구호대로 〈중도맥국 한강문명!〉을 외쳤다. 북한이 대동강문명을 주장한다고 하니..대동강보다는 남한강 북한강 한강권 구석기부터 문명이 더 우세할 것이다. 그 누구도 한강문명권을 자신 있게 외치지 못하고 주눅이 들어 있는 한국 고고학계. – 돈이 신이다?! (1권 중도맥국 보존 장 참조)

* **세계 여성지도자 대회에 참석한 지도자들 앞에서 고구려 백제를 세운 위대한 한국여성상 어라하 소서노를 세계에 알리다.** 뒷면엔 천부경 – 참으로 천부경

을 알게 된 시절이라 다행히도 음성 큰바위얼굴 조각공원 정근희 대표님께 기획안을 드리면서 뒷면에는 〈천부경〉을 넣어드렸다. – 2004년, 나는 세계 여성지도자들에게 한국전통 문화 투어를 주관하였다. 서양에서 언급하거나 출판하는 책이 세계 100대 여성에 한국(북한 포함) 여성은 1명도 없었기에 위대한 고구려 · 백제 건국 여왕이 있음을 알리기 위해서였다. 석상 30톤을 중국에서 시간을 맞추어 만들어 오시느라 애를 많이 쓰셨다. 당시 우리 예맥족의 '맥'을 알지 못했던 시절이라 석상 앞 동물 석수들을 구태의연하게 사슴 등을 언급해 드렸다. 언젠가는 변경 수정토록 부탁해 볼 것이다.

* 대학 강의를 10여 년씩 하면서 학과장 한 번 안찾아 온다고 학과장님이 일부러 불러서 밥을 사주셨다. 정근희 이사장님은 내가 여성 지도자들을 모시고 간 시간에 소서노 이리하 석상 제 1막식을 하기 위해

* 어느 대학에서 교수채용에 면접차 학문 외적인 것 등등을 물어봐서 사양했다.

* KBS 제 1TV 한국에서 가장 고집이 센 여자로 차(배)옥덕 이라 해서 웃었다. 그래도 출연시 마다 인기가 있어 10여 년간 아침마당과 신사고 알리기에 간헐적으로 초대 받았다. – 해외까지 방영 (실제 생활에서 현대적 실제 삶에 맞는 신사고 예들 – 씽크대부터 돌립시다.라는 책 출판도 도움이 되었다.)

* 전국 대학과 지자체나 단체 등에서 초청을 받아 웬만큼 이런저런 강의를 많이 했다. 다니다 보니 **다른 종교 대학은 다 있는데 우리 무교대학만 없어서 일단 1년간** 무교대학을 시도해 보았다. 나는 여러 사정으로 문을 닫았지만 – 이후 바랐던 대로 씨가 되어 여기저기서 자주적 작은 소학교들이 자라고 있다. 최근에 서울대학교 국문학과 조현설교수가 김금화선생님 49제에 우연히? 누군가 뒤에서 '여전하십니다' 해서 한참 만에 보는 것이라 반갑게 인사하였다. 좀 있다 "아직도 무교대학을 하시느냐"고 물어 "나는 웬만한 일 선도적으로 깃발이라도 들어주는 역할로 만족해야 하고, 이후 여러 군데서 자그마하게라도 무교학당이 자주적으로 하는 것 같아, 정부가 학교를 열 때 주변부 확대는 되겠

지 하고 보람을 느낀다"고 했다. '그렇겠지요' 했다. '한국 (무)신교대학은, 다른 신학대학과 달리, 한국에서 녹을 먹는 한국 공무원들이 기획 실행해야 한다. 한국의 정체성을 찾는 일은 기본인데 안하면 직무유기이다. 나랏돈으로 크게 살림을 차린 국립대학과 한국 전통문화 대학교 등에서 개설할 일이다'라고 답했다. 지금 생각해 보면 한국 국립 서울대학교가 맨 먼저 해야 할 일이고 이런 것은 일본에서 배워야 할 부분이다 라고 평소 생각하던 것을 말할 것을 갑자기라 말을 못했다.

* **일제부터 끊게 되었던 칠월칠석제를 70여 년 만에 서울 선유도공원에서** 10개월 이상 준비하여 성대하게 올렸다. 서울시에서 천 만원을 지원했지만, 턱도 없이 부족하여 초등 4학년 때부터 좋아하던 몇 개의 골동품을 거의 다 팔았다. 제 1회 복원식이라 엄청 정성을 들여 세미나까지 (이 행사 전체로『칠석제 의궤』라는 책을 노중평선생님과 함께 내었다 – 집문당) 각 문화행사로 찬란하게 복원하였다. – 15년째 힘들게 이어가고 있다. (중국이 칠석제를 유네스코에 등재하려 적극 나서서) 이제 지자체나 어느 단체 – 칠석제 후계자들을 많이 양성할 곳에 맡길까 한다. 중국과 대결해도 시기만 놓치지 않는다면 한국은 이길 수 있다. 전국 무신교인들이 칠석제를 각 신당에서 몇 천년간 해 왔으니. 청계천 광장에서 사흘간 나 혼자 칠석제 아리랑 유네스코 등재 기원 현수막을 걸어두고 축제를 열었다 – 그 해 아리랑은 유네스코에 등재되었다. (물론 아리랑 등재추진위는 따로 있었지만 칠석제를 할 철에 중국이 아리랑을 거론하여 아리랑도 같이 거론했다.)

* **한국무속이 공적인 정책의 사각지대에 있어 '한국 무신교 총연합회장'을 맡았다.** 이런 저런 급한 일이 보이면 수시로 맡아 활동한다. 제대로 못해 '무당대모'라는 말 듣기가 부족하여 부끄럽다.

* (연변 세미나 기간 답사 중) 다른 학자들은 몇 년 전에 이미 다녀온 터라 나는 숭실대학 이중 총장님께 미리 말씀드리고 혼자 택시를 타고 밤 시간에 요동의 전체분위기를 보고 오다.

* 혼자 북경에서 기차를 타고 환인 오녀산성을 다녀오다. – 산성 입구에 딱 한 점 남은 추모상이라 사서 오녀산성 위를 올라가는 계단에서 끙끙거리는데 한국말로 "들어드릴게요", 한다. 한국 한양대 학생 덕분에 잘 올라갔다. 나 혼자 상상을 했다. 저 학생은 전생에 아마 추모의 신하였는지도 모르겠다 하고 감사를 대신했다.

* 혼자 택시를 타고 일본 팔만 신사의 총본산 팔만사 등을 다녀오다. 저녁에 도착하여 잠잘 곳 때문에 조금 신경이 쓰였다. 곧 해결되어 다음날 아침부터 근처까지 잘 보고 왔다. 주로 일본 신사들과 맥 상의 사진을 찍어 왔다. 특히 '요시노가리' 유적의 이름이 일본말 요시와 노젓가리를 '노가리'로 하여 만든 말인 것을 알아채어 재미가 있었다.

* 정주영 대통령 국민당 총선 및 대통령선거에 나왔을 때, 개혁적 여성입법 위한 연설문 홍보물을 만드는 여성정책실장으로 선거가 끝나는 날까지만 했다. 남편의 강력한 반대로 하차했다.

* 개혁신당 열린우리당을 만들 때 중앙 00위원으로 내정되어 잠깐 참여했으나, 부담을 주는 일도 있고 남편의 반대도 있어 사양했다.

* (서안 세미나 답사기간 중 다들 화산에 가고) 나는 혼자 택시를 타고 서안 태백산을 다녀오다. 실크로드 시작하는 서안(장안)이라 태백산은 내게 유의미했기 때문이다.

* 대학원 때 손덕수 교수께서 본인도 들을 수 있게 대신 강의하라고 하여 하였다. (그 교수께선 이후 내내 나를 자랑하고 추천하신 것 같다) 혼인 후 아이들 낳고 – 좌우로 살펴봐도 공부는 내가 제일 잘 하는 것 같아 대학원에 갔다. – 여러 면에서 유력하신 교수님께서 내게 정치해 보라는 권유를 하셨는데, 당시 여러 집안 사정상 사양했다. "혼인하고 딸 아들 낳고 아직은 남편과 살고 있다"고 KBS 제 1TV 아침방송에서 얘기했더니 다들 웃었다. 대학 3학년 때 고

향인 부산의 항구에서 배 진수식의 주인공을 하였다. (이화대학 학생처에서 전국 학생대표라하여 부산집으로 연락이 와서 했다)

* 대학 2학년 2학기 때 문과대 학생회장 선거에 교수님들과 주변에서 하라고 하여 나가서 당선되었다. 경상도 사투리를 쓰는 시골학생이라 하니 발표문 연습을 좀 했다. 상대 후보가 '인상좋다고 뽑아 주지 말자'는 말을 연설에서 하길래 나도 내가 인상 좋은가 보다 하고 웃었다.

*대학 2학년 때 전국 대학생 상대 "지성과 반지성"세미나를 열다. 성공적으로 이루어져 교수님들과 선배 · 친구들이 칭찬이 많았다. 예상보다 3시간이나 연장하였다.

* 고등학교 1학년 때 사단법인 도덕윤리 연구 단체의 산사에서 하는 겨울 수련회 - 대학에가서 하라는 부모님 말을 거역하고. - 일단 도망가듯 가서 부산 금정산 정상에서 새벽 해맞이 체험을 해보았다.

* 집안에 일이 있어 초등5 - 6학년 때 충청도 성동면 시골에서 학교를 다녔는데, 멀어서 다니듯 말듯 했는데, 마침 중학교 입시 때 국어 산수만 치는 덕분에 경남여중에 합격했다.

* 초등 4학년 때 부산에서 동생을 데리고 경주 불국사에 다녀오라고 해서 다녀오다. 남는 시간에 경주 시내를 돌며 골동품 가게를 보며 도자기 등을 몇 가지를 사오다.

* 장녀라 어려서부터 동생을 업고 화장실에 가면서도 공부하는 나의 모습에 부모님들께서도 감동을 받으신 것 같다. (자투리 남는 시간엔 부모님 몰래 역사 만화방도 수시로 다녔다.) "저 애는 저 할만큼 공부시켜야 되겠어"라고 하시는데 가끔 담임들도 같이 가세하셨다. 이런 것들이 기반이 되어 7남매의 맏이로서도 부산에서 이화대학 유학을 올 수 있었다.

* 서울 도심 용산에서 만나 40여 년간을 한 동네에서 살며 살뜰히 진심으로 대하는 친구들 최수자 · 박원숙 이웃사촌이 있다. 그들은 한국 전쟁 때 태어나 어릴때 부터 같이산 선이이모 도미이모 승소 호종이 명종이 외삼촌과 남순이 이모 외사촌 임이와 광애처럼 항상 든든하고 고맙다.

★ 아이들의 기를 살려주면 그만큼 높게 보답한다. 한국 속담의 과학적 위력 저애는 "하나를 가르쳐 주면 열을 안다"고 주변에 나를 높게 평가 (자기보다 어린 조카인 내가 모아 놓은 용돈을 좀 얻어가려고?) ⟵ 외삼촌 주변 사람들이나 선생님에게, 똑 같은 수준의 아이들이라도, 한 아이나 한 그룹아이들에 대한 기대치를 높여 놓으면, 높여 놓은 아이나 아이들에게서 학습 효과도 높게 나타난다. (현대 심리학적으로도 검정되고 있다)

마치면서

'내가 살아 온 것'과 '항일 도표'와 '태권도 학원 규범'을 참고로

: 한국인이라는 것, 한국인의 정체성

존중 ⟵ 자연 조상 고향 사람 나라 나와 상대를 존중한다.

자연 이치 존중 – 사후도 예를 갖춰 봉분 무덤 등을 중시한다.⟶고인돌 천국제사를 지내는 것을 마음 깊이는 편해 한다.(몸은 힘들더라도)

미풍양속을 잘 지킨다 – 설, 추석, 혼인 예의 철저하다 은혜를 갚는다.

효경 봉제사 접빈객 노인들에게 잘한다 고향 고향사람에 대한 향수와 믿음과 정이 강하다. 집과 땅의 소유에 대한 애착이 강하다.

예)공자와 맹자가 한국계 산동반도 쪽 제나라에서 나오고 노자 역시 자신이 동이족이라고 李씨 성을 쓰다.

인내 ⟵ 하늘의 수순한 이치와 권선징악을 믿는다.

가정을 존중하여 조부모 손자손녀를 사랑한다.

열심히 배우고 일하고 수련한다. – 나라문자 한글 말 해독력 세계적으로 제일 높다.

존칭 경칭을 쓴다. 숟가락 젓가락을 쓴다. ⟶ 말과 손 머리가 발달하는 생활 구조 사람으로서 해선 안될 일은 뼈 속 깊이 잘 안다.

부모로서, 자식으로서 도리를 잘 지킨다.

하늘을 보고 별을 보고 날씨를 아는 그 이치를 배우듯 교육열 높다

자율 ⟵ 정이 있고 도리 의리와 직관력이 높아 알아서 한다.

정과 이치 상황에 따라 알아서 융통성 있게 행동이나 조처한다.

도의 – 도리 의리에 밝아 그에 준하는 행동을 하고자 한다.

나쁘게 건드리지 않으면 착하다.

사회나 타인이나 자신에게 인내의 한계를 느낄 때 – 불의나 태만에는 욱하는 성질과 함께 전환도 잘한다.

협동 ⟵ 사람으로서 갚는다. 품앗이, 경조사 챙기는 것

공동사회 사람으로서 해야할 일, 해선 안 될 일을 잘 안다.

혈연 지연(고향) 학연 군부대연에 집착하여 – 모임, 계, 회 등이 많다.

품앗이, 경조사 챙기는 것에 철저하다.

두레, 친목계 등 협동의 지혜 깊다.

협동은 하되 아부와 아첨은 혐오한다.

직관력과 신명 나는 기질이 있다⟶ 종교성과 인터넷문화에 강하다

금수강산의 물을 마시듯 거침 없고 화끈하고 두려움이 없다.

흔쾌히 어디서나 잘 마시고 잘 논다.

분위기 파악 잘 한다. 식사하셨습니까?고 인사한다.

신명이 잘 내린다 – 신이 있다 – 직관력이 발달되어 있다.

신이 나면 노래 잘 하고 춤 잘 추고 일 잘 한다

⇔ 한국(세계 원주민 천신신앙) 고유신앙 가가신당을 잘 지킨다.

한옥 한복 한약 한의학 한식 – 맥적(양념한 고기 구이) 밥 김치 우거지 된장국 콩나물국 등 유무형문화 자원과 인재 많고 학문적으로도 깊게 발달되어 있다. 활용이 남았다.

⧗ 요 몇 년간 일부 발굴로도 9200여 점의 유물이 나온 춘천 맥국중도의 보존으로 만년역사의 뿌리를 지키고 세계사를 다시 쓰자!

★ 서울 용산터 일본과 미국으로부터 114년만에 비로소 광복을 찾았다. 국립 최초 〈용산민족역사공원으로〉 만들어 한국의 정체성과 만년의 뿌리역사를 후손에게 물려주자.

현대 중국에서 모셔진 노자 – 자신이 동이족이라고 아버지가
풍씨임에도 스스로 〈동방 목 李〉씨로 쓰다.

태일문太一門

서울 창덕궁 후원 연경당 뒷문이 '태일문'이다. 연경당 사랑채 뒤로 가는 문이고, 농수정濃繡亭으로 올라가는 돌계단 앞 쪽에 있는 일각대문이다. '태일太一'은 '우주 만물의 본원'을 뜻하며, '도道'와 같은 의미로도 쓰인다. 민족종교계에선 우주에서 가장 존엄한 인간이 태어난 '삶의 목적'으로도 풀이한다.

⧗ 허황옥 한 여성의 역사로, 숱한 김씨, 허씨, 인천 이씨 후예들... 또 우주와 세계의 새로운 평화 역사를 쓰기를! 고려 태조 왕건의 부마 허사문의 비 (전북 부안의 태인 허씨 사당 내) – 우주 천문과 허황옥의 상징 쌍어문 문양과 나라와 후손들의 발전을 기원하고 있다. 이 허사문네 가락 허씨 중 허기장군으로 인해 혜초스님이 〈다섯 천축국〉을 답사할 수 있었고, 돈황 막고굴에서 수련하며 왕오천축국을 우리 민족에게 남겨줄 수 있었다... 지도에 '오천축국'을 일본인 학자들이 만든 것이라 하니 영국 유학을 다녀온 유신학자들의 열의도 경쟁심도 높이 살 만하나 입맛은 쓰다.

환국 역대 천황 년대표 제 1기(桓國歷代天皇年代俵 第1期): 이중재 · 임균택

세	씨명氏名은 왕의 존칭	간지	서력기	재위 년
1세	반고 환인盤古桓因一姓木德	上元甲子年	B.C.E. 8937	339
2세	천황씨天皇氏 서발씨胥勃氏	癸卯年	B.C.E. 8598	117
3세	지황씨地皇氏 현영씨玄英氏	庚子年	B.C.E. 8481	115
4세	인황씨人皇氏 금륜씨金輪氏	乙未年	B.C.E. 8366	117
5세	거방씨居方氏 소해씨小海氏	壬辰年	B.C.E. 8249	119
6세	구황씨九皇氏 금선씨金蟬氏 八十三君	辛卯年	B.C.E. 8130	117
7세	섭제씨攝提氏 금홍씨金虹氏 十九姓	戊子年	B.C.E. 8013	116
8세	연통씨連通氏, 六姓	甲申年	B.C.E. 7897	109
9세	서명씨叙明氏, 四姓 八十三君	癸酉年	B.C.E. 7789	111
10세	거령씨鉅靈氏 오용씨五龍氏 十九姓	甲子年	B.C.E. 7677	113
11세	구강씨句彊氏 합낙씨合雒氏 三姓	丁巳年	B.C.E. 7564	108
12세	초명씨譙明氏	乙巳年	B.C.E. 7456	109
13세	탁광씨涿光氏 거신씨拒神氏	甲午年	B.C.E. 7347	100
14세	구진씨鉤陳氏 혁천씨赫天氏	壬午年	B.C.E. 7239	106
15세	황신씨黃神氏一名 黃袾	戊辰年	B.C.E. 7133	107
16세	이령씨犂靈氏 용백씨龍伯氏龍伯之國	乙卯年	B.C.E. 7028	105
17세	대괴씨大騩氏	庚子年	B.C.E. 6921	102
18세	귀외씨鬼隗氏 개신씨蓋神氏	壬午年	B.C.E. 6819	110
19세	기호씨基號氏	壬申年	B.C.E. 6709	112
20세	감자씨弇兹氏	甲子年	B.C.E. 6597	114
21세	태봉씨泰逢氏 고리씨叩李氏	戊午年	B.C.E. 6483	104
22세	염상씨冉相氏	壬寅年	B.C.E. 6379	103

23세 개영씨蓋盈氏	乙酉年	B.C.E. 6276	102
24세 대돈씨大敦氏	丁卯年	B.C.E. 6174	103
25세 영양씨靈陽氏	庚戌年	B.C.E. 6071	101
26세 무당씨巫當氏	辛卯年	B.C.E. 5970	106
27세 태일씨泰壹氏	丁丑年	B.C.E. 5864	116
28세 공상씨空桑氏	癸酉年	B.C.E. 5748	100
29세 신민씨神民氏	壬戌年	B.C.E. 5639	112
30세 기제씨倚帝氏	甲寅年	B.C.E. 5627	111
31세 차민씨次民氏	己巳年	B.C.E. 5416	108
32세 진방씨辰放氏	癸巳年	B.C.E. 5308	105
33세 하성씨河姓氏	戊寅年	B.C.E. 5203	109
34세 회괴씨회傀氏, 六世	丁卯年	B.C.E. 5064	104
35세 동호씨東戸氏, 十七世	辛亥年	B.C.E. 4900	95
36세 황담씨皇覃氏, 七世	戊子年	B.C.E. 4833	98
37세 이광씨離光氏 촉산씨蜀山氏	癸亥年	B.C.E. 4796	90
38세 계통씨啓統氏, 三世	辛丑年	B.C.E. 4700	93
39세 길이씨吉夷氏, 四世三氏	甲戌年	B.C.E. 4607	111
40세 궤거씨几蘧氏	乙丑年	B.C.E. 4496	109
41세 희위씨稀韋氏, 四世	甲寅年	B.C.E. 4387	121
42세 호락씨戸雒氏	乙卯年	B.C.E. 4266	106
43세 사황씨史皇氏, 名.蒼頡, 六書之法 六書字法	辛丑年	B.C.E. 4160	103
44세 소흘씨疏仡氏	甲申年	B.C.E. 4057	159

總 5,039年

총 5039년 그 근거는 유학수지, 사요취선, 역대 신선통감 등에서 자료를 취합한 것 % 반고 환인부터 1738년 +환단고기로 분석해 본 우리나라 고대 역사 연대기 7199= B.C.E. 8937년 "桓國 歷代 天皇 年代俵는 간지干支 즉, 天, 人, 地 三源一體 思想을 기준하여 만든 것"

1만 2천 여년 전은 桓 12국 시대이므로 단군 임검께서 다스리는 단국檀國 시대가 열릴 때까지 약 7천 년 세월을 부상국 시대 또는 배달국 시대라 한다. 묘(맥)인들의 이동 역사 중 가장 이른 시기가 1만 2천년 전 개벽이 시작된 직후였다. 지금 감숙성에 삼위산三危山이 있지만 그곳은 천산에 살던 묘인들이 많이 이주해 와 뿌리를 내리므로 마치 묘인들의 고향처럼 변모하여 삼위三危라 하게 되었다. 묘인들이 이곳에 뿌리를 내리므로 하늘에서 보살핀다는 뜻으로 지어진 이름이다. 훗날 요堯임금 때에 삼위산은 묘족들의 웅거지가 되는데 당시 묘인들은 자오지 환웅을 조상神으로 숭배했다고 한다. 그것은 상고대 묘인들과는 다른 것으로 청구의 강역이 최대에 달했을 때 청구에서 이주해 온 것으로 보아야 한다. 이른바 삼묘족三苗族이다. 감숙성 소재 삼위산에는 천산에서 이주해 온 묘인들도 아주 많았던 것으로 보인다. 상고시대에는 많은 묘족들이 이동하였고 또한 전세계로 퍼져나갔을 때이기 때문이다. 그들 묘인들의 이동 역사 중 가장 이른 시기가 1만 2천 년전 개벽이 시작된 직후였다. 그러므로 부상국 시대는 桓 12국 시대이면서 배달국 시대이기도 하다.

현재 한반도의 모양은 대륙의 끝에서 태평양 쪽으로 불끈 솟아 마치 발기發氣한 남근 모양의 지형이다. 어마어마한 유럽 아시아의 대정기大精氣가 뻗어 내려 태평양으로 氣를 발산한다. 이 땅은 유라시아 대륙 전체를 통틀어서 씨앗을 받아두는 땅이다. 그래서 자루 모양으로 생겼다.

곰보든 째보든 대한민국에 태어난 당신은 분명 神의 아들이며 빛의 자손이다.

재미있게 말하자면 조물주께서 인류의 미래를 위해 꼬불쳐 둔 땅이다.

전생에 수 백번 죽었다 다시 태어나도 대한민국에 한 번 태어나기는 하늘의 별따기라고 생각해 보지 않았는가? 그런 날이 오고 있다. 그 땅에 태어나서 사는 당신은 역사의 주인. 주인이면 주인답게 행동하라.(임균택교수)

동학東學(서학이 융성하여 동방을 지배하는데 반해)은 피지도 못한 꽃처럼 혹독한 시련을 거치고 쇠퇴하였지만 2044년이 되면 크게 부활할 것이다. 동양사상 중에서도 한민족 우주철학 사상이 조명을 받게 되고 우리의 말 우리의 역사를 세계인들이 배우게 될 것이며 바야흐르 민족사의 3천년 대운이 열릴 것이다. 반고 환인의 부인 이름이 막지이다. 노자는 시간을 초월해 이 막지를 흠모했다. 노자가 이 부인 막지를 찾아 서역으로 들어 가기 바로 전에 자기의 입장을 쓴『서승경』에서 '

막지'라는 여인 이름을 4자성어 속에 넣어 글을 쓸 정도로 흠모를 보이고 있다. 莫 : 없을, 크다 '막', 고요할 맥 저물 '모' – 여기서도 '막'이고 '맥'이고 '모 · 묘'이다. 한 마디로 [도덕경道德經]과 [서승경西昇經]은 인류 역사상 연등(燃燈 B.C.E. 8011)과 석가(釋迦 B.C.E. 968)에 버금가는 득도得道를 하여 쓰여진 경전經典이라 하는데...(본문에서) 또 노자 아버지는 풍씨라 하는데(진주소씨 부소보서 참고), 풍씨는 예맥족 즉 동이족이다.

노자의 성姓이 생겨난 유래를 노자는 오얏나무李(木+子) 아래에서 탄생했기 때문에 오얏(즉 동방을 좋아해 동방 목씨를 택했다고도 하고)을 의미하는 이李가 성이 되었다고도 하나, 노자도 예맥족 – 풍이風夷족 – 동이족이다. 고대 동북아지역 민족 계보에 대해 중국에서는 1980년대부터 예맥계, 숙신계, 동호계로 한다. 한족계를 취소하고 부여계를 '예맥계'로 바꾸었다. 맥족 묘족이 사는 곳에서 가까운 천축국의 말이 우리말과 같은 이유에 대해서 이중재선생은 " 범어는 파라문의 주문하는 소리이다. 즉 파라문은 천축국의 속국이며, 천축국은 신독국의 분신이다.. 그리고 신독국은 동이국이며, 동이국은 조선이다. 조선의 조상은 삼묘이며, 삼묘의 선조는 묘족이다. 묘족의 조상은 제석 환인씨가 상원갑자년 음력 10월 3일에 신시 즉 신의 도시를 세우고 정통국을 건국하게 되었다." 라고 하였다. 결론적으로 실담어는 환인씨의 무리가 사용하던 언어였는데 그것이 동서로 퍼져나간 것이라고 할 수 있다. 한국을 영어로 COREA로 쓰는 것은 '초라니'라는 뜻이 되므로 절대로 그렇게 쓰면 안 된다. 장구치고 북치고 이상한 놀이나 하는 게 '초라니'이기 때문이다. 반고환인의 환국의 기원 년대는 상원갑자원년 B.C.8937년 桓紀 10.956년으로 바로 잡아서 민족정기를 바로 세워야 8937(2019)년= 환기 10,956년 환인씨桓因氏는 B.C.E. 8937년 상원갑자上元甲子원년 음력 시월 삼일十月 三日 곤륜산崑崙山 속에 있는 이전(伊甸 . 에덴) 지역에서 감숙성甘肅省 돈황敦煌으로 이주해 왔다. 그리하여 삼위태백三危太白이 있는 아사달阿斯達에 도읍을 정하게 되었다. 이때부터 생긴 별칭이 많다. 곤륜산에서 산길을 돌아 험준한 준령을 약 1만리 길을 행군하였다. 보통사람이면 곤륜산을 넘어온다는 게 불가능할 것이다. 그래서 생긴 별칭이 반고盤古이다. 반고란 옛날 나침반이라는 뜻. 그때부터 반호槃弧, 반고(盤古 또는 盤固), 반한盤桓, 유신씨有神氏 즉 신神과 같은 사람이라고도 불렀다...

곤륜산 근처 인도를 영국이 300여 년간이나 식민지로 지배하면서 그들은 인도인들이 한국 사투리를 쓰는 것을 알았고, 막의 고굴은 맥의 고굴이고 11,000년 전 반고환인 부인 막지는 막인 · 맥인이라는 것, 그들은 돈황으로 옮겨 살았으니 돈황 막고굴은 한국의 유물 즉 인류초기 문명의 유물이 많은 것을 알고, 영국인 맨 먼저 – 스타인이 그것을 몽땅 훔치러 간 것이다. 엿값 은화 몇냥에 문서 및 작은 유물들 송두리째 – 벽화도 일부 깨어 가져와서는 (대)영국박물관에 채운 것이다. 그리하여 영국에서는 '한국이 역사를 찾으면 세계를 지배할 것이다'라는 예언가의 말이, 처칠의 입에서도 나오게 되는 것이다. 후에 일부 프랑스도 끼어들었다. 돈황 막의 고굴에서 가져온 서류 중에 〈현장법사 대당 서역기〉도 직지 일부도 나왔고 지금도 비서秘書나 유물이 많이 숨겨져 있을 것이다. 미국의 고어 부통령이 독일의 구텐베르크 인쇄술이 한국의 인쇄술보다 늦다는 것도 – 유럽의 한국유물 역사 침략을 에둘러 언급한 것이다. 미국의 전도사 헐버트 고종 자문관은 춘천 맥국중도의 유물을 영어로 소개해 유럽에 돌렸으니 (유럽이 찾고 있던 차에) 중도맥국이 유물보고인 것에 인도에서 돈황에서 크게 이익을 갈취한 영국이 안 덤빌 리가 없다. 이런 의미에서도 9200여 점 유물 나온 중도를 표면적으로는 영국에 레고 장사 핑계, 이면적으로는 유물과 한국의 영토를 넘볼 나라에 넘길 수 없다. 레고는 중도에서 물러나라. 용산민족역사공원은 한국의 고대역사의 실마리나 핵들을 일반 국민에게 짚어서 만 여년 한국역사문화를 지키게 하는 귀한 홍보교육 체험 장소로 만들어야하는 이유가 있는 것이다.

★ 한국 최초의 여성시단: 용산 삼호정 시단 연구 및 현대적 계승 노력

▶ 19세기 용산 삼호정 최초의 여성시단: 김금원 경춘 부용 죽서 운초 연구하고

▶ 사) 용산향토문화사학회 직접 만들고

▶ "삼호정에 대하여" 글 쓰고 – 서울문화사학회지 – 서울시청서 삼호정 홍보판 만들 때 문의

▶ '삼호정로' 제안하고 – 원효동사무소에서, 길이름 제안 묻는 질의서 – 수용한 것 같고,

▶ "19세기 용산 삼호정 최초의 여성시단 21세기적 계승" 자문위원회의 시작하다.
– 연대 대상 및 행사개요

⧗ 현재 2018 ~ 2019년은 〈용산민족역사공원〉 제대로 만들게 하기 위해 노력하고 있다.

▶ 설계기획에 대해 대통령께 탄원 청원,

▶ 광화문에 역사광장 추진보다 용산에 집중할 것 요구해서 받아들여진 것 같고 (유위원장 광화문 역사공원 취소 발표)

▶ 박영선 의원의 서울역 지하 더 깊이 파서 재생 사업하려는 취지, 국회 공청회에 가서 유일한 토론 질의자로 나서서 " 서울역 바로 접경 용산민족공원 74만평 잘 운용하면, 구태여 자연재해 가능성도 많은 시대에 서울역 아래 지하 깊이 파는 공사를 할 필요 없을 것 같다"는 요지의 비판적 입장 제의하여 (국회 공청회), 수용한 것 같고.

◈ 사) 용산향토문화사학회 까페 글쓰기

▶ 용산민족역사공원 현장 답사나 탐방 전 필수과정(동영상 책 자료 등)용산구의회 | 한국역사 지킬 용산민족역사공원 73만평 탈사대 탈종교

차배옥덕 2019.05.05. http://cafe.daum.net/AcademyofKorCulture/KzvG/43

용산구의회 – 용산민족역사공원 특위 구성했다고 하니,

1. **의회의원 전체를 대상으로 중국 일본 사이의 한국 현실 역사에 대한 인식 특강을 열 것 – 교수나 강사: 우실하, 복기대, 이덕일, 박원길, 양대언 교수 등**
2. **용산구민 외 일반 국민 대상 특강**
3. **상생방송 및 기타방송 – 동북공정이나 탐원공정 등 관련 비디오 청취 기회 넓힌다.**
4. **가능하면 관심자들 중국 동북삼성 견학 여행 – 자비1/2 외**

★ 용산민족역사공원 탐방 전 필수과정(동영상 책 자료 등)

〈1가지라도 보거나 읽은 것에 대한 글 써 온 사람은 상품 줄 것〉

① 중국의 역사공정들에 대한 사전 지식 습득 과정
광의의 요하 홍산문명(=한국 예맥족문명)의 중국화 과정

② 일본 – 한국 중국 외 아시아권 침략 수탈사

③ 유럽 일본 제국들의 침략사 시청각 교재 동영상 보기
영국제국의 다른 나라 침략사 : 영일동맹 – 조선멸망
일본: 한국 아시아 식민화 및 집단살상 실태
미국: 원주민 침략사.
한국전쟁 때 우리 민간인을 집단학살한 우근리 학살공원

④ 카톨릭의 다른 나라 침략사 – 필리핀에서의 집단학살
한국인 학살: 제주4 · 3사건

⑤ 개신교의 침략사 – 스페인 그리스도교인 피사로의 잉카 원주민 집단학살 (카톨릭의 교활한 이중성 – 그리스도교가 감행한 학살을 참회한다고 거대 예수상 건립) 차옥덕, 『실사구국의 한국역사문화학』, 한국예맥출판사, 2019, 6월10일출간예정, 92쪽 참조.

▶ 현재 미군부대 철망벽이 500여 미터나 위협적인 경고문과 함께 높이 설치되어 앞을 콱 막고 있다. – 그 담 바짝 옆으로 용산중고등학교 학생들이 매일 등하교! 우리 학생들은 한국과 미국의 관계와 한국에 대해 어떤 아픔과 참담함을 느끼는지를 한 번 생각해 보자. 하여 신축 미대사관은 감수성 예민한 중고등학교학생 통학로나 일반시민의 일상 생활로가 덜한(이태원역 바로 전) **녹사평역 3번 4번 출구 앞 기존 미군부지 내로 적극 설득하고 제안하자.** 출구도 두 개나 되고, 역에서 걷지 않아도 바로 접근 가능하고 언덕둑이 있어 자연적 방어에도 좋고, 이태원과 연합사와 한강도 더 가깝고 한국인들의 마음을 쑤시는 미국 철망도 덜 접하게 되고 – 용산구의원들은 이 일을 꼭 하세요.

– 사)용산향토문화사학회장 차옥덕

▶ **〈용산민족역사공원〉 컨텐츠를 제대로 만들게 하기 위한 책을 만들고, 민족역사공원과 춘천 맥국중도의 역사뿌리 연결 접점과, 운용과 연대 등의 회의들 나눈다.**

※ 이 책을 쓰는 동안 눈에 띄는 실사구국적 몇 가지

● 서울 강서구 개화산 한국전쟁 때 1개 연대 6월 26일 1100명 전몰 호국충혼 위령비와 탑. 매년 6월마다 위령제(군부대와 동네 주민들과 미타사 합심하여)

★ 실사구국을 위한 여러 제안들 중 책을 쓰는 동안에 발전적 변모와 시급히 대처해야 할 일본의 한국 맥'貘 · 貊'모독 상품인 포켓몬스터(주머니 속 괴물= 맥의 후예) 한국 확산에 대하여

실사구국을 위한 여러 제안들 중 책을 쓰는 동안에 발전적 변모는 길에 나가보면 바로 보게 된다.

► 주민들은 먼저 가게 앞이나 가게 안에 꽃과 화분을 제 자리에 맞게 일부 설치했다.

► 가게들이 담배 꽁초통을 빨간꽃 단지처럼 만들어 비치했다.

► 70년만에 정부가 소화기와 강철 쓰레기통을 일반 도로상에 설치한 것을 처음 보았다.

► 남성노동자도 여성 노동자도 장애인도 일반 시민도 '햇볕 가리개 소화기 쓰레기함' 등을 보며 꼼꼼하게 챙기는 행정에 안심이 될 것이다. 여성들의 가장 큰 안전과 인권문제(직장과 사회와 주거하는 집에 침입 등) '흡색귀' 문제는 그래도 매일 뉴스이다.

► 장애인은 휠체어 뒷면에 모든 역에 엘리베이터 설치를 요구하는 제안서를 붙이고 있었다. 무거운 짐가방을 든 관광객들에게도 역시 엘리베이터는 긴요하다. 엘리베이터가 없는 역에는 장애인 리프트라도 사용케 도와주는 방안을 강구해 봐야 '친절한 한국인'이 될 것이다.

► 〈서울시가 완성되는 돈의문 복원〉을 해야 할텐데 그에 대한 안을 어떻게 발전시키는지가 무척 염려스럽다. (평택 삼봉기념관 가서 찍어 온 사진)

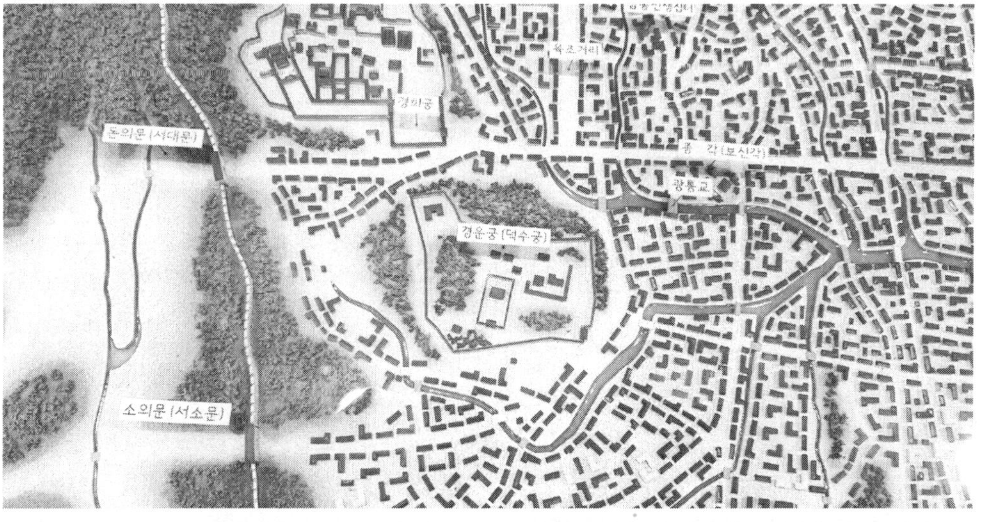

► 서울시가 아이 돌봄은 서울시에 맡기란다 – 획기적인 발상이고 실천이다.

► 나도 대통령께 탄원할 때 용산민족역사공원에 바로 붙은 3개 전철역(1, 4, 6호선) 입구쪽은 〈어린이돌봄 센터〉로 제안을 했다. 개인적인 답변이나 감사장 등은 오지 않았어도 여러 제안들 – 광화문 역사공원화설 서울역 지하 재생사업설도 철회하고 용산민족역사공원으로 집약토록 제안한 것, 용산 생태공원설과 아파트촌 제안설 철회 등등. 아래 사진들이 우리의, 나의, 일반 국민의 피부에 와 닿는 일상의 정치이다.

소화기

아이 돌봄은 서울시에 맡기세요!

OPEN

HUG STREET 쓰레기함 사용설명서
본 함에는 일반쓰레기만
버려주세요
종이는 분해해서 좌측 구조물에
꽂아주시면 됩니다.
위 제품은 주택도시보증공사의 HUGSTREET
프로그램에 의해 무상제공된 제품입니다.
위 제품은
주택도시보증공사의
HugStreet 프로그램
에 의해 무상제공된
쓰레기통입니다 :)

재떨이
소화기

☗ 강서구 상사마을에서 다음 올레길을 가는 맹한 굴에 환하게 젊은이들이 잘 그려놓았는데.. 서울대공원 동물들이 그림으로 옮겨져 왔는데도, 우리의 원숭이 맞은 편 축사에 있는 맥은 보이지 않는다. 중국이 애용하는 팬더곰은 함께 하는데도. 우리 맥도 귀엽게 디자인대회를 한 번 열어 홍보 교육해야겠다.

물과 육지 양쪽을 다 누비는 저 중앙동물이나 앞의 오른쪽 누런색 동물이
우리 한국 예맥족 동물 상징인 맥에 가까울 수 있는데도 몰랐으니

☑ 시급히 알리고 고쳐야 할 것 – 한국 예맥족 그 맥의 후예로 설정한 포켓몬스터 슬리퍼를 알리고 매입 거부운동이 늦었지만 지금부터라도.

한국을 제외한 해외에서는 Pokémon(북미에선 포키몬/푸키먼, 일본에서는 포케몬)이라고 부른다. 이것은 포켓몬스터가 영어권에서는 남성의 성기를 의미하는 용도 때문에 바뀌었다는 이야기가 있으나, 실제로는 북미에 이미 'Monsters in my pocket'이라는 장난감 프랜차이즈가 있기 때문에, 상표권의 분쟁을 피하기 위해 바꾸었다고 한다. '포켓'이라는 단어 자체가 대놓고 성기를 가리키는 말은 아니지만 은근히 연상시키는 뉘앙스는 조금 있다고 한다. 실제로 미국 남부의 일부 지역에서는 남성의 성기를 가리키는 pocket monster라는 은어가 존재하기도 하지만 전국구로 통용되는 표현은 아니다. 그러므로 수출 당시에 실제로 그것을 고려했을 가능성은 희박하다.

일본에서는 앞의 두 글자를 따서 약어를 많이 만들기 때문에 ポケットモンスター(포켓토몬스타 –)의 ポケ(포케)와 モン(몬/몽)을 합쳐 포케몬이라 부르게 된 것

이다. 다만 북미에선 상기 문제 때문에 정식 명칭까지 pokémon으로 바꾼 것이고 로마자를 쓰는 국가들은 전부 다 pokémon이라 쓴다. 일본판과 한국판은 단지 약어이다. 세컨드 파티이긴 하지만 닌텐도에 있어서 없어서는 안될 중요한 IP 중 하나이기도 하다. 닌텐도 콘솔용 대표주자(console)가 젤다나 마리오가 있다면 휴대용(portable) 대표주자는 포켓몬이 있다고 해도 과언이 아닌데 대부분의 포켓몬 게임들은 다 휴대용 게임에도 나왔고, 1위 마리오에 이어 가장 많이 팔린 비디오 게임 2위 자리를 전체 판매량 약 2억 8000만 장으로 차지하고 있다. 심지어 닌텐도의 모바일 게임 진출에도 포켓몬이 마리오보다 적극적으로 하였다.

영화 아포칼립토의 오프닝에서 주인공 일행들이 사냥하던 동물이 이 동물이다. 주인공이 아버지와 친구와 함께 맥을 사냥하는데, 결혼하고도 아이를 얻지 못한 친구에게 맥의 생식기를 날로 먹이는 장면이 나온다. 고대에는 작은 남성성기가 미의 상징이었지만 크기가 정력과 직결된다는 믿음은 동서고금을 막론하고 언제 어디서나 다 있는 모양이다.(나무위키, 다음백과)

포켓몬스터(ポケットモンスター)는 일본인들이 만든 맥 관련 게임과 애니메이션이나 만화책으로 전세계 미디어믹스 총 매출액 1위(56조원)의 괴물? 요괴 컨텐츠로, 539억 4000만 달러로 이는 2위인 420억 달러의 스타워즈 시리즈보다도 100억 달러 이상 앞서고 있다.

몬스터볼(PokéBall)이라는 가상의 휴대용 캡슐로 몬스터를 포획한 다음에 간편하게 데리고 다니며 키우는 게임의 내용을 표현한 제목이다.

포켓몬스터(ポケットモンスター)는 주식회사 포켓몬(The Pokémon Company)이 발매하는 게임 시리즈, 또는 이를 원작으로 한 텔레비전 만화 영화/만화/TCG 등의 미디어 믹스 작품, 또는 해당 시리즈에 등장하는 가상의 생물들을 통칭하는 말이다. 흔히 '포켓몬(ポケモン/Pokémon)'이라고 많이 부른다. 최초 원작은 게임이다. 애니메이션이나 만화책같은 기타 다른 매체 및 관련 상품들은 이 게임에서 파생된 부산물이다.

게임의 1차적인 목표는 각 지방에 있는 8개 포켓몬 체육관의 체육관 관장을 이겨 체육관 배지를 8개의 포켓몬 체육관에서 모은 후, 이를 바탕으로 포켓몬 리그에서 사천왕과 챔피언에게 도전하는 것이다. 그 과정에서 라이벌과 경쟁하거나 시리즈별 범죄 조직을 소탕한다. 챔피언을 이기면 전당 등록이 가능한데, 전당 등록 이후에 엔딩이 나온다. 요즘 포덕 입장에서는 엔딩 후의 수집 및 대전요소가 메인이겠지만 1세대 개발 당시만 하더라도 발매 2주 전까지도 대전 시스템을 갖추지 않았을 정도로 스토리를 깨는 RPG로서의 비중 또한 무시못할 게임이다.

영화 아포칼립토의 오프닝에서 주인공 일행들이 사냥하던 동물이 이 동물이다. 주인공이 아버지와 친구와 함께 맥을 사냥하는데, 결혼하고도 아이를 얻지 못한 친구에게 맥의 생식기를 날로 먹이는 장면이 나온다. 고대에는 작은 거시기가 미의 상징이었지만 크기가 정력과 직결된다는 믿음은 동서고금을 막론하고 언제 어디서나 다 있는 모양이다.

☗ 슬리프는 맥의 후손= 포켓몬스터

적/녹/FR	꿈을 먹는다는 전설의 생물 맥의 자손. 최면술이 특기이다.
청/LG X	잠들게 한 뒤 꿈을 먹지만 나쁜 꿈만 먹고 있으면 배탈이 날 때도 있는 것 같다.
피카츄 레츠고! 피카츄/이브이	항상 같이 잠을 자 보면 때때로 옛날에 먹었던 꿈을 보여주는 경우가 있다.
금/HG Y	즐거운 꿈을 꾸고 있었지만 어떤 꿈인지 생각나지 않을 때는 슬리프가 그 꿈을 먹었을 것이다.
은/SS	먹어치운 꿈은 전부 기억하고 있다.아이들의 꿈 쪽이 맛있기 때문에 좀처럼 어른들의 꿈은 먹지 않는다.
크리스탈	튀어나온 코를 실룩샐룩거리면 어디 사는 누군가가 어떤 꿈을 꾸고 있는지 전부 알 수 있다고 한다.
RSE/ORAS	잠들었을 때 너의 코가 근질근질하다면 슬리퍼가 머리맡에 서서 콧구멍을 통해 꿈을 먹으려고 하는 신호다.

DPPt 5세대	튀어나온 코를 실룩샐룩거리면 꾸고 있는 꿈을 안다고 한다. 즐거운 꿈을 매우 좋아한다.
썬	꿈을 먹으며 살아가는 포켓몬이다. 몽나나 몽얌나와 선조가 같다고 여겨지고 있다.
문	특히 즐거운 꿈이 맛있다고 한다. 친해지면 가장 맛있었던 꿈을 보여줄 때도 있다.
울트라썬	레저 시설 근처에서 볼 수 있다. 그날 밤 아이가 꾸는 즐거운 꿈을 노리고 있다.
울트라문	먹이를 잠들게 해 보고 있는 꿈을 먹는다. 나쁜 꿈은 시큼해서 그다지 즐겨 먹지 않는다고 한다.

적/녹/FR X	추 같은 것을 가지고 다닌다. 아이에게 최면술을 걸어서 어딘가로 데려간 사건이 있었다.
청/LG	상대와 눈이 마주쳤을 때 최면술 등 갖가지 초능력을 쓴다고 한다.
피카츄 레츠고! 피카츄/이브이	무심코 마주쳤을 때 눈을 돌리지 않으면 위험하다. 손에 든 추로 잠재워 버린다.
금/HG	매우 배가 고파 있을 때 만난 인간을 강제로 잠재워 꿈을 먹어치운다.[1]
은/SS	항상 지니고 있는 추로 규칙적인 리듬으로 흔들고 있다. 가까이 가면 어쩐지 졸립다.
크리스탈	손에 든 추의 흔들림이 클수록 최면술의 효력은 길어진다.
RSE/ORAS	손에 쥐고 있는 추의 움직임과 반짝임이 상대를 깊은 최면 상태에 빠뜨린다. 먹이를 찾으며 추를 손질하고 있다.
DPPt 5세대 Y	눈앞에서 추를 흔들면 방금 깨어난 사람도 3초 후에는 잠들어 버린다.
썬	상당히 위험한 포켓몬이지만 편안한 잠을 원하는 사람들에게는 구세주로 불리고 있다.

문	마주친 자를 일단 잠들게 해 그 꿈을 맛본다. 좋은 꿈을 꾸고 있다면 그대로 데리고 간다.
울트라썬	알로라에서 사는 슬리퍼의 타깃은 주로 자말라다. 사람은 그다지 피해를 입지 않는다.
울트라문	밤에 잠들지 못하는 사람을 위해 병원에서 의사를 도와주는 슬리퍼도 있다.

2. 개요

1세대부터 등장한 포켓몬. 디자인 모티브는 '맥(貘)'으로, 그 중에서도 몽식맥이다. 대놓고 도감 설명에 맥의 자손이라고 나와 있다. 3D 도트화된 6세대에서 슬리프를 자세히 보면 손가락을 꿈틀꿈틀거리고 있다. 모티브 자체는 몽얌나와 같지만 많이 다르게 생겼다. 모에몬에서도 다른 포켓몬들에 비해 코의 도트가 유독 튄다.

3. 성능

메이저급 에스퍼 타입 포켓몬이 뮤나 크레세리아 정도를 제외하면 허약한 반면 이쪽은 스피드는 느리지만 비교적 안정된 방어를 가진 편이다. 비록 방어가 70밖에 안되지만, 에스퍼 타입 중에서는 그나마 높은 축에 속하며 특방은 가디안과 동급이며 HP까지 감안하면 이쪽이 더 잘 버틴다. 그래봤자 방, 특방, 특공이 다 좋은 야도란에 비하면 초라해 보이지만. 실제로도 마이너급 포켓몬.

1세대에서는 특수치가 115였기 때문에 공방 양면으로 강력했다. 물론 후딘을 놔두고 이 놈을 쓸 이유는 최면술 정도를 제외하면 별로 없었지만 통신진화 없이 최종 진화가 가능하고 진화 레벨도 낮으며 3번째 배지를 딸 때쯤 포획이 가능하기 때문에 스토리용으로는 제법 쓸 만했다. 하지만 2세대에서 특수치가 분화되면서 특공이 엄청나게 너프당하고 이후 쭉 마이너 위치를 차지하게 된다. 여담으로 1세대에서의 최종 습득기술이 심히 뜬금없는 요가 포즈. 독가스를 배우는 것도 그렇고 기술폭이 괴상하다.

물리, 특수 둘 다 자속기로 사념의 박치기와 사이코키네시스 정도는 배우는게 가능한데 사이코키네시스 쪽이 데미지가 눈곱만큼 높지만 특수 쪽으로 가자니 배울 수 있는 서브웨폰의 폭이 눈물 날 정도로 적다. 기합구슬, 시그널 빔, 풀묶기, 섀도 볼, 매지컬 샤인이 전부. 반면 물리의 경우에는 삼색 펀치부터 시작해서 안다리걸기, 드레인 펀치, 속임수 등 상당히 많은 공격기를 배울 수 있는 편. 근데 **물리고 특수고 간에 종족값이 너무 낮아서** 스위퍼로는 무리가 있다.

그래서 일반적으로 최면술을 채용한 깔짝으로 쓰는 편. 아니 애초에 이름부터가 슬리퍼(sleeper)이고, 손에 들고있는 추도 최면용이라 최면술의 아이콘 같은 포켓몬이다. 최면술을 걸고 나서 악몽이나 꿈먹기로 상대를 괴롭히는게 가능하지만, 문제는 스피드가 느려서 후공일 경우 두 기술 다 사용턴에 타깃이 깨어나면 한턴을 낭비하게 된다. 더군다나 PT에서부터는 최면술의 명중률이 60밖에 안되므로 상대 회피 랭크가 1만 되어도 굉장히 힘들다. 포커스 렌즈로 보완이 필요한데 여기서 생기는 또 다른 문제는 스피드가 어중간하게 느려서 포커스 렌즈의 효과를 보지 못할 수도 있다.

그 밖에도 깔짝으로 유용한 기술로 뽐내기나 맹독을 배울 수가 있는데 맹독은 상대가 도로 회복하지 않는 이상은 최면술이 쓸모가 없어지기 때문에 슬리퍼의 이름이 운다. 거기다가 3세대에서 장막형 기술들이 기술머신화 되면서 나는 잘되면서 남 잘되는 꼴은 못 볼 수도 있다. 문제는 물리공격 높고 자속인 엘레이드도 가능하다는거. 그 외에도 전기자석파, 도발, 사슬묶기, 바꿔치기, 트릭, 빛의장막, 리플렉터 등의 유용한 보조기와 나쁜음모, 명상 같은 버프기술도 배운다.다크라이의 존재는 슬리퍼에게 불편한 사실인데, 타입은 다르지만 이쪽 역시 악몽을 배우며 특성인 나이트메어 덕분에 훨씬 효율이 좋으며, 전용기 다크홀 덕분에 수면기의 성능도 뛰어나다. 꿈먹기가 비자속이긴 하지만 스피드와 특공 모두 우월해 전체적인 면에서 특방과 장막기술의 유무를 제외하면 하등 슬리퍼를 쓸 필요가 없다. 다행히 다크라이와 동 티어가 아니라 둘 사이에서 고민하게 될 일은 거의 없으므로 크게 신경 쓸 필요는 없다. 580족 이상을 허용하는 대전룰에서 500이 안되는 슬리퍼가 나올 일은 드물지 않은가?

3세대에서 NPC기로 지구던지기를 습득해 사용하는 경우도 있는데, 그 때문에 지구던지기를 사용하고자 한다면 파이어레드, 리프그린이나 에메랄드에서 지구던지기를 습득한 3세대 슬리퍼를 팔파크를 통해 4세대로 옮겨야 한다. 특성은 양쪽 다 그럭저럭 쓸만한 편. 다만 불면의 경우 꿈먹기 형이라면 아무 문제가 없지만, 그밖의 스타일이라면 깔짝형에게 있어서 상당한 메리트로 작용하는 회복기를 사용하지 못하게 된다는 단점이 있다. 3세대 소원 이벤트 특전으로 배북을 배우는데, 이를 활용한 물리형도 생각해 봄 직 하지만 스펙이 안 받쳐줘서 안 된다.

4.1. 포켓몬스터 애니메이션 시리즈

무인편의 어느 대형 건물에서 슬리프와 슬리퍼가 양쪽 다 등장. 슬리퍼의 최면술로 잠을 잘 못자는 노인들이 푹 잘 수 있도록 도와주고 있다. 그런데 이 최면술이 아이들이 받게 되면 본인이 포켓몬인 줄 알게 되서 집을 나가게 되고 그렇게 하나 둘 실종되고 있었다. 진화 전인 슬리프가 꿈먹기를 이용해 아이들의 최면을 풀이주는 것으로 해결된다. 또 다른 편에선 슬리프가 로켓단원인 로미&로젠의 포켓몬으로 등장. 최면 증폭 장치를 이용해 그 지방의 모든 포켓몬들에게 최면을 걸어 주인을 공격하고 자신들이 있는 곳에 오게 만들어 잡아 두었다. 지우의 피카츄나 나옹을 포함한 로켓단의 포켓몬들도 다들 최면에 걸렸으나 지우의 활약으로 최면 증폭 장치가 부서져 최면이 풀리고 포켓몬 시합 중 불리해지자 손가락 흔들기를 시전한다. 허나 이걸 본 토게피가 그걸 따라하면서 대폭발이 일어나 그대로 리타이어한다. 썬문 애니에선 게임판과 마찬가지로 자우보의 포켓몬으로 슬리퍼가 등장. 성우는 1000화 기념으로 포켓몬 집에 모여라! (포켄치)의 레귤러 멤버인 선샤인 이케자키(サンシャイン池崎)가 담당했는데 전문 성우가 아님에도 열연으로 감독과 PD 모두에게 호평을 받았다. 루가루암의 스톤에지를 리플렉터로 가볍게 막고 최면술로 재워버리곤 실버디를 꺼내려는 글라디오에게도 최면술을 걸어 잠재워 버린다. 릴리에가 기억을 잃어버린 것도 이 슬리퍼가 최면을 걸어 기억의 일부를 지워버렸기 때문이라고한다. 기억이 되살아나는 릴리에에게 다시 최면을 걸어 기억을 지우려하나 그 때 지우가 나타나 피카츄의 아이언테일로 공격해 온다. 허나 자우보의 적절한 지시로 리플렉터로 아이언테일을 막고 후딘과의 사이코키네시스 콤보로 지우와 포켓몬들의 움직임을 봉인해 버린다. 작중 네임드들을 상대로도 전혀 밀리지 않는 강함을 보여줬으나 구속구가 풀리고 다크 메모리를 받아 악 타입이 된 실버디의 멀티 어택 한 방에 후딘과 세트로 털리고 리타이어한다.

4.2. 포켓몬스터 TCG

한글판 명칭	슬리퍼			
영어판 명칭	Hypno			
일어판 명칭	スリーパー			
수록 블록, 팩	XY9 천공의 분노			
카드의 종류	1진화 포켓몬			
HP	타입		레어도	
90	초		U	
약점	저항력		후퇴비용	
초			2	
분류	이름	코스트	데미지	효과
특성	굿나잇 베이비			서로의 배틀 포켓몬을 각각 잠듦으로 만든다. 이 특성은 자신의 차례에 한 번 사용할 수 있다.
기술	사념의 박치기	초초	50	

밴디트링의 아리아도스와 비슷하게, 벤치에 세팅만 해두면 서로의 배틀 포켓몬에게 잠듦을 거는 특성을 가지고 있다. 다만 풀 포켓몬은 대상에서 제외되는 아리아도스와 다르게, 굿나잇베이비는 자신의 배틀 포켓몬이 잠듦에 걸리는 것을 피할 수 없기에 따로 잠듦에서 벗어날 방법을 마련해 둬야 한다. 자주 쓰이는 방법은 크게 2가지가 있다. 첫 번째는 스타디움을 이용한 해제. 현재 잠듦을 피하는 스타디움은 프로모 카드인 올나이트 파티와 카오스타워가 있다. 올나이트 파티는 HP를 30 회복하는 부가효과가 있는 대신 상대 역시도 잠듦에서 벗어날 수 있고, 카오스타워는 위/아래의 효과가 나뉘어져 있기 때문에 잠듦에서 벗어나는 효과를 자신만 사용할 수 있다. 올나이트 파티와의 연계는 사실상 다크라이 EX와 병용할 것이 아니라면 무의미하고, 다크라이 EX를 사용하지 않고 슬리퍼의 잠듦 효과만 이용할 것이라면 카오스타워와의 연계가 필수적이다. 두 번째는 교체류 카드를 이용하는

것이다. 그 중에서도 조로아크+가벼운돌과의 상성이 좋다. 특성 대신하기로 배틀 필드에 나가면 자동적으로 잠듦이 풀리고, 그대로 공격하거나 가벼운 돌로 후퇴해서 다른 포켓몬으로 공격할 수 있다. 조로아크의 경우 기술도 상당히 강한데다 더블 무색 하나로 기술을 사용할 수 있으므로 어떤 덱에 들어가도 자기 역할을 할 수 있다.

4.3. 포켓몬 GO

포켓몬 GO에서는 슬리프의 출현 빈도가 상당히 저조해 육성에 어려움이 있으며 최대 CP가 그리 높은 편도 아니기 때문에 많이 선호되지는 않는다. 하지만 격투 속성에 강한 에스퍼 속성을 보유하고 있기 때문에 헤라크로스, 괴력몬 등에 강하다는 장점이 있다. 다만 에브이나 나시, 후딘 등 최대 CP가 더 높은 에스퍼 속성 포켓몬이 상당수 존재하는 점이 난점으로 꼽히고 있다. 배우는 기술은 에브이와 거의 동일하게 퀵무브로 사념의 박치기 / 염동력, 차지 무브로 사이코키네시스, 미래예지, 기합구슬이 있다. 차지 무브로 사이코쇼크와 섀도볼도 배웠었으나 레거시 무브가 되었다. 할로윈 이벤트 당시 슬리프의 출현 빈도가 높아졌던 전적이 있다.여담으로 슬리퍼는 5km 안에서 일정 확률로 부화하는 포켓몬 중 하나이다.

진화 전이나 후나 음흉하고 변태스런 외모 때문에 변태의 포켓몬으로 이미지가 고정되어 있다. 게다가 "아이들에게 최면을 걸어 어딘가로 데려가 버렸다"는 공식 설정에다 아이들을 유괴하는 모습을 게임 상에서 보여주었고, 하필 "최면"이 모티브에 있는지라 그쪽 계통에서도 인기 만점. 애니에서는 일부러 그런건 아니지만 사람과 포켓몬 둘 다에게 최면을 걸어 포켓몬과 인간의 관계를 이상하게 뒤집어 버렸고 시간/어둠/하늘의 탐험대에서조차도 그 진화 전인 슬리프가 루리리를 부려먹으려다가 주인공 일행에게 두들겨 맞고 연행된다. 그리고 포켓몬스터 파이어레드/리프그린 버전에서는 숲속에서 길을 잃은 소녀를 데려가려다가 주인공에게 저지당하기도 하고, 포켓몬스터 10주년 기념 상품에서는 아예 슬리퍼가 두 명의 어린이를 끌고 가는 티셔츠 도안을 만들기도 했다. 즉 슬리퍼는 나올 때마다 대개 범죄 포켓몬 이미지로 보여지고 있다. 상기되어있는 유괴범 이미지를 확인시켜 줄 자료 정리 링크. 이런 섬뜩한 설정 때문에 슬리퍼를 공포스럽게, 혹은 변태로 그린 팬아트나 2차 창작들이 제법 많다.

그러나 Twitch Plays Pokémon 시즌1에서 최대의 난관이었던 포켓몬 타워에서 맹활약하고 현신한 HELIX를 대신하여 PC에 봉인됨으로서 팬이 좀 늘어났다. 슬리퍼 말고 진화 전인 슬리프지만. 항목참조.

여담이지만 이로치 슬리퍼는 분홍색이다. 암컷인 경우엔 그닥 신경쓰이진 않는다. 하지만 수컷일 경우 앞서 서술한 네타거리들과 연분홍 배색이 어우러져...

포켓파를레에서 슬리프는 코를 만지면 좋아하고 귀를 만지는 걸 싫어한다. 그리고 슬리퍼는 목의 털을 만지면 좋아하고 추를 만지면 싫어한다.

정작 자력기에 꿈먹기가 없다. 안습 특히 가장 압권은 박치기인데, 자력기 목록을 살펴보면 이 박치기를 레벨 10을 좀 넘기면 배우는데, **좀 뒤로 돌려보면 이 박치기가 또 있다.** 사념의 박치기가 아니라 그냥 박치기이다. 즉, 슬리퍼 계열은 **박치기를 잊어버려도 레벨을 올리다 보면 그걸 다시 한번 습득할 수 있는 것이다.** 이건 썬문때까지 그대로였는데 울트라 썬문에선 두번째로 박치기를 배우는 레벨에 잠깨움 뺨치기를 배우는 걸로 변경되었다. 원래는 둘다 슬리프였으나 최근에 한쪽이 진화했다고 한다. 이때 최이슬도 최면에 걸려 자신이 쥬쥬인 줄 알게 되었다. 감독의 말에 의하면 이케자키가 생각한것을 몸짓으로 직접 나타내는 타입이라 목소리에 감정이 더 실릴수 있었다고 한다. 실제로 더빙 현장을 보면 최면술을 쓰는 씬에서는 실제로 동전에 실을 달아 흔들고 리플렉터를 쓰는 장면에선 애니의 슬리퍼와 같은 동작을 취하면서 직접 몸연기까지 같이 했다. 전체 포켓몬 중에서는 기존에는 51위를 기록했으며, 2세대 업데이트 이후 해루미와 함께 공동 77위가 되었다. 1기에서 어느 마을의 아이들이 집단으로 사라져서 찾아 보니 어느 공원에서 자기들이 포켓몬인 줄 알고 포켓몬을 흉내내면서 있었다는 에피소드가 있다. 이는 진화 전 포켓몬인 슬리퍼가 꿈 먹기로 해제.(나무위키, 다음)

슬리퍼(포켓몬스터)

진화하기를 싫어하는 즉 진화를 하면 자신이 죽는 경우라면 .. 어떻게 하시겠습니까?

맥의 후예: 슬리퍼= 고스트(귀신) · 벌레 · 악

특성(숨겨진 특성은 *)

불 면 이 포켓몬은 잠들지 않는다. 스스로 잠자기를 사용할 수도 없다.

예지몽 상대가 가진 가장 위력이 강한 기술 하나를 알아낸다.

정신력 풀 죽지 않는다.

요즘 초등학생 1학년들도 포캣몬스터를 잘 안다. 특히 90년대에 자란 청장년들은 그 포캣몬스터와 같이 자랐다. 그 당사자들과 같이 풀어야 한다. 오락실 뽑기방에 가면 수두룩하게 쌓여 있다. 집에들 가면 몇 개씩은 다 있다. 그래서 문제가 더욱 심각하고 어렵다. 잘 대처해야 한다.

동네 초등학교 1학년생이 가지고 있는 집의 포켓몬스터 제품들 - 그냥 사거나 뽑기방 가서 돈 많이 들이고 몇 번 만에 뽑아 온 것들이란다.

한국인의 후예 슬리퍼의 후예들로 모독하느라고 만든 줄도 모르고 사 모았던 '슬리퍼 포켓몬스터들'을 모아 함께 추모공원을 만들까? 아니면 일본 상징 '쪽발이'를 만들어 같이 불태우자라는 사람도 있고, 불매운동· 항일운동하자는 사람도 있다. – '쪽발이 컨텐츠를 만들자' '왜구 도적 컨텐츠'를 만들자라는 분도 있고 – 너무 분통이 터져 아베의 아부처럼 "쪽발이가 성형수술을 받아 가며 아첨과 아부로 사는 모습으로 나아가 아첨과 아부의 등급을 만들어 보자"라는 분도 있고… 지혜롭게 대처하자. 문제의 근원은 한국인이 자신들의 역사 – 한국인은 예맥족이다. 맥인이다. 아주 역사의 초기시절 동북아에 흔했던 '맥'의 가죽으로 옷을 해입어 맥족이라 불렀다는데, 그런 역사를 어디서 가르쳤는지? 그 책임이 정부의 국민 역사교육에 있다. 한국인들이 태극기는 잘 아니 태극기로 그런 장난질을 일본인들이 했다면 우리가 알고 있는 사항이라 한국인이 그것을 사거나 그 태극기로 일본인과 장난질할 정도는 아니니. 한국 가장 기초와 기본 기강 사항과 역사공부를 제대로 할 수 있도록 교과서가 만들어져야 한다. 동시에 메스컴이나 문화활동에서도, 용산역사민족공원에서도 같이 활용될 수 있도록 – 백문이불여일견이라 역사 기강 시청각적 교육관이 절대 필수로 만들어져야 한다.

■ 맥과의 동물은

맥은?

화석동물: 인류가 나타나기 이전인 3,500만년 전부터 존재했던 동물인데, 그 이후로 지금까지 거의 진화를 하지 않아서 "살아있는 화석"으로 불리운다.

맥은 일반인들에게 거의 알려져 있지 않은 멸종위기의 동물로, 4종 중, 산 맥과 배어드 맥 2종이 국제보호동물 목록에 속해 있다.

또한, 코끼리와 돼지의 코를 섞어놓은 듯한 코, 하마 혹은 돼지같이 통통하고 다부진 몸매, 개미핥기같은 길쭉한 얼굴, 코뿔소 등과 같은 발굽, 짧은 다리 등의 생김새가 각종 동물을 섞어 만든 것 같은 모양새를 띄고 있어서, 지역 원주민들은 '조물주가 동물을 만들다가 남은 찌꺼기를 모아서 만든 동물'이라고 말하기도 한다.

종류 및 서식지

말레이 맥을 제외한 나머지 3종을 합해서 아메리카 맥으로 부르기도 하며, 물이 가까이 있는 숲 속에서 산다. 천적을 피하고 몸을 시원하게 하기 위해 코만 밖에 내어 놓은 채 물 안에서 보내길 좋아하며, 헤엄도 잘 친다. 잠수능력도 뛰어나다. 천적을 만나면 물 속으로 도망가 버린다.

*** 1속 4종(種) ***	학 명	서 식 지
말레이 맥(Malayan tapir)	Tapirus indicus	말레이반도, 수마트라, 타이
아메리카맥(South American tapir)	Tapirus terrestris	남아메리카, 멕시코
산맥(Mountain tapir)	Tapirus pinchaque	안데스 산맥
배어드맥 (Baird's tapir)	Tapirus baindii	멕시코, 중앙아메리카 등

생김새

맥은 조밀한 풀 숲에서 움직이기 쉽도록, 나름대로 유선형의 몸매를 가졌다. 앞서 말했듯, 돼지코와 코끼리의 코를 합쳐놓은 듯한 맥의 코는 콧구멍이 매우 길고 큰 만큼 냄새를 정확히 맡는다. 이것으로 음식을 찾고 위험이나 다른 맥의 출현 등을 감지한다. 똑바로 선 귀도 꽤나 큰 편인데, 덕분에 청력도 좋다. 비교적 깊숙히 들어간 자그마한 눈은 날카로운 가지나 가시 등을 피하기에 안성맞춤. 매우 짧고 넓적한 꼬리를 가졌으며 두꺼운 피부를 가지고 있기도 하다. 몸의 털은 두꺼운 모피를 가진 산맥(Mountain tapir)을 제외하곤 대부분 얼기설기 엉성한 편이다. 또, 배어드 맥과 아메리카 맥은 매우 짧고 빳빳한 갈기(사자에 비할 바는 아니지만... 어설픈 갈기 쯤으로 해두자~ ^^)를 가지고 있다. 귀둘레를 따라 흰털이 난 경우도 있으며, 대부분 갈색, 회색, 검은 색이다. 맥은 곧잘 돼지나 개미핥기 등으로 오해를 받곤 하는데, 그들은 말이나 코뿔소와 같이 뒷발의 발가락수가 홀수인 발굽을 가진 동물 즉, 기제류에 속한다. 맥은 발굽이 앞발에 4개, 뒷발에 3개가 있다. 4종 중에서 말레이 맥이 가장 큰데, 보통 250 – 400kg 이나 나간다. 천적은 바로 호랑이와 인간. 또한 말레이 맥은 특이한 털색을 가졌는데, 팬더처럼 등과 배를 죽~~돌아 회백색의 띠가 둘러져 있다. 4종 모두 태어날 때 멧돼지 새끼처럼 흰 가로줄무늬가 있는데 생후 반년씀 지나면 없어진다.

성격

더운 날에 축~~ 늘어져 있는 맥을 보고서 그들을 게으르다고 생각할 수도 있지만, 그들의 행동은 무척이나 빠르고 민첩하며 수영도 잘한다. 사육시설에 있는 맥들은 종종 위협적이기도 하다. 어떤 말레이 맥은 1998년 오클라호마의 한 동물원에서 한 사육사의 팔을 물어 절단시키기도 했다.(헉~~무셔라..)

먹이 및 생활

평지나 습한 삼림에서 단독 또는 2~3마리씩 작은 무리를 지어 생활하는데 야행성이다. 먹이는 풀, 나뭇잎, 과실, 새싹 등이다. 말레이 맥의 경우 임신기간은 약 390 – 400일 정도로 한 배에 1마리를 낳는다. 어린 새끼는 약 6~7 kg정도로 머리에 흰색 반점이 있고, 몸에 백색의 가는 세로띠와 얼룩무늬가 있어 멧돼지 새끼와 비슷하다. 물가의 밀림에서 살며 물에 들어가기를 즐기고 헤엄이나 잠수하는 능력도 대단하다.

www.animalpark.or.kr 참고사이트
베어드맥 : http://www.tapirback.com/tapirgal/bairds/pix – liv/아메리카맥 : http://www.tapirback.com/tapirgal/lowland/pix – liv/산맥 : http://www.tapirback.com/tapirgal/mountain/pix – liv/ 말레이맥 http://www.tapirback.com/tapirgal/asian/pix – liv/
글 : 애니멀파

[여기서 잠깐] % 기제류란?: 발굽이 있고 뒷발의 발가락 수가 홀수인 동물들을 말하는데, 말, 당나귀, 코뿔소 등이 여기에 포함된다. 기제류는 발가락이 퇴화하여, 말처럼 3번째 발가락 하나만 남은 것도 있고, 3개의 발가락이 남아있는 것도 있다. 어느 것이나 모두 3번째 발가락이 가장 크며 체중은 이 3번째 발가락에 걸린다고 한다.

►남아메리카 맥(테이퍼) – 서울대공원 해설도 9216(2019)년 2월초 –

“원시형태를 그대로 유지하고 있어 살아있는 화석... 남미의 원주민들은 자신들의 조상들이 테이퍼로 환생했다고 믿고 있어 절대 죽이지 않고 신성시합니다.”

새끼 둘과 같이 지내는 숫맥과 홀로 독방에서 외로워 가족 찾는 암맥

남미 숫맥(맞은 편 화초가 유리에 비쳐 마치 앞가슴 쪽에 작은 화환이 붙은 것 같다)에 성기가 지금 나오고 있는 중인데 다리길이 만하거나 더 길기까지 하다. (서울대공원 남미관)

◈ 이 책을 쓰는 중에도 맥의 보호를 위해 서울시장에게 고하는 글을 인터넷까페에 쓰고 걱정이 되어 4월 28일에 몇 사람과 서울대공원을 갔었다. 간다고 인터넷에 올린 그날 때에 맞춰 수리를 한다고 해서 못보고 왔다. 그래 수리가 끝난 때라 맥이 어떻게 되었나 하고 걱정이 되어 가 보았더니, 아니나 다를까 날이 따뜻해 바깥 자기네 정해진 우리뜰에 나와 먹이를 먹는데 마른 풀을 먹고 나니 입이 마르니 물을 찾아 마시는데 – 자기들 똥을 싼 곳에서 5센티 정도 떨어진 곳에 있는 진흙탕에 약간 고인 빗물?을 억지로 먹고 있었다. 밥 주는 이들은 여러 군데 다른 것을 줘야 하니 바쁘게 다녔다. 마침 담당자가 사무실에서 나오길래 몇 마디 물어보았다.

...간단히 나의 취지를 얘기하고 – –

– 몇 마디 물어도 괜찮겠는가? 네.

– 한 마리 있는 암컷의 나이는? 14년 정도 되었음.

– 아이를 가질 수 있는가? 있다. 수컷도 1마리 있다. 수컷과 같이 있는 다른 수컷들은 그 암컷의 아들 둘이다.

– 그럼 부부를 같이 두면 아이를 낳을 수 있을텐데 – 지금 암컷이 한 마리 뿐이지 않은가? 낳았을 때 기를 장소가 없어서이다. (나는 속으로 텅텅 빈 고래관도 있고 13개월에 겨우 새끼 한 마리를 낳는데..장소 핑계되는 것을 보고 답답했지만 참고...)

– 올라오면서 보니 궁궐같이 큰 고래관이 고래를 바다로 돌려보내 줘서 텅 비어 폐쇄시켜 두었던데 그 공간으로 하면 되지 않는냐? "그것은 내 수준에서 할 일이 아니다. 그리고 여기 있는 것은 남미 맥이다."

– 우리 맥은 말레이 맥과 닮았다는데 여기 4마리나 있었는데 다 죽었다. 옮기고. 우리 맥이 말레이 맥인 줄 알면 수입 좀 하면 좋지 않느냐 – "쉬운 일이 아니다."

– 그럼 원래 맥이 무엇을 먹는 지는 아느냐? "아는데..."

– 안다고 하니 물고기를 먹는데 풀과 과일만 주느니 과일값으로 얼마든지 물고기를 줄 수 있을 테니 그것이라도 제안을 한 번 해 보시라. 그건 해 볼 수 있겠다..."일할 시간이 바빠서 가 봐야겠다."

– 맥은 우리 예맥족과 연관되어 아주 중요하고 잘 살려야 하니, 잘 부탁드리겠다.

...

나오며 새끼 한 마리 키울 공간이 없다는 말에 절대 동의할 수 없어서

– 다시 새끼 백 마리도 키우고도 남을 폐쇄해 둔 고래관을 둘러보며

– 착잡해서 나왔다.

출입구에서 착해 보이는 안내 여자 분께 부탁을 했다. "남미관 맥 – ""네에?"" 참 테이퍼라 되어 있지요. – (우리 무엇을 부치는 테이프처럼)" "바깥에 나와 점심 먹을 때 물통에 물을 좀 들고 나와 마실 물을 좀 준비해 주도록 좀 당부해 달라"고 했더니 "잘 전하겠다"고 메모했다.

숫맥은 – 마치 똥물 진흙탕물을 마실 수도 안 마실 수도 없다는 표정이었다. 안에는 마실 물(목욕하는 물 탕)이 있으니 말을 알아들으면 좀 간절히 전하고 싶었다. 안에 가서 마시라고. – 안에서는 맥들이 자기 똥 싸는 곳과 목욕하는 곳을 분간을 하고 있었다. 밥주는 사육사언니들과 아주 친한 듯 대했다. 아픈 곳이 있는지 한 여성사육사가 약도 발라주고 있었다.

아프리카관이 3개나 아주 넓게 있다. 하마관도 곰관, 사슴관, 코뿔소관 등등도 개별적 이름으로 넓게 앞에는 물가도 있다. 맥은 잠수도 할만큼 헤엄도 잘 치고 물을 좋아한다. 친수동물이다.

맥은 우리 한국족인 예맥족의 상징이라 당연히 개별적인 '맥관'을 가져야 한다. 하마관도 곰관, 사슴관, 코뿔소관 등처럼. 그보다 더 중요하게 대우 받아야 하는 민족 상징인 것이다. 인류보다 더 이른 시기부터 출몰한 맥의 가죽으로 옷을 해 입은 인류초기의 맥 족.

고래쇼를 하던 고래궁전은 그냥 텅 비어서 폐쇄시켜 두고 있다. 그 우리 앞에는 맥이 놀던 물가도 개천도 계곡도 있다. 그 안에는 고기도 있다. – 맥을 뒤따라 가면 물고기 메기나 연어 등을 잡을 수 있다고 했다.

서울대공원은 동물이 살던 곳과 가까운 느낌이나 먹이..등등의 장소를 만들어 주는 동물 복지 일을 한다고 홍보를 하고 있었다. 소위 '동물행동 풍부화' – 즉 자연과 유사한 환경을 만들어 주어 자연스런 동물의 행동(종 고유행동)을 보여 주도록 하는 동물복지 프로그램을 한다고 한다. 먹이풍부화, 환경풍부화, 인지풍부화, 감각풍부화, 사회성풍부화, 놀이 풍부화

– 모든 풍부화보다 동물도 자기가족을 만나 살게 하는 것이 가장 중요한 '풍부화'소인이다. 가족 옆방의 독방에 살게 하는 것은 더 큰 고문이지 어떤 풍부화도 아니다.

맥들에게도 소위 〈동물 행동 풍부화〉 라는 잣대가 같이 이루어지길 간절히 부탁드린다 – 특히 한 마리 남은 암맥에게도 가족과 같이 살 권리, 아이를 낳을 권리, 또는 수컷과 살 권리, 아들 자식들은 근친상간의 위험 때문에 분리시킨다 해도 – 암맥은 수컷과 자기 새끼들이 그리운 모양이었다. 자꾸 그 쪽 문이 열렸는지 확인해 보는 듯 가까이 가고 바라보고 했다. 그 모습을 보며 실사구국적 한국역사문화 연구홍보 및 교육 실천의 길이 많이도 열려 있다는 생각을 했다. 동물원에 맥을 보며 영어로 테이퍼를 얘기하는 젊은 친구들에게부터, 간절한 마음으로 맥이라고 알려주기부터 시작했다.

〈47억년 된 지구에서 또 어느 동물보다 먼저 화석동물로 출현한 맥들 – 인류 출현 이전부터 있어 온 맥의 삶을 보며, 사람으로 한국의 금수강산을 다니며, 이 산 저 산의 물을 다 마시고, 할 말들을 다하고 가족과 더불어 사는 세상에 태어난 것을 참으로 다행으로 여겼다. 그렇지 못한 맥에게는 참으로 미안한 일이다. 자주 가 보고 얘기해 보고 사람처럼 요즘에 편한 개들처럼 사는 방도를 모아볼 것이다.

~9216(2019)년 5월 31일 오후 3시경 밥을 주는 시간 전후에 만나고 오며~

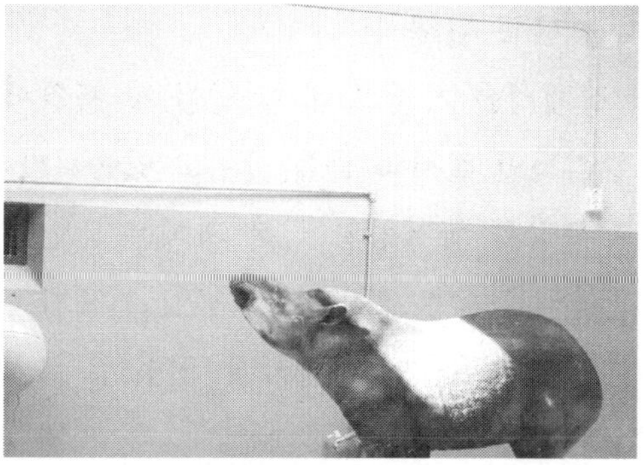
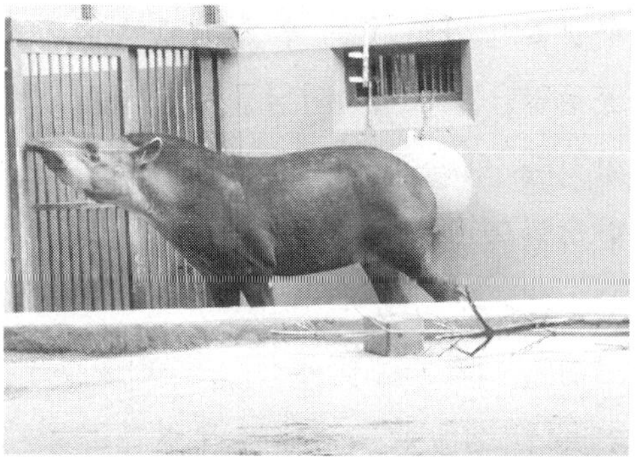

가족들이 있는 왼쪽을 계속 찾는다

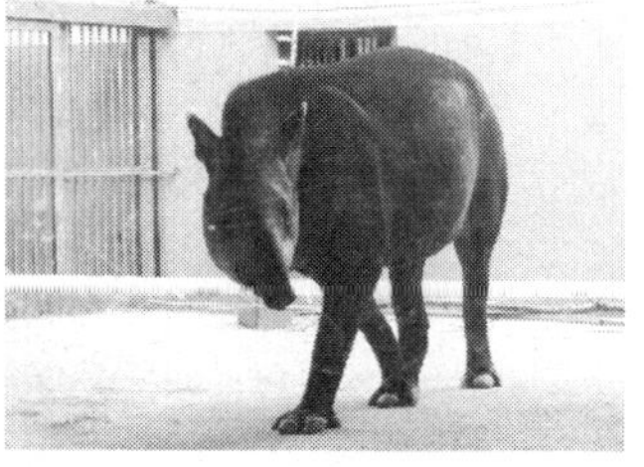

홀로 있는 슬픈 표정의 암맥이다. 맥 자신들에 대해 속 타하는 것을 알기라도 한다는 듯 가까이 오길래 측은한 마음 이루 말할 수가 없었지만 한편 고마워 웃었다.

한국 서울동물원에 웬 아시아에 흔한 사자상? – 한국은 예맥족이니 '맥'상이 있어야지.

맥은 아주 오래된 화석동물로 사람을 알아보는 신수神獸라 했다.

맥은 평상시 온순하다가도 건드려 화가 나면 힘센 아래턱과 날카로운 이빨로 사자도 잡는다.

구김없이 환히 웃는 후세의 세상 한국과 지금 나를 위해서!
공무원님들과 정치인님들 – 한국인으로서 정체성을 가지고 내 할 일들 잘 챙겨서 합시다. 웬만한 외국들 보다 한국은 이제 합리적인 질서의 틀을 갖추고 있습니다. 한국인으로서의 정체성과 시각을 망각하고 복잡한 국제상황 극복 지혜는 외면하고, 현실적 강대국이나 강자에게 순응하며 이익을 좇는 삶만 살다보면, 언젠가는 자신이 스스로를 소외시키어 내면 깊은 불안감과 두려움에 당면하게 되며, 결국 귀한 삶을 허망하게 버리어 도리킬 수없게 됩니다.

9216(2019)년 서해 바닷가 사진:김우아 · 허영진
– 입에는 사탕을 물고 갈매기가 자기가 준 새우깡을 받아 먹었다고 좋아서 엄마에게 환히 웃는 아이처럼! 뒤에 갈매기들도 환한 아이를 보며 자기들도 같이 좋다 하네요. 한국인들 분만 아니라 세계가 이렇게 되도록!

나부터! 지금! 여기서!

제17장

환단역사문화 대마도 및 주변 유물

– 역사문화 한일합동학술회의 3회한 것 이어,
한일영화공동제작도 하자.

第17장 ☢ 환단역사문화 대마도 한일합동학술회의 3회한 것이어, 한일 영화공동제작도 하자.

모셔져 있는 환웅상1

'단군신사'를 받침을 빼어벌고 단군우두머리 즉 단군 왕검이시다. '다구두(머리 頭)'

일본색이 짙어진 환웅상2

※ 한국령이었던 대마도(마한을 대하고 있는) 히코산 신궁의 (상궁에 환인상을 모시고), 중궁에 환웅천황상. 단기, 수힘도관이리는 딘체가 지금도 그 신사를 잇고 있나.

★ '환단신사'(임진왜란때 끌려간 조선도공 심수관 집안이 세운 '환단신사'를 근대에 일제가 '옥산신사'로 개명)

환단 '마한을 대하는 섬(대마도)'과 더욱 신성하게 여겨지는 6세기경 제사유적이 많이 나온 역사신앙의 섬인 '오키노시마' 등등에 대해 영화 한일공동 제작하자. -한일 역사문화 및 정치외교적 관계 상생을 위해 일본서도 배우자. 일본은 못 푸는 것 한국서 배우고. -일본인이 못 푸는 고분 기호도 등 풀기 위해 3번이나 합동학술회의 인하대학서 열었다고 하니, 그 한일 연구발표자분들과 그간 한국 답사연구팀들이 앞서면 보다 쉽게 풀어갈 수 있을 것이다. 기타도 일본전문가들이 많이 알려주고 있고, 한국에 맥이란 동물도 암컷을 분양해 주어 한국의 맥도 이어지고 있다.(일본인 중에서도 이런 분들도 있다.) 고구려 신라 백제는 대마도를 거의 자기들 백성들에 따라 삼등분할하여 다살린 것 같다.

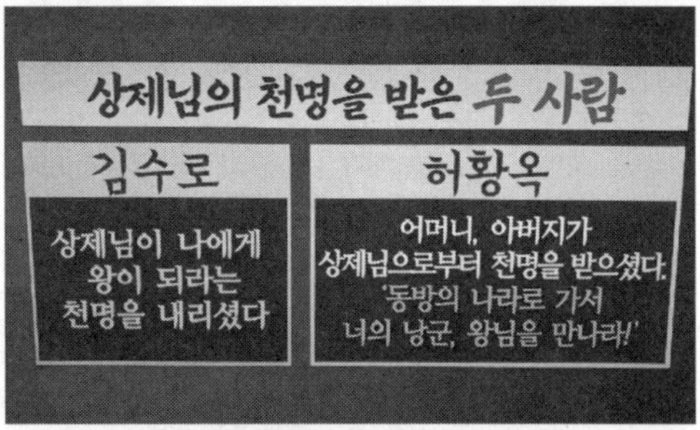

☗ 정치행정 공무원들이 한국것은 미신이라고 남아있는 것마저도 없애버리는 것을 보고만 있어야할가? 일본에 배울 것-일본도 대오각성할 것(거의 같은 DNA이고 역사문화도 공유하는 동지들로서 새로운 시각으로 대하도록! 〈일본이 역사문화적으로 한국에 대한 컴플랙스 있으면 공격보다는 자체 극복 노력을 하는 것이 정신위생상으로도 유익하고 세계평화로도 경제협력으로도 한 층 더 나은 환경을 서로 갖는다〉 점차는 한일(중)이 협력하면 그리스로마신화를 능가할 수도 있을 것이다.

대마도 히코산(英彥山)에 환인환웅단군 한 분씩이라도 3분을 모신 사당이 아직도 존재하는 점을 요즘 상생방송 방영분을 보고 상당히 놀랐다. 대마도를 빨리 가봐야겠다. 오순제박사의 《대마도 역사기행》 책도 있으나 그 정도인 줄은 몰랐다. 오키노시마의 유물들이 박물관에 다 모여 있다. (오키노시마 축제는 한국의 무형문화재 '인천 서해 풍어제'가 그 규모는 작아도 닮았다)

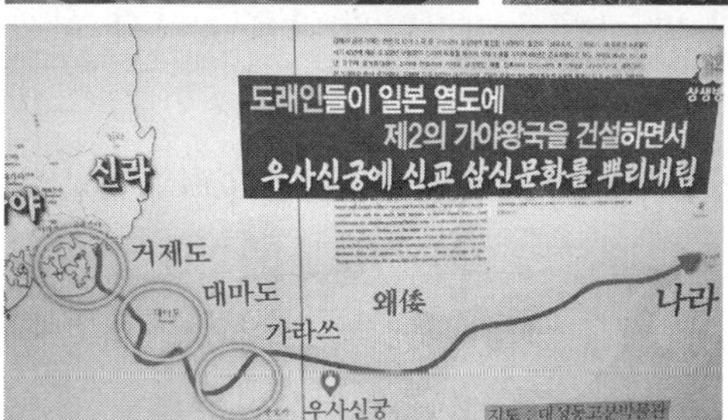

동방원형문화의 국통을 가슴에 품고 있는 정통 문화정신의 원류집안 조선의 낭가집단의 '낭가'는 일본에서 정확한 이름을 갖춰 '단가檀家'로 이어지고 있다. 히코산(英彦山) 수험도의 단가로서 헌납금을 내는 단가들의 명단도 자랑스럽게 내보이고 있다. (상생방송)

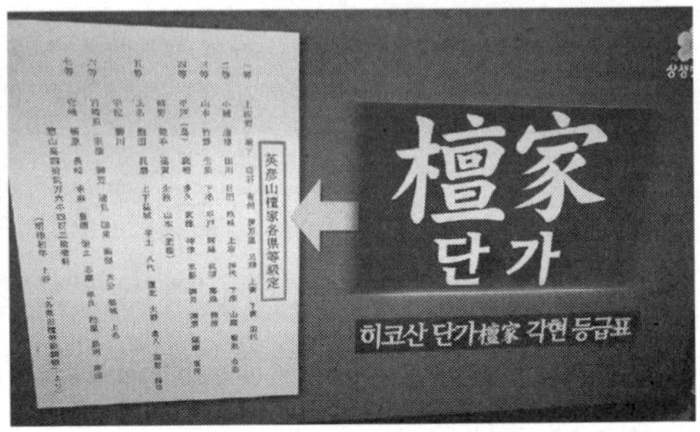

일본 10만 신사의 46%가 하찌만신사(우사신궁)일만큼 일본신사의 핵심이고 사랑받는 신사들이다. 그 모시게 된 주신이 삼신에 응한다하여 이름붙은 '응신應神천황이다'. 제15대 응신천황의 신분이 알려지고 있는 책이 《단기고사》이다. 김수로 허황옥의 딸 묘견공주가 왜에 가서 야마대국을 열어 최초의 여왕이 되었다.

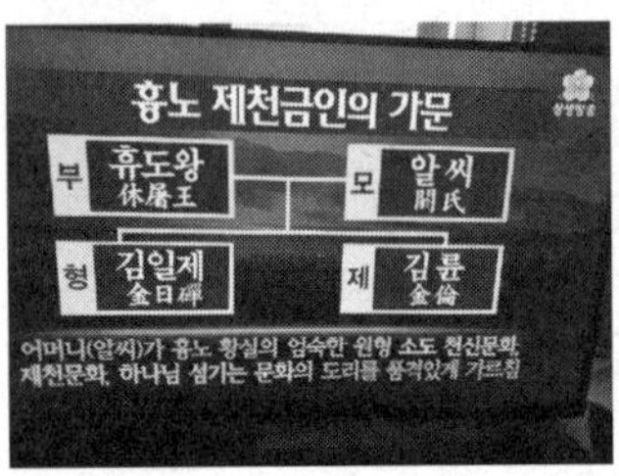

요시노가리(나는 요시!=좋아, 노가리=노젓가리稻로 푼다)를 보고 우사신궁을 찾아 가려고 매일 있겠지하고 몇 시간을 타고 하까다로 갔는데, 격일로 있다 하여 시간을 확실히 묻고 재어 그냥 서쪽으로 또 몇 시간 돌아갔다가 다음날 다시 '하까다(후꼬오까의 원래 이름)버스역'으로 왔다. 한 3~4시간을 갔다. 하찌만 사찰 내에 있는 북진신사를 못보고 왔다가 상생방송 시간에 고맙게도 확인했다. 나도 늦게 도착하는 바람에 절 근처서 하룻밤 자는 바람에 중요한 하나를 발견했다. 우사신궁의 옛사찰이 원형 그대로 존재하고 있는 것을, 여관에서 자고 아침밥 먹고 나오다 그야말로 우연히 발견했고, 사진도 찍어 이 책 어디인가에 실었다.

한국은 새마을 운동한다며 다 없앤 '삼신석' 서낭당돌무지탑(방향이 한국을 향해 있다)등을 일본은 이렇게 잘 모시고 있으니 이것은 어떻게 해석할가? 우리 한국도 없앤 것 다시 복원할가? 아니면 또 서양종교나 그에 경도된 한국정체성이 없거나 잃어버린, 아니면 싹 지워버린, 정치행정 지도자들이 한국것은 미신이라고 남아있는 것마저도 없애버릴가?

일본창세신화에 등장하는 많은 신들은 역사적으로 실존했던 인물이다. 특히 서부여(연나부부여)의라국에서 오사카로 간 의라가 곧 일본최초의 통일왕조를 건설한 응신왕이다.

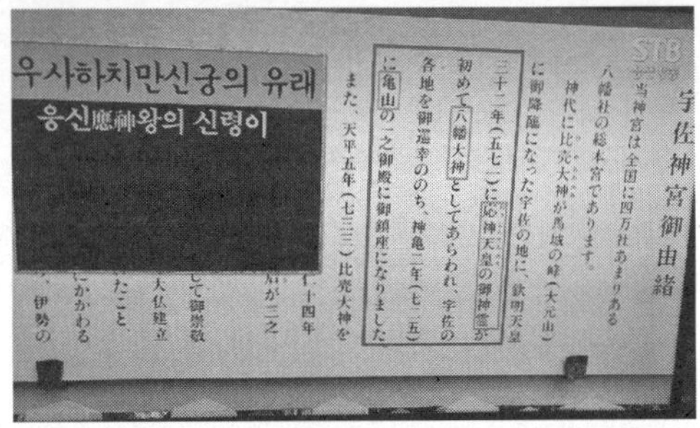

'가라쿠니[辛國]'는 원래 한국의 고대국가인 가락국을 가리키는 말이었으나 나중에는 한반도 전체를 가리키는 명사로 사용된 말이다.(민족문화대백과, 다음) 대마도와 아키노시마의 한국 관련 신화와 역사들을 일본은 잘 보존하는 것 같아 정

확히 모를 때는 일본이 독도에 대해 일방적인 압제를 가하는 것 같아 (일본 나름으로 한국정부와 협상이 있었는지는 모르겠으나) '일본에게 대마도를 내어놓아라'라고 하자는 생각을 하기도 했다. 그러나 일본이 이렇게 한국역사문화를 일부 왜곡은 하더라도 잘 보존해 가는 것을 보고는 협력하여 작품 제작하고 한일이 진정성 있게 나은 관계를 구축하자는 말이 나온다. 아마도 이것도 한국인이 한일역사문화를 잘 알 때의 일이겠지. 한일이 대등하기 위해서, 혹은 강자에게는 아부 잘 하는 아베류 일본지도자들이 한국에 협력을 요구해 오게하기 위해서는, 한국인이 여러 면에서 더욱 탄탄하게 실력을 쌓고 역사문화를 공부하는 수밖에 없을 것이다. 국제학술회의에서도 일본역사의 고유성을 주장하며, 억지부리는 일본학자들을 가끔 보아 왔다. 더 늦기전에 상생방송이나 홍윤기교수님처럼 일본 속의 한국역사문화를 내외에 적극적으로 알리고, 또 인하대처럼 한일합동모임 노력도 해보자. 송파구 한성백제 축제에도 일본측 백제 축제지들도 초청 교류하는 것을 보았다. 심수관 환단신사、아직기신사、왕인신사、대의라신사 등도 한국계라면 일본정부의 지원이 없어 힘들다 한다. 한일이 사이가 좋아지면 이 한국계신사들-일본내의 한국역사도 좀 더 나은 대우를 받을 것이다. 다행히 한국엔 천손 황족인 김씨와 허씨가 약1000만 명에 육박하여(2015 통계청) 한국의 천도문화의 미래는 밝다고 전망들 한다.

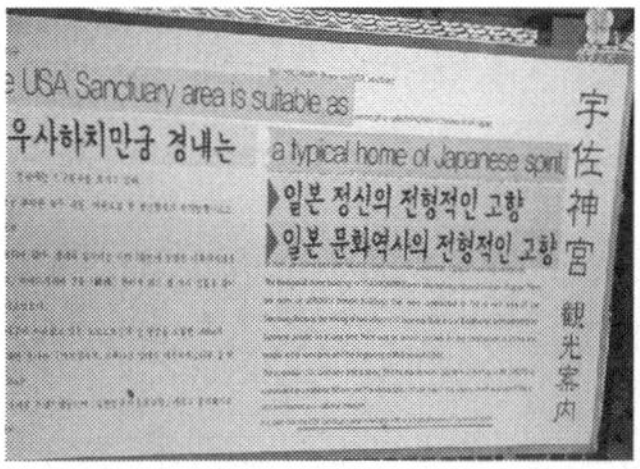

★ 뒷 표지 한국역사년대표에 대해 일부 설명을 드립니다.

단군조선壇君朝鮮은 사실상 기원전 8937년 상원갑자년(上元甲子年) 음력 시월 삼일, (현재 중국) 감숙성 돈황에서 반고환인씨盤古桓仁氏가 신시神市 즉 신神의 도시를 건국했다. 신神의 도시란 신인神人같았던 반고환인씨- 도교의 교조 老子도 한 번도 통하기 어려운 도道를 인류최초로 9번이나 득도得道한 신神과 같은 사람이, 직접 나라의 기초가 되는 도시를 건설했다는 뜻이다. 여기서 '단군壇君'이란 하늘에 제사를 지내는 유일한 한 사람인 임군壬君을 뜻한다.

다시 말해 제단祭壇에서 하늘에 제사를 지내는 왕王을 뜻하는 것이다. (필자가 생각하기엔, 일설에는 환인의 허락 하에 3000 전문가 무리를 환인천황으로부터 물려받아 거발한 환웅이 돈황 삼위산으로 내려갈 때, 삼천무리 중 '반고'라는 신하가 – 도술도 잘하는 사람으로 따로 떨어져 나가길 원해 허가하여 중국민족의 시조가 되었다고도 하나, 어찌 되었든 '반고는 우리와 같은 족속으로' 지금과 같은 역사 왜곡 전쟁기에 〈우리 한국 대륙역사〉에서 구태여 제외할 필요가 없다고 여긴다. 한편 《환단고기》를 쓴 저자들은 신라 · 고려 · 조선조 학승이거나 벼슬하는 학인들로서, 당시 강대국이었던 唐나라나 明나라로부터 자유로울 수 없는 약소국 상황에서, 나라 간의 무난한 범위 내에서 글을 썼을 것이다. 하여 《환단고기》에 의하면 한국역사가 총 9200여 년에 불과해진다. 하여 좀 더 자유롭게 사고하여 반고환인씨부터 나아가면 10,956년이 된다. (1740년 한국의 고대역사를 더 찾는 길이다.) 우리나라의 충북 소로리 볍씨는 15,000년, 서양에서도 이제, 우리와 DNA가 같은 북방 유목민족이 아메리카로 이주한 시기도 15,000년전으로 추정하고 있어, 무대륙과 연계하여 한국역사 70,000년을 고고 · 민속 · 역사문화 자료로 증명하여 찾는 날도 기대된다.) 임균택교수는 자녀들을 모두 중국으로 유학하게 하여 중국내 잔존하는 한민족 역사와 관련한 여러 자료를 모두 수집하여, '요임금'이 바로 '단군'이었다는 것을 증명하는 글과 책(한경대전韓經大典)을 일찍이 세계적으로도 발표하였다... 지면상 율곤 이중재선생님의 《처음으로 밝혀진 상고사의 새발견》을 요약하자면,

우선 반고환인씨에 의해 신시가 서게 되어 고조선古朝鮮은 정통국正統國에서 출발하여 그 후 5039년을 누렸다. 이를 <단군조선 제 1기>라 할 수 있다.

단군조선 제 2기는 배달국倍達國, 유소환웅씨有巢桓雄氏 B.C.E. 3898년에 시작되었다.
단군조선 제 3기는 조선국朝鮮國으로서 도당씨陶唐氏 = 堯임금, B.C.E. 2357년이며,
단군조선 제 4기는 고주몽高朱蒙. B.C.E. 231년 즉 고구려高句麗로서 고려국高驪國
단군조선 제 5기는 대한민국大韓民國 즉 코리아高麗이다.

이중재,《처음으로 밝혀진 상고사의 새발견》발췌한 카카오 환단원류사 박민우 카톡강의방에서 다시 발췌한 "반고환인씨(盤古桓仁氏)는 구통도인(九統道人)" 2018. 1. 8 & 2019. 2. 27 참조.

<7만년 한국역사를 찾을 꿈의 지도> 및 일만 여 년 환국역사 지도(동서 2만리, 남북 5만리)

강상원박사는 2012년 5월 21일 저서《조선(朝鮮) 고어(古語) 실담어 주석(註釋) 사전(辭典)》을 편찬하였다. 무우(Mu . 巫) 제국의 존재를 처음으로 밝힌 제임스 처

치워드와 모니얼 모니어 윌리엄스의 《산스크리트 - 영어 옥스포드 사전》 그리고 《조선 고어 싯담어 주석 사전》은 과거 1만 2천 년 전 대동이(大東夷)의 역사와 훈민정음(훈민졍음, 訓民正音), 한자(漢字)의 비밀을 모두 밝혀주고 있다. 예를 들면, 앞서 밝힌 '마(Ma)' 소리에 실담어 뜻이 毋(모)이고, 엄마, 대지(大地)의 뜻이 담겨 있다. 또 '산스크리트 - 영어 옥스포드 사전'의 실담어 '미(Mi)'는 묘(苗)로 번역이 되었는데 실담어 '미(Mi)'는 '정착 생활을 하는 사람'의 뜻이고 '땅에 뿌리를 내린다'는 의미이다. 그러면 묘(苗)라는 한자(漢字)는 상고시대에 천축 강역에서 산스크리트어를 사용하던 사람들이 만든 것이 확실하다고 판단된다. 묘(苗)라는 글자의 모양에서 알 수 있듯이 밭에서 새싹이 돋아난다는 의미이다. 즉, 동이족은 정착 생활을 시작했으며 최초로 논과 밭을 일구어 경작을 하였던 민족이다. 묘족(苗族)은 그 갈래가 수십 가지가 되는데 한民族의 가장 오래된 조상이며, 약 1만 년 전 천산지역에서 높은 산을 타고 동쪽으로 이동해온 민족이다. 서쪽으로 간 민족은 수메르가 되었고, 동쪽으로 간 민족은 배달나라의 뿌리와 줄기가 되었다. 그리고 남쪽으로 향한 민족은 인도문명을 건설하였고 오늘날 드라비다에 그 흔적이 완연히 남아 있다. 북쪽 루트는 중앙아시아에서 몽골 고원을 지나 만주 한반도로 이동 해 왔다. 이들이 모두 묘(苗)이며 묘(苗)는 '인류의 뿌리'라는 뜻이다. [B.C.E.8937] 오늘날 중국 남부지방에 묘족(苗族)은 그 옛날 천산에서 살았던 동이족들이었는데, 요堯라는 동이東夷를 배신한 사람이 중원으로 몰아붙여 쫓겨났다고 박제상이 《부도지》에 기록하고 있다.

苗의 어원은 벼를 심는 모, 어미毋, 무덤 묘, 뫼(山), 무(巫) 그리고 Mu, 마고 등 다양하다. 또 산스크리트어로 메다(Medha)라고 하면 우리말의 무巫를 뜻하는데 '무(巫)제국'이라 하여도 말이 되는 것이다. 메다(Medha)는 정신력, 지혜를 이르는 말이다. 오늘날 의학을 뜻하는 메디칼(Medical)의 어원이 메다(Medha)이다. 강상원박사 싯담어 강의

"君官吏啓自出巫(군관리계자출무) 帝則祭祀之義也(제칙제사지의야) 巫 祝也(무축야) 女能事无形 (여능사무형)" [염황원류사 297쪽] / (朝鮮 古語 실담어 註釋 辭典 참고)

즉, '무巫제국'이라 하면 "지혜로 가득 찬 성인이 다스리는 나라"가 되는 것이다.

《염황원류사》에도 "임금과 관리의 다스림은 무巫에서 나왔다. 황제는 (조상님께) 제사를 (정성으로) 모시는 것을 근본으로 삼는 것이다."라고 하였다.

도대체 이런 말의 연결성은 어떻게 이루어지는 것일까? 그밖에 무우제국을 지칭하는 이름으로 '쿠이(Kui)'가 있다. 제임스 처치워드경이 무우제국과 연관된 기록물들을 조사하는 과정에서 '영국 국립 박물관'에 소장되어 있는 '트로아노 고사본 '을 보게 된다. '트로아노 고사본'은 유카탄 반도와 고대 마야족에 대한 기록인데, 여기에 무우제국과 관련된 많은 정보들을 연구하면서 '쿠이(Kui)'라는 이름을 발견하였다. '쿠이(Kui)'는 '어머니 나라'를 뜻하며 무우제국에 다른 이름이라는 결론을 얻었다. "성서에 나오는 에덴동산은 이집트인들이 '서쪽의 나라'라고 불렀고 마야인들이 '쿠이의 나라'라고 불렀으며 힌두족이 어머니의 나라라고 했던 곳이다. 이 여러 가지 이름이 가리키는 곳이 무대륙이다. 〈제임스 치치워드〉 '트로이노 고사본'에 마야어 '쿠이(kUI)'는 이집트어 '카(kA)'와 같은 의미이다. 이집트어로 '저 죽은 영혼의 나라'는 '쿠이의 나라'와 같은 뜻으로 고대에는 신이 곧 창조주를 의미하지는 않았다. 당시에 神은 죽은 사람의 영혼을 칭하는 말이었다. 그러므로 '트로아노 고사본'에 나와 있는 신들의 모국이라는 말은 그 의미를 확대하여 해석하면 '인류의 모국'이라는 뜻이다. 위대한 이집트학자인 가드너 윌킨스 경은 그의 저서《풍속과 습관》제 3권 70쪽에서 다음과 같이 말하고 있다. '마야'어의 의미 해석에 의하면 쿠이 나라 혹은 쿠이의 나라란 신들의 어머니이자 인류의 어머니인 마야 여신의 출생지였다. (《뮤 대륙의 비밀》 67~68쪽) '쿠이(Kui)'를 우리식으로 발음하면 구리(句麗)이기 때문이다. 이 얼마나 놀라운 일인가! 역시나 '옥스포드 산스크리트어-영어 사전,Sanskrit-English Dictionary'에도 같은 내용이 실려 있었다.

《조선 고어 싯담어 주석 사전》에 찾아보면 '꾸루Kuru'라고 되어 있다. (33쪽) 꾸루(Kuru)는 구리, 구려, 고구려, 고리, 고려 등과 같은 말로 원래부터 동이족은 자기네 조상들이 오랫동안 살아 왔던 땅을 '꾸루(Kuru)'라고 하였고, 한자가 대중화된 이후에는 高句驪, 高麗 등으로 문자화시켰다는 것이다.《朝鮮 古語 싯담어 註釋 辭典》에 꾸루(Kuru)는 " 반고환인般古桓因, 환웅桓雄, 단군壇君 이전부터 내려온 즉, 제국왕정帝國王政의 통치조직이 발달되었던 곳, 예컨대, 수메르 왕국에서 외교사절을 파견하여 단군에게 공물을 헌납하였던 점 등. 히말라야산 북쪽에 있었던 동이족의 나라 一名 극락지국極樂之國 영어로는 "Country of the everlasting paradise" 라고 기록하고 있다(《산스크리트 - 영어 옥스포드 사전》p.294). 이러한 사실로 미루어 보아 제임스 처치워드와 《산스크리트 - 영어 옥스포드 사전》의 기록은 사실이며 우리 한民族의 역사와 일치하는 것들이 아주 많기 때문에 무우(Mu)제국의 역사는 바로 한民族의 역사라고 결론짓게 되었다. 이상에 제시된 예문 이외에도 태백, 아사달, 천제울국, 에덴동산, 마고 등을 찾아보면서 위대한 동이족의 역사를 발견했으며, 잃어버렸던 마고성의 위치와, 바다 속으로 가라앉아 영원히 그 자취를 감추었던 것으로만 알고 있던 무(Mu)대륙의 실체를 발견하게 되었다. 인류 기원과 역사로서의 환국桓國은 실존했던 것이며 동이의 어원과 실체가 낱낱이 파헤쳐졌다. **환국의 역사가 길게 7만년이라고 하는 것은 바로 무우(Moo)제국의 역사였으며, 무우(Mu)제국은 바다 속으로 가라 앉아 멸망했던 나라가 아니고** 마고지나麻古之那(고려시대는 고려를 지칭)에 있었으며 그 강역이 남북이 5만 리 동서가 2만 리였던 것이다.

http://cafe.daum.net/bc8937/XSft/127

각 주

각 주

1) 출생964(광종 15) – 1029(현종 20), 고려 제5대 왕 경종의 비妃. 일명 천추태후千秋太后. 아버지는 태조의 아들인 대종(戴宗 : 추존왕)이다. 성姓은 할머니를 따라 황보씨皇甫氏라 칭했다. 동생 헌정왕후獻貞王后와 함께 경종의 비가 되었다. 경종이 죽고 성종이 즉위하자 천추전에 살았는데, 외척 김치양金致陽이 자주 출입하여 추문이 퍼지자 성종이 김치양을 유배보냈다. 997년(성종 16) 성종이 죽은 뒤 아들 목종이 18세의 나이로 즉위하자 천추전에서 섭정을 하여 천추태후로 불렸다. 유배되어 있던 김치양을 불러 우복야 겸 삼사사右僕射兼三司使로 삼았으며, 그와의 사이에서 태어난 아들을 목종의 후계자로 삼기 위해 헌정왕후의 아들인 대량원군(大良院君 : 뒤의 顯宗) 순詢을 강제로 출가시켜 삼각산 신혈사에 살게 하고, 여러 번 사람을 보내 죽이려 했다. 목종이 대량원군을 후계자로 정하자 1009년(목종 12) 김치양으로 하여금 궁궐에 불을 지르고 반역을 도모하게 했으나 서북면도순문사 강조가 목종을 폐위하고 대량원군을 즉위시킴으로써 실패했다. 폐위되어 섬으로 유배되었다가 황주로 옮겨졌고, 21년 후 숭덕궁崇德宮에서 죽었다. 능은 유릉幽陵이다.

2) "이성계의 조선 개국에서부터 세종조에 이르는 파란만장한 시대의 역사를 재조명한 드라마 KBS제작 이환경(극본), 김종성(그외), 박종화(원작), 김재형(연출)"

3) 산들투어, 다음.

4) 차옥덕, "21세기 한국 여산신의 잔상", 『동아시아 여성신화』, 동아시아고대학회편, 집문당, 2003 참조. 우리역사를 바로 알자! 역사당, 2015년 8월 16일, 다음.

5) " 밀교密敎를 연구하였고, 인도여행기인 ≪왕오천축국전 往五天竺國傳≫을 저술하였다. 719년(성덕왕 18) 중국의 광주廣州에서 인도 승려 금강지金剛智에게 밀교를 배웠다. 금강지는 남인도 출신으로 제자인 불공不空과 함께 중국으로 건너와서 밀교의 초조初祖가 되었다. 금강지는 당시 장안長安 · 낙양洛陽 등지에서 밀교를 가르쳤는데, 이 때 혜초가 그의 문하에 들어갔으며, 혜초가 인도구법을 결심한 것도...그가 구법여행을 떠난 연대는 확실하지 않으나 723년경으로 추정하고 있다. 인도로 가는 여행도 해로였는지 육로였는지 불분명하다. 그는 만 4년 동안 인도를 여행하였고, 카슈미르(Kashmir) · 아프가니스탄 · 중앙아시아 일대까지 답사하였다. 다시 장안으로 돌아온 것은 30세 전후였다. 733년 장안의 천복사薦福寺에서 도량을 열고 스승 금강지와 함께 ≪대승유가금강성해만수실리천비천발대교왕경 大乘瑜伽金剛性海曼殊室利千臂千鉢大敎王經≫이라는 밀교경전을 연구하였다.

이 때 금강지는 이 경전의 한역漢譯을 시작하였는데, 혜초는 필수筆受를 맡았다. 그러나 그 이듬해 가을에 금강지가 죽었으므로 이 사업은 중단되었고, 금강지의 유언에 따라 이 경의 산스크리트 원문은 다시 인도로 보내지게 되었다. 금강지가 죽은 이후 혜초는 금강지의 제자였던 불공삼장으로부터 다시 이 경전의 강의를 받고, 774년 가을 대흥선사大興善寺에서 다시 역경을 시작하였다. 그러나 불공은 이보다 수개월 전인 6월에 죽었기 때문에 이 연대에는 다소간의 문제가 있다. 오늘날 불교학계에서는 혜초와 불공의 경전번역을 1년 앞당겨서 단정하고 있다. 이 때 그는 불공의 6대제자 가운데 제2인자로 유촉遺囑을 받았다. 또, 그에 관해서는 '신라인'이라고 분명히 밝히고 있다. 따라서, 중국 밀교의 법맥을 금강지– 불공– 혜초로 손꼽을 수 있다. 불공이 죽은 직후 동문 · 제자들과 함께 황제에게 표문을 올렸다. 그 내용은 스승의 장례에 대하여 황제가 베풀어준 하사下賜에 깊은 감사의 뜻을 표하고, 또 스승이 세웠던 이 사찰을 존속시켜 달라는 청원이었다. 그 뒤 수년 동안 장안에 머물러 있다가 780년 불경을 번역하기 위하여 오대산으로 들어갔다. 오대산은 불공이 오래 머무르던 곳이며, 첫번째 제자인 함광含光도 여기에 머무르고 있었다. 노년을 오대산의 건원보리사乾元菩提寺에서 보내면서, 전에 필수를 맡았던 ≪천비천발대교왕경≫의 한역과 한자음사漢字音寫를 시도하여 약 20일 동안 이 한역본을 다시 채록하였다. 그 이후의 기록은 전하지 않으며, 787년에 입적하였다. 그가 살아 있을 때 신라로 귀국한 흔적은 없다. 이미 신라에는 명랑明朗을 중심으로 하는 신인종神印宗이 성립되어 있었기 때문에 혜초가 공부한 것은 그와는 별도의 밀교였던 것으로 보이며, 불공과의 관련으로 미루어보아 그는 정통밀교를 표방한 인물이라고 볼 수 있다. 당시의 중국 유학승들이 인도에 간 중요한 목적 가운데 하나는 나란다(Nalanda)라는 불교대학에서 수학하려는 것이었다. 그러나 그의 경우, 나란다에서 공부한 흔적도 없다... 그의 밀교와 신라의 밀교가 어떠한 관련이 있는가는 검토해 보아야 할 문제이며, 그에 관한 기록이나 저술에서 언제나 '신라인'임이 강조되고 있는 점으로 보아 그가 어떠한 형태로든지 고국과 관련을 맺었으리라고 추론해 볼 수 있다.참고문헌「혜초」(고병익, 『삼국의 고승』, 신구문화사, 1976)/「慧超傳考」(高楠順次郎, 『大日本佛敎全書遊方傳叢書』1, 1915) 한국민족문화대백과사전, 다음.

그가 저술한 "왕오천축국전"은 1908년 프랑스의 폴 페리오가 둔황 막고굴에서 발견한 둔황 문서 속에 들어있었다. 책의 앞뒤가 떨어져 나가 누구의 저술인지 알지 못하였으나, 페리오의 연구로 혜초의 저술임이 밝혀졌다. 당시 인도의 풍습이나 불교와 관련된 상황이 생생하게 기록되어 역사적인 가치가 매우 높은 책이다. 마르코폴로의 "동방견문록", 이븐바투타의 "여행기"등과 더불어 세계 4대 여행기로 꼽힌다. 정주일 역저, 『혜초의 왕오천축국전』, 학고재, 2018(10쇄)년, 참조.."

6) 요약 영화나 드라마 등 영상물의 간단한 줄거리나 개요. 시놉시스는 영화, 드라마, 다큐멘터리 등 영상물 제작을 설명하는 청사진이다. 따라서 시놉시스 작성에 있어 단순성과 명료성이 중요하다. 이는 시놉시스가 기본적으로 영상물 제작을 제안하는 성격을 갖고 있기 때문이다. 또한 영상 스타일과 촬영 일정, 예산에 대한 간략한 설명이 추가될 수 있다. 시놉시스의 분량은 A4 용지 1~2매가 일반적이다. 다음백과.

7) "618. 노자서승경老子西昇經 - 第十八 爲道章(위도장) 게시판 C (환단원류사카톡방) 2018. 2. 18. http://blog.naver.com/silvino111/221211042100 노자서승경 -第十八 爲道章(위도장) 카카오 환단원류사 박민우 카톡강의방에서 발췌, 2018.1.30. 율곤 이중재 해설, 다음."

8) "용과의 관계에 대해서는 〈유양잡조酉陽雜俎〉 혹은 〈회남자淮南子〉에 '우가羽嘉는 비룡을 낳았고, 비룡은 봉황을 낳았으며 봉황은 난새를 낳았고 난조는 모든 새를 낳았다.'羽嘉生飛龍 飛龍生鳳 鳳生鸞 鸞生庶鳥라는 구절이 있다. 하지만 학과의 관계에 대해서는 어디에서도..
청나라가 지정해준 용기는 중국 왕실에서 쓰던 오조룡보다 격이 낮은 사조룡에, 중국 동쪽에 한국이 있다는 점을 근거로 동방의 수호신인 청룡, 즉 사조청룡이었다. 또한 태극기 이전에도 조선 왕실에서는 어기御旗를 사용했다. 모양은 문왕팔괘에 태극도설의 태극문양을 그려넣었으며, 이와 유사한 좌독기는 군대에서 사용했다."

9) 경북에 가면 '예천'醴泉이란 곳이 있다. 예천의 '예'醴는 단술을 뜻한다. 예천은 본디 신라의 수주현水酒縣이었는데, 경덕왕 때 예천군으로 고쳤다. '수주현'이나 '예천'은 둘 다 '술'과 관련이 있다. 땅이름에 '술'이 들어가는 까닭은 무엇일까? 오랫동안 땅이름을 연구했던 김윤학 교수는 이러한 원리를 '유연성'에서 찾는다. 유연성을 고려한다면, 술과 관련된 땅이름은 대체로 물과 깊은 관련을 맺는다. 예천이라는 땅이름에 단술을 뜻하는 한자 '예'를 쓴 것은 이 지역의 물맛이 단술 맛과 같다는 뜻이었다. 흥미로운 점은 〈산해경〉에 나오는 '봉황 설화'다. 이를 보면 발해 북쪽 땅 한곳에 붉은 동굴이 뚫린 산이 있는데, 그 산 꼭대기에는 금과 옥이 많고 붉은 물이 흘러나오는 곳이 있다. 이 물은 남쪽 발해로 흘러드는데 그곳에 큰 새가 있으니, 모양은 닭과 같고 오색찬란한 새로, 그 이름을 봉황이라 한다고 했다. "봉황은 신령스러운 새이니 수컷을 봉이라 하고, 암컷을 황이라 한다. 봉황의 성격은 오동나무가 아니면 앉지 않으며, 대나무 열매가 아니면 먹지 않는다"고 하였다. 장자 소요유나 『시경』 기록에, 봉황은 예천의 물이 아니면 마시지 않는다 하였다. 술맛 같은 예천의 물. 그러나 오늘날은 예천만이 아니라 전국 어디를 가든 봉황이 마시는 물을 떠올리기는 쉽지 않은 일이 됐다. 한겨레신문. 다음.

10) "노자는 주(周 : B.C.E. 1111경~255) 수장실守藏室의 사관史官이었다. 사관은 오늘날 '역사가'를 의미하지만, 고대 중국에서는 천문天文 · 점성占星 · 성전聖典을 전담하는 학자였다. 사마천은 노자의 벼슬에 대해 언급하고 난 뒤, 늙은 노자와 젊은 공자(孔子 : B.C.E. 551~479)와의 유명한 만남에 대해 말했다. 이 만남에 대해서는 학자들 사이에서도 많은 논의가 있어왔다. 이 만남은 다른 문헌에서도 언급되어 있으나, 일관성이 없고 모순되는 점이 많아 단지 전설에 불과한 것으로 여겨진다. 노자와 공자가 만났을 때 노자는 공자의 오만과 야망을 질책했고, 공자는 그로부터 깊은 감명을 받아 그를 구름과 바람을 타고 하늘로 올라가는 용에 비유했다고 한다. 정확히는 문서 기록을 담당하는 관직. 당시 이 관직의 명칭이 '사'史였는데, 이것이 후에 '역사'를 뜻하는 글자로 쓰이게 된다. '史 記事者也 從手持中 中正也史는 기록하는 사람이다. 글자의 형태는 '손'이 글자의 한 부분이고, 中을 잡고 있는 모양이다. 고대 중국에서 中은 제법 중요한 글자 중 하나인데 대강 얘기하자면 올바르게 균형을 잘 잡고 있다 정도로 얘기할 수 있다.) - 허신許愼의 설문해자說文解字. 역사 교육학 배우면 한번 이상은 꼭 지나치는 기록이다. [3] 사실 노자가 그와 친분이 있어서 미리 준 것은 아니고 노자가 은둔하기위해 관청을 떠나려 할 때 문지기인 윤희가 선생님께서는 이제 곧 은거하실테니 쉬운 부탁은 아니겠지만 떠나시기 전에 소인을 위해 글을 남겨주고 가십시오.라고 부탁했는데 평소에 언어를 통해서는 진리에 도달할 수 없다며 글 자체를 남기지 않았던 그도 윤희의 부탁을 거절하지 못하고 그를 위해 자신의 유일한 저서를 집필한다. 사실 노자는 학문이나 책 자체를 그가 주장하는 도에 정반대되는 개념으로 보고 아주 몹쓸 것으로 취급하던 사람이다. 도덕경만 봐도 이미 책읽고 공부한 학자(혹은 지자 = 똑똑한 자)라는 인간들을 평범한 사람들 상대로 '(인)위'(현혹이나 선동에 가까운 것들을 의미한다.)하려 하는 자로 간주하는 것을 알 수 있다. 그들의 음모(?)에 맞서 도를 거스르지 않는 방법은 백성이 무지하고 바라는 게 없는 것無欲, 즉 무위라 봤다. 참고로 여기서 무지는 기존의 서술과 같이 무식함을 의미하는 것이 아니라 인위나 작위적인 것의 부재를 의미한다. 노자 - 공자를 만났으니 장자 B.C.E. 365경~B.C.E. 270경. 기원전 770년부터 진나라가 천하를 통일한 기원전 221년까지는 '춘추전국시대'라 불리는 고대 중국의 분열기이자 혼란기였다.

각 나라의 제후들은 부국강병을 위해, 신분보다는 능력을 중시하며 인재를 등용했고 그로인해 다양한 학문이 발달하고, '제자백가'라 불리는 다양한 학자와 학파가 등장하게 되었다.
장자는 삶과 죽음은 하나라는 철학 속으로 중국 전국시대의 송나라 철학자, 산문가, 제자백가 중 도가 사상의 중심인물로 자연으로 돌아갈 것을 주장했다. 맹자와 비슷한 시대에 활동한 것으로 전하나 정확한 생몰년은 알려져 있지 않다. 천지 만물의 근원을 도라고 보았고, 평생 벼슬길에 나아가지 않았다. 양혜왕의 재상을 지낸 혜시와 우정이 두터웠고, 그와 변론을 즐겼다. 혜시가 죽은 후에는 변론의 상대를 잃었다며 한탄했다. 10만여 자로 쓰인 그의 저서《장자》는 우화 중심으로 쉽게 쓰였고, 도가의 경전이 되었다. 그중 장자가 스스로 나비가 되어 노닐다가 자신이 장자라는 사실도 잊고 말았다는, 자신이 나비인지 나비가 자신인지 구별할 수 없다는 〈나비와 장주〉예화가 유명하다. 평단문화사.
아내의 주검 앞에서 노래를 부르다: 장자의 이름은 주周이고, 중국 송나라의 허난성 상추 근처에서 태어났다. 본래 이곳은 호수와 숲이 많고 경치가 아름다우며 기후 역시 온화하여, 그의 정신세계에 큰 영향을 주었으리라 추측된다. 장자는 처음에 공자의 제자인 전자방田子方에게서 배웠다고 하는데 확실하지 않다. 장자는 남에게 배우기보다는 스스로 책을 읽으며 자신의 독자적인 사상 체계를 형성해 나간 듯하다. 장자의 아내는 결혼한 지 얼마 안 되어 죽고 말았다. 이때 친구 혜시가 조문을 왔는데, 장자는 두 다리를 뻗고 앉아 물동이를 두드리며 노래를 부르고 있었다. 이를 보고 혜시가 말했다. ""그대는 지금까지 아내와 잘 살아왔고 그래서 애정도 두터울 터인데 노래를 부르고 있다니, 이것은 너무하지 않은가?"" 이에 장자는 ""그것이 아닐세. 나도 처음에는 놀라고 슬퍼서 소리내어 울었다네. 그런데 가만히 생각해보니, 가소롭기 짝이 없지 않은가? 왜냐하면 그녀는 본래 삶도 없고, 형체도 없고, 그림자조차 없었지 않은가? 그러다가 어느 날 큰 혼돈 속에서 음양의 두 기氣가 일어나 형체를 이룸으로써 그녀에게 비로소 삶이 주어졌네. 그리고 이제 삶에서 다시 죽음으로 돌아갔거늘, 이것은 춘하추동의 변화와 똑같은 것이 아니겠는가? 아마 내 아내는 지금쯤 천지天地라고 하는 한 칸의 큰 거실 안에서 단잠을 자고 있을 걸세. 그런데도 내가 소리를 치고 통곡을 하며 운다면, 천지간에 얼마나 불행한 사람이 되겠는가?" "흙탕물 속에서 살겠다: 장자는 젊은 시절에 잠시 하급 관리 노릇을 한 적이 있는데, 경제적으로 아주 어려웠다. 끼니를 굶을 지경이 되자, 치수(治水, 물을 관리하는 일)를 담당하는 관리에게 쌀을 좀 빌리고자 했다. 그러나 그 관리는 " "내가 수확기에 전세(田稅, 밭을 빌려주고 받는 세금)를 받으면 그 자리에서 삼백 냥을 빌려주겠소" " 하는 것이었다. 이 말에 불쾌해진 장자는 이렇게 말했다. " "내가 이리로 오는데 누군가가 나를 불러 사방을 둘러보았더니, 시궁창의 붕어 한 마리였소. 그 붕어가 나에게 하는 말이 '나는 동해의 파신(波臣)이었는데 어쩌다 이렇게 되었습니다. 그러니 나에게 한 말의 물을 주어 제발 살려주십시오' 하는 것이었소. 그래서 나는 '내가 남쪽의 오나라와 월나라의 군주를 만나 큰 강의 물을 끌어다가 당신을 환영하도록 청하리다' 하였소." "장자는 이 비유를 통해 사람이 급할 때 조금만 도와주어도 될 것을 허무맹랑한 말로 희롱만 하는 것에 대해 준엄하게 꾸짖고 있는 것이다. 장자는 아내가 죽은 뒤 관리직을 그만두고 여러 곳으로 유랑했다. 그리고 그는 세상의 권세나 부귀를 우습게 여겼다. 언젠가 초나라의 위왕이 장자의 명성을 듣고 그를 재상으로 등용하기 위해 천금千金의 선물과 함께 대부 두 사람을 보내 초빙해오도록 했다. 대부들은 3개월을 헤맨 끝에 장자를 찾았다. 그는 물가에서 낚시질을 하고 있었다. 장자는 낚싯대를 잡은 채 돌아보지도 않고 대부에게 물었다.""천금이라면 대단한 돈이며, 재상이라고 하면 고관 중의 고관이지요. 그런데 듣자니 초나라 조정에는 죽은 지 삼천 년이나 지난 신령스런 거북이 있다지요? 왕은 그것을 비단으로 잘 싸서 종묘에 모셔두고 길흉을 점친다고 들었소. 그 거북이 정말로 신령스럽다면 죽어서 그 껍질로 사람의 존경을 받겠소, 아니면 살아서 진흙 속에서 꼬리치며 살겠소?"" ""그야 이를 말입니까? 흙탕물 속에서 자유로이 꼬리를 치며 사는 편이 좋겠지요." " 이 말이 떨어지기가 무섭게 장자가 말했다." "그럼 어서 돌아가시오. 나도 살아서 흙탕물에 자유로이 꼬리를 젓고 싶은 사람이오." "권력에 아부하여 일시적으로 부귀영화를 누리다가 어느 날 갑자기 죽임을 당하는 것보다는 차라리 욕심 없이 유유자적하며 사는 편이 더 낫다는 뜻이다.
벼슬 욕심을 버리다: 장자는 혜시가 양나라의 재상이 되자 그를 만나러 갔다. 어떤 사람이 이 사실을 미리 알고 혜시에게 귀띔을 해주었다." "당신보다 재주가 훨씬 뛰어난 장자가 곧 찾아올 텐데, 그러면 아마 당신의 재상 자리도 보전하기 어려울 것이오." "이 말을 들은 혜시는 불안하여 가만히 앉아 있을 수 없었다. 어떻게 해서든 장자를 만나 그 속내라도 알고 싶었다. 부하들을 죄다 풀어 장자를 찾아오도록 했는데, 꼬박 3일간을 수색했는데도 찾을 수가 없었다. 그런데 장자가 스스로 찾아와 혜시에게 이런 말을 했다." "남쪽 지방에 봉황새의 일종인 원추라는 새 한 마리가 있었는데, 이 새는 남쪽 바다에서 북쪽 바다로 곧장 날아간다네. 그 새는 먼 여행길에도 불구하고 오동나무가 아니면 쉬지를 않고, 대나무 열매가 아니면 먹지를 않으며, 영천의 물이 아니면 마시지를 않지. 그런데 어느 날 그 새의 아래를 지나가던 솔개 한 마리가 썩은 쥐 한 마리를 물고 있다가 혹시 그 원추가 자기의 먹이를 빼앗지나 않을까 염려하여, 급히 머리를 쳐들고 '끼-' 하고 크게 울었다고 하네. 지금 그대도 이 솔개처럼 양나라의 재상 자리를 놓칠까봐 큰소리를 지르는 것이 아닌가? ""여기서 원추는 장자 자신을, 솔개는 혜시를, 썩은 쥐 한 마리는 재상 자리를 의미한다. 결국 이 말은 '네가 썩은 쥐와 다름없는 알량한 벼슬자리를 빼앗길까봐

전전긍긍하고 있는 모양인데, 나는 그런 것에 관심도 없으니 너나 실컷 해라!'는 야유인 셈이다. 보통 사람 같으면 이 말에 부끄러워하든지 화를 내든지 할 텐데, 혜시는 벼슬자리에 눈이 먼지라 도리어 안도했다. 즉, 혜시는 장자의 마음에 욕심이 없음을 알아차린 까닭에 흘가분한 마음으로 그를 왕과 만날 수 있도록 주선해주었다. 양혜왕은 거친 베로 만든 누더기를 걸치고 다 떨어진 신을 끈으로 묶어서 신고 있는 장자의 초라한 몰골을 보고 놀라서 물었다. ""당신은 어째서 그런 모습으로 굴러다니시는가?"" 이 말에 장자는 이렇게 대답했다. ""옷이 해지고 신발이 떨어졌다고 하여 굴러다닌다고 말할 수는 없지요. 오히려 도덕을 알면서도 행할 줄 모르는 사람이 굴러다니는 것입니다. 그리고 제가 이런 모습을 하고 다니는 것은 불행한 시대에 태어나 성군을 만나지 못하여 그런 건데 어쩌겠습니까? ""장자의 조롱 속에는 양혜왕에 대한 통렬한 질타가 들어 있었다. 양혜왕은 화가 나서 얼굴이 창백해졌으나 달리 할 말이 없었다."

11) "鳳凰 순우리말로는 아시, 안시, 아시새라고 한다. 동아시아 전설에 나오는 상상 속의 새로, 갑골문자에서 봉황은 벼슬과 긴 꼬리깃을 달고 있는 새 모양의 문자로 표현된다. 산해경 등에 전하는 말에 의하면, 덕이 높은 천자가 태어나면 나타난다고 하며, 닭의 머리, 뱀의 목, 제비의 턱, 거북의 등, 물고기의 꼬리를 갖추고 오색의 깃털을 가졌으며 오음의 소리를 낸다고 전해진다. 머리는 덕, 날개는 순, 가슴은 인, 배는 의를 뜻한다. 갑골문자의 자형으로 보면 鳳은 공작, 혹은 그와 비슷한 종류의 조류나 긴 꼬리를 가진 새를 사실적으로 묘사한 문자로 추측되고 있다. 지금은 멸종하고 없는 아름다운 깃털의 새를 나타내고 있었을 것이다. 하지만 본래 이 문자가 가리키던 새가 멸종하면서 점차 상상의 동물로 바뀐 것으로 추측된다. 처음에는 봉 자만 사용했으나, 나중에 수컷을 봉, 암컷을 황凰으로 나누어서 표기하였다. 한국에는 (중국에서 도래되었다고 하나) 그 이전부터 있었던 새 토템신앙을 근거로 이전부터 있었던 신성한 하늘새 신앙에서 연관되었다고 보기도 한다. 고구려에서는 장닭의 꼬리털을 봉황털로 여겨 군사들이 모자에 장식으로 붙였다고 한다.파일:external/www.kyosu.net/13678_1960_546.jpg 서봉총 금관의 새 장식. 봉황이랑 비슷하다. 또한 봉(鳳)자에서 바람 풍(風)자가 나오게 된다. 본래는 발음이 같았기 때문에 바람이라는 의미가 같은 문자에 덤으로 붙어 있었고, 풍은 봉의 이체자에 불과했으나 후세에 이르러 봉에서 풍이 완전히 분리된다. 역으로 이것 때문에 봉과 바람의 관계가 생겼다. 도교 세계관에서는 붕鵬과 함께 조류로서는 최상 랭크에 위치한 환상종이다. 용과 비슷한 역할을 담당하는데, 다만 어떤 상서로운 징조로서 나타난 기록은 있으나 막상 전투에 참전했다는 내용은 거의 찾아볼 수 없다. 해가 뜨면 우는 특성 때문인지 닭을 존대하는 표현이기도 하며, 흔히 닭고기로 만든 요리를 추켜세울 때도 쓰인다. 예를 들자면 용봉탕龍鳳湯. 용봉탕은 보양을 위해 잉어와 닭을 이용해 끓여낸 요리로, 잉어를 용에 비유한 것은 등용문의 고사에서 따온 것으로 보인다. 지역별로 잉어 대신 자라나 메기를 넣거나 함께 넣어 요리하는 것도 있다. 그 탄생에 대해서는 용과 학 사이에서 나왔다는 출처불명의 설이 있다. 왠지 모르게 서양 쪽에서는 불사조하고도 연결되기도 하며, 특히 봉황과 주작의 영어식 번역어로서 본래는 서양의 불사조를 의미하는 단어인 피닉스(Phoenix)를 아예 그대로 사용하기도 한다. 하지만 유래를 따지고 보면 봉황과 주작은 서양의 불사조인 피닉스와는 전혀 관계가 없다. 봉황이나 주작의 경우 옛 중국 신화인 산해경에서 유래되었지만, 피닉스는 이집트 신화의 불사조인 벤누(Bennu, Bnn)에서 유래되었다. 봉황은 중국에선 왕비의 상징이다. 용 중의 용인 황룡은 군주가 쓰는데 반해, 새 중의 새인 봉황이 그 아내인 황후에게 쓰인 것이다. 봉황이 함부로 산짐승을 먹지 않는 점에서 유래하여 인과 덕을 뜻하여, 그것이 황후의 덕목으로서도 요구된 것. 《장자》 소요유편에 의하면, 봉황은 벽오동 나무가 아니면 깃들어서 쉬지 않고, 대나무 열매가 아니면 먹지 않고, 예천이 아니면 마시지 않는다고 하였다. 며느리인 황태자비도 봉황을 쓰지만, 문장이 황후에 비하여 작다. 시각에 따라서는 봉황은 주로 용을 잡아먹고 산다는 인도 신화와 불교의 가루다(금시조) 이미지로 받아들인다는 주장도 있지만, 그런 경향도 있다 하는 정도지, 옛 미술품에 보면 금시조는 봉황과 엄연히 다르게 그려진다. 금시조는 거의 인면조로 그려진다. 다만 금시조가 봉황이 전해져 결과적으로 봉황으로부터 발전된 형상이라는 설도 있다. 봉황 그 자체는 대단히 좋은 상징성을 갖고 있으며, 신체의 각 부위는 인仁 · 의義 · 예禮 · 덕德 · 신信을 나타낸다고 하며, 죽었다가 부활하는 서양의 피닉스와는 달리 신선이나 성천자聖天子의 상징이라서인지 죽음과 관련된 것은 아예 이렇다 할 언급이 없다. 하기사 천자의 상징인데 봉황의 죽음 운운하면 봉황 목숨보다 그 사람의 목숨부터 위험하겠지만. 일본어로는 호우오우ほうおう라고 읽으며, 포켓몬 중 하나인 칠색조의 이름은 여기서 따왔다. 그런데 봉황은 정작 중국이 아니라 중국 동쪽 군자국(한국의 별칭)에 산다는 언급이《설문說文》에 나온다. 봉은 신조神鳥이다. 동방의 군자국君子國에서 나는데, 사해四海의 밖에서 날아올라, 곤륜산崑崙山을 지나서 지주砥柱에서 물을 마시고 약수弱水에서 깃을 씻고, 저녁에는 풍혈風穴에서 잔다. 이 새가 나타나면 천하가 크게 태평해진다. 또한《산해경》을 보면 남산경에 봉황이 나오는데, 기록을 보면 중국으로 보기에는 무리가 있다. ""동쪽으로 500리를 가면, 단혈산丹穴山이 있는데 그 산 위에는 금과 옥이 많이 있다. 단수丹水가 이곳에서 시작하여 남쪽으로 흘러 발해渤海(보하이 해)로 흐른다. 새가 있는데 그 생김새가 닭과 같고 오색의 채색된 무늬가 있으며 봉황鳳凰이라고 한다(민음사

판 산해경 65쪽)"". 물론 산해경의 지리에 대한 기록은 개판인데다, 어디까지나 신화를 기록한 책이니, 그냥 그렇구나 하는 정도 이상의 의미는 없다. 조선시대부터 용을 상징하는 명나라의 비위를 맞추기 위해 군주의 상징으로도 쓰였다고 알려져 있지만, 이는 잘못된 표기이다. 왜냐하면, 당장 한국어에서 어좌를 가르키는 말을 '용상'이라고 하지 '봉상'이라고는 하지 않았기 때문... 오히려 군주의 상징으로는 용을 더 많이 썼다. 용상, 용안, 곤룡포 등등 용과 관련된 단어와 의복은 수두룩 하지만 봉황이 상징이 되는 것이 오히려 드물다. 심지어 청나라가 조선에 지정한 국기도 청색 바탕에 용을 그리는 방식의 깃발이었다. 물론 고종은 그에 반발해 태극기를 만들었다. 조선 시대 왕실유물에서 용이 훨씬더 많이 나오는 것도 사실. 조선 왕의 흉배 문양에 있는 용의 발톱이 중국보다 적은 4개라는 루머가 있는데, 이는 사실과 다르다. 실제로 세보면 5개 맞다. 조선 왕실에서 쓰인 용 문양의 발톱은 그때그때 수가 달라지는데, 흉배에는 5개가 쓰이기도 했고 그림에는 4개가 그려지기도 했으며, 경복궁이나 경희궁 정전의 천장에는 황국의 5조룡도 뛰어넘는 7조룡을 조각하기도 했다. 왜 그런지는 그저 왕실의 권위를 세우기 위해서가 아닐까 라는 막연한 추측이 있을 뿐 자세한 것은 불명. 여하튼 우리나라는 예부터 새를 숭상하던 풍습이 있어, 용을 숭상하던 중국과는 다른 문화적 기반을 가지고 있었다. 그런 이유인지 한국 신화나 설화 등을 볼 때, 한국에서 용은 중국과는 달리 하위신에 위치하는 듯한 내용의 설화가 많다(인간에게 속아서 여의주를 뺏긴다든지)."

12) 안경전 역, 같은 책, 411쪽.

13) 김인희, "고구려와 노동교환혼勞動交換婚적 특징 연구". (동아시아고대학 제53집, 2019.3) 동아시아 고대학회, 470쪽 재인용 참조. – 진위푸, 『동북통사東北通史』 상편 6권 50년대 출판사 배인본排印本, 1936.

14) 다음백과.

15) 맥 그 뿌리 있어 한민족은 예맥 禮脈 · 禮貊 · 濊貊 · 穢貊X족이다. 중국에 훤원이 자오지환웅에게 약50차례 덤벼서도 패배한 이후 훤원이 자오지를 어리석을 · 벌레 치'蚩'치+특히 우'尤', 蚩尤로, 우리를 더러울 穢 자로 쓰는 穢貊X으로, 또 진시황이 우리를 동쪽 오랑캐'東夷'로 (서남북동 모두 오랑캐나 도적 야만인으로) 부르는 것은 모두, 중원 중국 자국 중심 중화주의이므로, 주변국 하대하는'穢貊''東夷'호칭들을 지금 이 자리서 우리 스스로부터 동조하지 말고 거부해야 한다. 역사전쟁시대가 되어 중국이 동이라 하대하던 4대 태우의 환웅의 막내아들 태호복희씨도 인문시조로 신격화까지 하여 숭앙하고, 자오지 14대환웅(치우)도 자신들의 최고 3조상으로 넣어 삼조당을 지어 모시고 숭상하고 있다.

16) 노자, 공자, 징기스칸의 실제얼굴을 아시나요? 쓰고싶은 이야기 2006.01.15.

17) 반고盤古와 실담(or 싯담)어: 반고는 혼란한 세상에 처음으로 나타나 최초로 깨달으신 분으로 반고환인盤古桓因 또는 유신씨有神氏, 혼돈씨渾沌氏, 반고씨盤古氏, 환인씨桓因氏 등 많은 호칭으로 알려진 한民族의 시조이다. 반고盤古란 호칭은 직역하면 나침반과 같이 틀림이 없고 정확하다는 뜻과 방어하다, 수비하다, 지키다의 뜻이 있는데 공교롭게도 영국 옥스포드 대학에서 발행한 20만 단어가 수록 된 산스크리트어 사전(Oxford Sanskrit English Dictionary)에서 '반'과 '고'를 찾아 보면 판(phan) 고(godh)이며 판(phan)은 환하다라는 의미이며 광명의 뜻을 지니고 있으며 고(godh)는 지킨다, 보호한다는 의미의 defend, protect 등의 의미가 있다고 한다. 이를 조합하여 해설하면 밝고 환하게 백성을 지키고 보호하는 제왕의 뜻이 된다. 지금까지 우리가 막연히 알고 있었던 반고는 전설 속의 거인의 모습이 아닌 것이다. 다시 말해 반고는 한 사람의 이름이 아니라 제왕의 타이틀인 셈인데 예를 들어 반고환인, 반고천황, 반고지황, 반고인황 등으로 불러야 한다는 것이다. 그런데 반고의 뜻을 제대로 알지 못한 중국 사람들이 반고는 쏙 빼버리고 왕이나 황제 등으로 호칭을 바꿔버렸다. 일종의 역사 왜곡인 셈이다. 그러나 최근에 강상원 박사께서 지광한池光翰의 지씨홍사池氏鴻史를 보시고 새로운 사실을 발견하였다고 하는데, 지씨홍사池氏鴻史 1권 1쪽 " 지씨홍사 제왕통기池氏鴻史 帝王統紀" 편에 반고가 1만년 전 천황씨 부터 하 은 주 까지 제왕의 타이틀로 기록 되어 있다고 하였다. 강상원 박사의 말에 의하면 비단 반고 뿐만이 아니라 지혜智慧라는 말도 한자가 아니라 범어라고 하였으며 한자를 만든 사람이 동이족이기 때문에 이러한 현상은 무수히 많이 발견 된다고 하였다. 또 하나의 예를 들면 아사달 阿斯達 Asaddhar은 " a holy city, invincible castle, strong hold " '난공불락의 성' 이라는 뜻으로 아사달은 분명히 우리 동이족이 만든 말인 것이다. 여태까지 순수 한자(漢字)이고 중국 사람들이 막연히 만든 단어 인줄로만 알았던 반고가 범어 였다는 말이다. 뒤집어서 말하면 강박사가 발견한 천축실담이 우리말 이라면 한자漢字를 만든 사람도 동이족이라는 역설이 성립된다. 강박사哲學는 30여 년 전 불교 교리에 심취되어 법화경을 영어로 번역하는 일을 하다가 산스크리트어 사전(Oxford Sanskrit English Dictionary)을 참고하여 읽게되었는데 우리나라 경상도 전라도 지방의 사투리와 산스크리트어가 완전히 일치한다는 놀라운 사실을 발견하게 되었다고 한다. 그러한 연구 결과 2001년 12월 3일 '천축실담상

형문자 주역天竺悉曇象形 註譯'과 2002년 6월 14일 'ㅎ한글 고어사전古語辭典 실담어語 주역註譯' 2003년 4월 25일 '왕손정 통어복원王孫正統語復元 실담어주역悉曇語註譯' 등 지금까지 여러권의 귀중한 책을 펴냈다. 산스크리트 [Sanskrit] 범어(梵語)는 인도아리아어(語) 계통으로 고대인도의 표준문장어 인데 중국 및 한국에서는 범어(梵語)라고도 한다. 원어(原語)로는 상스크리타(saskit)라고 하여 완성된 언어, 순수한 언어를 의미하며, 속어 프라크리트(praktā)에 대칭된다. 언어학상으로 인도유럽어족은 인도이란어파, 슬라브어파, 그리스어 · 라틴어에 속하는 이탈리아어파, 독일어 · 영어를 포함한 게르만어파 등 많은 어파로 나뉜다. 산스크리트는 이 중 인도이란어파에 속하는 언어이다. 산스크리트는 B.C.E. 5세기~B.C.E. 4세기경의 문법학자 파니니(Pāini)가 당시 서북인도 지식계급의 언어를 기초로 한 문법서《아시타디야이이 : Aādhyāyī》를 지어 문법체계를 완성하였다. 이것을 고전산스크리트, 또는 간단히 산스크리트라고도 하여 그 이전의《베다》를 중심으로 하는 베다어와 구별한다. 이로부터 오늘에 이르기까지 산스크리트는 종교 · 철학 · 문학 용어로서 지식계급 사이에 사용되어 왔다. 불교경전은 처음 그 경전이 사용된 각 지방의 속어에 의해 전해졌지만, 부파部派불교시대의 설일체유부說一切有部에서 경전을 산스크리트로 쓰기 시작하였다. 또한, 인도 일반에 산스크리트가 사용되는 경향에 따라 속어로 쓰여졌던 것도 산스크리트화하였다. 한역漢譯된 불전의 원본에는 팔리어(pāli) 등의 속어로 된 것, 후기의 혼효混淆된 산스크리트(Hybrid Sanskrit), 순수한 산스크리트, 서북 인도에서 중앙아시아에 걸쳐 사용된 간다라어가 있지만 일반적으로 아비달마阿毘達磨로서, 초기대승불교경전은 고전산스크리트로,《묘법연화경(妙法蓮華經)》 등의 후기대승불교경전은 혼효 산스크리트로 되어 있다. http://www.siddham.kr/314

18) 임균택 · 이중재 2019. 2. 20. https://blog.naver.com/silvino111/221470537663 이중재,『처음으로 밝혀진 환민족사』, 아세아문화사, 최종수정 집쟁이.

19) 강의자: 본문本文에서 노자老子가 말하기를 옛 성현들은 도를 위해 살았다고 했다. 그리고 알고 보면 자연自然이 아닌 것이 없으므로 그 도는 항상 있는 자연이라고 했다.
그러나 억지로 자연을 거슬리게 하는 것은 자연이라고 할 수 없으므로 어찌 옛을 뿌리라

20) 솔롱고,『한국 문화의 원류』, 다음 참조.

21) 선가의 역사는 지금까지 역사로서 다루어지지도 전해지지도 않았다. 부도지의 초기에는 마고에 대한 설명을 많이 하고 있습니다. 마고라는 것은 하나의 일원이고, 으뜸되는 근본입니다. 이 일원으로부터 어떻게 1이 2가 되고, 2가 4가 되고, 4가 8이 되고, 8이 16이 되고, 나아가 32, 64에 이르는 다양한 분화에 대한 설명이 담겨 있습니다. 그런데 이 분화를 통해서 우리가 확인할 수 있는 것은 현상계에서 실제로 하나의 일원성이 다양성으로 나아가는 모습을 보여주기도 하지만, 이것은 한편 다르게 뒤집어보면 인간 탄생의 역사입니다. 인간은 이처럼 하나에서 둘로, 넷으로, 마침내 뼈대를 갖추고 하나의 운영성을 갖는 과정을 보여주듯이 그렇게 설명을 하고 있습니다. 그리고 그 설명이, 부도지가 길게 하면 서른 몇 장으로 구성이 되어 있는데, 그 중에서 무려 여덟 장이 거기에 할애되고 있습니다. 인간은 어떻게 해서 하나에서 둘이 되었고, 둘이 되면서 어떤 상황이 생겨났고, 넷이 되면서 어떤 상황이 생겨나고, 여덟이 되면서 어떤 상황이 생겨나고, 마침내 완성된 존재가 되었을 때는 어떤 모습이 생겨났다 하는 것을 여덟 장에 걸쳐서 설명하고 있습니다. 그 다음 9장부터는 말 그대로 부도의 역사입니다. 이와 같은 현상계의 사람들이 어떻게 부도를 구성했는가, 그리고 이 부도는 어떻게 운영되어 왔는가 하는 것을 또한 여덟 장에 걸쳐서 설명해 놓고 있는 것입니다. 나머지가 실제 부도의 역사, 즉 우리가 일반적으로 알고 있는 역사, 따라서 내가 겪은 것을 그가 겪지 못했고, 그가 겪은 것을 내가 겪지 못한, 일상적인 역사는 바로 17장부터 설명이 됩니다. 그러므로 16장까지를 우리가 알고 있는 일반 역사개념을 도입시켜서 이해하려고 하면 부도지는 신화의 세계이거나, 아니면 꿈의 세계이거나, 종교적인 세계로 비칠 수밖에 없습니다. 아니, 신화적인 세계, 꾸며낸 세계, 그와 같은 세계라 하더라도 그 속에 어떠한 이야기가 없는 것이 아니지만, 아무튼 부도지는 1장부터 16장까지 인간이면 누구나 백 년 전에 살았든, 이백 년 전에 살았든, 지금 살았든…… 그 모든 인간이 바탕에 깔고 있는 바탕에 관한 이야기를 하고 있는 것입니다. 인간이면 누구나 기본적으로 갖고 있는 역사, 그 바탕에 대해서 절반 가까이 할애하고 있는 것입니다. 그런데 우리는 이와 같은 역사에 대해서 이해하고 들은 적이 없습니다. 왜냐하면 선가의 역사는 지금까지 역사로서 다루어지지도 않았고, 선가의 역사서는 전해지지도 않았기 때문입니다.

22) "사마천이 저술한 기전체 역사서인 사기의 편찬시기는 기원전 109년에서 기원전 91년 사이로 추정된다.《사기》와 같은 역사책을 짓는다는 구상은 이미 사마천의 아버지인 사마담 때부터 존재했으나, 사마담은 자신이 그 일을 완수하지 못하고 죽음을 맞게 되자 분개하며 아들 사마천에게 자신의 뒤를 이어 역사책을 짓는 일을 완수해 줄 것을 유언으로 남겼다. 사마천은 그러한 아버지의 유언을 받들어《사기》의 편찬을 계속하게 되었다. 그런데 기원전 99년, 사마천은 흉노에 투항한 자신의 친구 이릉을 변호하다 한

무제의 노여움을 사서 투옥되고, 이듬해에는 궁형에 처해졌다. 옥중에서 사마천은 고대 위인들의 삶을 떠올리면서 자신도 지금의 굴욕을 무릅쓰고서 역사 편찬을 완수하겠다고 결의하였다고 한다. 기원전 97년에 출옥한 뒤에도 사마천은 집필에 몰두했고, 기원전 91년경 《사기》는 완성되었다. 사마천은 자신의 딸에게 이 《사기》를 맡겼는데, 무제의 심기를 거스를 만한 기술이 《사기》 안에 포함되어 있었기 때문이었고, 선제 시대에 이르러서야 사마천의 손자 양운에 의해 널리 퍼지게 되었다고 한다. 남남수, 2018. 11. 24 "

23) 네이버블로그, 세상만사 산과 함께.

24) 신상구, 마고 율려사상律呂思想의 역사적 의미, 2014.3.23.

25) 마고는 전래동화 책을 열심히 읽은 착한 어린이라면 의외로 친숙할지도 모르겠다. 전승에 따르면 마고할미는 하늘도 땅도 없는 세상에서 잠을 자면서 코를 골다가 하늘을 내려앉게 해서 카오스 상태를 만들고, 깨어나면서 하늘을 밀어서 갈라지게 만들어 해와 달이 생기게 하고, 땅을 긁어서 산과 강을 만들고, 큰 홍수를 막고, 마지막으로 무당에게 자신의 힘을 내려주고 자신은 승천했다고 한다. 이러한 소임은 세계 각지 신화의 거인신, 특히 중국의 반고)나 제주도의 선문대 할망과 유사하다. 물론 스케일은 이쪽이 훨씬 크다. 또한 이름만 다르고 비슷한 모습을 보이는 여신들의 사당도 우리나라에서 여럿 찾을 수 있다. 워낙 임팩트가 크기 때문인지 각종 설화 속에서 계속 등장하는데, 예컨대 바리공주의 전승에서 바리공주에게 빨래를 시키는 할머니도 마고할미라고 한다. 마고할미가 거한 산은 천태산, 지리산 등. 거제도에는 마고할미가 쌓은 성이 남아 있다는 전승도 존재한다.... 『부도지』 스럽지만... 마고할미가 자신의 능력을 시험하거나 창조의 과정에서 최후를 맞는다는 계열의 설화도 전해져 오는데, 이를 외래 거대 종교나 아예 무속을 배격한 유교사상의 유입으로 전통적인 권위를 갖던 무속신들의 신격을 격하한 영향으로 보기도 한다. 예를 들어 제주도의 선문대할망은 제주도를 창조한 거인이지만 다리를 놓는 데 실패하고 물에 빠져 익사했다고 하며, 강원도의 서구할미는 아이들에게 홍역을 옮겨 죽게하고, 미녀로 둔갑해 남자를 홀리고, 행인들을 습격해서 제물을 뺏는데 나라에서도 이를 어찌하지 못하고 있던 상황에서 효심이 지극했던 효자가 나서 서구할미의 머리에 쑥뜸을 놓자 '효자가 벌을 주는데 받겠다'며 한 다음 며칠 후에 세상을 떠났다고 하는 이야기가 전한다. 이에 대해 이러한 격하는 모두 같은 뿌리를 공유하는 것으로 선문대할망은 다리조차 제대로 놓지 못한 채 물에 빠져 익사하는 신이 되었고, 서구할미는 창세신의 지위를 완전히 잃고 요괴의 이미지가 덧씌워졌는데 이는 민간 신앙을 억압한 조선시대 유교의 이념이 들어가 있으며, 서구할미가 효자에게 퇴치되는 것은 그 증언이라는 해석이다.

26) www.coo21.rgro.net/bbs/zboard.php?id=con_my&no=3250

27) 차옥덕,『 동아시아 여성신화 』, 동아시아고대학회편, 2003, 참조.

28) 조현설,『우리신화의 수수께끼』, 한겨레출판, 2006.1월.

29) 임종업blitz@hani.co.kr,:http://www.hani.co.kr/arti/culture/culture_general/616003.html#csidxcb643fbe9b8a843a26d117fee0daa1e, 다음.

30) "localhi, "마고 율려사상律呂思想의 역사적 의미", 2014.07.20 02:11 〈참고 문헌〉
1. 김병훈,『율려와 동양사상』, 예문서원, 2004.3.22.
2. 석상순,「한국의 마고 전승」, 국제뇌교육종합대학원대학교 국학과 박사학위논문, 2012.
3. 원맹,「한 · 중 마고설화 비교연구」, 세명대학교 대학원 국어국문학과 석사학위논문, 2013.
4. 河泓鎭,「麻姑思想의 原流」, http://www.hanja - edu.com/0502 - month/20.html.2008.6.11.
5. "마고의 의미", 위키백과. "

31) pluskorea, 다음.

32) 전통문화(백의민족의 향기), 2011.3.

33) 출처 : https://www.sedaily.com/NewsView/1S8GO9DAZ7

34) '중국청도에 있는 노산에 대해서' - 네이버 지식iN)

35) 천문해자天文解字 / 이개춘李開春 지음, 다음.

36) [박민우환단서림], 다음.

37) "563 – 1이 그림은 사천성에서 발굴된 진한시대(B.C.E. 221~AD220)의 전각화 사진이다. 우연히 우리의 역사를 복원하는 구리넷에서 보게 되었다.(http://www.coo2.net) "

38) 『청구원류』 413쪽.

39) 회남자淮南子, 천추미형天墜未形, 다음.

40) 위키 백과, 다음.

41) 韩语漫话中国文化 : 45 共工怒触不周山 http://kr.hujiang.com/new/p400843/다음.

42) 필자는 당시 기후와 지리적 상황과 천문, 역사 기록을 바탕으로 이를 재구성할 것이다. 신화가 신화로 남아 있을 것인지 새로운 역사로 다시 태어날 것인지는 독자의 판단에 달렸다. 다시 한 번 말하지만 환단원류사는 역사 기록에 없는 역사를 다룬 것이다. 빙하기와 해빙, 젊은 빙하기와 지진, 화산, 지구 온난화 등 수많은 과학적 연구와 지질학, 기후학, 천문학, 비교언어학 등에서 성과는 있었으나 역사가 들이 이를 제때 수용하지 않아 과학과 역사가 서로 융합하지 못하고 있다. 이러한 때에 필자는 환단원류사를 집필했고 독자들로부터 많은 지지를 받았다. 내 이야기가 황당하다고 욕하기 전에 당신은 부도지를 읽어야 한다. 한 번 이라도 정독하여 읽어보라.

43) 563. 서왕모의 심판|작성자 집쟁이

44) 토민 2014.02.02., 다음.

45) "* 환단고기의 삼성기三聖紀에서는 환인씨 7대 : 3301년(B.C.E. 7199 ~ B.C.E. 3898 추정)
제1세 환인 안파견安巴堅 / 제2세 환인 혁서赫胥 / 제3세 환인 고시리古是利 / 제4세 환인 주우양朱于襄 / 제5세 환인 석제임釋堤壬 / 제6세 환인 구을리邱乙利 / 제7세 환인 지위리智爲利 이어 배달환국倍達桓國 – 삼성기 및 신시역대기神市歷代記 B.C.E. 3898년 ~ B.C.E. 2333년 까지 18 대 1,565 년간에 배달국倍達國의 환웅桓雄 시대 배달한웅은 천하를 평정하여 차지한 분의 이름이다. 그 도읍한 곳을 신시라고 한다. 뒤에 청구국으로 옮겨 18세 동안 1,565년을 누렸다. 그런데 환단고기의 삼성기에는 상원갑자 앞1기와 이름들이 빠졌다."

46) 박제상, 『부도지符都誌』, 국학원 참조. – 상교 5지 "부도지,음신지,역시지,천웅지,성신지,"와 중교5지 "사해지,계불지,물명지,가악지,의약지", 하교 5지 "농상지,도인지"와 알려지지 않은 3지를 포함하여 모두 15지이며 후에 박제상 선생님의 아들인 백결 선생님이 지은 "금척지"와 조선시대 김시습 선생님의 "징심록 추기"를 합하여 도합 17편으로 된 책으로 안타깝게도 모두 전하지 않고 위에 소개한 책들은 17지중 단 한권 1지의 부도지의 내용이다.

47) 신라의 학자 박제상이 저술한 것으로 전하는 상고사의 비서秘書. 신라 때 영해 박씨의 선조인 박제상(朴堤上, 363~419)의 저술로 알려진 『징심록(澄心錄)』의 15지誌 가운데 맨 처음에 실린 지誌의 이름으로, 파미르고원으로 추정되는 마고... 한국민족문화대백과사전...부도지는 1953년에 그 후손인 박금朴錦이 그 내용을 발표함으로써 일반에 공개되었고, 1986년 번역본이 출간되어 널리 알려졌다. 조선 시대에 김시습에 의해 번역되었다.

48) 진정한 사랑으로 가득찬 세계, 마고. 마고는 우리말로 진정한 사랑이라는 뜻입니다. '고'라고 하는 것은 근대 만주어와 고대 일본어 및 우리말 어근에서도 남아 있듯이 '사랑'이라는 의미로 쓰입니다. 그리고 어의가 확대되면 사랑의 실질적 담지자인 (일본식 표현으로) 신으로 번역되기도 합니다. 가장 큰 신, 진정한 이라는 의미입니다. 마고는 진정한 사랑, 또 어떤 면에서는 진정한 신, 이렇게 옮겨질 수 있습니다. 과거의 세계에서는 마고라고 읽지 않고 아마 마쿠라고 읽었을 겁니다. 마쿠라고 읽는 음가가 세계 다른 나라 언어들 속에서 많이 발견됩니다. 실제로 드라비다어나 수메르어에서도 마쿠라는 용어를 보게 됩니다. 그것은 가장 큰 천신이라는 의미로 쓰입니다. 그리고 가장 큰, 또는 하늘이라는 뜻의, '진정한'이라는 '마'만 빼고 '쿠'만 쓰이게 되었을 때는 신으로 통용되는 경우가 많습니다. 우리말로는 고임받다 할 때 '고'가 사랑이라는 의미로 쓰였습니다. 사랑은 고임이라 하지요. 만주어에서도 '고신'이라는 말이 사랑을 뜻합니다. 아무튼 '고'는 이처럼 사랑 또는 확대되어서 신으로 쓰이고, 마는 '진정한'이라는 뜻으로 쓰입니다. 마에 관해서는 지금도 일본에서는 まま를 지정한眞이라는 뜻으로 쓰고 있습니다. 그리고 우리말에서도 그 어의는 남아 있습니다. '마땅하다'라든가 '맞다' 할 때, '진정한'이라는 뜻으로 쓰이는 경우가 많습니다. 그러므로 부도지에서 마고는 진정한 사랑으로 가득한 세계, 완전한 세계, 당위의 세계로 설정되어 있습니다. 반대로 이 당위의 세계로부터 상반된 현상의 세계가 존재합니다. 말 그대로 그냥 존재하는 세계입니다. 마고의 세계와는 다른 세계, 마고의 세계로부터 벗어나는 세계죠. 어떤 면

에서는 마치 실낙원을 연상시키는 세계입니다. 그리고 부도는 이와 같은 현상계의 탄생을 전제로 하고 있습니다. 이와 같은 현상계에서 인간은 기본적으로 마고로 돌아가야만 된다는 입장을 선택하고 있습니다. 그것을 부도지에서는 복본復本이라고 표현합니다. 뿌리를 회복하라, 뿌리로 돌아가라, 바탕으로 돌아가라, 그렇게 현상에서부터 마고로 돌아가는 것을 일러 복본이라고 합니다. 이것은 인간 본연의 모습으로, 인간의 본질로 설정되어 있습니다. 그리고 이 복본을 하기 위해서는 두 가지의 전제를 설정합니다. 하나는 마고로 들어갈 수 있는 주체로 자기 자신이 거듭나야 한다는 것입니다. 그것을 부도지에서는 수증修證이라 하는데, 닦아서 증명한다는 뜻이겠지요. 두 번째 전제가 바로 부도의 구성원이 되는 것입니다 부도를 통해서만 마고로 돌아갈 수 있으며, 수증을 통해서만 들어갈 수 있다는 입장, 그것이 부도지의 전제입니다. 따라서 부도라는 것은 우리의 현상계로부터 원래 바탕인, 근본 세계인 마고로 돌아가기 위한 일종의 훈련장의 개념, 훈련 공동체의 개념으로 설정된 것입니다. 즉 우리의 현상계를 돌파하고 거기에 살고 있는 모든 주체, 그 주체가 자신의 근본을 되찾아서 마고로 돌아가기 위해서 공동체로 설정된 것이 바로 부도인 것입니다. 이 부도의 구성원이 되기 위해서는 당연히 수증이 필요합니다. 그러므로 수증은 두 단계의 수증이 있습니다. 첫째는 부도 구성원의 자격을 갖출 만큼의 수증이고, 그 다음은 부도의 구성원으로서 마고에 돌아갈 수 있는 정도의 수증입니다. 수증에는 1차, 2차의 수증이 부도지에 담겨 있습니다.

49) blog.naver.com/rlatf/220121928550, 2014.09.14., 自動里 阡念山房.

50) "문무왕과 자의왕후 김씨의 차남으로, 출생연도에 관한 기록이 남아 있지 않다. 665년 동복 형인 소명태자昭明太子가 죽자 태자에 책봉되었다. 681년 8월, 왕비 김씨의 아버지인 소판 김흠돌金欽突이 반란을 일으켰으나 실패하여 처형되었다. 김흠돌은 김유신의 여동생인 정희政姬의 아들로, 자신의 딸을 태자비로 맞아들여 권력 기반을 강화하려 하였으나 이 과정에서 실패하였고 처형되었다. 그의 딸 역시 폐위되었다. 즉위 한 달 만에 발생한 김흠돌의 난을 진압하면서 신문왕은 신골 귀족을 숙청하였고 왕권 강화에 박차를 가하였다. 이후 683년 일길찬 김흠운金欽運의 딸(신목왕후 김씨)을 왕비로 책봉하였다. 6 82년 6월, 국학國學을 설립[2] 하여 예부에 소속시키고, 공장부工匠府에 감監 1인을 두었다. 683년 10월, 고구려계 유이민이 세운 보덕국報德國의 안승安勝에게 소판의 관직의 등급과 함께 신라 왕실의 성인 김씨 성을 하사하여 신라 귀족으로 편입시키자, 이에 반발하여 684년 11월, 보덕국이 지배하는 금마저金馬渚에서 안승의 조카인 대문大文이 반란을 일으켰으나 이를 진압하였고 보덕국을 멸하였다. 신문왕은 지방 조직 정비와 지방 통치제도를 확립하였으며 전국을 9주 5소경으로 나누고 지방 행정 조직을 강화했다. 청주에 서원경西原京을 설치하고 달구벌로 수도 이전을 계획하였으나 귀족들의 반발에 부딪혀 좌절되었다.[3] 687년 5월, 수조권 만을 행사할 수 있는 문무 관료전을 최초로 지급하였고, 689년 1월 귀족에게서 노동력 징발이 가능한 녹읍을 폐지하여 귀족의 권한을 약화시킴으로써 왕권의 전제화를 이루었다. 692년 8월 19일(음력 7월 2일)에 붕어하였고 능은 낭산 동쪽에 마련되었다. 가계[편집] 조부 : 태종무열왕(太宗武烈王, 603~661) 조모 : 문명왕후文明王后 부왕 : 문무왕(文武王, 626[4] ~681, 재위:661~681) 모후 : 자의왕후 김씨(慈儀王后 金氏, ? ~681년) 형 : 소명태자(昭明太子 , ? ~665) 왕비 : 폐비 김씨(廢妃 金氏) - 소판 김흠돌의 딸. 681년 폐위되었다. 왕비 : 신목왕후 김씨(神穆王后 金氏, ? ~ 700년 6월 1일) - 일길찬 김흠운金欽運과 요석공주의 딸. "

51) medipana.com/Blog/blog_view.asp?BlogerNum=393&BlogCode=2695&Pag..메디파나뉴스, 다음.

52) 이순신 지음, 『난중일기』, 이민수 옮김, 범우사 범우문고239, 2010.

53) 이순신 지음, 『난중일기』, 김문정 옮김, 더 클레식, 2015.

54) [위키피디아], comet phil, 다음.

55) 중부매일(http://www.jbnews.com)

56) 서기 1597년

57) 임승국 편역, 위의 책, 248~249 참조.

58) 문학 작가, 다음.

59) KBS 2018 12월29일 색다른 섬 제주도 참조.

60) 조옥구, 『한자의 기막힌 발견』, 학자원, 2017, 299~300쪽 참조.

61) 과학적인 세상이 되어서일가? 일진은 그날의 천간天干과 지지地支를 말한다. 일진은 음양오행설에 따라 인간의 일상생활에서 흉한 것을 피하고 길한 것을 택하기 위한 수단으로 발달한 것이다. 우주생성의

원리를 태극에 두고, 태극에서 음과 양으로 분리하고 그것을 다시 금 · 목 · 수 · 화 · 토의 다섯 가지의 원소로 구분하였다. 이 오행이 하늘에는 갑 · 을 · 병 · 정 · 무 · 기 · 경 · 신 · 임 · 계의 십간이 되고 땅에서는 자 · 축 · 인 · 묘 · 진 · 사 · 오 · 미 · 신 · 유 · 술 · 해의 십이지가 된다고 하여 십간과 십이지를 순차적으로 맞추어 가면 60개의 간지가 되는데 이것을 60갑자라 한다. 일진은 이 60갑자를 그날 그날에 분속(分屬:나누어서 별러 붙임)시키고 그 일진의 변화에 따라 길흉을 판단하는 기준으로 삼은 것이다. 상세히 구분하면 일진은 일과 진을 합친 것으로 그날의 천간을 일이라 하고 그날의 지지를 진이라 한다. 이 일진은 오래 전부터 우리의 일상생활과 밀접한 관계를 맺어왔다. 그러므로 일진은 곧 길흉과 통한다. 어떠한 일을 하기 전에 먼저 일진부터 보아야 한다는 것이 통념으로 되어 있다. 일진으로 길흉을 결정하는 일을 택일擇日이라고 하며 일진이 좋은 날을 가린다는 뜻이다. 또한, 이 일진은 일을 하려는 사람의 연령과 깊은 관계가 있다. 즉 자기 나이를 알고 또 하루 날씨의 변화를 읽고 처세나 처신을 제대로 하자는 것일 게다. 좋은 날을 가리기 위해서는 우선 생기生氣와 맞는 날을 가려야 하는데, 기본적인 것으로 생기 · 천의天醫 · 절체絕體 · 유혼遊魂 · 화해禍害 · 복덕福德 · 절명絕命 · 귀혼歸魂의 여덟 가지가 있다. 이 중 생기 · 천의 · 복덕은 최상의 길일이고 절명과 화해는 흉일이므로 쓸 수가 없다. 그 밖에 절체 · 유혼 · 귀혼은 평길로 무방하다. 이 생기 · 복덕은 남자와 여자에 따라 다르고 연령에 따라 달라진다. 일진을 보고 정하던 일로는 혼인婚姻 · 출행出行 · 이사移徙 · 행선行船 · 고사告祀 · 기복祈福 · 동토動土 · 상량上樑 · 개옥蓋屋 · 수조修造 · 개기開基 · 진인구進人口 · 입학入學 · 구의求醫 · 요병療病 · 연 회宴會 · 재의裁衣 · 개점開店 · 입권立券 · 교역交易 · 조장造醬 · 성복成服 · 안장安葬 등 다양하다. 오늘날에도 이사 혼인 이장 등은 길일이나 손없는 날을 택한다. 일진에 길신이 겹치면 길하고 흉신이 있으면 흉하다. 널리 이용되고 있는 길신으로는 희신喜神 · 천록天祿 · 암록暗祿 · 문성文星 · 천은天恩 · 복성귀인福星貴人 · 천관귀인天官貴人 · 천덕天德 · 월덕月德 · 세덕歲德 · 용덕龍德 · 천희天喜 · 생기 · 천부天富 · 복덕 · 역마驛馬 · 천마天馬 등과 삼합三合 · 육합六合 · 생生 · 왕旺 등이 있다. 또한, 흉신에는 천구天狗 · 상문喪門 · 멸문滅門 · 사신死神 · 사살死煞 · 염대厭對 · 조객弔客 · 천화天火 · 겁살劫煞 · 대패大敗 · 상거喪車 · 월염月厭 · 병부病符 · 오귀五鬼 · 왕망往亡 · 천귀天鬼와 묘墓 · 형刑 · 충沖 · 파破 · 해害가 있어 피하여야 길하다고 한다.

62) 연주年柱, 월주月柱, 일주日柱, 시주時柱라 일컫는다. 사주팔자四柱八字라는 말은 여덟 개의 기운으로 이루어진 네 개의 축을 이르는 것이다.

63) 참고문헌/천기대요天機大要『음양통서陰陽通書』『치길보감治吉寶鑑』민족문화대백과 다음

64) 조옥구, 위의 책, 299~300쪽 참조.

65) 이민수역, 위의 책, 105쪽

66) 1596년 4월 30일

67) 김문정역, 위의 책, 332쪽

68) 서기1597년

69) 이민수, 위의 책, 107쪽

70) 이민수, 107쪽

71) 이민수, 같은 책, 107쪽

72) 이민수, 같은 책, 108쪽.

73) 이민수, 같은 책, 104쪽

74) 이민수, 같은 책, 100쪽

75) 이민수, 같은 책, 101~2쪽

76) 이민수, 같은 책, 103쪽

77) 시대정신, 다음참조.

78) 이민수, 위의 책, 102쪽

79) 이민수, 위의 책, 103쪽

80) 이민수, 위의 책, 104쪽

81) 이순신지음, 난중일기, 김문정옮김, 더클레식, 2015, 46쪽.

82) 덕수 이씨德水 李氏는 황해북도 개풍군 덕수리를 본관으로 하는 한국의 성씨이다. 시조 이돈수李敦守는 고려 신호위神虎衛 중랑장中郞將으로 1218년(고종 5) 거란이 고려에 침입했을 때 거란을 격파하였다. 고려사 조충전에 따르면 1217년 고려와 거란의 전쟁 때 조충趙沖이 서북면 원수가 되어 지방의 군사를 기다릴 때 경상도 안찰사 이적李勣이 군사를 이끌고 오다가 적을 만나 고립되자 이돈수李敦守와 김계봉金季鳳을 파견했다고 기록하고 있다. 이돈수의 아들 이양준李陽俊은 고려의 은청광록대부銀靑光祿大夫로 동지추밀원사同知樞密院事 어사대부御史大夫 이부상서吏部尙書 등에 추증되었다. 처음 덕수 이씨는 이순신의 충무공가승忠武公家乘이라는 문헌에서 추밀공樞密公 이양준李陽俊을 시조로 하고 있었지만, 이율곡의 율곡가전 세계栗谷家傳世系에서는 시조가 이돈수李敦守라고 언급되었으며, 그 후에는 이돈수와 이양준 부자 관계로 확립되어 기술되었다. 이양준李陽俊과 이추밀李樞密은 동일 인물로 알려져 있는데, 이양준은 고려사에 등장하는 실존 인물 이며, 추밀樞密이라는 이름은 별칭인지 시호인지 확실하지 않다. 실제 중시조는 이양준李陽俊의 아들로 알려진 인물은 이소李昭로서, 고려 고종 때 통의대부通議大夫로 전법판서典法判書와 지삼사사知三司事 세자내직랑世子內直郎 등을 역임하고, 그 후손들이 누대로 세거해온 고려 개성의 지역이었던 덕수를 본관으로 삼았다고 한다. 덕수 이씨는 본관이 개성에 있고, 고려 시대 주요 벼슬에 등용되어 공을 세운 가문으로 정치적으로 친 고려적인 가문으로 알려져 있다. 덕수 이씨는 거란을 격파했던 시조 신호위중랑장 이돈수 무렵에는 무인 가문이었지만, 조선중기에 문인파계가 생겨져 무인파계 집안과 문인파계 집안 둘로 나눠졌다는 것이 특색이며, 조선 중종부터 영조대에 이르는 약 300년간 성세를 보였다. 덕수이씨 중 문성공파는 조선시대 문묘와 종묘에 동시에 종사된 율곡 이이를 배출했고 이외 문과 급제자 102명, 상신 7명, 대제학 5명, 공신 4명, 청백리 2명이 나왔다. 충무공파는 무과 급제자 267명, 삼도수군통제사 13명을 배출하였다. 대표적 인물로는 충무공 이순신이 있다. 덕수德水는 현재의 황해북도 개풍군開豊郡 덕수리이다. 고구려 때 덕물현德勿縣이었으며 757년 신라 경덕왕 때 덕수현德水縣으로 개칭. 1018년 고려 현종 때 개성현으로 통합되었다. 1442년 세종 때 해풍군海豊郡과 병합하여 풍덕군이 되었고, 1914년 개성군에 편입되었다가 1930년 풍덕군과 통합되어 개풍군開豊郡이 되었다.종묘 배향과 문묘 종사를 동시에 이룬 6현 중 한 명인 이이를 배출하였다.대한민국의 화폐에 오른 인물 가운데 덕수 이씨의 사람은 율곡 이이와 충무공 이순신으로, 두 사람이 오른 가문은 덕수 이씨가 유일하며, 2009년 6월 23일 발행된 5만원권 지폐의 인물인 신사임당은 율곡 이이의 어머니로 덕수 이씨와 관련된 지폐의 인물은 총 3명이다. 참고로 동전 5원 앞면 그림은 충무공 이순신의 거북선이 그려져 있다.

83) 이민수, 같은 책, 110쪽.

84) 이민수, 같은 책, 110쪽.

85) 정인보鄭寅普는「이충무공순신기념비李忠武公舜臣紀念碑」에서 "공(公)은 명장보다도 성자(聖者)이다. 신묘불측神妙不測이 오직 지성측달至誠惻怛에서 나온 것이다. 다시 말하면 공은 성자이므로 명장이다."라고 하였고, 천관우千寬宇는『한국사의 재발견』에서 "충무공은 거의 완전무결한 인물이었다. 그러기에 성자라 하고 영웅이라 일컫는 것이다."라 하였다. 이순신은 당대에는 죽음으로써 나라를 구하였고, 사후死後에는 그 정신으로써 민족의 나아갈 길을 일깨워 주었다. 해전사연구가海戰史硏究家이며 이순신을 연구한 발라드(G. A. Ballard) 제독은 이순신에 대하여 다음과 같이 평하였다. "이순신 제독은 서양 사학자들에게는 잘 알려져 있지 않다. 그러나 이순신의 업적은 이순신으로 하여금 넉넉히 위대한 해군사령관 가운데서도 뛰어난 위치를 차지하게 하였다. 이순신은 전략적 상황을 널리 파악하고, 해군전술의 비상한 기술을 가지고 전쟁의 유일한 참정신인 불굴의 공격원칙에 의하여 항상 고무된 통솔정신을 겸비하고 있었다. 어떠한 전투에서도 이순신이 참가하기만 하면 승리는 항상 결정된 것과 같았다. 이순신의 물불을 가리지 않는 맹렬한 공격은 절대로 맹목적인 모험이 아니었다. 이순신은 싸움이 벌어지면 강타하기를 주저하지 않았으나, 승리를 확보하기 위하여 신중을 기하는 점에 있어서는 넬슨(Nelson)과 공통된 점이 있었다.……중략……영국사람으로서는 넬슨과 어깨를 견줄 사람이 있다는 것을 시인하기란 항상 어렵다. 그러나 만일 그렇게 인정할 만한 인물이 있다면 이순신은 한번도 패배한 일이 없고 전투중에 전사한 이 위대한 동양의 해군사령관이라는 것은 틀림없는 것이다"라고 평하였다. 이순신이 전사한 데 대하여는 후대인들의 많은 의문을 자아내고 있지만, 그것은 어디까지나 추리에 불과한 것이며 확실한 근거는 없다. 이순신은 글에도 능하여『난중일기亂中日記』· 시조時調 등의 뛰어난 작품을 남겼으며, 특히 진중陣中에서 읊은 시조들은 우국충정이 담긴 걸작품으로 꼽히고 있다. 이순신이 전사했다는 소식이 조정에 전해지자, 선조는 관원을 보내 조상하고 우의정에 추증하였다. 1604년 선무공신宣武功臣 1등에 녹훈되고 덕풍부원군德豊府院君에 추봉되었으며, 좌의정에 추증, 1793년(정조 17)

다시 영의정이 더해졌다. 묘는 충청남도 아산시 음봉면어라산於羅山에 있으며, 왕이 친히 지은 비문과 충신문忠臣門이 건립되었다. 충무의 충렬사忠烈祠, 여수의 충민사忠愍祠, 아산의 현충사顯忠祠 등에 제향하였는데, 이 중에 현충사의 규모가 가장 크다. 현충사는 조선 숙종연간에 이 고장의 유생들이 이순신의 사당을 세울 것을 상소하여 1707년(숙종 33)에 사액賜額, 입사立祠되었다. 그 뒤 일제강점기 때에 동아일보사가 주관하여 전국민의 성금을 모아 현충사를 보수하였고, 제3공화국 때 대통령 박정희朴正熙의 특별지시에 의하여 현충사의 경역을 확대, 성역화하고, 새로이 전시관을 설치하여 종가에 보존되어 오던『난중일기』와 이순신의 유품 등을 전시하였다. 그리고 이순신의 일생과 중요 해전을 그린 십경도十景圖가 전시되어 있다. 시호는 충무忠武이다. 저서로는『이충무공전서』가 전한다. 또, 이순신을 대상으로 삼은 작품으로는 신채호申采浩의「이순신전李舜臣傳」등이 있으며,「성웅 이순신」이라는 제목으로 영화가 제작되어 그의 행적과 공로를 일반에 널리 알리기도 했다. 참고문헌:『선조실록宣祖實錄』,『선 조수정실록宣祖修正實)』,『정조실록正祖實錄』,『서애집西厓集』,『연려실기술燃藜室記述』,『난중잡록亂中雜錄』,『이충무공전서李忠武公全書』,『선묘중흥지宣廟中興誌』,『난중일기초亂中日記草』,『징비록懲毖錄』,『명사(明史)』,『협판가전기脇坂家傳記』,『문화재대관』, 사적편 하(문화재관리국, 1976)『충무공종횡담』,(이은상, 사상계, 1955)「성웅이충무공론」(천관우,『한국사의 재발견』, 일조각, 1974)「이순신」(최영희,『한국의 인간상』, 2, 신구문화사, 1973)「이순신」(최석남,『한국인물대계』3, 박우사, 1972), T he Influence of the Sea on the Political History of Japan(G. A.Ballard, New York, E.P.Company, 1921) 한국민족문화대백과

86) 김문정, 같은 책, 339쪽.

87) 이민수역, 같은 책, 110쪽.

88) 나무위키, 이 설화는 훗날 장수왕 대에 평양으로 천도하면서 그대로 옮겨간 듯한데, 황룡이 기린으로 바뀌는 등의 과정을 거쳤다. 부벽루 참조.

89) 나무위키, 이 설화는 훗날 장수왕 대에 평양으로 천도하면서 그대로 옮겨간 듯한데, 황룡이 기린으로 바뀌는 등의 과정을 거쳤다. 부벽루 참조.

90) ancient.or.kr/survey3/koku05.htm 한국고대사연.

91) " 왕태자: 고유류高儒留 왕자: 고비류高沸流, 부여온조扶餘溫祚 부왕: 해모수왕解慕漱王 / 단군檀君 모후: 유화부인柳花夫人 출신지: 부여扶餘 묘지: 고구려 용산龍山[4], 홀본 동쪽忽本 東[5] 생몰년도(대한민국) 음력 기원전 58년 ~ 기원전 19년 음력 9월 (38 – 39세)[북한 기원전 298년 ~ 기원전 259년 음력 9월 "

92) "프랑스의 미래는 북유럽(?)이라는 프랑스 대선의 돌풍 마크롱 이야기|39세 마크롱의 화려한 경력: 극우적 성향의 국민전선으로부터 프랑스를 지켜줄 기대주로 떠오른 마크롱 후보는 2017년 2월 24일 경제 사회 비전을 발표했는데 이 자리에서 프랑스를 북유럽 스타일로 바꾸겠다고 선언했습니다. 마크롱은 경제적 활력과 사회민주주의적 정책의 공존을 역설하였고 구체적 미래상으로 스웨덴, 덴마크, 핀란드, 노르웨이(?)를 설정했다고 할 수 있습니다. 마크롱 후보의 공약을 살펴보기 전에 결코 예사롭지 않은 그의 이력을 잠깐 살펴보겠습니다. 마크롱은 1977년 12월 21일 생으로 현재 만 39세입니다. 대통령에 입후보할 수 있는 나이를 제한하고 있는 나라에서는 경우에 따라 마크롱은 후보조차 될 수 없었을 것 같습니다. 마크롱은 신경학자와 의사를 양친으로 두었으며 아미엥에서 자랐는데 학업뿐만 아니라 피아노 등 다방면에서 빼어났다고 합니다. 프랑스 엘리트 교육기관인 ENA를 졸업한 마크롱은 2004년에서 2008년까지 프랑스 경제부에서 금융부분 관료로 근무하였고, ~30세 결혼~2007년 – 2008년 공직을 떠나 투자은행 로스차일드에서 4년간 일을 하였습니다. 로스차일드에서 네슬레, 파이저 등 글로벌기업의 딜을 도우면서 큰 돈을 벌었다고 합니다. 35세~2012년에는 자신이 당원으로 있던 사회당 소속 올랑드 대통령의 핵심 보좌역으로 엘리제궁에 들어갔으며 (4년후까지인) 2016년 8월까지 경제부 장관을 맡아서 친 기업적인 경제개혁을 주도하다가 의회의 반발을 샀으며 길거리의 극렬한 저항을 불러오기도 했습니다. ~39세~마크롱은 2016년 8월 장관직을 물러나면서 중도주의 노선을 주장하며 새로운 정당 'En Marche(On the Move)'을 창당하고 대통령 선거전에 뛰어들었습니다.* 각료들 중 올랑드 대통령 바로 옆에 서있는 마크롱(올랑드 대통령의 ENA 출신 선호의 한 징표일지도) (데미안이 연상되는 예사롭지 않은 소년), 마크롱 이미 알려질 대로려진 이야기지만 마크롱 후보와 관련한 에피소드 중 그의 러브스토리를 빼놓을 수는 없을 듯합니다.
아 미엥의 의료 관련 엘리트 양친의 사랑 속에서 유복하게 자라며 여러 방면에 재주를 보였던 마크롱은 예수회 계열 고등학교를 다니면서 운명적 사람을 만납니다. 10학년으로 15세가 되었을 때 마크롱은 프랑스 문학을 가르치던 Trogneux선생님에게 빠져든 것입니다. Trogneux 선생님은 당시

40세로 그보다 25년이나 연상이었으며 이미 3명의 아이들을 키우던 유부녀였습니다. 더욱이 Trogneux 선생님의 자식 중 한 명은 마크롱의 반 친구였습니다.(ㅎㄱ) 이 둘은 Trogneux가 감독을 맡은 학교 연극제를 준비하면서 급격히 가까워졌는데 Trogneux가 나중에 인터뷰에서 밝힌 바에 따르면 마크롱은 결코 여느 십대 남자아이들과는 달랐으며 교사들과 주로 어울렸다고 합니다. 둘 사이 관계는 마크롱이 11학년이 되면서 연인 관계로 발전했습니다. 마크롱은 연인이자 선생님이었던 Trogneux에게 자신을 위해 희곡을 써달라고 청했으며 이를 구실로 금요일마다 만났다고 합니다. 급기야 아들의 연인이 누구인지 알게 된 마크롱의 부모는 이 둘을 떼어놓기 위해 아들을 파리의 고등학교로 강제로 전학 시켜야 했습니다. 마크롱은 고향을 떠나기 전 연인에게 언젠가는 꼭 돌아와서 결혼을 하겠다는 서약을 했다고 합니다. 이 둘의 러브스토리를 전한 NYT 기사에 따르면 Trogneux는 당시 제자와의 관계에 대해 ""조금씩 조금씩 그는 나의 저항을 무너뜨렸습니다. (little by little, he vanquished my resistance)"" 라고 회고했는데 결국 그녀는 남편과 이혼하고 제자를 좇아 파리로 가서 직업을 구했다고 합니다. 당시 상황에 대해 Trogneux은 ""내가 지금 그를 좇아가지 않는다면 인생에서 큰 후회로 남을 것 같았다.(I told myself: I'm going to miss out on my life if I don't to this)"" 회고하기도 했습니다. 결국 두 연인은 마크롱이 30세가 되고 Trogneux가 55세가 되던 2007년 결혼에 성공합니다. 마크롱은 특히 자신을 가족으로 받아 준 연인의 자식들에게 감사함을 표하였습니다. 마크롱 부부의 러브스토리는 그 자체로도 놀랍기는 하지만 만약 미국에서 벌어졌다면 교사의 미성년 제자 강간이라는 엽기적 범죄 사건으로 끝났을지도 모르겠습니다. 마크롱의 경제공약: 스웨덴 또는 덴마크가 되고 싶다는 바람 마크롱은 올랑드 정부에서 경제부 장관을 지냈을 때부터, 실업 상태에 놓였거나 비정규직 일자리에 만족해야 하는 청년들에 주목해 오면서 시장 친화적인 개혁이 필요하다고 역설해 왔습니다. 2016년 마크롱이 새로운 정당 En Marche(On the Move!)을 창당하였을 때로 주요 지지자들은 젊은이들이었다고 합니다. FT의 보도에 따르면 En Marche는 마치 스타트업 기업이나 학생조직처럼 보일 정도로 활력이 넘쳤다고 합니다. 마크롱은 북유럽 스타일의 경제 플랫폼을 만들어 새로운 성장 동력을 확보함으로써 최대한 기존 사회민주주의적 정책을 살려나가야 한다고 주장하고 있습니다. 마크롱의 경제 공약을 정리하면 다음과 같습니다.

1. 공공무문 지출 삭감: 공공지출을 연간 600억유로 감축함으로써 공공지출 비중을 현재 GDP의 55%에서 2022년까지 52%로 낮추겠다. 현재 프랑스의 공공지출 비중은 스웨덴보다 6%p나 높으며 유럽에서 핀란드 다음입니다. 피용 후보는 1천억 유로를 감축하겠다고 나서고 있습니다.
2. 공공부문 일자리 감축: 퇴직으로 자연감소되는 공공부문 일자리를 메꾸지 않음으로써 12만개를 줄이겠다고 합니다. 피용 후보는 50만개 공공부문 일자리를 감축하겠다고 약속했습니다.
3. 맞춤형 재정지출: 5년간 500억 유로를 투입하여 실업자에 대한 재교육과 녹색 경제로의 전환에 쓰겠다고 합니다. 이로써 프랑스의 사회적 이동성을 높이겠답니다.
4. 재정적자 비율 목표 준수: EU의 요구 사항인 재정적자 한도(GDP의 3%)를 지키겠다고 약속했습니다. 이로써 독일의 걱정을 덜어 주겠다고 합니다.
5. 독일의 역할 확대 유도: 유로존 재정안과 EU 투자 계획을 독일과 조정하여 유럽의 경제 회복을 견인하겠다고 합니다.
6. 법인세 인하: 법인세를 현 33%에서 EU 평균인 25%로 낮추고 올랑드 정부가 시행한 임금에 대한 세제 혜택도 계속 유지하겠다고 합니다. 중산층 세부담도 100억 유로 줄이겠다고 합니다.
7. 실업 혜택 수혜 대상 확대: 실업급여 등 기존 실업 프로그램의 수혜 대상자를 확대하여 기업가, 농부, 자영업자 그리고 자의로 일을 그만둔 사람들에게도 혜택을 주겠다고 합니다.
8. 주택세 감면: 지방정부의 주택세 부담을 크게 줄여 80%의 가구가 부담하지 않게 만들겠답니다.
9. 부유세 축소: 금융 투자에 대해서는 부유세를 면제함으로써 부유세를 재산세로 전환시키겠답니다.
10. 퇴직 연령과 연금 불변: 대신에 퇴직 연령과 연금에 대한 개혁은 하지 않겠다고 약속했습니다. 사실 마크롱은 경제부 장관 시절부터 각종 규제완화와 일요일 거래시간 연장을 추진하면서 사회당 내 강경파의 심기를 크게 건드렸는데 이번에도 고용유연화 관련 공약을 담고 있습니다. 마크롱은 2차 세계대전 이후 경영자 – 노조가 통제해온 실업 혜택 시스템을 정부가 환수하고 업무시간과 고용조건에 대한 결정권을 상당부분 기업에게 넘겨줄 계획임을 밝혔습니다. 피용 후보는 한발 더 나아가 주당 35시간 근무제를 폐지하고 현재 3천 페이지가 넘는 노동법을단 150 페이지로 획기적으로 줄이겠다고 약속했습니다. 마크롱의 경제 공약은 북유럽 국가들이 튼튼한 사회보장 아래서 고용유연성 강화 등 친기업적인 정책(flexicurity)을 펼치는 것을 본받자는 이야기로 들립니다. 마크롱은 승리할 수 있을까? 마크롱 후보가 프랑스 대선에서 떠오르는 후보이기는 하지만 피용 후보와 르펜 후보를 손쉽게 이기기는 힘들다는 분석도 제기되고 있습니다. 마크롱이 인기를 끈 데는 대졸자 이상 그룹의 열렬한 지지 때문인데 과연 지역 유권자들과 블루컬러 유권자들에게 호소할 수 있을지, 자신의 지적인 이미지나, 친 EU주의자 이미지, 독일의 국경개방 정책을 공개적으로 지지한 난민 정책 모두 최근 프랑스 사람들의 생각과는 다소 거리가 있는 것도 사실입니다. 물론 최근 불거진 피용

후보의 가족 스캔들은 마크롱 후보의 인기를 높이고 있기는 합니다. 피용 후보는 20여 년간 부인과 자식들을 보좌관 등으로 채용함으로써 105만 달러를 부당 지원한 혐의로 지지율이 급락하고 있습니다. 반면에 마크롱 후보는 최근 방문한 프랑스남부 지중해 연안 도시인 Toulon에서 국민전선 지지자들과 pied - noirs (식민지 시대 알제리에 살던 프랑스인들)들로부터 반역자라는 야유를 들어야 했습니다. 마크롱은 이에 굴하지 않고 이어서 방문한 알제리에서 프랑스의 알제리 식민화에 대해 인도주의에 반한 죄악이라고 프랑스 유력 정치인 중에서는 최초로 진정어린 반성을 하였습니다. 하지만 잇따른 테러와 경제 침체 속에 성난 적지 않은 프랑스 사람들의 마음을 마크롱 후보가 끌어올 수 있을지는 쉽게 낙관하기 어려워 보입니다. 그의 러브스토리가 다른 쪽에서는 엽기적 범죄 스캔들이 될 수도 있듯이 그가 주장하는 북유럽 모델 지향은 일반적인 의미의 복지 강화가 아니라 공공부문의 감축, 해고 요건의 완화, 근로시간 연장, 일요일 영업, 감세를 의미하고 있어서 프랑스 사람들에게는 낯선 이야기가 될지도 모르겠습니다. 어쩌면 마크롱 후보의 향후 행보에 프랑스의 미래뿐만 아니라 유럽 전체의 미래가 달려있을 것 같기도 합니다.* 지지율 1위인 여성 르펜 후보http://i1.daumcdn.net/cafeimg/cf_img2/img_blank2.gif"

93) 시놉시스에는 작품에 대한 개요, 기획의도, 등장인물, 줄거리 등이 포함된다. 작품에 대한 개요에는 작품의 길이와 주제, 수용자에 대한 간략한 언급이 포함될 수 있다. 기획의도에는 작가의 생각이 간명하게 표현되어야 한다. 등장인물은 이름, 나이 등을 포함한 작품에 등장하는 주요 인물들에 대해 설명한다.

94) 김대성 엮음,『금문의 비밀』중국 사학계의 금서「금문신고」를 통해 본 4500년 한 · 중 상고사, 서울: 컬처라인, 2002, 27 - 28쪽 참조.

95) % 중국 한족도 아득한 옛날의 어느 단계에서는 먼저 결승結繩을 사용한 듯하고, 이어서 서계書契 · 회화繪畫 등으로 발전되고, 거기서 다시 문자로 발전하여 정착한 것으로 믿어지고 있다.
한자의 기원을 유추할 근거는 6,800년 전 사용된 도문, 3,000년 전 사용된 금문과 3,300년 전 사용된 갑골문인데, 일반으로 갑골문甲骨文을 한자의 기원인 글자로 보는 견해가 많다. 한비자나 여씨춘추와 같은 책을 보면, 한자는 창힐이라는 사람이 만들었다고 한다. 창힐은 상고시대에 살았던 사람으로서 황제라는 설도 있고 황제의 사관이라는 설도 있다. 그 사람이 사물의 모양이나 짐승의 발자국을 본떠 한자를 만들었다는 기록이 있다. 그러나, 한자는 한 사람이 만들 수 없을 뿐만 아니라 한 시기에 만들어질 수 있는 글자도 아니라는 견해가 통설이다.
실존하는 자료로서 가장 오래된 한자 문자는 1903년 은허에서 출토된

① 기원전 14세기 ~ 기원전 11세기에 사용된 것으로 추정되는 은나라 때의 갑골문자가 있다. 이 문자는 당시 중대사를 거북의 복갑腹甲이나 짐승의 견갑골에 새겨 놓은 실용적인 것이었다. 그 후
② 주나라 선왕宣王 때 태사太史 사주史籒가 주문(籒文:大篆)을 만들었고
③ 춘추 전국 시대에는 각 나라마다 서로 다른 글자체가 쓰이다가
④ 진시황의 진나라(秦,B.C.E. 221년~B.C.E. 206년) 승상 이사李斯가 주문을 개량하여 소전小篆을 만들어 문자를 통일하였다.
⑤ 진의 옥리獄吏 정막程邈은 실무에 편리한 예서隷書를 지었고
⑥ 한나라 때에는 이것을 계승한 한예漢隷가 문자로서 통용됐다.
⑦ 춘추 전국 시대에 죽간竹簡에 쓰인 과두문자蝌蚪文字나 종鐘 · 정鼎 등에 쓰인 금석문자金石文字를 고문古文이라고 한다.
⑧ 후한後漢에 이르러 왕차중王次仲은 한예를 간략화하여 해서楷書를 만들었고 이후 이것을 정서正書라 하여 표준 자체로 삼았다.

즉, 이사가 소전을 제정하여 문자 대혁신을 이룩한 후 300여 년이 경과하여, 한자는 해서楷書로서 정립된 것이다.(2018.08.10.,위키백과,다음 참조.)

96) "고대문명의 중요한 조건이 문자의 사용이다. 문자는 살아있는 유물이다. 살아 꿈틀거리는 고대유물인 동시에 그 변천 과정이 역사라 할 수 있다. 한반도와 만주지역을 포함한 우리 나라의 고대사회에서 일찍이 문자가 있었음이 확인되었다(B.C.E. 2000~1500년경의 도화문자圖畵文字 동아시아지역에서 문자가 창제되기 전에는 주로 결승문자(結繩文字: 노끈문자)가 사용되고 있었다. 이것은 남미 인디언, 잉카제국에서도 통용되었다. 환단고기「태백일사」소도경전본훈 기록에 보면 환웅천황께서 신지(神誌: 벼슬이름) 혁덕에게 명하여 녹도의 글로써 천부경을 기록케 하였다고 한 것을 보면 그 당시에 녹도(사슴 발 자국 모양)란 문자가 있었음을 알 수 있다. 〈img/src=http://www.scjnet.co.kr/int/chan/changhil2.jpg〉 왼쪽부터 낭하리 고각, 영변지에 실린 녹도문, 창힐문자, 요녕성 여대시 윤가촌에서 출토된 단군조선 토기의 문자, 은나라의 갑골문이 신지 전자의 초기 모습이 바로 위 그림 맨 왼쪽의 낭하리 암각화다. 환단고기에 인용된 대변설의 주에 이르기를 "남해현 낭하리에 계곡 바위 위에 신시의 고각(古刻)이 있다. 그 글에 환웅천황께서 사냥 나왔다가 제를 삼신께 드린다고 했다"고 하였다. 중국은

B.C.E. 8세기 춘추전국시대에 들어서면서 부국강병을 추구하는 열국 제후들의 노력으로 산업생산량과 교역이 더욱 급속히 증가하게 되었다. 자연 단군조선과의 교역량도 급증하게 되면서 한자가 동아시아의 공용문자가 되었고, 가림토문과 신지문자는 점차 소멸되었다. "

97) 신라 성덕왕(또는 경덕왕) 때의 고승으로, 787년에 중국의 오대산五臺山)건원보리사乾元菩提寺에서 입적하였다. ⓒ 螺钉/wikipedia | Public Domain인도여행기인 〈왕오천축국전 往五天竺國傳〉을 지었다. 700년을 전후하여 출생한 것으로 추정된다. 일찍이 중국 광저우[廣州]에서 인도 승려 금강지金剛智에게 밀교를 배웠다. 그후 금강지의 권유로 구법여행에 나서 인도의 불교 유적을 순례하고 카슈미르, 아프가니스탄, 중앙아시아 일대까지 답사했다. 그가 다시 장안(長安)으로 돌아온 것은 30세 선후로 추정된다. 733년 장안의 천복사薦福寺에서 금강지와 함께 〈대승유가금강성해만수실리천비천발대교왕경 大乘瑜伽金剛性海曼殊室利千臂千鉢大敎王經〉을 연구했다. 740년 1월 금강지가 이 경을 번역할 때 필수를 맡았다. 그러나 이듬해 가을 금강지가 죽어 이 사업은 중단되었으며, 금강지의 유언에 따라 이 경의 산스크리트 원문은 742년 다시 인도로 보내졌다. 그후 773년경 대흥선사(大興善寺)에서 금강지의 제자 불공으로부터 이 경의 강의를 들었다. 불공은 유서에서 자신의 법을 이은 6대 제자 가운데 2번째로 혜초를 꼽았다. 불공이 죽은 후 동료들과 함께 황제에게 글을 올려, 스승의 장례 때 보여준 은혜에 감사하며 아울러 스승이 세웠던 사찰을 존속시켜달라고 청원했다. 그뒤 수년 동안 장안에 머물다가, 780년 불공이 활동했던 오대산으로 갔다. 그뒤 건원보리사에 머물면서 〈대승유가금강성해만수실리천비천발대교왕경〉의 한역과 한자음사를 시도하여 약 20일 동안 이 한역본을 다시 채록했다. 이후의 기록은 전하지 않으며 신라로 귀국하지도 않았던 것으로 보인다.〈왕오천축국전〉 3권 가운데 일부와 〈대승유가금강성해만수실리천비천발대교왕경서 大乘瑜伽金剛性海曼殊室利千臂千鉢大敎王經序〉 및 〈하옥녀담기우표 賀玉女潭祈雨表〉가 전한다.→ 왕오천축국전

98) "참고서적 : 율곤 이중재, 〈불교의 뿌리역사/ 불교는 인도에서 발생하지않았다〉 [출처] 불교의 뿌리역사와 혜초|작성자 장다리꽃 · 2019. 3. 7. 다음. "

99) " 스크랩] 한글은 혜초가 구자라트에서 가져 왔나? 김윤숭 2017.07.17 http://blog.daum.net/insanbio/11752596 "

100) http://blog.daum.net/nongaak/7090837

101) 권희덕 notany350@hanmail.net

102) 손성태, 같은 책, 우리 한민족의 아메리카 대이동, 외 손성태 교수 특강,2016.06.01

103) 손성태, 같은 책과 특강들에서.

104) http://www.youtube.com/watch?v=XL9irt0uN8Y

105) "중남미 고대어에_나타난 우리말의_흔적 논문:http://www.coo2.net/bbs/download.php?id=con_m y&page=1&sn1=&divpage=1&sn=off&ss=on&sc=on&select_arrange=headnum&desc=asc&no=2750&filenum=1
1강 멕이곳(멕시코)와 우리 한민족의 공통점 http://www.stb.co.kr/?mo=program&act=popupSTB&mode=vod&pno=115&vno=51&spd=2
2강 만주에서 춥지 반도까지의 이동증거 http://www.stb.co.kr/?mo=program&act=popupSTB&mode=vod&pno=115&vno=52&spd=2
3강 멕시코에 나타난 우리 민족의 흔적 http://www.stb.co.kr/?mo=program&act=popupSTB&m ode=vod&pno=115&vno=53&spd=2 아스텍Aztec 문명을 건설한 주체는 한민족:http://www.jsd.or.kr/research/community.php?mid=20&r=view&uid=236 "

106) 노종상,『首婦 고판례』, 상생출판, 2010, 376~377쪽.

107) " 노길명, "선도교(仙道敎)", 다음. 증산교개설 (홍범초, 창문각, 1982)
- 한국신흥종교총감 (이강오, 한국신흥종교연구소, 1992)
- 한국민족종교총람 (사단법인 한국민족종교협의회, 1992)
- 한국신종교실태조사보고서 (김홍철 · 류병덕 · 양은용, 원광대학교 종교문제연구소, 1997)

108) 노종상, 같은 책, 107~9쪽 참조.

109) "아들을 죽인 요임금/곽인찬 논설위원, 파이낸셜뉴스 2007.12.18 요임금에겐 망나니 아들 단주丹朱가 있었다. 홍수 때문에 온 나라가 난리를 칠 때 단주는 배를 타고 이리 저리 놀러 다녔다. 백성을 사랑

하는 마음이 극진했던 요는 단주 대신 나라를 다스릴 현자를 찾아나섰다. 요는 먼저 허유許由를 만나 선양할 뜻을 비쳤다. 그러자 허유는 물가로 가서 더러운 귀를 닦아내는 걸로 임금자리를 걷어찼다. 그 꼴을 보던 허유의 친구 소부巢父는 한술 더 떠 귀를 씻은 더러운 물을 먹일 수 없다며 자기 송아지를 데리고 상류로 올라갔다. 그러다가 요는 순을 만나 양위를 결심한다. 순은 계모의 구박을 피해 혼자 살고 있었지만 효성과 현명함이 널리 알려져 있었다. 그런데 아무래도 아들 단주가 맘에 걸렸다. 장남이 멀쩡히 살아 있는데 다른 이에게 권력을 넘겼다간 큰 일이 터질 게 틀림없었다. 고민 끝에 요는 단주를 먼 땅의 제후로 보낸다. 그러나 일은 터지고야 말았으니 단주는 지방 부족과 합세해 아버지에게 반기를 든다. 일찌감치 이런 사태를 예측한 요는 즉시 군사를 일으켜 출정했다. 민심을 등에 업은 요의 군대는 일격에 단주가 이끄는 반란군을 섬멸했다. 단주는 전사 또는 자살한 것으로 전해진다. 백성을 자식처럼 사랑했던 요임금이 자기 아들만은 이토록 가혹하게 내쳤으니 알다가도 모를 일이다. 순임금 체제는 이런 피비린내 나는 골육상쟁을 거쳐 들어섰다. 권력이란 이런 것이다. 자식도 아비도 없다.요의 후계자 선정 과정도 까탈스럽기 짝이 없다. 요는 순의 사람됨을 알아보기 위해 두 딸을 시집 보내 사위로 삼았다. 두 딸이 남편을 호평하자 요는 순에게 나랏일을 맡겨 국정 능력을 테스트했다. 마지막은 '서바이벌 게임'이었다. 큰 비가 내리는 깊은 산 속에서 탈출하라는 게 순에게 주어진 마지막 시험이었다. "삼림은 온통 칠흑 같은 어둠으로 뒤덮였다. 천둥과 번개, 그리고 억수같이 쏟아져 내리는 비…그야말로 사방을 분간할 수 없는 상황이었다. 그러나 순은 폭풍우치는 이 변화무쌍한 삼림 속을 걷고 또 걸으며 조금도 흔들리지 않았다…이 시험을 끝으로 요는 천자의 자리를 순에게 물려주었다."(위앤커 · 袁珂 지음 '중국신화전설')인간의 권력욕은 무한하다. 누구라도 윗자리에 앉고 싶어한다. '어린왕자'가 자기 별을 떠나 처음 방문한 이웃별에는 절대군주가 살고 있었다. 그는 어린왕자를 쥐 한 마리밖에는 다스릴 게 없는 그 별의 법무장관에 임명한다. 따분해진 어린왕자가 그 별을 떠나려 하자 절대군주는 어린왕자를 서둘러 대사로 임명한다. 어린왕자의 눈에 "어른들은 정말 이상한 존재"이지만 불가사의한 권력욕이야말로 인간의 속성이다.왕정 시대에는 임금이 후계자를 뽑으면 됐다. 그러나 언필칭 국민이 주인 행세하는 민주국가에선 유권자들이 스스로 통치자를 뽑도록 돼 있다. 정치, 정치인이라면 신물이 난다고? 그래도 민주공화국 유권자로서 권리는 행사하는 게 옳다. 요임금은 아들을 버리고 순을 골랐다. 망나니 아들이 나라 망치는 꼴을 보느니 차라리 아들을 잃는 쪽을 택했다. 지난 몇 달 동안 우리는 권력을 잡으려는 이들의 언행을 죽 지켜봐 왔다. 투표장으로 가기 전에 순에게 권좌를 넘겨준 요임금의 심정을 잠깐 헤아려보자. 부디 순을 고른 요임금의 지혜가 온 누리에 가득하기를!/paulk@fnnews.com "

110) 노종상, 같은 책, 111~114쪽.

111) 노종상, 같은 책, 115쪽.

112) "단주丹朱의 후손들이 세운 환주국(단주국)사람들은 사람의 얼굴에 새의 주둥이 그리고 등에는 날개를 가지고 있었다고 함. (신이경 – 서황경) 그 환주국 남쪽의 산에는 "주"라는 올빼미처럼 생긴 새가 살았는데 발이 사람의 손처럼 생긴 새였다고 하며 세인들은 그 새가 단주의 영혼의 화신이라고 하였다고 함. (산해경 – 남차이경) 산해경山海經에서는 단주를 제단주帝丹朱라고 부르고, 영적靈的존재의 대표적인 상징인 새로 표현하였으나 실은 그가 사람의 영혼의 화신임을 암시 하기위해 새의 발을 사람의 손으로 표현한 것이 아닌 가하고 추측됨. {단주는 중국신화 속의 삼황오제 중의 한 군주인 요堯임금의 열명의 아들 중 장자長子였으나 처남인 우순(후에 우임금)에 밀려 왕위를 물려받지 못함.}, 먼 돋섬, 2011.11.13."

113) " 유병덕, "모악산 하 신흥종교촌", 1997년. 참고문헌: 한국신흥종교 (류병덕, 원광대학교 종교문제연구소, 1977) 증산교개설 (홍범초, 창문각, 1982)한국민중종교사상론 (류병덕, 시인사, 1985), 다음."

114) MB.C.E. 뉴스 김지경, 다음.

115) Sabrina, 다음.

116) 2011.09.20. 17:52 http://cafe.daum.net/AcademyofKorCulture/KzvG/15

117) • 안경전역, 같은 책, 416쪽.
• 단재 신채호는『독사신론』에서 연개소문을 다음과 같이 극찬했다. '연개소문은 우리 4,000년 역사에서 첫째로 꼽을 수 있는 영웅이다. 아, 우리 연개소문은 우리 광개토왕의 자손이며, 을지문덕의 어진 동생이요, 우리 만세의 후손들에게 모범이 되거늘 이제『삼국사기』를 읽으매 첫째는 흉악한 사람이라 하며, 둘째는 역적이라 하여 구절구절마다 오직 우리 연개소문을 저주하는 말 뿐이다. 이것은 무슨 까닭인가. 아. 나는 이것으로서 후세 역사가들의 어리석음을 꾸짖는 바다." 강화도에는 연개소문

유허비가 있다." 신채호가 연개소문을 극찬한 것은 다음 같은 이유에서다. '연개소문은 고구려 전통의 호족공화豪族共和라는 구제도를 타파하고 정권을 통일했으며, 장수왕 이래 철석같이 굳어온 서수남진西守南進 정책을 변경해 남수서진南守西進 정책을 세웠고 이를 위해 국왕 이하 대신 호족 수백명을 살해해 자신의 독무대를 만들고 당 태종을 격파해 중국 대륙을 공격했으니, 그 선악 여부는 별개 로 하더라도 당시 고구려뿐 아니라 동아시아 전쟁사 속에 유일한 중심인물이었다.' 〈수 · 당이 고구려와 혈투를 벌인 이유〉 수나라가 612년에 고구려를 침공할 때부터 668년 당나라에 멸망할 때까지 중국은 지속적으로 고구려를 침공했다. 이 끈질긴 침공 기사를 읽으면 누구라도 이런 의문이 든다. 도대체 수와 당은 고구려와 전쟁에 무슨 원수를 졌다고 그처럼 집요하게 고구려를 공격했는가이다. 이 질문에 대한 대답은 많은 학자들이 여러 각도에서 제시했는데 이곳에서는 임용한 박사의 글을 많이 참조했다. 중국이라는 거대한 국가를 진시황제 이후 실질적으로 지배한 민족은 한족과 북방기마민족(흉노)이다. 한족의 왕조가 쇠퇴하면 북방기마민족이 치고 들어와 영토를 점거하고 중원의 패권을 차지했다. 진시황 이후 중원 패권 북방기마민족이 차지: 그 시작이 흉노의 오호십육국五胡十六國이었고 이를 회복하고 중국을 통합한 나라가 수와 당이라고 설명된다. 그런데 실상을 보면 매우 놀라운 점을 알 수 있다. 중국에서는 대체적으로 이 시대를 '혼란기' 혹은 '암흑기'라 해서 상당히 부정적인 시각으로 보기도 하는데, 그것은 이시기에 서진이 흉노족에게 점령당한 후 한족이 대거 강남땅으로 이동했기 때문이다. 조조의 위나라를 이어받은 서진이 단명하자, 사마예가 강남땅에서 동진을 일으키고 화북지역에는 소위 오호십육국 시대라 해서 갈, 저, 흉노, 선비, 강족 등 많은 왕조가 들어서기도 하고 망하기도 했다. 그런 와중에서 저족 출신의 부견이 모든 부족을 통합하여 전진왕조를 세우고 강남의 동진과 대치한다. 중국의 역사에 있어서 한족은 외래문명에 대해 보수적인데도 불구하고 이 시기에 이민족인 다수의 기마민족 왕조가 세워지자 자연적으로 한족도 외래 문명을 긍정적으로 수용하지 않을 수 없었다. 중국의 불교수용도 그 중 하나로 설명된다. 고구려 멸망 때의 상황: 후한 말에 들어온 불교가 이때에 이르러 중국 전역에 퍼지게 됐는데 이는 북방의 소위 '오랑캐 왕조' 즉 기마유목민족 계열이 들어선 덕분이라고 볼 수 있다. 학자들이 중국사에서 이 시기를 매우 중요하게 여기는 것은 '번한잡거' 현상 때문이다. 이것은 이민족과 한족이 같은 화북 땅에 살기 시작하면서 민족의 동화가 이루어진다는 뜻이다. 중국의 통치를 사실상 흉노계열이 지배하고 있는 상황에서 당연할 결과로 볼 수 있다. 북조 중에서도 북위 효문제 시대에 적극적인 한화정책을 폈는데 그는 선비족이 한족의 옷을 입고 한족의 문화를 수용하고 한족과 결혼을 하는 것을 적극적으로 추진했다. 수문제 · 당고조 모두 한漢족 아닌 이민족 출신: 그런데 중국을 통일했다는 수나라와 당나라도 족보를 따진다면 모두 흉노의 일파인 선비족이라는 점이다. 수문제는 황제가 되기 전 북주北周의 승상으로 북주는 지금의 내몽골 지역의 음산 산맥에 위치한 군사기지인 무천진 군벌로 대부분 한족이 아닌 선비족 출신이다. 당나라를 세운 당고조 이연도 한족 출신이 아니다. 이연도 선비족인 척발씨拓跋氏의 후손으로 역시 같은 북방민족 출신인 수나라에 항복하여 북방민족 제압의 근거지였던 태원에서 군사령관으로 복무하고 있었다. 이연은 당 왕조를 세운 후 한족들의 민심을 얻기 위해 자기의 선조가 춘추시대의 노자(노자의 성은 이씨임)라고 선전했다. 그리고 그에 맞춰 노자의 『도덕경』을 발간하고 도교를 장려했다. 학자들은 이연이 통상 북방민족이 항복해 오면 중국 역대 왕조들이 이씨 성을 하사하는 관례에 따라 이씨 성을 받았다고 추정한다. 당태종의 충복으로 볼 수 있는 장손무기는 당고조 이연과 같은 척발씨로 북위 때 전공을 많이 세워 성씨를 장손長孫으로 바꾼 사람이다. 할아버지는 북주의 표기대장군이고 아버지는 수나라의 우효위장군이며 그의 여동생이 태종의 처 문덕황후다. 그는 혈통이 척발씨이므로 어렸을 때부터 이세민과 절친하게 지냈다. 태종의 또 다른 충복인 우지녕도 선비족의 귀족 출신이다. 그의 할아버지는 수나라에서 동주총관을 지냈고 아버지는 수나라에서 내사사인을 지내는 등 정통적인 북방기마민족 가문이다. 중국을 사실상 통치한 오호십육국들의 원래 시발점은 고구려처럼 북방기마민족으로 부족체제의 작은 집단이었다. 그 정도의 작은 집단도 경우에 따라서는 통일왕조로 성장할 가능성이 있는데 그것은 기동력에서 상대적으로 우월한 북방기마민족이기 때문이다. 당시 선비족은 고구려의 부용세附庸勢力 선비는 고구려와 매우 밀접한 관계가 있다. 고구려의 역사를 보면 고구려의 정복 활동 때 선비를 활용하는 기록이 자주 나온다. 박경철 박사는 고구려가 선비 등 흉노에서 파생된 유목국들을 자신이 의도하는 전투에 동원할 수 있었던 것은 선비가 고구려의 부용세력附庸勢力이었기 때문으로 설명했다. 고구려 정복에 성공한 당 고종은 고구려를 정복해 천하를 통일했으나 왕비인 측천무후가 690년 당나라를 멸망시키고 주周나라를 창건해 중국역사상 유일한 여성 황제가 됨으로써 가장 무능한 황제로 낙인찍혔다. 여기에서 부용세력의 의미는 로마제국의 예를 들면 쉽게 이해할 수 있다. 당시 로마의 해방노예들은 그들의 옛 주인인 자유민을 보호자(patronus)로 삼는 대신 노역 및 군역에 봉사했다. 이는 로마의 정복지역 통치방식 중의 하나로 부용민(clientes) 제도라고도 한다. 부용은 원래 소국 그 자체를 의미하면서 그것이 대국에 복속되어 있는 상황을 나타내기도 하는데 고구려와 선비의 관계가 그와 같다는 것이다. 이 부분은 (「고구려와 흉노의 친연성에 관한 연구」, 이종호, 백산학보 제67호, 2003)을 참조하기 바란다. 인간이 역사적 경험으로부터 자유롭기는 쉽지 않다. 사실상 중국의 역사는 수 · 당의 우려가 기우가 아니었음을 보여준다. (*흉노로 인한) 오호십육국은 제외하더라도 몽골족의 원나라, 거란족의 요, 여진족의 금, 만주족의 청나라 등 모두 고구려보다도 더 열악한 부족단위에서 시작하여 천하를 제패했다. 그런데 고구려는 중국의 머리 부분에 위치한, 넓은 영토를 지닌 강국으로 수나라와 당나라를 세운 선비족을 부용세력으로 지배하던 세력이다. 더구나 요동방어선을 장벽으로 삼고 있는 제국중의 제국이다. 고구려 중국 선제공격 사실 잘 알려져: 고구려의 요동방어선은 중국의 고구려 침공을 막기 위한 방어적인 의미가 강하다. 그런데 선비를 부용세력으로 여기고 있는 고구려가 내부를 단속한 후 축적된 힘을 중국을 점령하여 지배하고 있는 선비족의 수나라와 당나라에게 표출할 때 고구려의 공격을 효과적으로 막을 수 있는가는 미지수였다. 고구려가 중국의 공격을 막는 데만 급급한 것이 아니라 오히려 중국을 선제공격했다는 것은 역사적으로도 잘 알려져 있다는 사실이다. 특히 을지문덕은 중국 수나라의 공격을 격퇴하고서는 그 여세를 몰아 중국을 공격한다면 대륙을 장악할 수 있다고 주장할 정도로 중국을 두려워하지 않았다. 비록 수나라와 당나라가 중국을 점령했지만 선비족으로서 자신들보다 큰 세력을 계속 유지하고 있는 고구려는 반드시 짚고 넘어가야하는 걸림돌이었다. 그러므로 수와 당은 왕조의 안정과 생존의 차원에서 고구려가 강성하여 자신들을 직접 공격하기 전에 고구려를 쳐 없애보려 한 것이다. 수 · 당이 국운을 걸고 고구려와 혈투를 벌였는데 결국 수나라는 고구려 때문에 멸망했고 고구려는 당나라 때문에 멸망했다. 아쉬운 것은 고구려의 붕괴가 고구려의 전력이 약해서가 아니라 당나라와 신라의 연합, 고구려 내부의 자중지란 등에서 비롯됐다는 사실이다. 당나라 과거시험에서 고구려 정벌방법 묻기도: 최근 국내 학계에서는 당나라가 고구려 침공의 여론몰이를 위해 과거시험에 정벌 방법에 관한 문제를 출제한 문헌이 최근 처음 발견되었다. #돈황 문서로 잘 알려진 『토원책부兎園策府』라는 필사본의 '정동이征東夷'라는 항목에 고구려 원정에 대한 의견을 묻고 원정의 당위성과 정복의 구체적인 방법을 제시한 대목이 있다고 인천시립박물관의 윤용구 박사가 말했다. 『토원책부』는 당 태종唐太宗 이세민李世民의 일곱 번 째 아들인 장왕蔣王의 지시로 두사선杜嗣先이 650년대에 만든 책으로 과거시험에 출제될 예상문제와 모범답안을 자문자답식으로 서술했다. 모두 30권 분량이었으나 현재는 서문과 권1만이 돈황문서로 전해지는데 자문자답형태의 질의응답에는 고구려 원정의 필요성과 화전和戰 양면의 전술과 모범답안이 무엇인지 노골적으로 나타나 있다. 또 고구려 정복을 통한 천하통일의 정당성을 위해 전쟁을 반대하는 신하들의 의견을 묵살하고, 정벌 여론조성을 위해 과거급제 시험에 '유격전, 전쟁터의 지형, 기상, 심리전 등을 논하라'는 문제도 출제돼 있다. 당나라가 고구려 공격에 얼마나 신경을 썼는지를 잘 알려주는 예이다.. 이종호(mystery123@korea.com · 과학저술가)

118) " 崔秉鉉 교수 –「東아시아 기마민족의 한 여파가 밀려온 결과」숭실대학교 역사학과 崔秉鉉 교수는「新羅古墳研究」(一志社)에서 이렇게 썼다.

〈 신라 적석목곽분을 둘러싼 고고학적, 역사적 상황들을 종합하여 볼 때, 신라 적석목곽분은 결코 내부의 先行墓制가 복합되어 이뤄진 것은 아니었으며, 기마문화를 배경으로 한 북방아시아 목곽분 문화의 직접 渡來에 의해 돌발적으로 출현한 것이었고, 그것은 3세기 말, 4세기 초부터 일어난 동아시아 기마민족 대이동의 와중에서 한 여파가 밀려온 결과였다고 생각할 수밖에 없는 것이다〉

즉 북방 기마민족의 일파가, 3~4세기 중국 북부 유목민족 大南進 때(5胡16國시대) 한반도로 밀고 들어와 경주에서 토착정권을 점령하고 金氏 왕족를 세웠다는 이야기이다. 이들 유목민족의 상징이 金이다. 유목민족은 금제품을 좋아하고 금세공 기술이 뛰어났다. 이들의 본거지였던 알타이 산맥의 그 알타이가 金이란 뜻이다. 흉노계라는 신라 지배층이 성씨를 金이라고 정했다는 것도 퍽 상징적이다. 경주 천마총 안으로 들어가보면 무덤의 주인공이 금관, 금팔찌, 가슴장식, 금귀고리, 금허리띠 등 온통 금장식품들과 칼, 馬具를 뒤집어쓴 것 같은 인상을 받는다. 여기 누워 있는 사람이 과연 한국인인가 의아해 할 정도로 異國的이다. 적석목곽분이란 墓制, 북방系 출토 유물들, 풍부한 馬具와 금제품, 金씨, 麻立干이란 호칭 등이 흉노의 표시물들인 셈이다. 경기도 박물관장 李鍾宣 박사는 자신의 著書「古新羅王陵研究」(學研文化社)에서 이렇게 썼다.

〈 최근 흉노계 분묘를 종합한 연구에 따르면 거기에는 몇 가지의 유형이 있다. 흥미롭게도 반도 서북부의 소위 낙랑故土에 그러한 유형의 고분들이 모두 남아 있다는 엄연한 사실은 오르도스(지금의 내몽골 지역)와 연결해서 볼 때 매우 주목할 현상임을 지적하지 않을 수 없다. 오르도스 철기문화의 주인공들이 漢의 팽창으로 그 일파가 서쪽으로 밀려가서 헝가리, 즉 훈족(흉노)의 나라를 세운 주체가 되었고, 뿐만 아니라 동쪽으로 이동한 다른 일파가 여러 차례에 걸쳐 반도로 진출하였고, 일부는 일본열도에까지 상륙하였다고 봐야 당시 시베리아 민족들의 대이동의 일부를 이해할 수 있는 것이다. 고신라 積石木槨墳의 주인공들은 반도 서북부를 거쳐 東南進한 시베리아계 주민의 후예로서, 그들은 중국계가 아닌 시베리아 – 오르도스계의 대형 적석목곽분과 철기, 승석문繩蓆文토기, 금세공기술을 그대로 갖고 남하한 것이다〉 흉노 – 고조선 – 신라의 연결고리 경기도 박물관 이종선 李鍾宣관장(56)은 김병모

金秉模 한양大 인류학과 교수와 함께『신라 김씨 왕족은 흉노계이다』라고 확실하게 이야기하는 고고학자이다. 그를 만났다. 그는「古新羅王陵研究」란 책에서 경주 황남대총의 주인공이 내물왕과 왕비라고 추정한 고고학자이기도 하다. 서울시립박물관장 출신인 李관장은 서울대학교 고고인류학과를 졸업한 이후 독일 하이델베르크 대학에서 先史原史學科 박사과정을 수료했다. 그는 1970년대 천마총, 황남대총 등 경주 고분 발굴에 참여했었다. 李관장은 부여 - 고구려 - 백제의 지배층과 신라의 지배층은 出自가 다르다는 것을 분명히 했다. 부여계통은 퉁구스族이고 신라 金氏 왕족은 좀더 유목적이고 서방적인 흉노 - 알타이계통이라고 했다. 물론 金氏族이 경주에 들어왔을 때는 유목민의 성격은 버린 상태였지만(유목은 넓은 草原이 있어야 한다) 騎馬전법은 갖고 왔을 것이다. 李관장은 고조선의 지배층도 흉노계통이었을 것이라고 말했다. 특히 서기 전 2세기 한무제漢武帝한테 망한 고조선 후기의 지배층이 흉노계통임은 평양 지역 고분에서 확인할 수 있다는 것이다. 그는 또 漢武帝가 고조선을 무너뜨리고 낙랑군을 세웠지만 漢族 지배층은 소수였을 것이고, 귀족 등 다수 구성원은 역시 흉노계였을 것이라고 했다. 李관장은 한국 고대사의 지배민족을, 만주를 원류로 하는 부여 - 고구려 - 백제의 남북형과 알타이 - 몽골초원을 고향으로 하는 고조선 - 신라 - 가야의 서북 - 동남방형으로 가른 셈이다. 이렇게 한반도로 집결했던 유목기마민족 출신들이 우수한 馬具와 철제 무기를 가지고 일본열도로 건너가 일본 고대 국가를 만들었다고 보면 될 것이다. 夫餘[부여]에 대한 오류 夫餘는 ""나라""라는 소리로 '상두=상투로 北斗"" 신의 천지 누리로 ""古朝鮮 국호""를 한조선 삼한조선으로 韓을 大로 나라=조선을 夫餘로 ""나라""라는 순우리말로 ""나라=朝鮮""을 ""夫餘""로 한 것으로 韓은 나라=朝鮮을 일문일자로 ""나라이름 韓[한]으로 한 것이 고조선입니다. 한민족은 문자발명민족으로 ""개천배달"" 배달나라 단국 개천 기원전 3897년에 ""문자발명""한 민족이 ""하나겨레""입니다. 즉 국호 국명법이 중국 짱개와는 전혀 다른 것으로 조선'朝鮮""은 나라를 달리불러서 국호國號로 ""경인년 기원전 2311년"" 즉 중국 한자 기원起源년 기원전 1600년전 700년전에 이미 년호로 개천기원력 60갑자년호로 경인년 기원전 2311년은 물론 ""시칭국호조선""으로 비로소 처음으로 나라를 달리불러서 나라=朝鮮[됴션]으로 한 것이 '삼국유사 기이편 고조선조""에 선명하여 그 어원자원이 명백하게 새겨져 있습니다. 즉 고 나라를 古朝鮮으로 한 것이다. 古가 국명으로 고 [나라 국 위애 方]으로 古朝로 정체국호로 단군천자=아짐我朕천자로 중국과는 상대가 안되는 문 글월과 글자 자로 ""소리쓰기 체계'인 자모합음 초중종성합음의 글자자로 표음자로 ""소리쓰기 체계 제도""가 존재한 명실공히 문자 발명민족이 한민족韓民族임을 말해주고 있습니다. 부루夫婁 태자로 ""북두칠성=북극성""의 수정자水精子 알자子로 태자로 북극성의 수정자는 부루의 뜻으로 夫=北斗로 上斗고 婁는 칠성 별이름 루로 북두칠성 즉 북극성이 부루다. 북극성은 神으로 마루 宗으로 示는 상삼으로 천신으로 三辰=삼신 일월성으로 표한 것으로 자원이 基/氣로 ""삼신 기""라는 소리로 마루 宗은 삼신일체 일월성 辰=神으로 北辰=북극성 삼신일체로 천신 하늘님 표상문 천신입니다.

日 월□셔□신신
日 나□ □□□□(날 일) 衆陽之宗人君之表

月 □□□□ 월□(달 월) 太□之精□不可抗陽故日□月缺

星 별□ 셔□(별 성)

辰 별□ 신(별 신) 日月會次又北辰北極也又미르□진地支屬龍

1527년 최세진의 훈몽자회

나 일로 ""태양 해를 포함한 모든 태양들의 마루 宗[종]""으로 북극성 신이다. 바로 상투는 상두로 북두로 신의 자손 백의민족으로 日本은 日·主로 바로 신을 표한 白입니다. 구한족의 제1족 신라는 白木으로 日本族= 白族으로 백의민족 신의 민족 마고麻古는 바로 三神=三辰으로 마고지나 삼신의 나라로 三天里=小昊로 三韓이 신라 신의 나라라는 백의민족 마고지나 삼한으로 신조선=신부여로 신한[辰韓]이다."

119) http://cafe.daum.net/garamsanak :원출처 비공개, 다음.

120) 그는 고 신라 왕릉 연구「古新羅王陵研究」란 책에서 경주 황남대총의 주인공이 내물왕과 왕비라고 추정한 고고학자이기도 하다. 서울시립박물관장 출신인 李관장은 서울대학교 고고인류학과를 졸업한 이후 독일 하이델베르크 대학에서 선사역사학과先史歷原史學科 박사과정을 수료했다. 그는 1970년대 천마총, 황남대총 등 경주 고분 발굴에 참여했었다. 李관장은 부여 - 고구려 - 백제의 지배층과 신라의 지배층은 出自가 다르다는 것을 분명히 했다. 부여계통은 퉁구스族이고 신라 金氏 왕족은 좀더 유목적이고 서방적인 흉노 - 알타이계통이라고 했다. 물론 金氏族이 경주에 들어왔을 때는 유목민의 성격은 버린 상태였지만(유목은 넓은 초원草原이 있어야 한다) 기마騎馬전법은 갖고 왔을 것이다. 李관장은

고조선의 지배층도 흉노계통이었을 것이라고 말했다. 특히 서기 전 2세기 한무제漢武帝한테 망한 고조선 후기의 지배층이 흉노계통임은 평양 지역 고분에서 확인할 수 있다는 것이다. 그는 또 한무제漢武帝가 고조선을 무너뜨리고 낙랑군을 세웠지만 한족漢族 지배층은 소수였을 것이고, 귀족 등 다수 구성원은 역시 흉노계였을 것이라고 했다. 李관장은 한국 고대사의 지배민족을, 만주를 원류로 하는 부여 – 고구려 – 백제의 남북형과 알타이 – 몽골초원을 고향으로 하는 고조선 – 신라 – 가야의 서북 – 동남방형으로 가른 셈이다. 이렇게 한반도로 집결했던 유목기마민족 출신들이 우수한 馬具와 철제 무기를 가지고 일본열도로 건너가 일본 고대 국가를 만들었다고 보면 될 것이다. 하늘그림 궁, 다음.

121) 2018.10.19 bobjyeon.tistory.com/330 가야제국과 불휘. 다음.

122) 1880년대에 일본군인이 발견하다.

123) 2009.02.26, jadelaurie, 다음 참조.

124) [현근스님의 석불이야기] ⑬ 천안 삼태리 마애여래입상 (보물 제407호)[불교신문3297호/2017년5월17일자]

125) " [현근스님의 석불이야기] ⑬ 통도사 성보박물관장"

126) 동아일보입력 2013 – 05 – 01, 최혁중 기자 sajinman@donga.com, 정양환 기자 ray@donga.com

127) " 번역사 아트소닉 http://cafe.daum.net/transauction http://cafe.daum.net/anytrans 2009.02.26.,다음. 영어의미역 remains and relics of prehistoric times 시대 선사"

128) 이형모, 재외동포신문, 2019.05.02. 다음.

129) 안경전 역, 환단고기, 412~3쪽 참조.

130) 안경전 역, 같은 책, 415쪽.

131) "巫巫의 근원根原 / 도통道統과 선통禪統 B.C.E. 8937 2017 – 09 – 24 419.
무巫의 근원根原 / 같은책 562.
한민족사 5분 강의 연재 2017 – 08 – 30 368.
5분 강의 연재 환단서림 2017 – 08 – 30 467.
실담어 강의 훈민정음, 正音이란? B.C.E. 8937 2017 – 08 – 20 448.
실담어 강의 cetta 體 몸은 마음이다. samskrta 무의법 유의법 B.C.E. 8937 2017 – 08 – 20.
불함삼역不咸三域의 특산 B.C.E. 8937 2017 – 08 – 17 438.
한자는 동이족이 만든 문자 B.C.E. 8937 2017 – 08 – 06 443.
말과 역사가 같으면 그 뿌리도 같다 B.C.E. 8937 2017 – 07 – 16 587.
한자는 중국 것이 아니다. tan, stha pati (20161227) B.C.E. 8937 2017 – 07 – 16 378.
북극성과 천손, cariya 정신차려, di 광명=불 di펴라~ B.C.E. 8937 2017 – 07 – 16 368.
뫼, 중앙, 뫄, 모은다, 마을=영어 mall과 같다 (20170221) B.C.E. 8937 2017 – 07 – 16 365.
문화특보가 되면 박사님께서 제일 먼저 하실 일을 예견해 봅니다.. B.C.E. 8937 2017 – 07 – 16 319.
생명은 흙에서 나왔다 – 바른 정치인은 역사와 어원을 알아야 B.C.E. 8937 2017 – 07 – 16 338.
안능하세요, 늠름, 최초의 말소리 – 아!, 빨리 띠아브리제, 육시랄.. B.C.E. 8937 2017 – 07 – 16 334.
동서언어뿌리역사 B.C.E. 8937 2017 – 07 – 16 298.
동서언어 뿌리역사 – 20160830강의 B.C.E. 8937 2017 – 07 – 16 339.
) – △, 金文금문과 산스크리트어가 일치한다 B.C.E. 8937 2017 – 07 – 16 426.
21세기를 언어 · 문자 역사학으로 열어라 (2) B.C.E. 8937 2017 – 07 – 16 333.
21세기를 언어 · 문자 역사학으로 열어라 (1) B.C.E. 8937 2017 – 07 – 16 1361.
21세기를 언어 · 문자 역사학으로 열어라 (2) 2017 – 07 – 16 333.
잉카 마야 사라진 무 제국의 어원이 우리말의 어원과 같다 http://www.B.C.E. 8937.kr

132) 강상원박사, 원성훈 enki0130@nate.com, 2017.09.25., 시사뉴우스. 다음.

133) 한민족 최초의 세계인 혜초 이야기 (1), 다음.

134) 사해문서는 초기 기독교 영지주의자들의 영성과 도마복음을 통해서 신의 아들이 아닌 스승으로서의 예

수의 모습을 보여준다.

135) 현장스님의 카스 불교문화대학, "한민족 최초의 세계인 혜초 이야기 (1)", 2018년 11월 18일, 다음. https://story.kakao.com/ch/hyunjang/DQfURm6z2K0

136) 마고문명 연구소, 다음.

137) http://blog.naver.com/kytong3202/20130429917

138) hwandanhan, 다음.

139) 〈http://home.hanmir.com/~insar/web4.jpg〉, 2001.11.09. 다음.

140) 통화불교,http://cafe.daum.net/garksung06 – 08 무네모

141) 박인기박사 – 언어문자학자, 한국예맥기획 전문위원.

142) 한반도내 "중생대 (中生代, Mesozoic era): 약 2억 5천만 년 전부터 6천 5백만 년 전까지의 시기를 말한다. | 지질 시대는 선캄브리아 시대(시생이언과 원생이언)와 현생 이언으로 나눈다. 이 중에서도 현생 이언은 다시 고생대, 중생대, 신생대로 구분한다... 화산활동의 흔적은 다른 지역에도 여럿 있지만 고창과 부안에서만큼 화산암체의 형태가 분명하게 남아 있는 곳은 드물다."조규성 전북대 과학교육학부 교수(암석학)는 당시 해양판이 유라시아판을 파고들던 곳에 가깝던 부산 · 경남 지역과 대조적으로, 거리가 떨어진 이곳에서는 점성이 높은 용암이 분출해 유문암 등을 많이 형성한 차이가 있다고 말했다. 유문암은 풍화에 강한 편이어서 원형이 비교적 잘 보전될 수 있었다. 그는 "이곳의 지질 명소는 지실학석 가치가 클 뿐 아니라 경관이 빼어나고 수도권에서 접근성이 좋아 지질공원으로서도 가능성이 크다"고 말했다. 예를 들어, 전북 부안 채석강은 유명 관광지이지만 동시에 고등학교 지구과학 교과서에 나오는 중요한 교육장이기도 하다. 구시포항에는 18억년 전 원생대 편마암을 1억7000만년 전 화강암이 뚫고 나온 곳이 있어 변성암과 화강암에 관한 공부를 하기에 최적의 장소이다. 조 교수는 "고창과 부안에는 다양한 지질시대의 암석과 지질구조를 갖춘 곳이 많아 이미 교사와 학생을 위한 교육장이나 자연체험 학습장으로 널리 쓰이고 있다"고 말했다. 또 그는 "명사십리 해빈과 사구는 함열단층의 연장선이 국내에서 보기 드문 4㎞ 길이의 천연 직선 해안을 이룬 곳으로 학술적 교육적 가치가 크다"며 "그러나 사구 위에 도로를 건설하는 등 보전과 관리가 잘못돼 제대로 활용하지 못하고 있다"고 지적했다. 한반도 지질공원 생성의 비밀] <6 – 1> 격포리| 무돌길문화역사체험탐방, 무등산자락길잡이협동조합, 2016.04.08.

차옥덕車玉德 문학박사

부산 경남여자중고등학교 졸업.
1973 이화여자대학교 문과대학생회장. 전국학생대표 (문교부선정 전국학생방위성금 학생호 진수자)
1974 이화여자대학교 국어국문학과 졸업 (논문: 한국인 나의 뿌리 - 단군역사 연구)
1986 이화여자대학교 대학원 여성학과 석사 (한국여성의 향기 - 허난설헌연구)
1999 성신여자대학교 대학원 국어국문학 박사 (미래의 이상향 특히 양성평등한 후천세계: 백년전의 경고 방한림전연구)

- 한국 성폭력상담소창립교육자문위원
- 한양대, 인천대, 세종대, 성신여대, 연변과기대 등등 출강
- 전국 지자체(여성지도자)소서노리더쉽 및 문화관광역사 강의
- 여성학회, 여성문학회, 여성고전문학회
- 국어국문학회, 민속학회, 한국무속학회 등등 학술회원
- 서울시 KBS 제1 TV 여성학 강사
- 국민당(정주영대통령진영) 여성정책실장
- 서울시 문화사학회 이사 겸 학술분과위원
- 동아시아고대학회 평의원.
- 2004년부터 - 소서노기념사업회장
- 현재까지 칠석제보존회회장으로 칠석제 (한중일 공동문화로 지키기)
- 제 1회 한국연인의 날:칠석제 제정 및 축제
  ~ 제 15회 칠석제: 연인의 날 (한민족칠석제보존회이사장 - 유네스코 등재 준비)
- 2005 세계여성학자대회(이화여대 유치) 총괄기획위원
  소서노석상 건립 및 제막식(세계120개국 지도자 동반)(충북음성 큰바위얼굴공원)
- 2012 만년 환단 개천제 대회장(서울시청).
- 2013 세계 마고 여성신학자 한국대회 - '칠궁제' 대회장
- 2013 유네스코아태무형유산센터, 아태 9개국 무형문화대회 자문위원
- 2014 문화재청 무형문화전문가, 민족회의상임공동의장

현재)
- 서울시법인 한국여성향토문화연구원장
- 사) 백제문화연구회공동대표
- 한국신교협동조합 이사장
- 소서노어라하기념사업회장
- 한민족칠석제보존회장
- 용산역사민족공원 제대로 추진위원장
- 춘천맥국중도유적지보존 전국협의회 상임대표
  ~ 춘천맥국중도유적지보존 전국협의회 상임대표로서 제대로 일하기
  ~ 114년만에 광복 용산역사민족공원 제대로 민간단체 추진위원장 역할하기

노자의 연인 막지 외

초판인쇄 환기 9216(2019)년 9월 19일 1쇄 발행

지은이 차옥덕
펴낸곳 한국예맥기획
펴낸이 연 디자인
편 집 김하연
맥/출판사 새김 고암 정병례
지도·그림 박민우(환단원류사) 유종회 화백
출판등록 2004년 3월 11일 제2004-000013호
주 소 04315 서울시 용산구 백범로 87길-22
전 화 T.F: 02-713-6465 H: 010-3205-6438
메 일 soseono51@hanmail.net
계 좌 국민은행 015-21-1178-167